Carolina Heberling
Zwischen Alleinherrschaft und kollektiver Leitung

Vigilanzkulturen /
Cultures of Vigilance

Herausgegeben vom / Edited by
Sonderforschungsbereich 1369
Ludwig-Maximilians-Universität München

Wissenschaftlicher Beirat
Erdmute Alber, Peter Burschel, Thomas Duve,
Rivke Jaffe, Isabel Karremann, Christian Kiening und
Nicole Reinhardt

Band / Volume 13

Carolina Heberling

Zwischen Alleinherrschaft und kollektiver Leitung

Der Intendantenberuf in der Weimarer Republik
am Beispiel der Bayerischen Staatstheater

DE GRUYTER

Gefördert durch die Deutsche Forschungsgemeinschaft (DFG) – Projektnummer 394775490 – SFB 1369

Dieses Buch ist die überarbeitete Fassung einer Dissertation, die an der Ludwig-Maximilians-Universität München eingereicht und im November 2023 verteidigt wurde.

ISBN 978-3-11-144274-7
e-ISBN (PDF) 978-3-11-144288-4
ISBN (EPUB) 978-3-11-144344-7
ISSN 2749-8913
DOI https://doi.org/10.1515/9783111442884

Dieses Werk ist lizenziert unter der Creative Commons Namensnennung - Nicht kommerziell - Keine Bearbeitungen 4.0 International Lizenz. Weitere Informationen finden Sie unter https://creativecommons.org/licenses/by-nc-nd/4.0/

Die Bedingungen der Creative-Commons-Lizenz für die Weiterverwendung gelten nicht für Inhalte (z. B. Grafiken, Abbildungen, Fotos, Auszüge usw.), die nicht Teil der Open-Access-Publikation sind. Diese erfordern ggf. die Einholung einer weiteren Genehmigung des Rechteinhabers. Die Verpflichtung zur Recherche und Klärung liegt allein bei der Partei, die das Material weiterverwendet.

Library of Congress Control Number: 2025945480

Bibliografische Information der Deutschen Nationalbibliothek
Die Deutsche Nationalbibliothek verzeichnet diese Publikation in der Deutschen Nationalbibliografie; detaillierte bibliografische Daten sind im Internet über http://dnb.dnb.de abrufbar.

© 2026 bei den Autorinnen und Autoren, publiziert von Walter de Gruyter GmbH, Berlin/Boston, Genthiner Straße 13, 10785 Berlin
Dieses Buch ist als Open-Access-Publikation verfügbar über www.degruyterbrill.com

Titelbild: *Victor Schwanneke am Schreibtisch*, Fotografie, Fotograf:in unbekannt, Deutsches Theatermuseum München, Inv. Nr. II 45558

www.degruyterbrill.com
Fragen zur allgemeinen Produktsicherheit:
productsafety@degruyterbrill.com

Dank

An dieser Stelle sei einigen Personen gedankt, ohne die diese Arbeit nicht möglich gewesen wäre. An allererster Stelle steht dabei natürlich mein Doktorvater Christopher Balme, der mir mit Rat, Kritik und Verständnis ebenso unterstützend zur Seite stand wie meine Zweitbetreuerin Nic Leonhardt. Auch sei Arndt Brendecke und Waldemar Fromm für Fragen und Input aus ihren jeweiligen Fachkulturen gedankt, die diese Arbeit mit Blick auf die Interdisziplinarität der Fragestellung bereichert haben.

Besonderer Dank kommt darüber hinaus Alina Enzensberger zu, die nicht nur für alle brenzligen Situationen eines jungen Wissenschaftlerinnenlebens ein offenes Ohr hatte, sondern mir auch in zahlreichen Workshops und Einzelgesprächen beigebracht hat, was es bedeutet, archivgestützte Forschung zu betreiben. Für das Korrekturlesen dieser Arbeit ist ihr genauso zu danken wie Jan Struckmeier, Johannes Wagner, Peter Heberling und Klaus und Janne Weinzierl, mit denen ein beständiger Austauschprozess über ihre eigenen Recherchen zur Geschichte der Münchner Kammerspiele bestand. Von ihrer Lebensklugheit im Umgang mit Geschichte habe ich oft profitiert.

Den Weg vom Dissertationsmanuskript zum fertigen Buch hat zuvorderst Martina Heger als Lektorin strukturiert und produktiv begleitet. Ihr sei für ihre Geduld ebenso gedankt wie für die sichere Führung durch die Herausforderungen des Publikationsprozesses. Nicht zuletzt gilt mein Dank den studentischen Hilfskräften Dunja Münch, Leni Fuhl und Constantin Bombelli, die an diesem Projekt in unterschiedlichen Stadien mitgewirkt haben.

Eigener und umfangreicher Dank gebührt den zahlreichen Archivar:innen, die sich trotz Corona und den damit verbundenen Einschränkungen sehr darum bemüht haben, meine Forschung zu ermöglichen und mir dabei auch meine Beharrlichkeit nicht übelgenommen haben. Im Deutschen Theatermuseum bin ich insbesondere Birgit Pargner und Kim Heydeck zu Dank verpflichtet, die unter schwierigen Umständen den Nachlass von Karl Zeiß für mich zugänglich gemacht haben, aber auch Babette Angelaeas, ohne die dieses Buch wohl gänzlich ohne Bilder erschienen wäre, sowie Susanne de Ponte für ihre Hinweise zu verlorenen Akten über das Stück *Im Dickicht*. Ferner gebührt Dorothea Volz, Marion Weltmaier und den Hilfskräften der Bibliothek mein Dank. Für das Bayerische Hauptstaatsarchiv sei besonders Thomas Schubert und Christine Kobler gedankt, die auch in kunstfremden Beständen wie dem des Innenministeriums theaterrelevante Dokumente für mich ausfindig gemacht haben. Stellvertretend für das Münchner Stadtarchiv sei Christine Maurer gedankt, mit Blick auf das Freie Deutsche Hochstift kommt mein Dank Katja Kaluga zu, die den wohl kürzesten und dichtesten Archivbesuch all meiner Sichtungstage ermöglicht hat.

Zu guter Letzt sei nicht nur meiner Familie und meinen Freund:innen innerhalb und außerhalb des SFBs Vigilanzkulturen gedankt, sondern vor allem meinem Partner Marian, der mich bei diesem Abenteuer stets mit großer Bewunderung und Liebe unterstützt hat.

Inhalt

1 Einleitung —— 1

2 Zwischen Tradition und Experiment: Clemens von Franckenstein als Hoftheaterintendant —— 33
2.1 Ein adeliger Fachmann? Franckensteins Amtsantritt 1912 —— 38
2.2 „Verherrlichung der Revolution im Hoftheater"? Die Uraufführung des *Wozzeck* 1913, zusammen mit *Dantons Tod* —— 61
2.3 Die Auswirkungen des Krieges auf die Intendanz Franckenstein —— 72
2.4 Wachsame Spielplangestaltung? Überlegungen zur Nicht-Aufführung zeitgenössischer Literatur —— 86
2.5 Franckensteins leiser Abgang —— 101

3 Den Übergang verwalten – der Revolutionsintendant Victor Schwanneke —— 105
3.1 Die Revolution und ihre Bedeutung für das Theater —— 109
3.2 Der Amtsantritt Schwannekes und die Partizipation des Künstlerrats —— 118
3.3 Neue Wege – neue Stücke? Die Uraufführungen von *Hannibal* und *Der Revolutionär* —— 138
3.4 Die Übernahme des Prinzregententheaters in den Verband der Staatstheater —— 148
3.5 Die Idee des Staatskinos und seine fragwürdige Finanzierung —— 158
3.6 Zwischenbilanz zum Spielzeitende: Der Beginn des Ansichtsverlusts —— 165
3.7 Der „unsichtbare Herrscher": Propaganda für das Theater —— 170
3.8 Kipppunkt: Die Gängelung Albert Steinrücks durch den Künstlerrat —— 177
3.9 Der Rücktritt Victor Schwannekes und seine Diskussion in der Presse —— 190
3.10 „Revolution im Wasserglas?" – die Nachwirkung der Intendanz Schwanneke —— 201

4 Karl Zeiß – der sanfte Transformator? —— 208
4.1 Von Schwanneke zu Zeiß – die Phase der Nachbesetzung —— 215
4.2 Auf neuen alten Pfaden? Die Bedeutung des Revolutionsgeschehens für Zeiß' Intendanz —— 231
4.3 Zeiß' Umgang mit Kommune und Landtag —— 238

4.4 Zeiß' Auseinandersetzung mit dem Publikum —— **246**
4.5 Zwischen Antisemitismus und ‚Burn-Out': Der Abschied Bruno Walters vom Staatstheater —— **255**
4.6 Die Staatstheater und der *Völkische Beobachter* —— **266**
4.7 Erich Engels Inszenierung von *Im Dickicht* 1923 —— **272**
4.8 Die Beziehung zu Hedwig Zeiß-Gasny und ihre Bedeutung für die Intendanz —— **292**
4.9 Gelassene Beharrlichkeit: Das Ende der Ära Zeiß —— **302**

5 Passiver Verwalter? Clemens von Franckensteins zweite Intendanz —— 306
5.1 Die Rückkehr ins Amt —— **309**
5.2 Die deutschsprachige Erstaufführung des *Titus Andronicus* —— **321**
5.3 *Insulinde* und *Das Wunder der Heliane* – Einflussnahme auf den Spielplan? —— **342**
5.4 Neue Direktionskrisen im Angesicht des Kulturabbaus: Alfons Papes Rauswurf —— **365**
5.5 Die Staatstheater auf dem Weg ins Dritte Reich —— **384**
5.6 Franckensteins zweiter Abschied —— **401**

6 Fazit —— 407

Abkürzungsverzeichnis —— 417

Übersicht über die benutzten Archivbestände —— 419

Literaturverzeichnis —— 421

Abbildungsverzeichnis —— 438

Personenindex —— 440

1 Einleitung

Wandbegrünung, geölte Parkettfußböden, rot-graue Designersofas – laut Medienberichten hat Patricia Schlesinger, Intendantin des Rundfunks Berlin-Brandenburg, ihr Büro für eine sechsstellige Summe renovieren lassen.[1] Finanziert wurde dies durch die Rundfunkbeiträge der deutschen Haushalte. Die Chefetage des RBB ist inzwischen ähnlich berühmt wie das Luxusbadezimmer des Bischofs Franz-Peter Tebartz-van Elst, das aus Steuergeldern finanzierte ‚Allerheiligste' des Limburger Bistums, welches vor ein paar Jahren für Schlagzeilen sorgte. Seitdem die Leiterin des RBB wegen des Verdachts auf Untreue und Vorteilsnahme 2022 von ihrem Amt zurückgetreten ist, sagt das Wort „Intendantin" nicht mehr nur Eingeweihten aus Theater- und Medienkreisen etwas. Die Intendantin ist als Begriff nun auch in weiten Teilen der Öffentlichkeit bekannt. Als „künstlerische und geschäftliche Leiterin eines Theaters, einer Rundfunk- oder Fernsehanstalt"[2] definiert der Duden das Wort. Nimmt dieses höchste Amt Schaden, leidet die Institution, die es repräsentiert: „Das ist die stärkste Krise, die der öffentlich-rechtliche Rundfunk gerade durchmacht",[3] kommentiert Jörg Wagner vom RBB das Ausmaß der Schlesinger-Affäre. Durch das Fehlverhalten der Intendantin sei die Akzeptanz der öffentlich finanzierten Sendeanstalten langfristig gesenkt worden, so der Journalist.

An den Theatern ist man derartige Diskussionen schon gewohnt. In jüngerer Zeit verging kaum eine Saison ohne Intendanzskandale und vorzeitig aufgelöste Verträge, ohne Enthüllungen über Machtmissbrauch und Despotismus. Gründe für Kündigungen waren mal cholerische Ausfälle, mal Budgetdefizite, aber auch die Ablehnung neuer Ästhetiken durch das Publikum. Wie berechtigt diese Kündigungen und Rücktritte sind, ist im Einzelfall zu diskutieren, tatsächlich belegt aber eine Studie von Thomas Schmidt, dass steile Hierarchien an den Theatern und das mit ihnen verbundene Intendant:innenmodell Grenzüberschreitungen begünstigen.[4] Der Intendant als alleinherrschender, meist männlicher Anführer scheint immer mehr zum Auslaufmodell zu werden. Doch ist das Amt schon länger mit Problemen behaftet: In seiner heutigen Ausprägung festigte sich das Berufsbild in der Weimarer Republik, viele der strukturellen Probleme des Intendant:innenberufs hatten hier ihren Ursprung und ziehen sich bis in die Gegenwart hinein.

---

1 Vgl. o.A., RBB-Intendantin soll sich Luxus-Umbau ihrer Chefetage gegönnt haben.
2 o.A., Intendantin, die.
3 o.A., Medienjournalist: Fall Schlesinger „die stärkste Krise des ÖRR".
4 Vgl. Schmidt, Macht als struktur- und organisationsbildendes Prinzip des Theaterbetriebes.

Dabei gibt es Intendanten[5] bereits seit dem 18. Jahrhundert: „Oberaufseher"[6] bedeutete der aus dem Französischen stammende Begriff ursprünglich, gemeint war damit ein Militär- oder Verwaltungsamt bei Hofe. Adelige Höflinge koordinierten die Ensembles der Hoftheater damals meist nebenbei. Anerkennung erwarben sie eher im militärischen als im künstlerischen Bereich, obschon es natürlich Ausnahmen herausragender Künstler auch in ihren Reihen gab. In ihrer Amtsführung waren sie dem jeweiligen Fürsten und seinem Bedürfnis nach Repräsentation und Unterhaltung verpflichtet.[7] Mitte des 19. Jahrhunderts begann dann, wie jüngst Sabine Päsler-Ehlen herausgearbeitet hat, eine zunehmende Professionalisierung der Theaterleitung, die eng mit einer Verbürgerlichung des Theaters verknüpft war.[8] Zu Beginn des 20. Jahrhunderts verfügten viele Intendanten und Theaterdirektor:innen über eine dementsprechend größere Expertise als ihre Vorgänger hundert Jahre zuvor. Dennoch schien die Zugehörigkeit zum Adel zumindest an vielen Hoftheatern nach wie vor Pflicht gewesen zu sein, um in das höchste Amt des Theaters erhoben zu werden. Das änderte sich nach dem Ersten Weltkrieg. Nun gingen die bis dahin über die höfische Zivilliste finanzierten Theater in die öffentliche Hand über. Aus den Hoftheatern wurden Staatstheater und die letzten sogenannten „Kavaliersintendanten" wurden endgültig durch Theaterprofis ersetzt. Schauspieler, Regisseure, Dramaturgen, Dirigenten und Komponisten besetzten nun die Schlüsselpositionen und formten das Berufsbild mit. Die Stellung des Intendanten erfuhr in der Weimarer Republik eine Aufwertung als Repräsentant eines staatlichen Organs von hoher Sichtbarkeit.

Die vorliegende Arbeit wirft nun einen Blick auf genau diese Transformationszeit und beleuchtet, wie sich das Berufsbild des Intendanten in der Weimarer Republik entwickelt hat. Dafür gilt es zu fragen, welche Personen das Amt damals anzog, wie diese sich als Intendanten legitimierten und behaupteten, in welchen

---

5 Ein Wort zum Gendern in dieser Arbeit: Gegendert wird immer dann, wenn davon auszugehen ist, dass alle Geschlechter gemeint sind, also Zuschauer:innen, Schauspieler:innen, Wähler:innen – damals wie heute. Nicht gegendert wird hingegen, wenn es im konkreten Fall historisch belegt oder höchst wahrscheinlich ist, dass an bestimmten Prozessen tatsächlich nur männlich gelesene Personen teilgenommen haben. Die hier für einen praktikablen Umgang mit der Genderfrage gemachte Unterscheidung zwischen generell gemeinten und geschichtlich belegten Personen, die freilich nicht immer ganz akkurat verlaufen kann, darf allerdings nicht der Versuchung erliegen, historische Stereotype zu reproduzieren, indem bestimmte Gruppen als rein männlich gedacht werden: Politiker:innen, Journalist:innen und Nationalsozialist:innen gab es vor 100 Jahren durchaus, wenngleich die gemeinten Gruppen hinter dem Doppelpunkt den Männern zahlenmäßig damals noch unterlegen waren.
6 Gerhard, Oberaufseher, S. 71.
7 Vgl. Sucher/Grischhausen, Intendant, S. 217.
8 Vgl. Päsler-Ehlen, *Krise und Reform als bürgerliches Projekt*, S. 11ff.

inhaltlichen und personellen Kontexten sie sich bewegten und welchen Anforderungen und Schranken sie dabei unterworfen waren. Das geschieht sowohl mit Blick auf hausinterne Prozesse wie auch in Hinsicht auf eine Interaktion mit dem Publikum, der Presse und dem Kultusministerium.

Zudem wird untersucht, welche Alternativen sich bereits damals zum gängigen Alleinherrschermodell der Intendanz entwickelten, und warum sie sich aufgrund der spezifischen historischen Situation der Weimarer Republik nicht durchsetzen konnten. So gründete sich in München 1918 ein Künstlerrat, der eine Mitbestimmung der Angestellten an der Leitung des Theaters ermöglichen sollte, sich aber nicht dauerhaft etablieren konnte. Ähnliche Vorstöße lassen sich etwa in Berlin und Darmstadt ausmachen, wobei diese unterschiedlich weit gediehen.[9]

Ferner wird analysiert, wie das Idealbild des Intendanten in der Öffentlichkeit reflektiert wurde und welche Ideen von Theater als Bildungsort, Volksstätte, Unterhaltungspalast oder Eigentum der Eliten sich hieran anlagerten. Dabei ist auch zu berücksichtigen, welche Männlichkeitsbilder mit der Figur des Intendanten verknüpft wurden, schließlich waren theaterhistorisch gesehen Fragen nach Geschlecht und nach sozialem Status so eng miteinander verknüpft, dass hierdurch bestimmte Karrierewege vorgezeichnet wurden, wie Tracy Davis notiert.[10] Wie Denis Hänzi herausarbeitet, wurde besonders die Regietätigkeit zu Beginn des 20. Jahrhunderts zum Idealbild einer „verberuflichte[n] Männlichkeit",[11] während man im Diskurs zeitgleich die Frau in die Position der *„ewige[n] Schauspielerin"*[12] hineindrängte. Auch die Intendanz an den Hof- und späteren Staatstheatern war lange Zeit ein sehr männliches Feld. Theaterleiterinnen finden sich zu Beginn des 20. Jahrhunderts vor allem an privatwirtschaftlich organisierten Theatern, so etwa Hermine Körner im Münchner Schauspielhaus, Louise Dumont als Leitung der Schauspielhaus Düsseldorf GmbH oder Gertrude Eysoldt als Direktorin des Kleinen Schauspielhauses in Berlin. Die Erforschung weiblicher Führungsfiguren im Theater muss in dieser Arbeit aufgrund des Fokus auf die Staatstheater jedoch ein Desiderat bleiben.

Als Beispiel der vorliegenden Untersuchung dienen die Bayerischen Staatstheater[13] in München mit ihren drei Intendanten Clemens von Franckenstein

---

9 Vgl. zu Berlin: Aster, *Staatsoper*, S. 17–72 und zu Darmstadt: Kaiser, *Modernes Theater in Darmstadt*, S. 54 f.
10 Vgl. Davis, Questions for a Feminist Methodology in Theatre History, S. 62.
11 Hänzi, *Die Ordnung des Theaters*, S. 24.
12 Ebd., S. 25, Hervorhebung im Original.
13 Vor 1918 umfasste das Hoftheater zwei Bühnen: Erstens das Nationaltheater (die heutige Staatsoper), in welchem vorwiegend Opern und große, tragische Schauspiele gezeigt wurden, und zweitens das Residenztheater, in dem Musiktheaterwerke intimeren Charakters sowie heitere

(1912–1918 und 1924–1934), Victor Schwanneke (1918–1920) und Karl Zeiß (1920–1924). Ihr Tun wird mittels einer engmaschigen Lektüre von Verwaltungsakten der Staatstheater in den Blick genommen, soll es doch darum gehen, die Intendanzen anhand ihrer Führungsentscheidungen nachzuzeichnen.

Das ist vor allem mit Blick auf den Forschungsstand geboten, haben sich doch Publikationen über das Theater in der Weimarer Republik lange Zeit auf Fragen der Kunst beschränkt. So bot etwa der 1977 erschienene über 900 Seiten starke Ausstellungkatalog *Theater in der Weimarer Republik*[14] ausführliche Informationen über Theaterästhetiken in der Weimarer Republik wie auch über allgemeine politische und gesellschaftliche Phänomene der Zeit, doch wurde der institutionelle Wandel am Theater lediglich in einem Aufsatz behandelt.[15] Ein ähnliches Bild ergibt sich, wenn man in den viel rezipierten Überblickswerken zur Kultur in der Weimarer Republik blättert: Peter Gays *Republik der Außenseiter*,[16] Jost Hermands und Frank Trommlers *Die Kultur der Weimarer Republik*[17] und Sabine Beckers *Experiment Weimar*[18] legen den Fokus auf ästhetische Fragen, wenngleich sie alle Bezüge zu den politischen Umwälzungen der Zeit suchen. Demgegenüber fehlt im erst kürzlich erschienenen Weimarer Republik-Handbuch *Aufbruch und Abgründe*[19] ein Artikel über das Theater in der Weimarer Republik gänzlich.

Dennoch gibt es seit einigen Jahrzehnten vermehrt wissenschaftliche Arbeiten, die das Theater der 1920er-Jahre als Institution und Sozialraum in den Blick nehmen. Gegenstand des Interesses sind hier beispielsweise die Förderstrukturen von

---

und zeitgenössische Dramatik gegeben wurden. Es stand an gleicher Stelle wie das nach dem Krieg neu erbaute Residenztheater. Sein historisches, vor Bombenschäden bewahrtes Interieur hat in der heute als Cuvilliéstheater bekannten Spielstätte eine dauerhafte Unterbringung gefunden. Nach 1918 kam zum Verbund der Staatstheater auch das um die Jahrhundertwende erbaute Prinzregententheater als Volksschauspielhaus hinzu, das bis dahin nur für die allsommerlich stattfindenden Opernfestspiele genutzt wurde. Zeitweilig wurde im Sommer auch das heute nicht mehr existente Künstlertheater im Ausstellungspark durch die Staatstheaterintendanz betrieben, doch übernahmen hier auch Direktor:innen der Münchner Privattheater oder externe Akteur:innen in manchen Saisons die Leitung. Wenn in dieser Arbeit also vom Hoftheater bzw. den Staatstheatern die Rede ist, sind vor allem das National-, das Residenz- und das Prinzregententheater gemeint. Ihre organisatorische Trennung nach Sparten mit je eigenen Intendanten, wie sie bis heute fortbesteht, erfolgte erst im Dritten Reich.

14 Kunstamt Kreuzberg/Institut für Theaterwissenschaft der Universität zu Köln, *Theater in der Weimarer Republik*.
15 Boetzkes/Queck, Die Theaterverhältnisse nach der Novemberrevolution.
16 Gay, *Die Republik der Außenseiter*.
17 Hermand/Trommler, *Die Kultur der Weimarer Republik*.
18 Becker, *Experiment Weimar*.
19 Rossol/Ziemann, *Aufbruch und Abgründe*.

Theatern auf Ebene einzelner Kommunen oder Länder,[20] die politische Kodierung von Theaterfestspielen,[21] das Wirken von Publikumsvereinen als Akteure einer aktiven Publikumspolitik[22] oder die Veränderung von Skandaldramaturgien nach Abschaffung der Zensur.[23] Trotzdem mangelt es bisher an Texten zur Weimarer Republik, in denen der Intendant als Berufsbild im Fokus steht, vielmehr ist es die Regie als „eigenartige[s] Amalgam aus Ingenieur und Künstler",[24] die wissenschaftliches Interesses erfahren hat.[25]

Wenn Intendanten Gegenstand der Untersuchung werden, dann vorwiegend in ihrer Eigenschaft als Künstler. Lebensgeschichten über bedeutende Regisseur:innen, Autor:innen und Schauspieler:innen der Weimarer Republik, die eben *auch* ein Theater geleitet haben, gibt es in großer Zahl, auch über verschiedene Münchner Akteur:innen.[26] Doch folgen diese „papiere[n] Ruhmeshallen"[27] in ihrer narrativen Struktur – in ihrem „Emplotment",[28] um mit Hayden White zu sprechen – oft der klassischen Künstler:innenbiografie. In ihr dürfen die Einflüsse der Kindheit ebenso wenig fehlen wie erste Durchbrüche, große Erfolge, finanzielle Pleiten, zeitweilige Schaffenskrisen und schwierige Liebschaften. Diese Art der Präsentation von Informationen ist sicher dienlich, um in die großen und teilweise

---

20 Bullinger, *Kunstförderung zwischen Monarchie und Republik* und Hermann, *Kommunale Kulturpolitik*.
21 Kleiner, *Staatsaktion im Wunderland*.
22 Schenk, *Das Theater der Zukunft?* und Maier, *Theatergemeinde München (bis 1933)*.
23 Kanthak, *Skandale um die Zensur*.
24 Roselt, *Regie im Theater*, S. 58.
25 Vgl. ebd. sowie Hänzi, *Die Ordnung des Theaters* und Steiner, *Regie als Kunst des weissen Mannes?*.
26 So existieren nicht nur zu den hier untersuchten Intendanten Clemens von Franckenstein und Karl Zeiß bereits Biografien, sondern auch zu Otto Falckenberg, dem Direktor der privat geführten Münchner Kammerspiele, und zu Hermine Körner, die von 1919 bis 1925 das Schauspielhaus auf der Maximilianstraße leitete. Vgl. McCredie, *Clemens von Franckenstein*, Ederer, *Karl Zeiss*, Pargner, *Otto Falckenberg* und Bilstein, *Hermine Körner*.
27 Hänzi, *Die Ordnung des Theaters*, S. 309.
28 Unter „Emplotment" verstand White „die Kodierung der in der Chronik enthaltenen Fakten als Bestandteile bestimmter *Arten* von Plotstrukturen" (White, *Auch Klio dichtet*, S. 103, Hervorhebung im Original). Die historischen Befunde mögen für die Leserin von Geschichtswerken zwar neu sein, doch würden sie, so White, typischerweise in Form bestimmter Plots präsentiert, die der Leserin bereits aus anderen Kontexten bekannt sind – etwa in Form einer Komödie, Tragödie oder Romanze. Die wissenschaftliche Erkenntnis des Neuen werde dann durch ein Wiedererkennen dieser bereits vertrauten Dramaturgien ermöglicht (Vgl. ebd., S. 107). Damit verbunden seien bestimmte Verfahren der Literarisierung geschichtlicher Ereignisse, die in ihrer figurativen Sprache ästhetische Überschneidungen mit fiktionalen Erzählungen aufwiesen, argumentierte White weiter (Vgl. ebd., S. 116 f.). Je nachdem, welche Form der Darstellung gewählt wird, könnten bereits bekannte Zusammenhänge auf diese Weise neu kodiert werden. (Vgl. ebd., S. 119).

sehr komplexen Lebensgeschichten von Theatermacher:innen Schneisen des Verständnisses zu schlagen. Gleichzeitig läuft das Genre der Künstler:innenbiografie immer Gefahr, eine (Anti-)Heldengeschichte zu kreieren, die die beschriebene Person und ihren Einfluss auf das Theater ihrer Zeit überhöht und mystifiziert. Wie fragwürdig solche Heldennarrative in den vergangenen Jahren geworden sind, hat zuvörderst Ulrich Bröckling herausgearbeitet,[29] in der Theaterwissenschaft wurde insbesondere der damit verbundene Geniekult männlicher Regisseure kritisch hinterfragt.[30] Sich über die Intendanz als Beruf Gedanken zu machen, bedeutet daher auch, andere ‚Plots' als die bisher gewählten zur Diskussion der oben aufgeworfenen Fragen zu benutzen. Hinsichtlich der Umbrüche und Kontinuitäten von 1918 sind es daher gleichermaßen Revolutions- wie Bürokratiegeschichten mit ihren je eigenen Dramaturgien, die als Kodierung des rezipierten Materials dienen.

Mit Blick auf den bisherigen Forschungsstand bieten vor allem Matthias Heilmanns Arbeit *Leopold Jessner – Intendant der Republik*[31] und Sabine Päsler-Ehlens Dissertation *Krise und Reform als bürgerliches Projekt*[32] interessante Spuren, wie eine solche Neukodierung aussehen kann. Heilmann, der in seinem Buch das 20. Jahrhundert in den Blick nimmt, folgt im Aufbau seines Buches zunächst der klassischen Künstlerbiografie und liefert eine detailreiche Lebensschau eines wichtigen Regisseurs. Gleichzeitig deutet er Jessners Arbeit am Preußischen Staatsschauspiel aber immer auch vor dem Hintergrund der aktuellen politischen Entwicklungen und befragt die Leitung des Staatstheaters auf ihre Beziehung zur neu ausgerufenen Republik. Seine bereits titelgebende Feststellung, Jessner sei ein „Intendant der Republik"[33] gewesen, lädt natürlich dazu ein, die hier vorgestellten Intendanten wie auch das Berufsbild der Intendanz ganz allgemein auf ihr Verhältnis zur Staatsform und den damit verbundenen Repräsentationspflichten zu befragen.

Päsler-Ehlens im 19. Jahrhundert verortete Arbeit liefert demgegenüber interessante Anregungen, wie es methodisch gelingen kann, der Intendanz ‚auf die Finger' zu schauen, betrachtet sie doch den Arbeitsalltag der Hoftheater aus einer Perspektive verwaltungstechnischer Kleinteiligkeit. Anhand des Beispiels von Eduard Devrients Leitung des Karlsruher Hoftheaters arbeitet sie heraus, dass sich die Theaterleitung im 19. Jahrhundert zunehmend professionalisierte und diese Professionalisierung aus einem bürgerlichen Selbstverständnis heraus entstand,

---

29 Bröckling, *Postheroische Helden*.
30 Steiner, Regie als Kunst des *weissen* Mannes? und Hänzi, *Die Ordnung des Theaters*.
31 Heilmann, *Intendant der Republik*.
32 Päsler-Ehlen, *Krise und Reform als bürgerliches Projekt*.
33 Heilmann, *Intendant der Republik*, S. III.

welches wiederum eine Verbürgerlichung der Institution Theater begünstigte.[34] Als erkenntnisleitende Denkfiguren nutzt sie die Begriffe „Krise" und „Reform", um einen Wandel zu beschreiben, der bereits zu Beginn der 1840er-Jahre diskursiv in Theaterreformschriften vorbereitet wurde,[35] sich nach der gescheiterten Revolution von 1848/1849 aber eher in kleinen Schritten, denn in großen Brüchen vollzog. Besonders die Machkämpfe Devrients mit dem Karlsruher Hof, denen sie ein ganzes Kapitel widmet, sind für die hier vorgelegte Arbeit aufschlussreich, kann Päsler-Ehlen doch anhand von Tagebuchaufzeichnungen und Briefwechseln zeigen, dass bürgerliche und höfische Verkehrsformen aufeinanderprallten, eine Aufwertung des *bürgerlichen* Theaterleiters im Fall von Devrient aber trotz dieser Statuskämpfe gelang.[36] Mit Blick auf die Situation am Umbruchpunkt 1918 bietet Päsler-Ehlens Arbeit daher Impulse bezüglich der Frage, an welchen Punkten auch nach 1918 höfische Handlungslogiken den Arbeitsalltag der Intendanten beziehungsweise ihr Selbstverständnis prägten. Auch regt ihre Arbeit dazu an, kritisch zu fragen, welche teils aus dem 19. Jahrhundert übernommenen Krisennarrative zu Beginn des 20. Jahrhunderts aufgerufen wurden, um eine Veränderung der Institution Theater und des Intendantenamts voranzutreiben, und inwiefern die Rasanz des Revolutionsgeschehens im Gegensatz zum langsamen Reformertum des 19. Jahrhunderts institutionelle Veränderungen begünstigte oder verhinderte.

Während Heilmann und Päsler-Ehlen mit Jessner und Devrient zwei regieführende Theaterleiter betrachten, stehen in dieser Arbeit Intendanten im Fokus, in deren Biografien das Regieführen nur eine untergeordnete Rolle spielte. Als Dirigent und Komponist inszenierte Clemens von Franckenstein selbst gar nicht, der Schauspieler Victor Schwanneke nur gelegentlich und auch der gelernte Dramaturg Karl Zeiß führte eher selten Regie.[37] Das Beispiel München bietet sich daher besonders an, um einen Blick auf jene Intendant:innen zu werfen, die nicht über die Tätigkeit der Regie in das höchste Amt des Theaters kamen. Das ist nicht zuletzt deshalb geboten, weil bisher vor allem die Regie Gegenstand des wissenschaftlichen Interesses war. Ihre Bedeutung für die Position der Intendanz wurde dabei durchaus unterschiedlich bewertet: So schreibt Jens Roselt, die Regie habe überhaupt nur so eine wichtige Funktion als „eine Art Manager und Mediator"[38] ein-

---

34 Vgl. Päsler-Ehlen, *Krise und Reform als bürgerliches Projekt*, S. 11 ff.
35 Das arbeitet sie v. a. in Kapitel 3.2 „Theater(reform)schriften der 1840er Jahre" heraus. Vgl. ebd., S. 85–139.
36 Vgl. ebd. Kapitel 4 „Theaterordnung: Krise und Reform am Hoftheater in Karlsruhe von 1852 bis 1869 – Machtspiele des institutionellen Wandels", S. 183–291.
37 Zeiß' interessanteste Regiearbeiten fielen nicht in seine Münchner, sondern in seine Frankfurter Zeit, wo er unter anderem eine viel beachtete Inszenierung des *Urfaust* erarbeitete.
38 Roselt, *Regie im Theater*, S. 29.

nehmen können, weil es den Kavaliersintendanten der Hoftheater an fachlicher Expertise fehlte. In eine ähnliche Richtung geht die Beobachtung Denis Hänzis, dass gerade in den Regiestilen, die mit einer bestimmten Intendanz zu einer bestimmten Zeit verbunden würden, ein wichtiger Faktor für die Legitimation des Theaters liege und die Intendanz dementsprechend abhängig von den Regiepositionen sei.[39] Christopher Balme wiederum, der die Verklammerung von Regieposition und Intendantenamt untersucht, identifiziert in genau dieser Doppelrolle einen ständigen Quell der Instabilität für die Institution Theater.[40] Die nicht-regieführenden Intendanten in den Fokus zu rücken, wie es in dieser Arbeit geschieht, erlaubt daher auch, andere Faktoren der institutionellen (De-)Stabilisierung des Theaters zu diskutieren.

Darüber hinaus eröffnet der Fokus auf München aber noch einen weiteren Vorteil: Die Bayerischen Staatstheater stehen einerseits prototypisch für jene Hoftheater mit Mehrspartenbetrieb, die in ihren Residenzstädten lange Zeit ein Art Theatermonopol bildeten. Andererseits erlaubt der Vergleich zu den damals noch privat geführten Münchner Kammerspielen[41] einen Blick auf die ästhetischen und institutionellen Wechselwirkungen zwischen Hof- und Privattheatern im Kontext eines sich diversifizierenden urbanen Vergnügungsangebotes. Die Kammerspiele werden deshalb in dieser Arbeit immer wieder als Vergleichsfolie herangezogen.

Attraktiv für eine Untersuchung scheint das Beispiel München aber auch mit Blick auf den bisherigen Forschungsstand. Die Theatergeschichte der Weimarer Republik wird oft als Fortschrittsgeschichte erzählt, vor allem in Bezug auf die Theaterhauptstadt Berlin, die in Überblickswerken über die Kunst der 1920er einen übergroßen Raum einnimmt.[42] Dabei macht dieses Narrativ allzu leicht vergessen,

---

39 Vgl. Hänzi, *Die Ordnung des Theaters*, S. 231.
40 Vgl. Balme, Die Krise der Nachfolge, S. 52.
41 Sie gingen erst 1939 auf persönlichen Wunsch Hitlers endgültig in die öffentliche Hand über. Den Ablauf dieser Transformation rekonstruierte Friedrike Euler, wobei sie zeigte, dass der künstlerische Leiter Otto Falckenberg schon vor 1939 zunehmend Restriktionen durch die Stadt unterlag. Ebenso erwähnte sie, dass es 1938/1939 den Versuch gab, die Schauspielensembles der Kammerspiele und des Staatstheaters unter Falckenberg zu fusionieren, hierzu kam es jedoch nicht. Vgl. Euler, Theater zwischen Anpassung und Widerstand, hier speziell S. 150.
42 So beschäftigten sich Jost Hermand und Frank Trommler vorwiegend mit Berlin, auch der aufwendige Ausstellungskatalog über das Theater in der Weimarer Republik des Kunstamts Kreuzberg fokussierte eher die Moderne, obschon konservative Stiltendenzen zumindest diskutiert wurden. Ähnlich verhält es sich in Rühles Monumentalwerk *Theater in Deutschland. 1887– 1945*. Hier rückt die Provinz meist dann in den Blick, wenn in ihr ästhetische Innovation geschieht, etwa in Frankfurt oder Darmstadt. Gleiches gilt für den von ihm herausgegebenen Kritikenband, in dem Besprechungen zu besonders einschlägigen Inszenierungen aus der Zeit der Weimarer Republik gesammelt sind. Vgl. Hermand/Trommler, *Die Kultur der Weimarer Republik*,

dass es in den Jahren zwischen 1918 und 1933 auch ein anderes Theater gab, das an alten Darstellungskonventionen festhielt oder sich im Reinszenieren älterer Theaterformen auf eine Suche ad fontes begab. Ein Theater, in dem die Idee des Nationaltheaters für völkische Ideen umgebogen wurde, ein Theater, in dem der Wandel aufgrund von Oppositionen vor und hinter der Bühne so langsam vonstatten ging, dass alte und neue Stiltendenzen in einem Theaterraum nebeneinanderstanden.[43] Bezogen auf München argumentierte daher der langjährige Leiter des Münchner Stadtmuseums, Christoph Stölzl, Ende der 1970er, es habe in München in der Kunst nach 1918 eben keinen völligen Aufbruch zum Neuen gegeben. Eher würde das „Phänomen eines Münchner Mittelwegs sichtbar",[44] der die Stadt zu „ein[em] gute[n] Anschauungsmodell für jene unbekanntere konservative Seite der Kunst der Weimarer Republik [macht], die sich gegen den stürmischen Siegeszug der Moderne in Westeuropa stemmte."[45] Gegenüber Berlin eine Stadt wie München in den Blick zu nehmen, bedeutet daher auch, eine konservative Gegengeschichte zu erzählen. Zu zeigen, wo sich ältere Traditionen hielten und nach wie vor Sinnzusammenhänge prägten, ist schon deshalb historische Pflicht, weil es durch das Fortschrittsnarrativ der Theatermetropole Berlin allzu leicht ist, die Verantwortung dafür wegzuschieben, was nach 1933 an den Theatern passierte, so als habe es am Theater nur Progressive und Verfolgte gegeben, nicht aber willfährige Mitstreiter:innen des neuen Regimes.

Ferner will diese Arbeit auch eine Lücke in der Münchner Theatergeschichtsschreibung schließen, denn „[n]ur durch lokalgeschichtliche Feinarbeiten wird sich die Institutionalisierungsgeschichte des Theaters weiter ausdifferenzieren lassen."[46]

Gemein ist allen hier vorgestellten Intendanten, dass sie sowohl in der Stadtwie auch der Theatergeschichte kaum mehr bekannt sind. Das gilt in besonderem Maße für Victor Schwanneke, den wenig glücklichen ‚Revolutionsintendanten' der Jahre 1918/1919. Aber auch Clemens von Franckenstein sagt den Kenner:innen

---

Kunstamt Kreuzberg/Institut für Theaterwissenschaft der Universität zu Köln, *Theater in der Weimarer Republik*, Rühle, *Theater in Deutschland* und Rühle, *Theater für die Republik*.
43 Peter Marx hat das am Beispiel des Umgangs mit Shakespeare nach 1918 gezeigt, auch Waldemar Fromm, Sabrina Kanthak und Carolina Heberling weisen hierauf hin. Vgl. Marx, *Macht | Spiele*, S. 54–64 und Heberling/Kanthak/Fromm, Zur Entwicklung des Theaters in Bayern in der Zeit der Weimarer Republik, S. 214 ff.
44 Stölzl, Unordnung und gedämpftes Leuchten, S. XVII.
45 Ebd., S. XVI. In Bezug auf das Theater kommen Robert Braunmüller und Jürgen Schläder sowie Schläder et al. zu ähnlichen Postulaten. Sie sprechen von „verhindert[er] Revolte" bzw. „gemäßigte[r] Moderne". (Braunmüller/Schläder, *Tradition mit Zukunft*, S. 71 und Schläder et al., *Wie man wird, was man ist*, S. 112).
46 Lazardzig/Tkaczyk/Warstat, *Theaterhistoriografie*, S. 10.

dieser Tage, wenn überhaupt, vermutlich nur als Komponist etwas. 2022 wagte das Theater Bonn immerhin den Versuch, Franckensteins erfolgreichste Oper *Li-Tai-Pe* neu aufzuführen und das in Vergessenheit geratene Werk wieder ins Gedächtnis zu bringen.[47] Lediglich Karl Zeiß ist in der Theatergeschichtsschreibung des 20. Jahrhunderts etwas präsenter, allerdings nicht wegen seiner Münchner, sondern wegen seiner Frankfurter Intendanz. „Die Moderne beginnt mit Zeiss [sic!]",[48] schrieb Günther Rühle über das Frankfurter Schauspiel.

Gerade dadurch, dass die drei ‚Protagonisten' dieses Buches heutzutage nur noch wenig rezipiert werden, stützt sich die Auseinandersetzung mit ihnen auf eine kleinteilige Arbeit mit Archivmaterial. Dabei sind die gesichteten Quellen ähnlich heterogen wie der Beruf des Intendanten selbst und bieten je eigene Chancen und Herausforderungen.

Wichtige Quellen sind die im Deutschen Theatermuseum und in der Bayerischen Staatsbibliothek aufbewahrten Nachlässe der Intendanten sowie die im Literaturarchiv Monacensia und im Deutschen Literaturarchiv Marbach befindliche Korrespondenz der Intendanten. Die hier verwahrten „Ego-Dokumente"[49] geben Aufschluss über das Selbstbild der untersuchten Personen, über ihre Interessen, Werte und Lebensweisen. Die erhaltenen Briefe zeigen zudem, welche Personen die Intendanten wie und warum kontaktierten, und erlauben so gleichermaßen einen Blick auf die Netzwerke der Amtsträger wie auf die argumentativen Strategien, mit denen sie als öffentliche Figuren adressiert wurden. Gleichzeitig bergen Nachlässe immer das Problem der Unvollständigkeit: Clemens von Franckensteins Nachlass etwa besteht nur aus einer kleinen Anzahl von Briefen. In Karl Zeiß' Hinterlassenschaften findet die Theaterhistorikerin zwar eine reiche Sammlung an Zeitungsartikeln über Autoren wie Friedrich Hebbel, jedoch kaum Material zu Zeiß' Münchner Jahren. Warum bestimmte Dokumente überdauerten und andere nicht, muss Gegenstand der Spekulation bleiben.

Die Verwaltungs- und Personalakten des Theaters, die im Bayerischen Hauptstaatsarchiv aufbewahrt werden, legen demgegenüber die Verwaltungsstrukturen und Kommunikationswege im Theater und zwischen Theater und Ministerium offen. An ihnen lässt sich insbesondere ablesen, welche Akteur:innen hausintern wie viel Einfluss genossen und in welcher Weise der Intendant als Konfliktpartei oder Streitschlichter involviert war, wenn es zu Problemen ‚hinter den Kulissen' kam. Sie fordern zugleich zu überlegter Selektion und besonderer Wachsamkeit auf: Bereits einzelne Personalakten enthalten oft mehr als 1000 Blätter. Es gilt

---

47 Vgl. o.A., 23.05.2022 – Clemens von Franckenstein „Li-Tai-Pe" in Bonn und o.A., Li-Tai-Pe.
48 Rühle, Die Moderne beginnt mit Zeiss, S. 30.
49 Zum Begriff des „Ego-Dokuments" vgl. Schulze, Ego-Dokumente.

daher streng zu unterscheiden zwischen alltäglichen Betriebsabläufen einerseits und außergewöhnlichen Vorkommnissen und Problemen, die über das typischerweise Erwartbare hinausgehen, andererseits.

Im Münchner Stadtarchiv finden sich wiederum umfangreiche Pressespiegel zu den Bayerischen Staatstheatern. Sie zeigen, wie das Haus in der Kritik wahrgenommen wurde und welche Vorstellungen die Journalisten von damals mit dem Theater als Institution verbanden. Auch geben sie Aufschluss über die Rolle, die die professionalisierte Kritik sich selbst bei der Gestaltung des Theaters zuschrieb. Darüber hinaus sind Kritiken ein wichtiger Indikator dafür, welche Inszenierungen Skandale auslösten oder als besonders gelungen erlebt wurden. Gleichwohl wurden die Zeitungsartikel eher selektiv gesammelt: Die Presseschauen enthalten vorwiegend Kritiken aus dem Münchner Raum, das Echo der überregionalen Presse musste daher stellenweise ergänzt werden.

Einen weiteren Zugang zu den hier behandelten Figuren bieten Autobiografien von Personen wie Erich Mühsam, Hermann Sinsheimer, Friedrich Ulmer oder Josef Hofmiller, die sich im Münchner Theaterkosmos bewegten. An ihnen lässt sich ablesen, welche Erzählungen vom Theater im Gedächtnis der Zeitgenoss:innen überdauerten. Theaterhistoriografisch ist mehrfach darauf hingewiesen worden, solche Erzählungen nicht für bare Münze zu nehmen, kreieren sie doch nach den festgelegten Regeln des Genres eine präsentable und meist, aber nicht immer in sich kohärente Persona, die widersprüchliche oder zu ‚private' Episoden der eigenen Vita ausspart.[50] „Ist Autobiografien überhaupt zu trauen?",[51] fragt daher Christina Thurner, die sich mit der Textsorte der Autobiografie als Quelle für die Tanzgeschichtsschreibung auseinandersetzt. Sie betont, dass das Schreiben von Autobiografien das künstlerische Subjekt im Schreiben erst hervorbringe und schlägt vier erkenntnisleitende Dimensionen vor, mithilfe derer sich Autobiografien als Quellen fruchtbar machen ließen. Es ginge dabei weniger um die Frage der Faktizität, sondern darum,

> 1. worauf die Perspektive der Darstellung zielt, d.h. welche Sicht auf die historische ‚Wirklichkeit' der:die Autor:in kreiert; 2. welche Interessen aus dieser spezifischen Selektion abgeleitet werden können und zu welchen Aussagen […] sie führen; 3. wie sich der jeweilige zeitliche Abstand zu den dargestellten historischen Begebenheiten auswirkt und welche homogenisierende, allenfalls harmonisierende oder aber reflektierende Sichtweise daraus entsteht und 4. welche Wertungen die Autor:innen selber vornehmen bzw. wie diese wiederum relational zu bewerten sind.[52]

---

50 Vgl. Postlewait, *Autobiography and Theatre History*, S. 248–272.
51 Thurner, *Erinnerungen tanzen*, S. 29.
52 Ebd., S. 46.

Legt man diese Fragen an die hier zu Rate gezogenen Lebenserinnerungen an, entfaltet sich ihr Potential für die vorgelegte Untersuchung: Sie geben Aufschluss darüber, wie die Arbeitsatmosphäre an einem Theater erlebt oder die Führungsleistung bestimmter Intendantenfiguren bewertet wurde, selbst wenn andere Quellen diese ‚gefühlten Wahrheiten' konterkarieren. Besonders die in Autobiografien oft enthaltenen Anekdoten aus dem Theateralltag sind in diesem Zusammenhang aufschlussreich. Anekdoten dienen nämlich nicht nur der Selbstinszenierung und Selbsthervorbringung der schreibenden Person, wie Jacky Bratton betont, sondern sie konstruieren auch die Identitäten verschiedener sozialer Gruppen, in denen sich das Individuum verortet.[53] Betrachtet man die Bayerischen Staatstheater als eine solche Gruppe und ihren Intendanten als besonders sichtbaren Exponenten dieser Gruppe, ermöglicht die kritische Betrachtung der Anekdote, die Stabilisierung beziehungsweise Veränderung solcher Konstruktionen nachzuzeichnen, die dann auf das Berufsbild der Intendanz zurückwirkten.

Zuletzt erfolgt auch die Auswertung ‚klassisch' theaterwissenschaftlicher Quellen, etwa von Regiebüchern, Bühnenbildskizzen oder (gestellten) Szenenfotos aus dem Bestand des Deutschen Theatermuseums. Das geschieht vor allem dann, wenn einzelne Inszenierungen beispielhaft für die Entwicklung des Hauses in den Blick genommen werden. Die ausgewählten Quellen dienen dazu, zu verstehen, warum eine Inszenierung als besonders herausragend rezipiert wurde oder umgekehrt von Zensurdruck und Skandalisierung betroffen war.

Aus der Zusammenschau der verschiedenen Quellen ergibt sich ein multiperspektivischer Ansatz, der einen ganzheitlichen Blick auf die gesellschaftliche Bedeutung des Intendantenamts erst ermöglich. Vor einem solchen Panorama erscheint der Intendant als hochgradig sichtbare Herrscherfigur und symbolisiert gleichsam die Krisentendenzen der Institution Theater in den unruhigen Weimarer Jahren. Er begegnet der Leserin in den Quellen zugleich als Adressat divergierender Erwartungen, welche oft zu einer übermäßig hohen Verantwortungskonzentration und einer damit verbundenen Instabilität des Amtes führten. Solchen Erwartungen gerecht zu werden, gestaltete sich nach der Abschaffung der Zensur und der Übernahme des Theaters in die öffentliche Hand umso schwieriger, mussten doch nun die ‚Spielregeln' der Institution Theater neu verhandelt werden. Um diese Zusammenhänge adäquat analysieren zu können, seien im Folgenden die zentralen Begriffe dieser Arbeit – Herrschaft, Krise, Institution und Zensur – genauer definiert.

Zunächst einige Worte zum Begriff der „Herrschaft", der ausgehend von den Überlegungen Max Webers auch Eingang in die Theaterwissenschaft gefunden hat,

---

53 Vgl. Bratton, *New Readings in Theatre History*, S. 102.

wo mit ihm die Positionen der Regie und der Intendanz näher beschrieben wurden.[54]

Weber selbst verstand unter Herrschaft „die Chance [...] für einen B e f e h l Fügsamkeit zu finden".[55] Zwar bezog sich Webers Nachdenken über Herrschaft und ihre verschiedenen Ausformungen eher auf Monarch:innen, Politiker:innen oder religiöse Führer:innen, gleichzeitig erweisen sich seine Überlegungen mit Blick auf die Intendanten der Weimarer Republik aber als höchst ergiebig, entstanden sie doch genau in jener Zeit. Für Weber beruhte Herrschaft auf der Voraussetzung, dass die Beherrschten auch motiviert sind, Anweisungen Folge zu leisten.[56] Die Gründe hierfür können vielfältig ausfallen. Die wichtigste Bedingung für den Erhalt von Herrschaft ist aber, dass Herrscher:innen sich glaubhaft legitimieren. Dementsprechend hat Herrschaft auch stets einen beschränkten Einflussbereich, sie wirkt innerhalb eines sogenannten „Herrschaftsverband[s]",[57] zum Beispiel innerhalb einer Partei, eines Klosters – oder eben eines Theaters. Weber unterschied nun drei verschiedene Arten von Herrschaft: die legale, die traditionale und die charismatische Herrschaft.

Die legale Herrschaft beruht auf Satzung: „Gehorcht wird nicht der Person, kraft deren Eigenrecht, sondern der gesatzten Regel [...]."[58] Da Herrscher:innen hier nicht persönlichen Interessen folgen, sondern einem übergeordneten Prinzip, sind auch sie letztlich Gehorchende. Zur Herrschaft qualifiziert sind Personen rein durch fachliche Kompetenzen. Weber sah hierin das konstitutive Merkmal moderner Staaten und des dazugehörigen Beamtentums.[59] Der Verwaltungsstab eines auf legaler Herrschaft beruhenden Verbandes verfügt dementsprechend über gewisse Hierarchien, die eine Kontrolle der Einhaltung jener festgeschriebenen Regeln durch Beschwerden bei der nächsthöheren Stelle gewährleisten. Aus diesem Grund werden Entscheidungen auch stets in Akten schriftlich festgehalten.[60]

Ganz anders dagegen die traditionale Herrschaft: Sie meint die „Autorität des ‚ewig Gestrigen' [...], wie sie der Patriarch und der Patrimonialfürst alten Schlages übten."[61] Diese Herrschaftsform beruht auf der Vererbung von Privilegien, in ihr wird die persönliche Willkür der Herrschenden zum Maßstab von Entscheidungen. Sie wird bis zu dem Punkt ausgereizt, ab dem von den Untergebenen Widerstand zu

---

54 Vgl. Hänzi, *Die Ordnung des Theaters*, S. 34–42 und Balme, Die Krise der Nachfolge, S. 41 f.
55 Weber, *Wirtschaft und Gesellschaft*, S. 29, Hervorhebung im Original.
56 Vgl. ebd., S. 122.
57 Weber, Die drei reinen Typen der legitimen Herrschaft, S. 717.
58 Ebd.
59 Vgl. ebd. und Weber, Politik als Beruf, S. 495.
60 Vgl. Weber, *Wirtschaft und Gesellschaft*, S. 125 f.
61 Weber, Politik als Beruf, S. 495.

befürchten wäre. Kommt es dann doch einmal zur Auflehnung, wird aber nicht die Herrschaftsform als solche abgesetzt, sondern nur ihr:e jeweilige:r Repräsentant:in. Deshalb erscheint eine Abkehr von der Tradition auch so besonders schwierig.[62]

Während sich legale und traditionale Herrschaft im Alltäglichen abspielen, ist die charismatische Herrschaft demgegenüber auf die Außergewöhnlichkeit angewiesen. Sie beruht auf „besondere[n] Formen religiösen Ausdrucks, wie etwa göttliche Gnade, die Stiftung des heiligen Geistes oder die Gabe der Prophezeiung und der Heilung".[63] Kriegshelden fielen für Weber unter diesen Herrschertyp ebenso wie Propheten. Der Glaube an ihr Charisma entsteht durch Wunder oder durch die besondere Hingabe für eine Sache.[64] Auf diese Weise wird die Ausnahmeerscheinung dieser besonderen Menschen bezeugt. Das Gefolge charismatischer Herrscher:innen besteht daher auch nicht aus Beamt:innen oder Diener:innen, sondern aus Jünger:innen.

Dieser dritte Herrschertyp lässt sich am Theater besonders leicht in den regieführenden Intendant:innen finden. Ihnen wird Gefolgschaft aufgrund ihrer künstlerischen Potenz, aber nicht unbedingt aufgrund ihrer Führungskompetenz geleistet, so Christopher Balme.[65] Das mag zwar, wie Balme am Beispiel der NS-Zeit zeigt, die Institution kurzfristig stabilisieren, doch birgt die Besetzung des Amtes mit Charismatiker:innen auf lange Sicht Probleme. Erstens ließe sich eine Begabung im Künstlerischen nicht ohne weiteres auf komplexe Steuerungsaufgaben hinter den Kulissen übertragen. Zweitens nutze sich jedes Charisma irgendwann ab, wenn es nicht regelmäßig durch neue Großtaten bezeugt werde. Drittens entstünden spätestens dann Probleme, wenn beim Abgang solcher charismatischen Herrscher:innen die Nachfolge organisiert werden muss – Balme illustriert das am recht aktuellen Beispiel Frank Castorf, dessen Nachfolge sich nach einem Vierteljahrhundert ununterbrochener Herrschaft an der Berliner Volksbühne überaus schwierig gestaltete.[66]

Die charismatische Herrschaft steht dementsprechend in der steten Gefahr, ihre Anziehungskraft zu verlieren. Sie baut auf die Ausnahmesituation, während sich die legale und traditionale Herrschaft im gut eingespielten Alltag vollziehen. Charismatiker:innen müssen sich daher um eine Veralltäglichung ihrer Herrschaft in der Verwaltung bemühen und die Frage ihrer Nachfolge regeln, um Bestand zu haben und sich Legitimation zu sichern. Weber spielte dazu verschiedene Mög-

---

62 Vgl. Weber, *Wirtschaft und Gesellschaft*, S. 130 f.
63 Ebd., S. 41.
64 Vgl. Weber, Politik als Beruf, S. 495.
65 Vgl. Balme, Die Krise der Nachfolge und Balme, Unter Übermenschen.
66 Vgl. Balme, Die Krise der Nachfolge, S. 48 ff.

lichkeiten durch: Es kann etwa eine neue Person mittels Orakel gesucht oder durch die bisher Herrschenden designiert werden. Einfacher und effizienter dagegen scheint das Erbcharisma zu sein, bei dem die Außergewöhnlichkeit über Verwandtschaft vererbt wird. Als ähnlich funktionell erweist sich das Amtscharisma, das nicht mehr an eine Person, sondern ein bestimmtes Amt gebunden ist[67] – etwa das der Intendanz. Diese Art des Charismas kann potenziell von jedem:r erworben werden. Damit es jedoch weiter in seiner Strahlkraft wirken kann, selbst wenn ein:e Amtsinhaber:in der Persönlichkeit nach als nur wenig charismatisch erscheint, muss diese Person durch eine besondere Schulung und Prüfung, aber auch durch Initiationsriten und die Ausstattung mit Amtsinsignien in die Nähe des Außergewöhnlichen gerückt werden.[68]

Balme bringt nun noch das von Edward Shils entwickelte Konzept des Kontaktcharismas[69] ins Spiel. Shils argumentierte, dass Menschen immer auf der Suche nach Transzendenz, nach höheren Prinzipien seien, die ihr eigenes Leben übersteigen. Dieser Kontakt zu Höherem – für Shils der Kern jedes Charismas – realisiere sich in Institutionen (die Kirche, das Recht, die Wissenschaft) und könne dann Personen zugeschrieben werden, die in ihrem Rahmen als Amtsträger:innen mit dem Höheren interagieren oder es verkörpern. Für die ‚Ersatzreligion' Theater scheint das unmittelbar einleuchtend zu sein. Künstler:innen würden dann charismatisch, weil sie im Kontakt mit dem Höheren stehen. Für Intendant:innen, die in besonderem Maße die Institution repräsentieren, gilt das ebenso, egal wie schillernd sie selbst sind. Sind sie dann auch noch selbst als Regisseur:innen oder Komponist:innen tätig, wird ihre Ästhetik gleichsam zur eigenständigen ‚Institution'. Dann überträgt sich ihr Charisma auf ihre Mitarbeiter:innen: „[E]ine Reihe von Theaterkünstlern haben ihre Karriere darauf begründet, Brechts ‚Assistent' oder Grotowskis ‚Schüler' gewesen zu sein."[70]

Was all diese Arten der Nachfolgeregelung zeigen, ist, dass die charismatische Herrschaft fließend in andere Herrschaftsformen übergehen kann. Dementsprechend stehen auch in dieser Arbeit Personen im Vordergrund, bei denen sich verschiedene Herrschaftsprinzipien mischen. Clemens von Franckenstein war durch seine Zugehörigkeit zum Adel zwar ein traditionaler Herrscher, durch seine langjährige Arbeit am Theater fachlich aber ähnlich gut ausgebildet wie manch legaler Herrscher. Victor Schwannekes Herrschaft scheint legaler Natur zu sein, wurde er doch von der Belegschaft selbst zum Intendanten gewählt und durch eine neue Satzung des Theaters auf seine Rechte und Pflichten festgelegt. Gleichzeitig

---

67 Vgl. Weber, *Wirtschaft und Gesellschaft*, S. 144.
68 Vgl. Gebhardt, Charisma und Ordnung, S. 55 ff.
69 Vgl. Shils, Charisma, Order and Status.
70 Balme, Die Krise der Nachfolge, S. 41.

fehlte es ihm an fachlichen Kompetenzen, ebenso war er in hohem Maße abhängig von der Gunst seiner Angestellten und so trug seine Herrschaft trotz seines leisen Charakters auch charismatische Züge. Bei Karl Zeiß findet man Spuren von Charisma zwar in seiner von Zeitgenoss:innen als einnehmend und diplomatisch geschilderten Persönlichkeit, trotzdem war es natürlich seine langjährige Arbeit als Dramaturg, die ihn fachlich befähigte und als legalen Herrscher auswies. Doch obwohl alle drei hier zu untersuchenden Intendanten auf ihre je eigene Weise in der Position an der Spitze legitimiert waren, ergaben sich auch für sie Probleme in der Amtsführung, schien auch bei ihnen Herrschaft häufig bedroht. Zu diskutieren ist daher, ob dies lediglich eine Zeitdiagnose der unruhigen Weimarer Jahre ist oder ob nicht bereits damals das Amt der Intendanz mit so vielen Aufgaben und Erwartungen betraut war, dass es sich nie stabilisieren konnte. Nicht zufällig richtet sich heutzutage Kritik am deutschen Theatersystem vor allem gegen die Alleinherrschaft der Intendanz.[71] Dabei betonte Max Weber schon zu Beginn der 1920er-Jahre, dass jede Herrschaftsform durch „Kollegialität" beschränkt werden könne.[72] Dementsprechend sind solche frühen Formen der Gewaltenteilung im Theater für den Erkenntnisgewinn von besonderem Interesse.

Zu notieren ist mit Blick auf Webers Charismabegriff, dass dieser eine ‚gegenderte Dimension' besitzt. Wie Eva Kreisky zeigt, war Weber tief beeindruckt von der Begegnung mit Stefan George, dessen Freundeskreis – „eine Gruppe junger anregender Gefolgsmänner"[73] – ein reiner Männerbund war, ebenso wie zahlreiche andere Herrschaftsverbände, die Weber durch die Brille seiner Herrschaftstheorie betrachtete. Weber, so Kreisky, „setzte gewissermaßen den wissenschaftlichen Schlusspunkt unter die in dieser Zeit verbreiteten (staats-)politischen Männerfantasien. Er rundete theoretisch und konzeptuell ab, was die Männerwelt damals (gegen-)bewegte."[74] Herrschaft, insbesondere die charismatische, ereignete sich daher bei Weber immer auch unter männlichen Vorzeichen – das muss mitbedacht und reflektiert werden, wenn der Intendant in den Blick rückt. Auch in der Theaterwissenschaft ist in den vergangenen Jahren vermehrt gefordert worden,

---

71 Besonders vehement vertritt Thomas Schmidt in verschiedenen Publikationen diese Position: Er sieht in der Alleinherrschaft von Intendant:innen sogar einen der Hauptgründe dafür, warum es am Theater heutzutage permanent zu neuen Krisen kommt, und fordert dementsprechend eine Abkehr vom Intendant:innenmodell. Vgl. Schmidt, *Theater, Krise und Reform*, S. 78–81 und Schmidt, *Macht und Struktur im Theater*, S. 416 ff.
72 Vgl. Weber, *Wirtschaft und Gesellschaft*, S. 158 f. Nähere Ausführungen zu den verschiedenen Spielarten der Kollegialität finden sich in Kapitel 3.
73 Kreisky, Antifeministische und antidemokratische Tendenzen im Staatsdenken der Zwischenkriegszeit, S. 126.
74 Ebd., S. 131.

gender als selbstverständliche Kategorie der Analyse stärker mitzudenken und dabei auch die Erforschung von Männlichkeit und Männlichkeitsbildern zu berücksichtigen.[75] Diese gilt es hinsichtlich der Führungsfiguren besonders kritisch zu reflektieren, bezog doch besonders die Aufwertung des Regisseurs zum Genie ihre Wirkkraft durch eine ganze Reihe historischer Zuschreibungen von Männlichkeit, wie Nora Steiner herausarbeitet. Dem Künstler wurden Schlüsselbegriffe wie Autonomie, Imagination, Innovation und Originalität zugeschrieben, die ihn im Kunstdiskurs ab 1900 als aktiven Gestalter gegenüber den als passiv verorteten Frauen auswiesen.[76] Gleichzeitig naturalisierte man diese Fähigkeiten, indem man sie nicht als Resultat von Übung, Erfahrung oder harter Arbeit begriff, sondern als natürliche ‚Gabe'.[77] Die so zu Stande gekommene Aufwertung des Regisseurs zum Genie bot dem Theater neue Legitimation in genau jener Epoche, in der sein Einfluss gegenüber dem neu etablierten Kino einerseits zu schwinden begann, man aber andererseits um eine Festigung staatlicher Subventionen bemüht war: „Sobald in einer Kunst ‚Genies' wirken, ist sie als solche anerkannt",[78] bilanziert Steiner. Zwar werden in der vorliegenden Arbeit keine regieführenden Intendanten in den Blick genommen, doch auch die Komponisten, Dramaturgen und Schauspieler im Stand des Intendanten wurden in öffentlichen wie hausinternen Debatten zuweilen mit solchen Zuschreibungen belegt, die es dementsprechend genau zu hinterfragen gilt, will man den Herrschaftsbereich der historischen Figuren adäquat abstecken.

Naheliegend ist in diesem Zusammenhang, auch nach den Grenzen des herrschaftlichen Einflussbereichs zu fragen. Kein:e Herrscher:in, egal ob allein oder im Verbund, regiert allumfassend. Sie alle sind bestimmten Schranken aus Erwartungen, Normen und Konventionen unterworfen. In der Soziologie hat sich für diese Schranken der Begriff „Institution" durchgesetzt.[79] Eine besonders anschauliche Definition dieses Begriffs hat der Ökonom Douglass C. North geliefert, der sich in seiner Forschung mit Fragen des institutionellen Wandels befasste. North, der der Theorieströmung des Neoinstitutionalismus zuzuordnen ist, schlug vor, Institutionen als Spielregeln zu verstehen, welche soziale Interaktionen und die mit ihnen verbundenen Erwartungen strukturieren:

---

75 Vgl. Schrödl, Gender- und Queertheorien und Schrödl, Die Kategorie „Gender" in der Theaterwissenschaft und im Gegenwartstheater, hier speziell S. 3 und S. 6.
76 Vgl. Steiner, Regie als Kunst des *weissen* Mannes?, S. 21–25.
77 Vgl. ebd., S. 42–45.
78 Ebd., S. 56.
79 Vgl. zu soziologischen Institutionskonzepten Häußling, Institution.

> They are perfectly analogous to the rules of the game in a competitive team sport. That is, they consist of formal written rules as well as typically unwritten codes of conduct that underlie and supplement formal rules, such as not deliberately injuring a key player on the opposing team. And as this analogy would imply, the rules and informal codes are sometimes violated and punishment is enacted. Therefore, an essential part of the functioning of institutions is the costliness of ascertaining violations and the severity of punishment.[80]

Natürlich lässt sich diese Metapher auch auf das Theater ummünzen. Das Theater an sich mit seinen zahllosen Traditionen, Stilrichtungen und Debatten ist dann als Institution zu verstehen, einzelne Bühnen hingegen als Organisationen, die je nach Rechtsform unterschiedlich ausgestaltet sind. Sie befolgen, missachten oder unterlaufen die Regeln der Institution Theater, deuten diese um und schreiben sie neu. Institutioneller Wandel geschieht folglich dort, wo Spielregeln sich ändern. Solche Umschreibungen können sowohl aktiv gestaltend geschehen, aber auch beiläufig und unsichtbar geschehen, dabei Optimismus oder Pessimismus auslösen.[81] Herausfordernd ist an diesen Regeländerungen vor allem, dass sie mitten im Spielen stattfinden und die Anpassung an die neue Situation eine Reibung erzeugt, die die Institution mitunter stark destabilisieren kann.

Auch die Weimarer Republik lässt sich als eine Phase solcher Regeländerungen begreifen, in der durch die Abschaffung der Zensur und die Übernahme der Theater in die öffentliche Hand langfristige Effekte gezeigt wurden. So veränderte sich in der Zwischenkriegszeit die Idee dessen, was unter Theater verstanden wurde und erforderte Anpassungen auf Ebene der Organisationen. Gleichzeitig näherten sich zahlreiche Privattheater durch die Kommunalisierung nicht nur in ihrer Organisationsform den ehemaligen Hoftheatern an, sondern auch in den normativen Bezügen, in deren Rahmen sie nun agierten.[82] So entstanden „Zone[n] des Übergangs, wo Organisationsformen zur Institution werden und sich Institutionen organisational realisieren",[83] wie Benjamin Hoesch mit Blick auf den institutionellen Wandel von Theater schreibt. Entlang solcher Zonengrenzen bewegt sich auch die hier vorgelegte Arbeit über die Entwicklung des Intendantenberufs während der Weimarer Zeit in München. Nur so lassen sich die tatsächlichen ‚Spielräume' identifizieren, die der Intendant innerhalb des Veränderungspro-

---

80 North, *Institutions, Institutional Change and Economic Performance*, S. 4.
81 Vgl. Schimank, Neoinstitutionalismus, S. 162 f.
82 Die Soziologen Paul DiMaggio und Walter Powell bezeichnen dieses Phänomen als „institutional isomorphism". Sie argumentieren, dass Organisationen sich einander immer weiter angleichen, selbst wenn ihre Ausformungen ineffizient sind, weil es Organisationen durch diese Annäherung gelingt, für sich selbst den Status der Institution einzufordern. Vgl. DiMaggio/Powell, The Iron Cage Revisited.
83 Hoesch, Institution und Organisation, S. 208.

zesses ausnutzen konnte. Schließlich kann man den hier zu untersuchenden Intendanten weder völlige Autonomie im Entscheiden noch totale Unterwerfung unter die Erwartungen des Außen zuschreiben.[84] Wie gut ihnen jedoch die Balance zwischen Eigenständigkeit und Fremdbestimmung gelang, hing aber nicht nur von den persönlichen Fähigkeiten der jeweiligen Amtsträger ab, sondern vor allem von der Dichte des Erwartungsdrucks. Auch eine kompetente, kompromissbereite und einnehmende Person kann Widersprüchen kaum mehr konsistent begegnen, wenn die an sie gestellten Erwartungen zu stark divergieren, wie am Beispiel der hier zu untersuchenden Intendanten gezeigt wird. Die Intendanz – oft als die Machtposition im Theater schlechthin begriffen – wäre dann nicht viel mehr als eine Fiktion von Stärke.

Erschwerend kommt hinzu, dass das Theater eine Institution ganz besonderer Art zu sein scheint. Thomas Heskia schlägt vor, das Theater mit Anschluss an Lewis Coser als „gierige Institution" zu begreifen,[85] also als eine Institution, die im Interesse ihres Bestehens diejenigen, die nach ihren Regeln spielen, quasi verschlingt. Sie erfordert das allumfassende Engagement einer Person, ein Außen kann und darf es dann nicht mehr geben.[86] Coser definierte seine gierigen Institutionen in Abgrenzung zu Erving Goffmans Konzept der „totalen Institution". Während Goffman mit Psychiatrien, Gefängnissen oder Arbeitslagern Institutionen untersuchte, die räumlich klar von der Umwelt verschieden sind und in die der Eintritt nur selten freiwillig erfolgt,[87] arbeitete Coser mit den Beispielen Ehe, Sekte oder Dienstbotentum. Sie operierten auf Basis von Freiwilligkeit. Gehorsam gegenüber ihren Spielregeln werde durch besondere Anreize zur Bindung an die Institution sichergestellt: „Sie bieten Erfüllung, Gemeinschaft und nicht zuletzt auch einen kleinen Teil der Macht und Aufstiegsmöglichkeiten innerhalb ihres institutionellen Rahmens."[88]

Gierige Institutionen bänden so die Aufmerksamkeit derer, die sie vereinnahmten, und kontrollierten genau, dass nicht auch anderen Gebieten des sozialen Lebens Interesse zuteilwerde. Doch dafür müsse das Individuum aus anderen institutionellen Kontexten herausgelöst werden. Als Beispiele solcher Isolierungsmechanismen nennt Heskia für das deutsche Theatersystem etwa die langen und elitär gestalteten Ausbildungswege, die Künstler:innen schon am Beginn ihrer Karriere von Peers in anderen (Arbeits-)Welten trennten. Das zeige sich auch im

---

84 Vgl. ebd., S. 211 ff.
85 Vgl. Heskia, Fragen der Macht.
86 Vgl. Coser, *Gierige Institutionen*, S. 14.
87 Vgl. Schroer, *Soziologische Theorien*, S. 229–232.
88 Heskia, Fragen der Macht, S. 187.

ständigen Umziehen von Stadt zu Stadt im Interesse der Karriere und in den ausgedehnten Arbeitszeiten, die ein Engagement in anderen Lebensbereichen verunmöglichten.[89] Die für die Soziologie so einschlägige Idee, in verschiedenen sozialen Situationen unterschiedliche Rollen einzunehmen und nach je eigenen Spielregeln spielen zu können, wird in gierigen Institutionen also vollends negiert.[90] In Bezug auf die Intendant:innen leuchtet das besonders ein: Keine Person ist so sichtbar wie der Intendant, keine andere Position im Theater wird so deckungsgleich mit einer bestimmten Organisation gesetzt wie die Leitung. Nicht umsonst spricht man pars pro toto von der „Intendanz Jessner". Intendant:innen dürfen dann nur mehr als Intendant:innen auftreten. Erscheinen sie zu sichtbar in anderen Rollen, sind nicht nur sie persönlich, sondern auch die Institution gefährdet.

Allerdings änderten sich in der Weimarer Republik die Spielregeln der gierigen Institution Theater und so konnten Intendanten nicht mehr auf gesicherte Rollenerwartungen und Darstellungskonventionen zurückgreifen, die bis dato ein bruchloses Miteinander sicherten. Sie mussten sich erst noch bilden: Die neue Rolle musste erprobt werden, aus einfachem „role-taking" wurde ein komplexes „role-making".[91] Aus diesem Grund waren die hier zu untersuchenden Intendanten auch in besonderem Maße Wegweiser für die weitere Entwicklung des Berufsbildes. Sie erprobten, festigten und verwarfen bestimmte Verhaltensweisen, entwickelten Routinen und beeinflussten so, was für ihre Nachfolger:innen im Rahmen des Möglichen lag.

Dieser Prozess des Erprobens und Verwerfens lässt sich erneut unter der Dimension des Charismas deuten, wie Denis Hänzi für das Theater mit Anschluss an den Soziologen Ulrich Oevermann zeigt. Oevermann beschreibt Charisma nicht mehr als die Qualität einer Person, sondern schlicht als „die Quelle, aus der im Krisenfalle die überzeugende Krisenlösung entspringt, also die künftige Rationalität."[92] Um wirksam zu werden, müsse „eine Krise erfolgreich als Krise konstatiert werden",[93] damit sich „im Auftreten eines ‚Propheten'"[94] ein Angebot zur Lösung realisiert. Für Hänzi ist der Regisseur solch ein Prophet. Er offeriert im Angesicht der institutionellen Legitmationskrise ein Lösungsangebot. Unter der Voraussetzung, dass seine (Ensemble-)Gefolgschaft den von ihm verkündeten inszenatorischen Weg auch bereitwillig mitgeht, kann er zeigen, dass sich seine Krisenlösung

---

89 Vgl. ebd., S. 189.
90 Vgl. Coser, *Gierige Institutionen*, S. 17.
91 Vgl. Zu den Begriffen des „role-taking" und „role-making": Turner, Role-Taking.
92 Oevermann, Bewährungsdynamik und Jenseitskonzepte, S. 294.
93 Ebd.
94 Ebd.

im Alltag bewährt. Gelingt dies, kommt es zur „Routinisierung der Krisenlösung".[95] Hänzi schreibt, dass sich bei der wiederkehrenden Zusammenarbeit von Regieteams Arbeitsabläufe immer mehr einspielten und „der Inszenierungsstil eines Regisseurs aufgrund des wiederholten Zuspruchs, den er seitens des Publikums oder auch der Theaterkritik erfährt, dazu neigt, sich zu entpersönlichen und ‚Schule' zu machen, ja Nachahmerinnen und Nachahmer zu generieren."[96] Für die Weimarer Republik ließe sich etwa an die Regiehandschrift Leopold Jessners denken. Erneut ist es hier die Position der Regie, die durch ihr Charisma zum stabilisierenden Faktor der Institution Theater wird und deren Strahlkraft sich in den Regisseur:innen zu „eine[r] spezifisch[...] habituelle[n] *Disposition*"[97] verstetigt.

Gleichwohl lässt sich das Moment der Krisenlösung auch mit Blick auf eine nicht-regieführende Intendanz denken. Versteht man die Revolution von 1918 und die mit ihr verbundene Überführung des Theaters in die öffentliche Hand als eine solche Krise, lässt sich das Einrichten einer neuen Leitungsform als ein solches Lösungsangebot aus der ‚Krise' verstehen, wie es sich in München im Künstlerrat realisierte. Warum dieses Angebot nicht zur Routine werden konnte, obwohl es sich zunächst zu bewähren schien, wird später noch am Material erörtert.

Zuvor ist jedoch der von Oevermann bereits angesprochene Begriff der Krise zu schärfen, zumal es in der Erforschung der Weimarer Republik kaum einen Topos gibt, der so allgegenwärtig ist, wie der der Krise[98] – seien es Wirtschaftskrisen, Demokratiekrisen oder eben (finanzielle) Krisen des Theaters.[99] Die Krise als Narrativ ist dabei ähnlich persistent wie die Fortschrittserzählung im Bereich der Künste. Mehr noch: Krise ohne Avantgarde, Avantgarde ohne Krise scheint kaum zu denken, seit Detlev Peukert die Weimarer Republik als „Krisenjahre der Klassischen Moderne" beschrieben hat.[100] Doch darf man nicht den Fehler machen, Krisen lediglich als Niedergang oder Antiklimax zu verstehen und das Krisenpos-

---

95 Ebd.
96 Hänzi, *Die Ordnung des Theaters*, S. 40.
97 Ebd., S. 41, Hervorhebung im Original.
98 Über 370 selbstständige Publikationen, bei denen das Wort „Krise" bereits im Titel vorkam, erschienen in den Jahren zwischen 1918 und 1933. Vgl. Föllmer/Graf/Leo, Einleitung, S. 10.
99 Krisennarrative, die speziell das Theater betreffen, diskutieren etwa Konrad Dussel oder Karl Christian Führer. Während Dussel sich mit Finanzierungskrisen der Theater beschäftigt und zeigen kann, dass die Theater bereits vor der Wirtschaftskrise von Einnahmerückgängen aufgrund sinkender Zuschauerzahlen betroffen waren, deutet Führer den Niedergang des Theaters im Angesicht der Wirtschaftskrise als Identitätskrise des deutschen Bürgertums. Vgl. Dussel, Theater in der Krise, Dussel, Theaterkrise und städtisches Nationalbewusstsein und Führer, „Kulturkrise" und Nationalbewusstsein.
100 Vgl. Peukert, *Die Weimarer Republik*.

tulat kurzerhand als Erklärung für die Ereignisse der Jahre 1918 bis 1933 heranzuziehen. So betonen etwa Moritz Föllmer, Rüdiger Graf und Per Leo:

> Krisen sind nicht in der Welt und werden von Menschen entdeckt, sondern sie konstituieren sich erst in narrativen Strukturen [...]. Erst in Erzählungen werden Strukturveränderungen und Ereignisabläufe zu Krisen.[101]

Erzählt werden sie aus einem bestimmten Grund. Krisen stellen, folgt man Reinhart Kosellecks begriffsgeschichtlicher Einordnung, einen Moment der Entscheidung zwischen verschiedenen Möglichkeiten dar: „Der Begriff implizierte zugespitzte Alternativen, die keine Revision mehr zuließen: Erfolg oder Scheitern, Recht oder Unrecht, Leben oder Tod, schließlich Heil oder Verdammnis."[102] Wer von „Krise" spricht, glaubt also an eine Veränderbarkeit der bestehenden Welt und dieser Glaube war, wie die neuere Forschung zur Weimarer Republik zeigt, über alle politischen Lager hinweg bis 1933 hoch. Deswegen wird in aktuellen Publikationen auch ein Denken der Republik von ihrem Ende her kritisiert.[103]

Krisen lassen sich also als emotional besetzte Narrationen verstehen, die Veränderungen anstoßen oder beschleunigen. In dieser produktiven Setzung ist das Wort „Krise" auch in die kunstwissenschaftliche Forschung eingegangen.[104] Am Theater lagern sich solche Krisenerzählungen heutzutage oft an die Intendant:innen an, vor allem, wenn es aufgrund von Krisen zu vorzeitigen Führungswechseln kommt. Dabei sind es meist aber gar nicht die Personaldebatten an sich, die interessieren, vielmehr stellen Krisen den Blick auf die dahinter liegenden institutionellen Strukturen scharf, wie Christopher Balme argumentiert.[105] Sie erscheinen plötzlich nicht mehr stimmig und der zuvor sichere Status der Institution muss neu legitimiert werden. In den Debatten über das Intendantenamt in der Weimarer Republik offenbart sich daher immer auch, welches Bild von Theater die jeweiligen Sprecher:innen verinnerlicht hatten, und ob sie dieses in ‚ihrem' Theater verwirklicht sahen oder nicht. Je weniger das der Fall ist, umso wahrscheinlicher wird die Krise, besonders dann, wenn Steuerungsmechanismen versagen und Probleme nicht mehr bearbeitet werden können, wie Balme und Tony Fisher zeigen.[106] Dann kommt es zur Legitimationskrise, die entweder einen Prozess der Konsolidierung alter Werte in Gang setzen oder eine grundlegende Neupositionierung der Insti-

---

101 Föllmer/Graf/Leo, Einleitung, S. 12.
102 Koselleck, *Begriffsgeschichten*, S. 204.
103 Vgl. Rossol/Ziemann, Einleitung, S. 10.
104 Vgl. Zimmer/Mandel, Die Krise der darstellenden Künste und die Rolle der Kulturpolitik, S. 4.
105 Vgl. Balme, Institutional Aesthetics and the Crisis of Leadership, S. 169.
106 Vgl. Balme/Fisher, Introduction, S. 11.

tution nach sich ziehen kann. Dabei können dann Akteur:innen gestärkt werden, die bisher eine eher untergeordnete Rolle eingenommen haben.[107] Solche Figuren gilt es am historischen Material zu identifizieren, auf ihr Theaterverständnis hin zu untersuchen und ihre Beziehung zur Intendanz herauszuarbeiten beziehungsweise ihren Weg zum Intendanten nachzuzeichnen.

Ihre Rolle lässt sich jedoch nur dann adäquat einordnen, wenn klar ist, unter welchen verfassungsrechtlichen Rahmenbedingungen das Theater in der Weimarer Republik agierte, denn diese boten neue Legitimationsnarrative an und machten ältere obsolet. Ein Blick in die Verfassung der jungen Demokratie suggeriert dabei zunächst eher eine Aufwertung der Institution Theater. So garantierten sowohl die Weimarer Reichsverfassung in Artikel 142 wie auch die für Bayern erarbeitete Bamberger Verfassung in § 20 explizit die Freiheit der Kunst:

> Art. 142. Die Kunst, die Wissenschaft und ihre Lehre sind frei. Der Staat gewährt ihnen Schutz und nimmt an ihrer Pflege teil.[108]

> § 20.
> Die Freiheit der Kunst, der Wissenschaft und ihrer Lehre wird gewährleistet und kann nur durch Gesetz und nur zur Wahrung der öffentlichen Ordnung, Sicherheit, Gesundheit oder Sittlichkeit beschränkt werden.[109]

Bemerkenswert ist aus heutiger Sicht vor allem Satz 2 des Artikels 142, denn diesen kennt das Grundgesetz von 1949 nicht mehr. Er wurde in den Gesetzeskommentaren von damals nur wenig diskutiert und hatte für die öffentliche Finanzierung von Kunst auch keinen wirklichen Effekt. Gleichzeitig offenbarte er aber das kulturelle Selbstverständnis der jungen Republik:

> Seine rechtliche Bedeutung bestand zunächst und vor allem in der Feststellung, daß Kulturvorsorge und eine positive, aktive Kunstpolitik auch verfassungsrechtlich legitime Betätigungen des modernen Staates sind.[110]

Die Wichtigkeit von Kultur für die junge Demokratie artikulierte sich bereits in der Wahl der Stadt Weimar als Ort der verfassungsgebenden Nationalversammlung, an dem ausgerechnet in einem Theatersaal die rechtlichen Grundlagen des neuen Staates erarbeitet wurden. Kunst wurde so als selbstverständlicher Teil des Wohlfahrtsstaates und der kulturellen Identität legitimiert, ihr Zugang sollte allen

---

107 Vgl. ebd., S. 14.
108 Gebhard, *Handkommentar zur Verfassung*, S. 518.
109 o.A., Verfassungsurkunde des Freistaates Bayern, S. 536.
110 Knies, *Schranken der Kunstfreiheit*, S. 212.

offenstehen – diese Idee war der dominante Legitimationsmythos für das Theater der Weimarer Republik.[111] Das Theater als Ort des Volkes, als Ort aller wurde so Teil eines „cultural body politic of a community".[112] Dementsprechend veränderte sich auch, wer mit dem Theater in Kontakt trat und warum. In spontanen Skandalen und geplanten Saalstörungen, in Zeitungsdebatten, Landtagssitzungen und Gerichtsverfahren zeigte sich, dass mit dem Theater auch Menschen interagierten, die nicht im engeren Sinn zum Publikum zu rechnen sind. Sie besuchten Vorstellungen nur, um zu stören oder richteten Beschwerden über einzelne Bühnen an die Kultusministerien, weil sie ihre Werte in Inszenierungen missachtet sahen, die sie selbst gar nicht besucht hatten.[113] Balme schlägt deshalb vor, zur Öffentlichkeitssphäre des Theaters auch Akteur:innen zu zählen, die keine klassischen Zuschauer:innen sind, aber trotzdem an das Theater herantreten, es skandalisieren oder etwas von ihm wollen.[114] Die zahllosen Skandale der Zwischenkriegszeit bezogen sich dementsprechend nicht nur auf das Theater selbst, viel mehr „verdeutlichen sich an Theaterskandalen nicht nur ästhetische, sondern auch gesellschaftliche und politische Konfliktlinien",[115] wie Sabrina Kanthak notiert. Dass auf der Bühne nun allerdings ganz offen Stücke gezeigt werden konnten, die gesellschaftliche Sprengkraft entfalteten, war der Abschaffung der Zensur geschuldet, die in Artikel 118 der Verfassung festgelegt wurde:

> Art. 118. Jeder Deutsche hat das Recht, innerhalb der Schranken der allgemeinen Gesetze seine Meinung durch Wort, Schrift, Druck, Bild oder sonstige Weise frei zu äußern. An diesem Rechte darf ihn kein Arbeits- oder Anstellungsverhältnis hindern, und niemand darf ihn benachteiligen, wenn er von diesem Rechte Gebrauch macht.
>
> Eine Zensur findet nicht statt, doch können für Lichtspiele durch Gesetze abweichende Bestimmungen getroffen werden. Auch sind zur Bekämpfung der Schund- und Schmutzliteratur sowie zum Schutze der Jugend bei öffentlichen Schaustellungen und Darbietungen gesetzliche Maßnahmen zulässig.[116]

Zwar gab es vor 1918 keine rechtlich verbindlichen Regeln, die zu einer Theaterzensur verpflichteten, sie wurde aber dennoch praktiziert.[117] Die Ausformungen dieser Kontrollpraxis waren lokal unterschiedlich ausgeprägt. In München fun-

---

111 Vgl. Balme, Legitimationsmythen des deutschen Theaters, S. 29 ff.
112 Balme, *The Theatrical Public Sphere*, S. 45.
113 Vgl. ebd., S. 141–155.
114 Vgl. ebd., S. 14 f.
115 Heberling/Kanthak/Fromm, Zur Entwicklung des Theaters in Bayern in der Zeit der Weimarer Republik, S. 233.
116 Gebhard, *Handkommentar zur Verfassung*, S. 465.
117 Vgl. Petersen, *Zensur in der Weimarer Republik*, S. 38.

gierte ab 1908 ein sogenannter „Zensurbeirat", der für die Polizei Gutachten über zweifelhafte Stücke verfasste und gegen deren Aufführung votieren konnte.[118] Seine Entscheidungen betrafen vor allem die Privattheater. Im Hoftheater kontrollierte man hausintern, was gespielt wurde. Die Privattheater standen deshalb auch in schärferem Kontrast zum Staat als die der Tradition verpflichteten Hofbühnen und stellten offenbar eine Form kritischer Öffentlichkeit dar, wie Jürgen Habermas sie idealisiert in *Strukturwandel der Öffentlichkeit* beschrieb.[119] Durch die Veranstaltung geschlossener Vorstellungen und das Verteilen zensierter Textteile zur Lektüre an das Publikum[120] unterliefen die Privattheater die Schranken der Zensur und offenbarten so die Sprengkraft des Mediums Theater. Diese Legitimation des Theaters als kritische Gegensphäre zum Staat fiel mit der Abschaffung der Zensur jedoch weg, wie Christopher Balme argumentiert. Er fragt provokant sogar, ob Theater in Post-Zensur-Gesellschaften überhaupt eine Funktion erfülle.[121] Gleichzeitig eröffnete die Abschaffung der Zensur jedoch sowohl den privaten wie den staatlichen Bühnen neue Spielräume in der Repertoiregestaltung. Besonders für die Hoftheater, die nach Ansicht Ute Daniels zu Beginn des 20. Jahrhunderts immer mehr in Tradition erstarrten,[122] bot das eine Chance zur Neupositionierung. Ob und wie solche Spielräume von den hier zu betrachtenden Intendanten genutzt wurden, muss daher kritisch diskutiert werden. Trotzdem darf man den Effekt der verfassungsrechtlichen Garantien von Kunst- und Meinungsfreiheit in der Weimarer Republik nicht überschätzen.

---

118 Zur Arbeit des Zensurbeirats vgl. Meyer, *Theaterzensur in München 1900–1918*.
119 Habermas, *Strukturwandel der Öffentlichkeit*. Er setzt hierin die Zusammenkunft eines bürgerlichen Publikums, das rational über Gegenstände öffentlichen Interesses räsoniert, der Sphäre eines absolutistischen Staates gegenüber, in der Öffentlichkeit vorwiegend repräsentativer Natur ist. Theater und Literatur erscheinen in dieser Setzung als Testfelder, „where discursive patterns and practices were trained before they were applied to the political arena proper." (Balme, *The Theatrical Public Sphere*, S. 5.) Dieses Ideal weicht Habermas im zweiten Teil des Buchs auf, um einen Niedergang jener Öffentlichkeit im 19. Jahrhundert und 20. Jahrhundert zu postulieren. Mit der kapitalistischen Durchdringung sämtlicher Lebensbereiche sei Kultur zur Ware degradiert, die Presse, einst als Organ der Kritik dem Staat entgegengesetzt, sei durch ihre Vermarktung und Vermassung selbst zur Trägerin von Herrschaft geworden, die Meinung produziert. Der Öffentlichkeitskonzeption Habermas'scher Prägung ist seither viel Kritik entgegengebracht worden, vor allem wegen des idealisierenden und homogenisierenden Charakters von Öffentlichkeit, der strikten Trennung von Staat und Öffentlichkeit und der Fokussierung auf das Bürgertum. (Vgl. Zur Kritik an Habermas: Fraser, *Theorie der Öffentlichkeit*).
120 Hiervon berichtete Kammerspiel-Chronist Wolfgang Petzet bei einer Vorstellung von *Die Welle* von Franz Blei 1913: „Für Lektüre im Zuschauerraum war die Theaterzensur nicht zuständig." (Petzet, *Die Münchner Kammerspiele*, S. 62.).
121 Vgl. Balme, *The Theatrical Public Sphere*, S. 16 und 37.
122 Vgl. Daniel, *Hoftheater*, S. 359–381.

Erstens waren die Grundrechte, die die Weimarer Verfassung festlegte, für die einzelnen Bürger:innen nicht vor einem Verfassungsgericht einklagbar.[123] Deshalb wurden sie noch nicht mit der gleichen Selbstverständlichkeit wahrgenommen wie heutzutage. In Bezug auf die Kunstfreiheit spricht Wolfgang Knies sogar von einem „unbekannte[n] Grundrecht".[124]

Zweitens meinte die Abschaffung der Zensur meist nur die Vorzensur. Das bedeutet, dass es für die Nachzensur weiterhin Spielräume gab. Artikel 118 nannte bereits mehrere Einschränkungen, später wurden diese beispielsweise durch das 1920 in Kraft tretende Lichtspielgesetz und das 1926 verabschiedete Gesetz zur Bewahrung der Jugend vor Schund- und Schmutzschriften konkretisiert.[125] Allerdings konnte Zensur nur basierend auf *Gesetzen* erfolgen, ein willkürliches Verbot von Kunst aufgrund deren Minderwertigkeit war demnach nicht zulässig. Trotzdem wurden solche Verbote unter dem ‚Deckmäntelchen' der Wahrung der öffentlichen Ordnung gerade in Bayern weiterhin durchgesetzt.[126]

Drittens betont besonders Wolfgang Petersen, dass in diesem Kontrollvakuum nun vermehrt andere Gruppen wie Religionsgemeinschaften oder soziale Bewegungen die Funktion des Zensors übernahmen. Sie forderten Kontrolle ein oder setzten diese etwa in Form von Klagen oder Beschwerden durch. Petersen schlägt deshalb vor, Zensur in der Zwischenkriegszeit nicht in einem staatszentrierten Sinn zu verstehen, sondern eher als „Kommunikationsbehinderung",[127] an der viele Akteure mitwirkten. Die Kontrolle gegenüber der Institution Theater verschwand dementsprechend nicht vollends, verteilte sich aber mehr als zuvor auf verschiedene Träger – auf die Publikumsvereine und die führenden Tageszeitungen, die Parteien und die Saalstörer:innen bei Skandalen. Die Techniken der Kontrolle vervielfältigten sich durch diese Diffusion und brachten Einflussstrategien jenseits staatlicher Verbote hervor.

Als Intendant konnte man solche Einmischungen ignorieren, zahlte dann aber möglicherweise den hohen Preis der Absetzung. Man konnte aber auch versuchen,

---

[123] Bayern bildete hier einen Sonderfall: § 93 der Bamberger Verfassung sicherte jedem:r Bürger:in die Möglichkeit zu, Beschwerde vor dem Staatsgerichts einzulegen, „wenn sie glauben, durch die Tätigkeit einer Behörde in ihrem Recht und unter Verletzung dieser Verfassung geschädigt zu sein." (o.A., Verfassungsurkunde des Freistaates Bayern, S. 553). Vgl. hierzu auch: Ehberger, Verfassung des Freistaates Bayern (1919).
[124] Knies, *Schranken der Kunstfreiheit*, S. 11.
[125] Vgl. Petersen, *Zensur in der Weimarer Republik*, S. 50–67.
[126] Das zeigt beispielsweise das Verbot der Inszenierung von Frank Wedekinds *Schloss Wetterstein* an den Münchner Kammerspielen 1919. Vgl. hierzu Kanthak/Valdés-Stauber, SCHICKSALE #7.
[127] Petersen, *Zensur in der Weimarer Republik*, S. 4.

diese Interessen einzubeziehen und auszubalancieren. Matthias Bullinger, der am Beispiel mehrerer Theater in Württemberg Entwicklungslinien der Kunstförderung zu Beginn des 20. Jahrhunderts nachvollzog, bezeichnete das Eingehen auf die neuen Kontrollversuche als „antizipierte Selbstzensur der Intendanz",[128] die vor allem die Repertoiregestaltung betraf. Alfred Kehm, dem Leiter der Württembergischen Landesbühne, attestierte er, in diesem Spiel der Kräfte ein „recht geschickter Spieler"[129] gewesen zu sein. Er habe lieber im Vorhinein selbst bedenkliche Textstellen in Stücken getilgt, anstatt es auf ein Verbot ankommen zu lassen. Die Selbstzensur, die Bullinger benannte, stellt eine Sonderform von Zensur dar, die sowohl gegenüber staatlich regulierten Kontrollinstanzen greifen kann wie auch gegenüber Diskursen, in welchen Abweichung ein Risiko bedeutet. Sie ist jedoch besonders schwer nachzuweisen, da sie mitunter keine sichtbaren Spuren hinterlässt, wie York-Gothart Mix betont.[130] Gleichzeitig erweist sich der Begriff der „Selbstzensur" mit Blick auf das Agieren von Intendanten als nur eingeschränkt brauchbar, schließlich „zensierten" diese sich nicht selbst, sondern die Werke anderer Künstler:innen.

Geeigneter scheint es daher, die Intendanten der 1920er-Jahre in Bezug auf die Spielplangestaltung als wachsam zu beschreiben. In den Geisteswissenschaften hat sich in jüngster Zeit für eine derartige Wachsamkeit der Begriff der „Vigilanz" herausgebildet. Wie Arndt Brendecke ausführt, meint Vigilanz erstens „die Koppelung von individueller Aufmerksamkeit mit kulturell vermittelten, überindividuellen Zielsetzungen und zweitens mit konkreten Handlungs- und Kommunikationsoptionen."[131] Aufmerksamkeit – verstanden als die Fähigkeit, die Wahrnehmung für einen begrenzten Zeitraum auf einen bestimmten Gegenstand zu richten – diene in diesem Verständnis einem höheren Zweck: „Individuen haben dann bestimmte Zielsetzungen internalisiert und stellen ihre Aufmerksamkeit in deren Dienst."[132] Ein berühmtes Beispiel hierfür ist etwa das allein gelassene Gepäckstück am Flughafen. Mittels Durchsagen und Hinweisschildern werden die Vorbeiziehenden dazu angehalten, Meldung zu machen, wenn irgendwo ein herrenloser, potenziell gefährlicher Koffer herumsteht. Eine vergessene Handtasche wird dann schnell zu einem *Call to Action*, dem man besser Folge leistet.

Gerade mit Blick auf die Weimarer Republik erweist sich das Konzept der Vigilanz als anschlussfähig, ist Aufmerksamkeit im Sinne einer Fokussierung auf einen begrenzten Gegenstandsbereich doch ein Projekt der Moderne, wie Jonathan

---

128 Bullinger, *Kunstförderung zwischen Monarchie und Republik*, S. 276.
129 Ebd., S. 285.
130 Mix, *Kunstfreiheit und Zensur in der Bundesrepublik*, S. 6.
131 Brendecke, *Warum Vigilanzkulturen?*, S. 16.
132 Ebd.

Crary argumentiert.[133] Dabei können Ziele, Techniken und Funktionsweisen vigilanten Handelns natürlich von Kultur zu Kultur und Epoche zu Epoche variieren, immer aber geht es darum, durch die Wachsamkeitslenkung Gefahren abzuwenden oder die Abweichung von sozialen Normen zu sanktionieren.[134] Am Münchner Hoftheater hatte man die Verinnerlichung sozialer Normen bereits im Kaiserreich gelernt. Durch die ‚Selbstzensur' der Spielpläne nach dem Richtmaß der Sittlichkeit standen bereits erprobte Routinen und Denkmuster zur Verfügung, die auch nach 1918 als Potential aktiviert werden konnten, selbst wenn die Maßstäbe und Ziele der Vorsicht sich geändert hatten. Rücksichtnahme und Sanftheit bei der Einführung bestimmter Ästhetiken galten dann nicht mehr der Sicherung konservativer Werte, sondern der Stabilisierung des Theaters als Institution im nun demokratischen Staat. Wo aus Wachsamkeit jedoch bloßer Reflex oder Selbstzweck wurde, wurden alte Zensurschranken ausgerechnet durch die von ihnen ‚Befreiten' wieder ins Recht gesetzt und machten weitere Forderungen in diese Richtung wahrscheinlich. Dabei war Wachsamkeit jedoch nicht als schlichte Amtspflicht zu verstehen, schließlich hatten nicht alle Intendant:innen hierzu offiziellen Auftrag. Je nach Ausgestaltung des Vertrags mochte in ihren Vollzugsbereich die Spielplangestaltung oder die Rollenbesetzung fallen, aber eine Pflicht, auf die Interessen von Politiker:innen, sozialen Gruppen oder Medien Rücksicht zu nehmen, bestand nicht überall, sondern hing auch von der Rechtsform der Bühne ab. Das erwies sich schon darin, dass manche Theater in der Lage waren, solche Zugriffsversuche zu ignorieren. Eine Pflicht zur Vorsicht gab es mitunter nur als ungeschriebene Regel, ihr Befolgen war dann stark von der Motivation Einzelner abhängig. Intendant:innen und ihre Führungsriege mussten so erst als wachsame Subjekte adressiert werden,[135] standen aber auch selbst unter Beobachtung und wurden daran gemessen, ob sie etwaigen Aufforderungen zur Wachsamkeit nachkamen. Sie waren somit gleichsam Träger:innen wie Gegenstand von Vigilanz.

Um den Begriff der Vigilanz für die vorliegende Analyse anwendbar zu machen, bedarf es abschließend noch einer Abgrenzung zu den *Surveillance Studies*,

---

133 Er schreibt: „[S]eit dem neunzehnten Jahrhundert [verlangt sie] von Individuen [...], sich im Sinne eines Vermögens der Aufmerksamkeit zu definieren und zu formen – [...] sie verlangt, sich aus einem umfassenderen Feld visueller oder akustischer Attraktionen zurückzuziehen und sich stattdessen auf eine begrenzte Anzahl isolierter Reize zu konzentrieren." (Crary, *Aufmerksamkeit*, S. 13). Anhand des Theaters ist das nicht schwer nachzuvollziehen: Ab der zweiten Hälfte des 19. Jahrhunderts wurden die Theatersäle dunkler und intimer und betonten schon räumlich den Kunstcharakter des Theaters. Nebentätigkeiten wie Essen, lautstarke Unterhaltung oder Kartenspiel im Zuschauerraum, die in früheren Zeiten die Vorstellung begleiteten, wurden unterbunden (Vgl. Balme, *The Theatrical Public Sphere*, S. 26).
134 Vgl. Brendecke, *The Empirical Empire*, S. 113.
135 Zur Relation von Subjekt und Adressierung vgl. Bröckling, Anruf und Adresse.

die in modifizierter Form auch Eingang in die Theaterwissenschaft gefunden haben.[136] Gegenüber dieser älteren Forschungsrichtung geht die Vigilanz-Forschung davon aus, dass Wachsamkeit kein Zentrum braucht, das von oben herab wacht.[137] Vielmehr betont das Vigilanz-Konzept die Responsibilisierung von Lai:innen, die schlichte Ausübung überwachender Amtspflichten aus einer top-down-Perspektive kann sogar zum Ausschlusskriterium vigilanten Handelns werden.[138] Vordergründig lassen sich die Intendanten früherer Jahrhunderte jedoch allzu leicht als solche wachenden Zentren verstehen, steckt doch die Aufsichtspflicht bereits wortwörtlich im Titel „Intendant", der übersetzt „Oberaufseher" bedeutet. Besonders im 18. und 19. Jahrhundert trat das Theater seinen Mitarbeitenden gegenüber als „Disziplinarmacht"[139] auf, wie Jens Roselt herausarbeitet. Er zeigt, dass die damals in vielen Städten verabschiedeten Theatergesetze bis in die entlegensten Lebensbereiche der Bühnenmitglieder eingriffen und Fehlverhalten hart sanktionierten. Aufgrund der Umfänglichkeit dieser ‚Theatergesetzesarchitekturen' vergleicht er die Hoftheater sogar mit jenen „Disziplinarinstitutionen",[140] die Michel Foucault in *Überwachen und Strafen* am Beispiel des Panoptikums beschrieb.[141] Das Panoptikum, ein kreisförmig angelegtes Gefängnis mit Wachturm in der Mitte des Gebäudes, berge, so Foucault, über seine Architektur die permanente Möglichkeit zur Überwachung. Gleichzeitig liege die „Perfektion der Macht [darin, dass sie vermöge] ihre tatsächliche Ausübung überflüssig zu machen".[142] Eben weil der Wachturm als Symbol der Beobachtung für die Überwachten so zentral „sichtbar, aber uneinsehbar"[143] sei, schreibe sich die Kontrolle in die Überwachten ein und diszipliniere diese von innen heraus – selbst dann, wenn sich gar kein Turmwächter im Überwachungsturm aufhalte.[144] Das Panoptikum funktioniere also über ein Zentrum, das „jedes Individuum beobachtet, ohne selbst beobachtet zu werden".[145]

---

[136] Besonders zu nennen wäre hier der Aufsatzband *Theatergeschichte als Disziplinierungsgeschichte?*, der sich mit der Überwachung und Normierung von Theater mittels Theatergesetzen auseinandersetzt. Vgl. Dewenter/Jakob, *Theatergeschichte als Disziplinierungsgeschichte*.
[137] Vgl. Brendecke, Attention and Vigilance as Subjects of Historiography, S. 25.
[138] Vgl. Kölbel et al., *Responsibilisierung*.
[139] Roselt, Eine Disziplinarmacht in der Herrengarderobe, S. 229.
[140] Foucault, *Überwachen und Strafen*, S. 178.
[141] Vgl. Roselt, Eine Disziplinarmacht in der Herrengarderobe, S. 248.
[142] Foucault, *Überwachen und Strafen*, S. 258.
[143] Ebd.
[144] Vgl. ebd., S. 256–260.
[145] Roselt, Eine Disziplinarmacht in der Herrengarderobe, S. 248.

In Roselts Übertragung des Konzepts auf das Theater, welches „weder architektonisch noch funktionell als Gefängnis [...] angelegt [sei]",[146] betont auch er die Wichtigkeit einer „zentralen Überwachungsinstanz"[147] und der hierarchischen Beobachtungskonstellationen, die darauf abzielten, „[h]orziontale Beziehungen zwischen den Individuen zu reduzieren, zu kontrollieren, zu regulieren oder gar zu unterbinden".[148] Allzu leicht lässt sich der alleinherrschende Intendant des 19. Jahrhunderts als die Zentralstelle der Disziplinarinstitution Theater verstehen, denn anders als in Foucaults Konzept, in dem „die Macht automatisiert und entindividualisiert [ist]",[149] brauchte es eine Person, die die Einhaltung der Theatergesetze mittels Sanktionen durchsetzte – im von Roselt beschriebenen Fall in Oldenburg erfolgte dies durch Theaterdirektor Otto Devrient.[150] An der Zusammenschau verschiedener solcher Theatergesetze lässt sich zudem erkennen, dass das Oldenburgische Hoftheater hierbei keinen Einzelfall darstellte, sondern man allerorten das Agieren der Theaterangestellten bis ins Kleinste regulierte.[151]

Doch in der Weimarer Republik änderten sich die institutionellen Rahmenbedingungen. Wie der Hauptteil der Arbeit zeigen wird, eröffnete sich mit dem ‚Rätefieber' von 1918/1919 auch die Möglichkeit für alternative, kollektive Leitungsformen, die neue Beobachtungskonstellationen hervorbrachten: Der Intendant war nun nicht mehr nur Oberaufseher, sondern auch Gegenstand der Beobachtung, zudem steckte die neue Satzung des Theaters auch die Rechte gleichberechtigter Akteur:innen genauer ab und ermöglichte so Wachsamkeitsstrukturen auf horizontaler Ebene. Die neuen Konstellationen, die sich hieraus ergaben, werden im Laufe der Kapitel immer wieder in den Blick genommen. Dabei geht es um die Rhetorik von Adressierungen zur Wachsamkeit ebenso wie um den Verlauf abwägender Entscheidungsprozesse, aber auch um Sprecherpositionen und Beobachterrollen und nicht zuletzt um die Frage, wie die Forderung nach Wachsamkeit Effekte auf den Einflussbereich des Intendantenamts in der Weimarer Republik zeitigte.

---

146 Ebd.
147 Ebd.
148 Ebd.
149 Foucault, *Überwachen und Strafen*, S. 259.
150 Vgl. Roselt, Eine Disziplinarmacht in der Herrengarderobe, S. 229 ff.
151 Eine Zusammenschau solcher Theatergesetze hat Paul S. Ulrich vorgelegt. Sie betreffen Fragen der Rollenbesetzung, der Krankheit, der Disziplin auf den Proben und bei Vorstellungen, aber auch allgemeine Verhaltensregeln und regulierten sogar, wann Mitglieder wie zuhause erreichbar zu sein hatten, wie die Damen des Ensembles den Weg vom und zum Theater zurückzulegen hatten und unter welchen Umständen bei Krankheit das Haus verlassen werden durfte. Vgl. Ulrich, Die Reglementierung des Theaters im 19. Jahrhundert, S. 152 und 161 f.

Mit diesen Begriffsbestimmungen ist der Erkenntnisrahmen abgesteckt, in dem sich die historische Analyse bewegen wird. Der Hauptteil der Arbeit ist chronologisch gegliedert: Kapitel 2 widmet sich den Jahren 1912 bis 1918, die Intendanz des letzten Münchner Hoftheaterintendanten Clemens von Franckenstein rückt in den Fokus. Dabei werden nicht nur die Traditionen diskutiert, denen das Theater als Teil der höfischen Einflusssphäre noch immer unterlag, sondern auch die Position des Intendanten zwischen Hofbeamten- und Künstlertum markiert. Die Auswirkungen des Krieges auf die Bühne werden ebenso Thema wie die besonders vorsichtige Repertoiregestaltung im Schauspiel, die sich unter Franckenstein abzeichnete. Kapitel 3 stellt demgegenüber die Veränderungen der Revolutionszeit zwischen 1918 und 1920 dar. In diesen Jahren leitete der durch die Belegschaft gewählte Schauspieler Victor Schwanneke die Bühne. Zeitgleich existierte mit dem Künstlerrat aber eine frühe Form der kollektiven Leitung, die den Intendanten beriet und sanktionierte. Es gilt daher zu zeigen, wie sich in den Wirren der Revolution diese neue Leitung anbahnte, welche Allianzen sie suchte, um sich zu verrechtlichen und warum sie nach nur einem Jahr unter großem Medienecho scheiterte. Auch erfahren Schwannekes Pläne zur Einrichtung eines dem Theater angegliederten Staatskinos und einer zeitgemäßen „Propaganda" für die Bühne eingehende Betrachtung. In Kapitel 4 steht dann die Intendanz von Karl Zeiß im Fokus, der das Haus von 1920 bis zu seinem Tod 1924 führte. Er musste in den krisenhaften Anfangsjahren der Weimarer Republik vor allem hausintern Beruhigungsarbeit leisten und etablierte eine Linie der sanften Transformation. Von besonderem Interesse für die Analyse ist, wie Zeiß mit der Presse und dem Publikum interagierte und wie er den Intendantenposten gegenüber Vereinnahmungsversuchen der Politik verteidigen musste. Zudem fällt in seiner Ägide der Skandal um die Uraufführung von Bertolt Brechts *Im Dickicht* ins Auge. Diese muss auch hinsichtlich des merklichen Rechtsrucks in München in den Anfangsjahren der NSDAP betrachtet werden. In Kapitel 5 erfährt schließlich die zweite Intendanz Clemens von Franckensteins eingängige Betrachtung. Zwischen 1924 und 1934 bekleidete er erneut das höchste Amt der Bayerischen Staatstheater, musste sich aber nun unter veränderten Vorzeichen neu behaupten und dabei alte Verbindungen zur Hoftheaterzeit gleichermaßen aufrechterhalten wie kappen. Seine Intendanz ist vor allem in Relation zur Person des Schauspieldirektors zu diskutieren, ergaben sich doch hier immer wieder Herrschaftskämpfe und persönliche Skandale, die dem Ansehen der Bühne abträglich waren und einen traurigen Blick in die Abgründe sexueller Übergriffe hinter der Bühne erlauben. Auch muss Franckensteins Vorsicht bei der Spielplangestaltung vor dem Panorama eines wachsenden Zensurdrucks und den Versuchen einer Beeinflussung von rechts diskutiert werden. Kapitel 6 bilanziert die Ergebnisse dieser Fallstudien.

Im Sinne der wissenschaftlichen Transparenz sei zuletzt noch auf Folgendes hingewiesen: Als Dramaturgin habe ich selbst mit einigen Intendanten der heutigen Zeit eng zusammengearbeitet, unter anderem an genau dem Theater, das im Fokus der Untersuchung steht. Diese Arbeit greift deshalb stets auch auf ein bestimmtes empirisches Erfahrungswissen zurück, etwa hinsichtlich der absurden Schleifen, die Verwaltungsvorgänge in einem so großen Betrieb drehen können, oder in Bezug darauf, wie sich Sprechweisen oder Blickrichtungen ändern, wenn die Intendanz den Raum betritt. Das sind kleine Beobachtungen, die sich natürlich nicht alle ein Jahrhundert in der Zeit zurücktragen lassen. Bei der Auswertung des historischen Materials helfen sie jedoch zu verstehen, wo Konflikte alltäglich und wo außergewöhnlich waren. Aus diesem Praxiswissen und den damit verbundenen ‚Entzauberungen' ist auch die Idee entstanden, Intendanzen nicht als Kristallisationen absoluter Stärke zu lesen, sondern eher als Fiktionen von Stärke, die ständiger Beglaubigung bedürfen.

2 Zwischen Tradition und Experiment: Clemens von Franckenstein als Hoftheaterintendant

Abb. 1: Clemens von Franckenstein.

Mit der Grace ist es aus, mit der Sissy flirtet er, die Therese küsst er und der ins Bürgerliche strebenden Anna macht er ein Kind und verlässt sie nach einer Totgeburt. Arthur Schnitzler zeichnete seine Hauptfigur Georg von Wergenthin-Recco im 1908 erschienenen Roman *Der Weg ins Freie* als adeligen Stenz, dessen Karriere als Komponist angesichts seines Phlegmas nicht recht in Gang kommen will. Die

Kritik watscht ihn im Roman als „dilettierenden Aristokraten"[1] ab und auch in seinem Wiener Freundeskreis glaubt niemand so richtig daran, dass Georg eines Tages wirklich noch Kapellmeister wird. Als Vorlage für die Figur des adeligen Musikers, eines „im Innersten gefühllose[n] Ästhet[en]",[2] diente Schnitzler kein geringerer als Clemens Erwein Georg Heinrich Karl Bonaventura Freiherr von und zu Franckenstein,[3] Komponist und Dirigent, ab 1912 letzter Intendant des Münchner Hoftheaters. Selbstredend darf man nicht der Versuchung erliegen, die keineswegs schmeichelhaft gezeichnete Romanfigur mit ihrem realweltlichen Vorbild gleichzusetzen, da die Handlung des Textes auch eindeutige Anleihen bei Schnitzlers eigener Biografie macht. Die ungewollte Schwangerschaft von Wergenthins Affäre Anna Rosner, die gemeinsame Flucht der Liebenden ins Ausland und die Fehlgeburt haben ihre Entsprechung in Schnitzlers Liebesbeziehung zu Marie Reinhard.[4] Gleichwohl zeichnete der Wiener Autor seinen Protagonisten Georg und dessen Bruder Felician immerhin so offenkundig nach Gestalt der Brüder Franckenstein, dass man sie darin zu erkennen vermochte. So erinnerte sich Generalmusikdirektor Bruno Walter in seinen Memoiren, seinem Chef noch vor ihrer ersten beruflichen Zusammenkunft in Schnitzlers Roman begegnet zu sein.[5] Zwar war Clemens von Franckenstein bei weitem nicht die einzige, tatsächlich existierende Person, die Schnitzler in *Der Weg ins Freie* ‚zu Papier' brachte,[6] doch kommt die Hauptfigur Georg von Wergenthin, die im Roman die hochschwangere Anna mit einer Unbekannten betrügt, besonders schlecht weg. Kaum überraschend ist daher, dass Franckenstein, „bei Erscheinen des Buches bereits seit zwei Jahren verheiratet, [...] sich offenkundig kompromittiert [fühlte] durch das Porträt des egoistischen, bindungsunfähigen Komponisten, der seine bürgerliche Geliebte nach der Totgeburt des gemeinsamen Kindes verläßt [...]."[7] Für Schnitzlers Freundeskreis wurde die Veröffentlichung des Romans, der heutzutage vor allem wegen seiner Auseinandersetzung mit dem Wiener Judentum am Übergang vom 19. zum 20. Jahrhundert rezipiert wird, „mehrfach zur Feuerprobe, sogar zum Knackpunkt der Beziehung".[8] Besonders die Freundschaft zu Hugo von Hofmannsthal litt hierunter nachhaltig, da Hofmannsthal ein Jugendfreund Franckensteins war. Über den jungen Adeligen notierte Schnitzler angesichts von

---

1 Schnitzler, *Der Weg ins Freie*, S. 132.
2 Scheffel, *Der Weg ins Freie* (1908), S. 151.
3 Vgl. Landfester, Einleitung, S. 20.
4 Vgl. Scheffel *Der Weg ins Freie* (1908), S. 150.
5 Vgl. Walter, *Thema und Variationen*, S. 262.
6 Zu den realen Vorbildern weiterer Figuren vgl. Wagner, *Wie ein weites Land*, S. 166 f.
7 Landfester, Einleitung, S. 21.
8 Wagner, *Wie ein weites Land*, S. 172.

Franckensteins offensichtlich empfundener Kränkung Silvester 1909/1910 in seinem Tagebuch „daß nicht viel mehr als diese Figur von dem ganzen Baron übrigbleiben [sic!]⁹ wird".¹⁰

Schnitzler sollte mit dieser prophetischen Losung recht behalten. So ist Clemens von Franckenstein doch – im Gegensatz zu vielen seiner berühmten Komponisten- und Intendantenkollegen der damaligen Zeit – heute kaum mehr bekannt. Im Gegenteil, in gewisser Hinsicht ist er gleich ein doppelter Verlierer der Geschichte: 1918 musste er als letzter Hoftheaterintendant seinen Posten räumen, 1924 setzte man ihn zwar nach Karl Zeiß' Tod wieder ins Amt ein, aber 1934 wurde er dann ein zweites Mal in Ruhestand versetzt, dieses Mal als letzter Intendant der Weimarer Republik. Mit jedem politischen Systemwechsel musste er gehen, dabei schien Franckenstein weder als Repräsentant der untergehenden Monarchie noch als Repräsentant der sich nie stabilisierenden Demokratie so richtig ins Bild der Zeit zu passen. Als gelernter Komponist und Dirigent hatte er wenig mit den sogenannten „Kavaliersintendanten" gemein, die vor 1918 an vielen deutschen Hoftheatern die Verantwortung trugen. Als Spross des deutschen Hochadels wiederum stand er in den Jahren nach 1924 für eine Fortsetzung der alten Hoftheaterverhältnisse unter neuer Nomenklatur, zumal er, wie die Kapitel über ihn zeigen werden, trotz breit gestreuter literarischer Interessen und weit verzweigter künstlerischer Freundschaften zumindest im Schauspiel zu wenig neue Impulse setzen konnte, um mit anderen großen deutschen Theatern mithalten zu können. Zwischen Idealismus und Apathie, politischer Neutralität und dem gelegentlichen Mut zum Experiment schwankend, ist es schwer, seine Arbeit adäquat einzuordnen – auch weil er seinen Gestaltungswillen öffentlich weniger stark artikulierte als es beispielsweise Karl Zeiß zu Beginn der 1920er tat. Hinzu kommt, dass Franckensteins erste Intendanz vom Krieg überschattet wurde und dieser ihn nicht nur zu Konzessionen im Spielplan, sondern insgesamt zu einer eher abwartenden Haltung zwang, die er in späteren Jahren nicht recht wieder ablegen konnte. Franckensteins Biografie, deren Stationen so eng mit den politischen Entwicklungen seiner Zeit verknüpft waren, eignet sich daher wie kaum eine zweite, um beispielhaft den Übergang vom Hof- zum Staatstheater nachzuerzählen, der sich nach 1918 allerorten in Deutschland vollzog. In diesem Kapitel soll zunächst die Zeit vor der Revolution in den Blick genommen werden.

---

9 Eine Anmerkung zur Rechtschreibung: Zwar erschien der erste Duden 1880, doch wurden Rechtschreibregeln vor 100 Jahren noch weniger strikt befolgt als heute. Die „Scene" konnte auch die „Scene" sein, eine „Tat" kam vom „Thun" und Worte, die man heutzutage getrennt schreibt, bildeten ein „Compositum". Um die zitierten Originaltexte lesbar zu halten, wird deshalb nur mit „[sic!]" gekennzeichnet, was auch schon den Zeitgenoss:innen merkwürdig erschienen wäre.
10 Tagebucheintrag Arthur Schnitzlers, 31.12.1909. In: Schnitzler, *Tagebuch*, S. 114.

Von Interesse ist zunächst der Amtsantritt des damals Ende 30-Jährigen, wurde dieser doch von einer Berichterstattung begleitet, die strukturelle Schwierigkeiten bei der Wiederbesetzung der Stelle offenlegt. Einerseits suchte man nach einem Theaterprofi, andererseits musste der Amtsanwärter die Logik des Hofes verstehen, aus dessen Zivilliste das Theater finanziert wurde. Hieraus erwuchsen unterschiedliche Anforderungen an den Bühnenleiter, denen Franckenstein vordergründig genügte. Wie sehr diese beiden Welten jedoch auseinanderklafften, beweist eines der wenigen literarisch ambitionierten Vorhaben, die Franckenstein zu Beginn seiner Intendanz im Schauspiel realisierte: die Uraufführung von Büchners *Wozzeck* gemeinsam mit dessen Stück *Dantons Tod*. Adressiert an ein literarisch interessiertes Publikum vermutete die konservative Presse hierin eine Lästerung gegenüber der Krone, weswegen es lohnenswert ist, im Folgenden auch auf das Verhältnis des Hofs, namentlich Ludwigs III., zum Theater einzugehen. Zwar haben sich diesbezüglich nur anekdotische Überlieferungen in der Biografie Bruno Walters erhalten, doch stützen sie den Eindruck der Erosion der Institution „Hoftheater", den Ute Daniel im Allgemeinen[11] und Eckehart Nölle für München[12] im Besonderen beschrieben haben.

Berücksichtigt werden müssen bei diesen Überlegungen auch die Auswirkungen des Weltkriegs auf den Theaterbetrieb. Sie trugen zusätzlich zu einer Erstarrung des Spielplans bei und bildeten den kollektiven Erfahrungshorizont der Weimarer Jahre, obschon natürlich betont werden muss, dass die Erfahrung einer Schauspielerin in diesen Jahren sicher eine deutlich andere war als die einer Lazarettschwester.

Daran anschließend unternimmt das vorliegende Kapitel das Experiment, die Intendanz Franckensteins anhand von Stücken zu erzählen, die *nicht* gespielt worden sind. Spielplananalysen – seien sie quantitativer oder qualitativer Art – stellen in der Theaterwissenschaft ein gern genutztes Mittel dar, um die ästhetischen Entwicklungen bestimmter Epochen oder Künstlerpersönlichkeiten greifbar zu machen. Sie erweisen sich mit Blick auf Franckensteins Intendanz jedoch als nicht ausreichend für einen Erkenntnisgewinn bezüglich seines Gestaltungsspielraums. Zudem wurde 1924 bereits ein früher Versuch unternommen, den Spielplan des Münchner Hof- und Nationaltheaters in den Jahren zwischen 1871 und 1920 auszuwerten, aus dem sich – wenig überraschend – in der Oper eine absolute Dominanz Richard Wagners und im Schauspiel die Pflege der Klassiker herauslesen lässt.[13]

---

11 Daniel, *Hoftheater*.
12 Nölle, Die Wittelsbacher und das Theater.
13 Vgl. Reiner, Spielplan 1871 mit 1920, S. 36 f.

Die Diskussion von Texten, die dem Theater angeboten, aber letztlich nicht aufgeführt wurden, ermöglicht es nun, Mechanismen einer internalisierten Wachsamkeit im Dienste des Theaters offenzulegen, welche die Entscheidungen der Intendanz – unwissentlich? – lenkten. Das Bild, das sich auf diese Weise ergibt, ist differenzierter als das der klassischen Spielplananalyse. In ihm werden nicht nur die Themen und literarischen Formen sichtbar, die als problematisch oder für eine Aufführung unpassend erachtet wurden, vielmehr wird vor diesem Tableau das Hoftheater selbst als Institution in Frage gestellt. Auch lässt sich auf diese Weise erörtern, ob der Intendant tatsächlich eine Vigilanzfigur darstellte, wie im vorherigen Kapitel skizziert wurde.

Abschließend ist dann zu diskutieren, ob die zunehmende Resignation Franckensteins im Intendantenamt, die sich aus privaten Briefen ablesen lässt, ein Münchner Unikum darstellt oder ob man sie nicht eher als beispielhaften Ausdruck eines ohnehin im Untergang begriffenen Systems werten muss, dessen letztem Vertreter ein paar Jahre später zufällig die wenig dankbare Aufgabe zuteil wurde, nicht nur das Theater der Wittelsbacher, sondern auch das der Weimarer Republik zu beerdigen – hierzu mehr in Kapitel 5.

Als Quellengrundlage für die Beschäftigung mit Franckenstein wurde zunächst die im Bayerischen Hauptstaatsarchiv existierende, umfangreiche Personalakte des Intendanten[14] zu Rate gezogen, obschon sie über seine künstlerischen Absichten eher wenig Aufschluss gibt. Der aus einem kleinen Karton bestehende Nachlass Franckensteins in der Bayerischen Staatsbibliothek enthält neben mehreren Schreiben von Richard Strauss zahlreiche Briefe seines Jugendfreundes Hugo von Hofmannsthal, die später von Ulrike Landfester ediert und mit Briefen Franckensteins an Hofmannsthal aus dem Freien Deutschen Hochstift in Frankfurt kombiniert wurden.[15] Der Briefwechsel der beiden Vertrauten bietet vor allem Einblicke in Franckensteins Amtsantritt, eignet sich aber auch als Zeugnis einer Unzufriedenheit angesichts des konservativen Münchner Publikums. Als ähnlich aufschlussreich haben sich diesbezüglich die Briefe Franckensteins an seinen Jugendfreund, den Schriftsteller Leopold Freiherr von Andrian zu Werburg erwiesen, die im Deutschen Literaturarchiv Marbach liegen.[16] Sie zeugen in ihrem intimen und zuweilen unverblümten Ton von Franckensteins Bemühungen, entgegen den familiären Erwartungen Musiker zu werden und am Theater Karriere zu

---

14 BAYHSTA, Intendanz der Bayerischen Staatsoper, 115.
15 Hofmannsthal, *Briefwechsel mit Clemens von Franckenstein.*
16 Ausgewählte Briefe hieraus wurden editiert: Vgl. Delle Cave, *Correspondenzen.*

machen. Sie berichten aber auch von den Herausforderungen, denen er sich im Intendantenamt mitsamt seinen Enttäuschungen stellen musste. Darüber hinaus lassen die Briefe Rückschlüsse auf Franckensteins Privatleben zu. Mehrere Liebschaften thematisiert er in der Korrespondenz mit seinem Jugendfreund. Sie scheinen das Bild, das Arthur Schnitzler in *Der Weg ins Freie* vom jungen Franckenstein zeichnete, durchaus zu bestätigen.[17] In Andrew McCredies 1992 erschienener Biografie[18] finden sich solche Informationen nicht. Aufgrund seiner Materialauswahl ist anzunehmen, dass er die Marbacher Briefe nicht gekannt hat. Über Franckensteins professionelle Lebensstationen und sein Schaffen als Komponist bietet McCredies Buch jedoch einen guten Überblick, weswegen sie an dieser Stelle nicht mehr in allen Einzelheiten nachgezeichnet werden. Mit Franckensteins Amtsantritt im Speziellen hat sich Olivia Varwig in einem Aufsatz ausführlich auseinandergesetzt.[19] Die Uraufführung des *Wozzeck* wiederum hat Wolfram Viehweg detailreich in einem eigenen Buch aufbereitet.[20] Darüber hinaus dienen Pressesammlungen im Stadtarchiv München und die Digitalisate der *Münchner Neuesten Nachrichten* im Münchner Digitalisierungszentrum als zusätzliches Material. Ferner wurden zur Analyse der Spielpläne die im Deutschen Theatermuseum befindlichen Almanache des Theaters herangezogen, da sie ein differenzierteres Bild ermöglichen als die statistische Zusammenführung durch Hans Reiner von 1924.

2.1 Ein adeliger Fachmann? Franckensteins Amtsantritt 1912

Am 3. Oktober 1912 schrieb der Dichter Hugo von Hofmannsthal seinem Jugendfreund Clemens von Franckenstein folgende Zeilen:

> mein lieber alter Cle
> dein Schicksalsumschwung beschäftigt [...] nachhaltig meine Phantasie, in der erfreulichsten Weise. Es ist zu erstaunlich: alles was vor dir zu liegen schien, war bestenfalls ein Lebensunterhalt, eine Fretterei, mit diesem München etwa als fernem Ziel, mit 56 Jahren zu errei-

---

17 Bekannt war in der Forschung bis dato, dass die Figur der Grace einer Mrs. Kittinger, einer tatsächlichen Affäre Franckensteins, nachempfunden ist, die neben Schnitzler auch Hugo von Hofmannsthal literarisch inspirierte. Vgl. Landfester, Einleitung, S. 21 f.
18 McCredie, *Clemens von Franckenstein*.
19 Varwig, Clemens von Franckensteins Ernennung.
20 Viehweg, *Georg Büchners „Woyzeck"*.

chen. Und was Du jetzt *hast* und kein Mensch dir wegnehmen kann, ist ganz einfach die bedeutendste Theaterstellung in ganz Deutschland [...].[21]

In der Tat war dieser „Schicksalsumschwung" überraschend, kannte in München doch zuvor kaum jemand den 37-jährigen Dirigenten, der nun das höchste Amt des Hoftheaters übernehmen sollte. Auch als Komponist hatte man hier bisher nur wenig von dem jungen Musiker mitbekommen. „The call to Munich [...] came almost like a miracle",[22] notierte Franckensteins Bruder Georg später in seinen Memoiren. Doch warum wurde ausgerechnet der bis dato wenig auffallende Franckenstein letzter Intendant der Wittelsbacher und war seine Ernennung in der Tat so wundersam, wie sein Bruder suggerierte? Will man die Umstände von Franckensteins Ernennung verstehen, lohnt ein Blick in die Geschichte der Hoftheater in Deutschland. Franckensteins unmittelbarer Vorgänger, Albert Freiherr von Speidel, starb im September 1912 nach einer Gallensteinoperation, die noch durch ihn eingefädelte Ernennung Bruno Walters zum Generalmusikdirektor erlebte er nicht mehr mit. Hermann Sinsheimer beschrieb ihn als einen „Kavalier und Offizier zu Pferd, den die Schauspieler und Sänger wegen seiner vollkommenen Ahnungslosigkeit liebten, die gepaart war mit einer ahnungsvollen Skepsis gegenüber sich selbst und seinem Amt."[23] Speidel fungierte in Sinsheimers Darstellung also als Prototyp jener Intendanten an den deutschen Hoftheatern, die fachfremd in das Amt kamen und daher künstlerisch nur wenig Impulse setzten. Ute Daniel spricht diesbezüglich von einem „strukturellen Autoritätsproblem [...], mit dem alle Hoftheaterintendanten zu kämpfen hatten",[24] waren sie doch einerseits „Inhaber der sehr weitgehenden höfischen Disziplinargewalt",[25] als Laien aber andererseits „gegenüber den hauptberuflich Ausübenden einer Kunst [...] eindeutig im Hintertreffen."[26] Genau von diesem Autoritätsproblem schien Franckenstein befreit, schließlich „vereinte [er] als adeliger Fachmann in gewisser Weise diese beiden Pole in einer Person",[27] wie Olivia Varwig Franckensteins Voraussetzung für dieses Amt einschätzt.

Noch ehe seine Kandidatur bekannt wurde, diskutierten die *Münchner Neuesten Nachrichten* die Frage, ob und wie der Spagat zwischen den Repräsentati-

---

21 Hugo von Hofmannsthal an Clemens von Franckenstein, 03.10.1912. In: Hofmannsthal, *Briefwechsel mit Clemens von Franckenstein*, S. 101, Hervorhebung im Original.
22 Franckenstein, *Facts and Features*, S. 116.
23 Sinsheimer, *Gelebt im Paradies*, S. 269.
24 Daniel, *Hoftheater*, S. 197.
25 Ebd.
26 Ebd., S. 198.
27 Varwig, *Clemens von Franckensteins Ernennung*, S. 75.

onspflichten des Amts und den gleichzeitig geforderten künstlerischen Kompetenzen gelingen könne. Zwar wäre die Ernennung eines Fachmanns nach Ansicht der Zeitung plausibel, doch „ergeben sich bei der Wahl eines nichtadeligen Fachmannes erfahrungsgemäß in bestimmten Kreisen leicht Widerstände, die eine gedeihliche Amtsführung zum mindesten nicht fördern."[28] Gleichzeitig dürfte es sich bei Speidels Nachfolger „in keinem Fall um eine r e i n e Zeremoniarstellung oder gar um eine adelige Sinekure"[29] handeln. Die Redaktion schlug deshalb vor, das Amt des Intendanten repräsentativ zu besetzen und ihm mit einem Schauspiel- und einem Operndirektor zwei eigenständige Spartenleiter an die Seite zu stellen. Gleichzeitig bedürfe es ob des „zur Verfügung gestellte[n] Etat[s] eine[s] klug[en] und vorsichtig wägenden F i n a n z m a n n [s]."[30]

Die Quadratur des Kreises schien hier bei der Neubesetzung des Amtes gefordert, jedoch ist nicht ganz einsichtig, warum es einer solchen zu Beginn des 20. Jahrhunderts überhaupt noch bedurfte, hatten sich doch die Verbindungen zum Hof erheblich gelockert. Eckehart Nölle schrieb in seiner Beschäftigung mit dem Theater der Wittelsbacher, der Intendant sei „Diener zweier Herren' – des Königs und des (zahlenden) Publikums."[31] Für das beginnende 19. Jahrhundert mag das sicher stimmen, wurde doch 1799 das bis dahin dem Adel vorbehaltene Hoftheater allen Münchner:innen zugänglich gemacht,[32] die Intendanten mussten sich also mit diesem neuen Publikum auseinandersetzen. Wie Claudia Ullrich für das neu erbaute Nationaltheater und Meike Wagner für das Projekt Isartortheater herausarbeiten, wurde das Theater zunehmend ein Ort bürgerlicher Öffentlichkeit. Auch diente das Theater dem Flächenstaat Bayern dazu, „eine ‚nationale' Staatsidentität für den modernen bayerischen Staat zu schaffen".[33] Der Intendant des Hof- und Nationaltheaters in München nahm, wie Wagner für das Beispiel Karl Theodor von Küstner konstatiert, in der ersten Hälfte des 19. Jahrhunderts eine „Schwellenposition"[34] ein:

> Zum einen war er Vorstand einer zunehmend bürgerlichen öffentlichen Institution, zum anderen war er noch immer in die höfische Struktur involviert und konnte auf deren Kontrollmechanismen zurückgreifen, die immer noch jenseits von öffentlicher Auseinandersetzung funktionierten.[35]

---

28 o.A., Hoftheaterfragen. Man sucht einen Intendanten. In: *MNN*, Nr. 475, 17.09.1912, S. 1.
29 Ebd., Hervorhebung im Original.
30 Ebd., S. 2, Hervorhebung im Original.
31 Nölle, Die Wittelsbacher und das Theater, S. 312.
32 Vgl. Wagner, *Theater und Öffentlichkeit im Vormärz*, S. 300.
33 Ullrich, *Das königliche Hof- und Nationaltheater unter Max I. Joseph von Bayern*, S. 183 f.
34 Wagner, *Theater und Öffentlichkeit im Vormärz*, S. 294.
35 Ebd.

In Küstner, der 1833 in das Amt kam, sieht Jürgen Schläder sogar den ersten „Profi-Intendant[en]"[36] des Hoftheaters in München, engagierte man doch „erstmals in seiner Geschichte einen Profi von außerhalb in eine einflussreiche Position der Chefadministration".[37] Er brachte zwar mit Modernität und Fachlichkeit verknüpfte Kompetenzen in der Budgetplanung und Aufführungsdisposition mit,[38] griff aber gleichzeitig auf die Einflusssphäre des Innenministeriums zurück, um unliebsame Berichterstattung über sein Theater einzudämmen.[39]

Diesen grundsätzlichen Widerspruch der Hoftheater reflektiert abgelöst vom Einzelfall Küstner auch Sabine Päsler-Ehlen: Sie führt anhand verschiedener Theaterreformschriften aus, dass sich die Professionalisierung der Theaterleitung ab Mitte des 19. Jahrhunderts vor dem Hintergrund eines unter dem Schlagwort der „Krise" geführten Diskurses über die Institution Theater vollzog, der gleichermaßen bürgerliche wie monarchistische Elemente aufwies. Einerseits orientierten sich die Theaterreformer in ihren Reformvorschlägen an einem aufklärerischen Ideal, mit dem auch eine Herauslösung der Theater aus der Einflusssphäre des Hofes einhergehen sollte.[40] Gleichzeitig trauten Reformdenker wie Heinrich Theodor Rötscher dem Publikum noch keine eigenständige „politische[...] bzw. ästhetische[...] Willensbildung"[41] zu, „sondern forder[te]n mit Blick auf die jeweiligen Organisationsstrukturen ein monarchistisches Leitungsprinzip".[42]

In München spiegelte sich dieser Wiederspruch zwischen einer bürgerlich-aufklärerischen und einer höfischen Logik bereits im Namen „Hof- und Nationaltheater", wie Jürgen Schläder festhält.[43] Wie diese Logiken konkret den Arbeitsalltag an den Hoftheatern des 19. Jahrhunderts veränderten, hat Päsler-Ehlen am Beispiel Karlsruhe herausgearbeitet, wo mit Eduard Devrient und Hofdomänenintendant Wilhelm Franz von Kettner zwei Exponenten dieser Logiken aufeinandertrafen und in einem jahrelangen Machtkampf über ihre Kompetenzbereiche stritten. In Devrients Führung des Karlsruher Theaters kam die in seinem Selbstverständnis verankerte „Arbeitsdisziplin, die uneingeschränkte Leistungsbereitschaft und die Hingabe des Bürgerlichen an die Sache"[44] zum Ausdruck, von Kettner verkörperte demgegenüber „die Art und Weise der standesgerechten, ge-

---

36 Schläder, *Vision und Tradition*, S. 26.
37 Ebd.
38 Vgl. ebd., S. 28.
39 Vgl. Wagner, *Theater und Öffentlichkeit im Vormärz*, S. 293 f.
40 Vgl. Päsler-Ehlen, *Krise und Reform als bürgerliches Projekt*, S. 88 f.
41 Ebd., S. 92.
42 Ebd.
43 Vgl. Schläder, *Vision und Tradition*, S. 10.
44 Päsler-Ehlen, *Krise und Reform als bürgerliches Projekt*, S. 248.

mäßigten, hierarchischen und eher die Form statt der Fakten berücksichtigende[n] Kommunikation [...] gemäß der höfischen Etikette".[45] Gegenseitiges Verständnis gab es zwischen den Konfliktparteien kaum, in Karlsruhe setzte sich letztlich aber der bürgerliche Devrient durch. Päsler-Ehlens Befunde liefern insofern interessante Anknüpfungspunkte für die Münchner Situation, als auch hier die höfischen Verkehrsformen mit moderneren Konzepten von Führung aufeinanderprallten.

Dabei hatten sich zu Beginn des 20. Jahrhunderts in München die Beziehungen zum Hof noch einmal weiter gelockert. Zwar bestand nach wie vor die räumliche Nähe zur Residenz, doch fungierte das Theater immer weniger als Ort höfischer Machtrepräsentation. Eckehart Nölle argumentierte, die Nähe des Theaters zum Herrscher habe bereits mit der Einführung des Intendantenamts Ende des 18. Jahrhunderts abgenommen, spätestens aber die sogenannten „Separatvorstellungen" für Ludwig II. in den 1870er- und 1880er-Jahren hätten das Hoftheater von seinem einstigen Repräsentationszweck gelöst:

> [D]er König zerstört die herrscherliche Idee und Praxis der ‚Repraesentatio Maiestatis' und setzt an ihre Stelle die letzten Endes private, persönliche Flucht aus der Realität in die von den Theaterleuten beschworene, idealisierte Vergangenheit.[46]

Tatsächlich schien das Theater in den Jahren von Franckensteins erster Intendanz für den König eine eher untergeordnete Rolle zu spielen. Der als „Bürgerkönig" betitelte Ludwig III. war an Fragen der Wissenschaft mehr interessiert als an Dingen der Kunst.[47] Dennoch finanzierte auch er das Hoftheater über die Zivilliste weiter, schließlich war sich das Haus Wittelsbach des Nutzens der Ansehenspflege, der durch die Finanzierung des Theaters entstand, durchaus bewusst.[48] Mehrere Anekdoten aus der Autobiografie von Generalmusikdirektor Bruno Walter suggerieren jedoch, dass der letzte bayerische König sich für sein Theater kaum begeistern konnte. Walter zeichnete die Figur des Königs in seinen Memoiren als adeligen Kunstbanausen: Ludwig III. „erfüllte", so Walter, „jedoch nur aus Treue gegen die Tradition seines Hauses die Pflichten eines Mäzens. Denn der anspruchslose, einfache Mann war eher nüchternen Geistes und, wenn ihn kein Repräsentationsakt dazu veranlaßte, blieb er dem Theater und der Musik fern."[49] In der Tat muss sein Auftreten eher der „Attitüde eines väterlichen Bürgermeisters, als

---

45 Ebd.
46 Nölle, Die Wittelsbacher und das Theater, S. 320.
47 Vgl. März, In Treue fest, S. 49f.
48 Vgl. Aretin, Umgang mit gestürzten Häuptern, S. 182.
49 Walter, *Thema und Variationen*, S. 265.

[...] der eines Monarchen entsprochen"[50] haben: „Er sucht mit Freunden Lokale auf, spaziert täglich durch München, geht kegeln. Als Prinz soll er sogar in eine Schlägerei im Hofbräuhaus verwickelt gewesen sein."[51] Auf Schloss Leutstetten etablierte Ludwig III., dessen Äußeres aufgrund des wilden Barts oft ein wenig schludrig wirkte, ein Mustergut für moderne Landwirtschaft mit 150 Kühen, auf dem er selbst mit anpackte.[52] Die Satirezeitschrift *Simplicissimus* taufte Bayerns Monarchen deshalb „Millibauer".[53] Als *Parsifal* erstmals in München aufgeführt wurde, so eine Anekdote in Walters Buch, erklärte dieser „Millibauer" seinem Intendanten und dessen Generalmusikdirektor nach dem ersten Akt: „Meine Herren, ich danke Ihnen, aber keine zehn Pferde bringen mich da wieder herein."[54]

Anders als einige seiner kunstsinnigen Vorgänger brachte der neue König dem Theater also nur wenig Interesse entgegen. Bereits in Ludwigs Zeit als Prinzregent ärgerte sich Franckenstein über die „notorische [...] Sparsamkeit des Regenten",[55] die ihm die Führung des Theaters erschwerte. War das Theater einst Instrument fürstlicher Machtrepräsentation, wurde nun eine Erstarrung des Hofs im Angesicht der Moderne offenkundig: Die höfische Uniform mit Degen und Zweispitz, die Franckenstein und sein Generalmusikdirektor bei offiziellen Anlässen zu tragen hatten, wirkte zunehmend wie Verkleidung, die höfischen Gepflogenheiten wie schlecht gespielte Komödie. Beispielhaft hierfür kann eine Erinnerung stehen, die sich ebenfalls in Bruno Walters Memoiren findet:

> Deutlicher entsinne ich mich eines Hofkonzertes, das ich bald darauf, wiederum in Uniform, zu dirigieren hatte, wo ich meinen Freund und Vorgesetzten, Baron Franckenstein [sic!], durch eine ausgesprochene ‚Insubordination' in recht ernstliche Verlegenheit brachte. Die Hofgesellschaft hatte Platz genommen, König und Königin etwas vorgerückt in der Mitte der ersten Reihe, mein Orchester war bereit zu beginnen, aber kein Aufklopfen meines Taktstockes veranlaßte die Anwesenden, ihre lauten Unterhaltungen zu unterbrechen oder auch nur zu dämpfen. Frankenstein [sic!] gab mir immer wieder mit seinem Zeremonienstabe das Zeichen zum Beginn, ich aber wollte eine Haydnsche oder Mozartsche Symphonie nicht zur Begleitmusik höfischer Konversation degradieren und wartete. Da entsandte Frankenstein [sic!] verzweifelt einen seiner Beamten zu mir, der mir mit liebenswürdiger Miene zuflüsterte, es würde dem Generalintendanten ernste Unannehmlichkeiten bereiten, wenn ich nicht sofort begänne, woraufhin ich denn mit dem partiturgemäßen Forte einsetzte, um sofort dem Orchester ‚pianissimo!' zuzurufen und anzudeuten. Meine Berechnung bewährte sich als richtig, das

---

50 Lewandowski/Schmid, *Das Haus Wittelsbach*, S. 212.
51 Ebd.
52 Vgl. Hofmeier, *Bayern und seine Könige*, S. 118 f.
53 Vgl. Lewandowski/Schmid, *Das Haus Wittelsbach*, S. 213.
54 Walter, *Thema und Variationen*, S. 265.
55 Clemens von Franckenstein an Hugo von Hofmannsthal, 31.01.1913. In: Hofmannsthal, *Briefwechsel mit Clemens von Franckenstein*, S. 109.

> nur sichtbare, aber nicht hörbare Konzert erregte Erstaunen und Befremden und je stiller mein Publikum wurde, desto mehr ließ ich mein Orchester crescendieren, und alles verlief friedlich, [...].[56]

Freilich verbietet es sich, aus einer einzelnen Anekdote auf das Verhältnis des Monarchen zum Theater im Gesamten zu schließen. Walters Erinnerung, ganz gleich inwiefern sie wirklichen Begebenheiten entspricht, illustriert aber zumindest das Gefühl, dass die Verbindung zwischen der Krone und der Kunst den Beteiligten immer weniger stimmig erschien: Offenbar wurde das Theater in den 1910er-Jahren eher aus Tradition gepflegt, aber nicht aus Interesse an der Kunst oder um die Repräsentationskraft der Institution auszunutzen. Die Aufgabe monarchischer Repräsentation übernahmen um 1900 zunehmend die neuen Medien Fotografie und Film: „Ein medial vermitteltes Näheverhältnis zum Monarchen entstand, das Strukturen des heutigen Starwesens nicht nur in dessen royaler Spielart vorwegnahm, wenn nicht sogar mitprägte."[57] Auch „Bürgerkönig" Ludwig III. passte gut in dieses Starwesen: Indem er sich im Wirtshaus unter das Volk mischte oder öffentlich promenierte, präsentierte er sich als König ‚zum Anfassen'.

Die Bande zum Theater wurden demgegenüber vor allem aus Tradition aufrechterhalten. Für Ute Daniel ist die Tradition zu Beginn des 20. Jahrhunderts sogar die „wesentlichste Legitimationsquelle"[58] der Hoftheater. Waren die Höfe im 17. und 18. Jahrhundert noch führend darin, die neuesten Moden auf die Bühne zu bringen, hatten sie nun ihre Innovationskraft weitgehend eingebüßt. Daniel spricht diesbezüglich von einem „Gleichbleiben mit sich selbst".[59] Dieses Gleichbleiben ist durchaus politisch zu verstehen, Tradition wurde schließlich nicht einfach um ihrer selbst willen gepflegt. Vielmehr wirkt es, als sicherte die Wahrung von Tradition das, was Karl Mannheim Mitte der 1920er wissenssoziologisch als „Konservatismus" beschrieb.

Zwar wertete Mannheim Traditionalismus zunächst als „eine allgemein menschliche Eigenschaft",[60] die „das Festhalten am Althergebrachten bedeutet"[61] und eher eine Art spontaner Angstreflex sei, der in Reaktion auf das Neue entstehe. Tradition werde aber in dem Moment zum Grundpfeiler eines konservativen Denkens, in dem sich das Streben nach liberal-rationalistischem Fortschritt mit der Aufklärung zu organisieren beginne. Dann werde aus dem Beharren auf dem Be-

---

56 Walter, *Thema und Variationen*, S. 284 f.
57 Biskup/Kohlrausch, *Das Erbe der Monarchie*, S. 27.
58 Daniel, *Hoftheater*, S. 361.
59 Ebd.
60 Mannheim, *Konservatismus*, S. 92 f.
61 Ebd., S. 93.

kannten, dem Festhalten an einer bereits in Auflösung begriffenen Welt eine bewusste Gegenbewegung zum Progressiven. Mannheim zeichnete die Entstehung des Konservatismus für das 19. Jahrhundert nach, doch waren dessen Charakteristika auch zu Beginn des 20. Jahrhunderts noch zutreffend. Er verstand das Konservative dabei weniger als eine bestimmte inhaltliche Haltung denn als Denkstil, der sich durch „das Sichklammern an das unmittelbar Vorhandene, praktisch *Konkrete*"[62] auszeichne. Der Konservatismus stellte für Mannheim somit einen Gegenpol zum aufklärerischen Denken dar, das die Frage nach Menschenrechten, Eigentumsverhältnissen und staatlicher Ordnung in allgemein gültigen, überzeitlichen, quantitativen Kategorien fasst. Demgegenüber betonte das Konservative die Qualität des Denkens, die individuelle Natur des Erlebens, die eine allgemeine Gleichheit der Menschen verunmögliche:

> Es heißt: die Menschen sind ihrer Veranlagung nach, in ihrem innersten Sein, *ungleich*, und die Freiheit besteht darin, daß alles und jeder, seinem innersten Prinzip entsprechend, das ihm eigentümliche Wachstumsgesetz in sich entfalte.[63]

Der Freiheitsbegriff des Konservativen hebt daher vielmehr auf die Unterschiede von Menschen als auf ihre Gleichheit ab, weshalb Mannheim diesen Freiheitsbegriff eng mit der Ständegesellschaft verknüpfte.

Neben der Betonung des konkreten und qualitativen Erlebens war das zweite Kennzeichen des konservativen Denkens für Mannheim der Umgang mit der Vergangenheit. In der Zeitwahrnehmung der Konservativen bilde die Gegenwart nicht den Ausgang für eine zu gestaltende Zukunft, sondern den Schlusspunkt einer langen Reihe historischer Entwicklungen. Deren Bedeutung müsse allerdings im Spiegel des *hic et nunc* beständig neu kontextualisiert werden, um passungsfähig gegenüber einer Gegenwart zu bleiben, in der sich das Konservative mit einer permanenten Verkleinerung seiner Erlebniswelt konfrontiert sehe, die auch durch die Ausbreitung eines alles egalisierenden Kapitalismus verengt würde. „Konservativ [...] erleben bedeutet also von jenen Erlebniszentren aus zu leben, deren Entstehungsursprung in vergangenen Konstellationen des historischen Geschehens verankert ist",[64] schrieb Mannheim und fügte hinzu:

> Dieses originäre konservative Erleben ist also am ehesten dort erfaßbar, wo die traditionelle Kontinuität jener Lebenskeime und Lebenskreise, aus welchen es seine geistige und seelische Nahrung schöpft, noch nicht zerstört ist.[65]

---

62 Ebd., S. 111, Hervorhebung im Original.
63 Ebd., S. 115, Hervorhebung im Original.
64 Ebd., S. 125.
65 Ebd.

Die Ständegesellschaft, die der Konservatismus auch aufgrund seiner Betonung von Gemeinschaft gegenüber dem Einzelnen so idealisierte, gab es zu Beginn des 20. Jahrhunderts bereits lange nicht mehr, wohl aber noch den Adel und den Erfahrungsraum Hof als Exponent jener „vergangenen Konstellationen",[66] an denen das konservative Denken festhielt. Anarchist Erich Mühsam, der spätere Revolutionär, spottete in seiner Zeitschrift *Kain* anlässlich der Ernennung Ludwigs III. zum König 1913, der Bürger wolle auf den „dekorativen Teil der monarchischen Einrichtung [...] nicht verzichten. Er will Hofhaltung sehen, will vor Hofequipagen dienern, will den im nüchternen Geschäftstriebe aufgesparten Demutsvorrat los werden und will seine primitive Eitelkeit durch Hereinschmeicheln von Orden und Titeln befriedigt sehen."[67]

Mühsams glossierende Worte trafen einen wahren Kern: In der Tat hatten sich die Monarchien des Deutschen Reiches bereits vor 1918 stark modernisiert und Fragen der Politik von der Person des Regenten zunehmend gelöst, wie Thomas Biskup und Martin Kohlrausch darlegen. Dieser Einflussverlust im Politischen ging für die Regenten mit einem Einflussgewinn im Symbolischen einher.[68] Die Monarchie stand zu Beginn des 20. Jahrhunderts mehr und mehr für einen „konservativen Traum von der organischen Ganzheit des Volkes",[69] den monarchistisch gesinnte Strömungen der Gesellschaft auch nach 1918 weiterträumten: „Monarchie und Monarchismus dienten der Wiederverzauberung der Welt, mit einem zum Teil ganz expliziten Märchencharakter."[70] So betrachtet fungierten die deutschen Herrscher vor und in Teilen auch nach der Revolution als nationalen Integrationsfiguren.

Das Ausstellen von Tradition in bestimmten höfischen Umgangsformen und Ritualen lässt sich somit als die sinnlich wahrnehmbare Bestätigung eines konservativen Denkens und Fühlens verstehen und bot eine Rückversicherung der eigenen Weltanschauung. Wenn Mannheim also erklärte, im konservativen, liberalen und sozialistischen Denken träfen drei Weltanschauungen aufeinander, dann nicht (nur) aufgrund eines Kampfs der Ideen, sondern vor allem aufgrund eines unterschiedlichen Erlebens von Welt. Ein solches Erleben von Welt wurde auch durch die Begegnung mit Kunst mediatisiert. Das Hoftheater schien als Wahrer der Tradition daher nicht mehr der fürstlichen Machtrepräsentation zu dienen, sondern eher zur ästhetischen Selbstvergewisserung einer konservativen Zuschauer:innenschaft beizutragen.

Gleichzeitig stand man in München zu Beginn des 20. Jahrhunderts vor der Herausforderung, verschiedene Weltanschauungen nebeneinander im Publikum

---

66 Ebd.
67 Mühsam, Die Monarchie, S. 115.
68 Vgl. Biskup/Kohlrausch, Das Erbe der Monarchie, S. 26 f.
69 Hofman, Obsoleter Monarchismus als Erbe der Monarchie, S. 249.
70 Ebd., S. 256.

Abb. 2: Das königliche Hof- und Nationaltheater.

sitzen zu haben, bestand dieses doch vor 1918 aus „Kreise[n] höfischer Tradition, des Beamtentums, der Universität und der freien Künstlerschaft",[71] wie Berta Hofberger anlässlich der Wiedereröffnung des Residenztheaters 1951 schrieb. Vermutlich deshalb war bei der Neubesetzung des Intendantenamts 1912 das Anforderungsprofil an den künftigen Bühnenleiter so hoch – er musste in seinen künstlerischen Entscheidungen idealiter eine Aussöhnung unterschiedlicher Denk- und Erlebensmuster anstreben.

Die Unattraktivität des Hoftheaters für Regisseure
Die Wahrung der Tradition, die für das konservative Denken so wichtig war, spiegelte sich an den Hoftheatern vor allem in den Spielweisen des Schauspiels wider, wie Ute Daniel zeigt:

> Ihre darstellerischen Konventionen waren und blieben mit den höfisch-adeligen Normen, an denen sie sich herausgebildet […] hatten, so eng verquickt, daß ihre konsequente Tradierung in die zunehmend an naturalistische Darstellungsstile gewöhnte Moderne im Verlauf weniger Jahrzehnte nur noch ironisch, als Selbstpersiflage wirken und verstanden werden konnte […].[72]

---

[71] Hofberger, Zweihundert Jahre Münchener Residenztheater, S. 24.
[72] Daniel, *Hoftheater*, S. 361.

Charakteristisch hierfür war, dass man in den Inszenierungen „noch zäh an Anstands- und Kleiderregeln festhielt"[73] und so indirekt den Aufstieg der Privattheater begünstigte, konnten hier doch Inhalte ausgebreitet, Spielstile erprobt und ‚Provokationen' gezeigt werden, die sich an einem Hoftheater nicht hätten realisieren lassen: „[K]eine Liebesszene ohne Sicherheitsabstand bei Umarmungen und Küssen, keine nackten Knie ohne das berüchtigte fleischfarbene Trikot, kein Bettler ohne Frack",[74] konstatiert Daniel. Wie Ludwig Seelig in seiner vielbeachteten Reformschrift *Geschäftstheater oder Kulturtheater?* von 1914 schrieb, seien die Hofbühnen aufgrund ihrer Ästhetik sowie ihrer streng hierarchischen Betriebsführung zum „Bollwerk der Rückständigkeit"[75] geworden, in denen „der Künstler zum willenlosen Werkzeug, zum Handlanger, der stets vor der Ungnade zittern muß",[76] degradiert würde. „Jede eigene Meinung, jeder Versuch selbstständigen Auftretens gilt als Frevel und Verletzung höfischen Brauchs."[77]

Demgegenüber erschienen die neu gegründeten Privattheater der Stadt – es eröffneten 1901 das von Littmann entworfene Schauspielhaus, 1908 das Künstlertheater im Ausstellungspark und 1911 die Münchner Kammerspiele in Schwabing – nicht nur einem ästhetisch aufgeschlossenen Publikum, sondern auch den innovativen Regisseuren dieser Zeit attraktiver. Geradezu abschreckend musste auf sie der Ruf der Klüngelei und Vetternwirtschaft wirken, welcher der Schauspielsparte des Hoftheaters anhaftete. So schrieb Eugen Kilian, seit 1908 erster Regisseur des Hoftheaters, in seinen Lebenserinnerungen über die Arbeit der Regisseure am Haus:

> Jeder arbeitete für sich und – wie es in solchen Fällen immer geschieht – hauptsächlich für seinen eigenen Vorteil. Eine derartige Vielherrschaft ist der Tod für jede künstlerische Theaterführung. Sie eröffnet der Cliquenwirtschaft Tür und Tor.[78]

Mit Sicherheit sprach aus diesen Worten auch die persönliche Enttäuschung Kilians, räumte man ihm als Oberregisseur doch weder unter Speidel noch unter Franckenstein die Macht ein, die er selbst für angemessen hielt. Trotzdem scheint seine Wahrnehmung des Arbeitsklimas keine Einzelmeinung darzustellen, denn als man 1906 – zwei Jahre vor Kilians Ernennung – Otto Falckenberg das Amt des Schauspieldirektors am Münchner Hoftheater antrug, lehnte dieser wegen genau

---

73 Ebd.
74 Ebd.
75 Seelig, *Geschäftstheater oder Kulturtheater?*, S. 22.
76 Ebd.
77 Ebd.
78 Kilian, *Aus der Theaterwelt*, S. 136.

solcher Bedenken ab. An seine Cousine Bertha schrieb der spätere Leiter der Münchner Kammerspiele:

> Wer die internen Verhältnisse am hiesigen Hoftheater kennt, weiß, was dazu gehört, um den Augias-Stall dieser künstlerischen und moralischen Korruption auszumisten, – wenn das überhaupt möglich ist. Es gehören dazu eiserne Nerven und eine Nilpferdhaut.[79]

Soziale Anerkennung und ein hohes Gehalt wögen das seines Erachtens nicht auf. Für Männer wie Reinhardt, Jessner oder Falckenberg dürfte es also nicht nur wegen der ästhetischen Tradition unattraktiv gewesen sein, die Arbeit an einem Hoftheater in Erwägung zu ziehen, sondern auch wegen der Arbeitsbedingungen einer in Routinen erstarrten Institution. Im Umkehrschluss bedeutet dies, dass gerade der abnehmende Glanz der alten Institution Hoftheater möglicherweise die Ernennung Franckensteins begünstigte, war er als junger Künstler über seine Freundschaft zu Hugo von Hofmannsthal doch vor allem in der österreichischen Literaturlandschaft gut vernetzt und versprach so auf den ersten Blick eine Erneuerung des ins Stocken geratenen Betriebs.

Franckensteins Jugend: Unstete Arbeitsverhältnisse, wechselnde Liebschaften
Dennoch erklärt sich hieraus nicht vollständig, warum ausgerechnet Clemens von Franckenstein am Ende das Rennen um die Intendanz machte, schließlich kannte man ihn in München bis dato kaum. Nach der Matura am altehrwürdigen Schottengymnasium in Wien sollte Franckenstein eigentlich Jura studieren, aber: „Der Gedanke ans Jus u. den väterlichen Herd dreht mir meinen Künstlermagen um. Am Ende gibt es doch noch eine Auseinandersetzung mit meinem Alten."[80] Trotz Auseinandersetzungen mit seinem Vater, der 1898 starb, studierte Franckenstein Musik bei Ludwig Thuille in München und bei Ivan Knorr in Frankfurt, wo er intensiven Kontakt zu einigen englischsprachigen Kommilitonen suchte, die später als „Frankfort Group" bekannt wurden. Von seiner Freundschaft zu Cyrill Scott zeugen Briefe im Nachlass Franckensteins.[81] Als Adeliger wurde Franckenstein als Berufsmusiker zunächst jedoch wenig ernst genommen. Er musste „mit dem Vorurteil der Allgemeinheit leben, daß er als Adeliger als bloßer Liebhaber oder Gentleman-Amateur zu bezeichnen war."[82] Als sein jüngerer Bruder Georg im

---

79 Otto Falckenberg an Bertha Falckenberg, 15.02.1906. In: DTM, Nachlass Otto Falckenberg, VIII 19530.
80 Clemens von Franckenstein an Leopold von Andrian, 12.03.1895. In: DLA, HS.1978.0002.00941.
81 Vgl. Cyril Meir Scott an Clemens von Franckenstein, 7 Briefe. In: BSB, Nachlass Franckensteiniana.
82 McCredie, *Clemens von Franckenstein*, S. 22.

Rahmen seiner Diplomatenlaufbahn in die USA ging, begleitete Clemens ihn für eine Konzertreise, „[in order] to win his spurs as a musician abroad."[83] Der Plan scheiterte: „Der Cle hat leider in Amerika, wo es ihm garnicht gefiel, und in England keine Stellung gefunden. Es ist zu traurig; doch wollen wir weiter hoffen."[84]

Später fand Franckenstein in Großbritannien dann aber doch eine Anstellung: Hier dirigierte er 1903 zunächst das Kurorchester Bath und sammelte als reisender Kapellmeister von *Moody Manners Opera Company* in den Folgejahren weitere Erfahrungen[85] – „he learnt to enforce his will and to command others."[86] Ab Ende 1905 suchte er jedoch erneut nach einer Beschäftigung. „Cle hat unter einer Intrigue [sic!] in England zu leiden gehabt",[87] schrieb sein Bruder an Hugo von Hofmannsthal und bat diesen, eine Bewerbung Franckensteins als Dirigent in Wiesbaden zu unterstützen. Tatsächlich bekam Franckenstein die Position in Wiesbaden im Herbst 1907, witterte aber bereits bei seinem Vorspiel zwei Jahre zuvor eine Verschwörung gegen sich. Intendant Kurt von Mutzenbecher wolle ihm erst an Ort und Stelle mitteilen, welche Oper Franckenstein anlässlich seines Gastdirigats einstudieren solle, er habe dann lediglich eine Woche für die Proben Zeit, so Franckenstein in einem Brief an seinen Bruder. Ihn ärgere „dieses arglistige Vorgehen des Intendanten ziemlich".[88] Zwar stellte die Position in Wiesbaden wahrscheinlich eine bessere Perspektive dar als Franckensteins Dirigate am Daly's Theatre und am Adelphi Theatre in London in den Jahren 1905 bis 1907,[89] doch verlief die Arbeit mit Mutzenbecher nur wenig glücklich: „Bereits im Januar 1908 teilt[e] dieser Franckenstein mit der Begründung, er habe nicht genug Routine, mit, daß der auf ein Jahr befristete Vertrag mit dem Hoftheater Wiesbaden nicht verlängert werden würde."[90] Franckenstein bemühte sich dann um eine Anstellung an der königlich preußischen Oper, doch auch hier war man der Ansicht, dass es Franckenstein an Erfahrung und Temperament fehle.[91] Das Theater bot ihm den-

---

83 Franckenstein, *Facts and Features*, S. 114.
84 Georg von Franckenstein an Hugo von Hofmannsthal, 09.07.1902. In: FDH, Nachlass Hugo von Hofmannsthal, HS 30633,20.
85 Vgl. Clemens von Franckenstein an Georg von Hülsen-Haeseler, 06.03.1909. In: GSTA, BPH Brandenburg-Preußisches Hausarchiv, Rep. 119 Generalintendanz der Staatstheater, Nr. 2040.
86 Franckenstein, *Facts and Features*, S. 115.
87 Georg von Franckenstein an Hugo von Hofmannsthal, 23.10.1905. In: FDH, Nachlass Hugo von Hofmannsthal, HS 30633,30.
88 Clemens von Franckenstein an Georg von Franckenstein, 20.10.1905. In: Hofmannsthal, *Briefwechsel mit Clemens von Franckenstein*, S. 81.
89 Vgl. Franckenstein an Hülsen-Haeseler, 06.03.1909.
90 Landfester, Einleitung, S. 20.
91 Vgl. Georg von Franckenstein an Hugo von Hofmannsthal, 29.02.1908. In: FDH, Nachlass Hugo von Hofmannsthal, HS 30633,44.

noch einen einjährigen Vertrag als Korrepetitor und Dirigent mit einem Lohn von 200 Mark im Monat an.[92] Für ein längerfristiges Verbleiben in Berlin setzte sich bei Intendant Hülsen-Haeseler dann Irma Fürstin zu Fürstenberg, eine Cousine Franckensteins, erfolgreich ein.[93] Der junge Dirigent erhielt jeweils einjährige Verträge für die kommende Spielzeit, in der Saison 1911/1912 erweiterte sich sein Aufgabengebiet zum „Assistent[en] der Operndirektion".[94] Zum Zeitpunkt seiner Münchner Bewerbung hatte Franckenstein also – trotz oder gerade wegen seiner adeligen Abstammung – eine von unsteten Beschäftigungssituationen und temporärer Arbeitslosigkeit geprägte berufliche Vita vorzuweisen, die ihn für das Amt des Intendanten wenig prädestinierte, zumal auch sein Oeuvre als Komponist in dieser Zeit weit weniger rezipiert wurde als das anderer, erfolgreicherer Zeitgenossen wie beispielsweise Richard Strauss. Gleichwohl erlaubten es ihm insbesondere die Berliner Jahre, Einblick in das Funktionieren eines großen Theaters zu bekommen und sich als Assistenz der Operndirektion die dafür notwendigen administrativen Kompetenzen anzueignen. Diese Qualifikation, in Kombination mit dem für Bayern unerlässlichen Adelstitel, dürfte seiner Bewerbung um das Amt zuträglich gewesen sein.

Nicht unbedingt hilfreich für ihn war demgegenüber, dass sein Ruf durch die Veröffentlichung von Schnitzlers Roman *Der Weg ins Freie* gelitten hatte. Zwar habe Franckenstein sich bei Bruno Walter einmal über die „Unähnlichkeit seines Bildes"[95] im Vergleich zur Romanfigur Georg von Wergenthin beschwert, doch könnte Franckensteins Frust daraus resultiert haben, dass Schnitzler seinen Charakter ziemlich genau traf, als er ihm einen Hang zu wechselnden Frauengeschichten andichtete.

Dieser Eindruck vermittelt sich zumindest bei einem Blick in die Briefe an seinen Jugendfreund Leopold von Andrian. Gemeinsam verbrachte die Clique um Clemens von Franckenstein und seinen Bruder Georg zahlreiche Sommer in Bad Aussee. Andrian bat er in Vorbereitung auf eine der Reisen in die Sommerfrische:

---

92 Vgl. Dienst-Vertrag mit Herrn Reichs-Freiherrn von und zu Franckenstein, 12.07.1908. In: GSTA, BPH Brandenburg-Preußisches Hausarchiv, Rep. 119 Generalintendanz der Staatstheater, Nr. 2040.
93 Vgl. Irma Fürstin zu Fürstenberg an Georg von Hülsen-Haseler, 13.04.1909. In: GSTA, BPH Brandenburg-Preußisches Hausarchiv, Rep. 119 Generalintendanz der Staatstheater, Nr. 2040.
94 Dienst-Vertrag mit Herrn Reichsfreiherrn von und zu Franckenstein, 19.04.1911. In: GSTA, BPH Brandenburg-Preußisches Hausarchiv, Rep. 119 Generalintendanz der Staatstheater, Nr. 2040.
95 Walter, *Thema und Variationen*, S. 262.

> Sei so gut und kaufe vor deiner Abreise ein Paar Praeservative [sic!] u. bringe sie mit. Ich brauche sie nothwendig, quia Virgines Ausseicas graves facere nolo [= weil ich es den Ausseeischen Jungfrauen nicht schwer machen will, Anm. d. Verf.].[96]

Aus Starnberg, wo er während seines Studiums in München wohnte, teilte er dem Freund mit:

> [I]ch kann dir über hiesige Frauen nichts berichten, da ich außer 2 Sängerinnen niemanden kenne. Im übrigen habeo proportionem cum femina domi, quae pulchritudine non cavet [= Im übrigen habe ich ein Verhältnis mit der Dame des Hauses, welche sich um Schönheit nicht schert, Anm. d. Verf.].[97]

Die meisten dieser Äußerungen lassen sich auf Franckensteins Jugendjahre datieren. Als Schnitzlers Text erschien, war er bereits mit der Irin Mary Gertrude Toner verheiratet und schien also doch jenes ‚commitment' zu zeigen, an dem es seinem literarischen Zwilling mangelte. Aus Briefen seiner Berliner Zeit an der königlich preußischen Oper deutet sich jedoch erneut eine Affäre an, die Franckensteins Ruf hätte schaden können. In einem verzweifelten Brief wandte er sich im Januar 1911 an Andrian:

> Ich befinde mich in einer grässlichen Lage und muss in kurzer Zeit zweitausend Mark bezahlen, wenn ich nicht wie ein Schwein dastehen will. Wäre es Dir möglich mir diese Summe zu leihen? Ich würde mich verpflichten Dir das Geld zu verzinsen und es Dir in Raten zurückzuzahlen. [...]
> Meinen Geschwistern kann ich von der Sache nicht sprechen[,] weil es mir ganz unmöglich wäre Ihnen den Grund zu sagen.
> Wenn Du es wünschest, will ich Dir alles schreiben, obwohl ich sehr ungern davon rede.
> Für heute nur soviel, dass ich nicht gespielt habe oder sonst etwas getan habe[,] was man mit „Dummheiten" bezeichnet. Die Sache liegt leider tiefer –[98]

Er bat Andrian, ihm eine Antwort ins Theater zu schicken, damit seine Frau nichts von der „Sache" erfahre. Nur fünf Tage später, nach einer Reaktion des Freundes, schrieb er ihm erneut:

> Das Böse ist[,] dass ich das Geld sobald als möglich brauche.
> Es handelt sich, so schamhaft das klingen mag, um ein Leben (nicht das Meine [sic!])

---

[96] Clemens von Franckenstein an Leopold von Andrian, o. D. In: DLA, HS.1978.0002.00943, 2268, Hervorhebung im Original.
[97] Franckenstein an Andrian, 12.03.1895.
[98] Clemens von Franckenstein an Leopold von Andrian, 11.01.1911. In: DLA, HS.1978.0002.00942, Hervorhebung im Original.

> Ich tue das Ganze nicht aus Gutmütigkeit oder aus Weichherzigkeit sondern[,] weil es eine Gemeinheit von mir wäre wenn ich es unterließe.[99]

Bis heute ist nicht geklärt, ob es sich bei dem „Leben", das Franckenstein da bezahlte, um ein uneheliches Kind handelte. Sein Wunsch, die Geldsorgen dieses Mal vor seiner Familie und dem gemeinsamen Freundeskreis geheim zu halten, spricht jedoch für die These eines illegitimen Kindes. Später, im Dezember 1912 kam die „Berliner Sache"[100] erneut auf, dieses Mal in einem Brief an Franckensteins Schwester Leopoldine, die inzwischen offenbar im Bilde war. Anwaltlich wurde mit einer Berliner Unbekannten nun verhandelt, „[s]ie schrieb mir man solle sie doch nicht so demütigen sie würde alles unterschreiben",[101] so Franckenstein. Das „finanz. Opfer"[102] für die Angelegenheit würde Leopoldine erbringen. Möglicherweise könnte es hierbei um eine Art Unterhaltszahlung gegangen sein. Denkbar ist aber auch, dass es sich bei diesem „Opfer" um eine Art Schweigegeld wegen einer durchgeführten Abtreibung handelte, schließlich war Franckenstein sechs Wochen zuvor zum Münchner Intendanten ernannt worden, ein Skandal wegen eines ‚Kegels' hätte seinem Ruf geschadet. Einleuchtend scheint es daher, dass er sich um strenge Geheimhaltung bemühte, die offenbar auch Wirkung gezeigt hat. In der wissenschaftlichen Literatur zu Franckenstein wurde bisher die Möglichkeit eines unehelichen Kindes nicht diskutiert – wahrscheinlich deshalb, weil mit den Marbacher Briefen bisher noch nicht gearbeitet worden ist.

Auf Empfehlung von Hofmannsthal ins Amt
Zusammenfassend lässt sich sagen, dass Franckenstein bei seiner Ernennung zum Intendanten mit 37 Jahren auf eine unstete Erwerbsbiografie zurückblickte, obgleich seinen Kompositionen erste Erfolge beschert waren – 1909 wurde in Budapest seine Oper *Rahab* uraufgeführt. Im Privaten pflegte er in jungen Jahren einen Lebensstil, der mit dem repräsentativen Intendantenamt nicht problemlos in Einklang zu bringen war. Dass seine Kandidatur dennoch gelang, verdankte er neben seiner administrativen Expertise aus den Berliner Jahren letzten Endes auch dem Einfluss seines Umfelds. Nachdem Franckenstein in der Zeitung vom Tod Albert von Speidels gelesen hatte, ermutigte ihn sein Jugendfreund Hugo von Hofmannsthal, sich tatsächlich in München zu bewerben und dabei auch seine

---

99 Clemens von Franckenstein an Leopold von Andrian, 16.01.1911. In: DLA, HS.1978.0002.00942, Hervorhebung im Original.
100 Clemens von Franckenstein an Leopoldine von Franckenstein, 20.12.1912. In: FDH, Nachlass Georg von Franckenstein.
101 Ebd.
102 Ebd.

familiären Beziehungen ins Spiel zu bringen: „Name Franckenstein besonders günstig weil sympathisch bei Kathol. Partei. Candidatur wäre meines Erachtens durch Verwandte (Hanskarl) in Centrumspresse zu lancieren",[103] schrieb er. In der Tat gehörten gleich mehrere Verwandte Franckensteins der Zentrumspartei an. Gerade im katholischen Bayern dürfte ihm das Sympathien eingebracht haben. Neben seiner Familie versuchte Franckenstein auf Rat Hofmannsthals auch Richard Strauss zu mobilisieren und bat ihn, seine Bewerbung zu unterstützen. Er betonte in einem Brief an Strauss vor allem seine Praxiserfahrung als Komponist und Theatermacher, die ihn für die Stelle mehr qualifizieren würde „als die Mehrzahl der in solchem Falle meist in Betracht kommenden Offiziere oder Staatsbeamten."[104] Er bat den Komponisten, dieser möge doch „gelegentlich einmal Vertretern der Münchner Presse oder sonst maßgebenden Personen etwas über mich und meine Eignung für diesen Posten sagen".[105] Strauss lehnte dies ab, dennoch glückte die Bewerbung, auch aufgrund einer Empfehlung des Stuttgarter Intendanten Graf zu Putlitz.[106] Franckenstein hatte, wie Varwig konstatiert, „alle ihm verfügbaren Kanäle und Kontakte genutzt, so dass sein Name trotz des erstaunlich großen Karrieresprungs in Theaterkreisen wohl weniger überraschte als in der Öffentlichkeit".[107] Die sonst über Gerüchte oft früh informierte Münchner Presse war dafür umso erstaunter. Zwar betonten die *Münchner Neuesten Nachrichten*, dass sich Franckensteins Stammbaum bis ins 12. Jahrhundert zurückverfolgen lasse, über seine künstlerische Persönlichkeit wusste die Zeitung indes wenig zu berichten:

> Als Dirigent besonders hervorzutreten hatte Baron Franckenstein in Berlin keine Gelegenheit. Ueber [sic!] sein künstlerisches Können ist deshalb die Öffentlichkeit in Berlin nicht unterrichtet. Und auch in Berliner Künstlerkreisen gehört Baron Franckensteins Persönlichkeit nicht zu den bekannten Erscheinungen. Es mag das wohl damit zusammenhängen, daß Baron Franckenstein in Berlin besonderen Wert auf seine Ausbildung in den Geschäften der Intendanz legte.[108]

---

103 Hugo von Hofmannsthal an Clemens von Franckenstein, 06.09.1912. In: Hofmannsthal, *Briefwechsel mit Clemens von Franckenstein*, S. 101.
104 Clemens von Franckenstein an Richard Strauss, 08.09.1912. In: McCredie, *Clemens von Franckenstein*, S. 63.
105 Ebd.
106 Vgl. McCredie, *Clemens von Franckenstein*, S. 28.
107 Varwig, Clemens von Franckensteins Ernennung, S. 85.
108 o.A., Der neue Hoftheaterintendant. In: *MNN*, Nr. 591, 01.10.1912, S. 2.

„[A]uf scharfe Beobachtung darf der neue Intendant rechnen!",[109] versprachen die *Münchner Neuesten Nachrichten* angesichts von Franckensteins bisher kaum vorhandenem künstlerischen Profil. In einem Interview mit der Redaktion, das zeitgleich erschien, betonte der designierte Intendant dann auch gleich, dass er das Theater als eine Lebensaufgabe sehe: „Seit zehn Jahren atme ich Theaterluft."[110] Franckenstein wird die Berichterstattung zur Neubesetzung des Intendantenamtes genau studiert haben, schließlich ähnelten seine Aussagen den Forderungen, die die *Münchner Neuesten Nachrichten* zwei Wochen zuvor in einem Artikel an den neuen Leiter gestellt hatten. „Man müßte also einen Mann finden, der möglichst viel Aehnlichkeit [sic!] mit Laube besitzt; ein Theater-Vollblut mit einem Wort",[111] hatte es dort geheißen, allerdings in Bezug auf einen zusätzlich zu engagierenden Schauspieldirektor. Ebenso bestätigte Franckenstein im Interview die von der Zeitung zuvor artikulierte Hoffnung, im Repertoire zeitgenössische Werke zu verankern, und verwies diesbezüglich auch auf seine enge Freundschaft mit Hugo von Hofmannsthal.[112]

Hofmannsthal wiederum gab einen Tag später in der *Frankfurter Zeitung* selbst ein Interview, in dem er Franckenstein der Presse empfahl. Schließlich spekulierte man in der Redaktion, ob dieser „auch das Maß von Autorität mitbringt",[113] dessen es als Theaterleiter bedürfe. Hofmannsthal attestierte dem Freund „die strenge Sachlichkeit, die zielsichere Klarheit und ruhige Entschiedenheit",[114] die ein Mann in leitender Stellung benötige. Auch betonte er, dass Franckenstein ihn auf den *Jedermann*-Stoff aufmerksam gemacht habe und sich im Schauspiel um eine „Lebendighaltung des klassischen Repertoires"[115] bemühen werde, was nach Ansicht von Olivia Varwig „genauso gut Hofmannsthals eigenen Vorstellungen eines gelungenen Repertoires entsprechen [könnte]."[116] An Franckenstein schrieb er nach dem Treffen mit der Presse:

– das was sie durchaus von mir hören wollten, daß du nicht-clerikal und „freigeistig" seist, habe ich mich natürlich gehütet zu sagen. Es kommt alles darauf an, gegenüber dem „baie-

---

109 Ebd.
110 o.A., Eine Unterredung mit Baron Franckenstein. In: *MNN*, Nr. 591, 01.10.1912, S. 2.
111 o.A., Hoftheaterfragen, S. 2.
112 Vgl. o.A., Eine Unterredung mit Baron Franckenstein, S. 2.
113 o.A., Der neue Münchener Hoftheaterintendant. Bedenken. – Eine Unterredung mit Hugo v. Hofmannsthal. In: *FZ*, Nr. 273, 02.10.1912. In: Varwig, Clemens von Franckensteins Ernennung, S. 71.
114 Ebd.
115 Ebd., Hervorhebung im Original.
116 Varwig, Clemens von Franckensteins Ernennung, S. 74.

rischen Courier" etc. die Avantagen deines Namens solange als möglich zu wahren, bis deine Stellung ganz fest ist.[117]

Zwar waren die *Münchner Neuesten Nachrichten* damals die mit Abstand größte Zeitung des süddeutschen Raums, trotzdem ist der Einfluss des von Hofmannsthal erwähnten, konservativen *Bayerischen Kuriers* auf die öffentliche Meinung nicht zu unterschätzen. Dementsprechend wichtig schien es, nach außen hin zunächst ein gemäßigtes Bild von Franckenstein als Abkömmling einer altehrwürdigen Adelsfamilie zu etablieren, besonders wenn man Franckensteins Liebschaften der Jugendjahre bedenkt. Zu dieser Imagebildung hat Hofmannsthals Interview mit Sicherheit positiv beigetragen.

Ein „Schwachmatikus"? Intendant Franckenstein als stiller Beobachter
In eben jenem Brief, in dem er von seinem Interview mit der *Frankfurter Zeitung* berichtete, bot Hofmannsthal dem Freund aus Jugendtagen auch seine Expertise bei der Führung des Schauspiels an. „Natürlich nur hinter den Culissen, und unter 4 Augen – und nur so viel du wollen und mich rufen wirst."[118] Tatsächlich sollte Franckenstein immer wieder auf den Rat Hofmannsthals zurückgreifen, wie Olivia Varwig zeigt.[119] Hiervon wird bei der Diskussion der Uraufführung des *Wozzeck* noch zu sprechen sein.

Glückwünsche zur Ernennung sandte auch Dirigent Karl Muck, damals Leiter des Boston Symphony Orchestra:

> Es ist wahrhaftig keine Sinecure, die Sie da übernommen haben! Und ich wünsche Ihnen vor allem Geduld und Ausdauer; denn ein Mann von Ihrer Kultur und Ihren künstlerischen Qualitäten wird unter den unausbleiblichen Reibungen des Amtes mehr zu leiden haben, als irgend ein Outsider, der, von keiner Fachkenntnis behindert, fröhlich und stramm vom Regiment in's Theater hineinspringt.[120]

Dunkel leuchtete hier bereits die Vorausdeutung auf, dass Franckenstein an seinem Amt wenig Freude haben würde. Auch er selbst ahnte das, gab sich im Oktober 1912 aber noch kämpferisch: „Ich weiß, dass ich mich in ein Wespennest begebe, aber

---

117 Hugo von Hofmannsthal an Clemens von Franckenstein, 03.10.1912. In: Hofmannsthal, *Briefwechsel mit Clemens von Franckenstein*, S. 102.
118 Ebd.
119 Vgl. Varwig, Clemens von Franckensteins Ernennung, S. 86 f.
120 Karl Muck an Clemens von Franckenstein, 20.10.1912. In: McCredie, *Clemens von Franckenstein*, S. 64.

tue es guten Mutes und mit offenen Augen",[121] schrieb er Richard Strauss. Wann genau der emotionale Umschwung stattgefunden hat, der zu einer Resignation im Amt führte, lässt sich nicht datieren, allerdings schien Franckenstein trotz zahlreicher Ur- und Erstaufführungen in seinem ersten Jahr als Intendant eher abwartend agiert zu haben. Das wurde zunächst goutiert, in der Presse hieß es Ende 1912: „Der neue Intendant beschränkt sich immer noch auf das ‚stille Zusehen', um vorerst den ganzen Apparat genau kennen zu lernen und sich in die Verhältnisse einzufinden. Und das ist ebenso löblich wie auch gut [...]."[122] Ferner wurde Franckensteins Abneigung gegen das damals viel beschworene Cliquenwesen gelobt, allerdings nicht ohne ironischen Unterton:

> Der neue Intendant kann da wirklich und wahrhaftig als Muster angeführt werden, denn er ist für jeden unsichtbar und hält es weder mit dem oder der, mit jenem oder jener, er hält es einzig mit sich allein.[123]

Ein halbes Jahr später äußerte sich Alexander Dillmann in den *Münchner Neuesten Nachrichten* dann ähnlich:

> Baron Franckenstein, der neue Intendant, ist in der kurzen Zeit seiner Münchner Tätigkeit verhältnismäßig wenig hervorgetreten. Umso kraftvoller und bestimmter wirkte er im stillen [sic!]. Sein Organisationstalent, sein sicheres, klares Urteil, seine kluge Zurückhaltung und seine Gerechtigkeit werden allgemein gerühmt.[124]

Franckenstein, der stille Beobachter, der Organisator im Verborgenen, an dem die Wünsche und Interessen seiner Umwelt abperlen – dieser Eindruck der Presse deckt sich mit den privaten Äußerungen seiner Kollegen. Bruno Walter wertete die zurückhaltende Noblesse seines Vorgesetzten positiv:

> Ich habe in den etwa sechs Jahren unserer gemeinsamen Arbeit [...] nur Freude und Befriedigung an dem Kunstsinn, der taktvollen Bescheidenheit und der festen Energie des untadelig ehrenhaften und höchst kultivierten Mannes erlebt.[125]

---

121 Clemens von Franckenstein an Richard Strauss, 04.10.1912. In: McCredie, *Clemens von Franckenstein*, S. 64.
122 o.A., München. Theater. In: *Wiener Leben*, Nr. 41, 08.12.1912. In: BAYHSTA, Generalintendanz der Bayerischen Staatstheater, 998.
123 Ebd.
124 Alexander Dillmann, Ein Rückblick auf das Opernjahr. In: *MNN*, Nr. 344, 09.07.1913, S. 1, Hervorhebung im Original.
125 Walter, *Thema und Variationen*, S. 263.

Richard Strauss hingegen, dem Franckenstein bei der Kandidatur für die Intendanz noch als Bittsteller entgegengetreten war, erregte sich über genau diese Unverbindlichkeit. Enttäuscht darüber, dass ihm an der Münchner Oper als berühmtem Sohn der Stadt nicht die Aufmerksamkeit zuteil wurde, die er selbst für angemessen hielt, bezeichnete er Franckenstein als „Schwachmatikus, der ganz in Br. Walters Händen ist".[126] Er ärgerte sich, dass Franckenstein, „wenn man bei ihm ist, alles schön verspricht und bei dem man, die Tür hinter sich zu, vergessen ist."[127] Rein faktisch betrachtet scheint Strauss' Wahrnehmung unbegründet: Seine Opern wurden zwischen 1911 und 1920 siebenundsiebzigmal in München gespielt, unter den lebenden Komponisten brachte nur Hans Pfitzner es im selben Zeitraum zu mehr Aufführungen.[128] Trotzdem kam es zwischen Strauss und Franckenstein des Öfteren zu Reibereien, bei denen nicht selten Hofmannsthal als Vermittler tätig werden musste.[129] Dass Strauss' Werke nicht noch häufiger gezeigt wurden, hing auch mit dem Krieg zusammen, der das Orchester schrumpfen ließ und so die Aufführung aufwendig instrumentierter Opern erschwerte.[130]

Ob Franckenstein tatsächlich, wie Richard Strauss behauptete, „ganz in Walters Klauen"[131] war und diesem bei der Amtsführung komplett freie Hand ließ, ist aus den erhaltenen Akten nicht zu rekonstruieren. Anzunehmen ist allerdings, dass Franckenstein seinem Operndirektor viele Freiheiten zugestand, immerhin wurde dieser unmittelbar vor ihm ins Amt gerufen, ein rüder oder zu stark kontrollierender Umgang mit dem in München so innig herbeigesehnten Mahler-Schüler hätte womöglich seine eigene Position geschwächt. In jedem Fall aber war Walter der Sichtbarere der beiden. Wie Fritz Trümpi herausarbeitet, wurden in einem zunehmend nach marktwirtschaftlichen Kriterien organisierten Konzertbetrieb Dirigenten nun zum ‚Markenkern' vieler privatfinanzierter Orchester, schließlich wuchs beständig der „*Legitimationsdruck der Leistungsfähigkeit von Orchestern.*"[132] Ein Dirigent fungierte dabei als „*Garant dieser Leistungsfähigkeit [...] – er wird somit zum Fürsprecher für das Orchester und zum impliziten Bindeglied zwischen*

---

126 Richard Strauss an Hugo von Hofmannsthal, 22.08.1915. In: Strauss/Hofmannsthal, *Briefwechsel*, S. 319.
127 Richard Strauss an Hugo von Hofmannsthal, 16.01.1915. In: Strauss/Hofmannsthal, *Briefwechsel*, S. 293.
128 Vgl. Reiner, Spielplan 1871 mit 1920, S. 36.
129 Vgl. Varwig, Clemens von Franckensteins Ernennung, S. 86.
130 Vgl. Walter, *Thema und Variationen*, S. 288.
131 Richard Strauss an Hugo von Hofmannsthal, 24.08.1915. In: Strauss/Hofmannsthal, *Briefwechsel*, S. 323.
132 Trümpi, Die Autorität des Dirigenten oder Orchester im politischen Wandel, S. 14, Hervorhebung im Original.

Abb. 3: Generalmusikdirektor Bruno Walter.

diesem und staatlichen Instanzen."¹³³ Trümpi beschreibt diesen Komplex zwar für privat geführte Orchester, doch erscheint seine Beobachtung auch für den abnehmenden Stern des Hoftheaters mit seinem Star-Dirigenten Bruno Walter ein-

---

133 Ebd., Hervorhebung im Original.

leuchtend. Für die öffentliche Wahrnehmung scheint es daher unerheblich gewesen zu sein, welche der Initiativen bei der Gestaltung des Opernspielplans auf Walter und welche auf Franckenstein zurückgingen, wurde die Annahme und Aufführung musiktheatraler Werke doch ohnehin meist dem Dirigenten zugeschrieben, wie auch die Debatte um Bruno Walters ‚undeutschen' Spielplan in Kapitel 4 zeigen wird. Schläder, Cromme, Frank und Frühinsfeld konstatieren sogar, Franckenstein und Walter seien „augenscheinlich ideale Partner in der Pflege eines Kulturerbes"[134] gewesen, das ob der langen Tradition des Münchner Hoftheaters weit zurückreichte. Trotz der Einschränkungen, die der Krieg dem Theater auferlegte, beschreiben sie die Jahre von Franckensteins erster Intendanz als überaus produktiv und betonen vor allem die Bedeutung der Uraufführung von Hans Pfitzners *Palestrina* im Juni 1917,[135] von der später noch die Rede sein wird. Zu einer ähnlich positiven Bewertung des Opernangebots kommt neben Olivia Varwig[136] auch Franckensteins Biograph Andrew McCredie. Die Pflege von Komponisten wie Richard Strauss und Ermanno Wolf-Ferrari hebt er ebenso hervor wie die Erstaufführung von Franz Schrekers *Der ferne Klang* 1914 und die Uraufführung der Einakter *Der Ring des Polykrates* und *Violanta* des damals erst 18-jährigen Wunderkinds Erich Wolfgang Korngold im März 1916.[137] Auf dem „reichhaltigen Spielplan"[138] stand 1915 auch Franckensteins eigene Oper *Rahab*, die den alttestamentarischen Stoff um die Zerstörung Jerichos als Einakter erzählt. Mit seiner Ernennung zum Intendanten wurde Franckenstein offenkundig auch als Komponist mehr wahrgenommen. Bereits ein Jahr vor der Aufführung von *Rahab* schrieb Franckenstein an Leopold von Andrian:

> Gestern wurde mein neues Trio aufgeführt; am 7 Jan. wurde ein neues Orchesterwerk erstmalig gespielt. Seitdem ich Intendant bin gelte ich was als Componist; früher war das anders. Es ist ekelhaft wenngleich angenehm.[139]

---

[134] Schläder et al., *Wie man wird, was man ist*, S. 104.
[135] Vgl. ebd., S. 105 f.
[136] Sie bezeichnet Franckensteins Intendanz „insgesamt als gelungen" (Varwig, Clemens von Franckensteins Ernennung, S. 87), betont aber ebenfalls, dass sein Hauptaugenmerk auf der Oper lag, während im Schauspiel die Unzufriedenheit wuchs (vgl. ebd.).
[137] Vgl. McCredie, *Clemens von Franckenstein*, S. 29–37.
[138] Ebd., S. 30.
[139] Clemens von Franckenstein an Leopold von Andrian, 15.01.1914. In: DLA, HS.1978.0002.00942.

2.2 „Verherrlichung der Revolution im Hoftheater"? Die Uraufführung des *Wozzeck* 1913, zusammen mit *Dantons Tod*

Während die Oper trotz der Kriegswirren florierte, wurde Franckenstein in Bezug auf das Schauspiel immer wieder ein gewisses Desinteresse vorgeworfen. Theaterkritiker Hermann Sinsheimer etwa schrieb, Franckenstein sei „ein kühler bayerischer Kammerherr"[140] gewesen, „[u]ms Schauspiel und die dramatische Kunst kümmerte er sich wenig; er sprühte förmlich vor Kühle für sie und das haben ihm die Schauspieler dadurch entgolten, daß sie ihm einen Tag vor dem Ausbruch der deutschen Revolution die Tür wiesen."[141]

Was angesichts von Franckensteins eher distanziert wirkendem Charakter in Bezug auf den Umgang mit Kolleg:innen vielleicht stimmen mag, lässt sich mit einem Blick in seine privaten Briefe nicht ganz bestätigen. Franckenstein war literarisch interessiert und zählte viele Autoren zu seinem Freundes- und Bekanntenkreis, zum Beispiel Richard Beer-Hofmann, Hans Schlesinger, Jakob Wassermann und Stefan George. In jungen Jahren las er unter anderem Hebbel, Ibsen, Grillparzer, Dehmel und Wilde. In einem Brief an Leopold von Andrian erwähnte er ferner seine Begeisterung für *Pan* von Knut Hamsun.[142]

Zwar war zwischen 1911 und 1920 der meistgespielte Autor des Münchner Hoftheaters Ludwig Thoma,[143] doch war das Übermaß an heiterer Literatur im Spielplan durchaus typisch für die deutschen Hoftheater und kein Münchner Spezifikum: „Die absolute Dominanz des unterhaltsamen Genres"[144] stellt für Ute Daniel das ästhetische Charakteristikum der Hofbühnen dar, schließlich „blieben sie bis zum Ende des Kaiserreichs ein wesentlicher Faktor der höfischen Geselligkeit",[145] die vor allem das Unterhaltungsbedürfnis des Publikums zu befriedigen hatten. Gleichzeitig weist Wolfram Viehweg darauf hin, Franckenstein habe sich durchaus „systematisch um selten gespielte, ihm wertvoll erscheinende Bühnenwerke"[146] etwa von Kleist, Shakespeare oder Hebbel bemüht. Hierzu passt auch,

---

140 Sinsheimer, *Gelebt im Paradies*, S. 269.
141 Ebd., Hervorhebung im Original.
142 Vgl. Clemens von Franckenstein an Leopold von Andrian, 14.06.1895. In: DLA, HS.1978.0002.00941.
143 Er brachte es auf 495 Aufführungen in zehn Jahren, deutlich dahinter lagen Shakespeare mit 287, Schiller mit 222 und Goethe und Ibsen mit je 157 Aufführungen. Vgl. Reiner, Spielplan 1871 mit 1920, S. 37.
144 Daniel, *Hoftheater*, S. 75.
145 Ebd., S. 359.
146 Viehweg, *Georg Büchners „Dantons Tod"*, S. 38.

dass Franckenstein 1913, anlässlich des 100. Geburtstags Georg Büchners, dessen Fragment *Wozzeck* uraufführte und zusammen mit *Dantons Tod* herausbrachte. Sein Haus zählte damit zu einer der ganz wenigen Bühnen, die überhaupt an den Dichter erinnerten.[147]

Einrichtung und Inszenierung: Fokus auf das Schicksal der Hauptfiguren
Die Uraufführung erfolgte auf Anregung Hugo von Hofmannsthals. Nachdem dieser zunächst vergebens versuchte, das Stück bei der Wiener Freien Volksbühne unterzubringen, legte er Franckenstein die Aufführung des Textes nahe.[148] Er war es auch, der Bühnenbildner Alfred Roller dazu bewegte, unentgeltlich Entwürfe für das Projekt zu machen. Hier kam offensichtlich jenes versteckte Engagement für das Theater zum Tragen, das Hofmannsthal seinem Freund bereits anlässlich von dessen Amtsantritt angeboten hatte. Wie sehr ihm die Aufführung des Werks am Herzen gelegen haben muss, beweist auch Hofmannsthals Angebot, privat 500 Mark beizusteuern, um die von Roller entworfenen Prospekte für die Inszenierung auch wirklich realisieren zu können.[149] Ebenso bot er Franckenstein an, ihm eine Strichfassung des *Wozzeck* zu machen, allerdings rein „*privatim, zu deinem Gebrauch*".[150] Öffentlich genannt wurde Hofmannsthal als Bearbeiter später aber nicht – möglicherweise, um nicht Personaldebatten in der Presse Vorschub zu leisten, war doch bereits bei Franckensteins Amtsantritt gemunkelt worden, dass er den Freund als Schauspieldirektor mitbringe.[151] Gleichwohl ist nicht abschließend geklärt, wie weit Hofmannsthal in die Arbeit an der Produktion letzten Endes involviert war. Tatsächlich existiert eine zu diesem Zweck entstandene Einrichtung des Stoffes durch den Autor, die der von Rudolf Franz 1912 herausgegebenen Büchner-Ausgabe zugrunde liegt. Sie konnte „ohne Vorhang, pausenlos und in schnellem Tempo, in weniger als einer Stunde gespielt werden".[152] In der Hofmannsthal-Forschung war man zunächst davon ausgegangen, dass in München letztlich seine Fassung gespielt wurde, obgleich man eine von Hofmannsthal hinzugedichtete Schlussszene wegließ.[153] Wolfram Viehweg kann allerdings zeigen,

---

147 Vgl. ebd.
148 Vgl. Hugo von Hofmannsthal an Clemens von Franckenstein, 19.01.1913. In: Hofmannsthal, *Briefwechsel mit Clemens von Franckenstein*, S. 104 ff.
149 Vgl. Hugo von Hofmannsthal an Clemens von Franckenstein, 12.05.1913. In: Hofmannsthal, *Briefwechsel mit Clemens von Franckenstein*, S. 119.
150 Hugo von Hofmannsthal an Clemens von Franckenstein, 10.02.1913. In: Hofmannsthal, *Briefwechsel mit Clemens von Franckenstein*, S. 112, Hervorhebung im Original.
151 Vgl. Varwig, Clemens von Franckensteins Ernennung, S. 80.
152 Weber, Zur Uraufführung von Büchners „Wozzeck", S. 240.
153 Vgl. ebd., S. 246.

dass parallel zu Hofmannsthal auch Karl Wollf, der Dramaturg des Münchner Hoftheaters, an einer Strichfassung arbeitete und man bei der Premiere vermutlich eine Mischung beider Fassungen benutzte.[154] Hierfür spricht, dass Eugen Kilian, der Regisseur des Abends, offenbar ohne Kenntnis von Hofmannsthals Mitarbeit an der szenischen Einrichtung,[155] in seiner Inszenierungsarbeit vor allem den zahlreichen Impulsen folgte, die von Bühnenbildner Alfred Roller ausgingen. Bezeichnend für das Hoftheater ist sicherlich, so Viehweg, dass die Uraufführung in der Spielweise, der Lichtsetzung und der Bühnengestaltung

> das Werk als betont stimmungsstarke, vom Mitleid geprägte Symboldichtung für die Qual und die Verlassenheit des Menschen in der Welt und den Wozzeck zuvörderst als Repräsentanten der zum Leiden verfluchten Menschheit und nur beiläufig als mißhandelten Angehörigen einer unterdrückten Schicht [zeigt], wobei Kilian seine Inszenierung mit gegensätzlichen Stimmungen und Stimmungsbrüchen akzentuiert, groteske Elemente ins Bild holt, vornehmlich aber das Athmoshpärische [sic!] betont, das immer dunklere Töne annimmt.[156]

Manfred Wagner macht in seiner Beschäftigung mit den Bühnenbildern Alfred Rollers darauf aufmerksam, dass auf den Bühnenbildskizzen für den *Wozzeck* die Figuren außergewöhnlich klein wirken, er spricht von einem „Okkupiertwerden von der Größe des Raumes".[157] In ihm spürt der vereinzelte Mensch die Kleinheit und Beschränktheit des Selbst, ihm wird die Ausweglosigkeit seiner Situation gewahr. Möglicherweise hatte man durch diese Akzentuierung des Stimmungshaften und die Betonung des menschlichen Leids als überzeitlicher Topos versucht, eine politische Deutung des Bühnengeschehens zu vermeiden, haftete Büchners Bühnenwerken doch aufgrund seiner Flugschrift, des *Hessischen Landboten*,[158] damals noch ein umstürzlerisches Verdachtsmoment an. Für diese Theorie spricht zumindest, dass Dramaturg Karl Wollf einige Wochen vor der Premiere in der *Frankfurter Zeitung* einen Aufsatz über Büchner veröffentlichte,[159] in dem er dessen politisches und literarisches Schaffen einordnete. Er hob zwar Büchners Mitleid mit den Armen hervor, wies aber eine sozialistische Lesart des *Hessischen Landboten* entschieden zurück. Er betonte vielmehr das Scheitern Büchners politischer Ambitionen: „Erst als er die Nutzlosigkeit revolutionärer Propaganda schmerzlich klar erkennt, tauchen poetische Pläne auf. [...] Büchners Dichtung

---

154 Vgl. Viehweg, *Georg Büchners „Woyzeck"*, S. 39 ff.
155 Vgl. ebd., S. 62 f.
156 Ebd., S. 111.
157 Wagner, *Alfred Roller in seiner Zeit*, S. 241.
158 Büchner, *Der Hessische Landbote*.
159 Karl Wollf, Georg Büchner. Zu seinem 100. Geburtstag: 17. Oktober 1913. In: FZ, Nr. 283, 14.10.1913 (Erstes Morgenblatt), S. 1 f.

wurzelt in Resignation."¹⁶⁰ Bereits vor der Premiere fand so eine Kommentierung des Stoffes durch das Theater statt, die das Vorhaben dem Verdacht entzog, an einem königlichen Hoftheater würde ein Text mit revolutionärer Tendenz gespielt – von einem gescheiterten und zum Poeten bekehrten Revolutionär ging offenbar nur geringe Gefahr aus.

Büchner zu entpolitisieren, schien vor allem deshalb geboten, weil *Wozzeck* nicht allein gezeigt wurde, sondern ihm eine Aufführung von *Dantons Tod* voranging. Auch hierfür hatte Hofmannsthal in seinem Brief an Franckenstein geworben, wobei „du[r]ch Striche das Anstössige [sic!] und stellenweise für die Bühne wirklich unmögliche [sic!] zu mildern"¹⁶¹ sei. Ein Revolutionsstück im prunkbesetzten Rokoko-Theater der Münchner Residenz zu zeigen, stellte ein durchaus gewagtes Unternehmen dar und so verwundert es nicht, dass Dramaturg Karl Wollf und Regisseur Eugen Kilian erhebliche Änderungen vornahmen, um den Stoff an die Bedürfnisse des Hoftheaters anzupassen. Auch hierzu veröffentlichte Wollf vorab einen Kommentar in der Presse: „Was nun gespielt wird, ist das eigentliche Danton-Drama, und nur dieses."¹⁶² Konkret bedeutete das, dass er Szenen mit politischem Gehalt strich oder stark verkürzte.¹⁶³ Auch fiel der Auftritt der Grisetten Rosalie und Adelaide fort, vermutlich um das „Schicklichkeitsgefühl der Hoftheaterbesucher zu schonen",¹⁶⁴ wie Viehweg vermutet. Wollff ging es darum, den Text von „brutaler Realistik"¹⁶⁵ zu befreien, „[m]it Rücksicht darauf hat man auch bei der Ausstattung auf Realistik verzichtet. Es wird vor verschiedenfarbigen Vorhängen gespielt."¹⁶⁶ Wolfram Viehweg kommt daher zu der Einschätzung, man habe hier „das ganz private Schicksal des Titelhelden in den letzten Tagen seines Lebens, aus dem Werke Büchners herausschälen wollen."¹⁶⁷ Seine kleinteilige Analyse der Strichfassung zeigt, dass nicht nur die ‚anrüchigen' und dezidiert politischen Stellen eliminiert wurden, sondern auch solche, „die das religiöse Gefühl beleidigen konnten".¹⁶⁸ Auch ließ man allzu konkrete Referenzen auf das Geschehen der Revolution weg, die ein historisches Vorwissen des Publikums erfordert hätten. Erheblich gekürzt und verändert wurde das Stück in 90 Minuten

---

160 Ebd., S. 1.
161 Hugo von Hofmannsthal an Clemens von Franckenstein, 19.01.1913. In: Hofmannsthal, *Briefwechsel mit Clemens von Franckenstein*, S. 106.
162 Karl Wollf, Zur Büchner-Feier des Residenztheaters. In: *MNN*, Nr. 571, 08.11.1913, S. 2.
163 Ebd.
164 Viehweg, *Georg Büchners „Dantons Tod"*, S. 44.
165 Wollf, Zur Büchner-Feier des Residenztheaters, S. 2.
166 Ebd.
167 Viehweg, *Georg Büchners „Dantons Tod"*, S. 43f.
168 Ebd., S. 45.

gezeigt. Folgt man Viehwegs Überlegungen, so scheint es, als rückte beide Male ein individuelles Schicksal in den Fokus der Inszenierung: hier das der historischen Persönlichkeit Danton, dort das des kleinen Menschen Wozzeck, dessen Darstellung durch Albert Steinrück in der ganzen deutschsprachigen Theaterlandschaft Maßstäbe setzen sollte.[169] Der politische Gehalt der Texte trat so in den Hintergrund.

Pressestimmen: „Guillotinentragödie" am Tag der Inauguration Ludwigs III.
Die starken Eingriffe in den Text legen nahe, dass man sich am Hoftheater des Risikos, ein Revolutionsstück aufzuführen, wohl bewusst war und eine Kommentierung der Gegenwart durch Büchners Text zu verhindern suchte. In Gänze gelang das aber nicht, wie eine Kritik Edgar Steigers zeigt:

> Man hat Georg Büchners hundertste Geburtstagsfeier verschoben, weil man das düstere Revolutionsdrama des einundzwanzigjährigen ‚Hochverräters' nicht am Gedenktage der Schlacht von Leipzig aufführen wollte. Und da fügte es dann ein neckischer Zufall, daß die Aufführung der Guillotinentragödie gerade an dem Tage stattfand, an dem der neue bayerische König den Verfassungseid ablegte, und daß im Hoftheater die Marseillaise ertönte, während die Regimentsmusik draußen die Königshymne spielte.[170]

Der „neckische Zufall", Ludwig III. zu vereidigen, während Danton auf der Bühne über die Sinnhaftigkeit des Blutvergießens grübelt, beschäftigte auch Franckenstein. In einem Brief an Hofmannsthal wenige Tage nach der Premiere schrieb er:

> „Wozzek" [sic!] haben wir am Samstag gemacht. Eine ausgezeichnete Aufführung; Rollers Decorationen machten sich prachtvoll. Presse zum größten Theil lobend aber keineswegs begeistert oder gar das Besondere der Sache hervorhebend. Zum Wozzek [sic!] gab ich Büchners „Dantons Tod", was mir eine unerhörte Hetze in der Klerikalen [sic!] und conservativen Presse Eintrug [sic!]. Überschriften „Verherrlichung der Revolution im Hoftheater" etc.... Resultat: Bei der gestrigen 3ten Aufführung war das Theater schon halbleer. Man verliert mit der Zeit jede Lust diesen Sau Münchnern etwas anständiges im Theater vorzuführen.[171]

Deutlich sprach der Frust aus diesen Zeilen, immerhin verfehlte die seit fast einem Jahr geplante Uraufführung offenbar die Signalwirkung, die Franckenstein sich für die Rezeption seiner Intendanz erhoffte. Dabei waren die Kritiken, wie er selbst bereits schrieb, durchaus wohlwollend. Richard Elchinger begeisterte sich in seiner

---

169 Vgl. Viehweg, *Georg Büchners „Woyzeck"*, S. 115.
170 Edgar Steiger zit. nach Weber, Zur Uraufführung von Büchners „Wozzeck", S. 247.
171 Clemens von Franckenstein an Hugo von Hofmannsthal, 11.11.1913. In: Hofmannsthal, *Briefwechsel mit Clemens von Franckenstein*, S. 121.

sonst eher deskriptiv-nüchternen Kritik in den *Münchner Neuesten Nachrichten* vor allem für den Autor Büchner:

> Vielleicht ist er die Synthese der Romantik. Man kann von Lenz bis Brentano die ganze Front jener sehnsuchtskranken Poeten abschreiten: auf Büchners bleicher, hochgewölbter Stirne sehen wir die Allwissenheit Hamlets eingegraben.[172]

Über den Fragmentcharakter des uraufgeführten *Wozzeck* hieß es: „Das Vollkommene kann niemals Fragment sein."[173] Die Striche, die Wollf an *Dantons Tod* vornahm, wertete Elchinger als positiv, sie „erweisen sich nicht als Aderlaß für die Dichtung."[174] Anders sah das der Korrespondent des *Berliner Tageblatts*, er beschrieb die Bühnenfassung als „sehr radikal"[175] und kritisierte die Spielführung Eugen Kilians als nicht immer gelungen. Doch auch in Berlin war man begeistert von der literarischen Anziehungskraft Georg Büchners:

> Wir hatten die Köpfe und Herzen heiß nach diesem Abend und gingen schwärmend ein Stündlein durch die Nacht, fühlten mit schmerzlicher Lust eine Jugend, deren stürmende Gewalt uns Heutigen fern blieb. Diesem dreiundzwanzigjährigen Jüngling mit der Fackel, der solch ein unerhörtes Versprechen monumentaler Genialität in die Welt warf, wollen wir ehrlich huldigen. Ihn zu feiern, ist Pflicht![176]

Die *Vossische Zeitung* schrieb, der „Versuch, die Bühnenwirksamkeit des ‚Wozzeck' zu erproben, muß dem Leiter einer Hofbühne doppelt hoch und dankbar angerechnet werden".[177] Steinrücks Verkörperung der Hauptfigur wurde als „erschütternd wahr"[178] gewürdigt. Die *Frankfurter Zeitung* wertete zwar *Dantons Tod* in Regieführung, Spielweise und textlicher Anlage als wenig geglückt, lobte dafür aber die Aufführung des *Wozzeck*. Über die Zuschauer:innen hieß es: „Das Publikum war sehr gefesselt und spendete lebhaften Beifall."[179] Angesichts des überregionalen Presseechos, das trotz Schwächen in der Regie wie auch in Teilen des Ensembles die Ambition des Doppelabends erkannte, wirkt Franckensteins resignierte Bilanz zunächst wenig verständlich.

---

172 Richard Elchinger, Dantons Tod – Wozzeck. Büchner-Feier im Residenztheater am 8. November. In: *MNN*, Nr. 574, 10.11.1913, S. 1.
173 Ebd., S. 2.
174 Ebd.
175 J.Fr., Die Büchnerfeier in München. In: *BT*, Nr. 575, 11.11.1913, S. 2.
176 Ebd.
177 A.M., Die Münchener Georg-Büchner-Feier. In: *VZ*, Nr. 578, 13.11.1913, S. 3.
178 Ebd., S. 4.
179 E.K., Büchnerfeier im Münchner Residenztheater. In: *FZ*, Nr. 313, 11.11.1913 (Abendblatt), S. 2.

2.2 „Verherrlichung der Revolution im Hoftheater"? — 67

Doch ausgerechnet von einigen heimischen Zeitungen kam Kritik. Jene „Verherrlichung der Revolution im Hoftheater",[180] von der Franckenstein im Brief an Hofmannsthal sprach, bezog sich wohl auf eine Rezension des *Bayerischen Kuriers*, in der es hieß:

> In der gutbeleumundeten Literaturgeschichte von Vogt und Koch wird das Werk, das man heuer auf verschiedenen Bühnen zur Gedächtnisvorstellung heranzog, ganz richtig als ‚V e r h e r r l i c h u n g d e r f r a n z ö s i s c h e n R e v o l u t i o n' bezeichnet.[181]

Obwohl Journalist Josef Rau der Einschätzung der Literaturwissenschaftler folgte, war auch seine Kritik kein Totalverriss. Er wertete zwar *Dantons Tod* als „unrentable[s] Experiment",[182] urteilte über die Inszenierung des *Wozzeck* aber durchaus milde: „[D]ie Korrektur vom groben Realismus zum phantastischen Aufputz erschien mir gar nicht so schlecht",[183] das Bühnenbild sei „mit eminenter Stimmungskraft entworfen."[184] Trotzdem gehörte das Oeuvre Büchners für ihn letztlich an die Münchner Privattheater:

> Wir stehen da vor dem merkwürdigen Eifer eines königlichen Instituts, welches sich auf Grund seiner Sonderstellung nicht allein von artistischen Liebhabereien lenken lassen soll. Es existieren in München mehrere Privatbühnen. Und dorthin mußte man bei Büchner, der gerade in der letzten Zeit mit seinen Ideen für allerlei unkünstlerische Zwecke beschlagnahmt wurde, neidlos den Vorrang abtreten.[185]

Das bisher ambitionierteste Schauspielprojekt der Intendanz als „artistische Liebhaberei" zu bezeichnen, darf als gut gesetzte Provokation gelten. Gleichwohl ist erstaunlich, wie gemäßigt die Kritik insgesamt ausfiel, hatte der *Bayerische Kurier* doch nur eineinhalb Jahr zuvor, als das Hoftheater unter Albert von Speidel *Die Kassette* von Carl Sternheim zeigte, in einer ganzen Reihe von Artikeln eine Intendantenkrise ausgerufen.[186] Hierzu bestand dieses Mal aus Sicht der Zeitung offenbar kein Anlass. Die Milderung der Texte war dem Theater augenscheinlich gelungen, sonst wäre die Kritik an Inhalt und Darstellung vermutlich heftiger

---

180 Clemens von Franckenstein an Hugo von Hofmannsthal, 11.11.1913.
181 Josef Rau, Eine Büchnerfeier im Residenztheater. In: *BK*, Nr. 315, 11.11.1913. In: MSA, ZA-17080, Hervorhebung im Original.
182 Ebd.
183 Ebd.
184 Ebd.
185 Ebd.
186 Vgl. o.A., Ein Intendantenkrisis?. In: *BK*, Nr. 89, 29.03.1912, o.A., Hoftheaterelend. In: *BK*, Nr. 90, 30.03.1912 und o.A., Der Krebsgang am Münchner Hoftheater. In: *BK*, Nr. 92/93, 01./02.04.1912. Alle in: MSA, ZA-16977.

ausgefallen. Dass trotzdem von einer Verherrlichung der Revolution die Rede war und Franckenstein diese Kritik so ernst nahm, hing möglicherweise mit jenem bereits skizzierten Konservatismus zusammen, der prägend für einen Teil des Münchner Publikums war. Offenbar genügte es schon, dass der Text mit der von aufklärerischen Idealen getragenen Revolution ein Gegenbild zum konservativen Denken aufrief, um die klerikale Presse in Habachtstellung zu versetzen. Das zeitliche Zusammenfallen der Premiere mit der Vereidigung Ludwigs III. bestätigte dann ein Gefühl der Nichtachtung konservativer Werte durch die Intendanz. Ausschlagend für den Verherrlichungsvorwurf war letztlich, dass das Theater in seiner Terminplanung die äußere, ihm abverlangte Form nicht wahrte.

Die herbste Kritik kam bei der Büchner-Aufführung jedoch einen Monat später aus den Kreisen der Schwabinger Bohème, also aus genau jener literarisch interessierten Gruppe, die mit der Aufführung adressiert werden sollte. Erich Mühsam schrieb in der Dezember-Ausgabe des *Kain*:

> Selten bin ich mit solcher Spannung und Vorfreude ins Theater gegangen wie an dem Abend, an dem diese beiden herrlichen Werke auf dem Zettel des Residenztheaters angekündigt waren. Aber noch kaum je bin ich derartig deprimiert, ja empört aus dem Theater herausgekommen.[187]

Diese Empörung bezog sich vor allem auf die Inszenierung von *Dantons Tod* durch Oberregisseur Eugen Kilian:

> Es widerstrebt mir, die Vernichtungsarbeit, die Herr Dr. Kilian an der Tragödie verübte, im Einzelnen zu rekapitulieren. Ich müßte von der ersten bis zur letzten Szene abtragen, was er aufgebaut hat. Kein Tempo, kein Wechsel der Stimmungen, kein Zusammenklingen. Erfindungslos in den Einzelszenen und völlig von Gott verlassen, wo ihm Massenverwendung zugemutet wurde. Danton betritt das Gefängnis mit der Bemerkung darüber, daß es schon übervoll ist. Die Ueberfülltheit [sic!] des Kerkers von elenden die Guillotine erwartenden Gefangenen wird im Münchener Residenztheater von vier behäbigen Herren besorgt, die sich gemütlich auf einer Bank räkeln. Danton kniet neben einer Grisette. Während sie ihm ergreifende Intimitäten erzählt, springt der große Erotiker auf, stellt sich in eine Ecke und rauft sich die Haare. Das sind irgendwo herausgegriffene Beispiele, die sich zu Dutzenden vermehren ließen. – Und die Rollenbesetzung! Heißt mich nicht reden, heißt mich schweigen! Dieser Danton! Ein sentimentaler Pfahlbürger. Dieser Robespierre! Ein Cabaret-Deklamator.[188]

Tatsächlich muss sich Kilian, der zu Beginn seiner Karriere als Gymnasiallehrer tätig war, als Regisseur in München nicht immer leichtgetan haben, denn ihm

---

[187] Mühsam, Münchener Theater (a), S. 139.
[188] Ebd., S. 140.

„haftete wie ein Fluch der Ruf des Oberlehrers, eines bühnenfremden Theoretikers ohne ‚Theaterblut' an, ein Image, das von seinen zahlreichen Gegnern in München liebevoll gepflegt wurde."[189] Auch Franckenstein selbst gehörte offenbar zu diesen Gegnern, suchte er doch gemeinsam mit Hofmannsthal nach einem neuen Regisseur für München. Sowohl der Autor Franz Zavrel als auch der Regisseur Hubert Reusch wurden in Briefen als Nachfolger diskutiert.[190] Kilian bekam die Geringschätzung des Intendanten auch zu spüren, wie aus den Lebenserinnerungen des Künstlers hervorgeht. Während Albert von Speidel ihm ein „wohlwollender und einigermaßen vertrauensvoller Vorgesetzter"[191] gewesen sei, sprach Kilian ab 1912 von einer „systematisch angelegten Herabsetzung meiner Arbeit",[192] die durch die Intendanz zumindest gebilligt wurde. In seinen Memoiren berichtete er:

> Es kam vor, daß ich auf der Probe die wichtige Rolle eines Stückes entgegen meinen Intentionen neu besetzt fand; partikularistischen darstellerischen Wünschen war es gelungen, über den Kopf des verantwortlichen Spielleiters hinweg eine Umbesetzung durchzusetzen. Daß ich wichtige Neuigkeiten des künstlerischen Betriebes, die Annahme eines neuen Stücks, ein Neuengagement oder die Zuruhesetzung eines langjährigen älteren Mitgliedes aus den Zeitungen erfuhr, war keineswegs eine Seltenheit, wohl aber geeignet, ein scharfes Schlaglicht auf meine Stellung als ‚Oberregisseur und Dramaturg' unter dem neuen Regimente zu werfen.[193]

Auch suggerierte er, in München sei nur den Künstler:innen Erfolg beschert gewesen, die „einer der in München herrschenden literarischen Sippen"[194] angehörten:

> Boshafte Gemüter munkelten, daß in der sogenannten Torggelstube unweit den geheiligten Räumen des Hofbräuhauses [...] eine Art von künstlerischem Kulturrat tage, der mit päpstlicher Unfehlbarkeit darüber entscheide, was von den Taten des Hoftheaters als gut zu rühmen, was als mangelhaft daran zu rügen sei.[195]

---

189 Viehweg, Georg Büchners „Woyzeck", S. 51.
190 Vgl. Hugo von Hofmannsthal an Clemens von Franckenstein, 22.02.1912. In: Hofmannsthal, Briefwechsel mit Clemens von Franckenstein, S. 113 und Hugo von Hofmannsthal an Clemens von Franckenstein, 05.03.1914. In: ebd., S. 123f.
191 Kilian, Aus der Theaterwelt, S. 137.
192 Ebd., S. 138.
193 Ebd.
194 Ebd., S. 116.
195 Ebd.

Kilian rekurrierte hier offenbar auf den Freundeskreis um Erich Mühsam, denn dieser erwähnte die „Theaterclique in der Torggelstube"[196] auch in seinen eigenen Memoiren. Der trinkfreudigen Truppe aus Künstler:innen mit ästhetisch progressiven Ansichten gehörte neben Frank Wedekind auch Hoftheater-Schauspieler und Regisseur Albert Steinrück an. Der Verdacht liegt dementsprechend nahe, dass Mühsams Urteil über *Dantons Tod* auch deshalb so scharf ausfiel, weil er ‚Zechbruder' Steinrück der Regie für fähiger erachtete als Kilian. Hervorstechend ist, dass er den Intendanten persönlich für die schlechte Aufführung verantwortlich machte, begann der Artikel doch mit den Worten:

> Der provisorische Intendant des Hoftheaters, Herr Baron v. Frankenstein [sic!], hat seine besondere Eignung zur Nachfolge Speidels bisher nicht erkennen lassen. Mindestens das Schauspiel ist unter seiner Leitung in wahrhaft betrüblichem Maße in Stagnation geraten. Von dem Wagemut bei Annahme von Stücken, von der Entschlossenheit zu zeitgemäßer Regiekunst, von dem Eifer, die guten Schauspielkräfte des Hauses reichlich und sinngemäß zu beschäftigen, von all dem, was die Hofbühne vor Frankensteins [sic!] Einzug zum wertvollsten Münchener Theater machte, ist nichts mehr zu spüren. Seit fünf Vierteljahren warten wir vergeblich, ob nicht endlich eine künstlerische Manifestation des Intendanten erfolgen werde, aus der seine Physiognomie erkennbar würde. Nichts ist erfolgt, garnichts [sic!]. Wenn aber schon einmal die Ankündigung einer Aufführung Hoffnungen erweckte, dann kam der Premierenabend und mit ihm die Enttäuschung.[197]

Weiter unten hieß es dann:

> Hat sich der Intendant um diese Aufführung nicht gekümmert? Hat er sie gutgeheißen? Weiß er nicht, wer für bestimmte Stücke als Regisseur in Frage kommt? Oder kümmert er sich nicht darum? Herr v. Frankenstein [sic!] wird ja wohl nach Ablauf seiner beiden Probejahre auf seinem Posten bleiben. Vielleicht nimmt er einen guten Rat an: Er engagiere für das Schauspiel umgehend einen eigenen Direktor.[198]

Mühsam sollte auch später weiter Kritik an Franckenstein üben. In der April-Ausgabe des *Kain* von 1914 schrieb er über Franckenstein, den man nach zwei Jahren als Intendant nun zum Generalintendanten ernannt hatte:[199]

> [D]er nunmehr zum Generalintendanten avancierte und endgültig befestigte Herr v. Frankenstein [sic!] hat bisher nichts getan, was weiterhin veranlassen kann, sein Theater vor den anderen herauszuheben. Sein Repertoire ist mehr als dürftig, seine besten Schauspieler (z. B. Waldau) läßt er tatenlos herumlaufen, wichtige Inszenierungen läßt er von pedantischen

---

196 Mühsam, *Namen und Menschen*, S. 182.
197 Mühsam, Münchener Theater (a), S. 139.
198 Ebd., S. 140.
199 Vgl. Varwig, Clemens von Franckensteins Ernennung, S. 85.

Philologen besorgen, da er doch über einen der besten Regisseure verfügt, die in Deutschland zu finden sind [...] und zum Engagement der notwendigsten fehlenden Kräfte – das Gretchen kann am Münchener Hoftheater schlechterdings nicht besetzt werden – entschließt er sich nicht.[200]

Mühsam traf damit einen wunden Punkt. Eben weil das Haus einen Oberregisseur hatte, den Franckenstein selbst nicht vollends guthieß, kreidete er die Mängel im Schauspiel dem Intendanten selbst an. Die Schärfe von Mühsams Ton zeugt, trotz aller potenziellen Eigeninteressen, davon, wie kritisch man den Intendanten in Schwabinger Künstlerkreisen beäugte. Ihm wurde uneingeschränkte Gestaltungsmacht zugeschrieben, die er nach Meinung Mühsams nicht beziehungsweise falsch nutzte. Selbstverständlich darf man den Einfluss des von Mühsam herausgegebenen Blatts auf die Meinungsbildung nicht überschätzen. Mit gerade einmal 3000 Exemplaren Auflage sprach *Kain* eine überschaubare Leserschaft an, wurde aber durchaus von wichtigen Intellektuellen wie Heinrich Mann gelesen. Im Krieg wurde das Heft zwischenzeitlich eingestellt, ab 1918 nutzte Mühsam es dann bis zu seiner Verhaftung, um die Ideale der Revolution zu propagieren.[201] Im *Kain* kam also die Meinung eines jener „Außenseiter" zum Ausdruck, die laut Peter Gay später Schlüsselpositionen in der Weimarer Republik einnehmen sollten[202] – wenn auch, wie im Fall Mühsams, nur für kurze Zeit.

So kränkend Mühsams Urteil für Franckenstein vielleicht gewesen sein mag, zumindest in Bezug auf *Dantons Tod* war er damit nicht allein, schrieb doch die *Vossische Zeitung*: „Der hinreißende Lebensatem großer Naturen wurde monoton durch das Pathos des Wortes tönend zum Ausdruck gebracht."[203] Ebenso wurde die ermüdende Gesamtlänge des Doppelabends in mehreren Artikeln kritisiert und das Schauspiel von Danton-Darsteller Lützenkirchen bemängelt. Dass das Theater bereits nach drei Vorstellungen nur noch spärlich besucht war, hatte sicher auch mit den schauspielerischen und inszenatorischen Schwächen der Doppelaufführung zu tun. In der Folge blieb die Inszenierung nach der Premiere nicht lang auf dem Spielplan. Im November wurde der Büchnerabend sechsmal gezeigt,[204] vermutlich, weil er zum Zeitpunkt der Premiere schon für den Rest des Monats terminiert war. Bereits im Dezember standen *Wozzeck/Dantons Tod* nur noch einmal auf dem Programm,[205] man zog hausintern also die Konsequenzen aus der Pressekritik und

---

200 Mühsam, Münchener Theater (b), S. 9.
201 Vgl. o.A., Kain.
202 Vgl. Gay, *Die Republik der Außenseiter*, S. 14f.
203 A.M., Die Münchener Georg-Büchner-Feier, S. 3f.
204 Vgl. Königl. Bayer. General-Intendanz der Hoftheater und der Hofmusik, *Almanach 1913/14*, S. 48f.
205 Vgl. ebd., S. 49.

den schlechten Ticketverkäufen. Im Januar unternahm das Theater dann den Versuch, die Inszenierungen im Spielplan zu halten, indem man sie trennte. *Wozzeck* wurde gemeinsam mit *Der Tor und der Tod* von Hofmannsthal gezeigt, *Dantons Tod* paarte man mit Kleists *Zerbrochenem Krug*.[206] Danach verschwand *Dantons Tod* ganz aus dem Spielplan, *Wozzeck* wurde in den restlichen Jahren der Intendanz Franckenstein insgesamt nur sechs Mal gespielt.[207]

2.3 Die Auswirkungen des Krieges auf die Intendanz Franckenstein

Sicherlich dürfte auch der Krieg dazu beigetragen haben, das Stück über die Französische Revolution aus dem Spielplan zu verdrängen, verlangte die veränderte politische Situation auch den Theatern einiges ab. Der Krieg wurde zur „Grundtatsache des öffentlichen wie persönlichen Lebens in Deutschland"[208] und bildete in vielerlei Hinsicht ein Präludium für die Entwicklungen, die sich auf institutioneller und ästhetischer Ebene wenige Jahre später an den Theatern vollzogen. Selbstredend soll es an dieser Stelle nicht darum gehen, die vielen unterschiedlichen Erfahrungen des Ersten Weltkriegs nachträglich zu einem gemeinsamen Erfahrungshorizont zusammen zu montieren. Dennoch hatte der Krieg – egal ob an der Front oder daheim – großen Einfluss auf den Alltag der Menschen: Die Euphorie des Sommers 1914, das Erleben einer brutalen Materialschlacht eines bis dahin unbekannten Ausmaßes, aber auch Elend, Hunger und Krankheit an der „Heimatfront" waren prägende Erfahrungen der Kriegsjahre und wirkten bis in die Zuschauerräume hinein. Hier war der Krieg vor allem hinter den Kulissen permanent präsent, weil er über die gesamte Dauer hinweg Auswirkungen auf die Personalpolitik und die Spielplangestaltung hatte. Gleichzeitig wurden die Theater, wie Eva Krivanec in ihrer kulturvergleichenden Studie *Kriegsbühnen* bemerkt, in ganz Europa für das Publikum „zu Fluchträumen, in denen der Kriegsalltag für ein paar Stunden vergessen werden konnte."[209]

---

206 Vgl. ebd.
207 In der Spielzeit 1914/1915 lief das Stück viermal, dieses Mal in Kombination mit *Der Turm von Frommetsfelden* von Jakob Wassermann, 1915/1916 und 1917/1918 je einmal als Einzelabend. Vgl. Königl. Bayer. General-Intendanz der Hoftheater und der Hofmusik, *Almanach 1914/15*, S. 54, Königl. Bayer. General-Intendanz der Hoftheater und der Hofmusik, *Almanach 1915/16*, S. 42 und Königl. Bayer. General-Intendanz der Hoftheater und der Hofmusik, *Almanach 1917/18*, S. 88.
208 Helbling, Vorwort von Hanno Helbling, S. 8.
209 Krivanec, *Kriegsbühnen*, S. 345.

Zu Kriegsbeginn 1914 blieben die Bühnen in den meisten Städten erst einmal für einige Wochen geschlossen: „Zunächst dachte überhaupt niemand mehr daran, ins Theater zu gehen, und auch im Theater selbst empfand man es [...] als völlig deplaciert, zu spielen."[210] Bereits im Herbst 1914 öffneten die Theater aber wieder ihre Pforten. Das geschah unter erschwerten Bedingungen. Vielerorts führte der Krieg zu finanziellen Einbußen, die in der Folge Massenentlassungen und eine Verschärfung der ohnehin schon prekären Arbeitsbedingungen bewirkten.[211] Gleichzeitig kam den Theatern in dieser Phase eine wichtige Rolle in der Mobilisierung der Massen zu: „Die Theater", schreibt Martin Baumeister in seiner Publikation *Kriegstheater*, „verwandelten sich beim Aufbruch in den Kampf in ein wichtiges Medium der gesellschaftlichen Selbstmobilisierung, in dem der Übergang von der Normalität des Friedens in den Ausnahmezustand des Krieges feierlich begleitet und nachvollzogen wurde."[212]

Sie wurden zu „nationale[n] Versammlungsorte[n] beim Übergang vom Krieg zum Frieden",[213] so auch die Münchner Hofbühne, in deren Spielplan sich mehrere, im September 1914 abgehaltene „Vaterländische Abende" fanden. Sie wurden später umbenannt weitergeführt als „Deutsche Abende", bei denen man Werke von Schiller, Beethoven und Wagner gab. Zudem veranstaltete das Theater in der Spielzeit 1914/1915 mehrere Wohltätigkeitsveranstaltungen für verschiedene Kriegshilfe-Vereine. Auch Franckensteins Oper *Rahab* wurde zu diesem Zweck gezeigt.[214] Dass ausgerechnet an den Theatern so fleißig Spenden gesammelt wurden, erscheint paradox, schließlich brachte der Krieg nicht wenige deutsche Bühnen „an den Rand einer existentiellen Krise. Zugleich jedoch wurden sie als öffentliches, quasipolitisches [sic!] Forum aufgewertet, eine Rolle, die sie mit einer ‚zeitgemäßen' Ausrichtung ihres Repertoires zu erfüllen versuchten."[215]

Die Auswirkungen des Kriegs machten sich sowohl im Spielplan mit Aufführungen nationaler Abende bemerkbar als auch in der veränderten Personalsituation unter den männlichen Mitarbeitenden. Zahlreiche Bühnenmitglieder meldeten sich freiwillig zum Kriegsdienst oder wurden noch im Sommer 1914 einberufen, so auch Hoftheater-Schauspieler Friedrich Ulmer. Er erklärte in seinen Memoiren,

---

210 Petzet, *Die Münchner Kammerspiele*, S. 72.
211 Vgl. Oskar Lange, Der Krieg und die wirtschaftliche Lage der Bühnen-Angehörigen im Winter 1914. In: *DB* 6/42 (1914), S. 531 ff. Zur Lage der Berliner Theater zu Kriegsbeginn vgl. Baumeister, *Kriegstheater*, S. 23–67.
212 Ebd., S. 292.
213 Ebd., S. 67.
214 Vgl. Königl. Bayer. General-Intendanz der Hoftheater und der Hofmusik, *Almanach 1914/15*, S. 40.
215 Baumeister, *Kriegstheater*, S. 293.

froh gewesen zu sein, „die Stickluft der Kulissen-Hinterwelt mit der freien Luft des Krieges vertauschen zu können."[216] Im Angesicht des „großen Kriegstheater[s]"[217] musste die Welt des barocken Residenztheaters mit seinen Lustspielen und Possen plötzlich klein und unbedeutend erscheinen. Aus Statistiken des Deutschen Bühnenvereins, die damals regelmäßig in der *Deutschen Bühne* erschienen, geht hervor, dass von nahezu allen deutschen Theatern Personal an die Front zog.[218] Auf diesen Listen finden sich auch die Namen von renommierten Theaterleitern wie Georg Graf von Hülsen-Haeseler, Franckensteins ehemaligem Vorgesetzten, dem Intendanten der königlichen Schauspielhäuser in Preußen.[219] Gemeinsam mit Schauspielern, Sängern und Bühnentechnikern zogen die Intendanten in die Schlacht und bezeugten so ihren Einsatz für die nationale Sache. Anders Franckenstein und sein Generalmusikdirektor Bruno Walter: Das Leitungspersonal der Münchner Hoftheater wurde von der Regierung für „unabkömmlich" erklärt, „da die ungestörte Fortdauer der bedeutenden Kunstinstitute in ganz Deutschland als notwendig galt."[220]

Kündigung per Feldpost: Robin Robert als Ersatz für Eugen Kilian
Abkömmlich hingegen schien Eugen Kilian, der in München als ‚Oberlehrer' verschriene erste Regisseur des Hoftheaters, der freiwillig zum Militär ging. Er bekam 1916 per Feldpost die Nichtverlängerung seines Vertrags zugestellt.[221] Die Intendanz nutzte hier offenkundig die räumliche Distanz, um den unliebsamen Regisseur loszuwerden. Nachdem man Kilian zunächst mürbe gemacht hatte, folgte nun eine Kündigung per Brief. Wie schlecht das Verhältnis zwischen Franckenstein und Kilian gewesen sein muss, lässt sich an Kilians Autobiografie ablesen: Er war über die Geringschätzung durch seinen Chef so gekränkt, dass er ihn nicht einmal namentlich erwähnte. Kilian sprach höchstens vom „neue[n] Regimente",[222] wenn er über Franckenstein redete. Gleichzeitig muss Kilian innerhalb des Ensembles und der Münchner Stadtgesellschaft immerhin so viel Rückhalt besessen haben, dass Franckenstein ihn nicht schon früher hatte entlassen können. Dabei war der Intendant schon länger auf der Suche nach Ersatz. Bereits Ende 1914 sickerten über Victor Schwanneke und Albert Steinrück erste Gerüchte zu den Schauspieler:innen durch, wonach sich das Haus in Vertragsgesprächen mit einem gewissen Robin

---

216 Ulmer, *Perlicco – Perlacco*, S. 184.
217 Ebd., S. 185.
218 Vgl. o.A., Bühne und Feld. In: *DB* 6/33+34 (1914), S. 476.
219 Vgl. ebd., S. 476 f.
220 Walter, *Thema und Variationen*, S. 288.
221 Vgl. Kilian, *Aus der Theaterwelt*, S. 139.
222 Ebd.

Robert befinde, zu dieser Zeit Oberregisseur am Intimen Theater in Nürnberg.[223] In der Tat trat Robert 1916 an Kilians Stelle, allerdings als normaler Regisseur. Der Posten des Oberregisseurs wurde nicht – wie angesichts von dessen großer Popularität zu erwarten wäre – an Albert Steinrück vergeben, sondern blieb unbesetzt. Möglicherweise hatte Franckenstein durch diese Entscheidung verhindern wollen, im Schauspiel eben jene „Nebenintendanz" aus der Torggelstube mit Weisungsbefugnis auszustatten, um die sich in den Lebenserinnerungen der Münchner Künstler:innen die Legenden rankten.

Robert, als Ruben Eljaschew-Kahn in Riga geboren, wurde seitens der Intendanz nahegelegt, seinen Namen vor Aufnahme der Münchner Tätigkeit offiziell in Robin Robert zu ändern. Einmal mehr verdeutlicht sich hieran, wie sehr das Theater Seismograf für die Stimmungen seiner Zeit war, wenn bereits ein Name ausreichte, um antisemitische Ressentiments gegen einen Künstler wachzurufen. Robert, bereits seit 1889 an verschiedenen deutschsprachigen Häusern tätig, argumentierte gegenüber der zuständigen Behörde dann auch, er würde in seinem „wirtschaftlichen Fortkommen geschädigt da schon infolge des slavisch [sic!] klingenden Namens sich die Widerstände und Abneigungen zeigen, die mir namentlich in jetzigen und wohl auch in späteren Jahren zu überwinden schwer, ja unmöglich sein wird."[224] Die Namensänderung gelang jedoch nicht, er führte Robert lediglich als Künstlernamen.

Im Ensemble muss der neue Regisseur wenig beliebt gewesen sein, bereits wenige Tage nach der Revolution forderte das Personal die fristlose Kündigung des eben erst verlängerten Vertrags des Spielleiters, begründet mit der „einstimmig anerkannten künstlerischen Unfähigkeit des Genannten, ferner in dem Mangel jeder autoritativen und moralischen Eignung zur Ausfüllung seines Postens."[225] Was genau sich zwischen Robert und dem Ensemble in den Jahren 1916 bis 1918 abspielte, ist aus den Akten nicht ersichtlich, doch deuten Roberts häufige Stationswechsel darauf hin, dass er möglicherweise eine schwierige Künstlerpersönlichkeit gewesen sein könnte. Mit Ausnahme des Theaters in Danzig, wo er von 1903 bis 1910 tätig war, blieb Robert nie länger als ein oder zwei Spielzeiten am selben Haus. Sein Lebenslauf umfasste unzählige Stationen, unter anderem Bremerhaven, Regensburg, Lübeck, Altenburg und Berlin.[226] Victor Schwanneke schrieb hierzu in

---

223 Vgl. M. v. H. an Kommissionsrat Frankfurter, 18.11.1914. In: BAYHSTA, Generalintendanz der Bayerischen Staatstheater, 806.
224 Robin Robert an Staatsminister von Wussow, o.D. In: BAYHSTA, Generalintendanz der Bayerischen Staatstheater, 806.
225 Künstlerrat an die Leitung des Nationaltheaters, 22.11.1918. In: BAYHSTA, Generalintendanz der Bayerischen Staatstheater, 806.
226 Vgl. Robert an Wussow, o. D.

seiner Funktion als Interimsintendant 1919 an Gustav Rickelt, den Präsidenten der Genossenschaft deutscher Bühnenangehöriger:

> Im übrigen wollte sich Robert hier schon oft das Leben nehmen, jedesmal, wenn „sein deutsches Vaterland" eine Schlappe im Krieg erlitt.
> Roberts Nervosität artet glatt in Hysterie aus, er kommt auch aus diesem Grund m. E. an jedem grossen [sic!] Theater in Kollision.
> Zum Schluss möchte ich noch bemerken, dass Robert der erste war, der stets das genossenschaftliche Schiff verliess [sic!], wenn es in Gefahr war.[227]

Franckensteins Versuch, die ‚Gunst' der Stunde zu nutzen und Eugen Kilian nach seiner Einberufung durch eine geeignetere Person zu ersetzen, trug offenbar nicht die erhofften Früchte. Für die Anhänger Kilians schürte die briefliche Kündigung per Feldpost die Angst vor dem eigenen Rauswurf, wie die Kontroversen um Friedrich Ulmer in Kapitel 3 noch zeigen werden. Für den Kreis um Albert Steinrück hingegen dürfte die Bevorzugung Roberts einen Affront bedeutet haben, welcher der Zusammenarbeit mit dem nervösen Künstler sicher nicht zuträglich war, insbesondere weil „er vom Personal viel verlangte und seine künstlerischen Ziele mit grösster [sic!] Energie verfolgte",[228] wie Franckenstein später in einem Empfehlungsbrief über Robert schrieb. Inwiefern auch antisemitische Motive zu einer Ablehnung Roberts beitrugen, ist unklar, findet sich hierzu doch nichts in den Akten. Tatsächlich kam es im Winter 1918 dann aber zur Auflösung des Vertrags, der erst kurz zuvor verlängert worden war.[229] Robert war später unter anderem in Frankfurt am Main und Wien tätig, wo er 1938 nach einer Attacke durch Nationalsozialisten an einem Herzinfarkt starb.[230]

Rückhalt für Josef Disclez: Ein Belgier im Ensemble
Während der Krieg Franckenstein die Möglichkeit bot, den unliebsamen Eugen Kilian aus dem Ensemble zu entfernen, stellte die neue Situation auch die europaweite Vernetzung des Theaters in Frage, schließlich waren die Bühnen ab Mitte 1914 zu einer „plötzliche[n] Nationalisierung der Theateraktivitäten"[231] gezwungen,

---

227 Victor Schwanneke an Gustav Rickelt, 02.11.1919. In: BAYHSTA, Generalintendanz der Bayerischen Staatstheater, 806.
228 Clemens von Franckenstein an den Oberbürgermeister der Stadt Würzburg, 18.6.1930. In: BAYHSTA, Generalintendanz der Bayerischen Staatstheater, 806.
229 Vgl. o.A., Abkommen zwischen der Verwaltung der National-Theater und dem Künstlerrat der National-Theater in München einerseits und Herrn Robin Robert andererseits, 13./15.12.1918. In: BAYHSTA, Generalintendanz der Bayerischen Staatstheater, 806.
230 Vgl. Repkewitz, *Gefeiert! Verfolgt. Vergessen?*, S. 102.
231 Krivanec, *Kriegsbühnen*, S. 343.

die sich schon damals kaum mehr mit den internationalen Verflechtungen der Kunstszene vereinbaren ließ:

> War die Zeit vor 1914 von intensiver internationaler Zirkulation geprägt – Tourneen von Schauspielstars; Übersetzung und Adaption von Bühnenerfolgen; der internationale Markt der Varietékünstler; der Filmverleih – so lösten Diskurse der nationalen Reinheit und Eigenständigkeit, der kulturellen Gegensätzlichkeit zu sämtlichen Feinden diese im August 1914 mit einem Schlag ab. Die vielfältigen Austauschbeziehungen der Unterhaltungsbranche wurden nachhaltig geschädigt.[232]

Sichtbarstes Zeichen für den plötzlichen Abbruch der internationalen Beziehungen des Theaters war, dass die sommerlichen Festspiele im Prinzregententheater während der Kriegsjahre nicht stattfanden, richteten sich diese doch vor allem an ein zahlungskräftiges Publikum aus dem Ausland. Doch auch im Ensemble spielten staatliche Zugehörigkeiten mit Kriegsbeginn eine größere Rolle als zuvor. Bruno Walter erinnerte sich in seinen Memoiren, dass es in der Presse Proteste gegeben habe, weil ein Cellist aus Belgien im Ensemble verbleiben durfte[233] – aus just jenem Land also, in welches das Deutsche Reich unter Missachtung der belgischen Neutralität noch in den ersten Kriegstagen einfiel. Josef Disclez, der betroffene Musiker, hatte sich erst eineinhalb Jahre zuvor in einem Vorspiel gegen mehrere Mitbewerber als Cellist durchgesetzt, angestellt war er zunächst probeweise, eine Verstetigung des Vertrags wurde im Sommer 1914 bereits angestrebt. Wie heikel dieses Bestreben angesichts der nun veränderten Situation war, muss der Intendanz bewusst gewesen sein: Ein vom 10. August datiertes Schreiben mit dem Titel „Bestätigung" bescheinigte Disclez, dass er trotz des Krieges nach wie vor als Hofmusiker angestellt werden solle und für das Theater unerlässlich sei.[234] Das rief die konservative *München-Augsburger Abendzeitung* auf den Plan, der gegenüber die Intendanz sich in einem langen Schreiben für ihr Festhalten an Disclez rechtfertigte. Man habe beim Probespiel zwei Jahre zuvor die „künstlerische Bewertung ‚vor' die Zugehörigkeit zu einer bestimmten Nationalität"[235] gestellt und Disclez deshalb den anderen Bewerbern vorgezogen. Die schriftliche Bestätigung, dass die Anstellung des Cellisten als Hofmusiker nach wie vor geplant sei, „war notwendig, um Herrn D. die politische Ausweisung zu ersparen. Mit dessen Militärpflicht hat dieses Zeugnis nicht das geringste [sic!] zuthun."[236] Gerüchte, die diesbezüglich in den Redaktio-

---

232 Ebd., S. 13.
233 Walter, *Thema und Variationen*, S. 288.
234 Vgl. o.A., Bestätigung, 10.08.1914. In: BAYHSTA, Intendanz der Bayerischen Staatsoper, 70.
235 G. [= verm. Gerhard Gutherz, Anm. d. Verf.] an die Redaktion der *München-Augsburger Abendzeitung*, 26.08.1914. In: BAYHSTA, Intendanz der Bayerischen Staatsoper, 70.
236 Ebd.

nen verschiedener Münchner Zeitungen gestreut wurden, entsprächen „der dienstlichen Missgunst eines oder mehrerer Orchestermitglieder."[237] Die Haltung, künstlerisches Können vor Fragen der Staatsbürgerschaft zu stellen, war gleich in mehrerer Hinsicht bezeichnend für Franckensteins Verhältnis zum Theater. Erstens zeigte sich hier jene „Neutralität" in der Personalführung, die die Zeitungen im ersten Jahr seiner Intendanz mal als Tugend hervorhoben, mal als Schwachpunkt seines Führungsstils tadelten. Zweitens ging hiermit ein Verständnis von Kunst einher, welches explizit nicht-politisch war: Auch in Krisenzeiten wurde Kunst in erster Linie um der Kunst willen gemacht und das an einem Haus wie der Münchner Hofbühne mit dem bestmöglichen Ensemble. Talent musste deshalb zwangsläufig das ausschlaggebende Kriterium für die Besetzung von Stellen sein. Drittens spiegelte sich im Rückhalt, den Josef Disclez durch die Intendanz erfuhr, sicherlich auch Franckensteins ganz persönliche Erfahrung aus Jugendjahren wider: Er hatte fünf Jahre als Kapellmeister in England gelebt, zählte zahlreiche internationale Musiker zu seinen Freunden und war mit einer Irin verheiratet, einer Frau, über die sein Bruder Georg in einem Brief schrieb, sie sei „ausserordentlich lebhaft, lustig, absolut natürlich, kindlich, eine Sonne im Herzen und sehr sympathisch".[238] Dementsprechend dürfte es Franckenstein wohl kaum leicht gefallen sein, in seiner Funktion als Intendant einem guten Musiker zu kündigen, nur weil dieser plötzlich ‚auf der anderen Seite' stand. Franckenstein hielt deshalb all die Jahre an Disclez fest, versuchte im November 1914 erneut, seine endgültige Anstellung als königlicher Hofmusiker durchzusetzen. Als Antwort auf das Ersuchen des Intendanten ist handschriftlich notiert:

> Die Anstellung des Musikers DISCLEZ als etatmäßiger K. Hofmusiker läßt sich Allerhöchsten [sic!] Orts solange nicht verantworten, solange er nicht den Nachweis über seine deutsche Reichszugehörigkeit (Art. 3 Ziff. 1 des Beamtengesetzes) zu erbringen vermag.[239]

Jahrelang war Disclez Angestellter mit einer Art provisorischem Status und war in Bezug auf die soziale Absicherung schlechter gestellt als seine deutschen Kollegen. Erst in den Jahren der Weimarer Republik wurde Disclez endgültig verbeamtet. Nach dem Systemwechsel von 1933 wurde Disclez' Ensemblemitgliedschaft erneut Gegenstand der Diskussion,[240] dennoch blieb er bis in die Nachkriegszeit hinein Mitarbeiter der Staatstheater und schwor 1934 den Diensteid auf Adolf Hitler.[241]

---

237 Ebd.
238 Georg von Franckenstein zit. nach Landfester, Einleitung, S. 19.
239 Clemens von Franckenstein an Oberhofmeister Siew., 09.11.1914. In: BAYHSTA, MK 45022.
240 Vgl. Rechtanwalt Döbereiner an Hans Schemm, 02.05.1933, Richard Mezger an Generaldirektion der Bayerischen Staatstheater, 15.05.1933 und o.A., Mit sämtlichen Beilagen dem Staats-

Konzessionen fürs Vaterland? Der Spielplan im Krieg
Zwar gelang es Franckenstein auf personeller Ebene ein kleines Stück weit, die Internationalität seines Hauses zu erhalten, in Bezug auf die Spielpläne der Jahre 1914 bis 1918 kann hiervon jedoch keine Rede sein. Vielmehr setzte an den Theatern ein „‚Feindboykott' [ein], der nicht etwa von oben dekretiert wurde, sondern der Eigeninitiative der ‚erwachten Volksgemeinschaft' entsprang."[242] Ob und inwieweit auch Franckenstein sich persönlich als Teil dieser Gemeinschaft erlebte, lässt sich anhand des gesichteten Materials nicht sagen. Aufgrund seiner internationalen Beziehungen und der diplomatischen Tätigkeit erst des Vaters, später des Bruders ist allerdings anzunehmen, dass sich die Privatperson Franckenstein wohl kaum gänzlich mit einem glühenden Patriotismus für das Deutsche Reich identifiziert haben dürfte. Als *Intendant* hingegen betrieb Franckenstein genau jenen Feindboykott, der von ihm erwartet wurde. „Die zeitgenössischen Schriftsteller französischer, englischer und russischer Nationalität kommen für unsere Bühnen in absehbarer Zeit nicht mehr in Betracht",[243] schrieb er Anfang 1915 in einer Umfrage der *Leipziger Abendzeitung* zu den Auswirkungen des Krieges auf die Repertoiregestaltung. Am deutlichsten wurde diese Haltung am Umgang mit George Bernard Shaw: In der Spielzeit 1913/1914 war seine Komödie *Pygmalion* mit 38 Aufführungen im Residenztheater noch der Kassenschlager der Saison,[244] in der Spielzeit darauf fand man ihn nicht mehr im Repertoire, erst nach dem Krieg wurde Shaw am Haus wieder gespielt. Auch andere zeitgenössische Dramatiker aus dem feindlichen Ausland suchte man im Spielplan des Hoftheaters vergebens. Lediglich ältere Stücke und Opern, die quasi europäisches Kulturgut waren, blieben im Repertoire erhalten: „Wir werden Shakespeare und Molière so gut wie etwa Bizets Carmen auch in diesem Jahre spielen",[245] versprach Franckenstein. Allein in der Saison 1914/1915 wurden von Shakespeare *Viel Lärm um nichts*, *Der Sturm* und *Ein Wintermärchen* neu einstudiert.[246]

---

ministerium für Unterricht und Kultus, 15.05.1933. Alle drei in: BAYHSTA, Intendanz der Bayerischen Staatsoper, 70.
241 Vgl. o.A., Niederschrift über die Vereidigung des Disclez Josef, 27.09.1934. In: BAYHSTA, Intendanz der Bayerischen Staatsoper, 70.
242 Krivanec, *Kriegsbühnen*, S. 109.
243 Schriftleitung der Leipziger Abendzeitung, *Der Einfluss des Krieges auf die deutsche Theaterwelt*, S. 2.
244 Vgl. Königl. Baÿer. General-Intendanz der Hoftheater und der Hofmusik, *Almanach 1913/14*, S. 56.
245 Schriftleitung der Leipziger Abendzeitung, *Der Einfluss des Krieges auf die deutsche Theaterwelt*, S. 2.
246 Vgl. Königl. Baÿer. General-Intendanz der Hoftheater und der Hofmusik, *Almanach 1914/15*, S. 52.

Umgekehrt bedeutete das Aussetzen internationaler, zeitgenössischer Werke, dass die Bedeutung deutschsprachiger Dramen und Opern stieg. Zu Beginn des Krieges druckte die *Deutsche Bühne* regelmäßig Listen patriotischer Stücke, deren Aufführung als besonders förderlich für die Kriegswilligkeit des Publikums erachtet wurde.[247] Einmal mehr deutet sich an, welche Rolle die Theater zugewiesen bekamen und sich auch selbst zuwiesen – sie sollten die Durchhaltemoral der Bevölkerung heben und durch das Zeigen nationalistischer Inhalte den Patriotismus stärken. Franckenstein lehnte das für sein Theater entschieden ab:

> Kaum in Betracht kommen jene überaus zahlreichen eiligen Dramatisierungen der gegenwärtigen Weltgeschehnisse, bei denen die patriotische Gesinnung den mangelnden Kunstwert ersetzen soll und zudem das Schicksal alles allzu „Aktuellen" teilen: bei dem raschen Gang der Dinge schon nach einigen Wochen nicht mehr aktuell zu sein. Die Münchner Generalintendanz hat deshalb prinzipiell beschlossen, Stücke, die dem [sic!] Krieg, in dem wir stehen, schon als Stoff verwerten, keinesfalls aufzuführen.[248]

Franckenstein argumentierte hier mit der mangelnden Qualität vaterländischer Gesinnungsdramatik, um einen Spielplan zu rechtfertigen, der sich aus der Tagespolitik heraushielt. Eilig im Schwang des Moments formulierte Kriegsstücke fanden sich daher nicht im Repertoire, viel eher standen heitere Werke auf dem Programm, „die, ohne ins Unwürdig-Niedrige zu verfallen, auf ein paar Stunden über den furchtbaren Ernst der Zeit hinwegzutäuschen vermögen."[249] Ernste Stücke, so Franckenstein, würden vom Publikum eher ungern rezipiert. Auch in diesem Punkt ähnelte das Münchner Hoftheater anderen Bühnen seiner Zeit: Nachdem die Euphorie der ersten Kriegsmonate verflogen war, spielte man heitere Komödien, um der Tristesse des Krieges für einige Augenblicke zu entfliehen.[250] Gleichzeitig liefen die Erfahrungswelten Bühne und Krieg mit jedem Tag deutlicher auseinander, wie Michael Slamka in *Der Ernst der Stunde* beispielhaft für die Vereinigten Bühnen Frankfurt zeigt.[251] Ausdruck dieses Bruchs war für Slamka die Aufführung expressionistischer Stücke unter Karl Zeiß ab 1917. Insgesamt blieben aber auch „die Vereinigten Stadttheater trotz eines hochpolitisierten Umfelds in erster Linie Orte und Räume der Unterhaltung [...] und [schufen] bis zu einem gewissen Maße Gegenrealitäten".[252]

---

247 Vgl. o.A., Verzeichnis vaterländischer Stücke. In: *DB* 6/39+40 (1914), S. 512 ff.
248 Schriftleitung der Leipziger Abendzeitung, *Der Einfluss des Krieges auf die deutsche Theaterwelt*, S. 2.
249 Ebd.
250 Vgl. Krivanec, *Kriegsbühnen*, S. 345.
251 Vgl. Slamka, *Der Ernst der Stunde*, S. 193 f.
252 Ebd., S. 195.

Expressionistische Stücke, wie Zeiß sie in Frankfurt zeigte, fand man in den Spielplänen des Hoftheaters nicht. Vielmehr waren es die privat geführten Münchner Kammerspiele, die 1917 mit dem Zyklus *Das jüngste Deutschland* Autoren wie Carl Sternheim und Georg Kaiser auf die Bühne brachten.[253] Dramaturg Otto Zoff schrieb in einem Brief an die Abonnent:innen des Theaters:

> Vielleicht war es möglich, diese Generation [= die junge Generation, Anm. d. Verf.] noch vor drei Jahren übersehn [sic!] zu wollen. Heute aber ist sie da. Sie will gehört werden. Sie will wirkend werden. Sie will ihr Theater. Und sie will ihr Publikum... *Denn nun bricht eine Zeit an, die des bloßen Spiels endgültig überdrüssig sein muß. Blut und Schwert der letzten Jahre haben die Verantwortungslosigkeit des einzelnen ebenso wie der Gesamtheit unmöglich gemacht...* Wie könnte man auf die Dauer der Jugend widerstehen, die einmütig die Weltliebe predigt und die wieder eine Schönheit von Gottes Gnaden will? Ihr seien die Pforten der Kammerspiele geöffnet.[254]

Nach drei Jahren des Krieges, in denen der Zweifel an dessen Sinnhaftigkeit wuchs, lasen sich diese Zeilen als ästhetische Kampfansage: Hinwendung zur Welt statt deutschtümelnder Eskapismus, geschrieben von einer jungen Generation expressionistischer Dichter.

Geistige Nahrung für den Konservatismus: Die Münchner Uraufführung von Hans Pfitzners Palestrina
Bei derartigen Spielplandiskussionen, die den Bezug des Theaters zum Krieg eher auf inhaltlich-ideeller Ebene verhandelten, darf nicht vergessen werden, wie stark das Weltgeschehen das Leben der Münchner Bevölkerung auf materieller Ebene verschlechterte. „Es war damals so, daß die Stadt hungerte, aber das Dorf aß [...]",[255] schrieb Bruno Walter. Speziell in den Wintern stellten Kohlrüben die Hauptnahrungsquelle dar, ein reger Tauschhandel mit Lebensmitteln setzte ein. In die Zeit des Darbens fiel am Prinzregententheater die Uraufführung von Hans Pfitzners *Palestrina* durch das Münchner Hoftheater im Juni 1917. Pfitzner befasste sich in seiner „musikalischen Legende" mit der Errettung der Figuralmusik im Gottesdienst durch den Komponisten Giovanni Pierluigi da Palestrina in Reaktion auf das Konzil von Trient, wobei er in der Zeichnung der Figuren und weiteren Details von den historischen Tatsachen und deren zeitlicher Reihenfolge abwich.[256]

---

253 Vgl. Petzet, *Die Münchner Kammerspiele*, S. 126.
254 Zoff, Otto zit. nach Petzet, *Die Münchner Kammerspiele*, S. 126 f., Hervorhebung durch Verfasserin.
255 Walter, *Thema und Variationen*, S. 292.
256 Kleinteilig aufgearbeitet hat dies Rainer Karlitschek in einem Programmheft der Bayerischen Staatsoper anlässlich einer Neuinszenierung des *Palestrina* durch Christian Stückl 2009. Er stellt

Wie Schläder, Cromme, Frank und Frühinsfeld angesichts des extremen Hungers in München bemerken,

> schien eine Opernuraufführung mit einem Stoff aus dem späten 16. Jahrhundert, aus der Renaissance, über Fragen der Kunstästhetik von Kirchenmusik ein unvorstellbarer Luxus. [...] Die Abstrahierung menschlicher Intellektualität vom realen Leben, die aller soziologischen Erkenntnis des frühen 20. Jahrhunderts Hohn sprach, eben die plakative Hierarchie von schaffendem Geist und schnöder Welt, gerann zu einem musiktheatralen Ereignis höchsten Ranges.[257]

Pfitzners Oper feierte in München einen gewaltigen Erfolg, von Ludwig III. bekam er Anfang 1918 die Ludwigsmedaille verliehen, noch im Krieg fuhr das Ensemble auf Gastspielreise in die Schweiz: „Das kriegführende Kaiserreich präsentierte sich als Kulturnation."[258] Auch in den Jahren nach dem Krieg war die Oper fester Bestandteil des Spielplans, die Pfitzner-Förderung wurde in München außerdem durch einen 1918 gegründeten Verein vorangetrieben.

Besonders begeistert äußerte sich damals Münchens großer Intellektueller Thomas Mann, gern gesehener Gast bei den Premieren der Münchner Theater und Mitbegründer des Pfitznervereins. „Ich hörte Hans Pfitzners musikalische Legende ‚Palestrina' dreimal bisher, und merkwürdig rasch und leicht ist mir das spröde und kühne Produkt zum Eigentum, zum vertrauten Besitz geworden",[259] schrieb er in den *Betrachtungen eines Unpolitischen*, seiner großen geistigen Auseinandersetzung mit dem Ersten Weltkrieg. Hierin ging es ihm weniger um konkrete Kriegserlebnisse als vielmehr um einen Zeitgeist. Mann leistete im Schreiben „Gedankendienst mit der Waffe"[260] und arbeitete sich in seinem Text an zwei gegensätzlichen Weltbildern ab, die in diesem Kapitel bereits mit Bezug auf Karl Mannheim vorgestellt wurden: der Konservatismus auf der einen und ein liberaldemokratisches Denken auf der anderen Seite. Mannheim kümmerte sich in seiner Studie des konservativen Denkens um Fragen der Kunst eher wenig, er leitete seine Überlegungen vor allem aus der Auseinandersetzung mit Juristen des 19. Jahrhunderts ab. Mann hingegen brachte die beiden Positionen in direkten Zusammenhang mit der Kunstproduktion seiner Zeit. Ihn grauste es davor, „[d]ie Kunst in den Dienst des Fortschritts zu stellen, sie zur Kronzeugin des Fortschritts zu machen, das Maß, in dem sie den Fortschritt fördert, zum Kriterium ihres Ranges und

---

dem Libretto in zahlreichen Fußnoten und Abbildungen die historischen Vorgänge gegenüber. Vgl. Pfitzner, *Palestrina*, S. 23–87.
257 Schläder et al., *Wie man wird, was man ist*, S. 105.
258 Ebd.
259 Mann, *Betrachtungen eines Unpolitischen*, S. 415.
260 Ebd., S. 31.

2.3 Die Auswirkungen des Krieges auf die Intendanz Franckenstein — 83

Wertes zu erheben [...].“[261] Besonders verhasst waren ihm die „Zivilisationsliteraten",[262] also Künstler:innen, die demokratisch engagierte Kunst machten und mit ihren Arbeiten auf das Tagesgeschehen reagierten, sah er in ihnen doch das „Wieder-möglich-werden eines Moralbonzentums sentimental-terroristisch-republikanischer Prägung, mit einem Worte: die Renaissance des Jakobiners."[263] Sicherlich sprach hieraus auch der private Zwist mit seinem Bruder Heinrich. Bezeichnend ist allerdings, dass er zur Charakterisierung des moralinsauren, jakobinischen Schriftstellers einige Sätze aus Büchners *Dantons Tod* heranzog.[264] Die Worte, die wenige Jahre zuvor von der Bühne des Residenztheaters gesprochen wurden, hatten offenbar ihr Gewicht.

In Pfitzners *Palestrina* fand Mann nun ein Werk, das für ihn all das bediente, was konservative Kunst ausmachte: „Hat Pfitzners Musik-Poem mir Neues zu sagen? Kaum. Aber viel tief Vertrautes, das zu hören, dessen wieder innezuwerden mich wohl bis zum Lechzen verlangt haben muß [...]."[265] Das „Vertraute", eine tief gefühlte Historizität, wurde hier wieder anschlussfähig gemacht, indem Pfitzner das Alte in seiner Oper neu zusammensetzte und rekontextualisierte. Er hielt so eine Vergangenheit und einen mit ihr verbundenen Erlebnisraum aufrecht, die sonst nicht mehr zugänglich waren. Wie Jürgen Schläder herausarbeitet, bestehe die Besonderheit des *Palestrina* gerade darin, dass sich im Thema der Oper drei verschiedene Zeitebenen vermischen: das 16., das 19. und das beginnende 20. Jahrhundert.[266] Auf Ebene der Handlung rief Pfitzner das 16. Jahrhundert auf, auf das er auch kompositorisch zahlreiche Referenzen einbaute.[267] Thematisiert wurde in der Oper das Konzil von Trient, in dem richtungsweisende Entscheidungen zu zahlreichen Grundsatzfragen der katholischen Kirche gefällt wurden. Sie betrafen auch die Kirchenmusik: Eine Musterkomposition Palestrinas soll in der Oper zum Beispiel einer guten Messe werden, um eine von Teilen des Konzils geforderte Rückkehr zum gregorianischen Choral zu verhindern, was im dritten Akt auch gelingt.

Gleichzeitig machte Pfitzner bei der Konzeption seiner Hauptfigur Palestrina Anleihen beim romantischen Geniekult des 19. Jahrhunderts, wie Schläder zeigt.[268] Der vom Schaffen und vom Leben ermüdete Mann weigert sich zunächst, dem ihm

---

261 Ebd., S. 404.
262 Ebd., S. 73.
263 Ebd., S. 391.
264 Vgl. ebd., S. 397.
265 Ebd., S. 415.
266 Vgl. Schläder, Schaffen wie Gott persönlich?, S. 132.
267 Vgl. Kloiber/Konold/Maschka, *Handbuch der Oper*, S. 524.
268 Vgl. Schläder, Schaffen wie Gott persönlich?, S. 132.

erteilten Auftrag zur Komposition einer Messe Folge zu leisten. In der Dämmerstimmung seines Arbeitszimmers erscheinen ihm dann jedoch die alten Meister vergangener Jahrhunderte und mahnen zur Produktivität. Doch erst die Erscheinung seiner bereits verstorbenen Frau Lukrezia, auf die sich all sein Sehnen ausrichtet, versetzt den Musiker schließlich in Schaffenslaune. Nach einer produktiven Nacht finden sein Sohn Ighino und sein Schüler Silla Palestrina schlafend über dem fertig komponierten Werk.[269]

Dritte Zeitebene des Werks ist nach Schläder das 20. Jahrhundert,[270] denn Pfitzners Oper ließ sich als Kommentar auf die musikästhetischen Debatten seiner Zeit lesen. Im gleichen Jahr, in dem *Palestrina* uraufgeführt wurde, erschien im Verlag der konservativen, von Nikolaus Cossmann herausgegebenen *Süddeutschen Monatshefte* Pfitzners Text *Futuristengefahr*,[271] in dem er auf die Reformschrift *Entwurf einer neuen Ästhetik der Tonkunst*[272] von Ferruccio Busoni einging. Busoni hatte in seiner Reformschrift die Beschränkung der europäischen Musik auf das Dur-Moll-System kritisiert, schlug eine Erweiterung durch Drittheltöne vor und regte an, mithilfe eines Apparats aus Amerika auch elektronisch erzeugte Töne in die Musik zu integrieren, um ein größeres Spektrum an Tönen abdecken zu können, als es mit gängigen Musikinstrumenten bis dato möglich war. Wirkliche Schaffenskraft bestand für Busoni nur dort, wo ein Künstler neue Töne hervorbringe, nicht aber darin, den bisher bekannten Regeln besonders originelle Einfälle abzuringen: „Die Aufgabe des Schaffenden besteht darin, Gesetze aufzustellen, und nicht, Gesetzen zu folgen. Wer gegebenen Gesetzen folgt, hört auf, ein Schaffender zu sein."[273] Pfitzner fühlte sich von diesem Fortschrittsdrängen offensichtlich so provoziert, dass er Busonis Haltung überzeichnete und so zusammenfasste:

> Erst wenn so ziemlich alles mit Stumpf und Stiel vernichtet und abrasiert ist, was wir bisher errungen haben, unser Musiksystem, unsere Musikformen, das Gedächtnis an unsere Meister, unsere Musikinstrumente, dann erst ist überhaupt eine Hoffnung, daß ein Anfang kommt.[274]

Pfitzner selbst sah sich der Tradition seiner Vorgänger verhaftet: „Alles Atonale war ihm fremd, und er sah die Moderne als Verfehlung."[275]

---

269 Vgl. Pfitzner, *Palestrina*, S. 45–52.
270 Vgl. Schläder, Schaffen wie Gott persönlich?, S. 132.
271 Pfitzner, *Futuristengefahr*.
272 Busoni, *Entwurf einer neuen Ästhetik der Tonkunst*.
273 Ebd., S. 31.
274 Pfitzner, *Futuristengefahr*, S. 5 f.
275 Wißmann, *Deutsche Musik*, S. 257.

Ein Disput zwischen den Stilen findet sich auch in der Figur des Silla in der Oper wieder. Den Schüler Palestrinas zieht es weg von Rom nach Florenz, wo zu dieser Zeit die Monodie, ein instrumental begleiteter Sologesang, entsteht, der sich an gesungene Passagen aus Stücken der griechischen Antike anlehnt.[276] Lehrer Palestrina ist seinem nach Neuem strebenden Schüler gegenüber in der Oper eher milde gestimmt. Auch verzichtete Pfitzner darauf, in der Komposition von Sillas Passagen Referenzen an die Ideen eines Busoni zu machen.[277] Palestrina selbst wird durch die ihm erscheinenden alten Meister wie folgt gemahnt:

> Ein letzter Ton noch fehlet
> Zum klingenden Akkord;
> Als der ertönst du dort.
> Den Schlussstein zum Gebäue [sic!]
> Zu fügen sei bereit;
> Das ist der Sinn der Zeit.[278]

Er bildet in der Oper so den Endpunkt einer langen Entwicklung und ist dementsprechend der Vervollkommnung des Alten verpflichtet. Gleichwohl wäre es zu einfach, in Palestrina schlicht das Alter Ego des Komponisten zu sehen, auch wenn sich Pfitzner, wie Gabriele Busch-Salmen und Günther Weiß bemerken, auf Fotografien manchmal ähnlich weltentrückt zeigte wie seine Figur Palestrina, der in der letzten Szene der Oper allein in der Ruhe seines Arbeitszimmers verharrt.[279] Dennoch sah sich Pfitzner durchaus in der Tradition des Vollenders und Bewahrers, in *Futuristengefahr* schrieb er gegen Busonis Fortschrittsstreben:

> Busoni erhofft sich von der Zukunft alles für die abendländische Musik und faßt die Gegenwart und Vergangenheit auf als einen stammelnden Anfang, als die Vorbereitung. Wie aber, wenn es anders wäre? Wenn wir uns auf einem Höhepunkt befänden oder gar der Höhepunkt schon überschritten wäre? Wenn unser letztes Jahrhundert oder unsere letzten anderthalb Jahrhunderte die Blütezeit der abendländischen Musik bezeichneten, die Höhe, die eigentliche Glanzperiode, die nie wiederkehren wird und der sich ein Verfall, eine Dekadenz anschlösse, wie die nach der Blütezeit der griechischen Tragödie? Mein Gefühl neigt vielmehr zu dieser Ansicht.[280]

Genau jenes Begreifen der Gegenwart aus der Vergangenheit war es, was Thomas Mann an Pfitzners *Palestrina* so entzückte, fand er hierin doch sein Weltbild be-

---

276 Vgl. Pfitzner, *Palestrina*, S. 29.
277 Vgl. Schläder, Schaffen wie Gott persönlich?, S. 132.
278 Pfitzner, *Palestrina*, S. 49.
279 Vgl. Busch-Salmen/Weiß, *Hans Pfitzner*, S. 97 f.
280 Pfitzner, *Futuristengefahr*, S. 44.

stätigt. Für ihn bildete die Oper „den ‚letzten Stein' zum Gebäude der romantischen Oper, [...] den wehmutsvollen Ausklang einer *national*-künstlerischen Bewegung, die mit Hans Pfitzner, seiner eigenen Ansicht nach, sich ruhmvoll endigt."[281] Auch wenn Manns Bewunderung für Pfitzners Oper letztlich eine Einzelmeinung darstellte, hilft sie zu erklären, warum ausgerechnet ein Werk über Kirchenmusik aus dem 16. Jahrhundert zur geistigen Nahrung des von Hunger geplagten Münchner Publikums und einer der größten Erfolge von Franckensteins erster Intendanz wurde. In der Vielschichtigkeit seiner Zeitebenen drückte sich das Lebensgefühl einer Zeitenwende aus, in der die eigene Gegenwart katalysiert durch den Weltkrieg zur Vergangenheit zu werden drohte. Mann konstatierte, auch mit Blick auf das eigene Jahrhundert:

> In der Atmosphäre *eines* Zeitalters reif geworden zu sein und dann plötzlich ein neues anbrechen zu sehen, dem man ebenfalls mit einem Teil seines Wesens angehört; mit einem Fuß etwa im Mittelalter und mit dem anderen in der Renaissance zu stehen, ist keine Kleinigkeit, – immer vorausgesetzt, daß man stimmungsmäßig zum Konservativen neigt, was Palestrina entschieden tut.[282]

2.4 Wachsame Spielplangestaltung? Überlegungen zur Nicht-Aufführung zeitgenössischer Literatur

Während in der Opernsparte das Haus an Ansehen gewann, tat sich die Intendanz im Schauspiel schwer, ein Profil zu finden, das konservative Bedürfnisse bediente, aber dennoch konkurrenzfähig zu den anderen Münchner Bühnen – insbesondere den Kammerspielen – war. Die Kritik anlässlich der Aufführung von *Dantons Tod* hatte deutlich gemacht, wie sehr das Haus unter Beobachtung stand und dass bereits ein falsch gewähltes Premierendatum den Erfolg eines ambitionierten Experiments nachhaltig schädigen konnte. Dementsprechend verständlich ist es, dass bei der Annahme von zeitgenössischer Literatur große Vorsicht geboten war.

Die Privattheater der Stadt standen seit 1908 unter ständiger Beobachtung des sogenannten „Zensurbeirats", ein Gremium, das die Polizei bei Fragen zu strittigen Stücken beriet und den Urteilen der Behörde angesichts der eher dünnen rechtlichen Grundlage der Zensur eine stützende Autorität verleihen sollte, schließlich war die Zensur in Bayern eigentlich seit 1848 durch das „Edikt über die Freiheit der Presse und des Buchhandels" abgeschafft, wurde aber dennoch weiter prakti-

---

281 Mann, *Betrachtungen eines Unpolitischen*, S. 432, Hervorhebung im Original.
282 Ebd., S. 427, Hervorhebung im Original.

ziert.[283] In den Beirat berief die Stadt zahlreiche renommierte Denker, unter ihnen viele Universitätsprofessoren, aber auch Künstler wie die Schriftsteller Max Halbe und Thomas Mann, den Schauspieler Fritz Basil oder den ehemaligen Hoftheaterintendanten Ernst Heinrich Ritter von Possart.[284] Durch die Prominenz und intellektuelle Ernsthaftigkeit seiner Mitglieder versuchten die Behörden die Akzeptanz des Zensurbeirats in der Münchner Stadtgesellschaft zu sichern, „gleichzeitig aber [waren] Schwierigkeiten oder Unbequemlichkeiten für die Zensurbehörden insofern ausgeschlossen [...], daß man auf Vertreter moderner geistig-kultureller Strömungen fast völlig verzichtet hatte."[285] Wurde ein Stück dem Beirat zur Prüfung vorgelegt, entschied eine Kommission aus fünf Beiratsmitgliedern über die Freigabe zur Aufführung. Insgesamt 78 Stücke wurden während des zehnjährigen Bestehens des Beirats verboten, viele von ihnen aus sittlichen Gründen. Nicht immer jedoch hielt sich die Polizei an die so zustande gekommenen Urteile: Die Aufführung von Frank Wedekinds Stück *Schloss Wetterstein* wurde verboten, obwohl sich der Beirat einstimmig für die Freigabe aussprach.[286] Die Gutachter hatten letztlich nur eine „Alibi-Funktion".[287]

Das Münchner Hoftheater war vom Votum des Beirats nicht betroffen, die Begutachtung ‚problematischer' Literatur fand hier durch den Intendanten und seine Führungsriege statt. Derartige Formen der Wachsamkeit sind nicht leicht nachzuweisen, schließlich wurden die damit verbundenen Entscheidungsprozesse seitens der Theaterleitung nur selten schriftlich dokumentiert. Auch spielten neben inhaltlichen Aspekten bei der Annahme von Stücken oft praktische Fragen eine Rolle: Konnte der Text mit den zur Verfügung stehenden Darsteller:innen überhaupt umgesetzt werden? Ließen sich Bühnenbild und Kostüm wie im Text angedeutet realisieren? Wie passte das Stück in das Panorama der anderen Dramen im Repertoire? Brachte eine andere Bühne bereits die Uraufführung? Konnte der Autor bei den Proben persönlich anwesend sein? Warum ein Text angenommen und ein anderer abgelehnt wurde, war daher nicht selten Zufällen und äußeren Umständen geschuldet. Dennoch ergeben sich aufschlussreiche Erkenntnisse bei einem genauen Blick auf einige der Texte, die dem Theater vorgeschlagen, aber nicht realisiert wurden. So lässt sich einerseits Franckensteins große Vorsicht ge-

---

283 Vgl. Wagner, *Theater und Öffentlichkeit im Vormärz*, S. 73.
284 Sowohl Max Halbe als auch Ernst von Possart traten aus dem Zensurbeirat aus. An Max Halbes Statt wurde Thomas Mann in den Beirat berufen, der den Beirat allerdings auch rasch wieder verließ. Vgl. Meyer, *Theaterzensur in München 1900–1918*, S. 87f.
285 Ebd., S. 95.
286 Vgl. ebd., S. 301.
287 Ebd., S. 302.

genüber den „Sau Münchnern"[288] im Publikum besser verstehen, andererseits kann auf diese Weise diskutiert werden, ob und worauf der Intendant im Interesse des Renommees seiner Bühne möglicherweise wachsam gewesen ist.

Die große Liebe – *nüchternes Begehren von Heinrich Mann*
Schon kurz nach seinem Amtsantritt wurde dem neuen Intendanten von Albert Steinrück[289] ein Text Heinrich Manns ans Herz gelegt: *Die große Liebe. Drama in vier Akten*,[290] das 1912 bei Paul Cassirer erschien. Mann entwarf – anders als der Titel vermuten lässt – das Drama eines nüchternen Begehrens: Liane Löwen, in einer Vernunftehe an ihren Mann Franz und die gemeinsame Tochter Alice gebunden, verliebt sich auf Gegenseitigkeit in den als Genie überzeichneten Komponisten Christoph Gaßner: Seine Kompositionen sind „riesig modern"[291] – „Von uns Sängern verlangt seine Musik freilich Selbstverleugnung".[292] Privat hat Gaßner bisher klischeegemäß Affären mit Sängerinnen und Schauspielerinnen gepflegt, doch freilich ist Liane seine erste große Liebe. Im Urlaub, fern ihres Mannes, beginnen die beiden eine Affäre, in der sich schon früh Probleme einstellen. Gaßner möchte seinen Status gegenüber der Geliebten legalisiert wissen, drängt sie zur Trennung von Franz, zu der Liane sich nicht durchringen kann. Einerseits fürchtet sie um das Sorgerecht für ihre Tochter Alice, andererseits weiß sie, dass eine Scheidung ihren sanftmütigen Gatten ins Unglück stürzen würde. Zu allem Überfluss taucht im gemeinsamen Urlaub noch ein weiterer Verehrer Lianes auf, Türk, der für sie sogar Frau und Kinder verlassen hat, ohne dass sie ihm Avancen gemacht hätte.

Als Gaßner und Liane sich einige Monate später erneut zum heimlichen Tête-à-tête in einem anderen, von zweifelhaften Charakteren bewohnten Hotel treffen, erkaltet die Leidenschaft der beiden zunehmend. Einerseits ist Liane hier umgeben von einer ganzen Reihe an Verehrern und Verflossenen, deren Temperamente es zu ‚managen' gilt, andererseits gibt sie sich Gaßner gegenüber abweisend, um bei den anderen Hotelgästen keinen Verdacht zu schüren. Ihn kränkt das so sehr, dass er sie verlassen will und Liane verbal erniedrigt, weil sie sich von gesellschaftlichen Erwartungen abhängig mache. Nachdem Gaßner sie noch einmal zu überreden versucht, ihre Ehe für ihn aufzugeben, und Liane des Abends wild mit anderen flirtet, ist klar, dass es für ihre Liebe keine Zukunft gibt. Ein weiteres Arrangement im Geheimen wollen die beiden nicht, weil bereits jetzt das Versteckspiel die

---
288 Clemens von Franckenstein an Hugo von Hofmannsthal, 11.11.1913. In: Hofmannsthal, Briefwechsel mit Clemens von Franckenstein, S. 121.
289 Vgl. Albert Steinrück an Heinrich Mann, 21.12.1912. In: ADK, Heinrich-Mann-Archiv, 2495.
290 Mann, *Die große Liebe*.
291 Ebd., S. 35.
292 Ebd.

Achtung vor dem jeweils anderen so hat schwinden lassen, dass sie fürchten, sich gegenseitig irgendwann vollends zu verachten. Sie gehen auseinander in dem Wissen, dass der andere sie weiter im Herzen trägt.

Zwar erscheint die Thematik aufgrund der Affäre zwischen Liane und Gaßner auf den ersten Blick skandalös, doch waren Ehekomödien, in denen verführerische Frauen von mal geckenhaft, mal unheilvoll gezeichneten Nebenbuhlern umgarnt werden, damals durchaus ein beliebtes Genre: *Meine Frau, die Hofschauspielerin*, der Kassenschlager der Saison 1917/1918 am Residenztheater, sah ganz selbstverständlich die Rolle des Hausfreunds Raschwitz vor, der die exzentrische Schauspielerin Karla natürlich mehr zu interessieren vermag als deren erfolgloser Schriftstellerehemann Kurt.[293] Rein am Thema kann es also nicht gelegen haben, dass Manns Stück in München abgelehnt wurde, vor allem weil er die Liebe seiner Hauptfiguren körperlich nie zeigt. Dennoch zögerte der neue Intendant, den Text zur Aufführung anzunehmen, wie aus einem Brief von Albert Steinrück an Heinrich Mann hervorgeht: „Vorgestern in der Regiesitzung konnte er wol [sic!] nicht so sprechen wie er wollte. Ich habe die Empfindung, er will die Berliner Aufführung abwarten, ehe er zu einer definitiven Annahme schreitet."[294] In der Hauptstadt wurde der Text im Februar 1913 am Lessing-Theater mit Tilla Durieux und Kurt Stieler in den Hauptrollen aufgeführt, in München erwies sich die Hoffnung auf Annahme jedoch schon Weihnachten 1912 als aussichtslos. Albert Steinrücks Ehefrau Lisl schrieb an Mann:

> Dass der Intendant Ihrem Stück gegenüber zu zaghaft zu sein scheint, hat uns gekränkt und empört. Alle lassen sich doch durch diese klerikale Bande ins Bockshorn jagen.– Wenn uns hie und da der Wunsch aufsteigt doch nach Berlin zu gehen, so ist dies immer der Hauptgrund. Bei jedem interessanten Stück, bei jedem Engagement dieser Kampf. – Und da bekannt ist, dass der Intendant auf Probe 2 Jahre verbleiben muss, wird natürlich alles getan, um ihn zu schrecken.–
> Der Professor Bernhardi wurde überhaupt nicht in Erwägung gezogen, aber mein Mann hatte den schmeichelhaften Antrag, die Rolle bei Stollberg[295] zu spielen, natürlich ist das unmöglich.[296]

Wer die „klerikale Bande" genau war, die Lisl Steinrück erwähnte, bleibt unklar. In den gesichteten Akten des Hoftheaters finden sich jedenfalls keine Hinweise dar-

---

293 Vgl. Möller/Sachs, *Meine Frau, die Hofschauspielerin*.
294 Albert Steinrück an Heinrich Mann, 21.12.1912. In: ADK, Heinrich-Mann-Archiv, 2495.
295 Gemeint war hier Ignaz Stollberg, der das Schauspielhaus in der Maximilianstraße, den heutigen Sitz der Münchner Kammerspiele, leitete – also die direkte Konkurrenz auf der anderen Straßenseite.
296 Lisl Steinrück an Heinrich Mann, 24.12.1912. In: ADK, Heinrich-Mann-Archiv, 2507.

auf, dass Franckenstein von Seiten der katholischen Kirche aktiv unter Druck gesetzt wurde, wie er seine Spielpläne zu gestalten habe. Wahrscheinlicher ist, dass Steinrück hier auf die Journalisten katholisch geprägter Zeitungen wie dem *Bayerischen Kurier* anspielte, möglicherweise auch auf ein christliches Abopublikum oder katholische Ministerialbeamte. Da Franckenstein zu diesem Zeitpunkt erst seit wenigen Monaten im Amt war und – wie geschildert – versuchte, einen nicht allzu liberalen Eindruck zu machen, war seine Vorsicht aus persönlicher Sicht durchaus verständlich, da er tatsächlich erst nach zwei Jahren Probe den Titel „Generalintendant" führen durfte.[297] Auffallend ist, dass Lisl Steinrück im gleichen Atemzug *Professor Bernhardi*, das Stück ihres Schwagers Arthur Schnitzler, erwähnte, welches Themenfelder wie den latenten Antisemitismus und die Frage nach ethischem Verhalten adressierte, also durchaus anders gelagert war als Heinrich Manns *Die große Liebe*. Es ist daher zu vermuten, dass Franckenstein zu Beginn seiner Intendanz zeitgenössischer Literatur ganz allgemein reserviert gegenüberstand, wenn auch nur der leise Verdacht bestand, sie könnte einen Skandal auslösen.

‚Verdächtig' machte *Die große Liebe* vor allem das ihr zugrunde liegende Ehe- und Rollenbild. Mann zeigte in seinem Text mehrere starke Frauenfiguren mit selbstbestimmtem Begehren. Ihr Reden über dieses Begehren ist meist nüchtern, reflektiert, ebenso wie das Sprechen über das Wesen der Ehe. „Ich bin nicht einmal enttäuscht. Ich hatte nichts erwartet,"[298] erklärt Liane über die Ehe – Leidenschaft klingt wahrlich anders. Die Ehe ist für die weiblichen Figuren in Manns Text vor allem ein rechtlich bindender Absicherungsvertrag, der mit gesellschaftlicher Erwartung einhergeht. Diese Erwartungen dürfen Frauen nur dann verletzen, wenn sie finanziell abgesichert genug sind, um sich einen Skandal leisten zu können. Heinrich Mann setzte daher seiner Hauptfigur Liane und ihrer Freundin Frau Huller die unerhört reiche Mrs. Paine entgegen, die aufgrund ihres Geldes auch dann nicht nachhaltig im Ansehen geschädigt wird, als ihr Liebhaber sie bestiehlt und als Betrüger auffliegt. „[D]ie darf sich freilich Unanständigkeiten bis zu jedem Betrag erlauben",[299] so Liane an einer Stelle im Stück. An diesem Punkt ist Liane jedoch nicht: Sie kann nur überleben, wenn sie den Schein der Ehe aufrechterhält, die Berechnung der eigenen Existenzgrundlage kommt vor jedem romantischen Gefühl. Sogar die am Ende des Stückes scheiternde Liebschaft im Geheimen ist von Beginn an durchsetzt von einem eigenartig sachlichen Vokabular: „[D]er Ehebruch

---

297 Vgl. Varwig, Clemens von Franckensteins Ernennung, S. 85.
298 Mann, *Die große Liebe*, S. 53.
299 Ebd., S. 219.

legt uns Verpflichtungen auf,"[300] konstatiert Liane gleich in einer der ersten Szenen des Stücks, als ihre Freundin Frau Huller von den tragischen Folgen eines missglückten Seitensprungs erzählt. Und auch sie selbst fühle sich den „technischen Bedingungen des Ehebruchs"[301] nicht gewachsen, wie Liane ihrem Liebhaber Gaßner gegen Ende des ersten Akts mitteilt, so als ginge es bei der Verabredung zum heimlichen Rendezvous um die korrekte Abwicklung einer geschäftlichen Transaktion.

Die große Liebe zeichnete so zwar die Notwendigkeiten der Vernunftehe und der sie begleitenden Seitensprünge durchaus realistisch, doch widersprach sie damit einem im Theater unendlich oft besungenen romantischen Liebesideal. Außerdem machte Mann in seinem Text die Unterdrückung der Frau sichtbar, die zur Erhaltung der patriarchisch geprägten Gesellschaft der Kaiserzeit jedoch unsichtbar bleiben musste. In diesem Punkt unterschied sich das Ende des Dramas auch von Komödien wie *Meine Frau, die Hofschauspielerin:* Hierin kehrt Schauspielerin Karla am Ende des Stücks, nachdem die Uraufführung einer von ihrem Mann Kurt verfassten Komödie über die Probleme ihrer beider Ehe geglückt ist, in neu entflammter Liebe zu ihm zurück. Nachdem sie die boshafte Gattin auf der Bühne meisterhaft gespielt und in Bezug auf ihre eigene Ehe eine ganz persönliche Katharsis erlebt hat, gibt sie reuevoll zu, ihren Mann unterjocht zu haben[302] – die Ordnung ist wiederhergestellt. Liane hingegen hält nur aus Vernunft an ihrem Mann fest, die Ehe bleibt leere Hülle, heimlich sehnt sie sich nach den unbeschwerten ersten Liebestagen mit Gaßner.

Auch ist zu bedenken, dass Mann in diesem Text seine Liebe zu Edith Kann verarbeitete[303] und ein klatschinteressiertes Publikum bei der Aufführung des Stücks möglicherweise Parallelen zum echten Leben des Schriftstellers gesucht hätte – ein Grund mehr, der neben der langen Liste an benötigtem Personal gegen eine Aufführung in München gesprochen haben könnte.

Kein Expressionismus für München: Reinhard Sorges Der Bettler
Regisseur Steinrück war nicht der Einzige, der Franckenstein Vorschläge für das Schauspiel machte. Wieder einmal war es Hofmannsthal, der seinem Freund bei der Stückauswahl für das Schauspiel beratend zur Seite stand. In eben jenem Brief von 1913, in dem er Franckenstein die Uraufführung des *Wozzeck* antrug, wies er auch auf Reinhard Sorges Drama *Der Bettler* hin, für das der erst 20-jährige Autor

---

300 Ebd., S. 50.
301 Ebd., S. 85.
302 Vgl. Möller/Sachs, *Meine Frau, die Hofschauspielerin*, S. 103 f.
303 Vgl. Riedel, Heinrich Mann und das Theater, sein szenisches Schreiben, S. 45.

soeben den Kleist-Preis erhalten hatte.[304] Sein Text kreist um einen aufstrebenden jungen Dichter, dessen städtische Lebenswelt nicht in Einklang mit seiner Herkunft zu bringen ist: Daheim auf dem Land fordern ihm ein dem Wahnsinn verfallener Vater und eine darüber verzweifelnde Mutter Verantwortung ab, der er entgeht, indem er beide auf Verlangen des Vaters aus Liebe umbringt. In die Stadt und in eine Anstellung als Zeitungsschreiber zurückgekehrt, trägt seine Freundin bereits als Zeichen eines Kreislaufs ewigen Werdens sein Kind in sich. Heutzutage gilt das Stück als das erste Drama des Expressionismus, obgleich es von seiner Form her noch kein Stationendrama ist, da es zumindest äußerlich noch die klassische Fünffaktstruktur aufweist.[305]

„Ich glaube es wäre kein ungeschickter Schachzug wenn Du dieses Stück annähmest bevor alle Welt es im Munde führt",[306] schrieb Hofmannsthal an Franckenstein,

> [d]enn die Constellation ist jetzt so/ in früheren Jahrzehnten war sie umgekehrt/ dass man durch die Verwaltung des modernen Repertoirs [sic!] Credit erwirbt und ihn verbrauchen oder aufs Spiel setzen muss um im classischen [sic!] das zu erreichen was ein Mann wie Du im Laufe von Jahren eben erreichen muss: die Regeneration des Besitzstandes. Da Du in der Zwischenzeit den pietätvollen Schlendrian in der Veranstaltung von Gymnasiastenabenden einschränken musst, so ist Dir die Gegnerschaft eines gewissen Theiles des Publicums, der ganz gedankenlos am Herkömmlichen festhält gewiss, dafür bedarfst Du eben des erhöhten Credits bei den andern, deren Interesse vom modernen Repertoirs [sic!] aus auf das Klassische hinübergeleitet werden muss, was ja der allein mögliche Zustand ist.[307]

Hofmannsthal sah die Notwendigkeit, den *Bettler* aufzuführen, nicht (nur) aus dem Stück selbst heraus begründet, vielmehr wäre eine Inszenierung des Textes eine Konzession an jene Teile der Zuschauerschaft, denen durch ein modernes Repertoire auch der ein oder andere Klassiker schmackhaft gemacht werden könnte – vorausgesetzt, es würde kein durch Kilian inszenierter „Gymnasiastenabend". Anhand solcher Überlegung wird deutlich, wie sehr die Pflege des klassischen Kanons eine Selbstlegitimationsstrategie der Hoftheater war, die Anfang des 20. Jahrhunderts immer weniger aufging, wie Ute Daniel betont.[308]

---

304 Vgl. Hugo von Hofmannsthal an Clemens von Franckenstein, 19.01.1913. In: Hofmannsthal, *Briefwechsel mit Clemens von Franckenstein*, S. 104 ff.
305 Vgl. Götz, *Bettler des Wortes*, S. 34.
306 Hugo von Hofmannsthal an Clemens von Franckenstein, 19.01.1913. In: Hofmannsthal, Briefwechsel mit Clemens von Franckenstein, S. 105.
307 Ebd.
308 Ute Daniel weist auch darauf hin, dass die Hoftheater lange Zeit eine Art „Monopol" auf die Klassiker hatten, das jedoch mit der Einführung der Gewerbefreiheit 1869 ein Ende fand und den Privattheatern neue Betätigungsfelder eröffnete. Vgl. Daniel, *Hoftheater*, S. 363.

Franckenstein ließ sich auf einen solchen Tauschhandel jedoch nicht ein. Die Gründe hierfür sind nicht bekannt, gibt es doch keine direkte Korrespondenz Franckensteins oder des Theaters mit Sorge. Dabei hätte Franckenstein mit der Annahme des Textes durchaus eine ästhetische Wegmarke für seine Intendanz setzen können, immerhin verhandelte der Text bereits viele der Kernthemen des Expressionismus: Die „Infragestellung des Patriarchats",[309] das Sorge in einer wahnsinnigen Vaterfigur ausstellte, die Abkehr vom Naturalismus, den der Text durch den Wechsel von Versmaß und Prosa inszenierte, und das Brüchig-Werden eines bürgerlichen Subjekts, das sich in der Gestalt der Hauptfigur in vier verschiedene, sozial bedingte Rollen aufspaltet.[310] Mal tritt der titelgebende Bettler als Sohn, mal als Dichter, mal als Bruder und mal als Jüngling auf und „rüttelt [so] an den Grundfesten des Dramatischen"[311] wie auch an der empfundenen Kohärenz des Subjektes mit sich selbst.

Dass Franckenstein das Stück nicht für eine Aufführung in Erwägung zog, dürfte gleich mehrere Gründe haben. Erstens präsentierte das Drama mit der „Kokottenszene" Liebe beziehungsweise Sexualität als warenförmig organisierte Transaktion, in der das Aussehen der Prostituierten zum Synonym ihres Warenangebots wird – die Figuren werden nur als „die Lange", „die Rote", „die Schwarze" bezeichnet.[312] Angesichts der Vielzahl von Stücken, die der Münchner Zensurbeirat in diesen Jahren an den Privattheatern zur Wahrung der Wohlanständigkeit verbot, darf man annehmen, dass Sätze wie „Du bist wie Satan und sollst mich beschlafen!"[313] Anstoß erregt hätten.

Zweitens formulierte Sorge direkt im ersten Akt Kritik an der Theaterlandschaft seiner Zeit. Das selbstherrliche Gebaren der Presse persiflierte der Autor in einer Kaffeehauskonversation zwischen verschiedenen Kritikern, an deren Ende einer der Beteiligten bezeichnenderweise sagt: „Wir warten auf einen, der uns unser Schicksal neu deutet, den nenne ich dann Dramatiker und stark."[314] Kurz darauf offenbart sich im Gespräch zwischen der Hauptfigur (dem Dichter/Jüngling/Sohn/Bruder) und seinem Mäzen dann der Frust über den fehlenden Mut der Theater zum Experiment, dem der Dichter eine Vision einer Schicht- und Nationenübergreifenden Kunst gegenüberstellt:

---

309 Steffens, *Expressionistische Dramatik*, S. 77.
310 Vgl. Götz, *Bettler des Wortes*, S. 44.
311 Ebd.
312 Vgl. Sorge, *Der Bettler*, S. 30–39.
313 Ebd., S. 39.
314 Ebd., S. 28.

> Hören Sie doch: es wird
> Das Herz der Kunst: aus allen Ländern strömen
> Die Menschen alle an die heilende Stätte
> Zur Heiligung, nicht nur ein kleines Häuflein
> Erlesener!... Massen der Arbeiter
> Schwemmt an die Ahnung ihres höheren Lebens [...][315]

Diese ‚Internationale' des Theaters, die der Autor formulierte, hätte kaum ferner vom gut situierten Publikum des Münchner Hoftheaters sein können. Sorges Text hätte bei Aufführung vermutlich sowohl das Theater als Sozialraum infrage gestellt wie auch die geladene Kritik der Lächerlichkeit preisgegeben. Beides kann kaum im Interesse Franckensteins gewesen sein.

Drittens hätte der beständige Wechsel zwischen Prosa und Vers, der ja eigentlich eine der literarischen Qualitäten des Textes ist, das Theater wahrscheinlich vor Besetzungsprobleme gestellt. Wie die Debatte um den als veraltet geltenden Schauspielstil des Ensembles in Kapitel 3 noch illustrieren wird, waren die Hoftheater aufgrund ihrer an der Tradition orientierten Darstellungskonventionen kein günstiger Ort für derartige Formexperimente. Doch erforderte der neue Mensch, der sich in Sorges Drama aus den Facetten seines Ichs herausschälte, auch neue Spielweisen, wollte man dem Gehalt des Stücks gerecht werden und nicht in die Peinlichkeit abgleiten.

Zudem dürften das Zeigen einer Tötung auf Verlangen[316] und die vage Andeutung einer Schwangerschaft durch Vergewaltigung[317] Hindernisse für die Annahme des Textes dargestellt haben. Eine Aufführung des Stücks am Hoftheater hätte ob der zahlreichen Angebote zur Provokation wahrscheinlich empfindliche Eingriffe in den Text erforderlich gemacht, von denen die Substanz des Dramas sicherlich nicht unberührt geblieben wäre. In der Tat dauerte es trotz des an Sorge verliehenen Kleist-Preises einige Jahre, bis *Der Bettler* seine Uraufführung erlebte:

---

315 Ebd., S. 48.
316 Der vom Wahnsinn gepackte Vater bittet seinen Sohn darum, ihn durch Gift von der Qual des Lebens zu erlösen. Tatsächlich kommt der Sohn im darauffolgenden Akt dem Wunsch des Vaters nach, vergiftet hierbei allerdings unbeabsichtigt auch die unter dem Wahn des Vaters leidende Mutter. Anders als in späteren expressionistischen Dramen offenbart sich hierin allerdings nicht der Hass auf die Welt der Eltern, sondern vielmehr die Zuneigung des Kindes, zeigt Sorge das Sterben der Eltern doch in friedvoller Weise in den ersten Tagen eines soeben erwachten Frühlings und bettet sie somit in einen größeren Kontext des Werdens und Vergehens ein. Vgl. Wotschke, *From the Home Fires to the Battlefield*, S. 144–151.
317 Die Figur des Mädchens, welches der Dichter später heiratet, hat bereits aus einer vorherigen Bekanntschaft ein Kind, von dem es heißt: „Das Kind empfing ich aus Gewalt, ich liebte es, / Weil ich mit Wehe es im Leibe trug." Sorge, *Der Bettler*, S. 166.

Weihnachten 1917 brachte Max Reinhardt das Stück am Deutschen Theater in Berlin heraus.[318]

Liebe ja, Leidenschaft nein: Absage an Anton Wildgans
Während sich für Sorges *Bettler* die Gründe der Nicht-Aufführung nicht eindeutig rekonstruieren lassen, standen bei Anton Wildgans' Stück *Liebe* Bedenken ob der Unsittlichkeit des Textes offen im Raum. Der österreichische Dramatiker Wildgans war in München kein Unbekannter, er eröffnete im Residenztheater die Spielzeit 1915/1916 mit seinem Text *Armut*, welcher neunmal gezeigt wurde.[319] Als er im Sommer 1916 Franckenstein sein Drama *Liebe* antrug, bestand also durchaus eine Chance, aufgeführt zu werden, zumal er sich für „all die freundliche Wärme, mit der Sie mich im Vorjahr sowohl in Ihrem Theater als auch in Ihrem Hause aufgenommen haben"[320] bedankte – er und Franckenstein waren sich anscheinend sympathisch.[321]

Gleichwohl war *Liebe* sowohl stilistisch wie thematisch wenig anschlussfähig an das Repertoire des Residenztheaters: In meist nüchternem Ton ringt das eigentlich glücklich verheiratete Paar Martin und Anna um die abhanden gekommene Leidenschaft in seiner Beziehung. Während Anna den Avancen eines alten Freundes ihres Mannes standzuhalten sucht, verlässt Martin am neunten Hochzeitstag das Haus, geht ins Bordell, zieht sich bei der Prostituierten Wera aber wegen Gewissensbissen seiner Frau gegenüber wieder zurück. Am Ende erwartet das Paar die Erkenntnis, dass ihm der körperliche Aspekt seiner Liebe endgültig abhandengekommen ist:

> Anna in großem Weibesschmerz
> Das ist das Ende der Liebe – !
> Martin asketisch verklärt
> Oder ihr Anfang erst!
> Denn was sich küßt und paart, ist ewig in Trug verstrickt.[322]

---

318 Vgl. Götz, *Bettler des Wortes*, S. 30.
319 Vgl. Königl. Bayer. General-Intendanz der Hoftheater und der Hofmusik, *Almanach 1915/16*, S. 43.
320 Anton Wildgans an Clemens von Franckenstein, 25.07.1916. In: BSB, Nachlass Franckensteiniana.
321 Denkbar ist, dass auch diese Verbindung durch Hofmannsthal zustande kam, gingen doch zwischen Hofmannsthal und Wildgans in den Jahren 1914/1915 zahlreiche Briefe hin und her, in denen Wildgans auch den Aufenthalt bei Franckenstein erwähnte: „Ich habe in München einige schöne musikalische Stunden mit Baron Franckenstein verlebt und auch Ihr Geist wurde mehrfach berufen." (Anton Wildgans an Hugo von Hofmannsthal, 08.10.1915. In: Hofmannsthal/Wildgans, *Briefwechsel*, S. 16.).
322 Wildgans, *Liebe*, S. 132 f.

Dieses Ende der Körperlichkeit ist bei Wildgans jedoch nicht negativ belegt, im Gegenteil, erst die Entsagung vom Triebhaften ebnet den Weg zur Beständigkeit der Verbindung.[323] Auch eint die Hauptfiguren der Trost, dass es anderen Paaren genauso geht: „Und tausendmal tausend Betten wie unsere, / Unabsehbar im Dämmer, sind hingereiht!"[324]

Als problematisch für eine Aufführung dürfte sich vor allem der dritte, im Bordell spielende Akt des Stücks erwiesen haben, was Wildgans in seinem Brief an Franckenstein bereits antizipierte:

> Mir ist natürlich vollkommen bewusst, dass – falls Sie überhaupt Geschmack an meiner neuen Arbeit finden – dass sich also – nicht unerhebliche Schwierigkeiten der Aufführung an einem Hoftheater entgegensetzen dürften und diese hauptsächlich mit Rücksicht auf den 3. Akt. Dass aber gerade dieser einen künstlerisch-seelischen Höhepunkt des Stückes bedeutet und dass mir mit ihm nichts weniger als schlüpfrige Absichten am Herzen gelegen sind, das brauche ihn Ihnen, hochverehrter Herr Baron, wohl nicht zu sagen.
>
> Immerhin, in dem kritischen Akte, der ja von mir bereits aus der alltäglichen Realität herausstilisiert ist, lässt sich durch Regie und Inscenierung noch allerlei abdämpfen. Die klare Erkennbarkeit des Milieus lässt sich in eine Ahnbarkeit umwandeln, ohne dass an der Substanz des Werkes selbst etwas geändert wird, was ja freilich nicht angienge [sic!].[325]

„Höhepunkt des Stückes" ist Akt drei vor allem deshalb, weil er eine gewaltbeladene Gegenwelt zur liebevollen Atmosphäre entwirft, in der das Paar Martin und Anna trotz seiner fortschreitenden Entfremdung noch immer lebt. Während die Eheleute umgeben sind von einer wohlwollend-zugewandten Schwiegermutter und einem innig geliebten Kind, ist Prostituierte Wera „Sklavin"[326] im Etablissement von Madame Charlotte, von der sie finanziell abhängig ist. Die 17-Jährige, deren Mutter ebenfalls von der Prostitution gelebt hat, fordert Martin auf, sie zu schlagen, erzählt später von einer freudlosen Kindheit zwischen Kosthaus und Fabrik, in der sie regelmäßig verprügelt worden sei. Als Martin sie im Gedanken an seine Frau schließlich doch verschmäht, wird Wera noch unter Tränen von Madame Charlotte zum Sex mit einem wesentlich älteren Freier gezwungen. Trotz oder gerade wegen dieser Brutalität, die eine Aufführung des Textes erschwert haben dürfte, wandte Wildgans sich mit einem Entwurf des Stücks an Franckenstein: „Aber andererseits sind es gerade die Hoftheater heute, die bei den Censur-Vollmachten der militärischen Kommanden sich kühnere Wagnisse gestatten können als Privatbüh-

---

323 Vgl. Gerstinger, *Der Dramatiker Anton Wildgans*, S. 84.
324 Wildgans, *Liebe*, S. 131.
325 Wildgans an Franckenstein, 25.07.1916.
326 Wildgans, *Liebe*, S. 80.

nen."[327] Nur eine Woche später schrieb Wildgans erneut an Franckenstein, der das Stück indes offenbar abgelehnt hatte:

> Aber ich sehe andererseits Ihre Gründe vollkommen ein. Das Milieu des 3. Aktes ist nun einmal nicht aus der Welt zu schaffen. Ich bin allerdings davon überzeugt, dass im Theater selbst kein anderes Gefühl als Ergriffenheit in diesem Akte beim Publicum aufkommen könnte, ebenso wie im 5. Akt. Aber das Geschrei wird eben nicht im sondern außerhalb des Theaters erhoben.[328]

Dass die Ablehnung durch den Intendanten so rasch erfolgte, verdeutlicht, wie sehr Franckenstein nach drei Jahren im Amt bereits eine Vorsicht gegenüber heiklen Sujets internalisiert hatte. Hierzu passt, dass im Schauspiel in den Kriegsjahren auffallend wenig Uraufführungen gezeigt wurden, Franckenstein sich also abwartend gab, wie Texte an anderen Theatern rezipiert wurden, ehe er sie selbst ins Programm nahm. Im Fall von *Liebe* war das durchaus geboten, ging die Wiener Uraufführung wenige Monate später doch nur unter erheblichen, von der Zensur auferlegten Änderungen über die Bühne. Auch in Berlin konnte das Stück nur mit zahlreichen Streichungen gespielt werden.[329] Dennoch sollte *Liebe* Wildgans' erfolgreichstes Stück zu Lebzeiten bleiben, dessen „sentimentale Variante des Expressionismus, dieses bewußte Gemisch aus hartem Realismus und verträumter Mystifizierung"[330] auch noch in den Jahren des Nationalsozialismus Anklang fand. Er selbst gab in einem Brief an die Schauspielerin Else Schilling bereits im November 1916 zu, dass der „Pöbel [...] massenhaft wegen des Bordellaktes ins Theater läuft"[331] und fürchtete fast „einen wertlosen Schlager geschrieben zu haben."[332] In München wurde das Stück schließlich im Januar 1917 in der Regie Hermann Sinsheimers an den Kammerspielen gezeigt, vielleicht auf Vermittlung Franckensteins, hatte Wildgans doch darum gebeten, dort für sein Stück zu werben.[333]

Polygamie als Parabel: Schnitzlers Die Schwestern oder Casanova in Spa
Tatsächlich lässt sich sowohl mit Blick auf Wildgans' *Liebe* als auch auf Heinrich Manns *Die große Liebe* argumentieren, dass der Intendant im Spannungsfeld zwischen eigenem künstlerischem Anspruch und der sittlichen Erwartung des

---

327 Wildgans an Franckenstein, 25.07.1916.
328 Anton Wildgans an Clemens von Franckenstein, 08.08.1916. In: BSB, Nachlass Franckensteiniana, Hervorhebung im Original.
329 Vgl. Gerstinger, *Der Dramatiker Anton Wildgans*, S. 88.
330 Ebd., S. 86.
331 Anton Wildgans an Else Schilling, 26.11.1916. In: Wildgans, *Ein Leben in Briefen*, S. 452.
332 Ebd.
333 Vgl. Wildgans an Franckenstein, 08.08.1916.

katholischen Bayern eine Vigilanzfigur darstellte, die im Interesse der Aufrechterhaltung der Ordnung in den belastenden Kriegsjahren genau abwägen musste, welche Texte gezeigt werden konnten und welche besser an der literarisch ambitionierten Schwabinger Privatbühne aufgehoben waren. Gleichwohl schien dieses Abwägen so automatisiert zu sein, dass Wachsamkeit hier zum bloßen Reflex wurde, der vor allem dann ansprang, wenn ‚anrüchige' oder ungewöhnliche Konzepte von Liebe und Ehe verhandelt wurden. Das illustriert auch Franckensteins Ablehnung von Schnitzlers Drama *Die Schwestern oder Casanova in Spa*.[334] Im September 1918 – nicht einmal zwei Monate vor der Revolution – telegrafierte er Schnitzler:

> Ihr rejzendes [sic!] Lustspiel Schwestern mit groszem [sic!] vergnuegen gelesen auffuehrung residenztheater lejder [sic!] unmoeglich da eregung [sic!] lebhaften anstosses in manchen krejsen [sic!] zu befuerchten = frejherr [sic!] von franckenstein +[335]

Auf den ersten Blick verwundert Franckensteins Ablehnung wenig, hatte sich Schnitzler doch mit der Figur des Casanovas einen Stoff ausgesucht, der immer schon Schlüpfrigkeit versprach. Tatsächlich kreist Schnitzlers Text um eine Liebesnacht zwischen dem berühmten Libertin und der jungen Anina, die er zum Stelldichein in ihrem Hotelzimmer besucht und fälschlicherweise für die eigentlich von ihm begehrte, ältere Flaminia hält. Da Anina und Flaminia beide anderweitig liiert sind – die eine mit Andrea, einem wohlhabenden Edelmann aus Ferrara, die andere mit Baron Santis – stellt das Drama in der Folge die Frage nach dem Besitzanspruch von Liebesbeziehungen und löst diesen zugunsten einer emotionalen Treue auf: Wer, körperlich vereint mit anderen, dennoch zum Geliebten zurückkehrt, zeigt wahre Treue. Aber:

> Mit dieser Definition der Treue wird jede Vorstellung von Dauer und Ausschließlichkeit verabschiedet. Die einzig mögliche Form beieinanderzubleiben, ist laut Schnitzler die Akzeptanz der Tatsache, daß man selbst dem anderen allein nie genügen könne, [...].[336]

Während sich die weiblichen Figuren des Stücks einander solidarisch zeigen, nutzte Schnitzler die männlichen Figuren, um ein „krampfhafte[s] Festhalten an einer längst überholten Ordnung"[337] zu markieren. Er stellte so eine brüchig gewordene bürgerliche Gesellschaft in Frage, deren Kollaps mit Ende des Krieges unmittelbar bevorstand. Was inhaltlich wie ein typischer Schnitzler-Stoff anmu-

---

334 Schnitzler, *Die Schwestern oder Casanova in Spa*.
335 Clemens von Franckenstein an Arthur Schnitzler, 21.09.1918. In: DLA, HS.1985.0001.03010,1–7.
336 Lehnen, *Das Lob des Verführers*, S. 228 f.
337 Ebd., S. 223.

tete, war formal gesehen ungewöhnlich für ihn, war der Text doch in Versen geschrieben. Doch nicht nur

> [d]ie Rückkehr zur Versform, [auch] deren stilisierter Sprachstil, die konzentriert-paradoxe Form ‚drei Akte in einem'[...], die ausgeprägte Rokoko-Motivik der dargestellten Welt, die lustspielhafte Typisierung und Pointierung der Figuren sowie der analytische Aufbau der Handlung[338]

ließen den Text aus dem Horizont des für Schnitzler Erwartbaren herausfallen. „[D]ie Gestalten der Komödie [wirken] zuweilen wie mit ausschweifenden, wie überdimensionierte Reifröcke wirkenden Sprachgebilden kostümiert, durch die verborgen bleibt, was sie eigentlich umtreibt",[339] schreibt Hartmut Scheible. Auch blieb das Sexuelle in diesem Text eigentümlich fern. Anders als im von Skandalen umwehten *Reigen*, der öffentlich erst 1920 in Berlin uraufgeführt wurde und seine Szenen unmittelbar vor und nach dem Geschlechtsakt ansiedelte, wird von der Liebesnacht zwischen Anina und Casanova lediglich in der Rückschau durch die junge Frau berichtet. Die Frage, ob sie oder aber Flaminia, mit welcher Casanova sie verwechselt hat, durch den Beischlaf einen Anspruch auf das Herz des Verführers erworben hat, wird als der vermeintliche Inhalt einer Novelle auf der Bühne parabelhaft verhandelt und von den beteiligten Figuren immer wieder neu erzählt. Das Neu- und Umdeuten bietet den Figuren die Möglichkeit, ‚ihre' Wahrheit auszudrücken, es macht sichtbar, wie unterschiedlich ein und derselbe Sachverhalt erlebt und bewertet wird. Entscheidend scheint in Schnitzlers Stück daher nicht, was de facto passiert ist und wer nach Maßstäben der Schicklichkeit auf wessen Liebe Anspruch hätte, sondern welches Narrativ der gegenseitigen Zuneigung zugrunde liegt. Ein solches Verhandeln stellt eine Gesellschaftsordnung in Frage, die auf eindeutigen Rollen- und Ehekonventionen beruht. Schnitzlers Stück dürfte daher aus ähnlichen Gründen wie Heinrich Manns und Anton Wildgans' Texten die Münchner Aufführung verwehrt worden sein.[340]

---

338 Göttsche, *Die Schwestern oder Casanova in Spa*, S. 99.
339 Scheible, Individualität und Identität in *Die Schwestern oder Casanova in Spa*, S. 114.
340 Eine Ablehnung des Textes aus persönlicher Kränkung über *Der Weg ins Freie* ist eher unwahrscheinlich: Erstens lag die Veröffentlichung des Buchs zu diesem Zeitpunkt bereits ein Jahrzehnt zurück. Zweitens standen andere, weniger heikle Texte Schnitzlers während Franckensteins Intendanz durchaus auf dem Programm. Drittens war Arthur Schnitzler zu dieser Zeit mit Olga Gussmann verheiratet, deren Schwester Lisl die Ehefrau von Franckensteins Schauspieler und Regisseur Albert Steinrück war. Schnitzlers Texte aus eigener Eitelkeit abzulehnen, hätte also mit Sicherheit zu einer schweren Verstimmung seines ohnehin streitlustigen ‚Topstars' geführt.

Betrachtet man abschließend die vier hier diskutierten Stücke, wird deutlich, dass sie allesamt gängige Vorstellungen von Liebe, Ehe und Sexualität in Frage stellten. Von Schnitzlers *Schwestern* abgesehen war außerdem das Funktionieren des Systems Familie Thema der Texte. Mit Ausnahme vielleicht von Sorges *Bettler*, bei dem sicher auch eine Unsicherheit im Umgang mit der neuen dramatischen Form eine Rolle spielte, waren es also sittliche Gründe, derentwegen die Dramen keine Aufführung in München erlebten. Selbstredend ist eine Stichprobe von gerade einmal vier Texten zu klein, um hieraus eine eindeutige Tendenz abzuleiten, obschon sich bei weiterer Suche sicherlich noch andere Stücke ausfindig machen ließen, die dem Theater in dieser Zeit angeboten und von ihm abgelehnt wurden. Dennoch zeigt sich, dass die Intendanz bei der Entscheidung über die Annahme von Texten offenbar ähnlichen Maßstäben folgte wie der Münchner Zensurbeirat – der ja auch die meisten der von den Privattheatern vorgelegten Texte aus sittlichen Gründen verbot.[341] Das ist insofern logisch, als sich der Beirat zum Teil aus (ehemaligen) Mitgliedern des Theaters, zum Teil aus gern gesehenen Premierengästen des Hauses zusammensetzte. Der Beirat traf die Entscheidung jedoch zu fünft, alle Mitglieder einer Kommission verfassten ein Gutachten,[342] setzten sich also – selbst im Falle einer Ablehnung – in Ruhe mit dem Stoff auseinander. Franckenstein hingegen war als Intendant letzten Endes der alleinige Entscheider, selbst wenn ihm seine Dramaturgen und Regisseure zur Seite standen. Ebenso war in einem großen Theaterbetrieb mit mehreren Spielstätten schnelles Agieren gefordert, auch weil bei zeitgenössischer Literatur stets das Problem bestand, dass andere Bühnen sich vielleicht rascher zur Annahme durchrangen und sich so die Uraufführungsrechte sicherten. Die Vorsicht beziehungsweise die Wachsamkeit des Intendanten wurde dann tatsächlich zum Reflex, der auf Reizthemen wie Sexualität oder neue Frauen-/Menschenbilder ansprang. Gleichzeitig schienen die so getroffenen Entscheidungen nicht immer nur im Interesse der Bühne gefallen zu sein, wie Lisl Steinrücks Brief an Heinrich Mann vor Augen geführt hat. Hier liest es sich so, als zögerte Franckenstein, *Die große Liebe* anzunehmen, weil er seinen eben erst angetretenen Posten nicht riskieren wollte. Er agierte hier also eher im Interesse der eigenen Karriere. Später dann, im Krieg, verengte sich durch den Ausschluss ausländischer Dramatik und die Betonung der Komödie der Möglichkeitsraum Franckensteins noch einmal deutlich.

---

341 Vgl. Meyer, *Theaterzensur in München 1900–1918*, S. 154.
342 Vgl. ebd., S. 96.

2.5 Franckensteins leiser Abgang

Als Leopold von Andrian im Juli 1918 zum Generalintendanten des Wiener Burgtheaters ernannt wurde, schrieb ihm sein Jugendfreund Clemens von Franckenstein: „[D]er Schatz meiner zum grossen [sic!] Theil unangenehmen Erfahrungen steht immer u. gern zur Verfügung. Besser von einem alten Spezi informiert zu werden als von einem böhmischen Hofrat[.]"[343] Bittersüß, resigniert klingt seine Gratulation an den Vertrauten, sie liest sich wie ein vorweggenommenes Fazit einer nur wenige Wochen später endenden Intendanz. Aus der Freude, ein so wichtiges Amt mit großer Gestaltungsmacht errungen zu haben, waren „zum grossen Theil unangenehme [...] Erfahrungen" geworden. Querelen mit dem Regisseur Eugen Kilian, das Ausbleiben der Begeisterung anlässlich des Büchner-Experiments, Kritik durch das moderne Schwabing – das alles mag zur Resignation beigetragen haben. Vielleicht hatte Franckenstein sich anfänglich auch selbst im Weg gestanden: Sein nüchternes Nicht-Involviert-Sein wurde zwar teilweise als Unparteilichkeit gelobt, gleichzeitig muss man fragen, ob dies nicht eher Zeichen einer mangelnden Beherztheit im Treffen von Entscheidungen war. Sicherlich trat Franckenstein sein Amt aber zu einem für ihn ungünstigen Zeitpunkt an. Im Schauspiel ‚erbte' er neben Regisseur Eugen Kilian auch mehrere von Baron von Speidel bereits eingekaufte Stücke, die in seiner ersten Saison noch zur Aufführung gebracht werden mussten, wie Albert Steinrück in seinem Brief an Heinrich Mann erklärte.[344] Dann war zwar der Weg für Neues frei, den er auf Anraten Hofmannsthals mit Büchner beschritt, doch wenige Monate später begann der Krieg, der ihn erneut vor Herausforderungen stellte. Mit reduziertem Personal und einem Spielplan, der über Nacht seine Internationalität eingebüßt hatte, sollte das Theater erst den Patriotismus befeuern und später ein paar Stunden Ablenkung vom tristen Kriegsalltag bieten. Unter diesen Bedingungen ambitioniertes Theater zu machen, war kein leichtes Unterfangen, wobei fraglich ist, ob die Intendanz Franckensteins sich in der Schauspielsparte wirklich als innovativer herausgestellt hätte, wäre der Krieg nicht gewesen. Als Komponist lag ihm in den Jahren seiner ersten Intendanz die Oper deutlich mehr am Herzen. Hier holte er gemeinsam mit Bruno Walter Künstler:innen wie Maria Ivogün, Karl Erb oder Delia Reinhardt ans Haus, hier feierte er mit den Aufführungen von Werken Richard Strauss' und Hans Pfitzners Erfolge.

Ohne Zweifel stand Franckenstein einer alten Organisation vor, die in ihren bisherigen Strukturen immer weniger funktionierte und in ihrer Verknüpfung mit

---

[343] Clemens von Franckenstein an Leopold von Andrian, o. D. In: DLA, HS.1978.0002.00943, 2299.
[344] Vgl. Steinrück an Mann, 21.12.1912.

dem Hof zunehmend überholt wirkte. Kaum etwas bringt das deutlicher zum Ausdruck als der Publikumserfolg der Saison 1917/1918, der letzten Spielzeit des Hauses als Hoftheater. *Meine Frau, die Hofschauspielerin* von Alfred Möller und Lothar Sachs lief neunundfünfzigmal[345] und präsentierte als seichte Komödie den Aufstieg des bis dahin unbekannten Autors Kurt Reichersberg zum gefeierten Bühnenschriftsteller. Aufgeboten wurden dabei sämtliche Klischees einer guten Konversationskomödie: die Ehefrau des Autors als gelangweilte Salondame, Dialekt-sprechende Nebenfiguren für das komische Moment, Einblicke in die Welt ‚hinter den Kulissen' und eine bis zum letzten Moment während Verwechslung zwischen der Hauptfigur Karl und seinem alten Jugendfreund Wolters. Die Münchner Hofbühne bewegte sich damit im Horizont des Erwartbaren fern aller Moderne. Gleichzeitig enthielt der Text eine präzise, wenngleich überzeichnete Bestandsaufnahme des deutschen (Hof-)Theaters kurz vor der Revolution: Das Stück, das in der Komödie die Saison am „Neuen Komödienhaus" eigentlich eröffnen soll, wird von der Zensur einkassiert und verspricht eigentlich nur wegen seines Verbots ein Erfolg zu werden. „Von der Zensur verboten? [...] Gratuliere zur Reklame!",[346] heißt es an einer Stelle. Zugleich wird alles Neue vom Komödienhaus ferngehalten. „Auf alle Fälle war es ein Verdienst unseres Intendanten, daß er diesen N e u - E r o t i k e r n vom Schlage eines Wedekind, Ibsen, Strindberg usw. die Schwelle wies!",[347] lobt die Figur des Schauspielers Ernst Holbein. In einem Exemplar des Stückes, welches sich im Besitz der Unibibliothek der LMU München befindet, hat man das Gegenargument, dass eben diese Neuerotiker „den Schauspielern ungeheure Anregung zu wirklicher Menschendarstellung geben",[348] bezeichnenderweise gestrichen. Laut Aufschrift handelt es sich beim UB-Exemplar um ein „Inspicierbuch",[349] möglicherweise wurde es bei der Erarbeitung der Münchner Aufführung genutzt. Auch andere Spitzen gegen den Spielplan sind in dem in München aufbewahrten Exemplar abgemildert. Die vielsagende Replik „Na, ein bißchen einseitig war ja unsere [sic!] Repertoire. Man ist mit Goethe schlafen gegangen und mit Schiller aufgestanden"[350] fehlt. *Meine Frau, die Hofschauspielerin*, das Hinterbühnenstück über ein dem Ehealltag überdrüssiges Theaterpaar,

---

345 Vgl. Königl. Bayer. General-Intendanz der Hoftheater und der Hofmusik, *Almanach 1917/18*, S. 89.
346 Möller/Sachs, *Meine Frau, die Hofschauspielerin*, S. 37.
347 Ebd., S. 19, Hervorhebung im Original.
348 Ebd.
349 Auch möglich ist, dass es sich bei diesem Exemplar um ein Rollenbuch gehandelt hat, da die Repliken des Erich Wolters angestrichen sind.
350 Möller/Sachs, *Meine Frau, die Hofschauspielerin*, S. 18.

wirkt angesichts dieser Zeilen wie ein Kommentar auf das Ende einer Ära, aber wie sehr man sich dessen am Münchner Hoftheater bewusst war, ist eine andere Frage.

Im September 1918 deutete sich schließlich durch das Eingeständnis der Kriegsniederlage durch die oberste Heeresleitung endgültig jener Systemwechsel an, von dem auch Franckenstein betroffen war. Als Anfang November die Proteste der ausgehungerten Münchner Bevölkerung zunahmen und die Menschen täglich zu Tausenden auf die Theresienwiese strömten, schien Franckenstein sein Schicksal bereits zu ahnen. So berichtete Bruno Walter über den letzten Tag seines Chefs im Amt:

> Franckenstein rief mich um sieben Uhr früh an, und wir verabredeten uns in die Kaufingerstraße, wo er mir im Auf- und Abwandern erklärte, daß mit dem Verschwinden des Hofes auch seine Stunde gekommen war und er gehen müsse. Ich erwiderte, ich fühle mich nach fast sechs Jahren gemeinsamen Wirkens mit ihm so verbunden, daß ich ohne ihn nicht bleiben könne. Davon aber wollte er nichts wissen, sondern drang in mich ein, ich müsse bleiben, um zu erhalten, was wir gemeinsam aufgebaut, um vor den möglichen Zerstörungen durch die Umwälzungen zu schützen, was in seiner tiefsten Bedeutung wichtiger sei als die politischen Ereignisse.[351]

Ob sich dieser Abgang wirklich so leise und kampflos vollzog, wie Walter ihn darstellte, muss Spekulation bleiben. Mit seiner Beschreibung dieses Abschiedsspaziergangs kreierte Walter aber ein ganz bestimmtes Bild des scheidenden Intendanten: Das eines verantwortungsvollen, selbstlosen Vorgesetzten, dem es nicht um die eigene Eitelkeit, sondern um die Sicherung des künstlerisch Erreichten im Interesse des Theaters ging. So wirkte Intendant Franckenstein im herannahenden Chaos der Revolution wie ein Hüter der alten Ordnung, deren Repräsentant er ja selbst erst seit wenigen Jahren war. Dabei hatte Franckenstein in Jugendtagen seinen Freund Leopold von Andrian noch wissen lassen: „Sozialist bin ich nicht[,] weil ich mich überhaupt um die Sachen nicht kümmere. Aber wenn ich mich schon für etwas erwärmte[,] so wäre es entschieden das."[352] Ob er 1918 insgeheim noch immer diese politischen Sympathien hegte, ist fraglich, zumal die Jugendbriefe an Andrian sich meist wie Momentausdrücke eines überspannten jugendlichen Empfindens lesen. Klatsch und Liebessorgen nahmen den weitaus größten Teil der Korrespondenz ein. Sich als adeliger Spross in drei Zeilen mal eben nonchalant mit dem Sozialismus zu identifizieren, könnte also auch einfach nur Ausdruck von Koketterie sein. Gleichwohl legt dieses wohl nur halb ernst gemeinte ‚Bekenntnis' aber zumindest nahe, dass Franckenstein genau jene Transitperson war, nach der

---

351 Walter, *Thema und Variationen*, S. 296.
352 Clemens von Franckenstein an Leopold von Andrian, 24.03.1895. In: DLA, HS.1978.0002.00941, Hervorhebung im Original.

man 1912 bei der Neubesetzung des Amts gesucht hatte. Weder so richtig in der höfischen Tradition des Kavaliersintendanten verhaftet, noch ein bürgerlicher Fachmann des neuen Zeitalters, bestand Franckensteins Verdienst auch darin, die Repräsentationsfigur des Übergangs gewesen zu sein.

3 Den Übergang verwalten – der Revolutionsintendant Victor Schwanneke

Abb. 4: Victor Schwanneke.

Am Ende blieb ein Schnitzel. Als Victor Schwanneke[1] 1931 in Berlin starb, erinnerte man sich in den Nachrufen[2] auf den Schauspieler vor allem an das vorzügliche Schnitzel, das Schwanneke in seiner Berliner Weinstube in der Rankestraße unweit des Ku'damm servierte. Das Lokal war Anfang der 1930er-Jahre ein von Legenden umrankter Treffpunkt für Schauspieler:innen, Autor:innen, Verleger:innen und sonstige Nachtschwärmer:innen aus dem Reich der Kunst, eine „nach Berlin ge-

---

1 Der Name „Victor Schwanneke" kommt in den Quellen in unterschiedlichen Schreibweisen vor. Auch wenn sich „Viktor" durchgesetzt hat, wird hier im Weiteren die Schreibung mit „c" verwendet, da Schwanneke selbst in Briefen und Verträgen als „Victor" unterschrieb. Die richtige Orthografie des Nachnamens ist „Schwanneke", obgleich er in Zeitungsartikeln gelegentlich fälschlicherweise mit „ck" geschrieben wurde. Alternative Schreibweisen in direkten Zitaten werden natürlich beibehalten.
2 Vgl. BAYHSTA, Generaldirektion der Bayerischen Staatstheater, 890. Der Personalakt enthält rund 15 Nachrufe und Zeitungsnotizen zu Schwannekes Tod.

flüchtete Insel der alten Münchner Bohême [sic!], die hierzulande auf den Namen Schwabing hört":³

> Diskussionsschlachten tobten bis in den Morgen hinein. Gewiß, die Polizeistunde war 1 Uhr. Aber sie galt hier nicht. Denn sobald das Schwanneke-Faktotum Jonny die Rollläden heruntersausen ließ, verwandelte sich die Stätte in einen Klub. [...]
>
> Bei Schwanneke verkehrten Carl Zuckmayer, Heinrich Mann, Klabund, Franz Blei, Walter Mehring, Ernst Toller und Walter Hasenclever; Fritz Kortner, Elisabeth Bergner und Erwin Piscator; Egon Erwin Kisch und die Kabarettisten Ringelnatz, Robitschek, Willy Schäffers, Paul Grätz und Blandine Ebinger; die Feuilletonisten Alfred Polgar und Fred Hildenbrandt; der Zeichner Olaf Gulbransson und der Boxer Max Schmeling; der sozialdemokratische Reichstagsabgeordnete Paul Levi und viele ausländische Gäste. Einmal fand im Hinterzimmer eine diplomatisch arrangierte Zusammenkunft zwischen Bert Brecht und Karl Kraus statt. Nach jeder Premiere [...] warteten die an der Aufführung Beteiligten ängstlich auf das Eintreffen eines Manns vom „Berliner Tageblatt", der die Vornotiz Alfred Kerrs mitbrachte.⁴

Das wahre Erbe Victor Schwannekes, so wirkt es, wenn man die Nachrufe liest, lag in dem Verdienst, für ein knappes Jahrzehnt *die* In-Kneipe Berlins betrieben zu haben. Zu seiner Intendanz an den Bayerischen Staatstheatern hingegen ist den Nachrufen nur wenig Ruhmvolles zu entnehmen. Sie war entweder Randnotiz oder wurde unter der Impression des Scheiterns verbucht. So schrieb Egon Larson im *Kasseler Tagblatt:*

> Seine Laufbahn brach dadurch ab, daß er durch eine merkwürdige Verkettung von Umständen nach oben stolperte. Er hatte den Krieg als Reserveoffizier mitgemacht, kehrte in den Revolutionstagen nach München zurück, und die neugegründeten Betriebsräte des Staatstheaters wählten ihn an Stelle des Barons Franckenstein zum Intendanten – zum ersten revolutionären Intendanten Deutschlands. Schwannecke [sic!] machte mit, ohne sich einen Deut um politische Dinge zu kümmern, ohne seine „bahnbrechende" Aufgabe gebührend einzuschätzen. Ein paar Monate darauf sägte man ihn rühmlicherweise ab. Er hatte in München das Spiel verloren. Eine kurze Gastrolle gab er noch an den Kammerspielen als Schmierendirektor Striese im „Raub der Sabinerinnen". Er wahrte diese Gelegenheit, um sich einen humorvoll-resignierten Abgang zu sichern. Nach dem Text des Stückes wird er gefragt: „Sie sind doch Theaterdirektor, nicht wahr?" Und Schwannecke [sic!] fabrizierte unter dem Hallo seiner Münchner Freunde die Extempore-Antwort: „Ja, ja – ich war sogar mal Intendant ..."⁵

In der Tat ist Victor Schwanneke als Intendant nicht nur in den Augen seiner Zeitgenoss:innen, sondern auch in der Theatergeschichtsschreibung weitgehend in

---

3 H.B., Zum Tod Viktor Schwanneckes. In: *MZ*, Nr. 161/2, 13.03.1931. In: MSA, ZA-P-0472-31.
4 Schaber, *B. F. Doblin*, S. 58.
5 Egon Larson, Vom Intendanten zum Gastwirt. In: *Kasseler Tagblatt*, Nr. 161, 13.6.1931. In: BAYHSTA, Generaldirektion der Bayerischen Staatstheater, 890.

Vergessenheit geraten. Es gibt, abgesehen von zwei studentischen Arbeiten, bisher keine wissenschaftliche Aufarbeitung von Schwannekes Wirken. Gül Oswatitsch befasste sich in ihrer leider nicht mehr erhaltenen Magisterarbeit[6] von 1981 mit den organisationalen Veränderungen, die das Staatstheater nach 1918 erfuhr, Yvonne Raffelsberger[7] wiederum untersuchte die Spielplangestaltung in den Jahren 1918 bis 1920 im Lichte der Revolution und lieferte hiermit einen wertvollen Beitrag zur ästhetischen Einordnung des Hauses. Zudem ordnete Dieter Albrecht in einem Aufsatz die Haltung des Generalmusikdirektors Bruno Walter gegenüber der Revolution ein.[8] An einer Zusammenschau von ästhetischen und institutionellen Fragen, die in der Person des Intendanten kumulieren, mangelt es bisher allerdings. Das mag sicherlich daran liegen, dass Victor Schwanneke den Leitungsposten in München nicht einmal zwei Jahre innehatte. Zudem sind kaum private Schriftstücke in Archiven erhalten, die über seine Amtsführung Aufschluss geben.[9]

Trotzdem ist für eine Historie des Intendanten in der Weimarer Republik gerade das kurze Interregnum Schwannekes in den Jahren 1918 bis 1920 interessant: Er war nicht nur der erste und einzige ‚Revolutionsintendant' der Bayerischen Staatstheater, sondern stand auch vor der schwierigen Aufgabe, das Theater unmittelbar nach Kriegsende einigermaßen auf Kurs zu halten – und das, obwohl die Bühne in der kurzen Zeit seines Interregnums an insgesamt 54 Tagen aufgrund der politischen Lage schließen musste.[10] Gleichzeitig musste Schwanneke sowohl jene Zuschauer:innen bei der Stange halten, die schon unter Franckenstein ins Theater gingen, als auch dem Anspruch gerecht werden, neue Schichten ins Theater zu holen. Schließlich war ein Staatstheater, das aus öffentlicher Hand finanziert wurde, ein Ort für alle und nicht nur für manche – zumindest auf dem Papier oder

---

6 Oswatitsch, *Die Auswirkungen der Münchner Revolution 1918/19 auf die königlichen Hoftheater in München*. Die Arbeit wird unter anderem bei Braunmüller und Schläder und Raffelsberger als Quelle genannt, existiert in der Bibliothek der Theaterwissenschaft München allerdings nicht mehr. Vor allem aus der Zitation von Raffelsberger geht hervor, dass Oswatitsch sich mit der Umstrukturierung des Hauses auf rechtlicher Ebene sowie mit dem neu geschaffenen Künstlerrat befasst haben muss, zu welchen Schlüssen sie kommt und mit welchen Quellen sie gearbeitet hat, bleibt allerdings unklar.
7 Raffelsberger, *Das Theater-Repertoire der Nachkriegsjahre*.
8 Albrecht, Bruno Walter, S. 441–453.
9 Erhalten ist lediglich der Personalakt Schwannekes im Bayerischen Hauptstaatsarchiv, der jedoch vorwiegend Korrespondenzen zu den Vertragsverhandlungen als Intendant sowie der Auflösung seines Vertrages enthält. (Vgl. BAYHSTA, Generaldirektion der Bayerischen Staatstheater, 890.) Zudem gibt es einige wenige Briefe in der theaterwissenschaftlichen Sammlung der Universität zu Köln, die jedoch größtenteils auf die Zeit vor seiner Intendanz datieren und daher wenig aufschlussreich für den Untersuchungsgegenstand sind.
10 Vgl. Victor Schwanneke, Brief an die Schriftleitung. In: *Freie Deutsche Bühne* 1/29 (o.J.), S. 702. In: BAYHSTA, Generaldirektion der Bayerischen Staatstheater, 890.

in den Reden der Politiker:innen von damals. Eine Vision hierfür zu entwickeln, war Schwanneke kaum möglich: Über Nacht ins Amt berufen, war seine Aufgabe eher, den Status quo zu erhalten und einen Übergang in ruhigere Zeiten zu ermöglichen. Wie am Material zu zeigen ist, agierte er dabei nicht immer klug. Schwanneke suchte ungewöhnliche Allianzen, die seine Intendanz als gleichermaßen innovativ wie naiv ausweisen und ihn mal als Streiter für die soziale Sache, mal als selbstgefälligen *primus inter pares* erscheinen lassen, der sich vom Geist der Revolution ein bisschen zu stark mitreißen ließ.

Es liegt dementsprechend nahe, zunächst die Münchner Revolutionszeit und deren Bedeutung für das Theater zu beleuchten. Im Anschluss wird dargestellt, wie und warum die Wahl zur Führungskraft ausgerechnet auf Schwanneke fiel. Danach wird herausgearbeitet, wie sich das Theater durch die Etablierung einer neuen Satzung veränderte und welche Funktion hierbei der neu gegründete „Künstlerrat" einnahm. Im Zuge dieser Rekonstruktion fällt der Blick auch auf andere Interessengruppen, die in den Wirren der Revolution ein Mitspracherecht am Theater geltend machen wollten, hieran aber scheiterten. Im Anschluss folgt ein kurzer Blick auf den Spielplan der neuen Intendanz. Wie am Beispiel der Inszenierungen von Grabbes *Hannibal* und Wilhelm Speyers *Der Revolutionär* zu zeigen ist, schien das Theater zunächst einen gangbaren Mittelweg zwischen Tradition und Moderne zu finden, bei dem politische Themen zwar verhandelt, aber nicht nach einer Seite hin verengt wurden. Anschließend wird Schwannekes Bemühen um eine Öffnung des Theaters für neue Publikumsschichten in den Blick genommen. Hierbei interessiert zum einen die Übernahme des Prinzregententheaters in den Verbund der Staatstheater mit dem Ziel, an diesem Ort sogenannte „Volksvorstellungen" zu vergünstigten Preisen zu etablieren. Zum anderen fällt Schwannekes ganz persönliches Vorhaben ins Auge, dem Theater ein Staatskino anzugliedern, das im Gegensatz zum Prinzregententheater scheiterte. Die Gründe für dieses Scheitern sind ebenso zu analysieren wie Schwannekes Versuch, mit einer eigenen Stelle für „Propaganda" eine zeitgemäße Kommunikation gegenüber der Öffentlichkeit zu etablieren. Ab Frühjahr 1919 setzte dann ein Erosionsprozess der Intendanz Schwanneke ein, den es nachzuzeichnen gilt. Vor allem die hausinternen Spannungen bedürfen dabei der genauen Betrachtung. Dem internen Zerfall folgte schließlich eine mit besonderer Heftigkeit aufbrandende Pressediskussion nach, die vornehmlich durch die *Münchner Neuesten Nachrichten*, Münchens führender Tageszeitung, angeheizt wurde. Die Frage nach der Mitschuld der Presse am Scheitern der Intendanz Schwanneke drängt sich hier unmittelbar auf. Zu diskutieren ist abschließend, welche Faktoren in welchem Maß das Aus für Schwannekes Interregnum bedeutet haben und was als das „Erbe" seiner Intendanz gelten kann.

Diese Überlegungen werden aus Ermangelung an wissenschaftlicher Literatur zu Victor Schwanneke mittels einer engmaschigen Lektüre von Primärquellen erarbeitet, in erster Linie anhand von Personal- und Verwaltungsakten aus dem Bayerischen Hauptstaatsarchiv wie auch mithilfe der bereits in Kapitel 2 genutzten Pressesammlungen des Münchner Stadtarchivs. Zur Untersuchung der Inszenierungen von *Hannibal* und *Der Revolutionär* wurden die im Deutschen Theatermuseum befindlichen Regiebücher herangezogen, zu *Hannibal* auch Bühnenbildfotografien aus dem Bestand des Wiener Theatermuseums. Autobiographische Berichte über die bewegte Revolutionszeit ergänzen das Archivmaterial, besonders die Tagebücher des Journalisten Victor Klemperer[11] und des Gymnasiallehrers Josef Hofmiller[12] liefern wertvolle Einsichten.

3.1 Die Revolution und ihre Bedeutung für das Theater

Für Freitag, den 8. November 1918, notierte Josef Hofmiller, Lehrer am Ludwigsgymnasium in München,[13] in seinem Tagebuch: „An der schwarzen Tafel am Hoftheater war angeschlagen, die Vorstellungen seien abgesetzt, die Gelder würden zurückvergütet. Ohne Unterschrift."[14] Tags zuvor ereignete sich in München die Revolution,[15] Clemens von Franckenstein legte sein Amt nieder, König Ludwig III. floh aufs Land, Kurt Eisner erklärte die Monarchie für abgesetzt und proklamierte den Volksstaat Bayern. Es war „das sang- und klanglose Ende der 738 Jahre währenden Wittelsbacher Dynastie".[16] Im 1938 posthum als Buch erschienenen Tagebuch von Hofmiller ist hierzu zu lesen:

> München war als Hauptstadt des Königreichs Bayern zu Bett gegangen, um als Hauptstadt des bayerischen „Volksstaats" zu erwachen. Telegraf, Telefon und Straßenbahn waren am Donnerstag abend [sic!] stillgelegt worden. Am Freitag wurde der Betrieb wieder aufgenommen.[17]

---

11 Klemperer, *Man möchte immer weinen und lachen in einem.*
12 Hofmiller, *Revolutionstagebuch 1918/19.*
13 Zur Vita des in der Weimarer Republik zunehmend nationalistisch denkenden Hofmiller vgl. Bertusch, Josef Hofmiller. Bertusch betont, dass der 1933 verstorbene Hofmiller, der 1917 den Gründungsaufruf der Deutschen Vaterlandspartei unterzeichnete, dem rechtskonservativen bzw. nationalistischen Lager zuzurechnen ist, den Nationalsozialismus aber ablehnte.
14 Hofmiller, *Revolutionstagebuch 1918/19*, S. 30.
15 Zur Chronologie des Revolutionstages vgl. Graf, *Wir sind Gefangene*, S. 358–368.
16 Wette, Die deutsche Revolution von 1918/19, S. 206.
17 Hofmiller, *Revolutionstagebuch 1918/19*, S. 33.

In Hofmillers Beschreibung klingt das Revolutionsgeschehen nicht wie ein ernstzunehmender Umsturz, sondern eher wie ein ‚Wimpernschlag' in der Geschichte, dem ein rechtskonservatives Bildungsbürgertum mit Ablehnung begegnete.

Was der Lehrer in den Revolutionstagen vielleicht noch nicht vollends begriff, war die Tragweite einer Palastrevolution ganz eigner Art, die sich zeitgleich am Münchner Hoftheater abspielte. In einer überwältigenden Mehrheit mit 433 von 470 Stimmen[18] ernannte die Belegschaft den Schauspieler Victor Schwanneke zum neuen Leiter und machte ihn so zum ersten demokratisch legitimierten Leiter der traditionsreichen Bühne. Zeitgleich gründete sich ein Künstlerrat, der fortan die Interessen der Belegschaft vertreten sollte. Solche Arbeiter- und Soldatenräte formierten sich dieser Tage allerorten, „Sozialisierung" war die Losung der Stunde. „Die Kultur der Weimarer Republik war eine Schöpfung von Außenseitern, die von der Geschichte für einen kurzen, schwindelerregenden, zerbrechlichen Augenblick in den Mittelpunkt gerückt worden waren",[19] schrieb der Historiker Peter Gay. Ein solcher Außenseiter lenkte nun also das Theater, denn Schwanneke war nie einer der großen Stars des Ensembles gewesen, eher „ein Chargenspieler von Eigenart",[20] „kraft einer ihm eigenen seligen Heiterkeit."[21]

Er wurde 1882 als Sohn des Kohlenhandelsdirektors August Schwanneke geboren, studierte als Erwachsener zunächst drei Semester Jura in Jena, wurde Reserveoffizier und nahm Schauspielunterricht in Braunschweig. Auf Engagements in Rudolstadt, Frankfurt an der Oder und Stettin[22] folgte 1908 der Wechsel ans Hoftheater in München. Dort setzte er sich ehrenamtlich für die Verbesserung der prekären Lebensumstände seiner Zunft ein. Über sein Talent als Komiker schrieb ein Journalist, Schwanneke „stand gerade und natürlich auf der Bühne, er verschmähte alle Mätzchen, er wirkte aus sich von innen heraus ‚humoristisch' [...]."[23] Ein Komiker als Intendant, das passte nach München, wo gerade mit Kurt Eisner ein Theaterkritiker erster Ministerpräsident des neuen Staats geworden war.

---

18 Vgl. hm, Der neue Weg (Zeitungsartikel unbekannten Ursprungs). In: BAYHSTA, Generaldirektion der Bayerischen Staatstheater, 890.
19 Gay, *Die Republik der Außenseiter*, S. 14 f.
20 o.A., Victor Schwanneke †. In: *Berliner Lokal-Anzeiger*, Nr. 207, 10.06.1931. In: BAYHSTA, Generaldirektion der Bayerischen Staatstheater, 890.
21 Larson, Vom Intendanten zum Gastwirt.
22 Die biografischen Daten sind Schwannekes Bewerbungsschreiben am Hoftheater entnommen und weichen von gelegentlich in Zeitungsartikeln genannten Lebensdaten ab. Vgl. Victor Schwanneke an Albert Freiherr von Speidel, 26.10.1907. In: BAYHSTA, Generaldirektion der Bayerischen Staatstheater, 890.
23 Larson, Vom Intendanten zum Gastwirt.

Freilich war das Münchner Hoftheater nicht der einzige Betrieb, an dem die alte Intendanz ihren Posten räumen musste, vermutlich aber der, an dem das Revolutionsgeschehen die Entwicklung des Theaters so unmittelbar prägte wie kaum irgendwo sonst. Wie Wolfgang Schivelbusch in seiner Analyse des Ersten Weltkriegs herausarbeitet, hatte der Sturz der alten Obrigkeit vor allem eine psychologische Funktion: Der Schmerz über die erlebte Niederlage des Kriegs fand sein Ventil in der Erhebung der Massen. „Traumland"[24] nennt Schivelbusch diesen Zustand der Gelöstheit am absoluten Tiefpunkt, an dem plötzlich alles möglich schien, auch am Theater:

> Die Absetzung des alten Regimes und seine Umwandlung in den Sündenbock für die Niederlage werden dann als Sieg sui generis erlebt, und zwar um so überzeugender, je volkstümlicher der Aufstand ist und je charismatischer die Führer des neuen Regimes sind.[25]

Mit Kurt Eisner, der Max Weber zu seinen Überlegungen über den charismatischen Herrscher einige Anregungen lieferte,[26] wurde vom Arbeiter- und Soldatenrat ein Mann zum ersten Ministerpräsidenten gewählt, der den Taumel der Revolution perfekt zu verkörpern schien. Eisner, eigentlich „[e]in zartes, winziges, gebrechliches, gebeugtes Männchen",[27] das reichlich grau wirkte, „schienen Flügel zu wachsen in diesen ersten Tagen. Man sah ihn immer wieder mit wehendem Haar im offenen Wagen durch die Straßen Münchens fahren. Alle wollten ihn sehen und er wollte gern gesehen werden."[28] Unter seiner Leitung regierten SPD und USPD übergangsweise bis zu den für Januar 1919 angesetzten Landtagswahlen. Mehr als einmal ist die so entstandene Regierung als ‚Faschingsregierung' bezeichnet worden: „Kasperlekomödie des Lebens, frei nach Frank Wedekind, von Kurt Eisner mit dem Dichter in der Titelrolle. München-Schwabinger Naturtheater. In fünf Minuten geht der Vorhang herunter und dann ist Schluß!",[29] notierte ausgerechnet der *Vorwärts*, Kurt Eisners einstige Wirkstätte als Journalist über das Geschehen in

---

24 Schivelbusch, *Die Kultur der Niederlage*, S. 21.
25 Ebd.
26 Tatsächlich muss Weber das Treiben Eisners mit Argwohn betrachtet haben. Nachdem Weber zuerst zu- und dann doch wieder absagte, vor dem Münchner Freistudentischen Bund einen Vortrag mit dem Thema „Politik als Beruf" zu halten, wurde Ende 1918 Kurt Eisner selbst dieser Vortrag angeboten. Erst in Reaktion hierauf hielt Weber seinen berühmten Vortrag, in dem er verschiedene Herrschertypen beschrieb, im Winter 1919 dann doch, auch um auf die Gefahren kurzfristiger Euphorie während der Revolution hinzuweisen. (Vgl. Fritzi, *Politik als Beruf* (1919), S. 265).
27 Klemperer, *Man möchte immer weinen und lachen in einem*, S. 51.
28 Weidermann, *Träumer*, S. 68.
29 Friedrich Stampfer zit. nach Large, *Hitlers München*, S. 125.

München. Viel ist seither geschrieben worden über diese illustre Herrschaft ‚Wahnmochings', wie man Schwabing damals nannte – über die Bedeutung der Bierkeller und der Giesinger Arbeiterbewegung für die Revolution, über die Lücke zwischen revolutionären Idealen und Verwaltungspraxis und vor allem über das Faszinosum Kurt Eisner. Er habe den ihn verehrenden Münchner:innen gleich Ludwig II. „politische Märchenschlösser der Menschheitsbeglückung"[30] gebaut, so Victor Klemperer. Klemperer berichtete als Korrespondent für die *Leipziger Neusten Nachrichten* mit spöttischem Ton über Reden und Versammlungen der neuen Machthaber:innen, eine „politische Gaudi"[31] nannte er all das. Ähnlich karikierend wusste Ben Hecht, ein Korrespondent der *Chicago Daily News*, in seinen Reportagen davon zu erzählen, wie die Badezimmer der Residenz in Büros für Eisners Mitarbeitende umfunktioniert wurden, wie Zeitungen besetzt und beständig neue Räte gegründet wurden und doch keine:r Rat wusste, wie man nun eigentlich regiert.[32] Josef Hofmiller notierte für den Dezember 1918:

> Eisner entpuppt sich immer mehr als bloßer Redner und Literat. Keine Versammlung, in welcher er nicht auftritt und seine Phrasen heruntersagt. Der Inhalt ist immer der gleiche, nur die Lokale wechseln. Er hat sich jetzt schon verbraucht.[33]

Doch neben den immer gleichen Reden und den nie realisierten Plänen hatte die Regierung Eisner vor allem im Feld der Kunst einige bleibende Veränderungen eingeleitet: „Kurt Eisners erster Erlass galt dem Theater",[34] schrieb Herbert Rosendorfer. Noch am 8./9. November wurde die Münchner Hofbühne auf Geheiß des neuen Machthabers verstaatlicht, wenige Tage später dann auch die Wahl Schwannekes zum Intendanten von der Regierung offiziell bestätigt.[35]

Die Revolutionsfeier im Nationaltheater
Auch in den Folgewochen suchte Kurt Eisner die Nähe des Theaters, um den Herrschaftsanspruch der neuen Regierung zu festigen. Am 17. November lud er zur Revolutionsfeier ins Nationaltheater – wo Inhalte und Kompetenzen fehlten, musste die Repräsentation charismatischer Herrscher umso eindrucksvoller sein. „[E]r [= der Charismatiker] ist eben deshalb stets in Gefahr, sowohl zum Schau-

---

30 Klemperer, *Man möchte immer weinen und lachen in einem*, S. 55.
31 Ebd., S. 15.
32 Vgl. Hecht, *Revolution im Wasserglas*.
33 Hofmiller, *Revolutionstagebuch 1918/19*, S. 118.
34 Rosendorfer, *Kurt Eisners erster Erlass galt dem Theater*, S. 43.
35 Vgl. o.A., Das Ministerpräsidium des Volksstaates Bayern hat folgende Verfügungen getroffen, 12./13.11.1918. In: BAYHSTA, Generaldirektion der Bayerischen Staatstheater, 890.

spieler zu werden, wie auch die Verantwortung für die Folgen seines Tuns leicht zu nehmen und nur nach dem ‚Eindruck' zu fragen, den er macht",[36] schrieb Max Weber über den neuen Politikertypus, der nach 1918 vermehrt in die Parlamente drängte. Mit Blick auf Eisner klingt das umso wahrer und so nutzte man das Theater, einst Ort höfischer Machtrepräsentation, um symbolisch die neue Zeit einzuläuten:

> Keine festliche Auffahrt, keine rauschenden Toiletten, keine blinkenden Ordenssterne und Diademe. Die Karten waren durch das Los verteilt worden, so daß das äußerliche Bild ganz anders war wie [sic!] bei den Festaufführungen der Vergangenheit. Die Minister saßen nicht wie sonst nebeneinander, sondern das Los hatte sie im Hause verteilt. So sah man den Finanzminister im Parkett, den Minister des Inneren in einem der Ränge, und wieder andere bekannte Persönlichkeiten der Revolutionsbewegung waren „noch höher hinauf" nur mit Operngläsern bewaffneten Augen zu erkennen. Der Soldaten-, Arbeiter- und Bauernrat hatte so ziemlich alle Schichten und Kreise mit Einladungen bedacht, so daß auch das geistige München zahlreich vertreten war. An der Stelle der Orden und Diademe vergangener Festaufführungen sah man diesmal als einzige Auszeichnung rote Armbinden oder rote Schleifen.[37]

Ganz kappen konnte Eisner die Beziehungen zur alten Obrigkeit allerdings nicht: „Ein berühmter Münchner Architekt, dem sein ganzes Leben lang die Gnadensonne der Wittelsbacher wie nur wenigen geschienen hatte, baute den Bühnenraum des revolutionären Spiels."[38] Das schien jedoch nicht zu stören, im Gegenteil: Dass sich auch Architekt Emanuel von Seidl und Dirigent Bruno Walter an der Feier beteiligten, erhöhte die Autorität der Unternehmung.

Inhaltlich griff Eisner bei der Konzeption der Revolutionsfeier auf Werke der Hochkultur zurück: Das Altniederländische Dankgebet wurde mit neuem, revolutionärem Text dargeboten,[39] zudem zeigte man *Des Epimenides Erwachen*, ein kurzes, patriotisches Festspiel, das Goethe 1814 im Auftrag der preußischen Regierung für die Feierlichkeiten zum Ende der napoleonischen Kriege geschrieben hatte. Epimenides, ein kretischer Seher, fällt einem Mythos zufolge auf Betreiben Apollos für mehrere Jahrzehnte in tiefen Schlaf, ohne in dieser Zeit zu altern:

> Das Phänomen des nach langer Zeit wieder erwachenden Sehers konnte dabei je nach Zeitumständen aktuell verstanden werden. Vor der Französischen Revolution wurde die Figur nicht selten antiaufklärerisch gedeutet, wobei der erwachte Epimenides den Verfall der Sitten beklagt. Im Zeitalter der Französischen Revolution figuriert er häufig als emphatischer Re-

---

36 Weber, Politik als Beruf, S. 535.
37 Eisner, *Die neue Zeit*, S. 30 f.
38 Ulmer, *Perlicco – Perlacco*, S. 194. Gemeint ist hier Emanuel von Seidl.
39 Vgl. Eisner, *Die neue Zeit*, S. 36 f.

volutionsbefürworter, weil er erkennt, welchen Fortschritt das „neue" Zeitalter der Menschheit gebracht habe.[40]

In München deutete man Goethes Kurzdrama dementsprechend für die eigenen Zwecke um: „Der Präsident der bayerischen Republik, Eisner, hatte sie ad usum Delphini umgedichtet."[41] Unter dem Dirigat von Generalmusikdirektor Bruno Walter wurde bei der Revolutionsfeier außerdem die Leonoren-Ouvertüre aus Beethovens *Fidelio* gespielt. Sicher hatte man dieses Stück nicht zufällig gewählt. „Beethovens einzige Oper galt den Zeitgenossen als exemplarische Rettungs- oder Freiheitsoper",[42] schließlich entwirft sie „in ihrem Schlusstableau die Vision einer harmonischen Gesellschaftsordnung, in der sich ein alle Stände umfassendes Volk nicht länger dem Willen eines tyrannischen Machthabers unterwirft, sondern ein selbstbestimmt-harmonisches Miteinander pflegt."[43]

Nach der Ouvertüre hielt Eisner eine Rede – in der Wertung Hofmillers „eine groteske Mischung von Selbstberäucherung, Umschmeichelung der Menge, Drohung, kokett maßvoller und auftrumpfender Phrasen, Appell an die Unreifen"[44] – in welcher er rhetorisch Parallelen zum Inhalt der Oper zog. Das Dunkel des Kerkers, in das bei Beethoven das rettende Trompetensignal dringt, war in Eisners Rede der Krieg, „die Ungeheuerlichkeit eines tyrannischen Wahnsinns".[45] Gerade da „die Welt [...] im Abgrund versunken, zerschmettert [scheint]",[46] töne gleich der Trompete „eine neue Erde, eine neue Menschlichkeit, eine neue Freiheit".[47] „Das Kunstwerk, das wir eben gehört", erklärte Eisner, „schafft in prophetischer Voraussicht die Wirklichkeit, die wir eben erlebt."[48] Zu den Zielen des neuen Staats sagte er: „Wir, die wir eine neue Form der Revolution gefunden haben, wir versuchen auch eine neue Form der Demokratie zu entwickeln. Wir wollen die ständige Mitarbeit aller Schaffenden in Stadt und Land."[49]

Wie sich diese Mitarbeit aller mit den bereits bestehenden Strukturen des Staates in Einklang bringen lasse, erläuterte er nicht näher, denn auch innerhalb der provisorischen Regierung war man hierüber uneins. Eisner träumte von einem

---

40 Hassam/Plachta, Des Epimenides Erwachen, S. 486.
41 Ulmer, *Perlicco – Perlacco*, S. 194.
42 Kleiner, *Staatsaktion im Wunderland*, S. 302.
43 Ebd., S. 298.
44 Hofmiller, *Revolutionstagebuch 1918/19*, S. 67.
45 Eisner, *Die neue Zeit*, S. 31.
46 Ebd.
47 Ebd.
48 Ebd.
49 Ebd., S. 33 f.

Nebeneinander von Parlament und Räten, die MSPD wollte lediglich einen ordentlich gewählten Landtag, Teile der USPD hielten ein Parlament wiederum für komplett verzichtbar und favorisierten ein rein auf Räten basierendes System.[50] Statt konkret zu werden, führte Eisner in seiner Rede ein nicht-kapitalistisches Menschenbild ein, das dem von Künstler:innen nahestand:

> Wir sind Sozialisten, d. h. wir wollen die Hemmungen der wirtschaftlichen Ordnung beseitigen, die auf die Massen wie auf die einzelnen drücken, und erreichen, daß jeder Mensch, der geboren ist, seine Gabe entfalten kann, und in verbürgter Sicherheit des Daseins, die kärglichen Jahre des irdischen Lebens, erfüllt von Idealen, beglückt von Arbeit, erschöpfen kann.[51]

Nicht Nahrung, nicht innerer Frieden, nicht Sicherheit und Ordnung waren die Versprechen der neu geschaffenen bayerischen Demokratie, sondern kreative Selbstentfaltung. Auf dem Proszenium träumte es sich eben radikaler als im Parlament. Das Theater hält es aus, solchen Utopien Raum zu geben, schließlich beruht es auf der Verabredung, dass jede Vorstellung irgendwann endet – das Licht im Saal geht an, das Ideal zerfällt, und später wird erneut gespielt: Man zollte Präsidenten-Darsteller Eisner an diesem Tag frenetischen Beifall.[52] Noch zwei Mal zeigte man im November den ‚bunten Abend' der Revolution im Nationaltheater, bei einer Schülervorstellung eine Woche später wurde Eisner der Behauptung Hofmillers nach bereits ausgebuht.[53]

Von „geistigen Bordellen für Kriegsgewinnler" zu Erziehungsanstalten: Diskussion um das Theater im Provisorischen Nationalrat
Anfang Januar 1919 diskutierte dann auch der Provisorische Nationalrat über die Zukunft der Künste im neuen Staat. Der Hoftheater-Schauspieler Albert Florath, der gemeinsam mit Schwanneke die Clara-Ziegler-Stiftung leitete und sich aktiv am Revolutionsgeschehen beteiligte, war eingeladen, zu sprechen und kritisierte in seiner Rede die Übermacht von Theaterdirektor:innen privat geführter Theater gegenüber ihren Angestellten:

> Der Bühnenkünstler steht heute noch außerhalb der sozialen Gesetzgebung, er befindet sich in einem Hörigkeitsverhältnisse seinem Direktor gegenüber, die Direktoren können den Künstler jederzeit auf die Straße setzen, sie können die Existenz des Künstlers persönlich und die Existenz des Theaters jederzeit vernichten.[54]

---

50 Vgl. Weidermann, *Träumer*, S. 71 f.
51 Eisner, *Die neue Zeit*, S. 34 f.
52 Vgl. ebd., S. 35.
53 Vgl. Hofmiller, *Revolutionstagebuch 1918/19*, S. 88.
54 o.A., *Verhandlungen des provisorischen Nationalrates*, S. 266.

Durch strenge Verträge würden Schauspieler:innen systematisch ausgenutzt – und das zu äußerst niedrigen Gagen: Florath nannte Beträge zwischen 60 und 200 Mark im Monat,[55] von denen auch Kostüme selbst angeschafft werden müssten. „Willkürliche Autokratie der Direktoren nützt die Bühnenmitglieder aus",[56] fasste er zusammen. Ensemblemitglieder, die sich für die Verbesserung ihrer Lage einsetzten, müssten ein Ende ihrer künstlerischen Karriere fürchten. Als Grund für die Willkür des Theaterdirektors sah Florath den Kapitalismus, die Theater seien „abhängig von privatkapitalistischer Spekulation".[57] Hieraus leitete er die Forderung nach einer „Sozialisierung aller Theater"[58] ab.

Florath folgte hierin Ludwig Seeligs Argumenten für ein Kulturtheater, hatte dieser 1914 doch in einer viel beachteten Denkschrift die schlechten Arbeitsbedingungen an geschäftsorientierten Privattheatern für deren dürftige künstlerische Qualität verantwortlich gemacht. Seelig, der Syndikus des Kartells der Verbände der deutsch-österreichischen Bühnen- und Orchestermitglieder, diagnostizierte damals „Terrorismus und Herrentum der Unternehmer, grenzenlose Abhängigkeit und soziale Notlage der Bühnenmitglieder"[59] und forderte die Übernahme der Theater in die kommunale Verwaltung. Nur so ließe sich die Not der Schauspieler:innen beenden und die „Mission des Theaters, geläuterte Erholung und geistige Nahrung, die Freude am Schönen als edelste Lebensfreude zu bieten"[60] erfüllen. Kurz vor Kriegsbeginn klang das noch wie Zukunftsmusik, nun war es Notwendigkeit, um das Ende alter Herrschaftsverhältnisse auch im Gebiet der Kultur zu

---

55 Vgl. ebd., S. 266. Woher Florath diese Zahlen nahm, ist nicht ersichtlich. Sie decken sich allerdings in etwa mit dem, was die Ökonomin Charlotte Engel-Reimers zehn Jahre zuvor in einer groß angelegten Studie über die Lebensverhältnisse deutscher Theaterbeschäftigter herausgefunden hatte: Mehr als zwei Drittel der Beschäftigten bekamen in der Spielzeit 1908/1909 einen Monatslohn von 200 Mark oder weniger, wobei an kleineren bayerischen Theatern der Lohn einiger Angestellter bei lediglich 30 bis 50 Mark im Monat lag. Besonders gering sind diese Zahlen, wenn man bedenkt, dass Schauspieler:innen damals an den meisten Theatern nur für die sechs bis acht Monate dauernde Saison angestellt wurden, also im Sommer eine längere Zeit ohne Einkommen überbrücken mussten. Über die Einkommensverhältnisse am Münchner Hoftheater gibt Engel-Reimers' Untersuchung keinen Aufschluss. Es ist aber davon auszugehen, dass hier die Gagen deutlich höher waren: Schauspieler Victor Schwanneke erhielt 1918 laut Vertrag beispielsweise 3999 Mark im Jahr zuzüglich eines Spielgeldes von 24 Mark pro Abend. Vgl. Engel-Reimers, *Die deutschen Bühnen und ihre Angehörigen*, S. 352 und S. 438 und o.A., Vertrag der Königlich Bayerischen General-Intendanz der Hoftheater und der Hofmusik in München mit Herrn Viktor Schwanneke. In: BAYHSTA, Generaldirektion der Bayerischen Staatstheater, 890.
56 o.A., *Verhandlungen des provisorischen Nationalrates*, S. 266.
57 Ebd.
58 Ebd., S. 267.
59 Seelig, *Geschäftstheater oder Kulturtheater?*, S. 13.
60 Ebd., S. 45.

markieren, schließlich war die Unterscheidung zwischen Privatunternehmen und staatlich finanzierten Bühnen keine, die ausschließlich auf die Absicherung der Arbeitnehmer:innen abzielte. So erklärte Albert Florath: „Für den Kapitalismus ist das Theater ein Vergnügungsmittel, ein Zeitvertreib, für den Sozialismus ist das Theater aber eine Kulturanstalt, die Theaterkunst eine Kulturnotwendigkeit."[61]

Nach Florath sprach dann Ministerpräsident und Außenminister Kurt Eisner, damals scherzhaft als ‚Minister des schönen Äußeren' bekannt. Für ihn waren die Theater „geistige Bordelle der Kriegsgewinner",[62] weshalb er eine Sozialisierung der Bühnen für nicht ausreichend hielt, um das Theater wieder zu „eine[r] der größten, edelsten Bildungsanstalten des Volkes"[63] zu machen. Vielmehr bedurfte es seiner Ansicht nach „ein[es] Publikum[s], das, ich hätte beinahe gesagt, den Befähigungsnachweis und nicht den Steuerzettel erbringt",[64] schließlich gehe ins Nationaltheater nur „derjenige, der Geld hat, also das Publikum, das durchaus nicht durch innere Triebe ins Theater gedrängt wird, sondern eben nur dorthin geht, weil es Stätten des gegenseitigen Beschauens und der Lustbarkeit"[65] sind. Demgegenüber müsse das Theater ein Ort werden, den auch die Massen der Arbeiter:innen besuchen und in dem eine „Neubeseelung des Volkes"[66] stattfinden könne. Dabei hängte Eisner seine Ziele hoch:

> Ich wünschte, ich könnte selber Theaterstücke schreiben, sie könnten als Propagandamittel unserer revolutionären Politik aufgeführt und diese dramatische Kunst könnte hinausgetragen werden in das letzte Dorf, dann haben wir durch die Kunst ein Erziehungsmittel für die Menschen, wie es stärker und gewaltiger gar nicht gedacht werden könnte.[67]

Aus heutiger Sicht mag die Rhetorik vom Theater als Erziehungsmittel befremden, vor allem mit Blick auf die Indienstnahme der darstellenden Kunst im Dritten Reich. Um 1918 jedoch war der Begriff „Propaganda" positiv konnotiert. Ebenso war die Idee eines zu erziehenden Publikums in aller Munde, etwa wenn es um die intellektuelle Befähigung der Zuschauer:innen im Umgang mit Kunst ging. Demgegenüber klang Eisners Idee von der Erziehung zur revolutionären Politik zunächst radikaler, offenbarte sich aber als wenig durchdacht: Erziehung erschien hier als das Überstülpen von propagandistischen Inhalten, deren bloße Aufführung genügte, um Menschen in eine bestimmte Richtung zu lenken. Das war zu kurz

---

61 *Verhandlungen des provisorischen Nationalrates*, S. 266f.
62 Ebd., S. 276.
63 Ebd.
64 Ebd.
65 Ebd., S. 277.
66 Ebd.
67 Ebd., S. 276.

gegriffen, verkannte Eisner doch, wie leicht Inhalte, die nicht der eigenen Weltanschauung entsprachen, an den Zuschauer:innen abperlten. Das Stammpublikum des Residenztheaters wurde nicht über Nacht vom revolutionären Geist gepackt, nur weil sich auf Münchens Straßen ein improvisiertes Revolutionsspiel ereignete, für das das Hoftheater zuweilen die Kulisse lieferte: „Denn das Publikum, die Revolutionäre mit eingeschlossen, wünscht ‚Charleys Tante', ‚Das weiße Rössel', ‚Alt-Heidelberg', die ‚Fledermaus', den ‚Raub der Sabinerinnen', auf Allerseelen den ‚Müller und sein Kind'."[68]

Es ist daher auch zu funktionalistisch gedacht, das soeben verstaatlichte Theater an „den Idealvorstellungen Kurt Eisners und anderer sozialistischer Führer über die Aufgabe der Kultur im allgemeinen und des Theaters im besonderen zu messen",[69] wie es Yvonne Raffelsberger in ihrer Arbeit über den Spielplan des Staatstheaters tut. Fast zwangsläufig kommt sie zu dem Schluss, das Theater habe zwar „Stücke gespielt, die in Ansätzen als revolutionär bezeichnet werden können, doch zementieren sie letztlich immer die bestehende Staatsordnung."[70]

3.2 Der Amtsantritt Schwannekes und die Partizipation des Künstlerrats

Relevant für die Betrachtung der Veränderungen, die sich am Hoftheater nach 1918 vollzogen, sind also nicht vorrangig die Ideale der Revolutionäre oder ihre ästhetische Durchsetzung, sondern eher, welche realen Auswirkungen das kurze Interregnum Eisners auf die Organisationsstruktur des Hauses hatte: die Bestätigung Schwannekes als Intendant einerseits und die Installierung eines Künstlerrats andererseits. Als persönliches Lieblingsprojekt Eisners betrachtet, wurde das in Transformation befindliche Theater in der Presse besonders kritisch beäugt. Josef Hofmiller notierte über Eisners Theaterbegeisterung in seinem Tagebuch:

> Ich glaube übrigens, daß Eisner, sobald man ihm einen Theaterdirektor-Posten oder gar die Intendanz des Hoftheaters anböte, die Politik nur noch im Nebenamt betriebe. Er ist im Innersten Schauspieler; alle seine Neigungen gehen nach dieser Seite.[71]

Für Neu-Intendant Schwanneke dürfte es dementsprechend schwierig gewesen sein, von der Rolle des Schauspielers glaubhaft in die des Bühnenleiters zu wech-

---

68 Hofmiller, *Revolutionstagebuch 1918/19*, S. 148.
69 Raffelsberger, *Das Theater-Repertoire der Nachkriegsjahre*, S. 6.
70 Ebd., S. 108.
71 Hofmiller, *Revolutionstagebuch*, S. 148.

seln: Vom ersten Tag an stand er im Schatten Eisners. Zudem wurde Albert Steinrück nun endlich Schauspieldirektor, ein Mann über dessen Regietätigkeit Hermann Sinsheimer schrieb:

> [E]r war der bedeutendste, den es in Jahrzehnten in München gegeben hat. Seine Aufführungen waren nicht geschliffen, sondern gemeißelt und trugen meist noch etwas von unbehauenem Stein an sich, was nicht gerade zur Formvollendung, aber dazu beitrug, die Kraft und den Schwung im Erlebten zu zeigen.[72]

Sinsheimer zeichnete Steinrück in seinen Memoiren als Kraftnatur, als „Trinker, Frauenjäger, Streiter und Sänger".[73] Um als Vorgesetzter neben so einer raumeinnehmenden Persönlichkeit Bestand zu haben, bedurfte es wohl besonderer Durchsetzungskraft. Dabei beschrieb die *Badische Zeitung* Schwanneke doch eher als „stillen, ernsten und in sich verschlossenen Mann, der ruhig und behäbig durchs Leben wanderte."[74]

Es drängt sich dementsprechend die Frage auf, warum die Belegschaft überhaupt Schwanneke zum Intendanten wählte und nicht Steinrück. Gegen den trink- und streitsüchtigen Topschauspieler dürfte gesprochen haben, dass er „nie aufhörte, Furore zu machen und sich Freunde und Feinde zu machen wie ein Sammler Briefmarken."[75] Zu Hoftheaterzeiten bestand ja bereits die Konkurrenz zu Eugen Kilian. Es liegt dementsprechend nahe, dass Steinrück aufgrund seiner streitbaren Natur nicht mit allen Kolleg:innen auf gutem Fuße stand. Demgegenüber wird der leise Schwanneke für die Kolleg:innen die bessere Wahl dargestellt haben: Er ließ sich womöglich leichter beeinflussen und eher für die Ziele des Mitarbeiterstabs begeistern als Steinrück. So betrachtet war Schwanneke wohl das, was Max Weber einen „Herrn von Gnaden der Beherrschten"[76] nannte.

Gleichzeitig wies sein soziales Engagement den Schauspieler als kompetent aus, die Transformation der Hofbühne einzuleiten: Im Krieg organisierte Schwanneke nach eigenen Angaben rund 48 Konzert- und Theaterabende zu günstigen Preisen, um „die Kunst dem Volke zugänglich zu machen [...]".[77] In diesem Punkt stimmten seine Überzeugungen also mit dem gängigen politischen

---

72 Sinsheimer, *Gelebt im Paradies*, S. 261.
73 Ebd., S. 262.
74 o.A., Viktor Schwanneke †. In: *Badische Presse*, Nr. 273, 16.06.1931. In: BAYHSTA, Generaldirektion der Bayerischen Staatstheater, 890.
75 Sinsheimer, *Gelebt im Paradies*, S. 262.
76 Weber, *Wirtschaft und Gesellschaft*, S. 156.
77 Victor Schwanneke, Zur Umgestaltung des Spielplans im Schauspiel des Nationaltheaters. In: *Münchener Volksbühne* (Dez. 1919). In: BAYHSTA, Generaldirektion der Bayerischen Staatstheater, 890.

Abb. 5: Schauspieldirektor Albert Steinrück.

Ideal der damaligen Zeit überein, ein Theater für *alle* zu schaffen – ein Ideal, das sich über Parteigrenzen hinweg auch in den Debatten des Bayerischen Landtags offenbarte. Als Mitglied des Zentralausschusses der deutschen Bühnengenossenschaft setzte Schwanneke sich zudem für die Rechte der Angestellten ein, was ihn

3.2 Der Amtsantritt Schwannekes und die Partizipation des Künstlerrats — 121

hausintern zu einem beliebten Kollegen machte.[78] Darüber hinaus äußerte sich der Schauspieler auch in der Öffentlichkeit zu den desolaten Arbeitsbedingungen an den Theatern: 1918 organisierte er im Auftrag der Gesellschaft für soziale Reform den Vortrag „Das Theater als Beruf", in dem es um die soziale Lage der Schauspieler:innen ging.[79] Auch engagierte sich Schwanneke als Geschäftsführer und Kassierer der Clara-Ziegler-Stiftung, dem Vorläufer des heutigen Deutschen Theatermuseums. 1909 als Stiftung öffentlich anerkannt, wurde das Haus zunächst von einem Kuratorium und einem Direktorium geleitet und öffnete 1910 erstmals die Pforten für Besucher:innen.[80] Im Direktorium saßen neben Schwanneke zwar noch andere Mitglieder aus dem Ensemble der Staatstheater, er war es aber, dem gemäß der Satzung „die Aufsicht über die Verwaltung des Stiftungsgebäudes und des Theatermuseums, sowie über die Ausführung der Beschlüsse des Direktoriums"[81] oblag. Schwanneke brachte in seiner Funktion als Geschäftsführer unter anderem zwei Führer[82] durch das Museum heraus und gab wöchentliche Führungen durch die Ausstellungsräume,[83] wobei Babette Angelaeas zurecht bemerkt, dass das Haus in seiner frühen Phase eher eine „Clara-Ziegler-Gedenkstätte"[84] denn ein richtiges Museum war.

Angesichts der vielen Ehrenämter in Schwannekes Leben scherzte ein Journalist bei seiner Ernennung zum Intendanten:

> Wie viel hat er in diesen zehn Jahren allein „im Nebenamt" geleistet: die „Genossenschaft" zusammengehalten, das Theatermuseum eingerichtet, bei hundert Wohltätigkeitsveranstal-

---

78 Vgl. Präsidium der Genossenschaft Deutscher Bühnen-Angehöriger (GDBA) an Victor Schwanneke, 10.10.1918. In: BAYHSTA, Generaldirektion der Bayerischen Staatstheater, 890.
79 Vgl. Victor Schwanneke an Clemens Freiherr von Franckenstein, 09.03.1918. In: BAYHSTA, Generaldirektion der Bayerischen Staatstheater, 890. Ein Manuskript zum Vortrag Schwannekes ist leider nicht erhalten geblieben.
80 Vgl. Angelaeas, Das deutsche Theatermuseum, S. 10.
81 Dritte Ausfertigung, 26.03.1910. In: BAYHSTA, Generalintendanz der Bayerischen Staatstheater, 1502/1.
82 Vgl. Schwanneke, *Führer durch das Theater-Museum der Klara Ziegler Stiftung* (1910) und Schwanneke, *Führer durch das Theater-Museum der Klara Ziegler Stiftung* (1916). Während im Heftchen von 1910 allein die Möbel und Besitztümer der Schauspielerin Clara Ziegler präsentiert wurden, listete der Führer von 1916 bereits die Sammlung Alois Wohlmuth, die Wohlmuth der Genossenschaft Deutscher Bühnen-Angehöriger gestiftet und so dem Museum zugeführt hatte (vgl. ebd., S. 19–37). Zudem verzeichneten die letzten paar Seiten die bereits wachsenden Bestände der Stiftung (vgl. ebd., S. 38–45).
83 Vgl. Schwanneke, *Führer durch das Theater-Museum der Klara Ziegler Stiftung* (1916), S. 45.
84 Angelaeas, Das deutsche Theatermuseum, S. 10.

tungen gewirkt – „der Schwanneke" wurde immer geholt, wenn es eine Arbeit ohne Geld gab.⁸⁵

Nun war der ‚ewige Klassensprecher' also Intendant. Sein Einsatz fürs Soziale verlieh ihm offenbar die Glaubwürdigkeit, derer das Projekt des kollektiv geführten Theaters bedurfte, um überhaupt eine Chance auf Verwirklichung zu finden. Seine Expertise in sozialen Fragen schien dementsprechend gewichtiger als Schwannekes Eignung als Künstler, die eher begrenzt gewesen sein muss. Seine Regiearbeiten wurden im Gegensatz zu Steinrücks Großtaten als „brav, sauber und humorvoll"⁸⁶ beschrieben. Lediglich als Darsteller komischer Rollen konnte Schwanneke künstlerisch überzeugen, doch musste er die Schauspielerei 1918 aufgeben: „Der Intendant darf an den seiner Leitung unterstellten Bühnen <u>nicht als Schauspieler auftreten</u>, ohne daß er hierzu vorher in jedem einzelnen Falle die besondere Genehmigung des Ministeriums eingeholt hätte",⁸⁷ hieß es in Schwannekes Intendantenvertrag. Der Passus beruhte auf einem Vorschlag der Presse, die Ende 1918 bei einem Treffen im Kultusministerium Impulse für die Ausgestaltung der neuen Satzung des Theaters liefern sollte.⁸⁸ Auf diese Weise sollten auch Eifersüchteleien unter den Schauspieler:innen unterbunden werden⁸⁹ – allzu leicht wäre es, sich als Intendant selbst ganz oben auf die Besetzungsliste zu schreiben. Ausnahmen vom Verbot wurden nur in Notfällen erteilt, um einen Vorstellungsausfall und damit einen finanziellen Schaden des Theaters abzuwenden.⁹⁰ Alfred Mensi von Klarbach bedauerte in der *Bayerischen Staatszeitung* das Spielverbot, „wenn wir andererseits auch begreifen, daß der künftige hochmögende Intendant nicht gut etwa als mehr oder minder schlecht behandelter Salonkomiker an derselben Bühne figurieren kann."⁹¹

Indirekt offenbart sich hier ein Bild von Führung, das mit Ernsthaftigkeit und Strenge assoziiert war: Wer auf der Bühne blödelte, vermochte ein Theater nicht zu leiten. Die an den Intendanten gerichtete Rollenerwartung der gierigen Institution Theater schloss offenbar aus, dass Schwanneke gleichzeitig als Schauspieler fun-

---

85 hm, Der neue Weg.
86 Larson, Vom Intendanten zum Gastwirt.
87 o.A., Vertrag zwischen dem bayerischen Staatsministerium für Unterricht und Kultus und dem Schauspieler Viktor Schwanneke. In: BAYHSTA, Generaldirektion der Bayerischen Staatstheater, 890, Hervorhebung im Original.
88 Vgl. o.A., Das neue System im Nationaltheater. In: *MAAZ*, Nr. 14, 10.01.1919. In: MSA, ZA-16978.
89 Vgl. Staatsministerium für Unterricht und Kultus an die Verwaltung des Nationaltheaters, 22.01.1919. In: BAYHSTA, Generaldirektion der Bayerischen Staatstheater, 890.
90 Vgl. o.A., Vertrag bayerisches Staatsministerium / Viktor Schwanneke.
91 Alfred Mensi von Klarbach, Vom neuen Nationaltheater. In: *BSTZ*, Nr. 11, 12.01.1919. In: MSA, ZA-16978.

Abb. 6: Victor Schwanneke in *Der Bibliothekar*.

gierte, wäre doch sonst die Legitimation des Hauses unter den neuen Vorzeichen empfindlich untergraben worden. Schwanneke das Spielen zu verbieten, bedeutete, den noch unsicheren Status des nun demokratischen Theaters nicht unnötig zu gefährden.[92]

Dabei schien Schwannekes neue Position anfangs noch einigermaßen wackelig – offenbar erblickte man in ihm eine Marionette des theaterverliebten Kurt Eisner. So sah der neue Intendant sich bei einer Pressekonferenz im Januar 1919, bei der die organisatorischen Veränderungen am Übergang vom Hof- zum Staatstheater präsentiert wurden, zu einem ausführlichen Dementi genötigt:

> Herr Eisner hat, wie das seiner ganzen Veranlagung und Vergangenheit nach nur zu begreiflich erscheint, für das National-Theater ein sehr lebhaftes Interesse, um nicht zu sagen eine Liebe. Dies dokumentiert sich vor allem dadurch, dass er seit seiner Ernennung zum Ministerpräsidenten mir und anderen Vertretern des Theaters seine Bereitwilligkeit erklärte, soviel in seinen Kräften stehe, dazu beitragen zu wollen, dass die Entwicklung des Theaters in jeder Hinsicht für die Zukunft sichergestellt und gefördert werde. Herr Eisner hat es aber, was ich hiermit ausdrücklich und feierlich erklären möchte, stets unterlassen, sich irgendwie in interne künstlerische- [sic!] und Verwaltungsangelegenheiten des Theaters zu mischen, hat also insbesondere, wie irrtümlich behauptet wurde, nicht den geringsten Einfluss auf irgendein Engagement, so z. B. der Frau Durieux oder Wiederengagement der Frau Neuhoff usw., genommen.[93]

Im weiteren Verlauf nutzte Schwanneke die Pressekonferenz, um sich selbst als einen von vielen zu inszenieren. Bewusst verzichtete er darauf, als Leiter des Hauses selbst die neuen, durch das Kultusministerium genehmigten Statuten der Bühne vorzustellen. Er überließ diese Aufgabe Friedrich Ulmer, dem stellvertretenden Obmann des Künstlerrates, wie einem Entwurf von Schwannekes Rede für diesen Anlass zu entnehmen ist.[94] Indem er als mächtigste Figur des Theaters nicht auftrat, sondern rhetorisch zur Seite trat, führte Schwanneke das neue Zeitalter performativ ein: Nicht mehr einer, viele sollten gemeinsam lenken.

---

92 Eine Ausnahme gab es: Für die Uraufführung von Hermann Bahrs *Der Unmensch* ließ Schwanneke sich eine Sondergenehmigung zum Spielen erteilen. Der Kritiker der *Münchner Neuesten Nachrichten* schrieb hierzu: „Herr Schwanneke war vortrefflich. Man bedauert immer wieder, daß dieser ausgezeichnete Lustspieldarsteller für das Ensemble vorläufig verloren ist." (Richard Elchinger, Residenztheater. Uraufführung: Der Unmensch, Lustspiel in drei Akten von Hermann Bahr. In: *MNN*, Nr. 496, 05.12.1919, S. 1.)
93 Victor Schwanneke, Meine Herren!, 08.01.1919. In: BAYHSTA, Generaldirektion der Bayerischen Staatstheater, 890.
94 Vgl. ebd.

Die neue Satzung des Theaters
Die Ausgestaltung einer solchen kollektiven Leitung rechtlich zu regeln, war die große Aufgabe des Winters 1918/1919. Wie diese Verrechtlichung konkret aussehen konnte, hing jedoch stark davon ab, was die Beteiligten unter Mitbestimmung verstanden. Wie Max Weber zeigte, können Konzepte von Kollegialität höchst unterschiedlich ausfallen. Er unterschied fünf Typen der Gewaltenteilung: Die Kassationskollegialität, die Leistungskollegialität, die Mitberatung, die spezifizierte Kollegialität und die traditionale Kollegialität.[95]

Das erste der fünf Prinzipien, die Kassationskollegialität, bedeutet, dass es mehrere gleichberechtigte Herrscher:innen gibt, deren Einflusssphären aber nicht aufgrund ihrer Kompetenzen voneinander abgegrenzt sind. Weber sah das unter anderem in den Arbeiter- und Soldatenräten von 1918 verwirklicht. Zwar gab es einen Ministerpräsidenten, mehrere Minister und ab Januar 1919 auch ein ordentlich gewähltes Parlament, gleichzeitig existierten zahllose Räte, die in Konkurrenz hierzu eigenmächtig Entscheidungen trafen oder Anordnungen anderer Stellen wieder zurücknahmen. So entstand eine „Konkurrenz um Erledigung der gleichen Angelegenheit [...] mit dem Effekt, daß jeder Gewalthaber Kassationsinstanz gegen jeden anderen ist".[96]

Diese Form der Kollegialität verhieß für Weber auf die Dauer Chaos und Instabilität. Auf besserem Grund stand für ihn demgegenüber die Leistungskollegialität. Sie bedeutet,

> daß in Behörden zwar ein material monokratischer primus inter pares vorhanden ist, Anordnungen aber normalerweise nur nach Beratung mit anderen formal gleichgeordneten Mitgliedern erfolgen sollen und die Abweichung der Ansichten in wichtigen Fällen eine Sprengung des Kollegiums durch Austritte und damit eine Gefährdung der Stellung des monokratischen Herrn zur Folge hat [...].[97]

Diese Form der gemeinsamen Herrschaft scheint der Situation am Staatstheater mit seinem im Herbst 1918 gegründeten Künstlerrat schon wesentlich näher zu kommen, der Intendant wäre dann in erster Linie als Repräsentant des Kollegiums nach außen zu verstehen. Ähnlich hatte auch Ludwig Seelig in seiner Reformschrift *Geschäftstheater oder Kulturtheater?* einige Jahre zuvor die Idee eines sozialisierten Theaters gefasst:

> Der Künstlerausschuß, dessen Haupt der Bühnenleiter als primus inter pares ist, wird zum Organ, um die Tradition des Theaters zu befestigen, den Kunststil und den Wert der Kunst-

---

95 Vgl. Weber, *Wirtschaft und Gesellschaft*, S. 159 f.
96 Ebd., S. 159.
97 Ebd., Hervorhebungen im Original.

> leistungen zu erzeugen. [...] Nur scheinbar erleidet dadurch der Intendant eine Machteinbuße. Indem ihm ein Teil der Verantwortung abgenommen wird, verstärkt sich seine Stellung. Der Ausschuß bildet den ruhenden Pol in der Erscheinungen Flucht. Gegenüber dem Wechsel der Person und in den Tendenzen der Bühnenleiter verkörpert er die Tradition des Theaters. Nichts kann dem neuen Intendanten erwünschter sein als die künstlerische und praktische Förderung, die er durch die ehrliche Zusammenarbeit mit diesem Kollegium erlangt hat. Er wird über die örtlichen Verhältnisse aufgeklärt und vor den Fehlgriffen einer auf Sensation und Bravour gerichteten Arbeitstendenz bewahrt.[98]

Überraschend an Seeligs Worten war allerdings die Betonung der Tradition, die durch einen Künstlerausschuss gesichert werden sollte. Für Weber standen solche Formen der traditionalen Kollegialität in starkem Kontrast zu jeder Ausprägung von legaler Herrschaft, zementierten sie doch mitunter alte Verhältnisse und dienten der Sicherung der eigenen Pfründe.[99]

In München entschloss man sich bei der Ausgestaltung der neuen Satzung zunächst zu einer Mischform aus Mitberatung und spezifizierter Kollegialität. Spezifizierte Kollegialität meint nach Weber, dass einzelne fachlich kompetente Personen Entscheidungen vorbereiten, die dann jedoch in gemeinsamer Abstimmung realisiert werden.[100] Gerade in traditionalen Herrschaften nähmen solche Fachleute allerdings oft bloß eine beratende Funktion ein und die Herrscher:innen entschieden letztlich nach Gutdünken, ob sie dem Rat ihrer Untergeben folgten. Das geschehe laut Weber vor allem deshalb, weil die Steuerungsaufgaben eines Herrschaftsverbandes so kompliziert seien, dass ein:e Herrscher:in diesen Komplex alleine oft gar nicht überblicken könne. Dann diene das Hinzuziehen von Fachleuten dazu, seine „d i l e t t a n t i s c h e Informiertheit soweit zu vervollkommnen, daß ihm eine begründete e i g e n e Entscheidung möglich bleib[e] [...]."[101] Diese Form der Arbeitsteilung fand sich an den deutschen Hoftheatern bereits weit vor 1918, etwa in Form von Regiekollegien und Kunstausschüssen, welche die Kavaliersintendanten mit ihrem Fachwissen berieten und je nach Ort und Zeit unterschiedlich viel Freiraum in der Entschlussfassung genossen.[102]

Als solche Fachmänner lassen sich auch Bruno Walter und Albert Steinrück, die Leiter der Opern- und der Schauspielsparte verstehen. Ihre Rechte wurden in der Satzung allerdings weiter gefasst, sie bedurften nicht permanent einer Koordination mit allen. In künstlerischen Belangen waren die Spartenleiter weitgehend

---

98 Seelig, *Geschäftstheater oder Kulturtheater?*, S. 42 f.
99 Vgl. Weber, *Wirtschaft und Gesellschaft*, S. 160.
100 Vgl. ebd.
101 Ebd., S. 161, Hervorhebungen im Original.
102 Vgl. Daniel, *Hoftheater*, S. 198 f.

autonom, der Intendanz jedoch in wirtschaftlichen Fragen unterworfen: „Der Intendant hat ihre Geschäftsführung zu überwachen."[103] Hier knüpfte man in der organisatorischen Ausgestaltung des Theaters also an bereits erprobte Arbeitsweisen von vor 1918 an, stärkte allerdings die Rechte der Spartenvorstände in Bezug auf die Kunst.

Demgegenüber ein Novum bildete der Künstlerrat, der in etwa das realisierte, was Max Weber als „Temperierung der Herrschaft"[104] bezeichnete. Dem Herrscher werde bei dieser Form der Mitbestimmung ein beratendes Gremium zur Seite gestellt, er bleibe in seiner Entscheidungsfindung aber weitgehend ungebunden, müsse gleichzeitig aber Rat hören und könne, wie Weber ausführte, im Fall eines Misserfolgs mit empfindlichen Sanktionen belegt werden, wenn er den Anregungen des Rats nicht folge.[105] Die Satzung des Theaters legte zum Kompetenzbereich des Intendanten nun fest:

> Das Nationaltheater wird von einem Intendanten verwaltet, der dem Staatsministerium für Unterricht und Kultus unmittelbar unterstellt und ihm für die ordnungsgemäße Geschäftsführung und die Durchführung der künstlerischen Zwecke im Rahmen des Haushaltsplanes nach Maßgabe dieser Satzung verantwortlich ist.
> Alle in Angelegenheiten des Nationaltheaters erforderlichen Berichte und Anträge sind vom Intendanten oder seinem Stellvertreter zu unterzeichnen. Ihm obliegt auch die Vertretung des Nationaltheaters nach außen in den Grenzen der regelmäßigen Verwaltungsgeschäfte.
> In Verhinderungsfällen wird der Intendant von dem Obmann des Künstlerrates vertreten.[106]

Den Zweck des Künstlerrats definierte die Satzung demgegenüber als Zuständigkeit für die „Wahrung und Förderung der Rechte und Interessen der gesamten Künstler-, Arbeiter- und Beamtenschaft".[107] Gewählt wurde der Rat von der gesamten Belegschaft, der Intendant und andere hohe Verwaltungsposten waren allerdings von einer Mitgliedschaft im Rat qua Satzung ausgeschlossen. So sollte gewährleistet werden, dass wirklich die Interessen der Belegschaft und nicht die der Chefetage über den Rat eingebracht werden konnten. Man kann ihn in diesem Sinn als ‚Wächter' des sozialen Gedankens lesen. Im Interesse einer Verbesserung der eigenen Arbeitsbedingungen beäugte und kritisierte der Künstlerrat die Entscheidungen der Intendanz.

---

103 o.A., Satzung für das Nationaltheater in München (a), S. 2. In: BAYHSTA, MA 991.
104 Weber, *Wirtschaft und Gesellschaft*, S. 159, Hervorhebung im Original.
105 Vgl. ebd., S. 160.
106 o.A., Satzung für das Nationaltheater in München (a), S. 1.
107 Ebd., S. 9.

In der Tat bezogen sich die Befugnisse des Künstlerrates nicht auf Fragen der Kunst, sondern vielmehr auf Fragen des Betriebs: Intendant, Schauspiel- und Operndirektor hatten „unbeschränkte Befugnis",[108] was Neueinstellungen und Neueinstudierungen sowie die Gestaltung der Spielpläne anbelangte. Dennoch konnte der Rat indirekt auf die Kunst Einfluss nehmen. Er hatte gegenüber dem Ministerium ein Vorschlagsrecht bei der Besetzung des Intendanten[109] – tatsächlich wurde Schwanneke vom Künstlerrat vorgeschlagen. Falls das Ministerium dem Vorschlag nicht zustimmte, konnten durch den Rat der Reihe nach andere Kandidat:innen ins Spiel gebracht werden. Zudem war die Besetzung der Intendanz auf fünf Jahre begrenzt. Sollte die Leitung verlängert werden, musste der Künstlerrat mit einer Dreiviertelmehrheit zustimmen. Ähnlich sah es bei den Spartenleiter:innen wie dem Ausstattungs- oder dem Generalmusikdirektor aus. Der Intendant durfte dem Ministerium hierfür nur Bewerber:innen vorschlagen, die mit 75 % der Stimmen vom Rat goutiert worden waren.[110] Über die Besetzung von Posten konnte der Rat also langfristig eine eigene künstlerische Vision einbringen und ihm genehme Künstler:innen protegieren. Hierin überstiegen die Kompetenzen des Künstlerrats um ein Vielfaches das, was heutzutage ein Betriebsrat zu regeln vermag. So hehr die Idee des Künstlerrates vielleicht klingt, ihr war die Gefahr des Machtmissbrauchs und der Vetternwirtschaft eingeschrieben. Aus diesem Grund enthielt die Satzung auch eine Einschränkung der Rechte des Rates: „Der Künstlerrat kann keine Interessen vertreten, die der Erhaltung oder Hebung des künstlerischen Ranges des Nationaltheaters hinderlich sind."[111] In einem solchen Fall hätte das Ministerium nach Beschwerde durch die Intendanz eine Neuwahl des Rates anberaumen dürfen.

Angesichts dieser weitreichenden Möglichkeiten der Einflussnahme durch den Rat hegte man im Justizministerium Bedenken gegen die Satzung des Theaters. Wenn das Vorschlagsrecht für den Intendanzposten vom Künstlerrat und nicht vom Kultusministerium ausging, würde man seitens des Staates auf die Neubesetzung „überhaupt keinen bestimmenden Einfluß mehr [...] haben."[112] Auch gegen eine weitere Klausel brachte das Justizministerium Widerspruch vor: Gemäß des Satzungsentwurfs konnte der Künstlerrat durch die Intendanz ausgesprochene Kündigungen blockieren, wenn er dafür eine erforderliche Dreiviertelmehrheit erreichte.[113] „Damit ist es den Bühnenangehörigen leicht gemacht, sich gegen

---

108 Ebd., S. 11.
109 Vgl. ebd., S. 9.
110 Vgl. ebd., S. 10.
111 Ebd., S. 12.
112 o.A., Satzung für das Nationaltheater in München (b), S. 3. In: BAYHSTA, MJu 16530.
113 Vgl., o.A., Satzung für das Nationaltheater in München (a), S. 11.

Kündigung und Entlassung bei einander rückzuversichern."[114] Justizminister Johannes Timm schlug deshalb vor, „dem Ministerium das Recht der Kündigung vorzubehalten, wenn es sie entgegen der Mehrheit des Künstlerrats für erforderlich erachtet."[115] Timm, SPD-Mitglied und Landtagsabgeordneter seit 1905, stand der Rätebewegung eher ablehnend gegenüber und trat Eisner bei kabinettsinternen Besprechungen mitunter mit scharfer Kritik entgegen.[116] Seine Bedenken gegen die Befugnisse des Künstlerrats verwundern vor diesem Hintergrund nicht. Trotz seiner Warnungen wurde die Satzung am 16. Januar 1919 unverändert verabschiedet.[117]

Der Fakt, dass das Theater sich nach nur wenigen Wochen des Übergangs eine 13-seitige Satzung gab, die neben den Kompetenzen des Künstlerrates auch die Befugnisse aller anderen Organe des Theaters regelte, ist besonders vor dem Hintergrund der politischen Verhältnisse in Bayern bemerkenswert. Die Regierung Eisner stand nach dem Umsturz vor der Herausforderung, ihre Macht möglichst rasch juristisch zu legitimieren: „Wollen Revolutionäre eine revolutionäre Regierungsform organisieren, auf Dauer stellen und stabilisieren, dann müssen sie diese in einer Verfassung verrechtlichen."[118] Einen Modus dieser Verrechtlichung zu finden, gestaltete sich für Eisners Berater aus einer Vielzahl von Gründen[119] schwierig. Im Theater, das seinen neuen Status als Organ des demokratischen Staates ebenfalls erst festigen musste, gelang auf kleiner Ebene das, was im Großen scheiterte: Eine lückenlose Durchorganisation des eigenen Arbeitsalltags qua Satzung, in der auch die Befugnisse gleichrangiger Akteur:innen – wie etwa des Schauspiel- und des Operndirektors – transparent gegeneinander abgegrenzt wurden. „Der Zweck, den die Satzung verfolgt, ist offenbar der, Eifersüchteleien und Rivalitäten nach Möglichkeit auszuschalten",[120] hieß es diesbezüglich im Gutachten des Justizministeriums. Zum Gelingen dieses Unternehmens trug sicher auch bei, dass mit dem Schauspieler Friedrich Ulmer, dem stellvertretenden Obmann des Künstlerrates, ein ehemaliger Jurist an der Satzung mitarbeitete. Hierin unterschied sich die Situation in München auch wesentlich von der anderer deutscher Bühnen. In Darmstadt etwa wurde Intendant Adolf Krätzer durch ein

---

114 Ebd.
115 Johannes Timm an das Ministerium für Unterricht und Kultus, 13.01.1919, S. 1. In: BAYHSTA, MJu 16530.
116 Vgl. Mitchell, *Revolution in Bayern 1918/1919*, S. 147 ff.
117 Vgl. Bayerisches Staatsministerium für Unterricht und Kultus an die Verwaltung des Nationaltheaters in München, 16.01.1919. In: BAYHSTA, MA 991.
118 Groh, Räterepublik in Theorie und Verfassungsrecht, S. 131.
119 Vgl. ebd., S. 139–143.
120 o.A., Satzung für das Nationaltheater in München (b), S. 2.

Misstrauensvotum der Belegschaft abgesetzt, es gab mehrere Versammlungen des Ensembles und der Technik, eine Interimsintendanz wurde ernannt – doch konnte sich weder diese dreifach besetzte Spitze noch ein Ausschuss der Angestellten auf lange Sicht halten.[121] Demgegenüber legte die Münchner Satzung die Teilhabe an der Leitung auf Dauer fest und machte den von der Belegschaft gewählten Intendanten zum legalen Herrscher. Ähnliche Bestrebungen einer neuen Ordnung am Theater fanden sich in Berlin.[122]

Reaktionen der Presse auf die neue Satzung
In den Zeitungen berichtete man über die Einführung des Rates mit spottendem, mitunter vernichtendem Urteil. Die *München-Augsburger Abendzeitung* schrieb:

> Im Theater ist jede Selbstverwaltung durch eine vielköpfige Gruppe von Uebel [sic!], namentlich dann von Uebel [sic!], wenn nicht künstlerische Befähigung, sondern die größere Stimmenzahl das entscheidende Wort hat. Im Theater kann es nur eine k ü n s t l e r i s c h e D i k t a t u r (nicht zu verwechseln mit Autokratie) geben.[123]

Richard Elchinger, der Berichterstatter der *Münchner Neuesten Nachrichten*, stellte fest, die Bediensteten des Theaters hätten „sich aus der Tyrannei eines Einzelnen unter das Joch der Vielheit begeben"[124] und hoffte, dass Revolutionsintendant Schwanneke sich zum „aufgeklärten Despoten: zur herben Enttäuschung der befreiten Mimen"[125] entwickeln möge. Er war nicht der Einzige, der der vermeintlichen Freiheit spottete: „Wir können uns nicht denken, was die Künstler unter der alten Ordnung etwa besonders bedrückt hätte, aber jetzt jedenfalls fühlen sie sich frei, als ob sie's nie gewesen wären",[126] hieß es in einem anderen Artikel über die Pressekonferenz. Derselbe Autor schrieb über die Wahl Schwannekes durch die Belegschaft:

> Dies scheint uns ein Irrgang auf dem neuen Weg zu sein: daß man zur Wahl des Intendanten nicht nur die letzte Quadrille des Balletts, sondern auch noch die entferntesten Teile des technischen Betriebs zugelassen hat. Wie kämen sonst 470 Wähler heraus? Man sieht daran,

---

121 Vgl. Kaiser, *Modernes Theater in Darmstadt 1910–1933*, S. 54 f. und Boetzkes/Queck, Die Theaterverhältnisse nach der Novemberrevolution, S. 694–697.
122 Diese hat Misha Aster für die Oper unter den Linden dokumentiert. Vgl. Aster, *Staatsoper*, S. 17–72. Im Fazit dieses Kapitels werden die Unterschiede zwischen Berlin und München bilanziert.
123 o.A., Die künftige Leitung des Nationaltheaters. In: *MAAZ*, Nr. 9, 08.01.1919. In: MSA, ZA-16978, Hervorhebung im Original.
124 Richard Elchinger, Der befreite Mime. In: *MNN*, Nr. 10, 08.01.1919, S. 1.
125 Ebd.
126 hm, Der neue Weg.

daß man auch den schönsten demokratischen Gedanken nicht auf die Spitze treiben soll. Ich möchte um Gotteswillen [sic!] keinen Stand beleidigen, aber das darf man doch sagen: Ein Verlag wird seinen Chefredakteur nicht durch die Drucker wählen lassen [...].[127]

Einerseits sprach aus diesen Stimmen die Skepsis, ob ein kollektiv geführtes Theater tatsächlich eine künstlerische Linie entwickeln könne, ohne in den Klüngeleien seiner Mitglieder zu versinken. Anderseits zeugt gerade das letztgenannte Zitat davon, dass die Sozialisierung des Theaters eine hohe Signalwirkung für andere Organe der noch jungen Republik hatte. Die Bühne, die zuvor so eng wie kaum ein anderer Ort mit der Monarchie und ihrem Repräsentationsbedürfnis verknüpft war, wurde plötzlich nicht nur Teil eines demokratischen Staates, sondern demokratisierte sich von innen heraus. Indem das Theater eine Pressekonferenz anberaumte und hier ganz selbstbewusst eine zur Satzung geronnene linke Utopie präsentierte, aktivierte das Theater ein institutionelles Nachahmungspotential, das jenseits der künstlerischen Mimesis lag. Gegen die Einrichtung des Künstlerrates anzuschreiben, bedeutete deshalb, von vorneherein zu verhindern, dass aus einem eilig sozialisierten Theater ein ‚Best Practice-Beispiel' linker Betriebsführung werden konnte, das eine Kollektivierung anderer Betriebe plausibel gemacht hätte. In der Kollektivführung durch den Künstlerrat ein Feindbild auszumachen, war umso wichtiger, da die Satzung des Theaters in ihrem Aufbau und ihren juristisch genauen Formulierungen so bürokratisch anmutete, dass sie sich schwer in das Narrativ vom „Revolutionsspiel"[128] eingliedern ließ, das etwa in Victor Klemperers Revolutionstagebuch durchscheint.

Doch noch eine andere Argumentationslinie gegen den Kollektivbetrieb findet sich in den Artikeln über die neue Satzung des Theaters. Die Kultur wurde als Ausdruck nationaler Größe betrachtet, welche durch den Künstlerrat abgewertet würde. In der *München-Augsburger Abendzeitung* hieß es:

Geben wir uns keiner Täuschung hin: wenn dieser für uns verlorene Krieg mit seinen entsetzlichen Folgen liquidiert sein wird, dann verbleibt uns Deutschen nichts, aber auch rein nichts als unsere Kultur und unsere Kunst, die uns niemand nehmen, die aber auch niemand nachahmen kann. Wir brauchen sie nicht allein zu unserer eigenen Erbauung und Erhebung, sie wird vielmehr eines unserer gewichtigsten, auf unsere künftigen Beziehungen zu anderen Völkern einflußreichsten wirtschaftlich-politischen Machtmittel sein. Nichts wäre törichter und vermessener, als dieses Machtmittel in seinen Grundfesten zu untergraben und zu erschüttern. Dagegen muß sich jeder Deutsche, dem die Kunst als solche wie als kulturelle und wirtschaftliche Macht mehr am Herzen liegt, als rein persönliche Interessen, mit Händen und Füßen wehren. Das Traurigste an diesen ganzen, im vollen Sinne des Wortes unzeitgemäßen Bestrebungen ist leider die Tatsache, daß die Frage nach dem W o h l e r g e h e n d e r K u n s t

---

127 Ebd.
128 Klemperer, *Man möchte immer lachen und weinen in einem*, S. 124.

darin überhaupt keine Rolle spielt, daß sich das Ganze um rein persönliche Interessen dreht. [...] [D]ie Tatsache, daß die Kunst dem Willen einer Gruppe unterjocht werden soll, die nicht über den eigenen wohlbestellten Tisch hinauszublicken vermag oder will, enthält ohnedies schreienden Protest.[129]

Das Bestreben, ein Theater nach sozialen Maßstäben umzugestalten, wurde hier zu einer Frage von internationaler politischer Tragweite stilisiert. Derartige Argumente wurden in der Weimarer Republik in Debatten über das Theater immer wieder angeführt, sie zeugen davon, welche Bedeutung dem Theater Anfang des 20. Jahrhunderts zugeschrieben wurde. Trotz der beständig wachsenden Konkurrenz durch das Kino war es ein wichtiger Kampfplatz im Widerstreit der Weltanschauungen – besonders für das kriegsschuldige Deutschland, das im Angesicht der Entente nach neuen Ausdrucksweisen seiner Identität suchte. Der Beruf des Intendanten wurde durch die Wahrnehmung von der Kultur als internationalem Machtfaktor um einiges komplizierter und risikobehafteter – es ist eine Sache, ein Haus nach künstlerisch zeitgemäßen Maßstäben zu führen und eine andere, eine Bühne als politischen Akteur in einer demokratischen Landschaft zu verstehen, die selbst noch im Werden begriffen ist.

Die gescheiterte Einflussnahme des Verbands deutscher Bühnenschriftsteller
Die Unabgeschlossenheit dieses Prozesses nutzte auch eine Schriftstellervereinigung, um ihr Mitspracherecht geltend zu machen: Im Namen des Verbandes deutscher Bühnenschriftsteller wandte sich noch im Dezember 1918 der Münchner Schriftsteller Max Halbe an die Verwaltung des Staatstheaters und forderte eine Mitbestimmung an der Führung des Theaters ein. Wie der Verband sich diese konkret vorstellte, bleibt unbestimmt, weil Halbes ursprünglicher Brief nicht mehr erhalten ist. Da der VDB vornehmlich ökonomische Interessen vertrat, lässt sich aber davon ausgehen, dass die Forderungen des Verbands vor allem darauf abzielten, die wirtschaftliche Lage seiner Mitglieder zu verbessern – zum Beispiel, indem man ihre Stücke vermehrt auf den Spielplan setzte. Wie weitreichend die Forderungen des Verbands gewesen sein müssen, belegt jedenfalls der Tonfall, in dem das Antwortschreiben an Halbe verfasst war. Hierin hieß es:

> In Abhängigkeit des Verbandes liefe sie [= die Intendanz, Anm. d. Verf.] jederzeit Gefahr, jungen und jüngsten Begabungen die Türe verschliessen [sic!] zu müssen, um einflussreichen, an Schaffenskraft aber bereits erloschenen bemoosten Häuptern, die hartnäckig nicht einsehen wollen, dass ihre Zeit vorbei ist, ein Greisenasyl bereitzuhalten.[130]

---
129 o.A., Die künftige Leitung des Nationaltheaters, Hervorhebungen im Original.
130 Verwaltung des Nationaltheaters an den Verband deutscher Bühnenschriftsteller, 28.12.1918. In: BAYHSTA, MK 50191.

Ob das Theater auch in Halbe eines jener „bemoosten Häupter" sah, deren Einfluss es fürchtete, lässt sich nur spekulieren. Zwar war der Schriftsteller als wichtiger Vertreter des Naturalismus und enger Freund Frank Wedekinds eine einflussreiche Stimme in der Münchner Kulturlandschaft, doch den Zenit seines dramatischen Schaffens hatte er 1918 bereits überschritten. Abgelehnt wurde die Forderung des Verbandes nach Mitsprache schließlich mit dem Argument der Qualitätssicherung:

> [...] der Nachdruck des Verbandes käme nur jenen physiognomielosen Mittelmässigkeiten [sic!] zustatten, die nur der Autoreneitelkeit nützen, dem künstlerischen und wirtschaftlichen Gesamtniveau des Theaters aber schaden. Es liegt sicher nicht im Interesse des Verbandes und seiner Mitglieder, ein solches Odium auf sich zu laden.[131]

Als Gegenangebot formulierte das Theater die Idee, pro Spielzeit ein Drittel deutschsprachige Texte mit Tantiemenpflicht in den Spielplan zu integrieren – unabhängig davon, ob ein:e Autor:in Mitglied im VDB war oder nicht. Im VDB war man über den Negativbescheid des Theaters verärgert. Der Verband konterte:

> Unser Verband, der nicht nur die von Ihnen so sehr verachteten älteren Berufsgenossen, sondern auch die dichterische Jugend mit fast lückenloser Vollzähligkeit umfasst und bei der pflichtmässigen [sic!] Wahrnehmung gemeinsamer Standesinteressen Altersunterschiede [sic!] nicht kennt, hält es für ebenso tief unter seiner Würde, Ihren plumpen Unterstellungen entgegenzutreten, wie Ihnen klar zu machen, dass die Bühnenschriftsteller als künstlerischer Machtfaktor im Theaterleben den Schauspielern und Bühnenleitern ebenbürtig und gleichberechtigt an der Seite stehen. Er lehnt vielmehr jede weitere Verhandlung mit einer Kunstbehörde ab, die es nicht scheut, einen Stand, ohne den sie selber nicht da wäre, in seinen Vertrauensmännern auf's Gröblichste zu beleidigen.[132]

Autor:innen als „Machtfaktor": Indem der Verband das Argument von der Ebenbürtigkeit der Schauspieler:innen, der Regisseur:innen und der Schriftsteller:innen aufwarf, adressierte er eine der wichtigsten ästhetischen Fragen der Weimarer Republik: Wem gehört das Theater – dem Text, dem Spiel oder der Regie? Retrospektiv wurde diese Frage meist zugunsten der Regie beantwortet: „Die Modernisierung des Theaters ist in den 20er-Jahren tatsächlich eine Initiative des Theaters und der Theaterregisseure, weniger eine der Dramatiker."[133] Die Konkurrenz zum Kino und zur Revue weichte nicht nur alte Darstellungskonventionen auf, sie lie-

---

131 Ebd.
132 Verband deutscher Bühnenschriftsteller an die Verwaltung des Nationaltheaters, 27.01.1919. In: BAYHSTA, MK 50191.
133 Becker, *Experiment Weimar*, S. 421.

ferte auch der Regie neue Impulse, die ihr die Deutungshoheit über das Theater sicherten, so Sabine Becker.[134]

Maßgeblich für Schwannekes Ablehnung gegenüber dem VDB dürfte aber nicht der Wettstreit zwischen Literatur und Regie gewesen sein, sondern die praktische Handhabbarkeit des Betriebs. Jede:r zusätzlich an der Entscheidung beteiligte Akteur:in hätte den Steuerungsprozess verkompliziert. Das arbeitete auch Max Weber heraus:

> [D]ie Kollegialität vermindert unvermeidlich 1. die Promptheit der Entschlüsse, – 2. die Einheitlichkeit der Führung, – 3. die eindeutige Verantwortlichkeit des Einzelnen, – 4. die Rücksichtslosigkeit nach außen und die Aufrechterhaltung der Disziplin im Innen.[135]

All das vermochte den Betrieb zu behindern und kostete Zeit, die das Theater unter den gegebenen Umständen nicht hatte, schließlich stand es unter Beobachtung einer Öffentlichkeit, die einerseits eine rasche Umstrukturierung im Sozialen wie im Ästhetischen erwartete, diese aber andererseits höchst skeptisch beäugte.

Der VDB jedenfalls gab sich nicht mit der Entscheidung des Theaters zufrieden und wandte sich im Februar 1919 direkt an das Kultusministerium. Er verlangte aus „sozialer Gerechtigkeit",[136] durch einen Vertrauensmann in der Leitung des Hauses repräsentiert zu werden. Doch Schwanneke verteidigte gegenüber dem Ministerium die Entscheidung des Theaters, nicht auf die Forderungen des Verbands einzugehen. Er argumentierte, dass das Theater nur unter einem einheitlichen Willen geführt werden könne – zumindest in Fragen der Kunst. Demgegenüber führe eine Beteiligung der Schriftsteller:innen „zu jener wechselseitigen Lähmung der Intellekte, wie sie nur zu leicht durch das auseinanderstrebende und zersplitternde ‚Für' und ‚Wider' von Kommissionen und ‚Beiräten' entsteht."[137] Diese „Lähmung" wäre umso folgenreicher, weil das Theater im Falle der Einbeziehung des VDB auch anderen Verbänden ein Mitbestimmungsrecht einräumen hätte müssen: „Dass aber unter solcher Kollektivherrschaft auseinanderstrebender Interessen die künstlerische Physiognomie eines Theaters notwendig Schaden leidet, ist ebenso klar."[138] Vor diesem Panorama realisierten sich die Pläne des Verbands deutscher Bühnenschriftsteller nicht.

---

134 Vgl. ebd.
135 Weber, *Wirtschaft und Gesellschaft*, S. 164.
136 Verband deutscher Bühnenschriftsteller an das Staatsministerium für Unterricht und Kultus, 06.02.1919. In: BAYHSTA, MK 50191.
137 Verwaltung des Nationaltheaters (Schwanneke) an das Staatsministerium für Unterricht und Kultus, 23.03.1919. In: BAYHSTA, MK 50191.
138 Ebd.

3.2 Der Amtsantritt Schwannekes und die Partizipation des Künstlerrats

Der Partizipationswille des Schutzverbands deutscher Schriftsteller
Der VDB war nicht die einzige Schriftstellergruppierung, die ein Mitspracherecht am Staatstheater anmeldete. Auch der Schutzverband deutscher Schriftsteller (SDS) wandte sich im Juni 1919 mit Forderungen an das Ministerium. Der 1909 gegründete Verband war damals wohl das wichtigste Organ der Schriftsteller:innen im deutschsprachigen Raum und zählte bedeutende Autor:innen wie Kurt Tucholsky, Gerhart Hauptmann oder Stefan Zweig zu seinen Mitgliedern. Obgleich unter den hier organisierten Autor:innen ein gewisser Hang zu linken und liberalen Positionen vorherrschte, waren doch Personen des gesamten politischen Spektrums im SDS vereint.[139]

Die äußerst engagierte Münchner Ortsgruppe inszenierte in einem sechsseitigen, an das Kultusministerium gerichteten Konzept den Dramatiker als „Entrechtete[n], als Bittende[n] und Bettelnde[n]"[140] und schlug vor, an jedem staatlich getragenen Theater einen Dichter- und Tondichterrat einzurichten. Dieser sollte – bestehend aus vier gewählten Mitgliedern verschiedener Münchner Schriftstellerverbände und einem Dramaturgen – den Spielplan des Theaters festlegen:

> Er trägt vor der Oeffentlichkeit [sic!] die Verantwortung für den geistigen Haushalt der Bühne mit dem nationalen Gut der dramatischen Dichtung wie die Spielleitung für die Bühnendarstellung und die Güte der schauspielerischen Leistungen verantwortlich ist.[141]

Die Funktion, die sonst der Intendant und seine Spartenleiter übernahmen, sollte hier den Autor:innen übertragen werden. Ähnliche Ideen hegte der SDS in Bezug auf die Partizipation bei Verlagen. Auch hier sollten, ging es nach den Mitgliedern des Verbands, Arbeiterräte künftig die Interessen der Schriftsteller:innen vertreten und das Agieren der Verleger:innen kontrollieren.[142] Zwar konnte sich die Forderung nach einer Kontrolle innerhalb der Verlage nicht durchsetzen, doch „[w]as den Bestrebungen des SDS Gewicht verlieh und sie auch für das bisher übermächtige Verlagswesen bedrohlich erscheinen ließ, war der enge Kontakt des Verbandes mit den maßgebenden Personen und Körperschaften der herrschenden politischen Gewalt."[143]

---

139 Vgl. Fischer, *Der „Schutzverband deutscher Schriftsteller"*, S. 132.
140 Ortsgruppe München des Schutzverbandes Deutscher Schriftsteller (SDS) an das Staatsministerium für Unterricht und Kultus z.H. Ministerpräsident Hoffmann, 18.06.1919, S. 4. In: BAYHSTA, MK 50191.
141 Ebd., S. 5f.
142 Vgl. Fischer, *Der „Schutzverband deutscher Schriftsteller"*, S. 220f.
143 Ebd., S. 222.

Dies galt nicht nur für die in Berlin als Pressesprecher der SPD-Regierung tätigen Autoren Ulrich Rauscher und Robert Breuer, sondern auch für den bayerischen Revolutionär Erich Mühsam, der 1913 zu den Gründungsmitgliedern der Münchner Ortsgruppe gehörte.[144] Zwar sei es dem SDS 1918 vor allem darum gegangen, „bei dieser neuerlichen Teilung der Erde nicht wieder leer auszugehen",[145] doch entfaltete sich im Brief an das Kultusministerium ein Konflikt, der jenseits wirtschaftlicher Überlegungen lag. Am kämpferischen Tonfall des Schreibens lässt sich ablesen, wie sehr die Literatur um ihre Vormachtstellung am Theater fürchtete, nicht nur in praktischen, sondern auch in ästhetischen Fragen, denn mit dem *„Eintritt des Theaters ins Zeitalter des Experimentierens"*[146] gab, so Hans-Thies Lehmann, „das Theater die sichere Orientierung bei der Wahl seiner Mittel an den Erfordernissen des aufzuführenden Dramas preis [...]."[147] Durch diese Preisgabe verschoben sich die Gestaltungsansprüche im Schöpferischen nicht nur zugunsten der Regie, mit ihr implodierten auch

> wesentliche erkenntnistheoretische und soziale Implikationen [des Dramas]: die objektive Bedeutung des Helden, des Individuums; die Möglichkeit, die menschliche Realität sprachlich, und zwar durch die Form des Bühnendialogs zur Darstellung zu bringen; die Relevanz des einzelmenschlichen Verhaltens in der Gesellschaft.[148]

Nicht nur die Stellung der Autor:innen, auch die des Dramas selbst als Abbildung von Wirklichkeit stand zu Beginn der Weimarer Republik zur Disposition, gab es nun mit dem Kino doch tatsächlich ein *Abbild* eben dieser Wirklichkeit, das dem Theater Konkurrenz machte. Doch für den Schutzverband deutscher Schriftsteller barg dramatische Literatur nach wie vor ein volksbildendes Potential, aus dem der Verband die Verantwortung der Autor:innen in der Führung des Theaters ableitete. Im Brief an das Ministerium hieß es hierzu:

> Sie allein [= die Dichter:innen, Anm. d. Verf.] können uns eine gesunde und schöne, starke und grosse (sic!) Volkskunst bringen und ihr, gemeinsam mit einer gleich hoch gesinnten und strebenden Schauspielkunst, die Stätte in der Volksseele bereiten. Darum müssen wir Dichter auch in der Wirklichkeit der Bühnenwelt in einem neuen, politisch lebendigen Sinne zu Führern der Volksseele und zu Sprechern des sozialen Volkswillens machen [...]. Und zwar vor allem jene Dichter, in denen das starke, ursprüngliche Empfinden, Denken und Wollen

---

144 Vgl. ebd., S. 146.
145 Ebd., S. 216.
146 Lehmann, *Postdramatisches Theater*, S. 81, Hervorhebung im Original.
147 Ebd., S. 80.
148 Ebd., S. 77.

unsers [sic!] ringenden Geschlechtes laut und Form werden will und die uns mit Kunst hinüberführen in den lebendigen und höheren sozialen Geist der neuen Menschheit.[149]

So wollte der SDS ein Volkstheater schaffen, in dem die Schriftsteller:innen in der Lage wären, „den staatlichen Haushalt mit den Werken der deutschen Bühnendichtung in einem sozial lebendige~~m~~n [sic!] und gerechten Sinne **zu überwachen** und organisatorisch zu gestalten und auszubauen [...]."[150] Die Verquickung vom Motiv der Überwachung mit dem der Volksbildung sagt einiges über das Theaterbild des Verbands aus. Theater schien für ihn als Wächter des neu formierten Staats zu fungieren, hier drehte sich das bisherige Kontrollverhältnis also um: Nicht länger der Staat mit seinen Organen wie der Polizei wachte über die Kunst, sondern umgekehrt sollte das Theater als Ort des Volkes einen kritischen Blick gegenüber staatlichen Autoritäten einnehmen. Die Betonung des Wortes „Volk" in diesem Kontext mag sich aus heutiger Sicht nationalistisch lesen, im Brief des Schutzverbands an das Ministerium von 1919 wurde es allerdings eher in einem linken, antikapitalistischen Sinn gebraucht: Von einem „Kampf gegen die kapitalistische Versklavung unserer Theater"[151] war da die Rede, Theater wurde vom Verband als Gemeingut gedacht. In diesem Verständnis gingen der Schutzverband und Intendant Schwanneke durchaus konform. Trotzdem konnte auch dieser Verband kein Mitspracherecht am Theater für sich erringen. Ein Ablehnungsschreiben hierzu ist nicht mehr erhalten, aber die Gründe für das Scheitern des Schutzverbands dürften ähnlich gelagert gewesen sein wie beim VDB: Die Mitsprache zu vieler heterogener Akteur:innen hätte die Bühne auf Dauer handlungsunfähig gemacht. Auch ist nicht klar, ob die Forderung nach einer kollektiven Führung der Bühne durch die Schriftsteller:innen tatsächlich auf eine Stärkung des Volks „im Geiste eines freieren und edleren Menschentums"[152] abzielte oder ob solche Argumente vorgeschoben wurden, um unter dem Deckmantel des Gemeinwohls monetäre Interessen besser durchsetzen zu können.

---

149 SDS an Ministerpräsidenten Hoffmann, 18.06.1919, S. 4.
150 Ebd., Hervorhebung durch Verfasserin.
151 Ebd., S. 3.
152 Ebd., S. 4 f.

3.3 Neue Wege – neue Stücke? Die Uraufführungen von *Hannibal* und *Der Revolutionär*

Während im Winter 1918/1919 hinter den Kulissen die Weichen noch gestellt werden mussten, ging der Spielbetrieb nahtlos weiter. Neue Stücke wurden geprobt, im Dezember folgte dann die Uraufführung von Grabbes *Hannibal*, auf die man in München erwartungsvoll blickte: „Die erste große Premiere im republikanischen Nationaltheater; unter der eigenen Verantwortung der Darsteller: Man kommt nicht ohne Erwartungen, im dichtbesetzten [sic!] Haus herrscht eine gewisse Spannung",[153] eröffnete Richard Elchinger in den *Münchner Neuesten Nachrichten* seine Kritik zur Premiere. Offenbar auf Anregung Kurt Eisners[154] hatte man das Drama des Vormärz-Dramatikers Christian Dietrich Grabbe auf den Spielplan gesetzt. Es wurde erst mehr als achtzig Jahre nach seiner Entstehung in München uraufgeführt, was sicher auch an den formellen Herausforderungen von Grabbes Dramen lag. „Die häufig nicht von den materiellen Bedingungen der Bühne geleitete Dramaturgie der Stücke, ihre Überlänge, ihr Personenreichtum, ihre z.T. nicht realisierbaren Szenen erfordern die Bearbeitung",[155] notiert Maria Porrmann. Durch diese Bearbeitung würde Grabbes Text zu einem „Medium aktueller Auseinandersetzung mit der eigenen Zeit."[156]

Im Angesicht der jüngsten Vergangenheit erwies sich die Entscheidung, ausgerechnet *Hannibal* zu zeigen, als kluger Schachzug, denn das Drama um den Feldherrn aus Karthago war nach vielen Seiten hin interpretationsoffen. Einerseits erinnerte das unerbittliche Kriegstreiben der Römer und Karthager an die unmittelbar erlebten Schrecken des Ersten Weltkriegs, was auch Raffelsberger in ihrer Arbeit konstatiert.[157] Andererseits leidet Hannibal in Karthago unter mangelndem Rückhalt durch die mächtigen Männer des Staates, was leicht als historische Allegorie auf die „Dolchstoßlegende" zu verstehen war und um 1918 auch so verstanden wurde, wie Porrmann in ihrer Rezeptionsanalyse des Dramas zeigt.[158] Darüber hinaus fand auch die Perspektive der im Ersten Weltkrieg Daheimgebliebenen eine Parallele in Grabbes Text. Im vierten Akt entreißt man den Frauen Kathargos ihre Kinder, um mit ihnen ein göttliches Feueropfer darzubringen, das in der finalen Schlacht um die Stadt zum Sieg gegen die Römer verhelfen soll – wie

---

[153] Richard Elchinger, Grabbes Hannibal. Eine Uraufführung im Nationaltheater nach dreiundachtzig Jahren. In: *MNN*, Nr. 645, 21.12.1918, S. 1.
[154] Vgl. Porrmann, *Grabbe*, S. 129.
[155] Ebd., S. 12.
[156] Ebd., S. 126.
[157] Vgl. Raffelsberger, *Das Theater-Repertoire der Nachkriegsjahre*, S. 54 f.
[158] Vgl. Porrmann, *Grabbe*, S. 128 f.

leicht lassen sich hier Anknüpfungspunkte zu den zahlreichen Familien finden, deren Söhne zwischen 1914 und 1918 die Kriegsmaschinerie mit ihren Leichen fütterten. Wenig später, als der Kampf bereits verloren scheint, setzen sich dann unter Führung von Hannibals Nichte Alitta die Frauen der Stadt selbst in Brand: „Siebenundzwanzig Tage brannte Karthago, [...] [d]ie betrogenen Römer mußten lange warten, eh sie einrücken konnten, und fanden nur – Asche, die der Wind noch heute in die See weht."[159] Sich selbst entzünden, statt dem Feind in die Arme zu fallen: Auch hier klingt ein fahler Heroismus an, der dem Publikum nur allzu vertraut gewesen sein dürfte. Porrmann argumentiert, dass gerade dieses aufs Nationale ausgerichtete Heldentum ein Identifikationsmoment für das Publikum darstellte und sich hieraus erkläre, weshalb Grabbes Text besonders in Zeiten der Krise so gern gezeigt werde.[160] Doch nicht nur Anknüpfungspunkte an das Kriegsgeschehen, sondern auch an die Revolution lassen sich im *Hannibal* finden: Für Yvonne Raffelsberger fungiert der im Text auftauchende Schriftsteller Terenz als „positives Gegenbild zu den machthungrigen Armeeführern"[161] Roms und erinnere deshalb an genau jene Literaten, die nach 1918 kurzzeitig die Geschicke des bayerischen Staates in die Hand nahmen.

Es ist daher anzunehmen, dass Regisseur und Titelheld Albert Steinrück den Text bewusst als Kommentar auf seine eigene Zeit las. Zwar ist das Regiebuch der Inszenierung nur bedingt aussagekräftig, dennoch lässt sich zumindest an manchen Stellen der Zugriff Steinrücks erkennen. Nebenhandlungen wie die Szenen um den Despoten von Kapua strich er bewusst heraus,[162] der Fokus wurde so komplett auf den immerwährenden Konflikt Rom – Karthago gelenkt. Der Krieg der beiden Großmächte bot sich den Zuschauer:innen dabei auch als materialintensives Unterfangen dar: In der Szene „Großer Marktplatz vor Karthago", die laut Regiebuch vor „trübrote[m] Firmament"[163] gespielt und als Massenszene mit „Schreien, Lachen, Kreischen"[164] gedacht wurde, erhält das Volk von Karthago durch einen Boten Notiz vom Sieg in der Schlacht bei Cannä. Handschriftlich wurde als Textzeile ergänzt: „Alle: Ah, hör auf, die ewigen Siege u [sic!] mir kein Brot".[165]

---

159 Grabbe, *Hannibal*, S. 74.
160 Vgl. Porrmann, *Grabbe*, S. 40.
161 Raffelsberger, *Das Theater-Repertoire der Nachkriegsjahre*, S. 60.
162 Vgl. Regiebuch von Albert Steinrück zu dem Schauspiel „Hannibal" von Christian Dietrich Grabbe, Premiere am 20.12.1918, Nationaltheater München, S. 137 f. In: DTM, Historisches Archiv zum Kgl. Hoftheater/Bayerischen Staatsschauspiel (Alt-Signatur: G54/6/1).
163 Ebd., S. 118.
164 Ebd.
165 Ebd.

Die Referenz an den Steckrübenwinter 1916/1917 konnte kaum klarer sein, zumal es in der gleichen Szene heißt:

> So? Wieder Siegesnachrichten, die uns keinen Scheffel Weizen eintragen. Seit die Barkas den Kaufmann aufgegeben, und Soldaten geworden, haben wir den kahlen Nord, statt des üppigen Sudan, Eisen statt Gold, Wandel statt Handel, Rekruten statt Schöpsbraten![166]

In der Premiere traten die Referenzen auf die Gegenwart dementsprechend deutlich hervor:

> Der bittere Vergleich Karthago – Berlin drängt sich auf: Hannibal von seinen Mitbürgern im Stich gelassen. Draußen der tapfere Feldherr, mit einem kleinen, prachtvoll aus heterogenen Elementen zusammengeschweißten Heer gegen die vielfache Uebermacht [sic!] kämpfend, daheim eine Mischung von Intrigenwirtschaft, Gleichgültigkeit und Genusssucht.[167]

In der gleichen Kritik hieß es: „Karthagos Untergang ist unaufhaltsam. Als Roms Abgesandter seine Friedensbedingungen stellt, verspürt man zuckenden Schmerz, der Kontakt mit der Gegenwart ist wieder da."[168] Der Artikel schloss mit den Worten:

> Der Beifall war nicht besonders stark und galt wohl in erster Linie der Inszenierung und Darstellung. Mit der Tendenz der Tragödie schienen sich viele der Besucher nicht befreunden zu können. Sie sind – und nicht zu Unrecht – der Meinung, daß es nicht Sache der Schaubühne sein kann, unser politisches Elend noch zu unterstreichen und uns im Spiegel vorzuhalten.[169]

Während die *München-Augsburger Abendzeitung* dieses Hinübergreifen des Theaters in die politische Gegenwart des Publikums ablehnte, sah die *Bayerische Staatszeitung* im Zusammenbruch des Staats hingegen die Voraussetzung, um ein Experiment wie die Uraufführung des *Hannibals* überhaupt wagen zu können. Auch ordnete Kritiker Alfred Mensi von Klarbach die Publikumsreaktion anders ein: „Der jedenfalls sehr interessante Abend fand übrigens skrupellose Anerkennung."[170] In der unterschiedlichen Bewertung des Applauses offenbart sich eine Paradoxie, die auch Raffelsberger feststellt: Obwohl das Stück inhaltlich an das

---

166 Ebd.
167 Georg Jakob Wolf, Hannibal. Tragödie von Christian Dietrich Grabbe (Uraufführung im Münchner Nationaltheater). In: *MAAZ*, Nr. 645, 21.12.1919. In: MSA, ZA-16978.
168 Ebd.
169 Ebd.
170 Alfred Mensi von Klarbach, Grabbes Hannibal. Uraufführung im National-Theater. Am 20. Dezember 1918. In: *BSTZ*, Nr. 298, 22.12.1918. In: MSA, ZA-16978.

rechte Narrativ der „Dolchstoßlegende" anschlussfähig war, waren es ausgerechnet die Zeitungen des konservativen Spektrums, die die Inszenierung ablehnten.[171] Lehrer Josef Hofmiller sollte später in seinem Tagebuch notieren, die Aufführung des Textes bedeutete eine „Kränkung des nationalen Gefühls bei einem ohnehin verachteten Teil des Publikums, nämlich beim Bürgertum. (Daß das Wort ‚Bürger' fast ein Schimpfwort geworden ist, verdanken wir Schwabing.)."[172]

Abb. 7: Bühnenbildfoto zur Inszenierung von Grabbes *Hannibal* im Nationaltheater, Regie: Albert Steinrück, Bühne: Emil Pirchan I.

Darüber hinaus gab es auf formaler Ebene Kritik an der Inszenierung: Alfred Mensi von Klarbach monierte, dass auf der Bühne zu viel geschrien und „gemeinigert"[173] werde, Richard Elchinger lobte zwar Gustav Waldau als König Prusias, fand aber den Rhythmus der Inszenierung nicht gelungen[174] und Georg Jakob Wolf bemän-

---

171 Vgl. Raffelsberger, *Das Theater-Repertoire der Nachkriegsjahre*, S. 67.
172 Hofmiller, *Revolutionstagebuch 1918/19*, S. 118.
173 Vgl. Mensi von Klarbach, Grabbes Hannibal.
174 Vgl. Elchinger, Grabbes Hannibal, S. 1.

Abb. 8: Bühnenbildfoto zur Inszenierung von Grabbes *Hannibal* im Nationaltheater, Regie: Albert Steinrück, Bühne: Emil Pirchan II.

gelte das abstrakte Bühnenbild Emil Pirchans als „reichlich dürftig".[175] Pirchan war in München bis dato vorwiegend als Grafiker bekannt, in der Galerie Thannhauser stellte er aber bereits 1912 erste Bühnenbildentwürfe aus. Sie veranlassten das Theater offenbar dazu, den Künstler 1918 als Ausstattungsleiter ans Haus zu holen.[176] Seine Ästhetik versprach Neues im konservativen München. Wie Braunmüller und Schläder am Beispiel von Wagners *Ring* zeigen, waren detailreich gemalte und gebaute Kulissen damals noch die Norm.[177] Etwas Ähnliches ließe sich auch beim Historiendrama *Hannibal* erwarten, zumal der Text in seinen Regieanweisungen requisitenreiche Bühnenbilder fordert und auch deshalb lange Zeit als schwer spielbar galt. Dem lief Pirchan allerdings zuwider, wie Fotografien aus dem Theatermuseum Wien belegen.[178]

---

175 Wolf, Hannibal.
176 Vgl. Steffan, *Emil Pirchan*, S. 36.
177 Vgl. Braunmüller/Schläder, *Tradition mit Zukunft*, S. 61 ff.
178 Vgl. Zur Sammlung von Bühnenbildfotos im Theatermuseum in Wien: TMW, FS_PSA18485, FS_PSA18495, FS_PSA18521, FS_PSA18539, FS_PSA18564, FS_PSA18571, FS_PSA18572 und FS_PSA76220.

3.3 Neue Wege – neue Stücke? Die Uraufführungen von *Hannibal* und *Der Revolutionär*

Er unterteilte die Bühne durch Stufen in mehrere Spielebenen, Tore links und rechts eröffneten Auf- und Abtrittsmöglichkeiten, je nach Szene veränderten schimmernde Vorhänge oder verhaltene Hintergrundmalereien die räumliche Verortung des Geschehens. Mal deuteten von der Decke hängende Fähnchen eine Stadtlandschaft an, mal vermittelten zwei ausladende Sessel und einige Sitzkuben das Gefühl eines Innenraums, ohne diesen bis ins letzte Detail szenografisch auszugestalten. Auffallend konkret wirkt auf den Fotos demgegenüber eine Art Altar, in dessen Mitte ein überdimensional großes Mischwesen zwischen Stier und weiblichem Körper emporragte. Ein weiteres Bild zeigt eine ähnliche Szenerie, in dem der Stier durch den Torso eines Oberkörpers mit sechs Brüsten ersetzt wurde. Beide Kulissen muten wie überzeitliche Kultobjekte an.

Diese „purifzierende Ausstattung durch Andeutungen",[179] die in München nicht allen gefiel, fand in Berlin durchaus Anklang, denn Leopold Jessner, der Intendant der Preußischen Staatstheater, versuchte Emil Pirchan als Bühnenbildner für sich zu gewinnen.[180] Pirchan wechselte im Herbst 1919 in die Hauptstadt, wo aus der bereits in München eingesetzten Stufenbühne die berühmte „Jessner-Treppe" wurde.

Hieran zeigt sich noch einmal, wie richtungsweisend die Uraufführung des *Hannibal* gewesen sein muss: Nicht nur wirkte sie wie ein unmittelbarer Kommentar auf die Wirren und die Sinnlosigkeit des Krieges, auch szenografisch setzte sie Maßstäbe. *Hannibal* darf also trotz der teilweise ablehnenden Kritik als wichtiger Wegmarker für die Intendanz Schwanneke gewertet werden. Bis zum Ende der Spielzeit wurde das Stück elf Mal aufgeführt,[181] darüber hinaus bildete die Inszenierung in den zahlreichen 1919 und 1920 in den Zeitungen geführten Debatten um die neue Richtung des Staatstheaters einen permanenten, positiven Referenzpunkt.

Braver Umsturz? Der Revolutionär von Wilhelm Speyer
Auch die zweite große Schauspielpremiere des Winters 1918/1919 muss vor dem Panorama der Novemberrevolution wie ein Kommentar auf die Gegenwart gewirkt haben: Anfang Februar 1919 feierte Wilhelm Speyers Text *Der Revolutionär* Premiere im Residenztheater. Bis zum Ende der Spielzeit wurde das Stück vierzehnmal gespielt[182] und war damit eines der am häufigsten gezeigten Stücke der Saison. Nicht umsonst zählte Speyer zu den erfolgreichsten Autor:innen seiner Zeit. Der

---

179 Emil Pirchan, *Im wunderschönen Monat Mai ...* unveröffentl. Manuskript im Teilnachlass Emil Pirchan zit. nach Steffan, *Emil Pirchan*, S. 37.
180 Vgl. ebd.
181 Vgl. Nationaltheater München, *Almanach 1920/21*, S. 30 f.
182 Vgl. ebd.

heute weitgehend in Vergessenheit geratene Schriftsteller machte damals mit Dramen und Romanen von sich Reden, die „sich durch eine unpolitische Grundgeste aus[zeichnen], durch Abstinenz gegenüber Krieg und Revolution, die für diese Zeit eher untypisch ist."[183] Seine Wiederentdecker:innen Walter Fähnders und Helga Karrenbock stellen fest, das literarische Wirken Speyers verlaufe „konträr bzw. parallel, aber nie in Übereinstimmung zu den literaturhistorischen Dominanten der Zehner bis Dreißiger Jahre."[184] Eben weil seine Arbeit sich so schlecht in Schubladen stecken ließ, dürfte sie sich für das neue Staatstheater umso besser geeignet haben. Die politischen Stimmungslagen der bewegten Weimarer Anfangstage wurden in Speyers Texten wenn überhaupt ironisch-kritisch verarbeitet, so Fähnders und Karrenbock.

Diese Schreibhaltung offenbarte sich auch im Inhalt des um die Jahrhundertwende spielenden Kammerspiels *Der Revolutionär*: Das Geschwisterpaar Walter und Rosemarie lebt während des Studiums in einer Leipziger Wohngemeinschaft mit den russischen Revolutionär:innen Lydia und Alexej, die aus Russland geflohen sind. Während Walter der Radikalität von Zimmernachbarin Lydia mit fast schon erotischer Bewunderung huldigt, ist seine Schwester nach einem nächtlichen Stelldichein verliebt in Lydias Partner Alexej – einen Sohn der besseren St. Petersburger Gesellschaft, der auf revolutionäre Abwege geraten ist.

Im Auftrag einer von Genf aus agierenden revolutionären Zelle reist Alexej nach Stockholm. Dort soll er einige mit Sprengstoff beladene Genoss:innen in die Obhut seines engen Freundes Gazhim übergeben, mit dem er gemeinsam im Gefängnis gesessen hat. Walter, der als Zaungast bei zahlreichen Treffen der Leipziger Revolutionär:innen zugegen war, ohne ein Wort Russisch zu verstehen, hält Gazhim für einen Verräter. Tatsächlich stellt sich bei Alexejs Rückkunft nach Leipzig heraus, dass Gazhim die Genoss:innen verraten und man sie in Finnland erhängt hat.

Rosemarie, die von einer gemeinsamen Zukunft mit Alexej träumt und der Revolution voll Hass gegenübersteht, hofft, den Geliebten angesichts dieser Enthüllungen zu einer Rückkehr in sein aristokratisches Leben überzeugen zu können. Im Verlaufe einer bewegten Nacht, in der nicht nur Lydia und Rosemarie, sondern auch Alexejs Vermieterin um das Herz des Revolutionärs kämpfen, kann Rosemarie den jungen Russen schließlich überzeugen, ein aus der Heimat übermitteltes Gnadenangebot anzunehmen. Wenn er die Namen derjenigen Preis gibt, die ihm die Flucht nach Leipzig ermöglicht haben, kann er ungestraft nach St. Petersburg in den Schoß der Familie heimkehren. Zusammen mit Rosemarie telegrafiert er die Personalien seiner Helfer:innen in die Heimat, ehe sich herausstellt, dass Gazhim

---

183 Fähnders/Karrenbock, Wilhelm Speyer, S. 13.
184 Ebd.

3.3 Neue Wege – neue Stücke? Die Uraufführungen von *Hannibal* und *Der Revolutionär*

auch hinter diesem Angebot steckt. Die Leipziger Revolutionszelle fordert daraufhin, dass Alexej den ehemaligen Freund umbringen müsse. Doch während Rosemarie und Lydia um den Geliebten ringen und dabei ein wortstarker Kampf der Weltbilder entsteht, bringt Alexej sich vor den Augen seiner Vermieterin und Rosemaries Bruder Walter um.

Das Private, es ist hier unmittelbar politisch und so demonstriert das Stück „die Not eines Revolutionärs, der erkannt hat, dass der eingeschlagene Weg in eine Sackgasse geführt hat."[185] Ein Blick in das Regiebuch zeigt, dass Albert Steinrück bei der Spielleitung eine kleinteilige Regie der Blicke, Gänge und Sprechweisen gewählt hat, um das Milieu des Dramas aufzuspannen. Besonders die Frauenfiguren Lydia und Rosemarie erfuhren durch die Regie eine Deutung als emanzipierte, unabhängige Denkerinnen im eher männlichen Umfeld der Revolution. Über Lydias Auftreten in alltäglichen Situationen heißt es, sie rede „mit ruhiger, abgeklärter Heiterkeit. Ein Mensch, der viel durchgemacht hat."[186] Geht es aber um ihre politischen Ideale, um die Revolution und das Genfer Komitee, wurden die Textzeilen „fast mit religiöser Überzeugung gesprochen."[187] Konträr dazu baute Steinrück die Figur der Rosemarie auf. Über den Grundton einer Szene, in der die Geschwister Walter und Rosemarie über ihre Liebe zu Alexej streiten, ist im Regiebuch vermerkt: „Der Gegensatz der beiden Geschwister der ideell gesinnte Mann – das real denkende Weib muß hier in die Deutlichkeit gerückt werden."[188] Mathematikstudentin Rosemarie als „real denkendes Weib" zu inszenieren, passte zu den Linien, die Speyers Text vorgibt. Er zeigt sie als eine selbstbestimmte junge Frau. Als sie Alexejs Herz endlich erobert hat, wirft sie ihm lapidar eine Absage an traditionelle Rollenbilder hin:

> Ich will dich wohl ein paar Wochen besuchen [= in Russland, Anm. d. Verf.], wenn deine Mutter mich in ihrem Hause haben will. Dann gehe ich nach Leipzig zurück und studiere meine Mathematik zu Ende. Ich gehöre nicht zu den Mädchen, die das Studium als einen Wartesaal der Erotik betrachten: die Tür geht auf, der Herr winkt, und die junge Dame verschwindet beglückt im Salon der Ehe.[189]

---

185 Storch, Spiegel oder Gemälde mit Silberrahmen, S. 35.
186 Vgl. Regiebuch von Albert Steinrück zu dem Schauspiel „Der Revolutionär" von Wilhelm Speyer, Premiere am 01.02.1919, Residenztheater München, S. 12. In: DTM, Historisches Archiv zum Kgl. Hoftheater/Bayerischen Staatsschauspiel (Alt-Signatur: S 45/2/1).
187 Ebd., S. 16.
188 Ebd., S. 30.
189 Ebd., S. 109.

Auch mit Blick auf politische Fragen verkörpert Rosemarie in Speyers Text eine Abwendung von tradierten Männlichkeits- und Gewaltbildern. Über Alexejs revolutionäre Freunde sagt sie beispielsweise:

> Hör doch auf ihre Gespräche! Besinne dich, wie sie von Gefängnissen, Sprengmitteln, Blut und Galgen reden – mit einer selbstverständlichen Begeisterung wie wir von Bach und Goethe sprechen. Es ist widernatürlich! Es ist ekelerregend! Was hat unser Jahrhundert noch mit Blut zu tun? Ich hasse die Revolution![190]

Rosemarie stellte Steinrück in seiner Inszenierung einen Alexej gegenüber, der mit maskuliner Selbstgefälligkeit durch die Welt stiefelt. Bereits sein erster Auftritt nach der Rückkehr von seiner geheimen Mission liest sich wie eine ausgefeilte Choreografie des Laissez-faire: Während alle anderen Figuren bereits wissen, dass Alexejs Genoss:innen durch Verrat zu Tode gekommen sind und die Schauspieler:innen dementsprechend betreten spielen sollten, ließ Steinrück Hauptdarsteller Walter Janssen sorglos durch das Zimmer tänzeln, seine Kleidung ablegen und über die ganze Bühne verteilen. Den Bericht über seine Heimreise von Finnland spielte er laut Regiebuch „[w]itzig, sprudelnd, aber offensichtlich mit der Absicht sich zu betrinken, Komödie".[191] Die Idee, dass der sorgfältig ausgefeilte Plan der revolutionären Zelle schief gegangen sein könnte, kommt ihm erst gar nicht, umso größer waren dadurch in Aufzug zwei und drei wahrscheinlich die Möglichkeiten zu Reue und Selbstzweifel. Auch in persönlichen Angelegenheiten legte Steinrücks Regie den Revolutionär eher einfältig an. Als Rosemarie mit Alexej über eine gemeinsame Zukunft sprechen will und große Argumente bringt, warum sie ihn und nur ihn heiraten will, heißt es zu Alexejs Spielhaltung: „Er hat natürlich nichts verstanden von alledem was sie sagte aber er versucht es wieder mit der Erotik. Sie fällt darauf herein."[192]

Im Regiebuch zur Inszenierung ist nur die Erarbeitung des ersten Aufzugs in derartiger Detailfülle ausgeführt, dennoch lässt sich aus den Anlagen des ersten Aktes ersehen, dass Steinrück in seiner Regie versuchte, das Kammerspielhafte des Textes zu unterstreichen. Die Revolution wurde bewusst nicht als Angelegenheit der Straße inszeniert, sondern vor dem heimischen Kohleofen verhandelt. Hierzu passt auch, dass eine Textstelle über das Demonstrieren gegen Ungerechtigkeiten gestrichen wurde:

---

190 Ebd., S. 31.
191 Ebd., S. 38.
192 Ebd., S. 45.

> Du meinst, wir sollen auf das Ministerium des Innern gehen und untertänigst anfragen, ob morgen nachmittag [sic!] von drei bis fünf Uhr die Armen im Lande es den Reichen durch einen Zug ihrer Leiber und Gesichter sinnfällig machen dürfen, daß sie nicht ganz zufrieden sind?[193]

Eine Assoziation zum Bild der durch München ziehenden revolutionären Massen wurde dadurch unterbunden. Ebenso strich man eine Spitze auf die Kompetenz der preußischen Regierung: „Du bist eine Deutsche. Ihr lebt unter einer Regierung, die in einer geradezu grandiosen Art eine gewisse Elastizität gegenüber demokratischen Forderungen mit einer unerbittlichen Disziplin zu vereinigen weiß."[194] Diese Auslassungen sind umso auffälliger, weil im Text sonst kaum Streichungen vorkommen. Es hat den Anschein, dass man bei der Inszenierung bewusst Stellen eliminierte, die wie ein Kommentar auf die Tagespolitik hätten verstanden werden können. Die besondere Kraft, die *Der Revolutionär* im Jahr 1919 bei seiner Aufführung entfaltete, lag also in seinem merkwürdigen Verhältnis zur Politik begründet. Einerseits war die Revolution permanent Thema und reichte bis ins Intimste hinein. Andererseits arbeiteten Text und Inszenierung bewusst mit Gegenbildern zu den soeben erlebten Ereignissen: Die Handlung spielt um 1900, ist ins Private verlagert und kehrte in der Inszenierung Steinrücks Geschlechterklischees um. Eine Szene, in der Alexej die Geister seiner toten Genoss:innen erscheinen, gab dem Stück darüber hinaus eine mystisch-unwirkliche Note.

Die Rezeption bei der Premiere war durchweg positiv. Bruno Frank erklärte in der *Vossischen Zeitung:* „Das Publikum stand völlig im Bann der geistig bedeutenden und erstaunlich bühnengerechten Dichtung und ehrte den Autor durch zahlreiche Hervorrufe."[195] Thomas Mann schrieb in sein Tagebuch: „Hochstapelei mit dichterischen Einschlägen. Starker Erfolg, sehr gute Aufführung."[196] Applaus erfuhren Text und Inszenierung auch wegen der indirekten Absage an die Revolution:

> Wie sehr sich das ausverkaufte Haus gewissermaßen auch politisch interessiert fühlte, bewies wohl auch der starke Beifall bei offener Szene, als Herr Janssen als Alexei [sic!] seine vermeintliche Rückkehr in geordnete bürgerliche Verhältnisse mit den starken Schattenseiten jeder Revolution zu motivieren suchte.[197]

---

[193] Ebd., S. 83.
[194] Ebd., S. 82.
[195] Bruno Frank zit. nach Storch, Spiegel oder Gemälde im Silberrahmen, S. 34.
[196] Tagebucheintrag Thomas Manns, 01.02.1919. In: Mendelssohn, *Tagebücher 1918–1921*, S. 143.
[197] Alfred Mensi von Klarbach, Der Revolutionär. Drama in drei Aufzügen von Wilhelm Speyer. In: *BSTZ*, 03.02.1919. In: MSA, ZA-16978.

Sowohl *Der Revolutionär* als auch *Hannibal* schienen im Winter 1918/1919 den Nerv des Publikums zu treffen, nicht zuletzt deshalb, weil sie zwar auf die politische Gegenwart verwiesen, in diesem Deuten aber so vielschichtig waren, dass sie sich nicht in eine ideologische Schiene zwängen ließen. Auf diese Weise blieben die Werke aneignungsoffen genug, um von verschiedenen Zuschauergruppen wohlwollend rezipiert zu werden. Die Wahl dieser ersten beiden Premieren im Schauspiel erwies sich für Victor Schwanneke und seinen Schauspieldirektor als erfolgsverheißend: Sie markierten das Theater klar als Raum, in dem politische Fragen verhandelt werden, ohne ihn jedoch in eine Richtung zu verengen.

3.4 Die Übernahme des Prinzregententheaters in den Verband der Staatstheater

Wie stark das Theater in den Revolutionstagen als politischer Raum besetzt war, zeigt sich auch an Unruhen im Zuschauerraum. Im Dezember provozierten beispielsweise einige französische Offiziere den Unmut des Publikums, weil sie eine Vorstellung des Nationaltheaters in *Uniform* besuchten. In einem Bericht hieß es:

> Wir müssen uns ja jetzt in Anbetracht der „Verhältnisse" vieles gefallen lassen und darum ist es vielleicht besser, auch in der Zeitung nicht weiter auf die Frage einzugehen, ob Kriegsgefangene unseren Theatern ferngehalten werden sollen oder nicht. Die betreffenden Offiziere gaben in ihrem Verhalten, das ruhig und unaufdringlich war, keinen Anlaß zur Beanstandung, aber daß es besser und taktvoller wäre, wenn feindliche Offiziere in Zivil statt in Uniform unsere Theater besuchen, wenn das für richtig erachtet werden soll, ist wohl nicht zu bestreiten.[198]

Das Kleidungsstück des Feindes Frankreich wurde im Kontext der Opernaufführung zum Politikum, weil es die Schmach der deutschen Kriegsniederlage verdeutlichte – selbst im Theater musste man sich den Status als Verlierer vorführen lassen. Eine Woche später berichteten die *Münchner Neuesten Nachrichten* erneut über Tumult im Publikum.[199] Stein des Anstoßes waren dieses Mal heimische Zuschauer:innen, die sich in der Königsloge nicht mit dem nötigen Takt bewegten. Von zu großen Hüten der Damen war in der Zeitungsmeldung die Rede, von Türenschlagen während der Vorstellung. Der Widerstand des Publikums gegen die Besucher:innen der Königsloge sei schließlich so groß geworden, dass das Orchester nach der Pause sein Spiel habe abbrechen müssen und erst wieder aufgenommen

---

198 o.A., Ein Zwischenfall im Nationaltheater. In: *MNN*, Nr. 630, 13.12.1918, S. 2.
199 Vgl. o.A., In der heutigen Aufführung. In: *MNN*, Nr. 646, 22.12.1919, S. 3.

habe, nachdem sich die entsprechenden Personen unter Eskortierung eines Schutzmanns aus der Loge entfernt hätten. Der Artikel schloss mit der Forderung, „daß Personen, die zur Zeit so bevorzugte Plätze einnehmen, sich dort mit dem erforderlichen Takt bewegen."[200]

Beide Vorfälle belegen, dass sich eine Veränderung der Verhältnisse am ehemaligen Hoftheater auch im Zuschauerraum zeigte. Neue Zuschauerkreise stellten durch ihr Fehlverhalten den Habitus der bisherigen Theatergänger:innen in Frage und destabilisierten so nicht nur die Vorherrschaft alter Kultureliten, sondern auch das Selbstbild Deutschlands als Kulturnation. Von Seiten der Intendanz schien die soziale Umwälzung gewünscht. Schwanneke setzte sich, seinem ‚Image' als Linker entsprechend, dafür ein, das Theater für neue Zuschauerschichten zu öffnen. Noch im Herbst 1918 organisierte er gemeinsam mit der neu gegründeten „Geschäftsstelle der Theater- und Konzertaufführungen für heimkehrende Truppen" im Residenz- und im Nationaltheater je drei kostenlose Nachmittagsvorstellungen für die Soldaten.[201] Jeder Heimkehrer erhielt zwei Tickets, im Foyer des Theaters erwarteten die Soldaten „Liebesgaben der Münchner Frauen und Mädchen".[202] Darüber hinaus stellte Schwanneke der Stadtkommandantur, der Einwohnerwehr und der amtlichen Aufklärungsstelle Karten zu vergünstigten Preisen zur Verfügung.[203]

Neben den Soldaten waren es vor allem die Arbeiter:innen, deren Teilhabe am Theater im Revolutionswinter 1918/1919 in den Mittelpunkt des Interesses rückte. Mit dem Komitee zur Schaffung eines Arbeitertheaters gründete sich ein Gremium, das sich für die Pachtung des bis dato lediglich für die Festspiele im Sommer genutzten Prinzregententheaters einsetzte. Ihm gehörten neben dem Publizisten Ernst Hoferichter und dem USPD-Gründungsmitglied Karl Kröpelin auch die Schauspieler Fritz Basil und Georg Putscher an. Zwar war Schwanneke selbst kein Mitglied des Komitees, ein Brief des Intendanten an das Komitee zeigt aber, dass es einen regen Austausch über die Ideen zur Nutzung des Prinzregententheaters gegeben haben muss.[204]

Das Komitee schlug vor, die Bühne in Fragen der Verwaltung und der Technik an das Nationaltheater anzugliedern. Als echtes Arbeitertheater sollte es allerdings unter eigener Leitung stehen, wenngleich diese dem Nationaltheater „beigeord-

---

200 Ebd.
201 Vgl. Nationaltheater München, *Almanach 1920/21*, S. 55f.
202 o.A., Bericht über die Sitzung zur Bildung einer Kommission betr. Aufführungen für heimkehrende Krieger am 27. November 1918, nach 5 Uhr im Landtagsgebäude. In: MSA, NL-HOF-14.
203 Vgl. Nationaltheater München, *Almanach 1920/21*, S. 55.
204 Vgl. Victor Schwanneke an den Zentralrat der Arbeiter-, Soldaten- und Bauernräte Bayerns, 11.03.1919. In: MSA, NL-HOF-14.

net"[205] werden sollte. Ein Laienchor sollte Arbeiter:innen einen Nebenverdienst in der schweren Nachkriegszeit ermöglichen. Zudem bestand die Idee, eine staatliche Schauspielschule anzugliedern. Für 1,50 Mark pro Billett sollten die Preise so gestaltet sein, dass sie für die proletarische Zielgruppe auch erschwinglich waren. Um rasch loslegen zu können, würde das Nationaltheater drei Mal in der Woche „aushilfsweise im bisherigen Prinzregententheater"[206] spielen, so der Plan, ehe sich die Strukturen des Arbeitertheaters komplett gefestigt hätten.

Die Ideen des Komitees waren vor allem von der Überlegung getragen, einen Zugang zur Kunst *allen* Bevölkerungsteilen zu ermöglichen, wie ein Brief an das Finanzministerium vom Heiligabend 1918 belegt:

> Bisher war es meist nur Vereinen und privaten Organisationen überlassen, für den Bildungsdrang und Kunstgenuss der arbeitenden Klassen zu sorgen. Diesen Einzelbestrebungen war es aber unmöglich, tief und dauernd auf die breiten Massen des Volkes einzuwirken – und so mussten sie Stückwerk bleiben. Die Eintrittspreise der privaten und staatlichen Theater waren meist zu teuer, um das wachsende Bedürfnis nach wahrem und echten [sic!] Kunstgenuss der Arbeiter und ihrer Familie zu befriedigen, und so blieb ihnen nur das Kino mit seinen verflachenden und unkünstlerischen Einflüssen als einzig erschwingliche Zufluchtsstätte offen.
>
> Der Achtstundentag und die herannahende Arbeitslosigkeit werden dem Arbeiter noch mehr als bisher Gelegenheit geben, die freie Zeit zur Bildung und künstlerischem Genuss zu verwenden.[207]

Einmal mehr zeigt sich in diesem Schreiben die Überzeugung, dass ein Staat, der sich als demokratisch verstand, auch im Bereich der Kunst eine Partizipation aller Bürger:innen gewährleisten musste. Gerade das Argument der drohenden Arbeitslosigkeit bekräftigte diese Forderung. Wenn ein so elementar sinnstiftender Lebensbereich wie die Arbeit aufgrund der Kriegsniederlage plötzlich wegbrach, brauchte es Sinnangebote in anderen Feldern – auch, um das Vertrauen in die noch junge Demokratie nicht direkt wieder zu untergraben. Kultusminister Hoffmann, mit dem noch zwischen den Jahren ein Treffen zustande kam, zeigte sich offen für die Überlegungen der Sozialisierung des Prinzregententheaters.[208] Dennoch zogen sich die Verhandlungen um die Nutzung der Bühne bis weit in das Frühjahr hinein.

---

205 Karl Kröpelin an das Finanzministerium des Volksstaates Bayern, 24.12.1918. In: MSA, NL-HOF-14.
206 Ebd.
207 Ebd.
208 Vgl. o.A., Konferenz bei Minister Hoffmann. Im Kultusministerium am 26, Dez. 18.vormittags 11 Uhr. In: MSA, NL-HOF-14.

3.4 Die Übernahme des Prinzregententheaters in den Verband der Staatstheater — 151

Die Verhandlung im Landtag: Wiedereinführung der Zensur?
Als der Bayerische Landtag die Zukunft des Prinzregententheaters in der Sitzung vom 30. Mai 1919 schließlich verhandelte,[209] standen die Abgeordneten unter dem Eindruck der jüngsten politischen Entwicklungen: Im Februar wurde Kurt Eisner durch Anton Graf von Arco auf Valley ermordet, zwei Monate später zwang eine durch Schriftsteller wie Erich Mühsam und Ernst Toller proklamierte Räterepublik die Regierung zur zeitweiligen Flucht nach Bamberg. Nach dem erfolglosen Versuch, den Münchner Räten die Herrschaft zu entreißen, kam es Mitte April zur Ausrufung einer zweiten Räterepublik unter kommunistischer Führung, die eine Phase der Gewalt in Gang setzte. Ende April wurden einige Mitglieder der völkischen Thule-Gesellschaft durch die Rote Armee bei einer Geiselnahme ermordet, Anfang Mai folgte dann der „weißen Terror" durch die in München einmarschierenden Regierungstruppen und die Freikorps, um nun vorgeblich die bürgerliche Ordnung (wieder-)herzustellen. Schätzungen zufolge starben beim blutigen Kampf um München zwischen 557 und 1200 Menschen.[210]

Die Theater waren zum Zeitpunkt der Landtagsdebatte bereits geschlossen, Intendant Schwanneke hatte ob der politischen Wirrnisse das Haus bereits im Mai in die Sommerpause geschickt.[211] Von einem eigenständig geführten Arbeitertheater war im Parlament angesichts der aktuellen Ereignisse nicht mehr die Rede. Dennoch sprachen sich Redner der DDP, der SPD und der BVP fraktionsübergreifend für einen Vollbetrieb im Prinzregententheater aus, vorausgesetzt, die Stadt München zahle als Nutznießerin des neuen Theaters etwaige Fehlbeträge.[212]

Uneinigkeit herrschte indes über die Frage, ob und in welchem Maß die Politik Einfluss auf den Spielplan erhalten sollte. Dr. Georg Stang von der Bayerischen Volkspartei forderte in seiner Rede:

> Es muß einmal mit der am [sic!] manchen Theatern, nicht bloß bei uns in Deutschland, sondern darüber hinaus in Österreich bisher gepflegten Sitte gebrochen werden, daß bloß für einen bestimmten Kreis einer ganz bestimmten Weltanschauung huldigender Dichter die Bühne offensteht [sic!].
>
> (Sehr richtig! rechts und bei der Mittelpartei.)

---

209 Vgl. o.A., *Verhandlungen des Bayerischen Landtags 1919*, S. 110–120.
210 Vgl. Thoß, Weißer Terror, 1919.
211 Vgl. o.A., Von den Nationaltheatern. In: *MNN*, Nr. 186, 14.05.1919, S. 3.
212 Mit der Stadt einigte man sich zunächst darauf, dass diese neben der Pachtsumme für das Prinzregententheater einen festen Zuschuss von 61 000 RM übernehmen und für das Defizit des Theaters mit bis zu 100 000 RM aufkommen sollte. Da sich optimistische Rechnungen nicht erfüllten, musste die Stadt für die Spielzeit 1919/1920 die volle Defizitsumme bezahlen. Vgl. Hermann, *Kommunale Kulturpolitik*, S. 149f.

> Der eiserne Ring, der um manche Bühnen geschmiedet ist, muß auch von Dichtern anderer Weltanschauung, als jene haben, die gerade an der Bühne maßgebend sind, muß auch von Dichtern christlicher Weltanschauung durchbrochen werden können.
>
> (Sehr richtig!)[213]

Indem Stang die Avantgarden von großen Städten wie Berlin, Frankfurt oder Wien zur allgemeinen Theatererfahrung erhob, suggerierte er eine Verengung der Staatstheater auf modernistische l'art-pour-l'art-Tendenzen, die mit dem tatsächlichen Spielplan wenig zu tun hatten. Dieser Verengung war in Stangs Augen nur beizukommen, wenn das „dem Landtage verantwortliche Ministerium jederzeit das Recht hat, den Spielplan abzuändern [...]",[214] der Abgeordnete forderte also die Wiedereinführung der Zensur.

Eigenwillig an Stangs Argumentationslinie mutet vor allem seine Wortwahl an. Er sprach davon, dem Ministerium dort ein Recht zur Änderung des Programms einzuräumen, „wo nach der Überzeugung des Landtags der Spielplan als **schädlich** oder als nach verschiedenen Richtungen hin **tadelnswert** erscheint [...]."[215] Wem genau eine bestimmte Art von Theater schaden sollte, ließ der Parlamentarier offen und kreierte so eine diffuse Gefährdungslage, die gerade durch ihre Unbestimmtheit bedrohlich scheinen musste. Zu vermuten ist allerdings, dass Stang sich auf jene Arbeiter:innen bezog, zu deren Gunsten das Prinzregententheater als dritte Spielstätte etabliert werden sollte: „Diese Personenkreise, denen man teilweise eine eigene Urteilsfähigkeit absprach, standen im Verdacht, allzu leicht Opfer von unliebsamer politisch-gesellschaftlicher Einflüsterung oder von moralisch unstatthaften Ideen zu werden",[216] bemerkt Boris Slamka zu Zensurdebatten vor 1918. In konservativen Kreisen sah man die Abschaffung der Zensur deshalb besonders kritisch. So notierte etwa Josef Hofmiller, selbst langjähriges Mitglied des Zensurbeirats, in seinem Tagebuch: „Der Wegfall jeder Polizeizensur macht sich bemerklich. [...] In einer Münchner Zeitung sah ich heute groß ein illustriertes Buch über Kindesabtreibung [...] angezeigt. Das sind die Früchte der neuen Freiheit."[217]

Der SPD-Abgeordnete Albert Roßhaupter fand im Landtag deutliche Worte gegen die Zensurpläne seines Parlamentskollegen Stang. Den Spielplan kontrollieren zu wollen, würde „letzten Endes wieder darauf hinauslaufen, eine Zensur einzuführen, die man auf der andern Seite hat beseitigen wollen und über deren

---

213 o.A., *Verhandlungen des Bayerischen Landtags 1919*, S. 113 f.
214 Ebd., S. 114.
215 Ebd., Hervorhebungen durch Verfasserin.
216 Slamka, *Der Ernst der Stunde*, S. 106.
217 Hofmiller, *Revolutionstagebuch 1918/19*, S. 138.

3.4 Die Übernahme des Prinzregententheaters in den Verband der Staatstheater — 153

Beseitigung man glücklich ist [...]."²¹⁸ Dementsprechend würde das Publikum durch die politische Gesinnung des jeweils verantwortlichen Ministers beeinflusst. Er mahnte:

> Ich meine, wir müssen uns daran gewöhnen – und das mag vielleicht auch ein Ergebnis der Revolution sein –, [...] zu lernen, auch das zu achten, von dem Kollege Stang gesprochen hat, daß es der eine verbrennen will, während es der andere anbetet, und der eine anbetet, was der andere verbrennen will. Wie wir vielleicht allmählich dahin gelangen müssen, daß wir politisch uns gegenseitig besser verstehen lernen,
>
> (Ruf: sehr richtig!)
>
> so müssen wir dahin kommen, daß wir uns künstlerisch gegenseitig mehr verstehen.²¹⁹

In drastischer Rhetorik rief Roßhaupter hier zur Toleranz auf – 1919 ahnte noch niemand, dass vierzehn Jahre später tatsächlich Bücher im Kulturkampf der Nationalsozialist:innen brennen sollten.

DDP-Mitglied August Kalbskopf wies in seiner Rede schließlich, ganz dem Liberalismus seiner Partei entsprechend, auf die Eigenverantwortlichkeit des Publikums hin: „Ich meine, das Volk, das von den Theaterbühnen herab sich Kunst zeigen und vorführen läßt, wird wohl bald aus dem gesunden Sinne heraus, der ihm innewohnt, wertlosen Kitsch abweisen und ablehnen lernen."²²⁰ Für ihn hatte also nicht die Politik über den Spielplan zu wachen, er vertraute darauf, dass die Zuschauer:innen den Spielplan selbstständig regulieren würden. Ein Eingriff in das Repertoire durch den Landtag schien ihm auch mit Blick auf die beschränkte Expertise der Parlamentarier:innen in Kunstdingen nicht geboten: „[I]n künstlerischer Hinsicht sind wir, vielleicht einige ausgenommen, wohl noch nicht an der Grenze des Erziehungsmöglichen angelangt."²²¹

Am Ende beschloss der Landtag die Übernahme des Prinzregententheaters in den Betrieb der Staatstheater – ein Triumph für die Münchner Kultur. Doch allein die Tatsache, dass nur wenige Monate nach Abschaffung der Zensur darüber diskutiert wurde, Zensurmaßnahmen über Umwege wieder einzuführen, zeugt davon, auf welch wackligem Boden die neuen Grundrechte der Meinungs- und der Kunstfreiheit standen.

---

218 o.A., *Verhandlungen des Bayerischen Landtags 1919*, S. 116.
219 Ebd.
220 Ebd., S. 118.
221 Ebd., S. 119.

Die Volksbühne München und die Münchner Theatergemeinde
Hauptzielgruppe für das Angebot der neuen dritten Spielstätte waren die beiden großen Publikumsvereine, die sich in der Weimarer Republik formierten: die politisch linke Volksbühne und die christlich ausgerichtete Theatergemeinde als Teil des Bühnenvolksbundes. Beide wollten ihren Mitgliedern den Theaterbesuch in sogenannten „Volksvorstellungen" ermöglichen und gewannen rasch an Zulauf. Rund eine Dekade nach Gründung waren 1930 deutschlandweit eine halbe Million Menschen in einem der über 300 Volksbühnenvereine organisiert,[222] die Theatergemeinde hatte in München zeitgleich circa 15 000 Mitglieder.[223]

Während die Besucherorganisationen spätestens ab Mitte der 1920er-Jahre ein entscheidender Faktor im Kulturleben wurden und über ihre Ticketabnahmen den Spielplan des Theaters mitbestimmen konnten, standen die Bestrebungen der Vereine und des Theaters 1919 noch am Anfang. In der prospektiven Kalkulation der Bühne plante man bereits damit, 50 % der Tickets jeder Vorstellung an die Publikumsvereine zu geben,[224] noch ehe die Frage der Übernahme durch den Staat endgültig geklärt war. Als die Eingliederung des Prinzregententheaters dann tatsächlich glückte, konnte Intendant Schwanneke dies natürlich als Erfolg für sich verbuchen. In den Jahren 1918 bis 1920[225] gingen rund 52 000 Tickets für die Oper und 266 000 Tickets für das Schauspiel zu vergünstigten Preisen an die beiden Vereine, ein Großteil hiervon entfiel auf die 338 rabattierten Vorstellungen im Prinzregententheater.[226] In der Mitgliederzeitung der Münchner Volksbühne inszenierte Schwanneke das als seine persönliche Errungenschaft:

> Schon lange vor den Novemberereignissen des Jahres 1918 habe ich alle Bestrebungen, die Kunst dem Volke zugänglich zu machen, im Maße meiner Kräfte zu fördern gesucht. In den Kriegsjahren habe ich 48 Konzerte und Theaterabende zu niedrigen Eintrittspreisen veranstaltet und die ersten Münchner Künstler zur Mitwirkung gewonnen.
> Als mich das Vertrauen meiner Kollegen zur Leitung des Nationaltheaters berief, war es mein erstes Bestreben, das Prinzregententheater zum ständigen Betrieb heranzuziehen, um damit täglich einer großen Zahl von Minderbemittelten den Genuss klassischer Kunst bieten zu können. Nach langwierigen Verhandlungen, in denen ich immer wieder die Vermengung

---

222 Vgl. Hermand/Trommler, *Die Kultur der Weimarer Republik*, S. 195.
223 Vgl. Maier, Theatergemeinde München (bis 1933).
224 Vgl. o.A., Gesamt-Etat über Einnahmen und Ausgaben des Prinzregenten-Theaters für 1 Jahr. In: MSA, NL-HOF-14.
225 Aufgrund der Revolution erschien für das Jahr 1918/1919 kein eigener Almanach des Theaters, weswegen in einer nachträglich entstandenen Statistik der gesamte Zeitraum von November 1918 bis August 1920 aufgeführt wurde, in dessen letzten Monaten Schwanneke bereits nicht mehr leitend tätig war. Es lässt sich also nicht abschließend klären, wie viele Volksvorstellungen noch in den Zeitraum seiner Leitung fallen.
226 Vgl. Nationaltheater München, *Almanach 1920/21*, S. 56.

3.4 Die Übernahme des Prinzregententheaters in den Verband der Staatstheater

von Kunst mit politischen Parteirichtungen nachdrücklich abweisen mußte, stand das Prinzregententheater endlich zur Verfügung.[227]

Schwanneke gab sich hier als engagierter Protegé der Geringverdienenden, obwohl er im gleichen Zeitungsartikel zugeben musste, dass die Hinzunahme der Bühne das Theater vor logistische Probleme stellte. Im Schauspiel zwei Vorstellungen gleichzeitig zu geben, war im Hinblick auf die Personalsituation schwierig, zudem waren die Werkstätten bei der Produktion neuer Kulissendekorationen überlastet.

Anfangs zeigte man im Prinzregententheater dann vor allem eine Mischung aus Klassikern und Volksstücken: Hebbels *Gyges und sein Ring* stand ganze achtundzwanzigmal auf dem Programm, Shakespeares *Romeo und Julia* achtzehnmal, Nestroys *Der Zerrissene* immerhin fünfzehnmal.[228] Auffallend ist, dass von den Premieren der Spielzeit 1919/1920 aus dem Nationaltheater und dem Residenztheater kaum eine ins Prinzregententheater übernommen wurde. Mit Ausnahme einiger weniger Vorstellungen von Speyers *Der Revolutionär* und Hasenclevers *Antigone* wurde in der neuen Spielstätte vor allem gut Erprobtes aus den vergangenen Spielzeiten gezeigt. Dies garantierte einen beständigen Zuschauerstrom und minimierte das hohe finanzielle Risiko, das der Staat bei der Pachtung des Prinzregententheaters eingegangen war: Eine „Volksvorstellung" war schließlich keine Volksvorstellung, wenn das Volk nicht hinging. Braunmüller und Schläder sprechen in diesem Zusammenhang sogar von einer „verhinderte[n] Revolte".[229] Sie sehen im konservativ-bürgerlichen Bildungsideal der eigentlich linken Revolutionäre den Hauptgrund für das Ausbleiben eines ästhetischen Neuerungsschubs nach 1918.[230] Zu einem ähnlichen Fazit kommt auch Yvonne Raffelsberger in ihrer quantitativen Spielplananalyse. Sie vermutet, dass die im Prinzregententheater abgehaltenen Volksvorstellungen auch dazu genutzt wurden, um weniger erfolgreiche Inszenierungen länger im Spielplan zu halten.[231]

Dabei muss man sich stets vor Augen halten, dass die Vereine zwar eine Öffnung des Theaters für alle Schichten anstrebten, sozial aber homogener waren, als erwartet:

> Viele der hier organisierten waren nicht die bildungshungrigen Angehörigen der unteren sozialen Schichten, die Volksbühne und Bühnenvolksbund sich erträumten, sondern viel-

---

227 Schwanneke, Zur Umgestaltung des Spielplans im Schauspiel des Nationaltheaters.
228 Vgl. Nationaltheater München, *Almanach 1920/21*, S. 50.
229 Braunmüller/Schläder, *Tradition mit Zukunft*, S. 71.
230 Ebd., S. 78.
231 Vgl. Raffelsberger, *Das Theater-Repertoire der Nachkriegsjahre*, S. 33.

mehr Mitglieder des Bürgertums, die auf diese Weise kostengünstig ihrer traditionellen Freizeitbeschäftigung nachgingen.[232]

Das bestätigt sich in der Mitgliederstruktur der Organisationen: Zwar rühmten die Vereine sich selbst damit, aus allen gesellschaftlichen Schichten Theatergänger:innen zu mobilisieren, ein Großteil der Vereinsmitglieder gehörte aber doch dem Bürgertum an.[233] Auf diese Schicht wurde also das Programm abgestimmt, demgegenüber galt „[d]er Werkkanon bürgerlicher Hochkultur [...] vielen Arbeitern vor allem als unerträglich langweilig."[234] Wie es scheint, brachte die Etablierung der neuen Spielstätte eben nicht die zu erwartende Durchmischung des Publikums, im Gegenteil: Verschiedene Zuschauergruppen wurden durch ein passgenaues Angebot stark voneinander separiert. Das zeigt auch ein Blick in die genaue Auflistung über „Veranstaltungen für die minderbemittelten Bevölkerungsschichten"[235] im Almanach des Theaters: Neben den geschlossenen Aufführungen für die Publikumsvereine gab es vereinzelt geschlossene Vorstellungen für „das werktätige Volk", die Schwerarbeiter, das Personal der Munitionsanstalt Schleißheim und den Zentralverband der Angestellten.[236] Darüber hinaus gingen verbilligte Eintrittskarten an Studierende sowie mehrere Beamtenvereine.[237] Berührungspunkte zu anderen Bevölkerungsgruppen gab es in diesen Spezialvorstellungen kaum.

Die ersten Festspiele unter Schwanneke
Eine deutliche Veränderung im Publikum machte sich hingegen bei den ersten nach dem Krieg stattfindenden Festspielen im Prinzregententheater bemerkbar. Als Folge des Krieges blieben die ausländischen Tourist:innen im Sommer 1919 aus:

„Wie anders war es, als vor wenig Jahren ...",

möchte man mit dem biederen Bombardon singen, wenn man an die sonstigen Eröffnungsvorstellungen im Prinzregententheater gelegentlich der Wagner-Musteraufführungen vor dem Kriege zurückdenkt. Damals gehörte das Theater den Fremden. Amerikaner und Engländer beherrschten den Ton, die Einheimischen verschwanden völlig, man hörte mehr Englisch, Französisch und Italienisch als Deutsch, in den Wandelgängen, im Restaurant und im Garten drängte sich ein kosmopolitisches Auditorium auserlesener Art, kostbare Juwelen blitzten und leuchteten mit strahlender Seide um die Wette.

---

232 Führer, „Kulturkrise" und Nationalbewusstsein, S. 159.
233 Vgl. Maier, Theatergemeinde München (bis 1933).
234 Führer, „Kulturkrise" und Nationalbewusstsein, S. 159 f.
235 Nationaltheater München, *Almanach 1920/21*, S. 54 ff.
236 Vgl. ebd., S. 55 f.
237 Vgl. ebd., S. 54 ff.

3.4 Die Übernahme des Prinzregententheaters in den Verband der Staatstheater — 157

> Heute sind sie Festspiele kriegsmäßig gewandelt. Der Fremdenstrom ist ausgeblieben. Er sickert wenigstens infolge Lebensmittel- und Verkehrsnot nur dünn, verschwunden sind die langen Wagenburgen fauchender Automobile, Toilettenprunk und Juwelenpracht sind auf ein geringes Maß reduziert, das Haus gehört den Einheimischen, die Festspielsaison hat sich mehr verbürgerlicht.[238]

Beim Auftakt der Festspiele vor heimischem Publikum wagte Schwanneke einen ungewöhnlichen Schritt. Statt wie sonst üblich mit einer Oper eröffnete er die Festspiele mit Grabbes *Hannibal*: „Aber Intendant Schwanneke ist eben Schauspieler und seine Liebe gehört primo loco seiner Waffe."[239] Ähnlich wie bei der Uraufführung im Dezember wurde auch hier der Zeitbezug spürbar: „Und als im fünften Aufzug Karthagos Jungfrauen den Flammenmord der Knechtschaft vorzogen", schrieb der Kritiker Ludwig Seyfried, „ergriff das bei offener Szene einen Zuhörer derart, daß er die rhetorische Frage ins verdunkelte Haus schleuderte: ‚Und wir?'."[240]

„Und wir?" – in der knappen Frage klingt nicht nur das kriegsernüchterte Deutschland an, sondern auch das Stammpublikum eines Theaters, das innerhalb eines Jahres die Transformation von einer Hofbühne zu einem kollektivierten Betrieb durchgemacht hatte. Dementsprechend kritisch reagierte die Presse darauf, dass *Der Ring des Nibelungen* nur ein einziges Mal gezeigt wurde.[241] Viel erstaunlicher aber erschien den Journalisten, dass die Festspiele im Prinzregententheater ein Werk des Münchner *Agent Provocateurs* Frank Wedekind im Programm stehen hatten. Sein *Herakles* wurde postum uraufgeführt:

> Den Herkules, den griechischen Heros und Halbgott Herakles zum Helden einer dramatischen Dichtung zu machen, wird heute schwerlich einem modernen Theaterschriftsteller einfallen, am allerwenigsten hätte man eine Vorliebe für diesen klassischen Stoff einem Frank Wedekind zugetraut. Daß er einen Herakles gedichtet hat, ist schon eine Ueberraschung [sic!], eine noch größere aber ist, w i e er diesen Stoff bewältigt hat. Zwei Monate etwa vor seinem Tode hat er im Rahmen der „Intimen Nachmittage" in der „Bonbonnière" seinen Herakles selber vorgelesen. An eine Aufführungsmöglichkeit dachte damals wohl niemand, vielleicht der Dichter selbst nicht. Am allerwenigsten dürfte er geahnt haben, daß sich die Münchner Festspiele im Prinz-Regenten-Theater seiner hinterlassenen Dichtung annehmen würden. Freilich noch viel weniger würden Richard Wagner, König Ludwig II. und die Erbauer des

---

238 Ludwig Seyfried, Festspieleröffnung im Prinzregententheater. In: *BK*, Nr. 208/209, 26./27.07.1919. In: MSA, ZA-17041.
239 Ebd.
240 Ebd.
241 Vgl. A.N., Münchner Festspiele. Der Ring des Nibelungen I. In: *MAAZ*, Nr. 305, 05.08.1919. In: MSA, ZA-17041.

Prinz-Regenten-Theaters sich haben träumen lassen, daß das Wagner-Festspielhaus einmal berufen sein würde, die Geburtsstätte eines Wedekindschen Dramas zu werden.[242]

Von der Privatlesung in der Bonbonnière zur Uraufführung auf der Wagnerbühne: Deutlicher lässt sich der Umbruch von 1918 im Spielplan nicht erzählen. Einen Autor, den man zuvor zensiert hatte, zeigte nun ein Staatstheater. Die Bühne wurde mit dieser Entscheidung den Spielplänen von privat geführten Bühnen wie den Münchner Kammerspielen oder dem Schauspielhaus ein Stück ähnlicher.

3.5 Die Idee des Staatskinos und seine fragwürdige Finanzierung

Zeitgleich zu den Bestrebungen, das Prinzregententheater in den Verband der Staatstheater einzugliedern, gediehen hausintern noch zwei andere Ideen: der Bau einer Volksoper und die Gründung eines Staatskinos im Marstallgebäude hinter dem Theater. Impulse für die Ausgestaltung ersterer kamen überraschenderweise von Bruno Walter. Er stand zwar, wie Dieter Albrecht zeigte, der Revolution ebenso skeptisch gegenüber wie der Idee des Kollektivtheaters, doch „war das Nebeneinander von humanitärem Impuls und Utopie eine Eigentümlichkeit, die Bruno Walter und Kurt Eisner verband."[243] Walter arrangierte sich dementsprechend rasch mit der neuen Situation und legte bereits im Winter 1918 Pläne zum Bau einer Volksoper vor, in denen es hieß: „Die einzigen Werte, die dem deutschen Volk nicht genommen werden können, sind seine kulturellen Güter."[244] Ende Dezember wurden Walters Vorschläge positiv im Ministerrat besprochen. Zu einer Abstimmung im Landtag über den Bau einer Volksoper kam es aufgrund des Regierungswechsels und der Ermordung Eisners nicht mehr.[245]

Demgegenüber wurde das Lieblingsprojekt von Intendant Victor Schwanneke wesentlich hartnäckiger verfolgt: Er wollte das Marstallgebäude hinter dem Theater in ein Kino umbauen lassen, das der Querfinanzierung des durch den Staat zu pachtenden Prinzregententheaters dienen sollte. Erstmals Erwähnung in den Akten fanden die Pläne im Januar 1919. Bereits zu diesem Zeitpunkt dachte Schwanneke das Projekt groß: Im Marstall sollte ein Kinosaal mit 1000 Plätzen

---

242 Alfred Mensi von Klarbach, Herakles. Dramatisches Gedicht in drei Akten von Frank Wedekind. Uraufführungen im Prinzregenten-Theater. In: *BSTZ*, Nr. 215, 03.09.1919. In: MSA, ZA-17041, Hervorhebung im Original.
243 Albrecht, Bruno Walter, S. 452.
244 Bruno Walter zit. nach ebd., S. 451.
245 Vgl. ebd., S. 451f.

entstehen, darüber hinaus schlug er vor, die Turnhalle der ehemaligen Polizeidirektion im Augustinerstock zu pachten und hier einen zweiten Saal mit 500 Plätzen einzubauen. Nach Umbaukosten von 150 000 Mark könne man mit rund einer Million Mark Einnahmen jährlich rechnen.[246] Später konkretisierte er die Zahlen: Würde man in den Marstall statt eines Kinosaals gleich zwei einbauen, bedeutete das für den Staat Umbaukosten von 160 000 Mark pro Saal plus 35 000 Mark für die Renovierung des Vorraums. Nach Abzug der monatlichen Betriebsausgaben von 44 000 Mark sei mit einem Jahresertrag von rund 1,5 Millionen (ein Kino) beziehungsweise 3 Millionen (zwei Kinos) zu rechnen – vorausgesetzt, die Vorstellungen seien ausverkauft.[247] „Fals [sic!] der Staat das Geld für die Bausumme nicht flüssig hat, bin ich in der Lage das Kapital aus privater Hand sofort gegen die übliche Verzinsung zur Verfügung zustellen [sic!]",[248] schrieb Schwanneke.

Bemerkenswert an Schwannekes Vorstoß war vor allem sein zweiter Vorschlag: Ebenfalls im Januar unterbreitete er dem Ministerium die Idee, in Grünwald eine staatliche Filmfabrik zu bauen, da dem Architekten Ludwig Lutz dieses Bauprojekt ohnehin schon genehmigt worden sei. Die Filmfabrik könne dann von den Ressourcen der Staatstheater – etwa Requisiten, Bühnenbilder, Personal – profitieren. Gleichzeitig ließe sich das Gelände teuer vermieten und würde so zusätzliche Einnahmen für den Staat bedeuten.[249] Schwanneke visionierte also ein Filmproduktionsmonopol nach Art der großen amerikanischen Studios, das jedoch in der Hand des Staates liegen und dazu dienen sollte, die ‚wahre' Kunst, das Theater mitzufinanzieren.

Im März 1919 wurde der Plan dem Ministerium genauer auseinandergesetzt: Rund 2 Millionen Mark würde das Projekt den Staat kosten, so der Intendant, für jeden in der Filmfabrik gedrehten Meter Film würde eine Steuer erhoben, die dem Theater zugutekommen solle.[250] Nochmals betonte Schwanneke: „Ich bin in der Lage das Kapital zusammenzubringen, sodass der Staat kein Risiko hat."[251] Im Finanzministerium sah man das Projekt bereits Ende März skeptisch, besonders die

---

246 Vgl. Victor Schwanneke an das Staatsministerium für Unterricht und Kultus, 01.01.1919. In: BAYHSTA, MK 41005.
247 Vgl. Victor Schwanneke an das Staatsministerium für Unterricht und Kultus, 11.03.1919. In: BAYHSTA, MK 41005.
248 Ebd.
249 Vgl. Schwanneke an das Staatsministerium für Unterricht und Kultus, 01.01.1919.
250 Vgl. Victor Schwanneke an das Staatsministerium für Unterricht und Kultus, 24.03.1919. In: BAYHSTA, MK 41005.
251 Ebd.

Umwidmung des Marstalls in ein Kino betreffend, denn dann ließe sich das Gebäude nicht mehr in ein Volksschauspielhaus umbauen.[252]

Dennoch schickte Schwanneke Anfang April an das Kultusministerium ein Angebot zur Gründung der Filmgesellschaft „Weiss-Blau-Film" mitsamt einer anwaltlichen Begutachtung des Projekts.[253] Den Dokumenten ist zu entnehmen, dass die Gesellschaft von mehreren Filmfachleuten geführt werden sollte, wobei für die Filmproduktion Max Nadler, ein Schauspieler der Staatstheater, verantwortlich sein sollte. Noch einmal wurden die hohen Gewinne für den Staat von 1 bis 1,5 Millionen Mark betont, zudem erhielte das Theater 3 Mark pro Meter Film, wenn eine eigene Filmproduktionsstätte im Geiselgasteig zustandekomme. Außerdem, so ein weiteres Verkaufsargument, könne sich der Staat das Monopol zur Konzessionierung von Filmen aus dem Ausland sichern und so weitere Einnahmen generieren. Nach Abzug aller Kosten würden 40% der Einnahmen der Filmgesellschaft an das Theater beziehungsweise den Staat fließen, der Intendant wäre als Delegierter im Aufsichtsrat des Unternehmens vertreten, der aus zwei Tochtergesellschaften für die Filmvorführung und die Filmproduktion bestünde. „Ich stelle die ergebene Bitte diese Angelegenheit als vordringlich zu behandeln, da die Herren mich bevollmächtigt haben, innerhalb 10–14 Tagen für sie bindende Abmachungen mit dem Staate zu treffen",[254] schrieb Schwanneke und machte erneut Druck.

Nur zwei Tage später wurde in München die erste Räterepublik ausgerufen, die offizielle, demokratisch legitimierte Regierung floh nach Bamberg. Eine Woche später kam es zur Ausrufung der zweiten Münchner Räterepublik unter kommunistischer Führung.[255] Schwanneke versuchte nun, den Regierungswechsel für seine Zwecke zu instrumentalisieren und beschädigte durch dieses unbedachte Vorgehen nachhaltig die Seriosität seiner Intendanz. Offenbar trat er an Emil Maenner heran, der in der zweiten Räteregierung als Volksbeauftragter für das Finanzwesen fungierte,[256] denn dieser bewilligte am 20. April 1919 die Freigabe des Marstallgebäudes zum Umbau in ein Staatskino. Er erlaubte auch, „daß das zur Finanzierung des Projekts benötigte Kapital gegen mäßige Verzinsung aus privaten

---

252 Vgl. Staatsministerium für Finanzen (Merkel) an das Staatsministerium für Unterricht und Kultus, 25.03.1919. In: BAYHSTA, MK 41005.
253 Vgl. Victor Schwanneke an das Staatsministerium für Unterricht und Kultus, 05.04.1919 und Rechtsanwalt Dr. Ranny an Victor Schwanneke, o.D., mit Anlangen. Beide in: BAYHSTA, MK 41005.
254 Schwanneke an das Staatsministerium für Unterricht und Kultus, 05.04.1919.
255 Vgl. Bischel, Räterepublik Baiern (1919).
256 Vgl. Zu Emil Maenner: Lilla, Maenner, Emil.

Mitteln beschafft wird."²⁵⁷ Eine staatliche Finanzierung des Projekts schloss Maenner in der Genehmigung explizit aus.

Wie sich aus einem Brief des Finanzministers Karl Neumaier an Ministerialrat Jakob Korn rekonstruieren lässt,²⁵⁸ besuchte Schwanneke daraufhin Adolf Pöhlmann, den Direktor der Bayerischen Vereinsbank, um einen Kredit von 400 000 Mark für das Marstallkino zu bekommen. Als dieser sich verwundert über das Ansinnen des Intendanten zeigte, behauptete Schwanneke, Kultusminister Hoffmann in Bamberg wisse über die Kinopläne Bescheid. Pöhlmann wollte sich auf die Kreditvergabe allerdings nur einlassen, wenn auf das Marstallgebäude eine Hypothek aufgenommen werde. Einige Tage später forderte Schwanneke dann eine schriftliche Bestätigung des Kredits von der Bank, da sich sonst Emil Maenner wiederum nicht bereitfände, den Marstall mit einer Hypothek zu belasten.²⁵⁹

Schwanneke spielte hier also die Unwissenheit der jeweils anderen Seite aus, um eine Entscheidung zu erzwingen und belastete den Kredit seiner eigenen Glaubwürdigkeit damit schwer. Es war eine Sache, sich mit Theaterkönig Kurt Eisner gut zu stellen und daraus Vorteile zu schlagen, aber eine ganz andere Sache, mit einer ‚Regierung' zu paktieren, die in Teilen der bayerischen Bevölkerung als illegitim angesehen wurde. Zwar kam es noch zur Bewilligung eines Darlehens durch die Bank,²⁶⁰ nach der Niederschlagung der Räterepublik durch die Regierungstruppen und die Freikorps wurden jedoch sämtliche, in dieser Zeit getroffenen Entscheidungen zurückgenommen.²⁶¹ Auch stoppte man die bereits begonnene Entkernung des Marstallgebäudes.²⁶²

Die Presse nahm natürlich Kenntnis von dem Vorgang. Offenbar warb Schwanneke bei ihr für das Kinoprojekt auch noch, als die Räterepublik gewaltvoll niedergeschlagen war. Der *Bayerische Kurier* bezeichnete Schwannekes Pläne als „börsenjobbermäßige Degradierung des Nationaltheaters"²⁶³ und kritisierte, dass Schwanneke sowohl zur Durchsetzung der Satzung des Theaters wie auch für das Kinoprojekt die zweifelhafte Nähe zu den Revolutionären gesucht habe. Ähnlich kritisch äußerte sich Richard Elchinger in den *Münchner Neuesten Nachrichten*:

---

257 Emil Maenner an die Verwaltung des Nationaltheaters, 20.04.1919. In: BAYHSTA, MK 41005.
258 Vgl. Karl Neumaier an Jakob Korn, 08.05.1919. In: BAYHSTA, MK 41005.
259 Vgl. ebd.
260 Vgl. Notariat München II an das Staatsministerium für Unterricht und Kultus, 07.06.1919. In: BAYHSTA, MK 41005.
261 Vgl. Staatsministerium für Unterricht und Kultus an das Notariat München II, 30.06.1919. In: BAYHSTA, MK 41005.
262 Vgl. Regierungsassessor Decker an Jakob Korn, 08.05.1919. In: BAYHSTA, MK 41005.
263 o.A., Ein Lichtspielhaus im Marstallgebäude. In: *BK*, Nr. 128, 07.05.1919. In: BAYHSTA, MK 41005.

> Ich möchte es nicht zur Massenabstimmung darüber kommen lassen, ob die theatralischen Kostgänger der Staatsbühne, wenn sie die Wahl haben, in der Mehrheit sich für die zehnte „Medea"-Aufführung entscheiden oder für den Besuch eines wunderbar spannenden Filmwerkes von fünf Kilometer Länge. Ein Hauskino würde sich auf die Dauer zu einer gefährlichen Nachbarschaft entwickeln. Ganz abgesehen von der ideellen Bedrohung. Das Kinodrama hat das gesprochene Wort entbehrlich gemacht. Was bliebe von den Helden des Nationaltheaters übrig, wenn sie, unter Verlust des klingenden Pathos, auf der zappelnden Leinwand auch als eine Versammlung stummer Mimen betrachtet werden könnten? Wer nähme sich die Mühe, noch den Reden der Dichter zu lauschen, dieweil doch gerade eine nationale Bühne keine edlere Ausgabe hat, als die Pflege des Wortes, die sehr im argen liegt.[264]

Offensichtlich fürchtete man die Konkurrenz durch das neue Massenmedium Kino, das anfänglich vor allem Arbeiter:innen und Angestellte anlockte. 1918 gab es bereits 2 300 Filmtheater in ganz Deutschland.[265] Sie weichten die Vormachtstellung der Theater auf und wirkten aufgrund ihrer Niedrigschwelligkeit auch demokratischer als die ehemaligen Hofbühnen. Für ein städtisches Bürgertum, das sich, wie Karl Christian Führer zeigt, über den Theaterbesuch als Teil einer kulturellen Elite definierte,[266] stellte das Kino mit seinen Verflachungen natürlich ein besonderes Ärgernis dar, zumal es im Bürgertum ebenso wie in den Kreisen konservativer Intellektueller eine breite Opposition gegen Massen- und Demokratisierungsphänomene gab.[267] Ein Kino in unmittelbarer Nachbarschaft des Theaters zu errichten, bedeutete somit auch einen Abbau von Hürden, der nicht allen geschmeckt haben dürfte. Besucher:innen eines staatlichen Kinos, die an diesem Ort eine positive Rezeptionserfahrung machen, ließen sich später vielleicht eher für den Besuch einer Theatervorstellung in einem der dazugehörigen Staatstheater begeistern. Letztlich kam es jedoch nicht zur Realisierung des Projekts und Intendant Schwanneke erhielt von Ministerpräsident Hoffmann sogar die Aufforderung, künftig „bei Verlautbarungen in der Presse über die Verhältnisse des Nationaltheaters Ankündigungen zu unterlassen, für deren Verwirklichung die erforderliche ministerielle Genehmigung noch nicht vorliegt."[268]

Nachspiel im Veruntreuungsprozess
Damit schien das Kapitel Staatskino zunächst geschlossen, doch wurde Schwanneke später vorgeworfen, Gelder der Clara-Ziegler-Stiftung genutzt zu haben, um

---

264 Richard Elchinger, München als Theaterstadt. In: *MNN*, Nr. 205, 30.05.1919, S. 1.
265 Vgl. Becker, *Experiment Weimar*, S. 276.
266 Vgl. Führer, „Kulturkrise" und Nationalbewusstsein, S. 157f.
267 Vgl. Becker, *Experiment Weimar*, S. 54f.
268 Johannes Hoffmann an Victor Schwanneke, 17.05.1919. In: BAYHSTA, Generaldirektion der Bayerischen Staatstheater, 890.

das Projekt voranzutreiben. Als Geschäftsführer der Stiftung wurde Schwanneke 1922 wegen Veruntreuung und Urkundenfälschung in 47 Fällen angeklagt. Eine Prozessakte existiert laut Auskunft des Staatsarchivs München nicht mehr, doch ist in der Berichterstattung über den aufsehenerregenden Fall zu lesen, dass Schwanneke über Jahre hinweg mithilfe fingierter Rechnungen Geld aus der Kasse des Museums entnommen haben soll, Stiftungseigentum eigenmächtig verkauft oder an Freunde aus dem Theater verschenkt und die Stiftung dadurch nachhaltig geschädigt habe.[269] Anzeichen gab es hierfür bereits Mitte 1920: Bei einer Prüfung der Jahresendabrechnung waren Unstimmigkeiten bemerkt worden, Kassenbücher „haben nicht vorgelegen",[270] auf vielen Quittungen sei kein Verwendungszweck vermerkt, zudem bedürften Rechnungen für Möbeltransporte einer Erklärung.

Beim Verfahren wurde dann auch dem Verdacht nachgegangen, wonach Schwanneke Gelder der Stiftung zur Anfinanzierung des Kinos verwendet habe. 30 000 Mark sollen auf Kosten der Stiftung zur Realisierung des Projekts vorgestreckt worden sein, 15 000 Mark habe Schwanneke zudem selbst beigesteuert. Nach dem Scheitern des Projekts seien aber nur 20 000 Mark an die Stiftung zurückgezahlt worden, das restliche Geld sei laut Schwanneke „für Ausgaben der Stiftung verwendet worden."[271] Auch stand der Vorwurf im Raum, Schwanneke seien Kosten bei dem Versuch entstanden, für das Unternehmen eine Berliner Filmschauspielerin zu gewinnen, welche die Stiftung getragen haben solle.[272]

Aus Theaterkreisen sagten verschiedene Zeug:innen aus, so auch Max Nadler, der in der neu zu gründenden Filmgesellschaft für die Filmproduktion verantwortlich zeichnen sollte. „Nach Ansicht Nadlers besaß Schwanneke in der in Frage kommenden Zeit einen hohen Grad von Optimismus",[273] hieß es in der Berichterstattung über die Vernehmung. Nadler betonte, dass es zwischen dem Staatskino und der privaten Filmgesellschaft „kein[en] Zusammenhang"[274] gegeben habe – in Schwannekes Briefen drei Jahre zuvor klang das noch deutlich anders. Eine ähnliche ‚Amnesie' befiel bei der Befragung offenbar auch Oberregierungsrat Constantin Heydel, der für wichtige Verwaltungsfragen im Theater verantwortlich war. Er behauptete, vom Staatskinoprojekt „nur vom Hörensagen"[275] gewusst zu haben.

---

269 Vgl. o.A., Schwanneke vor Gericht (a). In: *MNN*, 455, 13.11.1922, S. 4.
270 Rudolf Moralt an Verwaltung des Nationaltheaters, 07.07.1920. In: BAYHSTA, Generalintendanz der Bayerischen Staatstheater, 1502/1.
271 o.A., Schwanneke vor Gericht (b). In: *MNN*, Nr. 457, 15.11.1922, S. 4.
272 Vgl. ebd.
273 o.A., Schwanneke vor Gericht (c). In: *MNN*, Nr. 466, 24.11.1922, S. 4.
274 Ebd.
275 o.A., Schwanneke vor Gericht (d). In: *MNN*, Nr. 463, 21.11.1922, S. 4.

Schwanneke habe zwar erwähnt, dass er dem Theater hierfür 30 000 Mark vorgestreckt habe, „sonst sei ihm davon nicht bekannt."[276] Und auch Schwannekes Frau wollte von diesem Geld nichts gewusst haben.[277]

Dieses kollektive Unwissen scheint kaum glaubwürdig, war doch sogar die Presse durch Schwanneke von den Plänen unterrichtet worden. Eher wirkt es so, als habe man am Theater und im Ministerium die unglückliche Causa Kino möglichst schnell vergessen wollen. Dafür spricht auch, dass ausgerechnet Alwin Saenger, der 1919/1920 im Kultusministerium für das Theater zuständig war, den ehemaligen Intendanten anwaltlich vertrat. Dabei handelte es sich womöglich um einen Akt der Schadensbegrenzung, um gar nicht erst den Verdacht aufkommen zu lassen, das Theater sei ebenfalls geschädigt worden – derartige Gerüchte waren bereits im Winter 1920 in Umlauf.[278] Dem Theater wurden jedoch, wie aus einer Anfrage des Untersuchungsrichters im Vorfeld des Prozesses hervorgeht, von Schwanneke für das Projekt offenbar keine Kosten aufgebürdet.[279]

Schwanneke wurde am Ende zu fünf Monaten Haft und 100 000 Mark Strafe verurteilt.[280] Das Strafmaß sei gering ausgefallen, da der Angeklagte sich meist bemüht habe, den entstandenen Schaden zu ersetzen und einen guten Leumund habe. Die Verurteilung des ehemaligen Intendanten beruhte letztlich auf einer Vielzahl von Veruntreuungsfällen in der Clara-Ziegler-Stiftung, nicht alle fielen in seine Zeit als Leiter der Staatstheater, auch wurde immer wieder die zweifelhafte Rolle des Schauspielers und Revolutionssympathisanten Albert Florath in der Stiftung diskutiert. Im Prozess gegen Schwanneke spielte die Kinofinanzierung daher eine untergeordnete Rolle. Auf individualpsychologischer Ebene liefert die Betrachtung des Gerichtsverfahrens aber dennoch Erklärungen für Schwannekes unkluges, fast schon naives Agieren in puncto Kino. In der Clara-Ziegler-Stiftung ‚lernte' Schwanneke, dass unrechtes Handeln und ‚Freunderlwirtschaft' oft über lange Zeit folgenlos blieben. Immerhin wurden einige der Betrugsfälle erst nach über einem Jahrzehnt geahndet. Diese ‚Lernerfahrung' scheint sich auf seine Amtsführung als Intendant übertragen zu haben: Er spielte staatliche Stellen gegeneinander aus, tändelte mit der Privatwirtschaft ebenso wie mit den Kommu-

---

276 Ebd.
277 Vgl. Die Unregelmäßigkeiten im Münchener Nationaltheater. In: *BSTZ*, Nr. 220, 21.11.1922. In: BAYHSTA, Generalintendanz der Bayerischen Staatstheater, 1502/1.
278 Vgl. Victor Schwanneke an Herrn Geheimrat [= Karl Zeiß, Anm. d. Verf.], 25.12.1920. In: BAYHSTA, Generaldirektion der Bayerischen Staatstheater, 890.
279 Vgl. Der Untersuchungsrichter bei dem Landgerichte München I an die Verwaltung der staatlichen Theater München, 21.06.1921. In: BAYHSTA, Generaldirektion der Bayerischen Staatstheater, 890.
280 Vgl. o.A., Schwanneke vor Gericht (e). In: *MNN*, Nr. 469, 27.11.1922, S. 4.

nist:innen, schob Gelder zur Anfinanzierung des Projekts hin und her, vergaß dabei aber, dass ein Staatstheater anderen Logiken gehorchte als eines seiner vielen unbezahlten Ehrenämter. Das warf retrospektiv ein schlechtes Licht auf die Bühne. Den ehemaligen Revolutionsintendanten zum Verbrecher verurteilt zu sehen, bestätigte schließlich sämtliche Reden der Konservativen und Königstreuen von den sogenannten „Novemberverbrechern" – auch wenn es sich hier ‚nur' um Sachschäden handelte. Diese begleiteten das Museum jedoch noch lange: Noch aus dem Jahr 1927 findet sich in einer Akte Korrespondenz bezüglich der Entschädigung von unrechtmäßig verkauften Museumsgütern.[281]

3.6 Zwischenbilanz zum Spielzeitende: Der Beginn des Ansichtsverlusts

Insgesamt lässt der missliche Verlauf des Projekts Staatskino mit seinem gerichtlichen Nachspiel gleichsam interessante wie ambivalente Erkenntnisse über die Intendanz Schwanneke zu. Einerseits erwies sich Schwanneke im Versuch, eine Querfinanzierung für das Theater zu finden und diese in Kooperation mit nichtstaatlichen Geldgebern zu realisieren, als durchaus visionär für seine Zeit. Er begriff das gewaltige finanzielle Potential des Kinos und schien sich auch nicht für die Schund-Debatten zu interessieren, die den frühen Film begleiteten. Dabei gehorchte der Film der Logik des Geschäfts, der man zeitgleich die Theater durch Verstaatlichung entreißen wollte. Auf eigentümliche Weise versuchte Schwanneke nun, das Gewinnstreben kapitalorientierter Kinounternehmer mit den sozialen Zielen des Theaters zu verquicken und scheute den Schulterschluss einer soeben erst sozialisierten Bühne mit der Privatwirtschaft augenscheinlich nicht.

Andererseits wirkt das Ausnutzen seiner Doppelrolle als Intendant und Geschäftsführer der Clara-Ziegler-Stiftung hochgradig problematisch. Hierin offenbart sich eine Überforderung mit den verschiedenen Aufgabenfeldern. Vor Gericht gab der Staatsanwalt an, Schwannekes Verhalten erkläre sich „[a]us Schlamperei, aus dem großen Vertrauen, das man in den Angeklagten setzt, aus mangelnder Kontrolle und aus den Worten Schwannekes, daß er sich mit dem Museum identifiziert habe."[282] Ebenso zeugt der Vorgang von einem Mangel an Erfahrung mit politischen Verantwortungsträgern. Ausgerechnet die Räteregierung das Projekt genehmigen zu lassen, nachdem es in der kurzen Zeit von Januar bis April bereits

---

281 Vgl. Direktorium der Clara Ziegler-Stiftung an Kuratorium der Clara Ziegler-Stiftung, 14.01.1927. In: BAYHSTA, Generalintendanz der Bayerischen Staatstheater, 1502/1.
282 o.A., Schwanneke vor Gericht (c), S. 4.

mehrfach Regierungswechsel gegeben hatte, erwies sich als kurzsichtig und rückte die Kinoidee in kein gutes Licht, so ehrenwert Schwannekes Absichten auch gewesen sein mochten.

Bei einem Treffen zum Saisonabschluss gab das Theater sich dennoch optimistisch und zog eine Spielzeitbilanz, die sich als Erfolgsgeschichte erzählte: Für das technische Personal sei der Acht-Stunden-Tag eingeführt worden, auch sei „bisher schlecht bezahlten Mitgliedern durch Gehaltsverbesserungen eine menschenwürdige Existenz ermöglicht worden".[283] Vor allem aber betonte Schwanneke ein Einnahmeplus: Im März seien mit 200 000 Mark Umsatz die höchsten Einnahmen jemals gemacht worden und das obwohl „[d]ie fortwährenden Streike, die zeitweilige Herabsetzung der Polizeistunde, die Unsicherheit der Lage [...] eine Unruhe in den Betrieb [brachten], die schwere Ausfälle zur Folge hatte."[284] Trotz der Eskapaden um das mit jedem Tag unwahrscheinlicher werdende Kinoprojekt schrieb die *München-Augsburger Abendzeitung*:

> Der Verlauf der gesamten Versammlung gab einen **erfreulichen Rückblick** auf schon Geleistetes, vor allem aber hoffnungsvolle Ausblicke in die Zukunft des Nationaltheaters. **Fünf Monate gemeinsamen Schaffens hatten bewiesen, daß das Nationaltheater auf genossenschaftlicher Grundlage wohl bestehen könne** und in weiter ausbauender Arbeit besseres denn je leisten werde.[285]

Das klang wohlwollender als der Spott, der den Räten noch im Januar entgegengeschlagen war. Auch gelang die Übernahme des Prinzregententheaters pünktlich zur Sommerpause und das im Januar durch die Presse herbei geschriebene Chaos durch Kollektivierung trat zunächst nicht ein.

Trotzdem brodelte im Münchner Bürgertum das Misstrauen gegenüber dem Theater. Wenn eine Revolution die Funktion erfüllt hat, einen gesellschaftlichen Druckausgleich zu leisten und der Taumel nachlässt, wirkten Revolutionär:innen plötzlich selbst verdächtig, so Wolfgang Schivelbusch.[286] Das Paktieren eines ‚Revolutionsintendanten' mit zweifelhaften Volksvertretern zur Durchsetzung „großstilige[r] Kinophantastereien"[287] schien nun möglicherweise wie Verrat. Da half es wahrlich nicht, dass Schauspieldirektor Albert Steinrück alten, revolutionären ‚Saufkumpanen' aus der Torggelstube heimlich die Treue hielt, wie Steinrücks Biografin Margret Heymann durch folgende Anekdote suggeriert:

---

283 o.A., Die Entwicklung des National-Theaters. In: *MAAZ*, Nr. 73, 06.05.1919. In: MSA, ZA-16986.
284 H.R., Von den Nationaltheatern. In: *MNN*, Nr. 186, 14.05.1919, S. 3.
285 o.A., Die Entwicklung des National-Theaters, Hervorhebungen im Original.
286 Vgl. Schivelbusch, *Die Kultur der Niederlage*, S. 25 f.
287 o.A., Ein Lichtspielhaus im Marstallgebäude.

Seine [= Steinrücks, Anm. d. Verf.] Sympathie galt zwar den Linken, aber seine Stellung erlaubte ihm keine offene Parteinahme. Trotzdem half er, wo er konnte, so zum Beispiel dem Dichter Ernst Toller, der von den Freikorpssoldaten fieberhaft gesucht wurde. Steinrück versteckte Toller vor seinen Verfolgern in einer Garderobe des Nationaltheaters, sorgte dafür, daß man ihm einen Theaterbart anklebte, der ihn derart verändert aussehen ließ, daß er unerkannt das Theater verlassen und im Münchner Straßengewirr untertauchen konnte.[288]

Angesichts der Zirkulation solcher ‚Räuberpistolen' wird verständlich, warum Victor Klemperer die Revolution als ein „Revolutionsspiel"[289] bezeichnete und weshalb das Theater in den Reihen des Münchner Bürgertums als „kommunistenfreundlich"[290] galt. So schrieb in der Spielzeitpause die Schauspielerin Thesy Pricken folgenden besorgten Brief an die Intendanz:

> Lieber Viktor [sic!],
> ich halte mich für verpflichtet, dir mitzuteilen, daß man in ersten Münchner Kreisen, sowohl in Professoren [sic!], als auch in Offiziers [sic!] und Kaufmannskreisen unser Theater unter deiner Leitung, für stark spartakistisch gesinnt hält. Auch meine Schwester hat schon wieder diesbezügliche Bemerkungen und Gespräche mit anhören müssen in Gesellschaften, ohne daß man wußte, daß sie meine Schwester ist, also indirekt Beziehungen zum Theater hat. Daß sie dergleichen Anschuldigungen jedesmal energisch entgegentrat, ist selbstverständlich. Ein Beweis für die vorhin erwähnte Anschuldigung kann dir folgender Vorfall sein. Bekannte von uns wollten eine Dame, die für die Regierungstruppen gesammelt hatte, auch zu uns schicken. – Die Sammlungen waren damals, Ende April, noch streng geheim. – Als die Betreffende hörte, daß ich Mitglied des Nationaltheaters sei, weigerte sie sich zu uns zu kommen, da das Nationaltheater so „kommunistenfreundlich" sei. Ich sprach schon am letzten Abend, im Tell, mit Ulmer über die umlaufenden Gerüchte. Dieselben mehren sich nun aber derart, daß ich glaube, es wäre angebracht, in der Zeitung diesen entgegenzutreten. Aus alter Freundschaft halte ich mich für verpflichtet, dich von der Sache zu benachrichtigen. Daß deine Gesinnung in keiner Weise kommunistisch ist, weiß ich u. wohl alle Kollegen ganz genau. Es genügt aber nicht, wenn privat, wie z. B. von meiner u. meiner Angehörigen Seite den Gerüchten entgegengetreten wird, darum bitte, unternimm du doch die nötigen Schritte in der Öffentlichkeit, denn der Gedanke, daß auch nur ein Schatten auf dich fallen könnte ist mir unerträglich.
> Mit herzlichen Grüßen
> Deine Thesy Pricken[291]

Greift man auf das in der Einleitung diskutierte Konzept der Vigilanz zurück, das Wachsamkeit als eine Indienstnahme des Subjekts für überindividuelle Ziele ver-

---

288 Heymann, „Das Leben ist eine Rutschbahn...", S. 86.
289 Klemperer, Man möchte immer weinen und lachen in einem, S. 124.
290 Thesy Pricken an Victor Schwanneke, 23.05.1919. In: BAYHSTA, Generaldirektion der Bayerischen Staatstheater, 890.
291 Ebd.

Abb 9: Schauspielerin Thesy Pricken.

steht,²⁹² erscheint die Schauspielerin Thesy Pricken hier als vigilante Mitarbeiterin, die im Interesse ihres Arbeitgebers genau darauf achtete, wie in bürgerlichen Kreisen über das Ansehen des Theaters gesprochen wurde und Meldung machte, als ihr dieses Ansehen gefährdet schien. In seiner alarmierten Wortwahl zeugt der Brief davon, dass es um eben dieses nicht gut bestellt war. Thesy Pricken und die im Brief erwähnte Schwester, die Opernsängerin Liane Pricken, bewegten sich im Umfeld Thomas Manns. Dessen jüngere Schwester Carla war eine Schulkameradin

---

292 Vgl. Brendecke, Warum Vigilanzkulturen?, S. 16.

von Liane. Im Salon ihrer kunstinteressierten Mutter trafen die Schwestern Pricken auf die Geschwister Mann.[293]

Bezeichnend ist, dass Thesy Pricken den Verlust des Ansehens explizit Schwanneke zurechnete: Der Intendant wurde hier pars pro toto für das von ihm geleitete Theater adressiert. Pricken hatte zwar vorher schon inoffiziell mit Friedrich Ulmer, dem stellvertretenden Obmann des Künstlerrates, am Rande einer Vorstellung über den Ansehensverlust des Theaters gesprochen, doch war es Schwanneke, um dessen Ansehen sie explizit fürchtete. Sie setzte seinen Ruf mit dem des Hauses gleich, indem sie ihn in der schriftlichen Eingabe adressierte. Es liegt also die Vermutung nahe, dass dort, wo es zu Problemen kam, doch wieder vorwiegend der Intendant als Gesicht des Hauses verantwortlich gemacht wurde, obwohl der Künstlerrat viele Entscheidungen des Theaters mitgestaltete und große Teile des ästhetischen Programms von Schwannekes Spartenleitern Bruno Walter und Albert Steinrück bestritten wurden.

Auffallend ist ferner der private Ton des Briefs, durch den das Schreiben seine Dringlichkeit entfaltete: Pricken adressierte Schwanneke als Vertrauten, duzte ihn, sprach von „alter Freundschaft" und der Unerträglichkeit eines Schattens, der auf Schwanneke fallen könne. Diese eher informell anmutende Adressierung ist für das Theater als Arbeitsumfeld bis heute insofern typisch, als dass das Tagesgeschäft oft in Besprechungen der Leitungsebene oder am Rande von Proben geklärt wird. Viele Konflikte finden so gar nicht erst Eingang in den Schriftverkehr, sondern werden rein mündlich bearbeitet. Zuständigkeiten bleiben dabei nicht immer gewahrt, was unter Umständen zu betriebsinternen Schwierigkeiten führen kann. Wenn nicht klar ist, welcher der beiden Kommunikationsmodi – die hastigen Absprachen am Bühnenrand oder die schriftliche Eingabe an die Verwaltung – zu einer effizienten Bearbeitung von Problemen führt, verhallen Aufrufe zum Handeln möglicherweise ungehört, weil sie falsch vorgebracht werden. Die Mischform, die Thesy Pricken wählte – die schriftliche Ansprache im gleichzeitig freundschaftlich-intimen Ton – kann als Mittelweg beider Adressierungsstrategien betrachtet werden.

Akuten Handlungsbedarf sah man im Theater nicht. Schwanneke, der aufgrund eines Blinddarmleidens einige Tage Genesungsurlaub machte, wurde telefonisch von Künstlerrat Franz Jacobi über Prickens Brief informiert. Am unteren Rand des Schreibens ist mit Buntstift vermerkt: „26.5.19 tel. Rückspr. mit Herrn Intend. Vorläufig nichts tun!"[294]

---

293 Vgl. Mendelssohn, *Der Zauberer*, S. 379.
294 Pricken an Schwanneke, 23.05.1919.

Kritische Betrachtung erfuhr der Intendant ab Frühling jedoch nicht nur beim Publikum, sondern auch in den Reihen der privaten Theaterunternehmer:innen. Hans Warnecke, Leiter des Gärtnerplatztheaters, nutzte Anfang Mai eine Besprechung im Kultusministerium, um seine Meinung über den Revolutionsintendanten unverhohlen darzulegen:

> Er beklagte sich, daß Schwanneke zur Radikalisierung auch der Angehörigen der Privattheater sehr viel beigetragen habe. Er vertrete dabei immer nur die Interessen der Angestellten, nicht auch zugleich die des Theatermachers bzw. des Staates, obgleich das ihm als Leiter doch auch zukäme. [...] Sogar nach seiner Aufstellung als Intendant sei er zu einer der Schiedsgerichtssitzungen, bei denen 3 Angestellten- und 3 Theatermachervertreter mitzuwirken hätten, als Vertreter der Angestellten gekommen, was die Theatermachervertreter zu der Erklärung veranlaßt habe, sie würden nicht mehr kommen. „Um gewählt zu werden, mag es ja vorteilhaft sein, so mit den Angestellten durch dick und dünn zu gehen; ob man aber so Intendant bleiben kann, ist doch sehr zweifelhaft."[295]

Warneckes Unmut verwundert kaum: Durch sein Auftreten als Vertreter der Arbeitnehmer:innen beim Schiedsgericht, das man als bewusste Provokation verstehen darf, stellte Schwanneke selbstverständlich wirkende Hierarchien infrage und brachte das paritätisch besetzte Gremium ins Ungleichgewicht. Dass der Intendant des einen Theaters die Angestellten des anderen Theaters auf diese Weise indirekt gegen deren Chef aufwiegelte, gehörte wohl kaum zum guten Ton unter Direktorenkolleg:innen. Nicht nur in München fühlte man sich dementsprechend bedroht: Im Juni erschien eine von Max Reinhardt und Richard Strauss initiierte Denkschrift gegen den soeben beschlossenen Normalvertrag Bühne, der auch gegen die Künstlerräte wetterte: „Wird in dem Neubau auch Platz und Licht für die Kunst sein?",[296] fragten sie. Dabei diente, so Boetzkes und Queck, die „Beschwörung des individualistischen bürgerlichen Kunstbegriffs zur Aufrechterhaltung überkommener Privilegien"[297] – also traditionaler Alleinherrschaftsrechte, die man ungern abtreten wollte.

3.7 Der „unsichtbare Herrscher": Propaganda für das Theater

Ob und inwieweit Schwanneke spürte, dass der Ruf des Theaters in diesem Frühsommer allmählich Schaden nahm, lässt sich anhand der erhaltenen Quellen nicht

---

295 Decker an Korn, Nachtrag, 08.05.1919, Hervorhebungen im Original.
296 Max Reinhardt und Richard Strauss zit. nach. Boetzkes/Queck, Die Theaterverhältnisse nach der Novemberrevolution, S. 693.
297 Ebd., S. 694.

klären. Auffallend ist aber, dass er sich ab Juli 1919 dafür einsetzte, eine eigene Arbeitsstelle für „Propaganda" im Theater zu schaffen. Sie sollte mit Jacob Geis, dem Spross einer Münchner Künstlerfamilie, besetzt werden. Die Theaterverwaltung schrieb an das Ministerium:

> Die Behandlung der Pressegeschäfte, soweit sie nicht nur in den täglichen Pressenotizen besteht, ist früher vernachlässigt gewesen, zum Teil auch mit dem Charakter eines Hoftheaters nicht vereinbar angesehen worden. Heute ist eine intensive Bearbeitung dieses Zweiges des Theaterbetriebs für ein Staatstheater, das Ansehen geniessen [sic!] und führend sein will, unumgänglich.[298]

In diesen Worten offenbart sich ein Verständnis von Theater, das nicht mehr nur Ort der Kunst war. Da das Haus nicht länger von der Zivilliste des Königs finanziert, sondern aus der öffentlichen Hand bezahlt wurde, war es jetzt auch ein wirtschaftlicher Akteur – und dieser musste sein gutes Ansehen beweisen, um in Konkurrenz zum neuen Medium Kino ebenso wie zu den zahlreichen Privatbühnen Münchens weiterhin eine Sonderstellung einnehmen zu können. Eine Finanzierung aus den Mitteln des Staates allein war nicht ausreichend, um als Qualitätssiegel zu gelten, viel mehr musste sich das Theater aktiv darum bemühen, seine Außenwirkung zu formen.

Diese Hinwendung zur „Propaganda" war typisch für die Zeit, Propaganda wurde in den 1920er-Jahren wichtige Chiffre für das Agieren von Unternehmen, sozialen Bewegungen und Staaten. Erstmals fand das Wort im 19. Jahrhundert Eingang in den Sprachgebrauch und „drückt die allgemein bestehende Möglichkeit aus, Menschen zu beeinflussen und [...] Glauben zu erwecken."[299] Während der Begriff heutzutage aufgrund seiner faschistischen Vereinnahmung negativ konnotiert ist, versprach er zu Beginn der Weimarer Republik noch Verheißung:

> Allgemein herrschte die Ansicht, sie sei ein, nein *das* Kind des Weltkriegs, ja dieser sei eigentlich nicht durch Waffen, sondern durch Propaganda entschieden worden, denn ohne Propaganda, das heißt ohne die Motivierung der eigenen Bevölkerung und Demoralisierung der Massen des Gegners, sei der moderne Völkerkrieg nicht mehr zu führen, geschweige denn zu gewinnen.[300]

Als Vordenker dieser Massenverführungstechnik gilt Edward Bernays, ein von Österreich nach Amerika ausgewanderter Neffe Sigmund Freuds. Er beriet während und nach dem Krieg die amerikanische Regierung ebenso wie Henry Ford und

---

[298] Verwaltung des National-Theaters (Heydel) an das Staatsministerium für Unterricht und Kultus, 12.07.1920. In: BAYHSTA, MK 50191.
[299] Sternberger/Storz/Süßkind, *Aus dem Wörterbuch des Unmenschen*, S. 112.
[300] Schivelbusch, *Die Kultur der Niederlage*, S. 256, Hervorhebung im Original.

bündelte mit seinem 1928 erschienenen Buch *Propaganda* sein Wissen. Für ihn war Propaganda die „bewusste und zielgerichtete Manipulation der Verhaltensweisen und Einstellungen der Massen"[301] und somit „ein wesentlicher Bestandteil demokratischer Gesellschaften".[302] Er sprach von Propagandist:innen als „unsichtbaren Herrschern".[303] Ohne dass man ihre Führung überhaupt bemerke, trügen sie Sorge dafür, dass Konsument:innen die Waren großer Konzerne kaufen und Staatsbürger:innen der Idee der Demokratie folgen. Der Vorwurf der Demagogie, welcher der Propaganda deshalb oft gemacht wurde, liegt dementsprechend nahe. Bernays war von ihrem Nutzen für demokratische Staaten jedoch zutiefst überzeugt, er beschrieb aus diesem Grund auch den Einsatz der neuen Kulturtechnik für die Frauenbewegung oder das Bildungswesen.[304]

Ihm ging es allerdings nicht darum, mittels Werbung eine Idee von oben herab aufzuoktroyieren, er fragte vielmehr danach, wie die Lebenswelt von Konsument:innen und Bürger:innen verändert werden müsse, damit in ihnen selbst der Wunsch entstehe, ein Produkt zu kaufen oder sich für ein soziales Thema einzusetzen. Erfolgreich war für Bernays Propaganda dann, wenn ein Individuum im Glauben, seine eigenen Interessen zu verfolgen, sich selbst in den Dienst eines durch Konzerne oder die Politik formulierten Ziels stellte: „Wie auf Knopfdruck begannen die Menschen zu arbeiten und ihr Lohn war nichts als die Befriedigung, die sie in der Tätigkeit selbst fanden."[305]

Bernays empfahl deshalb, zu Beginn einer Kampagne eine genaue Analyse des Ist-Zustands vorzunehmen: Akteur:innen und Märkte müssten identifiziert werden, um zu verstehen, wie ein Produkt wahrgenommen werde und welche Gruppen es hierfür zu begeistern gelte. Erst dann würden passgenaue Strategien entwickelt, um die öffentliche Aufmerksamkeit auf das Thema zu lenken.[306] Diese Methoden klingen noch immer so aktuell, dass Klaus Kocks schreibt: „Edward Bernays' Buch *Propaganda. Die Kunst der Public Relations* ist das derzeit modernste und wichtigste Werk der PR, obgleich es aus dem Jahr 1928 datiert."[307]

---

301 Bernays, *Propaganda*, S. 19.
302 Ebd.
303 Ebd.
304 Dass seine Ideen dennoch im Interesse autoritärer Regime missbraucht worden sind, ist bekannt: Joseph Goebbels erwies sich als ein großer Bewunderer der Schriften Bernays'. Dies ist umso tragischer, da Bernays für das demokratisch geführte Amerika forderte, einen „Minister für Public Relations" einzuführen, einen „ausgebildete[n] Experte[n] für die Analyse der öffentlichen Meinung einerseits und für die Information über die Regierungstätigkeit andererseits." (Bernays, *Propaganda*, S. 99).
305 Bernays, *Propaganda*, S. 57.
306 Vgl. ebd., S. 42 f.
307 Kocks, Vorwort, S. 11.

Die praktischen Maßnahmen, die Bernays dann skizzierte, um eine Kampagne zu lancieren, waren mannigfach: Sie reichten von „der Empfehlung durch befreundete Dritte (,Third Party Advocacy')"[308] bis zur „Konstruktion von Berichterstattungsanlässen, sogenanntes Event-PR, als Methode eines *Engineering of consent*".[309] Darüber hinaus riet er zu einer wechselwirkenden Strategie aus „kontinuierliche[r] Information' und ,Dramatisierung durch Hervorhebung'",[310] wobei er betonte, dass eine Adressierung der Zielgruppe vor allem auf emotionaler Ebene erfolgen müsse.[311]

Liest man nun Victor Schwannekes „Richtlinien für den Ausbau einer Werbeabteilung der Nationaltheater",[312] ist auffallend, wie sehr seine Ideen denen Bernays' ähnelten. Gegenüber seinem neuen Propaganda-Mitarbeiter Jacob Geis elaborierte er seine Vision: Zweck der Reklame sei, dass „die sich zersplitternden Interessen des Publikums zusammengefasst und auf die bedeutende und kulturfördernde Einrichtung der bayerischen Nationaltheater gelenkt werden."[313] Ihm ging es also darum, genau jene Zuschauerschichten zu homogenisieren, deren unterschiedlichen Bedürfnissen und Sehgewohnheiten das Theater durch die Diversifizierung des Programms und der Ticketpreise entgegenzukommen suchte. Gleichzeitig hatte Propaganda für Schwanneke eine internationale Tragweite:

> Sie muss daneben bestrebt sein, das Ansehen des Theaters zu heben und dabei auch ins Ausland wirken, um durch diese bedeutende Resonanz das Interesse des inländischen und einheimischen Publikums anregen [sic!]. Es wird dem aufmerksamen Beobachter nicht entgangen sein, daß die deutsche Presse dem Wirken der Münchener Nationaltheater, vielleicht aus Voreingenommenheit heraus, die durch die Unfruchtbarkeit des verabschiedeten Regimes veranlasst, nur wenig Beachtung schenkt und, wenn Sie den Standpunkt der Nichtbeachtung verlässt, den genannten Bühnen eine untergeordnete Stellung anweist gegenüber den Theatern in Städten wie Dresden, Berlin, Düsseldorf und Stuttgart.[314]

Über Zuspruch aus dem Ausland wollte Schwanneke sich ein größeres Ansehen im Inland sichern. Theater war so gesehen nicht nur Kunsttempel oder Bildungseinrichtung, sondern auch ein Tourismusfaktor.

---

308 Ebd., S. 12.
309 Ebd., Hervorhebung im Original.
310 Bernays, *Propaganda*, S. 66.
311 Vgl. ebd., S. 51.
312 Victor Schwanneke, Richtlinien für den Ausbau der Werbeabteilung der Nationaltheater. In: BAYHSTA, Generalintendanz der Bayerischen Staatstheater, 393.
313 Ebd.
314 Ebd.

Wie wichtig die Selbstpräsentation als moderne und lebenswerte Stadt in Abgrenzung zu anderen deutschen Metropolen für München war, zeigt ein Blick auf die desolate Lebenssituationen der Münchner:innen, die Klaus Schuhmann eindrucksvoll dargestellt hat:[315] 1918 hatte die Stadt rund 675 000 Einwohner:innen, wobei München im Gegensatz zu anderen Großstädten des Reichs nicht aufgrund von Industrie, sondern wegen seines Rufs als Kunststadt prosperierte. Der Krieg traf die Landeshauptstadt aus diesem Grund umso härter: Viele mittelständische Betriebe mussten schließen, weil ihre Leiter im Krieg fielen, auch bremsten Restriktionen der Siegermächte die Wirtschaft so sehr ein, dass es zu Massenentlassungen kam. 1918/1919 verzeichnete die Stadt 40 000 Arbeitslose, deren Leid nach Einschätzung Schuhmanns noch verheerender als in anderen deutschen Städten war, da die Angestellten des Mittelstands weniger stark organisiert waren als die traditionelle Arbeiterschaft. Auch Kohlemangel und Hungersnöte stellten unmittelbar nach dem Krieg ein Problem dar: Um der Mangelernährung vorzubeugen, wurden zahlreiche Suppenküchen eingerichtet – eine Maßnahme, die nicht darüber hinwegtäuschen konnte, dass die Säuglingssterblichkeit in der Landeshauptstadt 1918 bei 17 % lag. Nicht nur die in diesem Winter wütende Spanische Grippe, auch die Wohnungsnot machte den Münchner:innen zu schaffen: Rund 8 500 Menschen wohnten 1918 in Massenquartieren, bis 1920 wurden eilig 4 000 neue Einheiten in Mietskasernen hochgezogen, um das Problem zu bewältigen.

Vor dem Tableau dieser Probleme wirkte das kostenintensive Hoftheater vielleicht wie ein elitärer Luxus, dessen öffentliche Finanzierung gut legitimiert sein wollte. Begeisterung hierfür sowohl in der bayerischen Bevölkerung als auch im zahlungskräftigen Ausland zu wecken, war daher umso wichtiger. Wenn die Leute kein Brot hätten, sollten sie ins Theater gehen, ließe sich überspitzt formulieren. Dabei hatte das Theater selbst unter der desolaten Versorgungslage zu leiden: Im Winter 1919 wurde ein Heizverbot für alle Münchner Bühnen verhängt.[316]

Um die Außenwahrnehmung seines Hauses in den Nachkriegsjahren zu verbessern, versuchte Schwanneke, gezielt die Presse zu mobilisieren, die ihn doch zu Beginn seiner Intendanz so angefeindet hatte:

> Man wende hier nicht ein, dort seien unüberwindliche Widerstände zu finden. Es gibt erlaubte und vornehme Mittel, diese zu beseitigen, und zwar durch eine diskrete Taktik. Die Presse müsste angeregt werden, durch sachliche Vorbesprechungen der neueinstudierten Werke der Oper und des Schauspiels Interesse und Verständnis zu erwecken. Besondere Ereignisse des Theaterlebens müssten in objektiver Form an die Redaktionen gegeben wer-

---

315 Vgl. Schuhmann, Kommunale Kulturpolitik in München zwischen 1918 und 1933, S. 1ff. Alle der im folgenden Abschnitt genannten Zahlen sind hieraus entnommen.
316 Vgl. o.A., Das Heizverbot für die Theater. In: *MNN*, Nr. 472, 20.11.1919, S. 4.

den. Persönliche Fühlungnahme mit den Schriftleitungen wird zweifellos Entgegenkommen zum Erfolg haben. Die Referenten der hiesigen Blätter sowohl als die Berichterstatter der auswärtigen Zeitungen sollen dauernd über die Vorarbeiten, über Neuannahmen u. ä. unterrichtet werden. Auf diese Weise dürften manche Mißverständnisse vermieden werden.[317]

Objektives und kontinuierliches Informieren, das Knüpfen persönlicher Beziehungen und das Schaffen von Anlässen zur Berichterstattung – in seiner „diskreten Taktik" formulierte Schwanneke drei Maßnahmen aus, die eins zu eins von „PR-Machiavelli"[318] Bernays hätten stammen können. Eine detaillierte, dem Personalakt von Jacob Geis beiliegende Liste[319] mit Einzelaufgaben liest sich auch heute noch wie die Tätigkeitsbeschreibung einer jeden Öffentlichkeitsabteilung am Theater. Sie umfasste den täglichen Schrift- und Telefonverkehr mit Zeitungsredaktionen ebenso wie das Management von Plakat- und Anzeigenwerbung, das Verfassen von Pressemitteilungen und die Organisation des Fotowesens. Besonders Punkt 11 auf der Liste – die „Interessierung bedeutender Persönlichkeiten"[320] – etwa durch die persönliche Einladung zu Premieren zeugt davon, wie weitsichtig man damals am Staatstheater dachte: Wenn die Meinungsführer:innen der Münchner Stadtgesellschaft ins Theater gingen und wohlwollend über die dortigen Entwicklungen sprachen, dann war Gerüchten, wie Thesy Pricken sie rapportierte, leichter beizukommen.

In wie weit sich Schwannekes Visionen einer modernen Pressearbeit haben umsetzen lassen, ist nicht nachzuprüfen, da sich die alltägliche Korrespondenz mit den Pressevertretern nicht erhalten hat – und das, obwohl Schwanneke, ganz unternehmerisch denkend, eine Evaluation von Geis' Tätigkeit zu einer Grundvoraussetzung des Berufs machte: „Daneben wäre es ihr Amt, den Erfolg ihrer Tätigkeit fest zustellen und zu registrieren, um auf Grund dieses Materials und eigens zu führender graphischer Vergleichsskalen weiterbauen zu können."[321]

Die Theaterzeitung der staatlichen Bühnen Münchens
Ein Projekt der Ära Schwanneke, das die Zeit überdauerte, war die Einrichtung der *Theaterzeitung der staatlichen Bühnen Münchens*, die von 1920 bis 1923 wöchentlich unter Schriftleitung von Jacob Geis und Kuno Mittenzwey im Thespis-Verlag erschien. Im Gegensatz zu den meisten anderen öffentlichkeitsbildenden Maßnah-

---

317 Schwanneke, Richtlinien für den Ausbau der Werbeabteilung der Nationaltheater.
318 Kocks, Vorwort, S. 13.
319 o.A., LITER. PROPAGANDA-ABTEILUNG des Nationaltheaters. In: BAYHSTA, Generalintendanz der Bayerischen Staatstheater, 393.
320 Ebd.
321 Schwanneke, Richtlinien für den Ausbau der Werbeabteilung der Nationaltheater.

men, an denen sich das Theater versuchte, richtete sich die Zeitung nicht an die Presse oder ein Fachpublikum, sondern an die breite Masse der Besucher:innen. Das zeigt sich auch daran, dass weite Teile des Hefts mit Werbung für verschiedene Münchner Läden und Lokale bestückt waren. Die Zielsetzung der Zeitung wurde in der ersten Ausgabe wie folgt beschrieben:

> Wir haben nicht die Absicht das Publikum zu „belehren", denn wir sind der Meinung, daß in Deutschland ohnehin immer die eine Hälfte der Menschen die andere belehrt. Wir wollen das Publikum nicht gescheiter machen als es ist, indem wir über das Stück des Abends grundgelehrte Aufsätze bringen, die es in den Stand setzen sollen, nach Schluß der Aufführung recht bedeutend darüber zu schwätzen – und nicht dümmer als es ist, indem wir irgendwelche Urteile und Meinungen servieren. Wir wollen lediglich ein Stück Erinnerung an den Traum der Vorstellung sein, damit der Zuschauer, wenn er sich an der Aufführung gefreut hat, sich noch ein wenig weiter freue, wenn er daheim die Zeitung in der Rocktasche vorfindet. Wenn er sich aber geärgert hat, dann soll er lieber seinen Ärger an uns auslassen, anstatt auf die armen Schauspieler zu schimpfen – wir erbieten uns als Prügelknaben.[322]

Nicht belehren, sondern zum Träumen anregen – dieses Ziel scheint mit Blick auf die weiteren Nummern eher eine Art Lippenbekenntnis gewesen zu sein, denn die Zeitschrift brachte passend zu aktuellen Premieren erklärende Aufsätze und Hintergrundinformationen in Form literarischer Essays oder weiterer Werke des jeweils aufgeführten Autors.[323] Darüber hinaus lieferte sie Theaterneuigkeiten aus dem In- und Ausland und arbeitete in einer festen Rubrik die (Bau-)Geschichte des Hauses auf.[324] So wurde nicht nur die Rezeptionserfahrung während der Vorstellung gelenkt, das Heft formte auch das Bild vom Theater als Institution. Es kontextualisierte seine Spielstätten als ehemalige Orte der Monarchie und versuchte Skandale durch detaillierte Beiträge zu einzelnen Stücken abzufedern. Unsicherheiten im Umgang mit neuen Stoffen und Formen wurden verringert oder positiv umgedeutet.

Der Gesamteindruck des Hefts als Instrument der Kunstvermittlung drängt sich dementsprechend auf, obgleich der gehobene Tonfall der Zeitung nicht immer

---

322 o.A., Zur 1. Nummer unserer Theaterzeitung. In: *TZSBM* 1/1 (1920), S. 9f.
323 Vgl. beispielsweise zur Premiere von Hasenclevers *Antigone*: Curt Moreck, Walter Hasenclever. (Zur Erstaufführung der Tragödie „Antigone" im Prinz-Regenten-Theater). In: *TZSBM* 1/11 (1920), S. 1.
324 Die Rubrik „Beiträge zur Münchner Theatergeschichte" wurde von Ludwig Malyoth, einem Verwaltungsmitarbeiter des Theaters, geschrieben. Hier sei exemplarisch hingewiesen auf: Ludwig Malyoth, Beiträge zur Münchner Theatergeschichte. Von der Zensur. In: *TZSBM* 2/68 (1921), S. 8f. Malyoths Nachlass, der eine umfangreiche Sammlung zu Zeugnissen der Münchner Theatergeschichte enthält, wird in der Bayerischen Staatsbibliothek aufbewahrt. Vgl. o.A., Nachlass von Ludwig Malyoth (1860–1939).

den Geist des Zielpublikums getroffen haben dürfte. Beiträge für die Zeitschrift verfassten neben zahlreichen Schriftsteller:innen und Künstler:innen vor allem die Mitarbeiter der Regie, der Dramaturgie und der Verwaltung des Theaters. Fast alle setzten ein Fachwissen voraus, über das vermutlich nur ein kleiner Teil des Publikums verfügte.

Programmhefte dieser und ähnlicher Art gab es bereits seit der Jahrhundertwende, besonders erfolgreich nutzte ab 1911 Max Reinhardt die Programmzeitschrift seiner Bühnen, die *Blätter des Deutschen Theaters*, um die Wahrnehmung seines Theaterimperiums und der damit verbundenen Ästhetik zu lenken.[325] Für das Münchner Unternehmen dürfte vor allem das Konkurrenzheft der Münchner Kammerspiele Vorbild gewesen sein. Hier erschien seit 1915 *Das Programm*,[326] ein monatliches Journal, das ähnlich wie die *Theaterzeitung* einen kunstvermittelnden Ansatz verfolgte und die Themen seiner Inszenierungen in Schriftform verhandelte. Die *Münchner Neuesten Nachrichten* kommentierten die erste Ausgabe der Theaterzeitung mit den Worten: „Man wird es sich nicht bequem machen dürfen, um stofflich zu wetteifern mit den bisweilen lesenswerten, im 6. Jahrgang erscheinenden Blättern der M ü n c h n e r Kammerspiele ‚Das Programm'."[327]

3.8 Kipppunkt: Die Gängelung Albert Steinrücks durch den Künstlerrat

Trotz dieser öffentlichkeitsbildenden Maßnahmen, die nur langsam in Gang kamen, konnte Schwanneke nicht verhindern, dass seine Autorität ab Herbst 1919 bröckelte. Vor allem hinter den Kulissen der Staatstheater kam es zu massiven Konflikten, denn der vom Münchner Publikum als Charakterkopf gefeierte Schauspieldirektor Albert Steinrück verlor theaterintern durch Interventionen des Künstlerrats im September und Oktober 1919 stark an Boden. Der Rat machte von seinem gesatzten Recht Gebrauch, in künstlerischen Fragen „Stellung zu nehmen durch Anregungen und Wünsche".[328] Mitte September sandte Friedrich Ulmer als stellvertretender Obmann des Künstlerrats ein Schreiben mit dem Betreff „Jahresspielplan" an Albert Steinrück, welches einer kompletten Abwertung der bisher geleisteten Arbeit von Schwanneke und Steinrück gleichkam. Die Kritikpunkte waren mannigfach. So störte sich Ulmer etwa an der ästhetischen Annäherung der Staatstheater an die Münchner Privattheater:

---

325 Vgl. Simke, Max Reinhardt and his Company, S. 50–55.
326 Vgl. Petzet, *Die Münchner Kammerspiele*, S. 99.
327 I., Theaterzeitung. In: *MNN*, Nr. 3, 03.01.1920, S. 1, Hervorhebung im Original.
328 o.A., Satzung für das Nationaltheater in München (a), S. 10.

> Um es negativ zu sagen, der Leiter einer Nationalbühne wird von vorneherein [sic!] verzichten müssen auf den l'art pour l'art-Standpunkt, er wird davon absehen müssen, sich in einen literarisch-ästhetisierenden Wettbewerb mit Privattheatern einzulassen, die es sich zur Aufgabe gemacht haben, ausschliesslich [sic!] Schöpfungen einer bestimmten Mentalität zu pflegen oder modischen Sensationen oder Aktualitäten nachzujagen. Die Nationalbühne kann und darf keine Experimentier-Bühne sein, das National-Theater kein literarisches Spezialitätentheater. Sein Spielplan darf nicht der von Kammerspielen sein [...].[329]

Ulmer machte hier eine direkte programmatische Konkurrenz zu Otto Falckenbergs Schwabinger Privattheater auf, die sich aus dem Repertoire allerdings kaum erklären lässt. Zwar steigerte sich unter Schwanneke der Anteil neuer Dramatik im Spielplan,[330] von einem „Spezialitätentheater" war man jedoch weit entfernt. Zudem stand mit Gegenwartsautoren wie Gerhart Hauptmann oder Hermann Bahr eine Dichtergeneration im Repertoire, die 1918/1919 bereits so fest in der Theaterlandschaft etabliert war, dass sich der Vorwurf der „modischen Sensationen" kaum auf sie bezog. Expressionistische Werke, die an anderen Theatern der jungen Republik nach Abschaffung der Zensur vielfach gespielt wurden, vermisste man unter der Leitung Schwannekes weitgehend. Ulmer beschrieb wohl eher eine gefühlte Veränderung, denn eine tatsächliche. Doch war die gefühlsmäßige Bedrohung umso größer:

> Wie der Staat selbst aus dem Chaos der Revolution sich zu einer neuen, festen Form des Daseins umzubilden im Begriffe steht, bei diesem Vorgange die Segnungen und Errungenschaften der Revolution in sich aufnehmend und verarbeitend, zugleich aber gewillt, seinen Bestand gegen neue Anstürme zu verteidigen, so muss auch der Leiter der Nationalbühne dem wild dahinjagenden Strom revolutionär-zeitgenössischen Kunst-Schaffens einen Hort erprobter Kunstwerke entgegendämmen, ohne das fruchtbare Neuland, das dieser Strom täglich anschwemmt, ungepflügt zu lassen.[331]

Diese Forderung mutet aus heutiger Sicht einigermaßen paradox an: Während man arbeitsrechtlich durch die Etablierung des Künstlerrats einen Schritt in die Zukunft machte, wollte man ästhetisch um 1900 verharren, um die Institution Theater als Bildungsgut zu stabilisieren. Doch hierfür musste das Publikum erst erzogen, das Volk erst von der Schmach der Niederlage befreit werden. Ulmer leitete daraus ab, dass sich das Theater wieder mehr auf die Klassiker fokussieren müsse, sprach von einem „Urspielplan"[332] mit deutschen Dramatikern und forderte die Aufführung

---

329 Künstlerrat (Ulmer) an die Verwaltung des Nationaltheaters (Schauspielleitung), 12.09.1919, S. 2. In: BAYHSTA, Intendanz des Bayerischen Staatsschauspiels, 602.
330 Vgl. Raffelsberger, *Das Theater-Repertoire der Nachkriegsjahre*, S. 51.
331 Künstlerrat an Verwaltung des Nationaltheaters, 12.09.1919, S. 3.
332 Ebd., S. 4.

von heimatlichen Autoren wie Ludwig Thoma, die ohnehin permanent auf dem Spielplan standen. Zeitgenössische Stücke sollten lediglich zu dem Zweck gefördert werden, um „dem Vorwurf ‚Hoftheaterlicher' [sic!] Rückständigkeit am Wirkungsvollsten [zu] begegnen".[333] Ein echtes Interesse an neuer Dramatik klingt sicherlich anders. Bezeichnenderweise schlug Ulmer sogar eine Wiedereinführung der Zensur in Form einer freiwilligen Selbstkontrolle vor:

> Der Leiter einer Nationalbühne wird die Befreiung von Wissenschaft und Kunst im allgemeinen und des Theaters im besonderen aus den Fesseln der Zensur als eine der grössten geistigen Errungenschaften der Revolution empfinden. Aber er wird diese Freiheit dahin verstehen müssen, dass er an die Stelle der staatlichen Zensur als einer h e t e r o n o m e n , behördlich-diktierten Einwirkung von aussen [sic!], eine aus dem Bewusstsein seiner sittlichen und erzieherischen Aufgaben geborene, a u t o n o m e Zensur des Taktes und feinen Empfindens bei der Auswahl und Pflege der dramatischen Literatur zu setzen hat.[334]

Mit Blick auf die in der Einleitung herangezogenen Theorien ließe sich sagen: Intendant Schwanneke wurde hier zur Vigilanz gemahnt. Ulmer adressierte seinen Vorgesetzten als wachsamen Akteur, der im Interesse der Erziehung des Publikums einen gewissen Takt internalisieren sollte. Clemens von Franckenstein, den man im Schauspiel wegen seiner mangelnden Beherztheit nur wenig geschätzt hatte, war nicht einmal ein Jahr weg, da forderte man ausgerechnet seine lähmende Vorsicht zurück – der Wind hatte sich innerhalb von zehn Monaten Kollektivtheater merklich gedreht.

Fraglich ist allerdings, ob es Ulmer in seinem Brief wirklich um die Spielplangestaltung ging, denn das Schreiben liest sich im weiteren Verlauf eher wie eine direkte Anklage gegen die Führungsebene, mit deren Arbeit der Schauspieler unzufrieden war. Diese betraf vor allem Albert Steinrück:

> Im Zusammenhange mit diesen Fordderungen [sic!] für die Gestaltung des Spielplans einer Nationalbühne hält es der Künstlerrat für notwendig, eine damit aufs untrennbarste verknüpfte Frage zu berühren:
> Die der Personalzusammeneetzung [sic!] im allgemeinen und ihrer Zusammenwirkung, kurz gesagt d e s E n s e m b l e s .
> Wie dort rein ideelle Gesichtspunkte die leitenden Richtlinien eingegeben haben, so muss auch hier der als Auswirkung einer materialistischen Kunst- und Weltanschauung auftretende, zum Selbstzweck erhobene Personenkultus, das sogenannte Starwesen von dem Leiter des Schauspiels einer Nationalbühne aufs Schärfste unterbunden werden. Solange [sic!] Wäre der Spielplan eines Theaters überhaupt beherrscht ist [sic!] von der Notwendigkeit etliche

---

333 Ebd.
334 Ebd., S. 3, Hervorhebung im Original.

übermässig [sic!] bezahlte Personen möglichst ausgiebig zu beschäftigen, ~~so lange ist~~ [sic!] so wäre ein wahrhaft künstlerisches Schaffen unmöglich.[335]

Konnte sich das Theater in Bezug auf Schwanneke vor derartigen Debatten schützen, indem das Ministerium ein Auftrittsverbot in seinen Vertrag einbauen ließ, kam es nun durch Steinrücks Doppelrolle als gefeierter Schauspieler einerseits und als Regisseur mit Leitungsverantwortung andererseits zu Neid und Missgunst innerhalb des Kollegenkreises. Auf Steinrück muss der Vorwurf des Starwesens gewirkt haben wie eine Ohrfeige: Ein Gutachten von Verwaltungsdirektor Constantin Heydel aus dem Jahr 1933, das Ulmers Loyalität zum NS-Staat klären sollte, kam zu dem Schluss, Ulmers Denkschrift habe den Anlass für Steinrücks Rücktritt gegeben.[336]

Umgestülpte Hierarchien: Eine Rüge für den Schauspieldirektor
In der ohnehin schon aufgeladenen Stimmung im September 1919 erregte zudem eine missglückte Abendregie die Gemüter des Künstlerrats. In letzter Minute wurden bei einer Vorstellung von Grillparzers *Des Meeres und der Liebe Wellen* offenbar kleinere Rollen umbesetzt, Statist:innen schickte man ohne eine einzige Probe auf die Bühne.

> Vor allem aber rügt der Künstlerrat an obiger Vorstellung das Fehlen des Spielleiters, – ein Vertreter war nicht ernannt, – sowie das Fernbleiben des mit der Führung der Komparsen betrauten Leiters, Herrn Florath, welcher auch nicht zu erreichen war[.][337]

schrieb der Künstlerrat über die Vorstellung an die Intendanz. Die Beschwerde, die an Albert Steinrück als Spartenleiter weitergegeben wurde, erzeugte natürlich Unmut, allerdings nicht wegen ihres Inhalts, sondern vor allem wegen ihrer Rhetorik. „Zurück an die Verwaltung mit der Frage auf Grund welcher Bestimmung die Verwaltung des N. Th. dem Künstlerrat das Recht zuerkennt dem Schauspieldirektor Rügen zu erteilen",[338] gab Steinrück zur Antwort. Im Laufe des Folgemonats muss es daraufhin zu weiteren Spannungen gekommen sein, denn Ende Oktober wurden Gerüchte bekannt, dass Albert Steinrück sein Amt als Schauspieldirektor niederlegen wolle. Sicherlich dürfte zu dieser Entscheidung auch der Gesund-

---

335 Ebd., S. 5f., Hervorhebung im Original.
336 Vgl. Generaldirektion der Bayerischen Staatstheater (Heydel) an das Staatsministerium für Unterricht und Kultus, 10.07.1933. In: BAYHSTA, MK 45370.
337 Künstlerrat (Derfin) an die Verwaltung des Nationaltheaters, 30.09.1919. In: BAYHSTA, Generalintendanz der Bayerischen Staatstheater, 935.
338 Ebd., Rückseite, Hervorhebung im Original.

3.8 Kipppunkt: Die Gängelung Albert Steinrücks durch den Künstlerrat

heitszustand seiner schwer kranken Ehefrau Lisl beigetragen haben.[339] Doch dass der Konflikt mit dem Künstlerrat eine wesentliche Rolle für Steinrücks Entschluss spielte, belegt ein Rechtfertigungsbrief zur Rüge Steinrücks, den der Künstlerrat Ende Oktober an Victor Schwanneke sandte. Hierin hieß es:

> Dem Künstlerrat liegt nichts ferner, als diese Mitarbeit als ein besonderes R e c h t zu preisen oder gar Gelegenheitsmacherei zu treiben und sich aus Machtgelüsten eine Nebenherrschaft zu erraffen, er ist sich nur zu sehr darüber im klaren, dass es vielmehr und ausschliesslich schwere P f l i c h t e n sind, die man ihm damit auferlegt hat, und die er glaubt in einer nunmehr fast einjährigen Tätigkeit nach bestem Wollen und Können in aufopferungsvollster Weise zum Wohle des Ganzen verwaltet zu haben.[340]

Intendant Schwanneke zeigte zwar Verständnis für das Bestreben des Rates, Missstände zu Gehör zu bringen, bat aber, „dies nicht in Form von ‚Rügen' zu tun; dass der Künstlerrat der Verwaltung Rügen zu erteilen berechtigt oder verpflichtet ist, darf ich ablehnen, da ja wohl die Verwaltung unzweifelhaft nicht dem Künstlerrat untergeordnet ist."[341]

Aus der Korrespondenz der Konfliktparteien wird deutlich, dass sich im Herbst 1919 genau jene Herrschaftskämpfe ereigneten, vor denen die alarmierte Presse bereits zu Anfang des Jahres warnte. Zwar gab die Satzung einen klaren Kompetenzrahmen des Künstlerrats vor, doch wie dieser praktisch auszufüllen war, darüber gingen die Meinungen auseinander. Insbesondere der Begriff der „Rüge", über den Steinrück so erbost war, impliziert, dass der Künstlerrat eine Art von Kontrollgremium darstellte, das tadelte, disziplinierte und ausgrenzte. Auf diese Weise stülpten sich die Hierarchien um: Nicht mehr der Intendant und die Spartenleiter wachten über die Einhaltung von Qualitätsmaßstäben am Theater, sondern der Künstlerrat beobachtete und sanktionierte nun das Fehlverhalten der Intendanz.

Angesichts dieser Umstände wird nachvollziehbar, dass Albert Steinrück an seiner Rücktrittsentscheidung selbst dann eisern festhielt, als sich namenhafte Intellektuelle wie Thomas Mann, Hanns Johst und Artur Kutscher unter der Führung Lion Feuchtwangers an die Theaterleitung mit der Aufforderung wandten, nichts unversucht zu lassen, um Steinrück am Theater zu halten.[342] Spätere Versuche des designierten Intendanten Karl Zeiß, den Charakterschauspieler ersten

---

339 Sie starb im März 1920. Vgl. Heymann, „*Das Leben ist eine Rutschbahn...*", S. 89.
340 Künstlerrat an die Verwaltung des Nationaltheaters, 28.10.1919. In: BAYHSTA, Generalintendanz der Bayerischen Staatstheater, 935, Hervorhebungen im Original.
341 Victor Schwanneke an den Künstlerrat, 29.10.1919. In: BAYHSTA, Generalintendanz der Bayerischen Staatstheater, 935.
342 Lion Feuchtwanger an die Intendanz der Nationaltheater, 20.10.1919. In: BAYHSTA, Generalintendanz der Bayerischen Staatstheater, 935.

Ranges zu halten,³⁴³ scheiterten ebenfalls: Im Frühjahr 1920 legte Steinrück auch sein Amt als Schauspieler nieder.³⁴⁴

Selbstredend ging der Konflikt nicht hinter verschlossenen Türen vonstatten. Bereits Mitte Oktober 1919 titelten die *Münchner Neuesten Nachrichten*: „Götterdämmerung im Nationaltheater?"³⁴⁵ Im Artikel hob der Autor sogleich auf den Konflikt zwischen alten und neuen Ästhetiken ab, für den die Causa Steinrück paradigmatisch stehe: Steinrück, den der Text als unermüdliche „Kraftnatur"³⁴⁶ und Darsteller ersten Ranges zeichnete, verkörpere die Moderne, während der Künstlerrat als „Liga der ästhetisch anders empfindenden und älteren Idealen anhängenden Darsteller"³⁴⁷ dargestellt wurde. Der Beitrag schloss mit den prophetisch-spottenden Worten:

> Daß zwei einander befehdende Gruppen unter den Darstellern am Nationaltheater vorhanden sind, mag einmal offen bei dieser Gelegenheit ausgesprochen werden. Mögen sie sich in Verträglichkeit und gegenseitiger Achtung noch einmal wiederfinden zu gemeinsamer Arbeit. Sonst treibt die Sache zum offenen Kampf der Parteien und das wäre das Ende des demokratisierten Nationaltheaters. Denn dann kommt der lachende Dritte und läßt als unvermeidlicher Tyrann sich nieder. Schon umkreisen lüsterne Kandidaten das direktoriale Thrönchen am Max-Josefs-Platze [sic!] ...³⁴⁸

Zur Rolle Friedrich Ulmers im Künstlerrat

Dass es zu so massiven Spannungen kam, hatte vor allem mit der Besetzung des Künstlerrats zu tun. Zwar saßen im Rat auch Beschäftigte der Oper oder der Technik,³⁴⁹ diejenigen aber, die am lautesten die Verhandlungsmacht als Ratsmitglieder für sich in Anspruch nahmen, waren zwei altgediente Kräfte des Schauspielensembles: Franz Jacobi und Friedrich Ulmer. Jacobi, der als exzellenter Sprecher galt und 1919 zum Professor für Tonkunst berufen wurde,³⁵⁰ nutzte seine Stellung im Rat vor allem dazu, sich bei der Intendanz darüber zu beschweren, dass

---

343 Vgl. Karl Zeiß an Verwaltungsdirektor Constantin Heydel (Telegramm), 03.03.1920. In: BAYHSTA, Generalintendanz der Bayerischen Staatstheater, 935.
344 Vgl. Constantin Heydel an das Bayerische Staatsministerium für Unterricht und Kultus, 04.05.1920. In: BAYHSTA, Generalintendanz der Bayerischen Staatstheater, 935.
345 o.A., Götterdämmerung im Nationaltheater? In: *MNN*, Nr. 418, 15.10.1919, S. 1.
346 Ebd.
347 Ebd., S. 2.
348 Ebd.
349 Eine Liste der Mitglieder findet sich in: o.A., Besprechung mit dem Künstlerrat des Nationaltheaters im Staatsministerium für Unterricht und Kultus am 29. Januar 1920. In: BAYHSTA, MK 50186 I.
350 Vgl. o.A., Franz Jacobi jubiliert. In: *MTZ*, Nr. 266, 02.10.1929. In: BAYHSTA, Intendanz des Bayerischen Staatsschauspiels, 261.

an seiner statt des Öfteren der Schauspieler Mathieu Lützenkirchen besetzt werde.³⁵¹ Bei Jacobi stand also die Angst um den eigenen Einflussverlust im Vordergrund, was sich auch daran zeigte, dass seine Beschwerden über seine Verwendung als Schauspieler unter Intendant Zeiß nahtlos weitergingen.

Abb. 10: Schauspieler Friedrich Ulmer in *Urgötz*.

---

351 Vgl. Franz Jacobi an Victor Schwanneke, 06.02.1919 und Franz Jacobi an Victor Schwanneke, 25.10.1919. Beide in: BAYHSTA, Intendanz des Bayerischen Staatsschauspiels, 261.

Im Fall von Friedrich Ulmer ist das Bild deutlich komplexer. In seiner Autobiografie schrieb er über die Rätezeit:

> Der falsch verstandene Sozialismus jener Zeit verwechselte die Sozialisierung des Betriebs, das heißt, seine größtmögliche Fruchtbarmachung für das Volksganze, mit einer größtmöglichen Freiheit und Souveränität einer Gruppe von Arbeitnehmern.
>
> Die große Gefahr, die aus solcher Verwechslung dem allgemeinen Staatswohle erwuchs, sammelte der Brennspiegel ‚Theater' in einem erschreckend wahren und höchst lächerlichen Zerrbilde.
>
> Zur Interessentengruppe der von ihrem Rollenegoismus mißleiteten Schauspieler gesellten sich andere Interessentengruppen des Theaters, die es mit gleichem Rechte für sich in Anspruch nehmen zu können glaubten, der Dichter, der aufgeführt werden wollte, der bildende Künstler, der Musiker, der Techniker, und es soll auch vorgekommen sein, daß da und dort die Logenschließer und die Garderobenfrauen ihr Mitbestimmungsrecht an der Theaterleitung anmeldeten.[352]

Angesichts seiner aktiven Beteiligung am Künstlerrat mögen diese Zeilen verwundern, in gewisser Weise betrieb Ulmer hier eine persönliche Form der Geschichtsklitterung. Um Ulmers Beweggründe hierfür zu verstehen, sei methodisch noch einmal auf Christina Thurners Vorschlag hingewiesen, bei Autobiografien auch danach zu fragen, „wie sich der jeweilige zeitliche Abstand zu den dargestellten historischen Begebenheiten auswirk[e]"[353] und welche Wertungen sich hieraus ergäben. Ulmers Buch erschien 1943, der Schauspieler schrieb seine Lebenserinnerungen vor dem ideologischen Panorama des Nationalsozialismus, an den er sich bereits in der Vergangenheit erfolglos anzubiedern versucht hatte.

Ursache von Ulmers Anbiederungsversuchen war ein durch die Münchner Polizei im März 1933 verhängtes sechsmonatiges Auftrittsverbot über ihn, nachdem es bei einer Vorstellung von *Macbeth* zu Protesten gegen ihn aufgrund seiner ehemals prominenten Rolle im Künstlerrat gekommen war.[354] In der Folgezeit versuchte Ulmer mit allen Mitteln, sich gegen das Verbot zu wehren und sich dem neuen Regime genehm zu machen. In einer „Verteidigungsschrift" behauptete der Schauspieler, dass er niemals „eine marxistische Versammlung besucht noch [...] jemals marxistischen Zirkeln oder Konventikeln nahe gestanden"[355] habe. Er brachte vor, dass er 1919 versucht habe, Teil einer Bürgerwehr zu werden und bei

---

352 Ulmer, *Perlicco – Perlacco*, S. 193.
353 Thurner, *Erinnerungen tanzen*, S. 46.
354 Vgl. Generaldirektion der Bayerischen Staatstheater an Bayerisches Staatsministerium für Unterricht und Kultus, 29.03.1933 und Polizeidirektion München an Generaldirektion der Bayerischen Staatstheater. Beide in: BAYHSTA, MK 45370.
355 Friedrich Ulmer, Verteidigungsschrift, 03.04.1933. In: BAYHSTA, MK 45370.

verschiedenen Veranstaltungen vaterländische Reden und Gedichte vorgetragen habe. Zur Bekräftigung seiner Beweisführung hängte er unter anderem ein Schreiben des *Völkischen Beobachters* von 1923 an, in dem die Redaktion Vorwürfe des Kulturbolschewismus gegen ihn revidierte. „Wir geben der Erwartung Ausdruck, dass Sie auch unseren Parteigenossen im Staatstheater bei ihrem ehrlichen deutschen Wirken Ihre Unterstützung nicht versagen werden",[356] hieß es dort.

Im April 1933 sandte Ulmer zudem eine „Denkschrift"[357] an die Direktion des Theaters. Er nahm hierin Bezug auf Anfeindungen, die ihm im Frühjahr 1933 als GDBA-Mitglied vom Kampfbund für deutsche Kultur gemacht wurden:

> Man greift mich im wesentlichen nach 2 Gesichtspunkten an:
>
> 1.) wegen meiner angeblich aktiven Beteiligung am Umsturz des Jahres 1918 und der darauffolgenden Zeit;
>
> 2.) wegen eines unkollegialen Missbrauches meiner Stellung und Tätigkeit an den bayerischen Staatstheatern.[358]

Hierzu rechtfertigte sich Ulmer wie folgt:

> Wahr an dem Gerede ist lediglich die Tatsache, dass ich im Jahre 1918, wie jeder Andere [sic!] in einem Abhängigkeitsverhältnis, auf den Boden der Tatsachen gestellt worden bin, ob ich wollte oder nicht, und dass ich nicht mehr getan habe als unbeschadet meiner inneren politischen Meinung die Forderungen meiner Standeskollegen, mit denen ich mich in jener Zeit schicksalsverbunden gefühlt habe, von ihnen dazu berufen, formulierte.
>
> Alles andere verweise ich in das Gebiet feindseliger Andichtungen.
>
> Ich habe in der Revolution 1918 weder eine Verbesserung meiner beruflichen Stellung, noch irgendwelche anderen persönlichen Vorteile erstrebt noch erhalten.[359]

Sowohl die Betonung seines vaterländischen Engagements als auch das Ableugnen seiner Führungsrolle im Künstlerrat lesen sich in Kontrast zu den Ereignissen von 1918/1919 höchst widersprüchlich. Im Auftrag des Ministeriums erstellte Verwaltungsdirektor Constantin Heydel im Sommer 1933 deshalb ein Gutachten[360] über Ulmer, in dem er weniger auf die politischen als die persönlichen Motivationen Ulmers einging. Er behauptete, Ulmer habe sich auch deshalb so aktiv für den

---

356 Schriftleitung des Völkischen Beobachters an Friedrich Ulmer, 08.10.1923, Beilage zur „Verteidigungsschrift" vom 03.04.1933. In: BAYHSTA, MK 45370.
357 Friedrich Ulmer, Denkschrift des Bayerischen Regisseurs und Kammerschauspielers Friedrich Ulmer, vermutlich April 1933. In: BAYHSTA, MK 45370.
358 Ebd.
359 Ebd.
360 Vgl. Generaldirektion der Bayerischen Staatstheater (Heydel) an das Staatsministerium für Unterricht und Kultus, 10.07.1933. In: BAYHSTA, MK 45370.

Umsturz der Verhältnisse eingesetzt, weil er nach mehreren Jahren Kriegsdienst unter dem bisherigen Leitungsteam um seinen Verbleib am Staatstheater habe fürchten müssen:

> Diese Besorgnis ist offenbar die Triebfeder zu allen Handlungen und Äusserungen in der kritischen Zeit des Jahres 1918 gewesen; in zweiter Linie der brennende Wunsch, sich unter den neuen Verhältnissen durchzusetzen und wenn nicht in die erste, so doch in die einflussreichste Reihe gestellt zu werden. Aus diesem tiefsten Grunde heraus sind Äusserungen [sic!] und Taten aus jener Zeit, die gewiss im Theatersinn umstürzend genannt werden können, zu verstehen. Wie schon angedeutet sind schlüssige Nachweise über eine politische Richtung dieser Vorgänge, die alle bisherigen Spitzen weggefegt haben, nicht zu erbringen.
>
> Dagegen tritt in allem unwiderleglich der Drang hervor, sich in den Mittelpunkt zu stellen und sich im Mittelpunkt auf jeden Fall zu halten.[361]

Heydel kam zu dem Schluss, „man könne [...] Ulmer von der politischen Verfemung freisprechen".[362] Dennoch plädierte er dafür, Ulmers Vertrag nach Sommer 1933 nicht zu verlängern:

> Lässt sich Kammerschauspieler Ulmer an seiner künstlerisch hervorragenden Stellung, seiner Spitzengage und seiner Tätigkeit als Regisseur nicht genügen, sondern treibt er in einem unstillbaren Drange unter allen Verhältnissen zu einer allgemeinen Herrscherstellung, ohne dass er Herrscher ist und zwingt ihn dieser Drang zur ständigen Bildung von Koterien bald hier bald dort, so wird sachlich und ruhig gesehen ohne weiteres begreiflich, wenn er seit einigen Jahren im Ensemble seiner Kollegen seiner persönlichen Eigenschaften wegen, wie auch seines nicht nur auf sachlichen Gründen aufgebauten einseitigen Einflusses auf die Direktion des Staatsschauspiels wegen, sehr viel Boden verloren hat.[363]

Das Ministerium folgte der Einschätzung Heydels und verlängerte Ulmers Vertrag nicht mit der Begründung,

> dass nach den im bisherigen Dienstverhältnis gemachten Erfahrungen dem Kammerschauspieler Ulmer jene Einsicht in die Notwendigkeit einer selbstlosen und opferbereiten Einordnung in das künstlerische Ensemble des Staatsschauspiels fehlt, die die neue Staatsführung zur Durchsetzung ihrer künstlerischen Absichten als Grundlage für die Einstellung der Mitglieder des Staatsschauspiels verlangen muss [...].[364]

---

361 Ebd., Hervorhebungen im Original.
362 Ebd., Hervorhebung im Original.
363 Ebd.
364 Staatsministerium für Unterricht und Kultus an die Generaldirektion der Bayerischen Staatstheater, 21.07.1933. In: BAYHSTA, MK 45370.

Ulmers Anbiederungsversuche an das neue Regime schlugen also fehl und sind zugleich tragisches Zeugnis dafür, wie viele Künstler:innen mit dem Beginn der Naziherrschaft in Deutschland ihre Vergangenheit negierten, um unter einem faschistischen Regime weiter ihrem Beruf nachgehen zu können. Auf juristischer Ebene wurde eine Klage gegen die Entlassung vom Bühnenschiedsgericht zunächst abgewiesen. Nachdem Ulmer in Berufung ging, wurde in zweiter Instanz entschieden, dass das Theater Ulmer 10 000 Reichsmark Entschädigung zahlen müsse.[365] In der NS-Zeit spielte Ulmer trotz seiner Absetzung am Theater in zahlreichen Filmen und habe sich dabei auch nicht „vor blanker NS-Propaganda"[366] gescheut, wie Kay Weniger im *Lexikon der verfolgten Theater-, Film- und Musikkünstler* notiert. 1944 stand er sogar auf der Gottbegnadeten-Liste des Propagandaministeriums.[367]

Inwieweit ein Gutachten, das für ein Unrechtsregime entstand, als Zeugnis für Ulmers Verhalten in der Rätezeit gelten kann, ist natürlich höchst fragwürdig. Doch die Tatsache, dass der Autor des Gutachtens, Constantin Heydel, im Verwaltungsapparat des Theaters über mehrere Staatsformen überdauerte, legt zumindest die Vermutung nahe, dass seine Einschätzungen nicht nur auf dem ideologischen Geist der Stunde von 1933 beruhten. Es wirkt vielmehr so, als habe er die Untersuchungen gegen Ulmer gezielt dazu genutzt, um einen lästigen Querulanten loszuwerden, der das Theater nicht nur unter der Intendanz Schwannekes, sondern auch unter Clemens von Franckensteins zweiter Intendanz ab 1924 immer wieder in Aufruhr versetzte – Ulmer sollte später maßgeblich am Sturz des Schauspieldirektors Alfons Pape beteiligt sein.

Ob Ulmer seine Kritik an Intendant Schwanneke und Schauspieldirektor Steinrück aus persönlichem Machtinteresse äußerte, wie Heydel später suggerierte, lässt sich nicht abschließend sagen. Festzuhalten ist aber, dass Schwanneke dem einflussreichen Ratsmitglied bereits im Frühjahr 1919 freiwillig Kompetenzen einräumte, die ihm später zum Verhängnis wurden: Dem Wunsch des technischen Personals entsprechend, sollte Ulmer Verwaltungsdirektor am Theater werden, auch aufgrund seiner Vorbildung als Jurist. Ulmer lehnte dies ab, weil er seinen Schauspielerberuf weiter ausüben wollte. Schwanneke schlug dem Künstlerrat deshalb vor, Ulmer zu einem Mittler zwischen Intendanz und Ensemble zu machen:

> In ständiger Fühlungnahme mit der Leitung soll er in die Lage versetzt sein von vornherein bei allen Massnahmen [sic!] und Entscheidungen der Leitung im Interesse des Personals mit

---

365 Vgl. o.A., Abschrift des Urteils des Oberschiedsgerichts, 10.04.1934. In: BAYHSTA, Intendanz des Bayerischen Staatsschauspiels, 602.
366 Weniger, *Zwischen Bühne und Baracke*, S. 356.
367 Vgl. Haas, Die *„Gottbegnadeten-Liste"*, S. 258.

> zu raten und mit zu stimmen und der Leitung Gelegenheit geben, sich zu jeder Zeit über Wünsche und Beschwerden des Personals zu unterrichten, um so die Möglichkeit rascher Prüfung oder sofortiger Abhilfe für die Leitung zu fördern.[368]

So sollte der Einfluss der Angestellten gefestigt werden, ohne dass die Satzung von Januar 1919 Minderung erfuhr. „Ich sehe in dieser Exekutive einen weiteren Schritt vorwärts zur Erreichung meiner Ziele, die ich in einem gemeinschaftlichen, harmonischen Zusammenleben mit meinen Mitgliedern erblicke",[369] begründete Schwanneke seinen Vorschlag und ahnte noch nicht, dass genau dieser Schritt wenige Monate später zum Verhängnis seiner Intendanz werden sollte. Der Künstlerrat stimmte dem Vorschlag zu, woraufhin Ulmer ein eigenes Büro in der Nähe der Intendanz bekam, in dem die Mitarbeiter:innen des Theaters ihn als eine Art Ombudsmann bei Problemen jeden Nachmittag aufsuchen konnten.[370] So entstand für Ulmer die ideale Ausgangslage, um das Tagesgeschäft der Intendanz zu beobachten und, wie am Beispiel von Albert Steinrück beschrieben, mittels schriftlicher Kritik zu sanktionieren. Schwanneke hielt sich – ganz sprichwörtlich – seine Feinde näher als seine Freunde, auch wenn er das vermutlich nicht mit Absicht tat.

Widerspruch, Abwanderung, Loyalität: Erklärungen für die theaterinternen Streitigkeiten?
Die Warnung der besorgten Thesy Pricken, die ständige Maßregelung durch den unzufriedenen Friedrich Ulmer, der Weggang des gekränkten Albert Steinrück: Die Mitarbeiter:innen des Theaters nutzten zwar unterschiedliche Strategien, um mit dem Wandel der Verhältnisse zurechtzukommen, sie alle zeugen aber von einem hohen Maß der emotionalen Involviertheit im Betrieb. Solche Verhaltensweisen hat auch der Sozialwissenschaftler Albert O. Hirschman untersucht.[371] Er analysierte, wie Menschen sich verhalten, wenn ein Produkt, das sie kaufen, oder eine Organisation, der sie angehören, sich aus ihrer Sicht verschlechtere. Hirschman unterschied dabei zwischen Widerspruch, Abwanderung und Loyalität[372] und lieferte damit fruchtbare Erklärungsansätze, die zeigen, warum die Mitarbeiter:innen des Theaters so unterschiedlich mit den Herausforderungen des struk-

---

368 Victor Schwanneke an den Künstlerrat, 05.04.1919. In: BAYHSTA, Intendanz des Bayerischen Staatsschauspiels, 602.
369 Ebd.
370 Vgl. o.A., Bekanntmachung. In: BAYHSTA, Intendanz des Bayerischen Staatsschauspiels, 602.
371 Hirschman, *Abwanderung und Widerspruch.*
372 Vgl. ebd., S. 3f.

turellen Wandels umgingen, und wieso das für die Intendanz zuweilen so gefährlich wurde.

Widerspruch bedeutete für Hirschman, die Organisation von innen heraus zu kritisieren, und komme als Strategie der Problembearbeitung vor allem dort zum Einsatz, wo eine Abwanderung schwer möglich sei – etwa, weil es nur eine Organisation dieser Art gebe oder weil die Eintrittskosten in eine soziale Gruppe so hoch seien, dass ein Austritt sich angesichts dieser Investition nur schwer rechtfertigen ließe: „[...] je strenger die Initiation, desto stärker die Selbsttäuschung, d.h. desto faszinierender erscheinen die langweiligen Tätigkeiten dem Mitglied."[373] Gerade die gierige Institution Theater war ein Metier mit hohen Einstiegshürden. Anders als heutzutage gab es damals noch kaum öffentlich finanzierte Schauspielschulen. Der Einstand in den Beruf erfolgte über private Schauspiellehrer:innen und Eleventum, über Anstellungen bei kleinen Theatern und Sommerbühnen. Wer es bis ans Hoftheater schaffte und hier eine gute Bezahlung mitsamt Pensionsansprüchen genoss, wird folglich seinen Posten nicht wieder freiwillig geräumt haben – die Angst Friedrich Ulmers, aufgrund seiner Zeit im Feld entlassen zu werden, klang bereits an. Für ihn war der Widerspruch somit die einzige Möglichkeit, überhaupt Gehör zu finden.

Ganz anders Albert Steinrück – er wählte den Weg der Abwanderung, den Hirschman als eine Sonderform des Widerspruchs begriff: „Abwandern bedeutet dann unter Protest austreten und – in der Regel – die Organisation von außen anprangern und bekämpfen, anstatt von innen her für die Veränderung arbeiten."[374] Steinrück konnte die Kündigung riskieren, weil er wusste, dass er sich nicht vor einem Mangel an Beschäftigung fürchten musste. Er war einer der Charakterdarsteller seiner Zeit und spielte an fast allen großen deutschen Bühnen.

Thesy Pricken wiederum entschied sich mit ihrem von persönlicher Sorge geprägten Brief für eine dritte Möglichkeit der Problembearbeitung – die Loyalität. Über diese schrieb Hirschman, sie komme meist dann zum Tragen, „wenn sie am irrationalsten aussieht, d.h. wenn Loyalität eine Anhänglichkeit an eine Organisation bedeutet, die allem Anschein nach eine solche Anhänglichkeit nicht verdient",[375] als Beispiel hierfür nannte er politische Parteien oder Vereine. Für die Intendanz war diese Art der Auseinandersetzung mit Problemen sicherlich die dankbarste, denn loyale Mitarbeiter:innen ließen sich leichter für die Ziele der Organisation in Dienst nehmen und entlasteten so die Leitung. Pricken widerlegte in den Kreisen, in denen sie verkehrte, etwaige Gerüchte über das Theater und trug

---

373 Ebd., S. 80.
374 Ebd., S. 89.
375 Ebd., S. 69.

so ihren Teil zur Stabilisierung der Bühne bei. Als vigilante Akteurin meldete sie ihrem Freund und Vorgesetzten Schwanneke zudem pflichtbewusst, was sie außerhalb des Theaters an Lästereien über die Bühne gehört hatte.

Dennoch scheint der Widerspruch am Theater die gängigere Verhaltensform gewesen zu sein, davon zeugen zahllose schriftliche Beschwerden in den Personalakten der Mitarbeiter:innen. Das erklärt auch, warum Victor Schwanneke hausintern so zu kämpfen hatte. Widerstand gegen die Organisation leisteten ja nicht nur diejenigen, die bereits vor 1918 mit den Zuständen am Haus unzufrieden waren und als deren Advokat Schwanneke sich sah. Vielmehr kam Widerstand nun auch noch von Personen, die erst durch die Neuordnung der Verhältnisse glaubten, einen Nachteil zu erfahren, so etwa Franz Jacobi, der um sein Ansehen als Schauspieler fürchtete. Dabei war mit der Einrichtung des Künstlerrats eigentlich der Grundstein gelegt, um Kritik produktiv eingliedern zu können. Indem man eine festgelegte Form fand, innerhalb derer die ewig Unzufriedenen ihre Einwände vorbringen konnten, neutralisierte man ihre Macht:

> Dadurch wird das Gewissen des Zweiflers beruhigt, aber zugleich wird seine Position explizit *und vorhersagbar.* Diese Vorhersagbarkeit bedeutet für ihn einen unwiederbringlichen Machtverlust; seine Stellungnahme wird berechenbar. Der Andersdenkende darf seinen Vers aufsagen, unter der Bedingung, daß er seine Rolle als Mitglied des Teams weiterspielt.[376]

Diese Verabredung währte allerdings nicht lange, da einige Mitglieder des Künstlerrats die festgelegten Regeln maximal ausreizten. Wer aus dem Recht, gehört zu werden und Vorschläge zu machen, eine Praxis der permanenten schriftlichen Beschwerde macht, pervertiert die Funktion von Kritik. Als unermüdliches Engagement für die Organisation wurde getarnt, was eigentlich dazu diente, die eigene Pfründe zu sichern. So schwand auf Dauer die Vertrauensbasis und anstatt miteinander zu arbeiten, spaltete sich das Theater im Herbst 1919 in zwei Lager. Auch leise und loyale Formen der Kritik zeitigten dann keine langfristigen Effekte mehr und die Bereitschaft zur Loyalität gegenüber dem Theater sank, je mehr sich die Fronten verhärten.

3.9 Der Rücktritt Victor Schwannekes und seine Diskussion in der Presse

Nachdem das Theater durch Albert Steinrücks Kündigung in Schieflage geraten war, erodierte um den Jahreswechsel auch zunehmend Schwannekes eigene Posi-

---

376 Ebd., S. 98, Hervorhebung im Original.

tion. Sein Vertrag, zunächst nur auf zwei Jahre geschlossen, sollte im April 1920 auslaufen. Bereits im November 1919 bat er das Ministerium, ihm mitzuteilen, ob sein Vertrag verlängert würde, da er sonst anderweitige Schauspielangebote aus Berlin erwägen müsse. „Ich brauche nicht zu betonen, dass es mein inniger Wunsch ist, hier zu bleiben, um kräftig an dem Aufbau des Hauses mitzuarbeiten, zu dessen Grundsteinlegung ich ein klein wenig beigetragen habe",[377] schrieb er. Das Ministerium jedoch verweigerte eine frühe Zusage der Vertragsverlängerung, worauf es zu heftigen Auseinandersetzungen zwischen der Intendanz und dem Künstlerrat kam. Aus der regen Korrespondenz zwischen Intendanz, Künstlerrat und Ministerium im Januar 1920 wird deutlich, dass der Rat sich in Schwannekes Augen offenbar zu wenig für seinen Verbleib am Haus als Intendant einsetzte und Schwanneke sich durch den Künstlerrat gegängelt fühlte.[378] Hierauf entgegnete Franz Jacobi, man habe sich wohl beim Ministerium um ihn bemüht, aber:

> Auf die Art und Dauer oder gar Verlängerung des ablaufenden Vertrages habe der Künstlerrat keinerlei Rechte einer Einflussnahme. Er könne lediglich gegen eine Verlängerung des abgelaufenen Vertrages protestieren. Diese Rechtsauffassung wurde dem Intendanten vom Künstlerrat mündlich mitgeteilt.[379]

Dieser Rückzug auf die Satzung ist gerade deshalb so verwunderlich, weil der Rat zuvor ja eher eine zu weite als zu enge Auslegung seiner Rechte nutzte, um Einfluss am Theater geltend zu machen. Dementsprechend nah liegt der Verdacht, dass es sich bei Jacobis Rechtfertigung lediglich um eine Schutzbehauptung handelte und ein echtes Interesse an einer Weiterarbeit mit Schwanneke nicht bestand. Dieser Eindruck bestätigt sich im weiteren Verlauf des Schreibens:

> Der Künstlerrat musste sich also auch in diesem Zeitpunkte der Gefahr und ihrer Tragweite wohl bewusst sein, Forderungen zu erheben, die einer rechtlichen Grundlage ermangeln, zu deren Verwirklichung oder Vollstreckung demnach ein Rechtstitel fehlt. Er musste im Interesse der Erhaltung jener freiheitlichen Selbstverwaltungsbestimmungen, die ihm die Staatsregierung in der Satzung vom 16. Januar 1919 zugestanden hatte, **die Grenzen der ihm darin eingeräumten Rechte wohl bedenken und davor Halt machen**, sie in einer uferlosen Gefühlspolitik zu überschreiten. Denn eine Ueberschreitung [sic!] oder Ueberspannung [sic!] jener Befugnisse und ein damit möglicherweise im Zusammenhange stehender Verlust ihrer rechtlichen Unterlagen mussten notwendigerweise in ihren Folgen

---

377 Victor Schwanneke an das Staatsministerium für Unterricht und Kultus, November 1919. In: BAYHSTA, Generaldirektion der Bayerischen Staatstheater, 890.
378 Vgl. Abschrift eines Briefes von Victor Schwanneke an Franz Jacobi, 14.01.1920. In: BAYHSTA, Generaldirektion der Bayerischen Staatstheater, 890.
379 Künstlerrat an das Staatsministerium für Unterricht und Kultus, 16.01.1920. In: BAYHSTA, MK 50186.

das gesamte Personal treffen, dessen Rechte und Interessen der Künstlerrat vor allem zu hüten und zu wahren hat.[380]

Aus diesen Zeilen liest sich deutlich die Furcht vor dem eigenen Machtverlust heraus – und diese Furcht war nicht unbegründet. Seit der Einsetzung des Künstlerrats hatte in Bayern bereits mehrmals die Regierung gewechselt, von einer politischen Stabilität, die für die Planungssicherheit des Theaters wichtig gewesen wäre, konnte keine Rede sein. Außerdem bereitete man auf Reichsebene zeitgleich ein Gesetz zur einheitlichen Regelung der Betriebsräte vor, welches deren Rechte erheblich einschränkte. Wie begründet solche Ängste waren, zeigt der Blick in die unmittelbare Zukunft: Die Regierung Hoffmann war nach dem Kapp-Putsch im März 1920 Geschichte, das Kultusministerium unterstand fortan Franz Matt von der Bayerischen Volkspartei, einer Art Vorläufer der heutigen CSU. Zudem wurde durch das Betriebsrätegesetz[381] vom Februar 1920 der Künstlerrat obsolet. Vor dem Hintergrund dieser Drohkulisse scheint es verständlich, dass der Rat seinen schwindenden Einfluss nicht für einen Kandidaten geltend machen wollte, der ihm ohnehin nicht genehm war.

Die blasse Führungskraft und der „Fall Neuhoff"
Dabei scheint zunächst unklar, warum es überhaupt zu Überwerfungen kam, schließlich war der Intendant doch von Tag eins an bemüht, den Künstlerrat einzubeziehen, gab Ulmer dafür sogar ein eigenes Büro. Gleichzeitig blieb Schwanneke als öffentliche Figur eher blass: Das zeigte schon die Geste, bei seiner allerersten Pressekonferenz nicht selbst das Programm vorzustellen, sondern diese Aufgabe dem Künstlerrat zu überlassen. Seine Qualität als Intendant schien dort an seine Grenzen zu stoßen, wo es nicht darum ging, die Arbeitsbedingungen der Kolleg:innen zu verbessern, sondern ein eigenes künstlerisches Profil zu zeigen. In einem Nachruf auf Schwanneke hieß es sogar: „Schwannecke [sic!] war keiner von den ganz Großen und er selbst kannte die Grenzen seiner Begabung ganz genau. Er hat sich nie in den Vordergrund gedrängt, bescheiden, fast handwerksmäßig tat er seine Arbeit."[382] Ein Intendant, der eher verwaltet als gestaltet – das schien im Theater nur zu funktionieren, wenn die Spartenleiter der Oper und des Schauspiels ein dementsprechend starkes Profil hatten. Doch mit dem Weggang Steinrücks

---

380 Ebd., Hervorhebung im Original.
381 Vgl. Zum Betriebsrätegesetz den ausführlichen Rechtskommentar in: Warneyer, *Betriebsrätegesetz*.
382 Michael Geyer, Viktor Schwannecke †. In: *Saarbrücker Zeitung*, Nr. 157, 12.06.1931. In: BAYHSTA, Generaldirektion der Bayerischen Staatstheater, 890.

brach dem Leitungsteam genau jene charismatische Figur weg, die Schwanneke, den Zeitgenoss:innen als eher in sich gekehrt beschrieben,[383] gerade nicht war.

Hinzu kam, dass der Künstlerrat auch mit Schwannekes Arbeit als Verwalter des Wandels unzufrieden war. Das wurde in einer Sitzung Anfang Januar 1920 deutlich, in der die beiden Parteien versuchten, ihren Streit beizulegen. Schwanneke beschrieb das Treffen als den „für mich wohl [...] peinlichste[n] Augenblick meiner hiesigen Tätigkeit"[384] – peinlich auch deshalb, weil ihm der Künstlerrat Versagen in einer ganzen Reihe von Personalangelegenheiten vorwarf.[385] Nicht alle diese Konflikte lassen sich aus den Personalakten des Theaters rekonstruieren, exemplarisch für das Hin- und Herschieben von Zuständigkeiten dürfte aber der Fall der Schauspielerin Bertha Neuhoff sein: Neuhoff wurde wie einige andere Schauspieler:innen noch unter Clemens von Franckenstein entlassen. Als eine der ersten Amtshandlungen – und vermutlich auch, um seinen Ruf als arbeitnehmerfreundlicher Chef zu festigen – versprach Schwanneke bei seiner Wahl zum Intendanten übereilt, alle kürzlich entlassenen Schauspieler:innen wieder einzustellen, unter ihnen auch Thesy Pricken und Bertha Neuhoff.[386] Während das bei den meisten Betroffenen gut funktionierte, gab es bei der Wiederanstellung von Neuhoff Probleme. Da in der Zwischenzeit im gleichen Rollenfach eine andere Schauspielerin engagiert worden war, wiegelte das Ministerium eine Neuanstellung zuerst ab, gewährte dann allerdings einen Vertrag mit kürzerer Laufzeit, den Neuhoff sich laut eigener Aussage zu unterschreiben gezwungen sah.[387] Neuhoff, die sich ungerecht behandelt fühlte, versuchte mithilfe des Künstlerrats den Intendanten auf sein Versprechen eines 5-Jahres-Vertrages festzunageln.[388] Im Laufe des Jahres 1919 kam es zu einem regen Briefverkehr, bei dem die Verantwortlichkeiten zwischen Intendant Schwanneke, Verwaltungsdirektor Heydel, Ministerialrat Korn und dem Künstlerrat hin- und hergereicht wurden, im Herbst 1919 fand schließlich eine Anhörung Neuhoffs durch den Künstlerrat statt.[389] Nach langen gemeinsamen Beratungen zwischen dem Rat, der Verwaltung und dem Regiekollegium ermahnte der Künstlerrat Bertha Neuhoff schließlich, in ihrem eigenen Interesse auf ein weiteres Drängen beim Ministerium zu verzichten, man würde

---

383 o.A., Viktor Schwanneke †.
384 Victor Schwanneke an Franz Jacobi, 14.01.1920. In: BAYHSTA, MK 50186.
385 Vgl. ebd.
386 Vgl. Franz Jacobi, Protokoll-Aufnahme, 04.12.1919. In: BAYHSTA, Intendanz des Bayerischen Staatsschauspiels, 403.
387 Vgl. Bertha Neuhoff an den Künstlerrat, 05.09.1919.
388 Vgl. ebd.
389 Vgl. Jacobi, Protokoll-Aufnahme, 04.12.1919.

sich schon rechtzeitig um eine Vertragsverlängerung kümmern.[390] Ihr Beschäftigungsstatus blieb aber sowohl unter Schwanneke wie auch unter den beiden Nachfolgeintendanzen prekär.

Signifikant ist der Fall deshalb, weil der stellvertretende Obmann des Künstlerrats, Friedrich Ulmer, der Exehemann von Bertha Neuhoff war. Glaubt man einem späteren Brief Neuhoffs an Intendant Zeiß, kam es mit ihm immer wieder zu Konflikten aufgrund sexueller Übergriffe auf der Bühne.[391] Der Künstlerrat – die Stelle, die die Mitarbeiter:innen des Theaters gegenüber dem Intendanten oder den Spartenleitern vertreten sollte – agierte aufgrund dieser persönlichen Verstrickung also ebenfalls aus einer enormen Machtposition heraus. Einmal mehr wird evident, dass der Rat sich selbst dadurch unterwanderte, dass er nicht als neutrales Gremium fungierte, sondern sich in ihm auf fatale Weise betriebliche und persönliche Interessen bündelten.

Die Mediendebatte zu Schwannekes Abschied
Die Schwierigkeiten mit dem Künstlerrat, aber auch das Zögern des Ministeriums bei der Verlängerung des Vertrags führten schließlich dazu, dass Schwanneke Ende Januar 1920 seinen Rücktritt einreichte.[392] Doch bereits vor dem offiziellen Bekanntwerden seines Abschieds aus München, mehrten sich die Gerüchte in der Presse, dass der Revolutionsintendant das Theater verlasse. Eine Schlüsselrolle nahmen hierbei die *Münchner Neuesten Nachrichten* ein, die mit einer engmaschigen Berichterstattung Schwannekes Ausscheiden aus dem Theater zusätzlich skandalisierten. Bereits am 13. Januar 1920 sprach eine Meldung von der „Intendanten-Krise im Nationaltheater".[393] Gerüchteweise hatte die Zeitung erfahren, dass Schwanneke ein Angebot als Schauspieler aus Berlin erhalten habe und suggerierte nun, dass er hausintern nicht mehr auf die Unterstützung des Künstlerrats bauen könne. Das Ministerium habe ihm daher nahegelegt, die Stellung in Berlin anzunehmen.

---

390 Vgl. Künstlerrat (Jacobi) an Bertha Neuhoff, 29.12.1919. In: BAYHSTA, Intendanz des Bayerischen Staatsschauspiels, 403.
391 Vgl. Bertha Neuhoff an Karl Zeiß, 19.12.1923. In: BAYHSTA, Intendanz des Bayerischen Staatsschauspiels, 403. Zeiß schenkte dieser Anschuldigung wohl keinen Glauben. Handschriftlich ist am Rand des Schreibens an der entsprechenden Stelle vermerkt: „!?" (Vgl. ebd.) Weitere Kommentare am Rand von Neuhoffs Brief legen nahe, dass man mit ihrer Darstellung in nahezu allen Punkten nicht einverstanden war.
392 Vgl. Victor Schwanneke an das Staatsministerium für Unterricht und Kultus, 21.01.1920. In: BAYHSTA, Generaldirektion der Bayerischen Staatstheater, 890.
393 o.A., Intendanten-Krise im Nationaltheater. In: *MNN*, Nr. 15, 13.01.1920, S. 1.

Drei Tage später folgte dann ein Artikel von Richard Elchinger, der ein überwältigendes Medienecho auslöste. Anders als die normale Theaterberichterstattung erschien der Text mit dem Titel „Staatstheater, Künstlerrat und tiefere Bedeutung"[394] nicht unter der Rubrik „Theater und Musik" (meist erste oder zweite Seite unten), sondern als eine der Titelgeschichten der Zeitung in der rechten oberen Spalte direkt neben den politischen Tagesmeldungen. Dass die Führungskrise an den Staatstheatern ebenso prominent verhandelt wurde wie die Rücktritte von Ministern, lässt spürbar werden, welch hohen Stellenwert das Theater als Institution der jungen Republik einnahm. Journalist Elchinger präsentierte dann im markigen Ton ein Tableau des Scheiterns und gefiel sich selbst in der Rolle des publizistischen Teiresias, der das Chaos bereits ein Jahr zuvor in den *Münchner Neuesten Nachrichten* vorausgesagt hatte: „Die brüderliche Begeisterung des ersten Rütlischwurs ist schnell vergessen worden, denn schließlich wollte jeder den Tell spielen."[395] Als Grund für das Ende der Intendanz Schwanneke führte er die bereits analysierten internen Streitigkeiten an:

> Daß es Gruppen gibt, denen die jüngste Entwicklung des Staatstheaters aus künstlerisch reaktionären Gründen bequem ist, darf uns nicht abhalten von der Feststellung: der Künstlerrat des Staatstheaters hat sich selber ad absurdum geführt, weil er sich nicht reif erwies zur Lösung objektiver Theaterfragen, sondern untergegangen ist in persönlichen Dingen und in einer wüsten Rollenusurpation. Wenn es für den Künstlerrat nicht möglich ist, zurückzufinden und sich wieder, was seines Amtes wäre, zu bescheiden mit dem Mitberatungsrecht in sozialen und wirtschaftlichen Dingen, dieweil man sich nun ein Mitbestimmungsrecht in den künstlerischen Entscheidungen angemaßt, so wird schlimmeres geschehen. Der finanzielle Zusammenbruch muß Freund und Feind in die Tiefe reißen und die letzte Rolle der Pathetiker wird nicht der Hannibal im Stück sein, sondern eine klagende Figur, die Karthagos Untergang auf den Trümmern der Kulissen beweint.[396]

Schwanneke selbst wurde von Elchinger sogar in Schutz genommen, er verwies auf dessen gute Arbeit im Umgang mit dem Budget des Theaters, doch spielte der Intendant in diesem Text ohnehin nur eine Nebenrolle. Vielmehr inszenierte Elchinger im Zwist des Künstlerrats auch einen ästhetischen Streit zwischen „Meiningern" und „Moderne".[397] Er nannte sie zwar nicht namentlich, doch waren mit den „Meiningern" wahrscheinlich die älteren Schauspieler:innen vom Schlage Franz Jacobis gemeint, die in hohem Pathos und mit Pedanterie für die Sprache ihre Rollen ausagierten. Die „Moderne" hingegen verkörperten Persönlichkeiten

---

394 Richard Elchinger, Staatstheater, Künstlerrat und tiefere Bedeutung. In: *MNN*, Nr. 20, 16.01.1920, S. 1f.
395 Ebd., S. 2.
396 Ebd.
397 Vgl. ebd.

wie Albert Steinrück, Kurt Stieler oder die gastweise verpflichtete Tilla Durieux. Nicht als ernst gemeinter Vorschlag, doch als Anheizer für eine kontroverse Debatte kann Elchingers Idee verstanden werden, die auseinanderstrebenden schauspielerischen Stilrichtungen auf verschiedene Häuser aufzuteilen: Er schlug vor, der „Moderne" das Residenztheater zu überlassen, während die „Meininger" ins Prinzregententheater – „diese[s], Minderbemittelten unbetretbar gewesene Zwanzigmark-Paradies vergangener Luxustage"[398] – Einzug halten sollten. Das gerade erst gepachtete Theater mit seinen Volksvorstellungen den künstlerisch Konservativen überlassen zu wollen, während man für das ehemalige Stammpublikum des Hoftheaters zeitgenössische Kost einforderte, zeugt nicht nur von einer Geringschätzung der Volksbühnenbewegung, sondern auch von einem versteckten Zynismus gegenüber der Idee des Theaters als Erziehungs- oder Bildungsorgan.

In seinem provokanten Ton löste Elchinger einen Disput aus, der während des restlichen Winters geführt wurde und in den sich sowohl das Haus selbst wie auch die Münchner Intelligenz einmischte. Wenige Tage nach Erscheinen des Artikels reagierte der Künstlerrat auf die Vorwürfe. Er sandte an mehrere Münchner Zeitungen eine umfangreiche Stellungnahme, in der es hieß:

> Der Künstlerrat hat sich seit dem Tage seiner Einsetzung in keinem einzigen Falle – dies sei gegenüber allen Verdächtigungen und Ausstreuungen festgestellt – eine Kompetenz angemaßt, die ihm die Aufsichtsbehörde in den Satzungen nicht zugestanden hätte.[399]

Im weiteren Verlauf des Rechtfertigungsschreibens gingen die Ratsmitglieder weniger auf Schwanneke als auf Albert Steinrück ein:

> Der Unterschied zwischen Oper und Schauspiel bestand eben darin, daß dort ein wissender und formender Führerwille, dem man folgen konnte und mußte, vorhanden war, während ein solcher beim Schauspiel fehlte, da es hier an Zielklarheit, Unbeirrbarkeit, unbeeinflußbarer Selbstständigkeit, organisatorischer Kraft gebrach, da ferner dieser Wille in erster Linie aufgezehrt und verbraucht wurde von eigenen schauspielerischen Ambitionen und so besten Falles keine Zeit fand, sich in Dingen auszuwirken, in deren Dienst sich zu stellen seine vordringlichste Aufgabe gewesen wäre.

> Die Unvereinbarkeit dieser heterogensten Funktionen konnte auf die Dauer keinem Einsichtigen mehr zweifelhaft sein und wenn eine Spaltung in Gruppen oder Lager mit der Zeit zu klaffen begann, so war es ausschließlich zwischen den Einsichtigen und den ewig Einäugigen, die in verblendeter Parteigängerschaft verlernt hatten, Dinge „stereoskopisch" zu sehen.

---

[398] Ebd., S. 1.
[399] Künstlerrat, Zum Intendantenwechsel an den Münchner Staatsbühnen. In: *MAAZ*, Nr. 35, 27.01.1920. In: BAYHSTA, Generaldirektion der Bayerischen Staatstheater, 890.

Eine künstlerische Spaltung jedoch, die von einem hiesigen Blatt festgestellt wurde, war von niemandem gewollt und besteht in Wahrheit nicht.[400]

Für die *Münchner Neuesten Nachrichten* war diese Stellungnahme erst recht ein Eingeständnis von Schuld, „weil sie, jedenfalls gegen die Absicht ihrer Verfasser, gerade das bestätigt, was wir behauptet haben: daß sich nämlich der Künstlerrat sehr eingehend in Besetzungsfragen eingemischt hat."[401]

Aber nicht nur die Presse, auch Schwanneke selbst reagierte auf das Statement des Künstlerrats. In nüchternem Ton schrieb er an die Redaktion der *München-Augsburger Abendzeitung*, welche die Erklärung des Künstlerrats gedruckt hatte, und bat um eine Richtigstellung. Der Künstlerrat hatte in seinem Text behauptet, Schwanneke sei ohne Zutun des Rates in sein Amt eingesetzt worden. Dazu konterte Schwanneke:

> Demgegenüber lege ich Wert auf die Feststellung, dass ich als Obmann des am 7. November 1918 in der Vollversammlung der Mitglieder des National-Theaters im Hotel Posch gebildeten Künstlerrates durch eine Abordnung eben dieses Künstlerrates beim Minister für Kultus und Unterricht Hoffmann für die Leitung des National-Theaters in Vorschlag gebracht und von ebendemselben am 9. November 1918 mit der Führung der Geschäfte der Verwaltung in widerruflicher Weise betraut worden bin. Die Behauptung, ich sei „ohne irgendeine Beteiligung des Künstlerrates" zum interimistischen Leiter des National-Theaters eingesetzt worden, ist demnach unrichtig.[402]

Schwanneke musste sich verteidigen, denn wieder einmal klang der Vorwurf an, der Revolutionsintendant sei nur eine Marionette Eisners gewesen – und das ein ganzes Jahr nach dem Tod des Ministerpräsidenten. Nicht nur der Künstlerrat schürte diese Wahrnehmung, auch Elchinger machte in seinem kontroversen Artikel vom 16. Januar die Feststellung, „[d]er Minister als heimlicher Oberintendant überwachte das fast puritanisch von den Vergnügungswerten sich abwendende Repertoire."[403] Der zurückhaltende Schwanneke stand als Intendant also im Schatten zweier Männer, die gar nicht mehr am Theater wirkten. Albert Steinrück hatte sein Amt als Schauspieldirektor niedergelegt und war auch schauspielerisch auf dem Rückzug, Kurt Eisner war ermordet und doch erblickte man in diesen beiden charismatischen ‚Herrschern' die eigentlichen Leiter des Theaters – zumindest, was das Schauspiel anbelangte, denn die Führung der Oper durch Bruno

---

400 Ebd.
401 o.A., Künstlerrat und Staatstheater. In: *MNN*, Nr. 38, 28.01.1920, S. 2.
402 Victor Schwanneke an die Redaktion der *MAAZ*, 27.01.1920. In: BAYHSTA, Generaldirektion der Bayerischen Staatstheater, 890.
403 Elchinger, Staatstheater, Künstlerrat und tiefere Bedeutung, S. 1.

Walter wurde in den hitzigen Diskussionen des Jahres 1920 so gut wie nie infrage gestellt.[404]

Anhand der Erklärungen, die Schwanneke und der Künstlerrat gesondert voneinander abgaben, wird aber noch ein anderes Problem deutlich, mit dem die Staatstheater zu kämpfen hatten: Sie präsentierten sich nach außen nicht geschlossen und verschlimmerten so die Wahrnehmung des Hauses als zerstrittene Organisation. Auch eine Pressekonferenz, die Alwin Saenger am 26. Januar im Kultusministerium veranstaltete, wirkte sich ungünstig auf die Außenwirkung des Theaters aus. Noch während der Streit in den Zeitungen tobte, erklärte der Ministerialbeamte, man habe sich zu unverbindlichen Gesprächen mit Karl Zeiß getroffen und fachte so die Gerüchte um die Nachfolge Schwannekes weiter an.[405] Es lässt sich natürlich nicht mit Bestimmtheit sagen, ob ein gemeinsames Auftreten von Intendanz, Ministerium und Künstlerrat den Skandal um Schwannekes Abgang abgeschwächt hätte, doch genau diese Geschlossenheit forderte Richard Elchinger von den Angehörigen der Bühne. Er hoffte, der Künstlerrat werde sich zu einer „geistigen Sturmtruppe [entwickeln], die in allen Fällen, wo es gilt, das Theater zu schützen, sich hinter den Intendanten stellt und seinen künstlerischen Intentionen eine neue Stoßkraft gibt."[406] Am Theater lernte man aus diesen Fehlern. Noch ehe im Herbst 1920 der neue Intendant Karl Zeiß sein Amt antrat, verfügte das Haus, dass alle Mitteilungen, die an die Presse herausgehen sollten, zuerst der Verwaltung vorgelegt werden müssten.[407]

In Reaktion auf Schwannekes Rücktritt kam es aber nicht nur zu einer Stellungnahme des Künstlerrates, auch verschiedene Münchner Intellektuelle bezogen auf Einladung der *Münchner Neuesten Nachrichten* Position. In einer mehrteiligen Umfrage mit dem Titel „Was dünkt Euch um unser bayerisches Staatstheater?", die im Januar und Februar 1920 erschien, gaben Persönlichkeiten wie Thomas und Heinrich Mann, Artur Kutscher oder Lion Feuchtwanger Antwort auf die Frage, ob zur Beseitigung etwaiger Streitigkeiten das Ensemble in „Meininger" und „Modernisten" auf verschiedene Häuser aufgeteilt werden solle. Während Autoren wie Lion Feuchtwanger und Bruno Frank die Trennung befürworteten, lehnten die

---

404 Walter gab in seiner Autobiografie als Grund hierfür an, dass er bereits vor 1918 ein „System der ‚Vertrauensmänner'" unterstützt habe, welche stellvertretend für das Ensemble Kritik und Anregungen vorgebracht hätten – namentlich Karl Erb und Paul Bender. Die beiden Opernsänger blieben auch nach 1918 bei betrieblichen Konflikten die Ansprechpartner Walters. Vgl. Walter, *Thema und Variationen*, S. 298 f.
405 Vgl. o.A., Die Intendantenfrage der bayerischen Staatstheater. In: *MNN*, Nr. 36, 27.01.1920, S. 3.
406 Elchinger, Staatstheater, Künstlerrat und tiefere Bedeutung, S. 2.
407 Vgl. o.A., Verfügung. Betreff: Presse und Propaganda, 01.05.1920. In: BAYHSTA, Generalintendanz der Bayerischen Staatstheater, 393.

Manns ebenso wie Hermann Sinsheimer und Artur Kutscher ein Auseinanderdividieren des Ensembles ab:

> Ganz abgesehen von der praktischen Untunlichkeit, hieße das, den Zwiespalt legalisieren, verbürgen, für immer befestigen, während doch gerade an höherer Versöhnung und an der Ausbildung des Geistes gemeinsamer Dienstbarkeit alles gelegen ist.[408]

Für den Schriftsteller Willi Wolfradt war die Frage der Trennung weniger eine der Schauspielstile als eine der Qualität der Darstellung, die viele der Schauspieler:innen am Staatstheater nicht liefern könnten. Er sprach von einer „Majorität von Deserteuren der Provinz, Altersvorsorgungsberechtigten und Hohlkehlen",[409] mit der Schwannekes Nachfolger aufräumen müsse: „Die Kunst ist keine Sinekure. Soziale Schädigung kann man anders heilen als auf Kosten der künstlerischen Qualität."[410]

Das Theater als Sinekure – wie es scheint, ging es beim von Elchinger inszenierten Disput zwischen „Meiningern" und „Moderne" nicht nur um Darstellungsstile, sondern auch um Postenvergabe, Privilegiensicherung und Versorgungsbezüge. Die Kampfphrase der „Meiningerei" blieb dementsprechend unterbestimmt und bot dem Theater die Möglichkeit, selbst die Deutungshoheit über das Wort zu beanspruchen: In der dritten Ausgabe der *Theaterzeitung der staatlichen Bühnen Münchens* lieferte die Redaktion ihren Leser:innen einen theaterhistorischen Abriss über die berühmte Meininger Truppe unter Herzog Georg II. und definierte das Meiningertum als einen Stil der Massenregie, bei der die Gesamtwirkung der Inszenierung vor dem individuellen Ausdruck stehe.[411] „Wenn nun irrtümlich heute Kritiker behaupten, ein Schauspieler ‚meiningere' so soll das wohl ungefähr bedeuten, er spreche nicht ‚natürlich', sondern ‚pathetisch'",[412] erläuterte Jacobus, der unter Pseudonym schreibende Autor des Texts.[413] Ob derlei Erklärungsversuche das Publikum angesichts der stark wertenden Berichterstattung in Münchens führender Tageszeitung positiv beeinflussten, ist fragwürdig. Dass es derartiger, erläuternder Texte überhaupt bedurfte, deutet aber daraufhin, dass die Frage nach den „Meiningern" und den „Modernisten" ein von

---

408 Thomas Mann, Was dünkt Euch um unser bayerisches Staatstheater. Antworten auf eine Rundfrage II. In: *MNN*, Nr. 36, 27.01.1920, S. 1.
409 Willi Wolfradt, Was dünkt Euch um unser bayerisches Staatstheater. Antworten auf eine Rundfrage V. In: *MNN*, Nr. 85, 26.02.1920, S. 1.
410 Ebd., S. 2.
411 Zur Geschichte des Meininger Theaters vgl. Hoffmeier, *Die Meininger*.
412 Jacobus, Die Meininger. In: *TZSBM* 1/6, (1920), S. 7.
413 Hierbei könnte es sich dem Namen nach sowohl um Schriftleiter Jacob Geis als auch um Schauspieler Franz Jacobi gehandelt haben.

Intellektuellen kreiertes Problem darstellte, das die breite Masse des Publikums gar nicht tangierte. So schrieb Autor Franz Blei als Antwort auf Elchingers Umfrage:

> Ich sitze als Zuschauer in einem der früheren Hoftheater und mir gefällt's gar nicht. Aber auf mich einen, der ich vielleicht einen hypertrophen Geschmack habe oder sonstwie [sic!] inkompetent bin, kommen zehn, zwanzig, denen es ausgezeichnet gefällt. Ich könnte es durch eine Abstimmung beweisen, daß immer neunzig von hundert Zuschauern sehr zufrieden sind, wer und wie und was immer oben gespielt wird, das heißt im „Was" ist man vielleicht kritischer bis zu Handgreiflichkeiten, aber sicher nie im Wie und im Wer. Ich weiß das Münchner Publikum gar nicht gespalten zwischen den Darsteller Huber und den Darsteller Meier: es ist der sich über beide freuende Dritte.[414]

Angesichts dieser Zeilen stellt sich die Frage, zu welchem Zweck die hochgehängte Debatte um die „Meiningerei" überhaupt geführt wurde, das Publikum schien schließlich zufrieden. Gleichzeitig verstrickten sich die *Münchner Neuesten Nachrichten* mit ihrer Umfrage in Selbstwidersprüche: Erst lehnte die Redaktion eine Mitsprache aller an der Kunst entschieden ab, lud dann aber Münchner Persönlichkeiten unterschiedlicher intellektueller Prägung dazu ein, sich in die Debatte um die Zukunft des Theaters einzubringen. Auf diese Weise beteiligte sich die Redaktion an genau jener Praxis des Kollektiven, gegen die sie zuvor angeschrieben hatte. Alle redeten mit und in diesem Mitreden waren die Repliken so heterogen, dass ihr konkreter Inhalt hinter der schlichten Tatsache zurücktrat, dass man überhaupt geredet hatte. So entsteht der Eindruck, dass die zu einem geschickten Zeitpunkt lancierte Umfrage vor allem der Zeitung selbst diente. Sie konnte sich so nicht nur als ‚Königsmacherin' des Theaters behaupten, sondern hielt mit ihrer stetigen Berichterstattung über Schwannekes Rücktrittsgesuch hinaus die Aufmerksamkeit ihrer Leserschaft auf einem konstant hohen Niveau. Böse Zungen würden der Zeitung nun vermutlich unterstellen, es ginge nur noch um die Steigerung der eigenen Auflage.

Jürgen Habermas, der sich in *Strukturwandel der Öffentlichkeit* auch mit einer gewandelten Funktion der Medien beschäftigt hat, konstatierte vor dem Hintergrund einer Kommerzialisierung der Presse jedenfalls, dass Medienunternehmen am Beginn des 20. Jahrhunderts zu „Komplexen gesellschaftlicher Macht geronnen [seien], so daß gerade der Verbleib in privater Hand die kritischen Funktionen der Publizistik vielfach bedrohte."[415] Für die *Münchner Neuesten Nachrichten* ist dieses Diktum umso wahrer, da sie just 1920 an die sogenannten „Ruhrindustriellen"

---

414 Franz Blei, Was dünkt Euch um unser bayerisches Staatstheater. Antworten auf eine Rundfrage V. In: *MNN*, Nr. 85, 26.02.1920, S. 1.
415 Habermas, *Strukturwandel der Öffentlichkeit*, S. 284.

verkauft wurden. Unter der neuen Eignerschaft bekam das einst liberale Blatt zunehmend eine nationalistische Prägung:

> Die „Münchener Neuesten Nachrichten" waren in den Zwanziger Jahren ein betont nationalistisches Blatt mit bayerisch-klerikaler Akzentsetzung. Ihre politische Heimat war die rechte Ecke der BVP, ihr erklärter Haß richtete sich gegen Sozialdemokraten und Kommunisten, ihre Skepsis galt der Republik von Weimar. Eine sachlich fundierte Auseinandersetzung mit dem Nationalsozialismus fand in der Zeitung nicht statt.[416]

In den Folgejahren sollte die Zeitung ihre Rolle als ewiger Antagonist des Theaters weiter festigen, bereits 1920 drohte Richard Elchinger:

> Wir werden uns auch in Zukunft nicht scheuen, anzukämpfen gegen die Bequemlichkeit der „Tradition", d. h. der künstlerischen Reaktion, die sich schnurriger Weise ein soziales Mäntelchen umhängt, um durch solches Mimikry petrefaktes Hofschauspielertum von ehegestern ins Übermorgen hinüberzuschmuggeln. Unter dem scheindemokratischen Nebenregiment des Künstlerrates ist das Schauspiel im Nationaltheater verwahrlost. Der neue Intendant wird nicht herumkommen um die erste Tat: aufzuräumen mit der Meiningischen Hauspolitik des Künstlerrates und seines Obmannes zu Ehren des Guten, Wahren, Schönen.[417]

3.10 „Revolution im Wasserglas?" – die Nachwirkung der Intendanz Schwanneke

Was also blieb von der Intendanz Schwanneke, vom Künstlerrat und den sozialen Bestrebungen der Jahre 1918 bis 1920? Der amerikanische Journalist Ben Hecht, der 1919 für die *Chicago Daily News* politische Reportagen aus Berlin und Bayern schrieb, bezeichnete die politischen Ereignisse in Deutschland einmal als „Revolution im Wasserglas".[418] Betrachtet man die Ereignisse am ehemaligen Münchner Hoftheater, lässt sich dieses Urteil auf den ersten Blick leicht bestätigen: Der unter allgemeiner Zustimmung eingesetzte ‚Revolutionsintendant' Victor Schwanneke verließ resigniert nach nur eineinhalb Jahren das Haus gen Berlin, der Künstlerrat wurde durch einen Betriebsrat mit eher begrenzten Einflussmöglichkeiten ersetzt und in der Münchner Presse tobte eine angeheizte Debatte um die angebliche künstlerische Zersetzung des Schauspielensembles, dem die selbstverwalteten Künstler:innen nur wenig entgegenzusetzen hatten.

---

416 Greiner, Die Münchener Neuesten Nachrichten 1918–1933, S. 33.
417 Richard Elchinger, Vom Künstlerrat, vom Thiasos, von der Kollegialität und anderen Raritäten. In: *MNN*, Nr. 82, 25.02.1920, S. 1, Hervorhebung im Original.
418 Hecht, *Revolution im Wasserglas*, S. 17.

Das erzählt sich wie ein Versagen auf ganzer Linie, allerdings ist die Frage, welchen Bewertungsmaßstab man an die Intendanz Schwannekes anlegt. Wenn man ernstlich davon ausgeht, dass Schwanneke dazu bestimmt war, über viele Jahre hinweg das Haus mithilfe des Künstlerrats zu leiten und zu formen, so scheint sein Interregnum tatsächlich wie ein „Sturm im Wasserglas". Versteht man seine Intendanz jedoch als Wegbereiter, um in einer unsicheren Zeit einen organisatorisch sauberen Übergang vom Hof- zum Staatstheater zu gewährleisten, so war Schwanneke erfolgreicher als man auf den ersten Blick meinen mag. Abgesehen von Schließungen aufgrund der aktuellen politischen Ereignisse lief die Arbeit am Haus reibungslos weiter. Mit *Hannibal* gelang nur sechs Wochen nach der Revolution eine erste große Uraufführung, die neue ästhetische Wegmarken setzte, im Laufe der Spielzeit kam dann wie gewohnt eine ganze Reihe von Schauspielen und Opern zur Premiere. Auch die Festspiele im Sommer fanden regulär statt, obgleich sie aufgrund der außenpolitisch angespannten Lage nicht mehr den gleichen Stellenwert als Tourismusmagnet wie vor dem Krieg hatten. Ebenso glückte die Eingliederung des Prinzregententheaters ab der Spielzeit 1919 trotz temporärer Engpässe. Dieses Manöver gelang vor allem, weil die Staatstheater bereits über personelle und materielle Ressourcen verfügten, die sie kurzfristig für die „Volksvorstellungen" umwidmen konnten – eine Neugründung hätte wesentlich länger gedauert. Welche Errungenschaften dabei auf Intendant Schwanneke persönlich zurückzuführen sind und welche dem Geist der Zeit geschuldet waren, ist unklar. Vordergründig liest sich der Theateralmanach der Schwanneke-Jahre mit seiner detaillierten Auflistung von rabattierten Tickets und geschlossenen Vorstellungen für die Publikumsvereine wie eine Leistungsschau der sozialen Öffnung. Gleichwohl wurde die Idee, das Prinzregententheater zu pachten und für „Volksvorstellungen" zugänglich zu machen, über Parteigrenzen hinweg von der Münchner Stadtgesellschaft getragen: Öffentlich finanzierte Theater waren als Bildungsgut damals „Stein gewordene Sozialdemokratie".[419] Es dürfte angesichts der hohen Akzeptanz des Vorhabens für Schwanneke dementsprechend leicht gewesen sein, sich als Treiber des Projekts zu verstehen, obschon viele Personen am Gelingen des Vorhabens mitwirkten. Dass das Theater von einem durch die Zivilliste des Königs finanzierten Ort zum staatlichen Organ wurde, offenbarte sich hierin ebenso wie in der neuen Selbstverortung seiner Mitglieder. Den Höhenflügen mancher dabei formulierter Ideen begegnete man im Haus bisweilen mit Pragmatismus: Auf dem Briefpapier der Bühnen wurden die Worte „Königliches Hoftheater" nach dem 7./8. November 1918 einfach durchgestrichen – anderer Name, ähnliche Probleme. Hermann Sinsheimer bilanzierte:

---

419 Balme, Stadt-Theater, S. 76.

> Da er [= Schwanneke, Anm. d. Verf.] mit Haut und Haaren ein Theatermensch war, dazu klug, wendig und gar nicht mit den Schwächen seiner Berufsgenossen spielend, war er kein schlechter Intendant, wenn auch als solcher nicht gerade ein Säulenheiliger.[420]

Gleichzeitig wirkt es so, als habe die Aufbruchsstimmung von 1918 die Erwartungen der Öffentlichkeit an die neue Intendanz derartig nach oben skaliert, dass ein Scheitern Schwannekes unvermeidlich wurde. Da von Schwanneke jedoch nur wenige Selbstzeugnisse erhalten sind, ist unklar, welche Herausforderungen er in seiner täglichen Arbeit als am drängendsten erlebte, und welche Probleme erst in der Außenwahrnehmung hochstilisiert wurden. Durch die engmaschige Berichterstattung der Presse entstand jedenfalls eine Atmosphäre permanenter Beobachtung, der Schwanneke schon deshalb schlecht standhalten konnte, weil er zwar in der Rolle des Komikers brillierte, die Gesten und Sprechweisen eines Intendanten allerdings erst noch lernen musste. Er griff hierbei auf zweifelhafte Strategien aus seinem Nebenamt als Geschäftsführer der Clara-Ziegler-Stiftung zurück und suchte bei der Anbahnung des Kinoprojekts törichterweise die Nähe zur Räteregierung – ob aus Gutgläubigkeit oder aus Kalkül, sei dahingestellt. Diese Kardinalfehler rächten sich nicht erst im Veruntreuungsprozess von 1922. Bereits ein halbes Jahr nach seinem Weggang aus München kamen erste Zweifel an seiner Lauterkeit auf, resigniert schrieb er an Nachfolger Zeiß:

> In den schwersten Zeiten habe ich doch das Haus rein gehalten unter persönlichen Gefahren. Neulich hatte ich Gelegenheit mit Steinrück zu sprechen, da erfuhr ich, daß das Ministerium ihm gedankt hat für seine Tätigkeit. Ich habe nicht eine Zeile bekommen, als ich einen Abschiedsbesuch machte, wurde ich nicht vorgelassen. Warum?[421]

Sogar nach seinem Weggang aus München vermochte Schwanneke im Schatten des großen Albert Steinrück nicht so recht an Kontur zu gewinnen – Charismatiker, das waren andere. Dabei hätte es in der unruhigen Zeit vielleicht einer kraftvollen Führungsfigur bedurft, um die Temperamente des Ensembles zu befrieden. Schwannekes zurückhaltendes Naturell destabilisierte jedoch seine Autorität eher, auch dürfte sich das absolute Vertrauen in die Brüderlichkeit der Revolution als naiv erwiesen haben. Während ein Teil seiner Kolleg:innen dem Komiker in seiner neuen Rolle mit Loyalität begegnete, akzeptierten nicht alle diesen Karrieresprung.

Ob der Künstlerrat allerdings tatsächlich so selbstherrlich agierte, wie die *Münchner Neuesten Nachrichten* in ihrer Medienkampagne suggerierten, lässt sich nicht klären. Zwar legen die zitierten Briefe in der Causa Steinrück diese Vermu-

---

420 Sinsheimer, *Gelebt im Paradies*, S. 269.
421 Schwanneke an Zeiß, 25.12.1920.

tung nahe, doch muss man bedenken, dass Konflikte tendenziell mehr Korrespondenz nach sich ziehen als erfolgreich bearbeitete Probleme. Wo der Rat positiv zur Arbeit im Haus beitrug, lässt sich aufgrund mangelnder schriftlicher Quellen nicht abschließend sagen. Hinzu kommt, dass die für das Theater typische Mischung aus formellen und informellen Kommunikationsstrategien mit großer Wahrscheinlichkeit dazu führte, dass viele Herausforderungen überhaupt nicht schriftlich dokumentiert, sondern en passant gelöst wurden. Während Franz Jacobi und Friedrich Ulmer prominent in den Diskurs um die Bühne eintraten, ist von anderen Mitgliedern des Künstlerrates nicht mehr als der Name erhalten geblieben. Wie Konflikte beispielsweise innerhalb des technischen Personals geklärt worden sind, ist vollkommen unklar.

Ex post wirkt es, als habe die Aufgabe des Künstlerrats vor allem darin bestanden, im erstarrten Hoftheater einen temporären Druckausgleich im Sozialen herzustellen, der das Funktionieren des Hauses unter neuen Bedingungen sicherstellte. Die Verrechtlichung dieses Ventils zeugt allerdings davon, dass man im Winter 1919 von seiner Dauerhaftigkeit überzeugt war. Auch brachte der Versuch der kollektiven Leitung die Bühne erneut in eine „sozialpolitische Vorreiterrolle",[422] die Ute Daniel an den Hoftheatern schon für die Zeit vor 1918 beobachtet: Während im provisorischen Nationalrat noch über die prekäre Lage vieler Schauspieler:innen diskutiert wurde, waren am Staatstheater die meisten Ensemblemitglieder verhältnismäßig gut abgesichert. Nur aus dieser komfortablen Position heraus lässt sich die Gründung eines Arbeiterrats mit *künstlerischem* Beratungsrecht verstehen, denn sonst wären vermutlich andere Belange als die Geltung einzelner Schauspieler:innen oder die Zusammensetzung des Spielplans zum Stein des Anstoßes geworden.

Mit dem Künstlerrat etablierten sich auch neue Beobachtungskonstellationen im Theater, die sich unter dem in der Einleitung erörterten Schlagwort der „Vigilanz" verstehen lassen. Der Künstlerrat fungierte als ein von unten nach oben gerichtetes Beobachtungsorgan, das im Interesse einer sozialen und fairen Theaterführung den Intendanten in den Blick nahm. Das Agieren des Rats ermutigte auch die Schauspielerin Thesy Pricken zur Wachsamkeit: Sie beobachtete und meldete erst mündlich an Ulmer, dann schriftlich an Schwanneke den Ansehensverlust der Intendanz. Gleichzeitig mahnte der Künstlerrat aber auch den Intendanten selbst zur Wachsamkeit, indem er ihn aufforderte nach der Abschaffung der Zensur bei der Spielplangestaltung das nötige Maß an Takt zu internalisieren. Der Intendant war somit gleichsam Adressat wie Gegenstand von Vigilanz.

---

[422] Daniel, *Hoftheater*, S. 381.

Durch die Realisierung der neuen Kontroll- und Mitspracherechte traten genau die Probleme ein, die Max Weber in seinem Nachdenken über Kollegialität benannte: Die Entscheidungsfindung wurde schwerfälliger, Verantwortungen ließen sich nicht immer klar zurechnen, an Geschlossenheit in der Außendarstellung mangelte es und die hausinterne Disziplin wurde durch Ränkespiele aufgeweicht.[423] Doch nicht nur deshalb wollte man am Theater die Querelen der Räte-Ära möglichst schnell vergessen machen: Nachdem die Revolution in München lange Zeit unblutig blieb, verlief sie in ihrer letzten Phase umso gewaltvoller. Dass ein später wegen Veruntreuung und Fälschung verurteilter Verbrecher in dieser Zeit mit den Kommunist:innen paktierte, passte daher so gar nicht in die Chronik des prestigeträchtigen Theaters und schwächte die Legitimation der staatlich finanzierten Bühne. So findet sich weder in der Jubiläumspublikation[424] der Bühnen von 1928 der Name Schwanneke, noch hing ihm zu Ehren ein Bildnis in der Künstlergalerie des Nationaltheaters. Das erklärt vielleicht auch, warum Schwanneke als Intendant theatergeschichtlich weitestgehend in Vergessenheit geraten ist und es an differenzierten Betrachtungen durch die Zeitgenoss:innen mangelte. Als „strafendes Vergessen"[425] bezeichnet Aleida Assmann solche Tilgungen: „Diejenigen, deren Namen aus den Annalen gestrichen und von den steinernen Monumenten weggemeißelt werden, sollen symbolisch ein zweites Mal sterben."[426] Doch blieben gerade in dieser Art des Vergessens die Verdrängten permanent präsent: „Sie mobilisiert Aufmerksamkeit für das, was gleichzeitig der Wahrnehmung entzogen werden soll."[427] So blieb in den Folgejahren die Angst vor Sozialisierung und Chaos in Mediendebatten um das Theater weiter Thema, schließlich hatte der Künstlerrat gezeigt, dass die unhinterfragte Alleinherrschaft von Intendanten eben nicht der einzige Weg war, eine Bühne zu führen. Die Herrschaft einzelner ließ sich nur mehr dadurch behaupten, dass das Kollektive als Bedrohung stets neu dämonisiert wurde.

Auffallend an der Causa Schwanneke ist, dass sie sich mit Erfahrungen deckt, die Misha Aster für die aus dem Verbund der Preußischen Hoftheater hervorgehende Staatsoper in Berlin dokumentiert hat. Nach der Absetzung des Intendanten Georg Graf von Hülsen-Haeseler bildete sich auch hier ein Machtvakuum. Obwohl zunächst Richard Strauss versuchte, die Leitung der Oper zu übernehmen, wählte das Opernensemble den bereits pensionierten Regisseur Georg Droescher zu sei-

---

423 Vgl. Weber, *Wirtschaft und Gesellschaft*, S. 164.
424 Generaldirektion der bayerischen Staatstheater, *150 Jahre bayerisches National-Theater*.
425 Assmann, *Formen des Vergessens*, S. 49.
426 Ebd.
427 Ebd.

nem neuen Interimsleiter.[428] Dieser blieb bis Sommer 1919 im Amt, indes man gemeinsam mit dem Kultusministerium die Geschicke des Theaters neu regelte: Wie in München sollte auch hier ein durch das Ensemble gewählter Kandidat dem Ministerium als Intendant vorgeschlagen werden.[429] Während man in Bayern mit Schwanneke jedoch einen Kandidaten wählte, der zumindest anfangs mit den Interessen von Regierung und Ministerium konform ging, gelang es in Berlin nicht, den vom Ministerium favorisierten progressiven Frankfurter Musikkritiker Paul Bekker durchzusetzen. Vielmehr wählte der „Rat der Beschäftigten" den eher gemäßigten Komponisten und Dirigenten Max von Schillings zum neuen Leiter.[430] Er blieb bis 1925 und damit deutlich länger als Schwanneke in Amt und Würden, doch war auch seine Intendanz von massiven Problemen überschattet, wie Aster herausarbeitet. Neben der Herausforderung, bei einer davongaloppierenden Inflation ohne Mehrkosten eine Volksoper im Kroll'schen Theater zu etablieren, war es vor allem die Unmöglichkeit, verschiedene Interessengruppen zu befrieden, die dazu beitrug, „Schillings' bereits angeschlagene Autorität durch diese persönlichen Bindungen weiter [zu] zerfressen."[431] So sollte er dem Interesse des Ministeriums nach sozialer Öffnung Rechnung tragen, doch gleichzeitig stellten sowohl die Topstars des Ensembles wie auch Komponist Richard Strauss Ansprüche an den Intendanten, hinter denen sich oft künstlerische Eigeninteressen verbargen. Sängerinnen wie Barbara Kemp, mit der Schillings über Jahre eine Liaison pflegte, taten dies teilweise in offizieller Funktion als gewählte Vertreter:innen der Belegschaft. Hier offenbaren sich Parallelen zu Figuren wie Friedrich Ulmer aus München. Aster charakterisiert sie deshalb als

> Menschen, die die Privilegien behalten wollten, die sie unter dem Kaiserreich gesammelt hatten, die aber auch geholfen hatten, es zu stürzen, und nun für ihre eigenen Ziele arbeiteten, teils in offiziellen Funktionen, teils durch Unterordnung, aber weder durch aktive Zusammenarbeit noch durch prinzipiengeleitete Opposition. Sie waren ehemalige Progressive, die nun eine Art konservative Koalition gegen die steigende Flut des reizbaren Populismus darstellten, der ihre (in ihren Augen hart verdienten) Vorrechte bedrohte.[432]

Das eigentlich fortschrittliche Instrument der Mitbestimmung verwandelte sich auch hier in eine Belastung für die Führungsstärke des Intendanten. Schillings geriet zusätzlich in die Kritik, weil er mit der vom sozialdemokratisch geprägten

---

428 Vgl. Aster, *Staatsoper*, S. 33.
429 Vgl. ebd., S. 38.
430 Vgl. ebd., S. 40 f.
431 Ebd., S. 50.
432 Ebd., S. 36.

Preußischen Kultusministerium gesetzten politischen Agenda kaum Schritt halten konnte. So „schwächte ihn seine Flucht ins apolitische Reich des Ästhetischen."[433] 1925 wurde er fristlos entlassen, nachdem er aufgrund von Konflikten mit dem Ministerium versucht hatte, die Presse in einer öffentlichen Stellungnahme auf seine Seite zu ziehen[434] – erneut eröffnen sich Ähnlichkeiten zur Absägung Schwannekes in München. Anders als der bayerische Revolutionsintendant verstand Schillings sich jedoch nie als ein glühender Verfechter der neuen Zeit. Schillings war, wie Aster zeigt, ein Anhänger der Rassenlehre, äußerte sich wiederholt antisemitisch und bekräftigte seinen Nationalismus 1933 durch seinen Eintritt in die NSDAP.[435] Demgegenüber blieb Schwanneke auch nach seinem Scheitern als Intendant seinen Idealen treu und verstand sich eher als Streiter in der Sache denn als Führungsperson. Das macht auch sein Abschied in München deutlich: In einer Vorstellung von Hermann Bahrs *Das Konzert* spielte er ein letztes Mal seine Paraderolle Dr. Jura und trug dabei im Knopfloch die rote Nelke, das Symbol der Arbeiterbewegung.[436] Gefragt nach seinen Erfolgen, bilanzierte Schwanneke seine Intendanz in der *Freien Deutschen Bühne* im März 1920 übrigens wie folgt:

> Sie fragen, ob die Schuld des Schiffbruchs, den die Idee scheinbar erlitten hat, an der Idee selbst oder an den unzureichenden Menschen gelegen hat; ich glaube nicht an einen Schiffbruch, sondern nur an Kinderkrankheiten, ich glaube, daß die Menschen sich erst allmählich anpassen werden. Wir, die wir seit Jahren in der Bewegung stehen, dürfen nur nicht den Kopf verlieren und nicht den Glauben, wenn ein neuer Apparat nicht von Anfang an tadellos funktioniert. Der Apparat will verbessert, die Handhabung will gelernt werden. Im Interesse unserer guten Sache hielt ich es für besser zu gehen. Mehr möchte ich darüber nicht sagen.[437]

---

433 Ebd., S. 70.
434 Vgl. ebd., S. 71f.
435 Vgl. ebd., S. 70.
436 Vgl. o.A., Schwannekes Abschied. In: *MNN*, Nr. 90, 01.03.1920, S. 1.
437 Schwanneke, Brief an die Schriftleitung.

4 Karl Zeiß – der sanfte Transformator?

Intendant Karl Zeiß[1] sieht die Betrachter:innen mit ruhigem, klarem Blick an. Er steht an die Brüstung seiner Loge im Nationaltheater gelehnt, im Hintergrund schemenhaft erkennbar: der voll besetzte Zuschauerraum. Ein roter Vorhang trennt ihn vom Publikum ab, lässt die Grenze zwischen der Masse der Besucher:innen und der exponierten Stellung des Intendanten erkennen. Das ihn auf diese Weise abbildende Gemälde, das 1926 im weißen Saal des Nationaltheaters zu Ehren des zwei Jahre zuvor verstorbenen Zeiß enthüllt wurde, stammt vom deutsch-amerikanischen Maler Carl von Marr.[2] Es entstand nach Vorlage einer Fotografie und wirkte nach Ansicht eines Pressevertreters „lebenswahr gemalt".[3]

Lebenswahr ist es vielleicht auch, weil es wie ein Sinnbild auf Zeiß' Münchner Intendanz anmutet, die von September 1920 bis Februar 1924 dauerte. Indem es ihn im Zuschauerraum zeigt, verweist es auf seine Bemühungen, Theater für ein Publikum und von diesem ausgehend zu denken. Zwar bleibt Zeiß durch den Vorhang räumlich distanziert, doch genau dieses Spiel von Zeigen und Verhüllen trägt der eigentümlichen Position Rechnung, die er als Intendant einer staatlichen Institution einnahm. Einerseits war er als Repräsentant des Hauses in hohem Maße sichtbar, andererseits fand seine Arbeit größtenteils hinter den Kulissen statt. Das Heft, das am linken unteren Bildrand auf der Brüstung liegt, möglicherweise ein Regiebuch, verstärkt diesen Eindruck: Während die Zuschauer:innen gekommen sind, um sich unterhalten zu lassen, ist er hier, um zu arbeiten. Er wacht über die Aufführung, über sein Theater.

Über den derzeitigen Verbleib des Gemäldes lässt sich keine gesicherte Aussage treffen.[4] Im Besitz der Bayerischen Staatsoper, die für ihre Gemälde- und Büstensammlung berühmter Künstler:innen des Hauses bekannt ist,[5] befindet sich le-

---

[1] Die Schreibung des Namens variiert je nach Quelle, sowohl „Karl" als auch „Carl", „Zeiß" wie „Zeiss" finden Verwendung. Diese Arbeit orientiert sich an der offiziell von der bayerischen Regierung verwendeten Schreibweise „Karl Zeiß", lediglich in Originalzitaten aus Zeitungen werden abweichende Varianten übernommen. Vgl. Lilla, Zeiß, Karl.
[2] Vgl. o.A., Ehrung für Generalintendant Dr. Zeiß. In: *BSTZ*, Nr. 36, 13.03.1926. In: MSA, ZA-P-600-4.
[3] o.A., Ehrung für Generalintendant Zeiß. In: *MNN*, Nr. 45, 14.02.1926, S. 4.
[4] Aufgrund der Recherchearbeit für diese Dissertation kam die Frage, was mit dem Bild passiert ist, überhaupt erst auf. Derzeit versucht das Zentralarchiv für Medien der Bayerischen Staatsoper ausfindig zu machen, wo es hingekommen sein könnte, bisher jedoch ohne Ergebnis.
[5] Viele dieser Bilder werden mit Kurzbeschreibungen zu den Lebensdaten der abgebildeten Künstler:innen im 1990 erschienenen Büchlein *Die Portrait-Galerie im Nationaltheater* vorgestellt. Das Gemälde Carl von Marrs fehlt hierin, weswegen davon auszugehen ist, dass das Porträt von Zeiß schon damals nicht mehr im Besitz des Hauses war. Denkbar ist, dass es im Zweiten

diglich ein schwarz-weiß Foto von minderer Qualität,[6] Aufschluss über die Farbigkeit des Bildes geben zwei kurze Zeitungsmeldungen anlässlich der Anbringung 1926. Dass zu Ehren von Zeiß Mitte der 1920er-Jahre eine Malerei angefertigt wurde, zeugt davon, dass man ihn – anders als Victor Schwanneke – sehr wohl im Gedächtnis des Theaters präsent halten wollte.

Als Karl Zeiß 1920 nach München kam, blickte er bereits auf eine lange Berufslaufbahn zurück: Nach seinem Studium der Literaturwissenschaft mit Promotion zum Thema *Die Staatsidee Pierre Corneille's* [sic!][7] in Leipzig, arbeitete Zeiß zunächst als Theaterkritiker und brachte eine vielbeachtete Ausgabe der Werke Christian Friedrich Hebbels heraus.[8] 1901 kam er als dramaturgischer Hilfsarbeiter nach Dresden ans Theater. Unter Nikolaus Graf von Seebach, dem letzten Intendanten des Dresdner Hoftheaters, wirkte er dort als Dramaturg, später als Leiter des Schauspiels, ehe er 1917 die Leitung der Vereinigten Stadttheater in Frankfurt übernahm. Hier erregte er deutschlandweit Aufmerksamkeit, indem er zahlreiche expressionistische Dramen aufführte.[9] Bei seinem Amtsantritt in München hatte er sein Renommee schon erworben, er musste sich anders als Schwanneke in der Position des Leiters nicht mehr beweisen. In gewisser Weise stellt die Münchner Zeit daher sein Alterswerk dar, das unvollendet blieb – 1924 starb Zeiß überraschend an den Folgen eines Schlaganfalls, viele seiner Pläne für das Staatstheater ließen sich nicht mehr verwirklichen.

Weltkrieg zerstört worden oder verloren gegangen ist. Vgl. Freunde des Nationaltheaters e.V., *Die Portrait-Galerie im Nationaltheater*.
6 Vgl. BSO, Inv. Verz. VIII a, Nr. 92, S. 17.
7 Zeiß, *Die Staatsidee Pierre Corneille's*. Zeiß versuchte hierin herauszuarbeiten, welches Staatsideal in den Dramen und Gedichten Corneilles zum Ausdruck kam und deutete dies vor dem zeitgeschichtlichen Hintergrund des absolutistischen Frankreichs aus.
8 Vgl. Zur Arbeit an der Hebbelausgabe: Ederer, *Karl Zeiss*, S. 10–18.
9 Vgl. Hock, Zeiß, Karl.

Abb. 11: Karl Zeiß.

„Ein müde gearbeiteter und vorsichtiger Mann",[10] so beschrieb ein Journalist den Intendanten ein Jahr nach dessen Tod. Nachrufe auf Zeiß verfestigen diesen Eindruck.[11] Immer wieder war von seinen Absichten für München die Rede, davon,

---

10 H-t., Münchner Staatsschauspiel. In: *Continental Presse-Büro. –gwb– Feuilleton-Nachrichtendienst.* Nr. 154, 25.09.1925. In: BAYHSTA, Generalintendanz der Bayerischen Staatstheater, 740.
11 Sie liegen gesammelt im Münchner Stadtarchiv: MSA, ZA-P-600-4.

dass er eine Veränderung habe einleiten wollen, deren Durchsetzung aber mehr als drei Jahre in Anspruch genommen hätte:

> In langwieriger, zäher Kleinarbeit mußte Ordnung geschaffen, ein erstarrtes Ensemble erneuert, der tägliche Betrieb in drei, zeitweise vier Häusern wieder zu dem Höhendurchschnitt gepflegten Theaterspiels emporgeführt werden.
> Die Erschwerungen, die sich der künstlerischen Arbeit des in tragischer Weise **früh erschöpften** Bühnenleiters entgegenstellten, nahmen kein Ende.[12]

Auch die *München-Augsburger Abendzeitung* ordnete das Erbe von Zeiß ein als „A u f g a b e : das Geschaffene weiterzuentwickeln, künstlerische und soziale Pläne zu verwirklichen, an deren Ausführung ihn ein unbarmherziges Schicksal verhindert hat."[13] „Kein Mensch kann sagen, was wir von Karl Zeiß, dem stillen und anspruchslosen Bühnenpraktiker, noch hätten erwarten dürfen",[14] konstatierte die *Bayerische Staatszeitung*.

Der ermattete Mann mit den hehren Zielen: So liest sich die Bilanz seiner Münchner Intendanz. Dabei hat Zeiß, wie dieses Kapitel zeigen wird, in den drei Jahren seines Wirkens durchaus etwas bewegt. Er holte mit Erich Engel und Anna Bahr-Mildenburg neue Regisseur:innen ans Haus, versuchte das Ensemble zu befrieden und setzte die Arbeit am Prinzregententheater als Stätte der Volksvorstellungen fort. Mit Max Mohr, Bert Brecht und Carl Sternheim bot er zeitgenössischen Autoren eine Bühne, auch gelang die Uraufführung von Hofmannsthals Drama *Der Schwierige*. Ebenfalls fiel ein Umbau von Residenz- und Nationaltheater in seine Ägide. Trotzdem war man sich bei Zeiß' Tod in der Presse einig, dass seine Leistung vor allem in einem Versprechen an die Zukunft bestand.

Auf eigentümliche Art setzte durch die Berichterstattung um den Tod des Intendanten eine frühe Verklärung seiner Arbeit ein, die andere Deutungen seiner Nachwirkung für die Münchner Theater obsolet zu machen schien. Das liegt vor allem an der Strahlkraft von Zeiß' Persönlichkeit, die die Kritiker beschrieben. Er sei „ein Diplomat [gewesen]: nicht ohne Ironie, gern lächelnd, zur rechten Zeit auch energisch, oft ein wenig kühl, stets über Sache und Personen erhaben und durch betonte Liebenswürdigkeit desto sicherer den Abstand wahrend."[15] An anderer

---

12 Hermann Eßwein, Zum Ableben des General-Intendanten Dr. Zeiß. In: *MP*, Nr. 39, 15.02.1924. In: MSA, ZA-P-600-4, Hervorhebung durch Verfasserin.
13 G., Karl Zeiß †. In: *MAAZ*, Nr. 45, 15.02.1924. In: MSA, ZA-P-600-4, Hervorhebung im Original.
14 Alfred Mensi von Klarbach, Zum Tode des Generalintendanten Zeiß. In: *BSTZ*, Nr. 39, 15.02.1924. In: MSA, ZA-P-600-4.
15 Georg Jakob Wolf, Generalintendant Dr. Karl Zeiß †. In: *MZ*, Nr. 45, 15.02.1924. In: MSA, ZA-P-600-4.

Stelle heißt es, Zeiß machte „im Umgang einen sympathischen, ruhigen, gemütlichen Eindruck, dem jede nervöse Aufgeregtheit allem Anschein nach fremd schien."[16] Was ihn von seinen Plänen abhielt, war also nicht eine charakterliche Schwäche, sondern eine körperliche: Nur der Tod schien ihn aufzuhalten.

In der wissenschaftlichen Rezeption ist Zeiß präsenter als sein Amtsvorgänger, vielleicht wegen genau dieser Faszination, die von seiner Persönlichkeit ausging. Karl Peter Ederers Dissertation von 1953 versuchte sich an einer überblicksartigen, biografischen Darstellung von Zeiß' Wirken in Dresden, Frankfurt und München und legte hierbei einen Fokus auf dessen Tätigkeit als Dramaturg und Bearbeiter von Stücktexten. Der Münchner Zeit des Künstlers widmete er gerade einmal sechs Seiten, auf denen er vor allem den vorangegangenen Konflikt zwischen Schwanneke, dem Künstlerrat und der Öffentlichkeit kompakt darstellte. Erkenntnisreich ist allerdings Ederers Analyse von Zeiß' Regietätigkeit anhand verschiedener Beispiele. Hier konnte Ederer zeigen, dass er als Regisseur deutlich weniger begabt gewesen sein muss denn als Dramaturg: „Karl Zeiß war kein bedeutender Wortregisseur, – er hatte kein unmittelbares Verhältnis zur darstellenden Kunst und fühlte sich auf Proben den Schauspielern gegenüber stets unsicher."[17] Das erklärt wahrscheinlich auch, warum Zeiß in München nur selten selbst Regie führte. Die Doktorarbeit des Filmregisseurs Dieter Wedel hingegen befasste sich mit dem Frankfurter Schauspielhaus in den Jahren 1912 bis 1929. Er bezeichnete die Leitung Karl Zeiß' als „B l ü t e"[18] des Schauspiels, charakterisierte Zeiß als „das Vorbild des dramaturgischen Intendanten, des Talentspürers und genialen Ensembleergänzers".[19] Obgleich Wedel eine Vielzahl von Zeitungskritiken als Quellen heranzog, um diesen Eindruck zu begründen, ist seine Arbeit aufgrund formeller Mängel wissenschaftlich nur eingeschränkt brauchbar.[20]

Eine dritte Arbeit befasst sich ebenfalls mit Zeiß' Frankfurter Jahren: Boris Slamka betrachtet die Stellung des Hauses im Ersten Weltkrieg und analysiert die Spielplangestaltung ebenso wie Maßnahmen zur Publikumsbildung. Er kommt zu dem Schluss, die Frankfurter Bühnen seien während des Krieges eine „verlässliche

---

16 Mensi von Klarbach, Zum Tode.
17 Ederer, *Karl Zeiss*, S. 116.
18 Wedel, *Das Frankfurter Schauspielhaus in den Jahren 1912 bis 1929*, S. 4, Hervorhebung im Original.
19 Ebd.
20 Neben unzähligen Tippfehlern, vor allem die Leerzeichen und die Kommasetzung betreffend, ist bei der Aufbereitung der Quellen durch Wedel nicht immer klar, welche Textteile seine eigenen Worte und welche ein Zeitungszitat sind. Vereinzelt findet sich ein und dieselbe Formulierung an zwei unterschiedlichen Stellen im Text – einmal markiert als Zitat einer Premierenkritik, ein anderes Mal ungekennzeichnet im Fazit seiner Überlegungen zu Zeiß.

Konstante des großstädtischen Lebens und vom Großstadtpublikum gern angenommener Exponent einer weitergeführten Normalität"[21] gewesen, obwohl die Erfahrungswelten von Front und Theater stark divergierten. Cynthia Walk exploriert in einem Aufsatz die Beziehung zwischen Karl Zeiß und Hugo von Hofmannsthal, dessen Lustspiel *Der Schwierige* 1921 in München uraufgeführt wurde.[22] Eine wissenschaftliche Einordnung von Zeiß' Arbeit als Intendant in München fehlt bis dato jedoch.

Bisher geben neben den Nachrufen vorwiegend die Kritiken aus der Ära Zeiß Aufschluss über sein Wirken in München. Diese fielen ähnlich wohlwollend aus wie die Nekrologe auf Zeiß. Selbst wenn Stücke als langweilig oder literarisch unbedeutend erlebt wurden, wurden sie eher milde besprochen. An Skandalisierungen fehlte es mit zwei Ausnahmen weitgehend: Lediglich der Abschied Bruno Walters vom Staatstheater und die Premiere von Bertolt Brechts *Im Dickicht* erzeugten Spannungen. Sie waren nicht nur Anlass zu einer intensivierten Berichterstattung, sondern auch für Schmähungen und Störungen durch die in München erstarkte Anhängerschaft des Nationalsozialismus. Anders als bei Schwanneke wurden diese Skandalmomente allerdings nicht zum sprichwörtlichen ‚Sargnagel' seiner Intendanz, sie konnten ihm offenbar wenig anhaben.

Deswegen ist zu untersuchen, wie Zeiß es bewerkstelligte, sich vor dem Panorama divergierender Erwartungen die Gunst der Presse langfristig zu sichern. Gleiches gilt für seinen Umgang mit dem Personal: Zeiß erfuhr innerhalb des Hauses großen Rückhalt durch die Mitarbeiter:innen, was angesichts der personellen Verwerfungen der Revolutionszeit alles andere als selbstverständlich war. In den Blick rücken müssen daher die Künstler:innen, die er neu ans Haus holte, aber auch die Strategien, die er wählte, um das Bestandspersonal auf seine Linie ‚einzuschwören'.

Ebenfalls ist zu fragen, wie Zeiß' Annäherung an das Münchner Publikum aussah, vor allem in Auseinandersetzung mit den Münchner Publikumsvereinen. Vor dem Hintergrund der rasant fortschreitenden Hyperinflation rangen sie und die Stadt München als Geberin von Subventionen um die Grenzen der Einflussnahme. Gleichzeitig setzte von Seiten des Theaters in der *Theaterzeitung der staatlichen Bühnen Münchens* eine intensive Beschäftigung mit dem Publikum als Gegenstand fast schon soziologischer Neugier ein.

Stellvertretend für Zeiß' künstlerische Linie werden die Uraufführungen von *Der Schwierige* und *Im Dickicht* diskutiert, da sie viel über das ästhetische Profil des Hauses erzählen. In diese Überlegungen fließen auch die politischen Hintergründe

---

21 Slamka, *Der Ernst der Stunde*, S. 196.
22 Walk, „...in der unmittelbaren Gegenwart".

der unruhigen Jahre 1920 bis 1924 ein. Überprüft wird, ob die Intendanz von Karl Zeiß auch deshalb von Zeitgenoss:innen so wohlwollend besprochen wurde, weil die Unwägbarkeit der politischen Verhältnisse in München die Aufmerksamkeit auf Themenkomplexe außerhalb des Theaters lenkte. Ebenso denkbar ist aber, dass Zeiß in seiner Programmgestaltung aktiv eine Politisierung der Bühne vermied, um sein Haus im Angesicht von Inflation, politischen Morden, Ruhrkampf und dem Hitler-Ludendorff-Putsch als Institution zu stabilisieren.

Als Quellen für diese Überlegungen dienen neben dem im Hauptstaatsarchiv befindlichen Personalakt Karl Zeiß'[23] umfangreiche Kritikensammlungen im Münchner Stadtarchiv sowie die im Deutschen Theatermuseum gesammelten Ausgaben der *Theaterzeitung der staatlichen Bühnen Münchens*. Hier liegt auch der aus vier Kartons bestehende Nachlass von Karl Zeiß, der sich jedoch nur als eingeschränkt erkenntnisbringend erwiesen hat: Ein Großteil der in ihm enthaltenen Korrespondenz stammt noch aus Dresden, zu einem kleineren Teil auch aus Frankfurt. Darüber hinaus zeugt eine reichhaltige Sammlung von Zeitungsartikeln zu Autoren wie Schiller oder Hebbel von Zeiß' kleinteiliger Arbeit als Literaturwissenschaftler. Zu seinen Münchner Jahren findet sich nur eine Mappe mit der Aufschrift „Persönliches und Dienstliches des Geh. Rats Dr. phil Karl Zeiß Generalintendant der Bayer. Staatstheater".[24] Allerdings geben die zahlreichen, an seine Ehefrau gerichteten Kondolenzschreiben Aufschluss über Zeiß' soziale Stellung im deutschen Theaterbetrieb.[25] Wie bereits in den vorangegangenen Kapiteln werden Digitalisate der *Münchner Neuesten Nachrichten* als ergänzendes Material benutzt. Ebenso bilden die Ausgaben des *Völkischen Beobachters* eine unerlässliche Quelle, zeugen sie doch davon, wie das Haus in nationalistischen Kreisen wahrgenommen wurde.

---

23 BAYHSTA, MK 45409.
24 DTM, Nachlass Karl Zeiß, Zugangsinv.-Nr. 1983/25, Mappe „Persönliches und Dienstliches des Geh. Rats Dr. phil Karl Zeiß Generalintendant der Bayer. Staatstheater".
25 Warum der Nachlass nur so wenige Schriftstücke aus den Jahren 1920 bis 1924 enthält, lässt sich nicht klären. Denkbar ist, dass dienstliche Post in München häufiger direkt an das Theater und nicht an Zeiß privat adressiert worden ist als noch in Dresden oder Frankfurt. Umgekehrt gedacht könnte das dafür gesorgt haben, dass die Münchner Jahre in der Forschung bisher wenig bearbeitet worden sind: Zumindest Karl Peter Ederer hat für seine Arbeit ebenfalls Einsicht in den Nachlass genommen, es wäre dementsprechend einleuchtend, dass er ausgehend vom vorhandenen Material seinen Schwerpunkt eher auf den Künstler Zeiß und weniger auf den Intendanten Zeiß gelegt hat.

4.1 Von Schwanneke zu Zeiß – die Phase der Nachbesetzung

Januar 1920: Während in den *Münchner Neuesten Nachrichten* noch der Streit um die Zukunft des Staatstheaters tobte, war man im Kultusministerium bereits auf der Suche nach einem Nachfolger für Victor Schwanneke. Von dem öffentlich ausgetragenen Zwist angelockt, bewarben sich für die Intendanz unter anderem Victor Stephany,[26] der Leiter des Württembergischen Landestheaters in Stuttgart,[27] und Dr. Eugen Kilian,[28] der bereits vor dem Krieg als Regisseur am Münchner Hoftheater tätig war. Dass ihre Kandidaturen berücksichtigt wurden, ist unwahrscheinlich: Stephany dürfte als Leiter eines Landestheaters zu wenig Renommee besessen haben, um als Intendant eines großen Hauses zu überzeugen, und mit Eugen Kilian hätte man jenen „Oberlehrer" wieder eingesetzt, dem Franckenstein eigens gekündigt hatte.

Auf Karl Zeiß kam das Ministerium, weil er im Winter 1919/1920 ein Gutachten über die Staatstheater erstellte,[29] dessen Inhalt sich jedoch nicht rekonstruieren lässt.[30] Vor allem seine Expertise dürfte ihn zum idealen Kandidaten für das Amt gemacht haben: Durch seine langjährige Arbeit in Dresden wusste er um die internen Logiken ehemaliger Hoftheater mit großem Beamtenapparat und wird sich bewusst darüber gewesen sein, dass nur eineinhalb Jahre nach der Umwandlung des Theaters noch einige Gepflogenheiten aus der Zeit der Wittelsbacher Bestand hatten. Gleichzeitig hatte er in Frankfurt ein Haus geleitet, das in seiner Organisationsstruktur durchaus ungewöhnlich für den deutschsprachigen Raum war: Zwar betrieb eine private Aktiengesellschaft das Theater, doch musste sich der Aufsichtsrat der AG mit einer Deputation der Stadt verständigen, da diese das Theater mit stetig steigenden Geldbeträgen subventionierte. Der Gesellschaft gehörte neben etablierten Frankfurter Kaufmannsfamilien auch ein wachsendes „jüdische[s] Großbürgertum"[31] an, dem „der Bereich der Kulturförderung umgekehrt die Möglichkeit erschloss, ihren wirtschaftlichen Aufstieg nach außen zu

---

26 Vgl. Victor Stephany an das Staatsministerium für Unterricht und Kultus, 15.01.1920. In: BAYHSTA, MK 50186.
27 Vgl. Zum Werdegang Stephanys: Bigler-Marschall, Stephany, Victor.
28 Vgl. Eugen Kilian an das Staatsministerium für Unterricht und Kultus, 23.01.1920. In: BAYHSTA, MK 50186.
29 Vgl. Hock, Zeiß, Karl (1871–1924).
30 Das Gutachten wird verschiedentlich erwähnt, ist allerdings weder im Personalakt noch im Akt „Generalintendanten" im Bayerischen Hauptstaatsarchiv enthalten. Denkbar ist, dass Zeiß sich hierin mit den durch den Künstlerrat entstandenen Problemen befasst hat. Ebenso möglich ist aber, dass das Gutachten die baulichen Mängel der Theater einordnen sollte, da beide Bühnen renovierungsbedürftig waren.
31 Kleiner, *Staatsaktion im Wunderland*, S. 85.

dokumentieren und sich für jedermann sichtbar in den Kreis der städtischen Elite einzureihen."³² Doch das Frankfurter „Mit- und Gegeneinander von mäzenatischer Bürgerkultur und städtischer Kulturpolitik"³³ erzeugte Spannungen, wie Boris Slamka zeigt: Die Stadtverwaltung störte sich daran, dass ihr Einfluss auf die Geschicke des Theaters trotz steigender Zuschüsse nicht wuchs. 1915 beschlossen der Aufsichtsrat und die Deputation der Stadt deshalb gemeinsam, ein Gutachten betreffs der Organisationsstruktur und der künstlerischen Leistung der Bühnen einzuholen.³⁴ Die Wahl des Gutachters fiel auf Zeiß, der die Trennung der Leitung von Oper und Schauspiel kritisierte, die niedrige Qualität der Schauspielaufführungen bemängelte und auf eine veraltete Bühnentechnik hinwies. Auch monierte er die fehlende Eigenständigkeit des Frankfurter Intendanten, der bis dato Personal- und Budgetentscheidungen nur mit Genehmigung des Aufsichtsrats fällen durfte.³⁵ Auf Zeiß' Vorschlag wurde das Theater so umstrukturiert, dass der Intendant beide Sparten unter sich vereinigte und gegenüber dem Aufsichtsrat eine Aufwertung seiner Rechte erfuhr.³⁶ Durch sein Gutachten schuf Zeiß einen idealen Leitungsposten, den er wenig später selbst einnahm. Der Fähigkeit zur erfolgreichen Umstrukturierung eines laufenden Betriebs bedurfte es auch in München, um Missstände aus der Hoftheater- und der Rätezeit endgültig zu überwinden. Zudem dürfte für Zeiß gesprochen haben, dass er in der Auseinandersetzung zwischen privatem Träger und städtischem Zuschussgeber gelernt hatte, den Mitbestimmungsforderungen der Stadtverwaltung zu begegnen und diesen standzuhalten.

Einschwörungen: Der widerspenstigen Presse und Schauspieler:innen Zähmung
Am drängendsten schien im Winter 1920 allerdings die Auseinandersetzung mit der aufgebrachten Presse, weswegen zu Zeiß' ersten Amtshandlungen in München – noch ehe der Vertrag vollständig ausgehandelt war und Frankfurt ihn freigegeben hatte – eine Pressekonferenz im Kultusministerium zählte. Aus einer anlässlich dieses Termins entstandenen Notiz lässt sich ablesen, dass Zeiß den Forderungen der Presse gegenüber durchaus konziliant gewesen sein muss. Zu den Zielen seiner Intendanz notierte er dort: „Zuerst Reform des Ensembles. Dann Literatur pflegen. [...] Verwendung der bisherigen Mitglieder, soweit sie guten Willen haben. Verschiebungen in der Besetzung. Gastspiele. Keine Stars. Keine Bluffs. Ta-

---

32 Ebd., S. 84.
33 Ebd., S. 87.
34 Vgl. Slamka, *Der Ernst der Stunde*, S. 70.
35 Vgl. ebd., S. 32f.
36 Vgl. ebd., S. 73.

lente finden, entwickeln."[37] Er bekräftigte so den allgemeinen Eindruck, dass es einer Erneuerung des Ensembles bedürfe, allerdings ohne Angaben darüber zu machen, ob und wenn ja welche Künstler:innen gekündigt würden. „Guten Willen [zu] haben" war eine vage Voraussetzung. Bemerkenswert ist, wie Zeiß versuchte, die Pressevertreter durch Verweis auf seine eigene Vita auf seine Seite zu ziehen. „Selbst Journalist (Leipzig, Dresden) Kenne die Schwierigkeiten des Kritiker-Berufes",[38] schrieb er in der Notiz, denn in jungen Jahren war er als Dresdner Korrespondent für die *Münchner Allgemeine Zeitung* tätig.[39] Doch anders als die Journalisten, die die Staatstheaterkrise medial ausbreiteten, war er nicht von Sensationslust getrieben gewesen:

> Zeiß war kein Revolutionär, das aufgestellte Programm der modernen Literatur wurde von ihm nicht in schreienden Schlagzeilen in die Welt gesetzt, sondern in einer besonnenen Art, in einer Vornehmheit, die sich schon sehr früh als Charakterzug offenbarte. Niemals tat er etwas Oberflächliches, er schrieb nur dann etwas, wenn er es vor sich und der Öffentlichkeit vertreten konnte. Und so verdienen seine Kritiken, auch deswegen gewürdigt zu werden, weil sich in ihnen ein starkes Einfühlungsvermögen mit einem klaren Verstand und mit einem Verantwortungsbewusstsein verbarg [sic!].[40]

Indem Zeiß auf seine eigene Biografie rekurrierte, zollte er den anwesenden Kritikern einerseits Anerkennung angesichts der Widrigkeiten eines äußerst unbeliebten Berufs, mahnte aber andererseits eine Form der verantwortungsbewussten Berichterstattung an, die in der hitzigen Diskussion um Victor Schwanneke verloren gegangen war. Respekt war die Losung der Stunde: „Unser Verhältnis auf gegenseitige Achtung und Loyalität gegründet",[41] schließen seine Aufzeichnungen zur Pressekonferenz.

Neben dieser allgemeinen Einschwörung kam es unter Zeiß auch zu einer Annäherung an Richard Elchinger, den Journalisten, der die Debatte um die Zukunft des Staatstheaters in den *Münchner Neuesten Nachrichten* lanciert hatte. Elchinger schrieb im Herbst 1921 zunächst einen Artikel über die Schauspielerin Marie Conrad-Ramlo[42] für die *Theaterzeitung der staatlichen Bühnen Münchens*, im Februar 1922 folgte dann die Premiere eines Dramas, dessen Text Elchinger für die

---

37 Karl Zeiß, Konferenz mit den Vertretern der Presse, Winter 1920. In: DTM, Nachlass Karl Zeiß, Zugangsinv.-Nr. 1983/25, Mappe „Persönliches und Dienstliches des Geh. Rats Dr. phil Karl Zeiß Generalintendant der Bayer. Staatstheater", Hervorhebungen im Original.
38 Ebd.
39 Vgl. Zeiß, Jugenderinnerungen, S. 11.
40 Ederer, *Karl Zeiss*, S. 9.
41 Zeiß, Konferenz mit den Vertretern der Presse.
42 Richard Elchinger, Marie Conrad-Ramlo. In: *TZSBM* 2/83, (1921), S. 3f.

Bühne bearbeitet hatte: *Der Metzgersprung*, eine Posse des Münchner Dramatikers Cäsar Max Heigel, gelangte in Elchingers Version unter dem Titel *Münchner Fasching* zur Aufführung.[43] Dass Kritiker selbst auch als Theaterpraktiker wirkten, war damals nicht ungewöhnlich, mit Hermann Sinsheimer leitete ein Kritiker sogar ein Jahr lang die Münchner Kammerspiele.[44] Durch das Ausnutzen solcher zuweilen problematischer Doppelfunktionen dürfte die Intendanz im Fall von Richard Elchinger die Aversion gegen das Haus weitgehend neutralisiert haben – die persönliche Bindung des Journalisten an die Bühne suggerierte eine Aufwertung des Kritikers, zumal der Text im Jahr seiner Premiere zwanzigmal gespielt wurde.[45] Gleichzeitig nahmen Faschingsstücke *inhaltlich* einen untergeordneten Platz im Programm des Theaters ein, die Intendanz machte also nur vermeintliche Zugeständnisse an einen wichtigen Kritiker, ohne ihm wirklichen Einfluss zu gewähren. Ob aus diesem oder einem anderen Grund Elchinger bei den *Münchner Neuesten Nachrichten* als erster Kritiker von Hermann Sinsheimer abgelöst wurde, lässt sich nicht sagen.[46]

Neben den Kritikern waren es vor allem die Schauspieler:innen, die Zeiß für seine Vision begeistern musste. Ministerialbeamter Alwin Saenger arrangierte im Ministerium deshalb auch ein Treffen mit dem Künstlerrat. Hierzu ist ebenfalls ein Notizzettel erhalten geblieben, den Zeiß zur Vorbereitung auf die Begegnung verfasste. Darin schrieb er: „Mit dem Grundsatz ‚Das gibts [sic!] hier nicht' vermag ich nicht zu arbeiten."[47] Zeiß machte so direkt zu Beginn der Zusammenarbeit deutlich, dass Herausforderungen nicht aus alter Gewohnheit gescheut werden durften. Auch betonte er seinen Glauben daran, Konflikte im Gespräch lösen zu können: „Wenn Schwierigkeiten, zusammensetzen. Ich werde meistens entgegenkommen, aber ein centraler Wille muss sein."[48] Der zentrale Wille, dem jede:r sich zu fügen habe, war in Zeiß' Vision des Theaters von großer Bedeutung, er klang auch in seiner offiziellen Antrittsrede im September 1920 an:

---

43 Vgl. Richard Elchinger, C.M. Heigel und sein Theater. Zur Uraufführung von „Münchner Fasching" im Residenz-Theater am 11. Februar 1822. In: *TZSBM* 3/100, (1922), S. 1f.
44 Vgl. zu seiner Intendanz: Petzet, *Die Münchner Kammerspiele*, S. 97–122.
45 Vgl. Kneuer, Die bayerischen Staatstheater im Zeitraum 1921 bis 1930, S. 178.
46 Obwohl Elchinger in der Debatte um das Staatstheater so präsent war wie kein anderer Münchner Kritiker und auch in den Tagebüchern Thomas Manns mehrmals Erwähnung findet, weiß die Nachwelt quasi nichts über ihn. Einträge in einschlägigen Lexika fehlen, nicht einmal sein Sterbedatum ist bekannt.
47 Karl Zeiß, Ansprache an d Künstlerat in Minst, 24.02.1920. In: DTM, Nachlass Karl Zeiß, Zugangsinv.-Nr. 1983/25, Mappe „Persönliches und Dienstliches des Geh. Rats Dr. phil Karl Zeiß Generalintendant der Bayer. Staatstheater".
48 Ebd.

Ich vertraue auf Ihre Einsicht und, wenn es sein muß, auch auf Ihre Opferbereitschaft. [...] An Stelle der Mitbestimmung tritt im gewissen Sinne die Mitberatung. Es ist nicht Sache persönlichen Ehrgeizes, es ist in Ihrer aller Interesse, wenn ich der Meinung bin, daß der oberste Leiter, der die heute nicht eben beneidenswerte Last der Verantwortung trägt, auch die Freiheit des Entschlusses haben muß.[49]

Im Wortlaut ähnelte diese Beschwörungsformel auffallend der Rede, die Zeiß 1917 anlässlich seines Auftaktes in Frankfurt an die Belegschaft richtete:

Wenn sich auch die Interessen einer zielbewussten Leitung und die Wünsche des Einzelnen nicht immer decken können, so bin ich doch überzeugt, daß durch Verstehen und guten Willen auf beiden Seiten der Geist gemeinschaftlichen Wirkens immer lebendiger sich ausbreiten wird [...]. Schwer und ernst wird unsere Arbeit sein und ich bedarf zu ihrer Durchführung Ihrer vollen persönlichen Hingabe und des entschlossenen Willens aller Mitglieder, auch einmal persönliche Wünsche gegenüber der großen allgemeinen Aufgabe zurückzustellen.[50]

Die sprachlichen Strategien, die Zusammenhalt stiften sollten, waren bereits andernorts erfolgreich angewendet worden und kamen nun erneut zum Einsatz. Gerade der Appell an die persönliche Opferbereitschaft und Hingabe jeder:s einzelnen, gepaart mit dem klaren Anspruch zu führen, wirkt im Vergleich zu Schwannekes Vorstellung als Intendant zwei Jahre zuvor wesentlich konturierter und strenger.

Das Betriebsrätegesetz von 1920
Zeiß verließ sich allerdings nicht auf bloße Bitten. Damit aus der Mitbestimmung wirklich die „Mitberatung"[51] wurde, verhandelte er einen Passus in seinen Vertrag hinein, der die Abschaffung des Künstlerrats ermöglichte:

Sollte es sich ergeben, daß Herr Dr. Zeiß in der Erfüllung seiner dienstlichen Obliegenheiten, insbesondere in der Durchführung seiner künstlerischen Absichten, durch jene Bestimmungen der Satzung für das Nationaltheater vom 16. Januar 1919, in welchem die Mitwirkung des Personals an der Verwaltung u. die Zuständigkeit der an der Leitung u. Verwaltung des Nationaltheaters beteiligten Personen (Direktoren u. Vorstände) geregelt ist, wesentlich beeinträchtigt wird, so ist das Staatsministerium bereit, eine entsprechende Änderung dieser Vorschriften herbeizuführen, sofern sie vom Standpunkte der staatlichen Interessen nach

---

49 Karl Zeiß, An die Mitglieder des National-Theaters. In: *TZSBM* 1/31, (1920), S. 1.
50 Karl Zeiß, Ein Programm. Rede des General-Intendanten, Dr. Zeiß, vor der ersten Schauspielprobe im Opernhaus. In: *DB* 8/36+37, (1917), S. 446 f.
51 Zeiß, An die Mitglieder des National-Theaters, S. 1.

den Verhältnissen des einzelnen Falles aus wichtigen oder beträchtlichen Gründen nicht geradezu untunlich erscheint.[52]

Auf diese Weise wäre auch juristisch die Ära Schwanneke überwunden gewesen, doch zur offiziellen Auflösung des Künstlerrats kam es gar nicht mehr, da das Betriebsrätegesetz von 1920 die Kompetenzen der Räte ohnehin einschränkte: Anders als bisher konnte der Betriebsrat nun nicht mehr mit einer 75%-Mehrheit Kündigungen blockieren, ein Mitspracherecht bei Entlassungen hatte er nur, wenn ein Mitglied des Betriebsrates gekündigt werden sollte, dann bedurfte der Arbeitgeber der Zustimmung des Betriebsrates.[53] Es blieb daher trotz des schwindenden Einflusses des Künstlerrats attraktiv, sich im Betrieb zu engagieren, weil zumindest die Gefahr der Kündigung geringer wurde, was gerade für die in der Kritik stehenden älteren Ensemblemitglieder einen Anreiz zum Engagement geboten haben dürfte. Der Schauspieler Franz Jacobi beispielsweise, der als Ratsmitglied zur Destabilisierung Schwannekes beigetragen hatte, war auch in den Folgejahren Mitglied des Rats.

Allerdings hatten nicht nur Ratsmitglieder, sondern auch alle anderen Arbeitnehmer:innen nach § 84 des Betriebsrätegesetzes die Möglichkeit, binnen fünf Tagen nach Kündigung „Einspruch [zu] erheben, indem sie den Arbeiter- oder Angestelltenrat anrufen",[54] jedoch nur bei grundloser Kündigung, bei Weigerung, einer anderen Tätigkeit nachzugehen „als die bei der Einstellung vereinbarte"[55] oder „wenn die Kündigung sich als eine unbillige, nicht durch das Verhalten des Arbeitnehmers oder durch die Verhältnisse des Betriebs bedingte Härte darstellt."[56] Absatz 1 § 84 verbot eigentlich auch eine Kündigung

> wegen der Zugehörigkeit zu einem bestimmten Geschlechte, wegen politischer, militärischer, konfessioneller oder gewerkschaftlicher Betätigung oder wegen Zugehörigkeit oder Nichtzugehörigkeit zu einem politischen, konfessionellen oder beruflichen Verein oder einem militärischen Verband[.][57]

---

52 o.A., Dienstvertrag zwischen dem Bayerischen Staatsministerium für Unterricht und Kultus und dem derzeitigen Generalintendanten der Frankfurter städtischen Bühnen Dr. Karl Zeiß, 26.02.1920. In: BAYHSTA, MK 50186/I.
53 Ausnahmen waren laut § 96 des Betriebsrätegesetzes in bestimmten Fällen allerdings trotzdem vorgesehen, z.B. wenn der Betrieb sich auflöste oder „bei fristlosen Kündigungen aus einem Grunde, der nach dem Gesetze zur Kündigung des Dienstverhältnisses ohne Einhaltung einer Kündigung berechtigt." (Warneyer, *Betriebsrätegesetz*, S. 131).
54 Warneyer, *Betriebsrätegesetz*, S. 114.
55 Ebd.
56 Ebd., S. 114 f.
57 Ebd., S. 114.

doch das Betriebsrätegesetz schloss diesen Passus für eine ganze Reihe von Betrieben aus, zu denen auch die Theater zählten.[58] Womöglich war dieser Ausschluss aus dem Schrecken der Revolution erwachsen und zielte darauf ab, die Geschlossenheit großer staatlicher Organe zu sichern. Allerdings vereinfachte sich hierdurch die Installation einer systematischen Diskriminierung bereits vor 1933. Die Arbeitsplatzsicherheit, die politisch engagierte Mitarbeiter:innen und/oder marginalisierte Gruppen genossen, hing so in hohem Maße vom Wohlwollen ihres Arbeitgebers ab. Von Karl Zeiß ist kein Fall bekannt, in dem er Mitarbeiter:innen aus politischen Gründen entlassen hätte. Ihm dürfte bewusst gewesen sein, welch enorme Wirkung von einer solchen Entscheidung ausgegangen wäre: Die ehemaligen Räte zu kündigen, hätte wahrscheinlich zu einer Schwächung seiner Akzeptanz als Leiter und zu Schwierigkeiten im Betrieb geführt.

Insgesamt war die Funktion, die der Betriebsrat dem neuen Gesetz nach einnahm, eher die einer Schlichtungs- und Vermittlungsstelle. In § 66 wurden als Aufgaben des Betriebsrats unter anderem die „Bekämpfung der Unfall- und Gesundheitsgefahren im Betriebe"[59] und die „Verwaltung von Pensionskassen und Werkswohnungen"[60] genannt. Der Betriebsrat sicherte nach § 78 außerdem die Durchsetzung tariflicher Vorschriften und „anerkannter Schiedssprüche"[61] und verhandelte mit dem Arbeitgeber dann über Lohn, Arbeitszeit und Urlaub, wenn keine einheitliche Regelung nach Tarifvertrag bestand. Im Betriebsrätegesetz formulierte sich also, was auch heute noch die Kernaufgabe von Betriebsräten ist: Die Interessenvertretung der Angestellten gegenüber ihrem Arbeitgeber.

Gegen einen Machtmissbrauch von Seiten der Ratsmitglieder, wie er dem Künstlerrat in der Presse unterstellt wurde, sicherte das Gesetz den Betrieb gleich mehrfach ab. In § 39 hieß es:

> Auf Antrag des Arbeitgebers oder von mindestens einem Viertel der wahlberechtigten Arbeitnehmer kann das Arbeitsgericht das Erlöschen der Mitgliedschaft eines Vertreters wegen gröblicher Verletzung seiner gesetzlichen Pflichten beschließen.[62]

Unter gleichen Voraussetzungen konnte nach § 41 auch der ganze Betriebsrat aufgelöst werden.[63] Den Ratsmitgliedern, die durch das Blockieren von Kündigungen und das Mitspracherecht bei der Intendantenwahl nach der Revolution

---

58 Vgl. ebd., § 67, S. 91 und § 85, S. 117.
59 Ebd., S. 85.
60 Ebd.
61 Ebd., S. 102.
62 Ebd., S. 62.
63 Vgl. ebd., S. 65.

großen Einfluss auf die Geschicke des Theaters hatten, fiel mit Inkrafttreten des Betriebsrätegesetzes insgesamt nur noch ein eingeschränkter Gestaltungsspielraum zu, das Experiment vom kollektiv geleiteten Theater fand damit auch rechtlich sein Ende.

Der Umgang mit den älteren Mitgliedern des Ensembles
Eine emotionale Gefolgschaft sicherte das Gesetz Zeiß aber noch lange nicht zu – nur, weil Könige formell entthront werden, bedeutet das nicht, dass sie den Palast räumen. Zeiß musste deshalb Wege finden, um die Belegschaft von seiner Vision für das Theater zu überzeugen. Dabei blieb die Kündigungswelle älterer Schauspieler:innen zunächst aus, was es für den Intendanten nicht einfach machte, neue Wege in der Inszenierungs- und Besetzungspraxis zu gehen:

> Zeiß litt schwer unter diesen Verhältnissen; ich erinnere mich eines gemütlichen Abends, an dem er sehr darüber klagte, und meinte: „Wie soll ich denn vorwärts kommen; ich habe doch noch den und den, der beschäftigt werden muß, die und jene"; und als einer scherzend die Namensliste ergänzte und meinte, die Klara Ziegler haben Sie natürlich auch noch, da war er so in die müde Stimmung der Bedrücktheit eingesponnen, daß er den Scherz gar nicht merkte und ein klagendes „Ja, die hab' ich ja auch noch" antwortete.[64]

Ziegler, die große Schauspielerin, auf deren Nachlass die Gründung des Theatermuseums in München zurückging, war zum Zeitpunkt dieser Anekdote bereits über ein Jahrzehnt tot, doch stand sie hier als Chiffre für die Bühnenkunst einer anderen Zeit, die in den „Meiningern" des Ensembles fortzuleben schien. „Meininger" Friedrich Ulmer, der einstige Rädelsführer des Künstlerrats, ließ sich von Zeiß offenbar nur Kraft dessen Persönlichkeit überzeugen. Er erklärte in seinen Memoiren, man habe sich „wie die Bürger der attischen Demokratien –, nachdem wir die Freiheit in so wenig glücklichen Händen sahen, zurück nach einem Herrscher"[65] gesehnt. Als „einen Vater"[66] für das Schauspiel beschrieb er den gerade einmal sechs Jahre älteren Chef und sagte,

> [d]ie Gabe des Zusammensehens von Dichter, Schauspieler und Publikum in eines – der alte Dreizack begann wieder zu leuchten! – wodurch jeder davon erst an seinen Ort im Ganzen, das Ganze erst zu sich selber kommt, ist die Wünschelrute dieses außerordentlichen Theaterdirektors gewesen.[67]

---

64 I. E., Um das Schauspiel der bayerischen Staatstheater. In: *APZ*, Nr. 260, 09.11.1924. In: MSA, ZA-17084.
65 Ulmer, *Perlicco – Perlacco*, S. 198.
66 Ebd., S. 110.
67 Ebd., S. 102.

4.1 Von Schwanneke zu Zeiß – die Phase der Nachbesetzung — 223

Ein Vater, der gleich dem Meeresgott Poseidon sein Zepter schwinge – dass Ulmer seinem Chef mit so viel Ehrfurcht gedachte, darf im Lichte der Vorgeschichte überraschen, vor allem, weil Zeiß dem Schauspieler mit harter Hand entgegentrat. Aus der Mitschrift einer internen Besprechung von 1921 geht hervor, dass Ulmer sich auf Vorschlag seines Kollegen Max Nadler darum bemühte, auch als Regisseur am Staatstheater tätig zu werden:

> Er [= Ulmer, Anm. d. Verf.] hat von Nadler gehört, dass dieser bei der Leitung von sich aus, gestützt auf den Wunsch eines grossen [sic!] Teils der Mitglieder, die Anregung gegeben habe, Ulmer zum Regisseur zu machen. Nadler sei das Sprachrohr der Kollegen gewesen.[68]

Ulmer glaubte, vor allem als Entlastung des Regisseurs Fritz Basil zum Einsatz kommen zu können. Zeiß bemerkte hierzu handschriftlich: „Regisseure werden nicht durch demokrat Abstimmungen gewählt"[69] und: „Basil wünscht keine Entlastung".[70] Er beschloss: „Regie-Posten nicht gewährt".[71] Diese kurzen, aber prägnanten Seitenkommentare, mit denen Zeiß in einer Vielzahl von Dokumenten seinen Willen zum Ausdruck brachte, lassen seinen Charakter gleichermaßen meinungs- wie durchsetzungsstark erscheinen. Vermutlich hat das auch Ulmer imponiert, trotz der Absage an seinen Regiewillen. Darüber hinaus adressierte Zeiß das Ehrgefühl Ulmers. 1923 rügte er den Schauspieler für sein unflätiges Benehmen als Abendregisseur bei einer Vorstellung von Hebbels *Nibelungen:*

> Wenn Sie sich beim Abgang hinter dem Vorhang (2. Aktschluss) bis in die 8. Reihe vernehmbar über „1/2 Mass [sic!] Bier" äussterten, hat Ihnen [das] zwar bei einem Teil des Publikums einen Heiterkeitserfolg eingetragen, der sich aber wohl auch nach Ihrer Meinung nicht ganz mit der Würde des Hauses und der der Hebbel'schen Dichtung vereinbaren lässt.
>
> Da ich unter diesen Umständen die Abendregie des Werkes bei Ihnen leider nicht mehr in guten Händen weiss [sic!], so verzichte ich auf Ihre künstlerische Ueberwachung [sic!] der Vorstellung und werde sie in Zukunft wieder selbst übernehmen. Ich kann Ihnen nicht verhehlen, dass ich Ihnen, der Sie so oft schöne Worte über die Achtung vor dem Schauspielerstand gefunden haben, dieses Verhalten am gestrigen Abend ganz besonders verüble und nicht so schnell vergessen werde.[72]

---

68 o.A., Vertrauliche Vormerkung. Besprechung mit Herrn Ulmer, 21.10.1921. In: BAYHSTA, Intendanz des Bayerischen Staatsschauspiels, 602.
69 Ebd.
70 Ebd.
71 Ebd.
72 Karl Zeiß an Friedrich Ulmer, 22.04.1923. In: BAYHSTA, Intendanz des Bayerischen Staatsschauspiels, 602.

Zeiß machte deutlich, dass er den Schauspieler genau beobachtete und Fehltritte sofort ahndete. Ein Laissez-faire, wie es der Gutglaube seines Amtsvorgängers begünstigt hatte, gab es unter den Augen seiner Intendanz nicht. Hierin offenbart sich eine Taktik im Umgang mit dem Bestandspersonal: Zeiß ließ zwar die Schlüsselfiguren der Revolution auf ihren Posten, verfolgte aber eingehend deren Verhalten und konnte sofort eingreifen, wenn Anlass zur Kurskorrektur gegeben war. Dabei arbeitete er nicht nur mit Sanktionen, sondern appellierte auch an den Anstand der Person – eine Strategie, die besonders wirksam gewesen sein dürfte, weil gerade Schlagworte wie „Moral" und „Niveau" vom Künstlerrat ins Feld geführt worden waren, um ein Mitspracherecht geltend zu machen. Die gesteigerte Aufmerksamkeit, die die Leitungsebene während der Revolution durch die Presse erfahren hatte, verlagerte sich in der Personalpolitik ins Innere des Theaters. Zeiß wurde als Beobachteter selbst zum Beobachter, eine Beobachtung zweiter Ordnung entstand, die das Ziel hatte, negative Kommunikationsanlässe zu unterbinden, hatte doch die viel geschmähte Sittenlosigkeit des Ensembles dazu beigetragen, dass die organisatorische Umgestaltung des Staatstheaters an Seriosität einbüßen musste.

Eine andere Taktik kam im Umgang mit Künstlerrat Franz Jacobi zum Einsatz, man kann sie als ‚vermeintliches Fördern' bezeichnen. Als sich Jacobi die Gelegenheit bot, in Coburg zu inszenieren und sogar die Möglichkeit bestand, dort Leiter der Landesbühne zu werden, unterstützte Zeiß das Vorhaben, indem er Jacobis Rollen umbesetzte, um ihm Zeit für seine Regietätigkeit freizuräumen.[73] Natürlich liegt die Vermutung nahe, dass Zeiß das Angebot aus Coburg mehr als willkommen war, schließlich konnte er auf diese Weise dem wegen seines Sprechstils als veraltet geltenden Schauspieler wichtige Rollen dauerhaft entziehen. Das blieb nicht unbemerkt. Als sich die Coburg-Pläne zerschlugen, war Jacobi sich wohl gewahr, dass er an Bedeutung verloren hatte und richtete deshalb 1921 und 1923 Beschwerden an die Intendanz – er dürfe den Hagen in den *Nibelungen* nicht spielen, sei in *Hamlet*, *Julius Cäsar* und *Minna von Barnhelm* umbesetzt worden.[74] Gegen diese „Abdrosselung' en miniature"[75] protestierte er:

> Ich bin ein Künstler von ausgesprochenen u. vielseitigen Qualitäten – man hat sich nur nicht die Mühe gegeben zu prüfen, oder Andere waren eben „unbescheidener" als ich – von sicherem Stilgefühl, freilich keine knetbare Wachsfigur, sondern eine Individualität. Daß ich

---

73 Vgl. Franz Jacobi an Karl Zeiß, 10.02.1921 und Karl Zeiß an Franz Jacobi, verm. 19.02.1923. Beide in: BAYHSTA, Intendanz des Bayerischen Staatsschauspiels, 261.
74 Vgl. Franz Jacobi an Karl Zeiß, 01.02.1923. In: BAYHSTA, Intendanz des Bayerischen Staatsschauspiels, 261.
75 Ebd.

dem Wort des Dichters das erste Recht einräume (eine Notwendigkeit, die immer mehr gefordert wird) ist eher ein Vorzug als ein Nachteil.[76]

Doch nicht nur den Wunsch nach einer Wiedereinsetzung in seine Rollen erwähnte Jacobi in seinem Brief an Zeiß. Er sprach auch von „eine[r] Aufwertung meiner starken Arbeitslust in leitender Stellung",[77] spielte womöglich auf eine Regietätigkeit im Nebenamt an. Zeiß wies das zurück:

> Ihre künstlerische Individualität ist jedoch so stark ausgeprägt, dass sie sich nicht ohne Weiteres in den Rahmen der jetzigen Bestrebungen einfügen lasst [sic!], deshalb kann ich Sie künstlerisch nicht mehr so häufig beschäftigen, wie Sie es verlangen. Täte ich es, dann müsste ich jeden Reformgedanken aufgeben und käme zum Stillstand.[78]

Erstaunlicherweise eskalierte die Auseinandersetzung zwischen Zeiß und Jacobi nicht weiter, die Briefe zeigen aber, dass Zeiß nicht automatisch die Belegschaft auf seiner Seite hatte, nur weil die Gradlinigkeit seiner Person zu faszinieren vermochte.

Zu bemerken ist, dass Zeiß nicht von vorneherein alle älteren Schauspieler:innen künstlerisch aufgab. Gustav Waldau beispielsweise, der bereits seit 1898 am Haus engagiert war, erlebte unter der neuen Intendanz eine ausgesprochene Förderung seines Könnens. Zeiß besetzte ihn bei Neueinstudierungen in Rollen wie die des Grafen Bühl in Hofmannsthals *Der Schwierige* oder des Bürgers Schippel im gleichnamigen Drama von Carl Sternheim und legte so einen Fokus auf Waldaus Darstellungskraft in Produktionen zeitgenössischer Texte. Die „Direktionsmaxime, [...] daß der Direktor nicht nur neue Talente suchen und finden soll, sondern auch die bewährten im Werte erkennen, steigern und womöglich neuen Zielen zuführen soll",[79] sah er in Waldaus Biografie als vollauf verwirklicht an. Waldau steht so beispielhaft für den Teil der älteren Schauspieler:innen, die sich nicht nur auf Zeiß als Leiter einließen, sondern auch auf die ernsthafte Beschäftigung mit zeitgenössischer Literatur. Obgleich laut Meinung der Presse nicht in allen Rollen ideal besetzt, wurde er von der Kritik oft hoch gelobt: „Man muß nur überall erste Kräfte einsetzen, so kann nichts passieren, und ein Stück mit Waldau in der Hauptrolle kann in München überhaupt nicht durchfallen",[80] hieß es etwa anlässlich der

---

76 Ebd.
77 Ebd.
78 Zeiß an Jacobi, 19.02.1923.
79 Karl Zeiß, Gustav Waldau: Rede des Generalintendanten Dr. Zeiß aus Anlaß des 25-jährigen Münchner Bühnenjubiläums des Künstlers. In: *TZSBM* 4/161, (1923), S. 2.
80 psi, Residenztheater. In: *BK*, Nr. 576, 10.11.1921. In: MSA, ZA-17081.

durchaus kritisch besprochenen Uraufführung des *Schwierigen.* Wenn Zeiß Gustav Waldau in den Hauptrollen brandaktueller Texte besetzte, dann nicht nur, um dessen Karriere zu fördern, sondern auch, um die Akzeptanz zeitgenössischer Dramatik zu heben – wenn Waldau, ein altgedienter Hofschauspieler, bereitwillig mitspielte, konnte ein Stück literarisch *so* schlecht nicht sein.

„Neue" Kräfte? Übernahmen aus den Münchner Kammerspielen
Neben seiner Arbeit am Bestandspersonal holte Zeiß aber auch neue Mitglieder ins Ensemble. So schrieb Friedrich Ulmer in seinen Memoiren:

> Er frischte das Ensemble auf, zog es groß, hegte und pflegte es wie ein gewissenhafter, liebevoller Gärtner. Er holte sich junge begabte Kräfte und mischte sie mit den guten alten, stets darauf bedacht, das richtige Gleichgewicht zwischen dem Nachwuchs und dem Grundstock herzustellen [...].[81]

Diese Gärtnermetapher passt in das Bild von Zeiß' Arbeitsweise, das sich allgemein durchgesetzt hat: Langsames Wachstum statt radikalen Kahlschlags. Das dürfte auch erklären, warum Zeiß kaum Kolleg:innen aus Frankfurt mitbrachte. Von Adolf Linnebach, dem technischen Leiter abgesehen, kam er zunächst ohne Entourage nach München. Zwei vielbeachtete Regisseure, die in Frankfurt durch ihre Inszenierungen den Ruhm von Zeiß' Intendanz mitbegründeten, konnte er wegen anderweitiger Karrierechancen nicht nach München holen: Richard Weichert wurde auf Zeiß' eigenen Vorschlag dessen Nachfolger in Frankfurt, Gustav Hartung übernahm die Intendanz des Darmstädter Theaters. Dabei war besonders Hartung mitverantwortlich dafür, dass Frankfurt unter Zeiß zu einer Bühne junger, expressionistischer Autoren wurde,[82] er leitete als Regisseur unter anderem Uraufführungen der Autoren Carl Sternheim, Paul Kornfeld und Fritz von Unruh. Doch obwohl der neue Intendant niemanden von ‚seinen Leuten' mitbrachte, gab es eine ganze Reihe an Neuanstellungen, gleich vier der neuen Schauspieler:innen kamen von den Münchner Kammerspielen. Hier warb er Erwin Faber, Richard Kellerhals, Elisabeth Bergner und Hilde Herterich ab – „Zeiß beobachtete genau, was bei Falckenberg geschah."[83] Die bessere finanzielle Ausstattung der Staatstheater wird es ihm leicht gemacht haben, die jungen Talente anzulocken. Der „dunkelhaarige, untersetze Erwin Faber [...] [mit] einer kehligen, dabei slawisch weichen Sprechweise"[84] machte bei Falckenberg vor allem als Kriegsheimkehrer Andreas Kragler

---

[81] Ulmer, *Perlicco – Perlacco*, S. 201.
[82] Vgl. Rühle, *Theater für die Republik*, S. 18 ff. und Rühle, *Theater in Deutschland*, S. 313–316.
[83] Rühle, *Theater in Deutschland*, S. 373.
[84] Petzet, *Die Münchner Kammerspiele*, S. 132.

in Brechts *Trommeln in der Nacht* von sich reden, er spielte nach seinem Wechsel zu Zeiß in *Im Dickicht* ebenfalls die Hauptrolle. Nach Zeiß' Tod ging er nach Berlin. Chargenspieler Richard Kellerhals, seit 1915/1916 an den Kammerspielen, wurde von Hermann Sinsheimer als „dürres, kleines Kerlchen mit dem Gesicht eines unterernährten Dorfschulmeisters alten Schlags, mit so gut wie keiner Bildung"[85] beschrieben, er blieb bis zum Ende der Intendanz Zeiß im Ensemble und beging 1925 Selbstmord auf der Bühne. Elisabeth Bergner kam erst 1920 an die Kammerspiele, sie wechselte nach nur einem Jahr für die Spielzeit 1921/1922 in „freundschaftlichem Einverständnis"[86] zwischen den Bühnen ans Staatstheater. Beide Häuser waren für sie jedoch lediglich Durchgangsstationen, sie ging schon bald nach Berlin und wurde „in den Rollen zerbrechlicher und zugleich burschikoser Frauen"[87] zum festen Bestandteil der dortigen Theaterlandschaft. Die „schöne und herrische Hilde Herterich […] mit der metallenen Stimme"[88] war durch ihre Ehe mit dem Schauspieler Kurt Stieler bereits vor Zeiß' Intendanz privat mit dem Haus verbandelt. Ihre Karriere begann 1916 im Schauspielhaus unter Hermine Körner, 1919 wechselte sie zu Falckenberg, ein Jahr später zu Zeiß.[89] Anders als Bergner und Faber blieb sie bis 1933 im Ensemble des Staatstheaters, ihr Engagement wurde als großes Verdienst von Zeiß gewertet.[90] Auch holte Zeiß Spielleiter Erich Engel von Falckenberg zu sich, der nach einigen Klassikerinszenierungen die skandalbehaftete Uraufführung von *Im Dickicht* verantwortete. Dass er ausgerechnet von den Kammerspielen so viele junge Talente ans Haus lockte, dürfte für seine Intendanz äußerst gewinnbringend gewesen sein. Ungeachtet der zahlreichen Skandale, die die Aufführungen neuer Dramatik der Bühne einbrachten, galten die Kammerspiele damals als Sammelpunkt exzellenter Schauspielbegabungen. Zeiß wertete den Ruf seiner Schauspielsparte durch die Übernahmen also nicht nur auf, er setzte zudem auf Begabungen, die sich in München bereits bewiesen hatten und vom Publikum geschätzt wurden. Er kaufte so einen Spielstil ein, dessen Heranbildung im vorhandenen Ensemble womöglich noch Jahre gedauert hätte und ermöglichte eine Verjüngung des Ensembles, ohne allzu große Experimente zu wagen. Darüberhinaus stellten die neuen Kolleg:innen für die älteren Schauspieler:innen wohl kaum eine Bedrohung dar, immerhin kannten sich die Mitglieder der verschiedenen Bühnen privat und pflegten Freundschaften. Ergänzt wurde das Ensemble durch die Anfängerin Annemarie Holtz, ausgebildet bei Louise Dumont in Düs-

---

85 Sinsheimer, *Gelebt im Paradies*, S. 251.
86 Petzet, *Die Münchner Kammerspiele*, S. 136.
87 Ettel, Elisabeth Bergner.
88 Petzet, *Die Münchner Kammerspiele*, S. 135.
89 Vgl. Bigler-Marschall, Stieler, Hilde.
90 Vgl. psi, Residenztheater. In: *BK*, Nr. 171, 24.04.1921. In: MSA, ZA-17082.

seldorf, Otto Wernicke aus Bonn und Armand Zäpfel aus Kiel, der einer der Lieblinge der Kritik wurde.[91]

Pläne für München: Das „gepflegte Theater"
Mit der Modernisierung des Schauspielstils erfüllte Zeiß die wohl dringendste Forderung, die aus der öffentlichen Debatte um das Theater entstanden war. Mit welchem inhaltlichen Programm aber kam er 1920 nach Bayern? Während Zeiß in Frankfurt den Expressionismus zu einer wichtigen Säule seines Spielplans machte, liest sich seine Vision für München gemäßigter. In seinen Frankfurter Auftaktworten hieß es:

> Neben der allgemeinen künstlerischen Durchdringung ist es vor allem die Pflege der neuen dramatischen Literatur, die weitgehendste Berücksichtigung der jungen Dichtergeneration, der unsere Arbeit gewidmet sein soll. Die Pflege der Gegenwartsliteratur soll erfolgen nach den Grundsätzen ästhetischer Weitherzigkeit, aber haltmachen vor dem Trivialen, dem Geschmacklosen und dem modisch Sensationellen. Daneben sollen die Klassiker einer Neugestaltung zugeführt werden.[92]

In der Münchner Rede hingegen sagte er:

> Über die Tradition hinaus wird es aber mein Bestreben sein, da, wo es nötig erscheint, die Errungenschaften der neuen Bühnenkunst im allmählichen Fortschreiten stärker nutzbar zu machen. Neben der Wahrung und Neubelebung der klassischen Kunst muß es die Aufgabe eines modernen Staatstheaters sein auch das geistig-künstlerische Schaffen der Zeit weitherzig zu pflegen.[93]

Aus diesen Worten lässt sich eine Akzentverschiebung ablesen: Sah er es in Frankfurt noch als oberste Aufgabe, die Gegenwartsliteratur zu pflegen, akzentuierte er dies in München weniger stark. Dem passionierten Literaturwissenschaftler Zeiß hieraus eine Abkehr von der Moderne zu unterstellen, wäre vorschnell. An der vorsichtigen Wortwahl zeigt sich aber, dass er im konservativeren München nicht einfach den Frankfurter Stil implementieren konnte, sondern Gegenwartsliteratur behutsamer in den Spielplan einarbeiten musste.

In Frankfurt wie in München benutzte Zeiß zur Charakterisierung seiner Pläne den Begriff des „gepflegten Theaters", den er laut eigenen Angaben von Heinrich Laube, dem einstigen Burgtheaterintendanten, entlieh.[94] Die Losung vom „gepflegten Theater" fand in den Folgejahren immer wieder Eingang in die Selbst-

---

91 Vgl. Ederer, *Karl Zeiss*, S. 95.
92 Zeiß, Ein Programm, S. 447.
93 Zeiß, An die Mitglieder, S. 1.
94 Vgl. Zeiß, Ein Programm, S. 446.

aussagen von Zeiß wie auch in die Presseberichte über ihn. Was er damit genau meinte, ist unklar, ebenso lässt sich aufgrund der schieren Fülle der Äußerungen Heinrich Laubes nicht genau sagen, welchem Kontext Zeiß den Begriff entnahm. Ein „gepflegtes Theater" im Sinne Laubes könnte allerdings auf einen Spielplan verweisen, der von den Klassikern bis zur Gegenwart alle wichtigen Strömungen der Theaterliteratur exemplarisch abbildet, zumindest hat Laube diese Idee für das Burgtheater formuliert, wenngleich sie sich in der Praxis nicht zur Gänze einlöste.[95] Das Theater wäre dementsprechend ein Ort der Sammlung von dramatischer Literatur. Der Anspruch an das Theater als lebendes Museum war in Zeiß' Amtszeit noch weit verbreitet, er fand sich beispielsweise in der offiziellen Spielplanstatistik der Bühne, wo es hieß, der Spielplan habe

> also auch eine Art Museum oder Sammlung von kunst- und kulturhistorischem Wert zu bilden. [...] Die Staatstheater sind also in erster Linie dazu berufen, den erhaltungswürdigen Teil älterer Bühnenliteratur in bestimmten Zeiträumen immer wieder den späteren Generationen vor Augen zu führen als ein Stück lebendiger Geschichte, deren Blätter erfüllt sind von dem stillen, aber zähen Kampfe zwischen Oper und Schauspiel um die Vorherrschaft.[96]

Allerdings war das Schlagwort des „gepflegten" Theaters so vage, dass an ihm auch andere Assoziationen andocken konnten. Im Sinne eines „gepflegten Äußeren" lässt das Wort „gepflegt" an Sauberkeit und Hygiene denken, hier geht es um die Poliertheit der Oberfläche einerseits, aber auch um eine tiefer im Menschen verankerte sittliche Reinlichkeit andererseits. Beide Konnotationen waren im zeitgenössischen Diskurs präsent: In der Weimarer Republik bekam die Hygiene einen höheren Stellenwert, wie sich an einer ganzen Reihe von Ausstellungen zum Thema Hygiene zeigt, die die Besucher:innen über eine gesunde Lebensweise aufklären sollten.[97] In diesem Geist stand auch das 1912 eröffnete, bis heute bestehende Hy-

---

95 Zu dieser Einschätzung von Laubes Intendanz kam bereits ein Zeitgenosse von Zeiß in einer frühen wissenschaftlichen Abhandlung über den Burgtheaterintendanten. Vgl. Altman, *Heinrich Laubes Prinzip der Theaterleitung*, S. 67 ff. Dass Zeiß sich ausgerechnet auf Laube berief, dürfte wenig überraschen, formulierte Laube doch als Intendant einige Positionen, die auch für Zeiß noch Gültigkeit hatten: Als Leitungsperson forderte er für sich freie Hand bei der Spielplangestaltung und der Rollenbesetzung (vgl. ebd., S. 35 f.), künstlerisch wenig bewanderte Höflinge an der Spitze des Theaters lehnte er ab (vgl. ebd., S. 35). Im Schauspiel stärkte er die Position der Regie (vgl. ebd., S. 38 f.) und verstand sich als Mittler zwischen Drama und Schauspieler:innen (vgl. ebd., S. 41), obgleich der Fokus der Inszenierungen nach wie vor auf dem gesprochenen Wort lag (vgl. ebd., S. 42). In der Ensemblebildung verstand er es, ähnlich wie Zeiß, junge Talente ans Haus zu holen und diese groß zu machen (vgl. ebd., S. 46 f.), die damals noch gängigen Rollenfächer umging er in seiner Besetzungspraxis (vgl. ebd., S. 51).
96 Reiner, Spielplan von 1871 mit 1920, S. 29 f.
97 Vgl. Hauner, *Licht, Luft, Sonne, Hygiene*, S. 131 FN 439, S. 138 und S. 140 f.

gienemuseum in Dresden. Zugleich berücksichtigte man Fragen der Hygiene stärker in der Stadtplanung, wie Franz Hauner am Beispiel des modernen Krankenhausbaus herausarbeitet: In Architektenkreisen diskutierte man über die hygienische Eignung von Materialien wie Beton und versuchte Innenräume so zu gestalten, dass sie leicht zu reinigen waren.[98] Gleichzeitig führte die Tabuisierung schmutziger Körperflüssigkeiten (Urin, Kot, Sperma) in der Erziehung von Kindern zu einer Aufwertung der Hygiene auf moralischer Ebene. Sie installierte Schuldgefühle gegenüber dem eigenen Begehren, Klaus Theweleit spricht von der „Hygiene als neuer Frömmigkeit",[99] die Selbstregulierungsmechanismen in Gang setzte. Sauberkeit als diskret eingeschriebene Norm stellte auch für das Theater ein wichtiges Maß dar, so hatte doch der Münchner Zensurbeirat vor 1918 die allermeisten zweifelhaften Stücke aus sittlichen Gründen verboten.[100]

„Gepflegt werden" aus medizinischer Sicht wiederum müssen Kranke, Verwundete oder Alte, hier hat das Wort „gepflegt" kurative Bedeutung, es ist assoziiert mit körperlicher Genesung und der Verbesserung persönlichen Wohlbefindens. Bezogen auf die Kunst wurde um 1918 manchmal von einer „Gesundung" des Theaters gesprochen, wieder einmal schwingt hier die Krise als Narrativ mit. Für Münchens Kritiker Albert Roelte, der die Festspiele 1920 rezensierte, wurde die Frage der Gesundheit sogar staatstragend: Er verstand die „Kunst im Dienste eines völkischen Gesundungsgedankens",[101] über die Oper musste das durch Niederlage verwundete Reich zurück zu einstiger Größe finden. Das gepflegte Theater wurde nun selbst zum Remedium des Leidens. Paradox an den hier elaborierten Konnotationen des „Gepflegten" ist, dass sie einander widersprechen. Während den Semantiken der Hygiene und der Gesundheit ein restriktives Bild von Theater eingeschrieben ist, fordert gerade das Bild der Sammlung ein Voranschreiten in die Gegenwart: Begreift ein Theater sich selbst als „Museum" der Gesamtheit seiner Kunst, dann hat in ihm auch das Neueste, Experimentellste und Abwegigste der Gattung Platz zu haben. Zeiß' Losung des „gepflegten Theaters" war also deshalb so geschickt gewählt, weil sie die Moderne und ihre Verneinung gleichermaßen in sich trug und daher für Zuschauer:innen aller Weltanschauungen aneignungsoffen war, ohne konkrete Absichten zu offenbaren. „Es sollte nicht rückschrittlich und nicht zu fortschrittlich sein",[102] fasste Hermann Sinsheimer Zeiß' Programmabsichten zusammen.

---

98 Vgl. ebd., S. 144f.
99 Theweleit, *Männerphantasien*, S. 516.
100 Vgl. Meyer, *Theaterzensur in München 1900–1918*, S. 154.
101 Albert Roelte, Künstlerische Kulturpolitik. Ein Rückblick auf die Münchner Festspiele 1920. In: *MAAZ*, Nr. 396, 26.09.1920. In: MSA, ZA-17041.
102 Sinsheimer, *Gelebt im Paradies*, S. 270.

4.2 Auf neuen alten Pfaden? Die Bedeutung des Revolutionsgeschehens für Zeiß' Intendanz

Betrachtet man abschließend Zeiß' Verhalten bei seinem Amtsantritt, so scheint es, als versuchte er, die unter Schwannecke angestoßenen Veränderungen zu revidieren: Die Presse beruhigte er, den Einfluss des Künstlerrats drängte er zurück, die Öffnung der sommerlichen Festspiele für das Sprechtheater machte er rückgängig.[103] Mit dem „gepflegten Theater" etablierte er zudem eine ästhetische Leitlinie, die so assoziationsreich war, dass sie letztlich leer blieb. Insgesamt setzte er seine Agenda sanft, zu stark schien er noch an das missglückte Erbe seines Vorgängers gebunden, um radikale Aufbrüche zu wagen. Das war jedoch nicht persönlicher Inkompetenz oder mangelnder Durchsetzungsstärke geschuldet, viel mehr offenbart sich hierin das Phänomen der sogenannten „Pfadabhängigkeit".

Aus den Wirtschaftswissenschaften kommend dient das Konzept der Pfadabhängigkeit zunächst als Erklärung dafür, warum technisch ineffiziente Lösungen sich gegenüber anderen, vielversprechenderen Optionen auf dem Markt durchgesetzt haben – als Beispiel hierfür wird etwa die Verbreitung der QWERTZ-Tastatur im Vergleich zu anderen Tastatursystemen genannt.[104] Die Theorie der Pfadabhängigkeit bildet deshalb einen Gegenpol zur Rational-Choice-Theory, der gemäß Marktakteur:innen sich basierend auf vollständig zur Verfügung stehenden Informationen rational verhalten, um ihren Nutzen zu maximieren.[105] Dementgegen betont das Konzept der Pfadabhängigkeit die langfristigen Folgen kontingenter Ereignisse: „[P]ath dependence characterizes specifically those historical sequences in which contingent events set into motion institutional patterns or event chains that have deterministic properties."[106] Diese Definition ist oft dahingehend missverstanden worden, dass die Vergangenheit schlichtweg die Gegenwart beeinflusse[107] – ein Gemeinplatz, der dem Begriff wenig gerecht wird. Vielmehr bilden

> [i]n dem Konzept [...] historische Zufälligkeiten und relativ unbedeutende Ereignisse den Ausgangspunkt von Entwicklungen, die durch Mechanismen der Selbstverstärkung wie positive Rückkoppelungen und zunehmende Grenzerträge („increasing returns") stabilisiert und

---

103 Stattdessen betrieb er ab 1922 das Künstlertheater im Ausstellungspark parallel zu den Münchner Festspielen als Sprechbühne, doch was die Signalwirkung gegenüber Tourist:innen anbelangt, war seine Arbeit hier von geringerer Bedeutung als das Opernprogramm im Prinzregententheater.
104 Vgl. Werle, Pfadabhängigkeit, S. 119 f.
105 Vgl. Pierson, Not Just What, but *When*, S. 89 ff.
106 Mahoney, Path Dependence in Historical Sociology, S. 507.
107 Vgl. ebd.

verriegelt werden, auch wenn die sich ergebenden Zustände ineffizient oder suboptimal sind.[108]

Die Theorie der Pfadabhängigkeit beschreibt also, wie die anfänglichen Geschehnisse einer spezifischen historischen Entwicklung maßgeblich für deren weiteren Verlauf werden, und warum – um in der Bildsprache des Pfades zu sprechen – ein einmal eingeschlagener Weg so schwer verlassen werden kann. Der Fokus auf die Frühphase von Entwicklungen ist für das Konzept dabei ebenso entscheidend wie die Betonung der Kontingenz. Das bedeutet nicht, dass Entscheidungsprozesse komplett dem Zufall unterworfen sind, für gefasste Beschlüsse lassen sich aus den historischen Gegebenheiten durchaus Erklärungen ableiten.[109] Kontingenz meint aber, dass zunächst mehrere in etwa gleichwertige Optionen auf dem Tisch liegen, eine Entscheidung für eine bestimmte Richtung sich also nicht zwingend aus den vorherigen Geschehnissen ergibt. Aufgrund dieser Eregbnisoffenheit ist das Konzept in der Soziologie, der Politologie und der Geschichtswissenschaft aufgegriffen worden, schließlich offeriert es auch einen Erklärungsrahmen dafür, warum Veränderungen sich selten in großen Kehrtwendungen ereignen und häufiger in schrittweisen Anpassungen geschehen, wie Douglass North herausstellte.[110]

Mit Blick auf das Staatstheater scheint der Begriff theoretisch überaus fruchtbar, schließlich trug Zeiß das Erbe seines Vorgängers ständig mit sich und konnte sich hiervon nur langsam lösen. Gleichzeitig stellen die Wahl Schwannekes durch die Belegschaft und die Entstehung des Künstlerrats Phänomene von Kontigenz dar, die aufmerken lassen, besonders im direkten Vergleich mit den Münchner Kammerspielen, wo die Führungsposition Falckenbergs unhinterfragt blieb. Sicherlich hat das damit zu tun, dass die finanzielle Abhängigkeit der Belegschaft am Privattheater größer gewesen sein dürfte als am Staatstheater und eine Rebellion gegen die bestehende Leitung mit einem höheren Risiko verbunden gewesen wäre. Gleichzeitig bestand unter Falckenberg offenbar auch kein Bedürfnis nach Veränderung, weil er als Chef bewusst die Nähe seiner Mitarbeiter:innen suchte, wie er in seiner „Autobiografie"[111] suggerierte, in welcher er sich als charismatischer *primus inter pares* inszenierte:

---

108 Werle, Pfadabhängigkeit, S. 129.
109 Vgl. Pierson, Not just What, but *When*, S. 75.
110 Vgl. North, *Institutions, Institutional Change and Economic Performance*, S. 92–104.
111 Der Begriff „Autobiografie" steht hier in Anführungsstrichen, schrieb Falckenberg doch das Buch nicht selbst. Sein Mitarbeiter, der Dramaturg Wolfgang Petzet, der auch die Chronik der Kammerspiele bis in die 1970er-Jahre geschrieben hat, fungierte als Ghostwriter für Falckenberg und stützte das Buch auf die Mitschrift zahlreicher Gespräche mit seinem Vorgesetzten. Der Wahrheitswert dieses (Ego-)Dokuments muss kritisch hinterfragt werden, ist das Buch doch 1944

> Ich bin nie ein ‚Theaterdirektor' geworden in der Art, wie man es heute noch vielfach unter diesem Namen versteht: ein Theaterdespot, ein Dompteur, ein Mann, der meist aus dem Schauspielerstande in eine leitende Stellung kommend – die ja mehr als in einem anderen Berufe eine absolutistische ist – nun, von der neuen Machtfülle benommen, die Maßstäbe für die eigenen und die fremden Fähigkeiten und alle menschlichen Beziehungen zu einstigen Kollegen verliert. Womit nicht gesagt sein soll, daß nicht gerade der große Schauspieler ein großer Theaterleiter sein kann. Ich habe niemals in einem Schauspieler etwas anderes als eben einen Mitarbeiter, einen Kameraden zu sehen vermocht. [...] Immer war ich mehr Freund der Schauspieler im künstlerischen Sinne als ihr Vorgesetzter und gerade dadurch entstand etwas, um das sich mancher Theaterdirektor krampfhaft und allzuoft vergebens bemüht: Autorität. Die Voraussetzung freilich einer solchen Direktionsführung war, daß ein unantastbarer gemeinsamer Grund in unserem künstlerischen Wollen bestand und daß ich, kraft Anlage und Entwicklungsgang, die Seele einer solchen Gemeinschaft in mir trug.[112]

Tatsächlich kümmerte er sich als künstlerischer Leiter vorwiegend um die Kunst. Für Verwaltungs-, Finanz- und Rechtsangelegenheiten war von 1914 bis 1924 zuerst Benno Bing und mit ihm zusammen dann bis November 1932 Adolf Kaufmann verantwortlich.[113] „Falckenberg, der keinerlei Talent zum ‚Management' hatte, war eher der erste Regisseur seines Hauses als ein ‚Intendant'."[114] Als günstig dürfte sich für Falckenberg erwiesen haben, dass sein Haus noch keine Dekade alt war, als er die künstlerische Leitung übernahm. Es war dementsprechend formbar, Falckenberg konnte die Bühne so nachhaltig mit seiner Ästhetik prägen, dass sein Name auch heute noch – nicht zur Freude aller – untrennbar mit den Kammerspielen verbunden ist.

Ganz anders das Staatstheater, von dessen Ersticken in angehäufter Tradition schon in Kapitel 2 die Rede war: Dass hier die Etablierung einer kollektiven Leitung gegen eingefahrene Muster gelang, war keinesfalls selbstverständlich. Als ersten Schritt in diese Richtung könnte man ausgerechnet Franckensteins leises Abtreten in den ersten Novembertagen deuten. Indem er ohne großen Widerstand seinen Posten räumte, nachdem sich in den Vortagen die Revolution hausintern bereits angebahnt hatte, ebnete er den Pfad dafür, dass Schwanneke so rasch und bruchlos antreten konnte. Schwannekes Profil als Kämpfer fürs Soziale begünstigte die weiteren Entwicklungen dann ebenso wie Kurt Eisners persönliches Interesse am

---

erschienen und hat, so Birgit Pargner, wahrscheinlich dazu gedient, Geldsorgen Falckenbergs zu verringern (vgl. Pargner, *Otto Falckenberg*, S. 203). Von den 1933 zur Emigration Gezwungenen wurden in der Biografie nur die Namen von sieben Theaterkünstler:innen erwähnt, ohne auch nur ein einziges Wort zu ihren Schicksalen zu schreiben. So sparte Falckenberg selbst seine zweite Ehefrau, die jüdische Schauspielerin Sybille Binder, vollkommen aus.
112 Petzet, *Otto Falckenberg*, S. 324.
113 Vgl. Weinzierl/Weinzierl, Benno Bing und Weinzierl/Weinzierl, Adolf Kaufmann.
114 Euler, *Otto Falckenberg*, S. 17.

Theater. Doch war dessen Zenit der Macht schon überschritten, als die Satzung des Theaters am 16. Januar 1919 verabschiedet wurde und den neuen Zustand am Staatstheater verrechtlichte – die Wähler:innen hatten sich vier Tage zuvor in Bayerns erster Landtagswahl klar gegen die von Eisner geführt USPD ausgesprochen.[115] Es ist dementsprechend höchst fraglich, ob man auch nur ein oder zwei Wochen später einer Satzung mit derart starkem Künstlerrat von Seiten der zuständigen Ministerien überhaupt noch zugestimmt hätte. Trotzdem beeinflusste die Satzung fortan das Agieren des Theaters.

In der Theorie der Pfadabhängigkeit wird für derart bedeutsame Momente in der historischen Entwicklung der Begriff „kritischer Punkt" („critical juncture") benutzt: „These junctures are ‚critical' because once a particular option is selected it becomes progressively more difficult to return to the initial point when multiple alternatives were still available."[116] Meist setzen solche Punkte positive Feedbackschleifen in Gang, die als „increasing returns"[117] bezeichnet werden: Durch erste Schritte in eine Richtung werden weitere Schritte in dieselbe Richtung plausibel, vor allem, weil eine Änderung der Richtung mit hohen Kosten verbunden wäre. Akteur:innen neigen dann eher dazu, sich zu koordinieren und ihre reziproken Erwartungen aneinander anzupassen als von der getroffenen Entscheidung abzuweichen.[118] Durch diese Adaptionsleistung wird ein Fortschreiten in eine Richtung noch weiter vorangetrieben, sodass es zu einem als „Verriegelungseffekt"[119] bezeichneten Beharren auf einer Option kommt. Freilich ist eine Abkehr vom eingeschlagenen Weg nicht komplett unmöglich, sie bedarf aber einer höheren Kraftanstrengung und vollzieht sich eher in kleinen Veränderungen denn in großen Schritten.

Im Kontrast zur positiven Selbstverstärkung vieler pfadabhängiger Prozesse stehen die sogenannten „reactive sequences", die starke Reaktanzphänomene erzeugen: „Whereas self-reinforcing sequences are characterized by processes of reproduction that *reinforce* early events, reactive sequences are marked by backlash processes that *transform* and perhaps *reverse* early events."[120] Eine Entwicklung führt dann nicht in die von den Verantwortlichen gewünschte Richtung, sondern begünstigt im schlimmsten Fall ihr Gegenteil. Genau diese Form der Pfadabhängigkeit scheint im Staatstheater 1919/1920 am Werk gewesen zu sein: Der Gegenwind gegen den Künstlerrat war in der Presse von Anfang an so heftig, dass

---

115 Vgl. Götschmann, Landtagswahlen (Weimarer Republik).
116 Mahoney, Path Dependence in Historical Sociology, S. 513.
117 Pierson, Increasing Returns, Path Dependence, and the Study of Politics, S. 251.
118 Vgl. ebd., S. 254.
119 Werle, Pfadabhängigkeit, S. 119.
120 Mahoney, Path Dependence in Historical Sociology, S. 526.

er sich als Form kollektiver Führung nicht dauerhaft etablieren konnte, vor allem, weil die individuellen Interessen der beteiligten Akteur:innen ein altruistisches Agieren erschwerten. Der wahre ‚Schaden', den Schwanneke und der Künstlerrat anrichteten, bestand also nicht darin, dass sie eine nicht-hierarchische Leitung probierten, sondern darin, dass in ihrer Nachfolge der Schrecken der Revolution permanent präsent blieb. Ihn hatten die Münchner:innen in Form des „roten" und des „weißen" Terrors besonders schmerzhaft erleben müssen. Die linken Ideale, welche die Transformation zunächst begünstigt hatten, wurden nun zur Negativfolie, an der sich das Theater messen lassen musste.

Das beeinflusste auch die Art der Aufmerksamkeit, die der neuen Intendanz entgegengebracht wurde. Wie Douglass North betonte, ist die Weise, wie Menschen Informationen verarbeiten, entscheidend für einen institutionellen Wandel, wird ihre Wahrnehmung doch durch Überzeugungen und Weltanschauungen geprägt.[121] Zum Gradmesser für das Agieren des Staatstheaters wurde daher nicht der Ist-Zustand, sondern wie Akteur:innen Informationen aufgrund der bisherigen Geschehnisse filterten und bewerteten. Diese Bewertung war durch die negative Berichterstattung über die kollektive Leitung vorgeprägt. Verstärkt wurde diese Negativbewertung durch ein Phänomen, das Powell und DiMaggio als „institutional isomorphism"[122] bezeichnen, also die Neigung von Organisationen, sich in ihrer Struktur einander anzugleichen, selbst wenn diese sich als nicht effizient erweist. Eine mögliche Erklärung hierfür: „The fewer the number of visible alternative organizational models in a field, the faster the rate of isomorphism in that field."[123] Eine Mitberatung durch den Künstlerrat wurde auf lange Sicht schon deshalb unwahrscheinlicher, weil andernorts vergleichbare Theater fehlten, an denen das Experiment kollektive Leitung geglückt wäre: In Darmstadt wurde der Versuch eines Rats bereits viel früher beendet, in Berlin kämpfte man mit ähnlichen Problemen wie in München. Hinzu kommt, dass Organisationen sich auch dann angleichen, wenn sie bezüglich ihrer Ressourcen besonders stark von einer anderen Organisation abhängig sind – sie übernehmen dann deren Strukturen.[124] Thomas Schmidt hat diese Tendenz auch für die Theater identifiziert, die seines Erachtens den Aufbau von Ministerien nachahmen.[125]

Das scheint zunächst nicht weiter problematisch, stand Zeiß Mitberatungsideen ohnehin kritisch gegenüber. Auffallend ist aber, dass sich bei der Entstehung reaktiver Pfadabhängigkeit oftmals zwei oder mehr bis dahin separat voneinander

---

121 Vgl. North, *Institutions, Institutional Change and Economic Performance*, S. 111.
122 DiMaggio/Powell, The Iron Cage Revisited, S. 147.
123 Ebd., S. 155.
124 Vgl. ebd.
125 Vgl. Schmidt, *Macht und Struktur im Theater*, S. 51.

ablaufende Ereignissequenzen kreuzen und erst durch diese Kreuzung unvorhersehbare Folgen entstehen.[126] Auch dieser Umstand war nach 1918 gegeben. Als eine Ereigniskette könnte man hierbei den künstlerischen Wandel seit der Jahrhundertwende sehen: Die Entstehung neuer literarischer Strömungen, das Erstarken der Regie, die Revolution der Inszenierungspraktiken durch den Film und technische Errungenschaften wie die Drehbühne begünstigten gemeinsam das Aufkommen neuer Ästhetiken. Eine zweite Ereigniskette wäre der Kampf um bessere Arbeitsbedingungen an den Theatern, den Victor Schwanneke durch sein persönliches Engagement bereits vor der Revolution beispielhaft verkörperte. Die zwei Entwicklungen verliefen zunächst entkoppelt voneinander, erfuhren jedoch durch die Revolution ein gewaltiges Momentum – in der verfassungsrechtlichen Garantie der Kunstfreiheit einerseits und in der satzungsgemäßen Etablierung des Künstlerrats andererseits. Da ihre rechtliche Legitimation in beiden Fällen ein direkter ‚Outcome' der Revolution war, wurden die ästhetischen und die sozialen Entwicklungen nun fälschlicherweise miteinander assoziiert, obwohl sie nicht zwangsläufig in Verbindung zueinander standen. Wie die Analysen von *Hannibal* und *Der Revolutionär* gezeigt haben, bedeutete eine kollektive Führung eben nicht automatisch die Ausrufung der künstlerischen Avantgarde. Dass aber die soziale Entwicklung in der öffentlichen Wahrnehmung mit der ästhetischen Entwicklung des Theaters vermischt wurde, machte es für Zeiß zusätzlich schwierig, ein Profil für München zu entwickeln. Dadurch entstand eine Unentschiedenheit im Künstlerischen, die wahrgenommen wurde. In der Spielzeit 1920/1921 erregte kaum eine Inszenierung positives Aufsehen, die meisten Kritiken klangen abwartend. Zum Ende der Spielzeit schrieb Hermann Sinsheimer anlässlich der Premiere von *Das Leben ein Traum* enttäuscht:

> Die letzte Premiere der Saison – man erwacht aus dem Traum von hoher Kunst, der einem so etwa das Leben bedeutet, und rechnet nach, was er erbracht hat: wenig Aufrüttelung, wenig Ausdeutung des Lebens, dagegen häufiges illusionsloses Erwachen und Zurücksinken in einen ungewollten Schlummer, dem das Träumen fern blieb. Resigniert nimmt man von dieser Saison Abschied und grüßt die neue. Man sieht ihr ebenso hoffnungsfreudig wie streng ins annoch [sic!] unbekannte Gesicht. Möge sie eines haben, ein reicheres und ausgeprägteres als ihre Vorgängerin.[127]

Zeiß setzte im Schauspiel zwar zwölf Neueinstudierungen, sieben Erst- und eine Uraufführung an, literarisch knüpfte er aber nur wenig an die erfolgreichen Frankfurter Jahre an. Lediglich *Die Marquise von Arcis* von Carl Sternheim, die er

---

126 Vgl. Mahoney, Path Dependence in Historical Sociology, S. 527 ff.
127 Hermann Sinsheimer, Das Leben ein Traum. In: *MNN*, Nr. 242, 10.06.1921, S. 1.

bereits 1919 in Frankfurt uraufgeführt hatte, brachte es unter den Erstaufführungen der Spielzeit 1920/1921 auf stolze 52 Aufführungen.[128] Zeiß' anderes Steckenpferd, die Wiederentdeckung von Sturm und Drang-Dramatik, fand in München wenig begeistertes Publikum: Die Neueinstudierung von Goethes *Stella* wurde in der ersten Spielzeit dreimal, 1921/1922 dreizehnmal gegeben und verschwand rasch wieder vom Spielplan.[129] Häufiger auf dem Programm standen heitere Erstaufführungen von Carlo Goldoni und Max Halbe.[130] Auch die einzige Uraufführung des Jahres 1920/1921 war nur bedingt erfolgreich: *Der Weg zur Macht*[131] von Heinrich Mann dramatisierte die Geschehnisse des 18. Brumaire und zeigte Napoleon als abgeklärten Machttechniker, der Royalist:innen und Republikaner:innen durch Intrigen gegeneinander ausspielt. Mann selbst erklärte, ihm sei es nicht darum gegangen, Napoleon als Helden zu zeigen, sondern einen Diskurs über Macht anzustoßen.[132] Das Für und Wider verschiedener Herrschaftsformen auf die Bühne zu bringen, passte in die Umbruchszeit von Monarchie zu Republik, blieb aber ungreifbar: Der Kreis des historischen Personals war bei Mann unübersichtlich, ihre Motivationen wurden nur oberflächlich behandelt. Das Stück wurde dreizehnmal gezeigt,[133] die Kritik war durchwachsen: „Man kann nicht sagen, daß dieses neueste Opus einen Fortschritt bedeutet."[134] Die *Münchner Neuesten Nachrichten* lobten zwar, dass Mann Napoleon „seines Heldentums mit sachlichem Griff entkleidet",[135] doch am Ende „blieb die Vorstellung der Ausdruck eines guten und intensiven Willens, aber ziemlich weit von jeder Erfüllung."[136] Im *Bayerischen Kurier* hieß es, das Werk sei kein „schwerwiegendes Problemstück, sondern [...] eine beabsichtigte Theatermache",[137] die mit „operettenmäßigem Zierrat"[138] versehen sei. Heinrichs Bruder Thomas notierte über die Premiere in seinem Tagebuch: „Die Wirkung scheint trotz befreundetem Publikum matt gewesen zu

---

128 Vgl. Kneuer, Die bayerischen Staatstheater im Zeitraum 1921 bis 1930, S. 171.
129 Vgl. ebd., S. 179.
130 Vgl. ebd., S. 171.
131 Mann, *Der Weg zur Macht*.
132 Vgl. Heinrich Mann, „Der Weg zur Macht." Bemerkungen zu diesem Stück. Zur Uraufführung am 21. Oktober im Residenz-Theater. In: *TZSBM* 1/37 (1920), S. 1.
133 Vgl. Kneuer, Die bayerischen Staatstheater im Zeitraum 1921 bis 1930, S. 179.
134 Ed. Scharrer-Santen, Residenztheater. In: *AZ*, Nr. 43, 31.10.1920, S. 392.
135 Hermann Sinsheimer, Der Weg zur Macht. Drama von Heinrich Mann. Uraufführung im Residenztheater am 21. Oktober. In: *MNN*, Nr. 441, 22.10.1920, S. 1.
136 Ebd.
137 Josef Rau, Uraufführung im Residenztheater. In: *BK*, Nr. 296, 22.10.1920. In: *MSA*, ZA-17081.
138 Ebd.

sein."[139] Begeisterung klingt wahrlich anders, *Der Weg zur Macht* wurde nach der Spielzeit abgesetzt.

Grund für das anfängliche Ausbleiben enthusiastischer Kritiken dürfte aber nicht nur Zeiß' Stückauswahl gewesen sein, sondern auch die Abwesenheit von Regietalenten: Der Geniestreich bei der Aufführung von Grabbes *Hannibal* zwei Jahre zuvor bestand ja gerade darin, ein bis dato als nicht aufführbar geltendes Stück überhaupt spielbar zu machen. Hier rächte sich, dass Zeiß weder seine Frankfurter Regisseure mitbringen noch Albert Steinrück zum Bleiben überreden konnte – es fehlte an Großtaten in der Regie, die mit Berlin konkurrenzfähig waren.

Im zweiten Jahr seiner Intendanz holte Karl Zeiß die Opernsängerin Anna Bahr-Mildenburg als neue Regisseurin ans Haus. Ihre Neueinstudierung von Wagners *Ring des Nibelungen*, sticht in der Geschichte des Hauses allerdings nicht aufgrund der Ästhetik heraus, denn sie „unterschied [...] sich kaum von der realistischen Ära. Nach wie vor gab es gewaltige Flügelhelme und angeklebte Bärte. Götter blieben Götter, Menschen erschienen als Heroen, Zwerge als dämonische Untermenschen."[140] Bemerkenswert ist vielmehr, dass Zeiß eine Frau mit dieser wichtigen Inszenierung betraute: Frauen in der Regie bildeten damals noch eine große Ausnahme,[141] in München kannte man als Regisseurin lediglich Hermine Körner, die bis 1925 das Schauspielhaus auf der Maximilianstraße leitete. Im Bereich der Oper war als Regisseurin vor allem Cosima Wagner als Bayreuther Hüterin des Werks ihres verstorbenen Gatten bekannt. Für Bahr-Mildenburg stellte das Regieführen eine „Altersarbeit"[142] dar, die sie nach ihrer aktiven Gesangskarriere ausübte und bei der sie sich anfangs auch gegen männliche Widerstände durchsetzen musste. Sie legte in der Erarbeitung vor allem Wert auf eine Arbeit mit den Sänger:innen an ihren schauspielerischen Fähigkeiten, orientierte sich in vielen anderen Punkten allerdings noch stark an überlieferten Regieanweisungen von Richard Wagner selbst, wie Katrin Martensen zeigt.[143] Erneut erwies sich der Fortschritt auf Ebene der Organisation größer als auf Ebene der Kunst.

4.3 Zeiß' Umgang mit Kommune und Landtag

Offenbar hatte Zeiß Drängenderes zu tun: Wie schon in Frankfurt strebte er auch in München eine Verbesserung der Bühnentechnik in Form einer dringend notwen-

---

139 Tagebucheintrag Thomas Manns, 21.10.1920. In: Mendelssohn, *Tagebücher 1918–1921*, S. 473.
140 Braunmüller/Schläder, *Tradition mit Zukunft*, S. 65.
141 Vgl. Martensen, *Die Frau führt Regie*, S. 69.
142 Ebd., S. 67.
143 Vgl. ebd., S. 185.

digen Teilrenovierung des Theaters an. Dieses Projekt war neben der Öffnung des Theaters für die Publikumsvereine eines der beiden großen Vorhaben seiner Intendanz, das ihn in enge Fühlungnahme mit dem bayerischen Politikbetrieb brachte und nicht immer reibungslos verlief.

Wie sehr die Renovierung des Theaters drängte, geht aus einer Presseerklärung des Theaters im Februar 1921 hervor:[144] Oper und Schauspiel verfügten damals nur über eine einzige Probebühne, die sich die beiden Sparten teilen mussten, für den 180 Personen starken Chor stand nur ein Aufenthaltsraum zur Verfügung. Eine Kantine gab es nicht, ebenso wenig wie Aufenthaltsmöglichkeiten für das technische Personal, das damals 250 Mann umfasste. Die Werkstätten hatten meist kein Tageslicht, Requisiten waren auf 40 winzige Zimmerchen verteilt, an Lagermöglichkeiten für große Dekorationen fehlte es. Der Zugang zu den Arbeits- und Garderobenräumen des Residenztheaters war nur über die Bühne des Nationaltheaters möglich, weswegen es bei Vorstellungen und Proben laut Zeiß regelmäßig zu Störungen kam, auch war die Bühnentechnik in beiden Spielstätten veraltet. Hinzu kam, dass die Kassenhalle für den Publikumsverkehr zu klein war, ebenso gab es nur einen Büroraum für den dienstlichen Verkehr mit Arbeiter:innen und Lieferant:innen. Insgesamt, argumentierte der Intendant, sei das Haus unterdimensioniert für die große Menge an Menschen, die hier täglich verkehrten.[145] Das habe auch schlechte hygienische Zustände zufolge, was sich angesichts der damals wütenden Spanischen Grippe mehr als problematisch liest.

Die Pressemitteilung, die der Intendant hierzu in den *Münchner Neuesten Nachrichten* publizierte, wird jedoch nicht nur der Information der Öffentlichkeit gedient haben, sondern könnte bewusst als politisches Druckmittel gegenüber dem Landtag benutzt worden sein, der die Gelder für den Umbau bewilligen musste. Grundsätzlich war man sich hier zwar der Notwendigkeit einer Renovierung im Interesse eines verbesserten Brandschutzes bewusst, doch um diese zu ermöglichen, hätte der von König Ludwig II. gebaute Wintergarten auf dem Dach des Theaters weichen müssen, der zum Residenzmuseum gehörte. Das begeisterte nicht alle: „Es handelt sich hier um eine kulturhistorische Sehenswürdigkeit, die in der Art ihrer Ausführung nicht nur in Deutschland, sondern in ganz Mitteleuropa einzig dastehen dürfte",[146] schrieben die „Freunde des Wintergartens" an die Redaktion der *Münchner Neuesten Nachrichten* und protestierten gegen die Pläne. Ein anderer Autor forderte den Erhalt des Gartens, weil die „Rückkehr zur Natur, die

---

144 Vgl. yd, Ein Umbau des Nationaltheaters II. In: *MNN*, Nr. 60, 10.02.1921, S. 3.
145 Vgl. ebd.
146 o.A., Wintergarten und Nationaltheater. In: *MNN (GA)*, Nr. 85, 26.02.1921, S. 1.

Einkehr ins Grüne"[147] die Besuchstour durch die Residenz perfekt abrunde, die Architekten des Projekts müssten kreativ werden, um beide Seiten zu befriedigen.

Münchens größte Tageszeitung stand hingegen auf Zeiß' Seite: Einen Tag bevor die Intendanz ihre Stellungnahme veröffentlichte, brachte die Redaktion selbst einen Artikel zur möglichen Renovierung. Es ist wahrscheinlich, dass der Intendant die Redaktion persönlich mit den nötigen Informationen über seine Pläne versorgte, denn der Text war in den Details über den Umbau außerordentlich genau. Der Abriss des Wintergartens stellte für die Zeitung keinen großen Verlust dar: 40 000 bis 50 000 Mark jährlich koste der Unterhalt der Anlage, der kaum durch Eintrittsgelder gedeckt würde, auch betonte der Autor deren außerordentliche Hässlichkeit: „[D]ie Außenwirkung dieses Baues aus Glas und Eisen [stört] uns nur durch den langgewohnten Anblick nicht mehr [...], als neues Bauwerk aber [würde es] von allen kunstverständigen Kreisen als unannehmbar verurteilt [...]."[148]

Schon im Sommer 1921 wurden auf Zeiß' Betreiben erste Verbesserungen in den Theatern vorgenommen. Er sehe die Auseinandersetzung mit der Bühnentechnik als integralen Bestandteil seiner Aufgabe als Intendant, ermögliche sie doch erst ein gutes künstlerisches Arbeiten, erklärte er im Juli 1921 in den *Münchner Neuesten Nachrichten*.[149] Zu diesem Zeitpunkt hatte man bereits die Lichtanlage erneuert, die alten, mit Wetterstimmungen bemalten Rundhorizonte durch schlichtere ersetzt und die Bühnenportale so umgestaltet, dass sie in Breite und Höhe verstellbar waren. In jedem Fall sollte vermieden werden, dass das Theater wegen der Renovierungsmaßnahmen für das Publikum geschlossen blieb, weshalb Zeiß' Pläne vorsahen, die Bautätigkeit auf mehrere Jahre in die Sommerferien zu verteilen.[150] Die Stückelung des Umbaus senkte jedoch die Akzeptanz des Projekts. Durch die rasant voranschreitende Inflation wurden die geplanten Arbeiten zunehmend teurer. Die *Münchner Neuesten Nachrichten* revidierten ihre Haltung zum Umbau deshalb im März 1922, sie brachten mehrere Artikel, die sich pro Wintergarten positionierten und den Zugewinn in der Feuersicherheit, den die Renovierung versprach, durch ein Gutachten in Frage stellten.[151] Auch im Landtag, der die Gelder für die Renovierung bereits bewilligt hatte, wurde das Projekt im Mai 1922 erneut besprochen, zumal Petitionen eingegangen waren, die den Erhalt

---

147 Ferdinand Tschaffon, Nationaltheater und Wintergarten. In: *MNN (GA)*, Nr. 105, 11.03.1921, S. 1.
148 Kr., Ein Umbau des Nationaltheaters I. In: *MNN*, Nr. 58, 09.02.1921, S. 3.
149 Vgl. Karl Zeiß, Kunst und Technik auf der Bühne. In: *MNN*, Nr. 318, 30./31.07.1921, S. 8.
150 Vgl. ebd.
151 Vgl. o.A., Nationaltheater u. Wintergarten I. In: *MNN (GA)*, Nr. 115, 17.03.1922, S. 1 und o.A., Nationaltheater u. Wintergarten II. In: *MNN (GA)*, Nr. 117, 18.03.1922, S. 1.

des Gartens forderten.¹⁵² Dr. Georg Wohlmuth (BVP), der als Berichterstatter den bisherigen Stand der Arbeit zusammenfasste, positionierte sich jedoch trotz der Finanzierungsschwierigkeiten klar pro Renovierung. Seinem Rat folgend bewilligte der Landtag schließlich einen Nachetat von mehr als 5 Millionen Mark, der zu den ursprünglich genehmigten 2,5 Millionen Mark hinzukam.¹⁵³ In den darauffolgenden Sommern wurde der Wintergarten tatsächlich abgerissen und durch neue Büros ersetzt, auch fanden die Kostüme einen neuen Platz.

Der Einfluss der Stadt München
Während auf Landesebene die Frage des Umbaus der Theater verhandelt wurde, war das Engagement für die Publikumsvereine bei der Kommune angesiedelt. Was den Einsatz für die Besucherorganisationen betraf, führte Zeiß die Linie seines Vorgängers fort. Bereits in seinem Gutachten über die Frankfurter Bühnen hatte er sich für eine Ausweitung von Volksvorstellungen nach Dresdener Vorbild stark gemacht,¹⁵⁴ dennoch konstatiert Boris Slamka für Zeiß' Frankfurter Zeit nur eine partielle Öffnung des Hauses, die Trennung zwischen den Publikumsschichten sei bestehen geblieben: „Bürger und Arbeiter vermischten sich ja überwiegend gerade nicht im gewöhnlichen Theater- und Opernbetrieb, sie sahen allenfalls dieselben Stücke in gleicher Inszenierung und auf denselben Plätzen – aber zu anderen Zeiten."¹⁵⁵

In München bedeutete der steigende Einfluss der Publikumsvereine auch einen steigenden Einfluss der Stadt: Sie trat als Geldgeberin für das neu gepachtete Prinzregententheater auf. In der Spielzeit 1919/1920 zahlte sie einen festen Zuschuss von 61 000 Reichsmark und musste eine Haftungssumme von bis zu 100 000 Mark garantieren.¹⁵⁶ Doch bereits Ende 1919 drängte das Kultusministerium darauf, eine dauerhafte Lösung zu finden, wie die Kommune an den Kosten beteiligt werden konnte, immerhin waren die Bürger:innen der Landeshauptstadt die Nutznießer:innen der neuen Spielstätte. Als Preis hierfür forderte die Stadt 1920 ein Mitspracherecht in Fragen der Kunst ein. „Daraufhin haben die Herren [= des Ministeriums, Anm. d. Verf.] Angst bekommen – was ja der Zweck meiner Vorstellung war – und haben erklärt, dass sie unter diesen Umständen lieber auf einen Zuschuss verzichten",¹⁵⁷ schrieb Theaterreferent Dr. Gebhard Hörburger in einer vertraulichen Note. Er gehe allerdings davon aus, „dass einige Herren des Stadt-

---

152 Vgl. o.A., *Verhandlungen des Bayerischen Landtags. 1921/22*, S. 556–560.
153 Vgl. ebd., S. 560.
154 Vgl. Slamka, *Ernst der Stunde*, S. 72.
155 Ebd., S. 92.
156 Vgl. Hermann, *Kommunale Kulturpolitik*, S. 149.
157 Gebhard Hörburger, Vertraulich, 12.02.1920. In: MSA, KULA 423.

rates sehr gerne an der Verwaltung des Nationaltheaters sich beteiligen würden, selbst auf die Gefahr hin, dass das für die Stadt sehr teuer zu stehen kommt."[158] Gemeint waren mit den besagten Herren vermutlich Personen wie der SPD-Stadtrat Georg Mauerer, Gründungsmitglied der Münchner Volksbühne und in deren Vorstand tätig. Doch nicht nur der linke Publikumsverein zählte in den Jahren der Weimarer Republik Politiker zu seinen Mitgliedern, sondern auch die konfessionell ausgerichtete Theatergemeinde, so etwa den BVPler Heinrich Held, ab 1924 bayerischer Ministerpräsident.[159]

Mit dem Kultusministerium wurde zunächst keine Einigung erzielt, die Ära Zeiß war gekennzeichnet durch permanente Verhandlungen, die erst 1924 endgültige Klärung fanden. 1921 entschloss man sich, 30 % des Defizits der Staatstheater zu übernehmen, wobei eine Deckelung auf maximal 2 Millionen Mark festgelegt wurde. Bedingung hierfür war, „den Städt. Theaterausschuss in wichtigen Verwaltungsangelegenheiten der Staatstheater und in künstlerischen Fragen allgemeiner Art zu hören. Die gleiche Bereitwilligkeit wird von der Leitung der Staatstheater erwartet."[160] Jedoch versprach die Stadt: „Für Behandlung künstlerischer Fragen allgemeiner Art wird eine vernünftige Mitte eingehalten werden."[161] Aufgrund der einsetzenden Hyperinflation musste allerdings nachverhandelt werden: Im November 1922 betrug die Ausgabenhöhe der Staatstheater 66 000 000 Mark,[162] demgegenüber war der Zuschuss von 2 Millionen Mark lächerlich wenig. Erneut pochte die Stadt auf die Vergrößerung ihres Einflusses. Zeiß bekundete zwar, dass er grundsätzlich Verständnis für das Bestreben des Stadtrats habe,

> machte aber darauf aufmerksam, dass der Generalintendanz die allein verantwortliche Leitung obliege; es sei bei der Leitung von Staatstheatern ohnehin auf soviele [sic!] Faktoren Rücksicht zu nehmen. In seinem Bestreben, die Leitung auf mittlerer Linie *zu führen*, d.h. Wünschen von links und rechts Rechnung zu tragen, sei ihm der Erfolg nicht versagt geblieben.[163]

An dieser Zurückweisung lässt sich ablesen, dass Zeiß den Publikumsvereinen gegenüber einen Kurs der Neutralität fuhr, beide sollten gleichermaßen Gehör finden. Diese Position vertrat er bereits im Herbst 1920, als man ihm vorwarf, sich

---

158 Ebd.
159 Vgl. Maier, Theatergemeinde München (bis 1933).
160 Gebhard Hörburger i.V. Bürgermeister Eduard Schmid an die Stadtratsfraktionen und die Mitglieder des Theaterausschusses, 15.11.1921. In: MSA, KULA 277.
161 Ebd.
162 Vgl. Hermann, *Kommunale Kulturpolitik*, S. 152.
163 o.A., Vormerkung über die Besprechung des Theaterausschusses vom 21. September 1922 nachmittags 3 Uhr. In: MSA, KULA 277, Hervorhebung im Original.

von den Vereinen in seiner Spielplanpolitik beeinflussen zu lassen und dabei die Volksbühne zu bevorzugen:

> Die beiden Vereinigungen sind für mich als Theaterleiter lediglich Theaterkonsumenten-Organisationen und sie werden vollkommen paritätisch behandelt. Ein Zusammenhang zwischen Theaterbillettenverkauf und meiner Weltanschauung existiert nicht und ich kann nicht ohne staunende Heiterkeit konstatieren, dass ich 14 Tage nach meinem Amtsantritt bereits in den Streit der „Parteien" hineingezogen werde.[164]

Tatsächlich geht aus den bestehenden Akten nicht hervor, dass Zeiß eine der beiden Organisationen favorisierte oder sich durch ihre Vorlieben habe lenken lassen. Entscheidend für die Souveränität des Intendanten war aber, dass das Theater mit den beiden Publikumsvereinen Anfang 1922 einen Vertrag schloss, der die gegenseitigen Rechte und Pflichten der Vertragspartner regelte. § 9 legte fest:

> Vor der Aufnahme von neuen Stücken in den Spielplan, die nicht der klassischen Literatur angehören, wird sich die Theaterverwaltung vergewissern, ob die Stücke den Vereinen für ihre Mitglieder *bzw. Teilnehmer* als geeignet erscheinen. Die Vereine können in diesem Falle ungeeignete Stücke ablehnen. Jedem Verein soll im Vertragsjahr im Schauspiel eine Erstaufführung oder Neueinstudierung geboten werden.[165]

Über diesen Passus wurde den beiden Organisationen eine nicht zu unterschätzende Steuerungsmöglichkeit auf das Programm des Theaters gewährt, immerhin nahmen die Publikumsvereine insbesondere für das Prinzregententheater zahlreiche Tickets ab. Wenn eine oder beide Gruppen ein Stück ablehnten, war es für das Theater kaum lohnend, einen Text trotzdem einzustudieren, weil es im Zweifelsfall nur wenige Vorstellungen der Inszenierung ansetzen konnte. Womöglich hat Zeiß auch deshalb neue Dramatik behutsam und vorwiegend im vom Stammpublikum dominierten Residenztheater eingeführt. Im Prinzregententheater hingegen, wo die allermeisten der vergünstigten Vorstellungen für die Vereine stattfanden, erarbeitete er einen „profilierten Spielplan, der zwar keine Überraschungen aufwies, aber mit den Schwerpunkten auf Shakespeare- und Schiller-Inszenierungen dem Bedürfnis des breiten Publikums offensichtlich entgegen kam."[166]

Die eher konservative Spielplangestaltung jedoch als ‚Selbstzensur' zu deuten, wäre übertrieben. Wahrscheinlicher ist, dass Karl Zeiß eine Rücksichtnahme auf

---

[164] Karl Zeiß an die Schriftleitung der Bayerischen Staatszeitung, 16.09.1920. In: MSA, KULA 286.
[165] o.A., Vertrag zwischen der Leitung der Bayer. Staatstheater in München einerseits und der Münchener Volksbühne sowie der Theatergemeinde München andererseits, 30.01.1922, S. 4. In: MSA, KULA 286, Hervorhebung im Original.
[166] Braunmüller/Schläder, *Tradition mit Zukunft*, S. 88.

die Vereine im Interesse einer Öffnung des Theaters für alle als so selbstverständlich empfand, dass er sie nicht als Einschnitt begriff. So machte er bereits in seiner Einstandsrede deutlich, „dem Staatsganzen"[167] dienen zu wollen:

> Der Kunst zu dienen, sei uns Gesetz, und Rücksicht auf Partei und Richtung und irgendwelche außerkünstlerischen Erwägungen. [...] Das kann aber nur geschehen, wenn wir bei aller Mäßigung und Einsicht doch in Freiheit schaffen und wirken können.[168]

Trotz alledem forderte die Stadt in den Verhandlungen um Zuschüsse 1923 erneut ein Mitspracherecht in künstlerischen Fragen. Kultusminister Matt blieb hier standhaft:

> Wegen der Tatsache der Zuschußgewährung dem Stadtrat auch vertragsmäßige Mitbestimmungsrechte in Angelegenheiten des Staatstheaterbetriebes einzuräumen, sehe ich mich aus verfassungsrechtlichen Gründen außer Stande.[169]

Besonders abgeneigt war er gegenüber der Forderung der Stadt, dass der Intendant auf Wunsch des städtischen Theaterausschusses jederzeit seine künstlerischen Absichten vorzutragen habe:

> Wenn diese Bestimmung sich praktisch auswirken soll, müßte hierin eine von außen kommende Einschränkung der künstlerischen Bewegungsfreiheit der verantwortlichen Theaterleitung erblickt werden, die ich nicht zugestehen könnte.[170]

Als unverschämt dürfte die Forderung der Stadt deshalb empfunden worden sein, weil der dahinterliegende Gestus problematisch war: Den Theaterleiter wie einen Schulbuben zu sich zu zitieren, damit er Rechenschaft über seine künstlerischen Entscheidungen ablege, entsprach nicht der Würde des Amtes des Intendanten und hätte eine Peinlichkeit bedeutet, auf die Zeiß, „ein bourgeoiser Diplomat der Bühne"[171] sich wohl kaum eingelassen hätte. In der Tat konnte sich die Stadt mit diesem Wunsch nicht durchsetzen.

Anfang 1924 gelang dann endlich die Einigung zwischen Kommune und Land: Rückwirkend zum 1. Oktober 1923 wurde vereinbart, dass die Stadt 25 % des Defizits der Staatstheater übernehme – dieses Mal ohne Kostendeckelung. Der Theater-

---

167 Zeiß, An die Mitglieder, S. 1.
168 Ebd.
169 Kultusminister Franz Matt an Oberbürgermeister Eduard Schmid, 31.07.1923. In: MSA, KULA 277, Hervorhebungen im Original.
170 Ebd.
171 Sinsheimer, *Gelebt im Paradies*, S. 270.

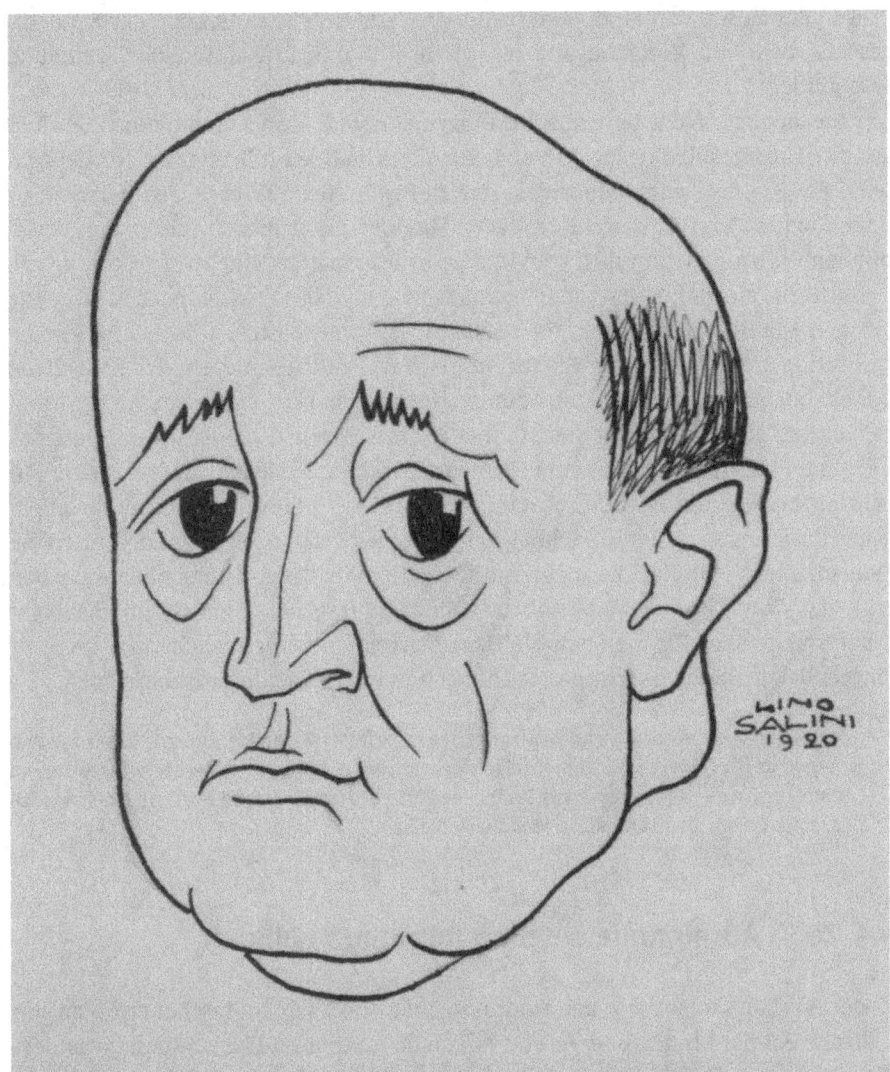

Abb. 12: Karikatur von Karl Zeiß.

ausschuss der Stadt konnte „in wichtigen Verwaltungsangelegenheiten"[172] gehört werden, damit waren aber vor allem die Abrechnungen gemeint, nicht jedoch

---

[172] o.A., Vereinbarung zwischen dem Staatstheater für Unterricht u. Kultus und Stadtgemeinde

Fragen der Kunst. Von Modifikationen betreffend der Zuschusshöhe der Stadt abgesehen, war die Vereinbarung bis zu ihrer Kündigung durch die Kommune 1934 gültig.[173]

Aus heutiger Sicht lässt sich das Ringen der Stadt München um einen Einfluss auf das Theater allzu leicht als Versuch einer Wiedereinführung der Zensur deuten. Dem ist entgegenzuhalten, dass der zu Beginn der 1920er-Jahre überwiegend linke Stadtrat und insbesondere Georg Mauerer als früher Förderer der Volksbühnenbewegung vermutlich kein Interesse daran hatten, eine strenge Zensur wie vor 1918 zu reinstallieren. Wahrscheinlicher ist, dass das Streben nach Mitsprache auf den Glauben zurückging, man selbst wüsste am besten, was richtig für die Institution Theater sei – ein Glaube, der sich durch das Scheitern der kollektiven Leitung sicher bei vielen Stadträt:innen noch verstärkte. Hätte das Ministerium sich darauf eingelassen, der Stadt diesen Einfluss wirklich zuzugestehen, wäre das ab 1924 und verstärkt ab 1929 zum Problem geworden: Zunächst mit drei, später mit acht Sitzen war die NSDAP im Stadtrat vertreten.[174] Sie polemisierte vor allem gegen das Programm der Münchner Kammerspiele, vereinzelt aber auch gegen die Staatstheater.[175] Ob Karl Zeiß durch seine diplomatische Art persönlich dazu beitrug, das Einwirken der Stadt abzuwenden, ist fraglich. Seine Gesprächsbereitschaft dürfte aber für die Stadt die Dringlichkeit einer vertraglichen Lösung verringert haben, betonte er in Besprechungen mit dem Theaterausschuss doch,

> dass er sich grundsätzlich auch niemals gegen geäusserte [sic!] erfüllbare Wünsche und Anregungen usw. verschlossen gezeigt, auch im Interesse des Theaterbetriebes während seiner mehr als 20jährigen [sic!] Erfahrung Nutzen gezogen haben [sic!] und daher auch gegenüber dem Stadtrate selbstredend treu bleibe.[176]

4.4 Zeiß' Auseinandersetzung mit dem Publikum

In den Verhandlungen mit der Stadt begegnete Zeiß seinen Zuschauer:innen nur indirekt: Politiker:innen und Vereinsvorstände machten stellvertretend für andere die Interessen des Publikums geltend. In der Theater-eigenen Zeitung hingegen suchte die Intendanz einen Weg, ihre Besucher:innen direkt anzusprechen und

---

München, betreffend Zuschuss der Stadtgemeinde München zum Betrieb der Staatstheater, 12.01.1924, S. 2. In: MSA, KULA 277.
173 Vgl. Hermann, *Kommunale Kulturpolitik*, S. 153.
174 Vgl. Bauer/Piper, *München*, S. 287 und 291.
175 Vgl. Hermann, *Kommunale Kulturpolitik*, S. 159–173.
176 o.A., Vormerkung.

sich mit einem veränderten Habitus des Theaterbesuchs in der Weimarer Republik auseinanderzusetzen, der durch das Einströmen neuer Publikumskreise entstand. Zeiß führte dabei Konzepte fort, die ihn bereits in Dresden und Frankfurt begleitet hatten. So hatte er zu Beginn seiner Amtszeit in Frankfurt in einem Zeitungsbeitrag betont, das Publikum sei besser als der Ruf, der ihm in den Erzählungen vom verderbten Unterhaltungstheater vorauseile:

> Wenn sich hier [=an großen Theatern, Anm. der Verf.] der Leiter auf die angeblichen schlechten Instinkte des Publikums beruft und mit den üblichen Zynismen immer wieder beruft, so ist das oft nur eine Verschleierung der eigenen seelischen Verfassung, die auf bloßen Gelderwerb gerichtet ist.[177]

Man müsse das Publikum langsam an Neues heranführen, es sei „Geduld und wieder Geduld, ruhiges Beobachten und Abwarten, Eingreifen zur rechten Zeit, stilles Weiterführen nötig",[178] um die Zuschauer:innen zum Interesse an anspruchsvollem Theater zu begeistern. Dabei dürfe man nicht den Fehler machen, „ein unvorbereitetes Publikum mit schwerster Literatur über den Haufen zu schießen. Man muss wissen, was man dem Publikum bieten darf, wofür es reif ist und wofür noch nicht."[179] Dabei müsse jedoch zwischen verschiedenen Publikumsschichten unterschieden werden. Es sei zu eng gedacht,

> ein nach Besitz und Bildung mittleres Publikum als das maßgebende zu betrachten. Dieses Publikum ist durch die Gewöhnung des Herrschens starr und unduldsam geworden. Es ist ein besserwissendes, zum Absprechen neigendes Publikum, ohne Frische und Empfänglichkeit.[180]

Auch um weniger begüterte Publikumsschichten habe man sich zu bemühen, ihr Theaterbesuch sei für den Profi sogar die größere Belohnung, denn gerade in den Volksvorstellungen „herrscht wirkliche Ergriffenheit und Andacht, da breitet sich der Respekt vor dem Kunstwerk wie ein Fluidum aus, da gibt es Dankbarkeit und Enthusiasmus."[181] In Zeiß' Programm für Frankfurt offenbarte sich also eine behutsame, aber stetige Gewöhnung an das Neue, gepaart mit einer nach Vorbildung und Bedürfnissen differenzierten Publikumspolitik.

---

177 Karl Zeiß, Theaterpublikum. In: *FZ*, Nr. 121, 02.05.1916, S. 1.
178 Ebd.
179 Ebd.
180 Ebd.
181 Ebd.

Gegen Ende seiner ersten Münchner Spielzeit veröffentlichte Karl Zeiß in der theatereigenen Zeitung dann erstmals das „Vademekum für den Theaterbesucher",[182] in dem sich viele dieser Ideen fortschrieben. Der ironisch geschriebene Benimmratgeber richtete sich gleichermaßen an theatererfahrene wie neue Zuschauer:innen. Zeiß gab hierin humorvolle Tipps, etwa, ja nicht den Aktschluss zu zerhusten oder noch im letzten Satz aus dem Saal zu flüchten: „Der Gedanke an Mäntel und Regenschirme in der Garderobe tötet das Finale."[183] Vorbild dieses gewollt heiteren Theaterknigges könnte eine Werbung des Thespis-Verlags für das Buch *Streifzüge eines Kreuzvergnügten* gewesen sein, die 1920 im Anzeigenteil der *Theaterzeitung* gedruckt wurde. Unter der Überschrift „Regeln für den Theaterbesucher" riet ein Autor mit dem Namen „Karlchen" beispielsweise:

> O komm nie pünktlich wie die blöden Massen!
> Erscheine stets im letzten Augenblick
> Und setz dich dann mit Lärm, mit möglichst krassem!
>   Denn das ist schick.
> Wie lieblich ist des Klappstuhls holdes Knattern.
> Und steigt der Vorhang, und das Stück setzt ein,
> So plaudre laut mit Vettern und Gevattern!
>   Denn das ist fein.[184]

Doch während das Spottgedicht lediglich die äußere Rezeptionshaltung des Publikums ansprach, machte Zeiß auch die innere zum Thema:

> Habe den Mut der eigenen Meinung und lasse dich nicht beirren durch die ästhetisch angehauchte Nachbarin, die mit unverstandenen Schlagworten um sich wirft. Bleibe fest gegenüber Stimmungsmache von Klüngel und Clique, die persönliche Eitelkeit fördert und nicht die Sache der Kunst.
>
> *
>
> Wenn du ein neuartiges Werk hörst, vergiß den „Musikalischen Leitfaden" oder die „Technik des Dramas". Laß alle Schulweißheit zu Hause. Wenn du durch ein Stimmungsbild oder durch eine seelische Auseinandersetzung innerlich berührt und gefesselt wirst, so rufe nicht nach „Handlung" oder nach einer „Haupt- und Staatsaktion".
>
> *
>
> Bewahre dich vor Einseitigkeit. Das Reich der dramatischen Kunst ist weit. Von schmerzvoller Erschütterung, von tiefstem Ernst, durch gespannte Aktualität, bis zur höchsten, alle Erdenschwere überwindende Heiterkeit umfaßt sie den ganzen Bezirk menschlicher Seele.[185]

---

182 Karl Zeiß, Vademekum für den Theaterbesucher. In: *TZSBM* 2/68 (1921), S. 7.
183 Ebd.
184 Karlchen, Regeln für den Theaterbesucher. In: *TZSBM* 1/20 (1920), S. 13.
185 Zeiß, Vademekum, S. 7.

Durch den satirischen Tonfall adressierte der Intendant diskret die Eigenverantwortlichkeit des Publikums. Nicht das Theater allein war in der Pflicht, den Zuschauer:innen ein anspruchsvolles Programm zu bieten. Diese waren ebenso dafür verantwortlich, an ihrem Verständnis von Theater zu arbeiten, ein Recht auf das Verharren in veralteten Rezeptionsansprüchen gestand Zeiß den Besucher:innen nicht zu. Er vertrat diese Position mit einiger Vehemenz, denn nach der Erstveröffentlichung erschien der Text bis zum Ende seiner Intendanz regelmäßig alle drei bis sechs Ausgaben in der *Theaterzeitung*: Rat wurde so lange erteilt, bis er gehört wurde.

Im selben Heft wie die Erstveröffentlichung des *Vademekums* wurde auch ein Text von Peter Hubert Becker mit dem Titel „Wie wird man Musikkenner?" abgedruckt. Hierin wandte der Autor sich an einen fiktiven Freund, der mit Konzerten angeblich nichts anfangen könne und einer Unterweisung bedürfe, wie Musik zu genießen sei:

> Bei einem getragenen, in elegischen Weisen dahinfließenden Tonstück wie beispielsweise beim Vorspiel zu „Lohengrin", bei der „Träumerei" von Schumann, beim „Largo" von Händel usw., macht es sich sehr schön, wenn Du die Augen schließest, Dein Haupt gedankenvoll auf die eine Hand stützest und dabei möglichst einen verklärten Gesichtsausdruck zeigst. Zwischendurch kannst Du Deinem Nachbarn, auch wenn dieser zufällig Dein Schneider wäre – das könnte nur Deinen Kredit erhöhen –, ein leichtes „Herrlich!" oder „Wundervoll!" zuflüstern. Wird der Trauermarsch aus der „Götterdämmerung" oder gar das Abschiedslied aus dem „Trompeter von Säckingen" gespielt, dann verleihe Deinen Gesichtszügen einen schmerzlichen Ausdruck. Fehlt Dir hierzu die nötige mimische Gestaltungskraft, so mußt Du zu Hause vor dem Spiegel so lange Übungen anstellen, bis Du darin die Kunst des Tragöden erreicht hast. Das ist unbedingt nötig, denn Du weißt, vom Erhabenen zum Lächerlichen ist es nur ein Schritt![186]

Musikgenuss generiert sich hier nicht über inneres Empfinden, sondern über das Nachahmen genussvoller Gesten und Worte, über dieses Imitieren wird der fehlende intellektuelle Zugang zur Musik ausgeglichen. Der Zuschauer tritt so als Schauspieler eines bestimmten Habitus auf und wird zur eigentlichen Attraktion des Konzertabends. Gesteigert wurde Beckers Persiflage noch dadurch, dass der Text verschiedene Rezeptionsmodi miteinander vermischte: Die Wagneroper im großen Haus der Staatstheater wurde gleichgesetzt mit einem Kneipenkonzert. Der musikalische Snob wirkte auf diese Weise umso borniter. In der Penetranz, die Becker diesem aktiv-genießenden Zuschauer einschrieb, konstruierte er indirekt

---

[186] Peter Hubert Becker, Wie wird man Musikkenner? Ernsthafte Ratschläge an einen unmusikalischen Freund. In: *TZSBM* 2/68 (1921), S. 6.

ein Idealbild des Publikums als passives Publikum: Wenn die Rezeption einzelner die Aufmerksamkeit aller anderen auf sich zog, war sie fehlgeleitet.

Auf die Artikel von Zeiß und Becker folgten im Jahr 1921 weitere Glossen und Benimmtipps in der *Theaterzeitung*. Die Bühne spiegelte in seinem eigenen Publikationsorgan also die Berichterstattung der Münchner Zeitungen wider, die ab 1918 vermehrt Berichte über das Fehlverhalten einzelner Theaterbesucher:innen brachten. So thematisierte die Münchner Presse auch das Benehmen ausländischer Gäste bei den im Sommer stattfindenden Festspielen, denn hier hatte sich das Publikum ebenfalls verändert: Waren die Festspiele vor 1914 Treffpunkt einer internationalen Geldelite und „für normale Besucher unerschwinglich",[187] trieb die Inflation in den Jahren 1921 bis 1923 vermehrt ausländische Gäste ins Theater, die sich eine Karte nur deshalb leisten konnten, weil ihre Kaufkraft sich durch die Entwertung der Mark erheblich vergrößert hatte. Bereits im Sommer 1920 regte man sich in der Presse darüber auf, dass nun plötzlich Männer in Radfahrbekleidung im Parkett saßen,[188] ein Jahr später wurde der allzu legere Dresscode der ausländischen Zuschauer:innen erneut zum Stein des Anstoßes. Die *Münchner Zeitung* druckte sogar ein mehrstrophiges Spottgedicht auf die neuen Moden der Besucher:innen. Hierin hieß es unter anderem: „Mich soll kein fader Zwang beengen,/ Und sitz ich drinnen erst im Haus,/ So zieh ich bei den ersten Klängen/ Die Stiefel und die Strümpfe aus."[189]

Selbstredend musste sich das Theater zur fragwürdigen Kleidung des touristischen Publikums verhalten, alles andere hätte einen erheblichen Schaden für das Ansehen des Hauses bedeutet. Im Festspielsommer 1921 publizierte Zeiß daher eine neue Kleiderordnung für die Festspiele: „Die Generalintendanz sieht sich deshalb veranlaßt, das Publikum zu ersuchen, das Tragen von Sportkostümen, Touristenanzügen usw. beim Besuche der Staatstheater zu unterlassen."[190] Ein Jahr später beschloss man dann, deutschen Zuschauer:innen unter Vorlage ihres Passes einen Rabatt auf die Tickets zu gewähren, um auch dem heimischen Publikum, das besonders in den Jahren unmittelbar nach dem Krieg die Festspiele frequentierte, den Besuch wieder zu ermöglichen.[191] Wie die *Münchner Zeitung* bei der Besprechung der Festspiele 1922 treffend bemerkte, war der Wandel in der Bekleidung der Besucher:innen ein Indiz für ein neues demokratisches Zeitalter, in dem nun auch das Theater angekommen war:

---

187 Braunmüller/Schläder, *Tradition mit Zukunft*, S. 31. Damals kosteten die Tickets für die Festspiele doppelt so viel wie eine Karte in der besten Kategorie des Nationaltheaters (Vgl. ebd.).
188 Vgl. H.R., Münchner Festspielzeit. In: *MNN*, Nr. 347, 24.08.1920, S. 1f.
189 Hans Kuckuck, Unnötige Etikette. In: *MZ*, Nr. 224, 17.08.1921. In: MSA, ZA-17042.
190 o.A., Theater-Nachrichten. In: *TZSBM* 2/78 (1921), S. 10.
191 Vgl. o.A., Staats-Theater-Nachrichten. In: *TZSBM* 3/113 (1922), S. 8.

Ueber [sic!] den Festspielen, es ist nicht zu leugnen, stehen neue Sterne: Demokratie und Valuta genannt. Vielleicht sind es – wenigstens zum Teil – dieselben Besucher wie in den Vorkriegsjahren. Aber die neuen Sterne haben sie zu einem neuen Besuchertyp gewandelt oder „beeinflußt", um im Stil der modernen Astrologie zu sprechen. Kein Schimmern von Uniformen, kein buntes Leuchten von Ordensbändern im Knopfloch, kein höfischer Glanz, keine allerhöchsten Spitzen, keine tiefgebeugtesten Lakaien. Ein Offizier in der dunklen Friedensuniform der Nachrichtenoffiziere fällt geradezu als Merkwürdigkeit auf. Ja, hier zeigt es sich, wir sind demokratisch geworden, einfache Menschen in einfacher Gewandung mit einfachen Formen.[192]

Hierzu passt, dass Zeiß den Beginn der Vorstellung nicht mehr durch das Blasen von Fanfaren, sondern durch ein „demokratische[s] Klingelzeichen"[193] ankündigen ließ – es waren kleine Änderungen, die den Übergang vom Hof- zum Staatstheater im Sozialraum Theater markierten.

Während Kleiderordnungen und Benimmratgeber recht direkt auf eine Erziehung des Publikums abzielten, fand sich in der Theaterzeitung noch eine andere Spielart satirischer Texte über das Publikum: vermeintliche ‚Soziologien' der Zuschauerschaft. Ernst Wanderer etwa lieferte in einem kurzen Text Ende 1921 eine Typisierung auffälliger Opernbesucher:innen. Als „Bemmchenmann"[194] beschrieb er den Zuschauer, der während der Vorstellung seine Brote auspacke und lautstark esse, der „Elektrotechniker"[195] habe eine Taschenlampe dabei, um im dunklen Saal besser im Textbuch oder dem Klavierauszug mitlesen zu können. „Der ganz Schlaue"[196] wiederum beneide den Elektrotechniker hierfür: „Hören Sie, das ist aber ein glänzender Gedanke; das werde ich in Zukunft auch so machen. In die Oper einen Roman mitnehmen und so bei den langweiligen Stellen lesen!"[197] Freilich sprach aus Wanderers Worten der Spott, eine echte Studie verschiedener Zuschauertypen sucht man hier vergebens. Doch die Vielzahl von Theaterknigeln, Witzgedichten und ‚Sozialstudien' zeugen in ihrer Häufung von einer gesteigerten Neugier den Zuschauer:innen gegenüber: Mit dem Einströmen neuer Besucher:innen aus dem In- und Ausland wurde die Frage, wer oder was ein Publikum sei und wie es idealerweise sein solle, drängender als noch vor der Revolution. In Kapitel 1 wurde ja bereits dahingehend argumentiert, das Theater als „Institution" im Sinne bestimmter Spielregeln zu verstehen, die beherzigen muss, wer teilhaben will. Das gilt natürlich in besonderem Maße für das Publikum. Zwar stand formell

---

192 gs., Festspiel-Beginn. In: *MZ*, Nr. 211, 02.08.1922. In: MSA, ZA-17042.
193 Ebd.
194 Ernst Wanderer, Aus dem Zuschauerraum der Oper. In: *TZSBM* 2/89 (1921), S. 14.
195 Ebd., S. 16.
196 Ebd.
197 Ebd.

allen Besucher:innen das Theater offen – die Satzung von 1919 legte als Zweck der Bühne den „Zutritt der minderbemittelten Volksschichten"[198] direkt im allerersten Absatz fest –, doch orientierten sich die informellen Regeln des Theaterbesuchs noch immer am Habitus des Vorkriegspublikums, der Ausländer:innen in Radbekleidung ebenso unbekannt gewesen sein dürfte wie neuen, weniger begüterten Besucher:innen aus dem Inland. Die ungeschriebenen Gesetze des Theaterbesuchs erfuhren in der Theaterzeitung also wahrscheinlich eine schriftliche Ausformulierung, um sie ‚offizieller' zu machen als sie bis dato waren. Natürlich ist ein satirisch formulierter Theaterknigge kein rechtlich bindender Gesetzeskatalog, aber es wird ein Stück schwerer, gegen eine Konvention zu verstoßen, die man schriftlich mitgeteilt bekommt. Die Verschriftlichung erhöhte aber nicht nur die Autorität der ungeschriebenen Theaterregeln, sie verminderte sie gleichzeitig. Indem man das vermeintlich Selbstverständliche ausformuliert, gibt man es der Lächerlichkeit Preis und stellt die Konvention in Frage: Bedarf es wirklich des überkandidelten Gebarens im Foyer des Theaters, um eine Aufführung genießen zu können? Reicht nicht das ehrliche Interesse an der Kunst, um aus dem Theaterbesuch für sich etwas zu ziehen? Einmal mehr zeigt sich, dass Zeiß durch die Textgattung des satirischen Ratgebers offenkundig *alle* Teile des Publikums adressierte und so auf eine institutionelle Transformation reagierte, die höfische Traditionen untergrub.

Der Schwierige *als Kommentar auf den Publikumswandel?*

Die meisten Texte, die das Publikum betreffen, erschienen unter Zeiß in der Spielzeit 1921/1922. Zeitgleich feierte auch Hugo von Hofmannsthals *Der Schwierige* in der Regie von Kurt Stieler seine Uraufführung in München. Mit Hofmannsthal war Zeiß schon seit 1903 in Kontakt, über ihre Beziehung schreibt Cynthia Walk:

> Zeiss [sic!] gilt als Vorkämpfer des Expressionismus, als Vertreter der Moderne, der immerhin der Tradition verpflichtet bleibt und damit imstande ist, Gegensätze zu überbrücken und ein einheitliches Programm zu entwickeln. [...] Hofmannsthal gilt dagegen als Vertreter von Traditionen, der auf seine Art aber wiederum auch der Moderne – selbst dem Expressionismus – aufgeschlossen ist. Hofmannsthal und Zeiss [sic!] treffen sich unter umgekehrten Vorzeichen.[199]

Von diesen Denkrichtungen kommend, diskutierte man erstmals 1917 die Aufführung des *Schwierigen*, einer in den Salons des Wiener Adels spielenden Komödie:

---

198 o.A., Satzung für das Nationaltheater in München (a), S. 1.
199 Walk, „....in der unmittelbaren Gegenwart", S. 59.

> Sehr geehrter Herr Doctor!
> bestünde irgend eine Möglichkeit das Lustspiel zu spielen, niemandem hätte ich es lieber u. rascher geschickt als Ihnen, seien Sie dessen versichert. Doch es spielt in der unmittelbaren Gegenwart – mehr als das: es setzt den Krieg als beendet voraus, die handelnden Figuren, soweit sie Männer sind, *waren* im Kriege, diese Vergangenheit ist Voraussetzung – so muss ich es liegen lassen, lege noch nicht einmal die letzte Hand daran, [...].[200]

Vermutlich ahnte Hofmannsthal schon, welch einschneidende Zäsur das Ende des Krieges für das Habsburgerreich bedeutete: Nach 1918 wurde Österreichs „politisches Territorium [...] in einzelne Nationalstaaten zerlegt, das Konzept der ethnischen und kulturellen Pluralität war damit als gescheitert und beendet zu betrachten."[201] Zudem schaffte man die Aristokratie der Donaumonarchie durch das Adelsaufhebungsgesetz ab, ihr setzte der Autor „mit seinem Schattenkabinett abgelebter Figuren ein Denkmal":[202] Das Stück spielt auf einer Soiree des Grafen Altenwyl, wo sich zwischen der Nichtigkeit endloser Konversationen die Verlobung des Grafen Bühl mit Helene, der Tochter des Gastgebers, anbahnt. Geladen ist der Wiener Adel und ausgerechnet die einzigen beiden Gäste, die nicht der österreichischen Aristokratie angehören, enttarnen die Gesellschaft dann auch als belanglos. Theophil Neuhoff, ein holsteinischer Baron, und Professor Brücke, ein berühmter Gelehrter, dessen wissenschaftliches Oeuvre im Salon der Altenwyls reichlich ignorant mit dem eines Kollegen verwechselt wird, monieren die Beschränktheit der aristokratischen Zusammenkunft:

> DER BERÜHMTE MANN.
> [...] Ich sehe, ich habe die Exklusivität dieser Kreise überschätzt, wenigstens was das geistige Leben anlangt.
> NEUHOFF.
> Geist und diese Menschen! Das Leben – und diese Menschen! Alle diese Menschen, die Ihnen hier begegnen, existieren ja in Wirklichkeit gar nicht mehr. Das sind ja alles nur mehr Schatten. Niemand, der sich in diesen Salons bewegt, gehört zu der wirklichen Welt, in der die geistigen Krisen des Jahrhunderts sich entscheiden. [...][203]

Deutlicher könnte der Abgesang auf die adelige Welt kaum klingen, die Hofmannsthal durch die Verwendung zahlreicher Gallizismen – von „achiffieren" über „faufilieren" bis „tentieren"[204] – auch sprachlich überformte. Umso deplat-

---

200 Hugo von Hofmannsthal an Karl Zeiß, 14.07.1917. In: Walk, „...in der unmittelbaren Gegenwart", S. 64, Hervorhebung im Original.
201 Honold, Die Geburt der Ehekomödie, S. 40.
202 Renner, Nachwort, S. 173.
203 Hofmannsthal, *Der Schwierige*, S. 81f.
204 Eine Liste aller Gallizismen findet sich in: Hofmannsthal, *Der Schwierige*, S. 163–166.

zierter wirkt in diesem Setting die Hauptfigur Graf Bühl, ein Kriegsheimkehrer, der keinen Anschluss mehr an die „entfremdete Zivilisationswelt der trivialen Belanglosigkeiten"[205] zu finden vermag. Nachdem er im Krieg verschüttet worden ist, verzweifelt er an der Nicht-Kommunizierbarkeit des traumatischen Ereignisses. Aus der Unmöglichkeit, sein Erleben in der Welt der Wiener Salons sprachlich anschlussfähig zu machen, resultiert ein generelles Hadern an, mit und in der Sprache, das ihn tatsächlich zum Titel-gebenden „Schwierigen" macht und eine Verlobung mit der von ihm geliebten Helene massiv verkompliziert. Hofmannsthal-Experte Alexander Honold bezeichnet das Stück deshalb als eine „Komödie der Sprechakte, die drei Akte lang um den handlungsentscheidenden Beitrag dessen kreist, was sich der Sprache entzieht."[206] Die Gattung des Konversationsstücks, das Hofmannsthal in seiner Komödie bediente, scheint hierfür besonders geeignet, denn sein Text „ruft das Genre denn auch auf und wertet es um, indem es sein Merkmal – belangloses Geplauder im halböffentlichen Raum – zum Anlaß nimmt, über das Sprechen und das menschliche Miteinander höchst subtil zu reflektieren."[207] In die dem Münchner Publikum durch die Aufführung zahlreicher französischer Stücke gut bekannte Gattung schrieb sich nun ein Weltenbruch ein, der auch diejenigen trifft, die physisch und materiell unversehrt aus dem Krieg hervorgegangen sind. Vor dem Hintergrund der existentiellen Erfahrung Krieg wirkt jedes auf der Abendgesellschaft getauschte Wort plötzlich wie leere Phrase. Das Stück korrespondierte auf diese Weise nicht nur mit der Erfahrungswelt des Adels, sondern auch mit der des gebildeten Münchner Bürgertums, dessen vom 19. Jahrhundert geprägte Lebenswelt nach 1918 erodierte: Die „geistigen Krisen des Jahrhunderts"[208] entschieden sich eben nicht mehr im Salon, den Habermas als einen Ausgangspunkt bürgerlicher Öffentlichkeit sah,[209] sondern im Bierkeller oder auf der Straße.

Indem Zeiß den *Schwierigen* zur Uraufführung brachte, setzte er eine Strategie fort, die sich bereits 1919 bei der Aufführung von *Der Revolutionär* gezeigt hatte: Das Zeitgeschehen wurde zwar auf die Bühne geholt, doch wirkte es durch den Fokus auf die Liebesunmöglichkeit des Grafen Bühl weniger schmerzhaft als sich die politische Wirklichkeit Anfang der 1920er-Jahre angefühlt haben dürfte. Zwar ließen sich zwischen den österreichischen Aristokrat:innen auf der Bühne und ihrem deutschen Pendant im Zuschauerraum durchaus Parallelen herstellen, doch durch die Überhöhung der Salonbesucher:innen in den Mitteln der Sprache bot das

---

205 Honold, Die Geburt der Ehekomödie, S. 54.
206 Ebd., S. 51.
207 Renner, Nachwort, S. 174.
208 Hofmannsthal, *Der Schwierige*, S. 82.
209 Vgl. Habermas, *Strukturwandel der Öffentlichkeit*, S. 90 ff.

Stück genug Reibungspunkte für das Publikum, um sich von den Figuren abzugrenzen und sich nicht ‚gemeint' zu fühlen. Zeiß konnte, indem er den *Schwierigen* auf den Spielplan setzte, eine Kommentierung aristokratischer Traditionen zeigen, ohne das Stammpublikum allzu sehr zu verprellen. „Gepflegt" war an seinem Theater offenbar auch die Form der Kritik, mit der er sein Publikum konfrontierte. Diese Strategie ging auf: In der ersten Spielzeit wurde *Der Schwierige* fünfunddreißigmal und insgesamt achtundsechzigmal gezeigt[210] – und das, obwohl die Kritik auf den *Schwierigen* eher verhalten reagierte. Die *Münchner Neuesten Nachrichten*[211] und der *Bayerische Kurier*[212] monierten die vermeintliche Seichtheit des Stücks, in der *Bayerischen Staatszeitung*[213] und der *München-Augsburger Abendzeitung*[214] wurden die unnötigen Längen der dreistündigen Inszenierung kritisiert. In die gleiche Kerbe schlug auch der Journalist der *Süddeutschen Presse*, der zudem die „mangelhafte Beherrschung des Wiener Dialekts"[215] kritisierte. „Warum dann nicht gleich münchnerisch?",[216] fragte er und ahnte wohl nicht, dass diese Regieentscheidung die Figuren gefährlich nah an die bayerischen Zuschauer:innen des Residenztheaters herangeholt hätte. Lediglich die *Münchener Post*[217] lobte Hofmannsthals Text.

4.5 Zwischen Antisemitismus und ‚Burn-Out': Der Abschied Bruno Walters vom Staatstheater

Während im Schauspiel in Zeiß' zweiter Spielzeit die Uraufführung des *Schwierigen* ins Auge sticht, war in der Oper die Saison 1921/1922 vom Rücktritt Bruno Walters gekennzeichnet. Der Operndirektor fühlte sich zunehmend überfordert, auch wegen der rasant fortschreitenden Inflation, die Teile seines Ensembles zu gut bezahlten Gastspielen ins Ausland lockte. Als Leiter der Oper wurde die Inflation „schließlich nicht nur zum täglichen geschäftlichen, sondern auch zum moralischen Problem",[218] wie er in seinen Memoiren schrieb. Analog zur Entwertung des

---

210 Vgl. Kneuer, Die bayerischen Staatstheater im Zeitraum 1921 bis 1930, S. 179.
211 Hermann Sinsheimer, Der Schwierige. In: *MNN*, Nr. 473, 09.11.1921, S. 1.
212 psi, Residenztheater.
213 Alfred Mensi von Klarbach, Der Schwierige. In: *BSTZ*, Nr. 261, 09.11.1921. In: MSA, ZA-17081.
214 Wolf, Der Schwierige. In: *MAAZ*, Nr. 470, 09.11.1921. In: MSA, ZA-17081.
215 E.I., Der Schwierige. In: *Süddeutsche Presse*, Nr. 233, 10.11.1921. In: MSA, ZA-17081.
216 Ebd.
217 Hermann Eßwein, Residenztheater: „Der Schwierige". In: *MP*, Nr. 261, 10.11.1921. In: MSA, ZA-17081.
218 Walter, *Thema und Variationen*, S. 310.

Geldes beobachtete er an sich „eine Art Kraft-Inflation: das gleiche Resultat mußte mit der vervielfachten Anstrengung erkauft werden."[219] Bereits für die Vorjahre sprach Walter von seiner „vollen Selbsthingabe, ja Selbstverschwendung"[220] für das Theater. Sie scheint sich in seinem persönlichen Erleben Anfang der 1920er-Jahre noch einmal intensiviert zu haben. In der Begründung seines Rücktritts, die in allen großen Münchner Zeitungen gedruckt wurde, schrieb er deshalb:

> Wer die Intensität und Extensität meiner Arbeit an unserer Oper im letzten Dezennium miterlebt hat, wird allerdings meinen Entschluss begreifen. Meine Kräfte sind den im Zusammenhange mit den allgemeinen Bedrängnissen unserer Zeit stets sich steigernden Schwierigkeiten des Betriebes nicht mehr im nötigen Maße gewachsen.[221]

Kraft-Inflation, Selbstverschwendung, dem Betrieb nicht mehr gewachsen sein – Operndirektor Walter zeigte sich in diesen Formulierungen überraschend privat. Leise deutete sich in diesen Worten das an, was man heute umgangssprachlich wohl als ‚Burn Out' bezeichnen würde. In der Tat zeugt die hohe Zahl der Urlaubsgesuche in seinem Personalakt von einem offensichtlich gesteigerten Erholungsbedürfnis, obschon ein Teil der Urlaube für Konzertreisen ins In- und Ausland eingereicht wurde.[222] Doch gerade die Revolution hatte bei Walter offenbar Spuren hinterlassen, wie er seinem engen Freund Ossip Gabrilowitsch im März 1920 schrieb:

> Man wundert sich, daß man gesundheitlich all dem gewachsen war. Indes glaube ich schon, daß Sie mich erheblich verändert finden werden. Meine Frau und ich, wir fühlen uns recht zermürbt, wenn wir auch selbst in den schlimmsten Zeiten – auch in der Zeit z. B. der Räterepublik in München – stets den Kopf hochgehalten haben.[223]

Dieses „Kopf Hochhalten" muss charakteristisch für Walter gewesen sein. Zeitgenoss:innen beschrieben ihn als „exstatisch nervöse, inbrünstig empfindende Musiknatur"[224] mit Vorliebe für „zarte, delikate, hypersensible, ja etwas morbide

---

219 Ebd., S. 311.
220 Ebd., S. 266.
221 Bruno Walter, Entlassungsgesuch des Generalmusikdirektors Bruno Walter. In: *BSTZ*, Nr. 65, 18.03.1922. In: BAYHSTA, Generalintendanz der Bayerischen Staatstheater, 998.
222 Vgl. BAYHSTA, Generalintendanz der Bayerischen Staatstheater, 998.
223 Bruno Walter an Ossip Gabrilowitsch, 27.03.1920. In: Walter Lindt, *Bruno Walter*, S. 180.
224 Gisella Selden-Goth, Der Fall Bruno Walter. In: *CV-Zeitung*, Nr. 1, 04.05.1922. In: BAYHSTA, Generalintendanz der Bayerischen Staatstheater, 998.

Stimmen",[225] er sei zu Beginn seiner Münchner Zeit „voll Idealismus, Kraft, entwicklungsdurstig und wie wenige entwicklungsfähig"[226] gewesen.

Dementsprechend war man in München über Walters Entlassungsgesuch schwer erschüttert: Wie schon beim Weggang Albert Steinrücks formulierte eine Reihe bekannter Persönlichkeiten ein Rundschreiben, in dem man sich für Walters Verbleiben am Haus stark machte. Unter den Unterzeichnenden finden sich beispielsweise Walters enger Freund Thomas Mann und Ex-Intendant Clemens von Franckenstein.[227] Auch die Zuschauerschaft war tief ergriffen, als Walters Rücktritt bekannt wurde: „Als er vor ein paar Tagen ein Konzert dirigierte, war sein Pult mit Blumen umwunden, am Schluß setzte ein wahrer Blumenregen ein, und auf der Straße bildeten die Menschen Spalier, als ob er eine Filmdiva sei."[228] Die *Münchner Neuesten Nachrichten* mahnten:

> Wir wollen, unserer Tradition getreu, heute abermals unsere warnende Stimme erheben und an die verantwortlichen Stellen, die hier in Betracht kommen, einen eindeutigen Appell richten, nichts unversucht zu lassen, um den Verlust eines Mannes wie Bruno Walter hintanzuhalten.[229]

Mit Berufung auf das ewige Argument des am Boden liegenden Deutschlands setzte sich die Zeitung für eine Verlängerung von Walters Engagement ein und schlug vor, ihn dadurch zu entlasten, dass man ihm einen Verwaltungsdirektor oder Operndramaturgen zur Seite stelle, der ‚langweilige' Aufgaben übernehme, etwa „die Urlaubsfragen, die Besetzungen, die Entgegennahme von Wünschen seitens der Künstler, wie überhaupt den Verkehr mit den Künstlern, Vorbereitungen des Repertoirs [sic!], Prüfung von Novitäten, Erledigung der umfangreichen Korrespondenz der Operndirektion."[230]

Zunächst versuchte die Intendanz den Weggang Bruno Walters noch abzuwenden, schließlich hatte man die destabilisierende Wirkung, die Albert Steinrücks Kündigung hinterließ, noch genau vor Augen. Mitte/Ende März kam es deshalb zu Verhandlungen. Walter forderte in einem Brief an Zeiß dreieinhalb Monate Urlaub jährlich und schlug vor, sich die Leitung der Opernsparte mit Dirigent Robert Heger zu teilen, um einen reibungslosen Betrieb zu gewährleisten. Zu den Gründen für

---

225 o.A., Bruno Walters Abschied. In: *MZ*, 04.10.1922. In: BAYHSTA, Generalintendanz der Bayerischen Staatstheater, 998.
226 Walter Braunfels, Bruno Walter und die Münchner Oper. In: *MNN*, 18./19.03.1922, S. 1.
227 Vgl. o.A., Bruno Walter. In: *MNN*, Nr. 117, 18.03.1922, S. 1.
228 Erich Köhrer, Der Kampf um Bruno Walter. In: *Börsen Zeitung Berlin*, 31.03.1922. In: BAYHSTA, Generalintendanz der Bayerischen Staatstheater, 998.
229 o.A., In letzter Stunde. In: *MNN*, Nr. 128, 25.03.1922, S. 1.
230 Ebd.

seinen Rücktritt gab er den Rat seines Arztes an, da sich seine Gesundheit massiv verschlechtert habe.[231] Obwohl Zeiß in einem Brief an Walter appellierte, in München zu bleiben,[232] scheiterten die Verhandlungen an den hohen Urlaubsforderungen des Dirigenten, zum „allergrößten Bedauern des Staatsministeriums und der Generaldirektion",[233] so die Intendanz im Entwurf für eine Stellungnahme. Mit dieser Erklärung reagierte die Intendanz auf Gerüchte, die betreffs der Vertragsverlängerung in Umlauf waren. Auch wurde Kritik an Karl Zeiß laut. Noch ehe die Verhandlungen mit Walter endgültig scheiterten, druckten die *Münchner Neuesten Nachrichten* einen anonymen Leserbrief, der ihm fehlende Anteilnahme vorwarf:

> Wie erinnerlich, hat Bruno Walter in einem an den Geheimrat Zeiß gerichteten Schreiben, dessen herzlicher Ton für den Adressaten äußerst angenehm berührt, sein Rücktrittsgesuch begründet. Das Schreiben war in allen Zeitungen veröffentlicht. Bekommt ein Privatmann einen solchen Brief, so drängt es ihn, ihn auf der Stelle zu beantworten. Hat Herr Zeiß diesen Drang, oder vielmehr diese Pflicht der Höflichkeit nicht empfunden? Viele warten auf die Veröffentlichung seiner, wenn auch nur persönlichen und menschlichen Stellungnahme zu dem Schreiben Walters. Sie warteten vergebens. Das hat die Popularität unseres staatlichen Bühnenleiters nicht vermehrt. Aber ferner: Wo blieb und bleibt das Kultusministerium? Und wenn auch nur der Form halber hätte man der misera contribuens pleba mitteilen können, das Kultusministerium bemühe sich, habe Schritte getan oder was man sonst bei derlei Gelegenheiten zu verlautbaren pflegt. Walter rief sein Rücktrittsgesuch in den offiziellen Wald. Aber das Echo blieb aus. Ein Naturphänomen![234]

Bruno Walter erschien in dieser Darstellung als emotional geplagter Bittsteller, Zeiß als reservierter Verwalter, der es an Herzenswärme fehlen ließ. Auch wenn die beiden Männer Walter zufolge im Guten auseinander gingen,[235] war der im Leserbrief aufgespannte Kontrast zwischen den zwei Leitern doch charakteristisch für Karl Zeiß: Er tritt in den über ihn erhaltenen Dokumenten als Privatperson nie so richtig zutage. Niemals lässt sich aus heutiger Perspektive so ganz unterscheiden, ob er aus seiner Rolle als Intendant und Dramaturg heraus sprach oder aus persönlicher Überzeugung. Hierzu passt, dass man über sein Privatleben eher wenig weiß. In den Darstellungen seines Lebenslaufs wurde zwar betont, dass ihn in seiner Meininger Jugend das berühmte Hoftheater Georgs II. prägte, doch beschränkten sich biografische Abrisse über Zeiß auf das Berufliche. Über seine Ehe

---

231 Vgl. Bruno Walter an Karl Zeiß, 21.03.1922. In: BAYHSTA, Generalintendanz der Bayerischen Staatstheater, 998.
232 Vgl. Walter, *Thema und Variationen*, S. 312.
233 o.A., Offentl Erklärung in Sachen Bruno Walter Entwurf II, S. 3. In: BAYHSTA, Generalintendanz der Bayerischen Staatstheater, 998.
234 o.A., Die Bruno-Walter-Krise. In: *MNN*, Nr. 132, 28.03.1922, S. 2.
235 Vgl. Walter, *Thema und Variationen*, S. 312.

mit Hedwig Zeiß-Gasny wurde von wenigen, noch zu erörternden Ausnahmen abgesehen, in der Öffentlichkeit kaum etwas bekannt. Ebenso geben die im Nachlass enthaltenen Korrespondenzen eher geringen Aufschluss über Zeiß als Privatmann, gleiches gilt für den Personalakt im Hauptstaatsarchiv. Das mag auch an seinem frühen Tod liegen: Dieser dürfte verhindert haben, dass Zeiß eine Autobiografie mit Lebenserinnerungen verfasste, wie sie Bruno Walter 1947 vorlegte. Möglicherweise hat es aber auch schlichtweg nicht Zeiß' Charakter entsprochen, sich öffentlich über sein Privat- beziehungsweise Gefühlsleben zu äußern. Während die Öffentlichkeit Walter bei seinem Rücktritt also als empfindsamen Künstler erlebte, wirkte Zeiß in diesem Moment zu sehr in seiner Intendantenrolle verhaftet. Es ist daher wenig erstaunlich, dass in den Tagen, in denen man mit Bruno Walter um eine Verlängerung seines Vertrages rang, Zeiß' Führungskompetenz nicht nur in der Oper, sondern auch im Schauspiel in Frage gestellt wurde. Ende März veröffentlichten die *Münchner Neuesten Nachrichten* einen Artikel, in dem sie die Abwanderung begabter Schauspieler:innen nach Berlin kritisierten und dem Intendanten „Versagen in der Menschenbehandlung und Talentpflege"[236] vorwarfen. Er würde Rollen falsch besetzen, große Schauspieler:innen zu wenig beschäftigen, so die Redaktion. Zeiß persönlich wurde für jene ‚Berlinflucht' verantwortlich gemacht, die für die gesamte Münchner Kulturlandschaft Anfang der 1920er-Jahre konstitutiv war. Andere Faktoren für die Abwanderung – etwa den steigenden Einfluss der Rechten in der Stadt – blendete der Artikel aus.

Trotzdem blieb eine Intendantenkrise, wie sie der Weggang Albert Steinrücks nach sich zog, aus, denn dieses Mal vermochte die Presse aus den Personalfragen keine generelle Richtungsdebatte um das Theater zu machen. Dabei sah es anfänglich danach aus, als würden die *Münchner Neuesten Nachrichten* genau das versuchen: Unter dem bereits zitierten Leserbrief, der am gleichen Tag wie der Angriff auf Zeiß' Besetzungspolitik erschien, druckte die Zeitung das Gerücht ab, Hans Knappertsbusch werde Walters Nachfolger. Diese Information hatte die Redaktion offenbar bei einer Unterredung im Ministerium bekommen, bei der die anwesenden Journalisten jedoch um vorläufige Geheimhaltung gebeten wurden.[237] Anscheinend zog man die Medien dieses Mal frühzeitig ins Vertrauen, um wilde Spekulationen zu vermeiden. Dass ausgerechnet Münchens führende Tageszeitung die vertraulichen Neuigkeiten publik machte, wurde von der journalistischen Konkurrenz scharf kritisiert:

---

236 o.A., Kunstpolitik im Staatstheater. In: *MNN*, Nr. 131, 25.03.1922, S. 1.
237 Vgl. o.A., Krisenstimmung. In: *MAAZ*, Nr. 141, 03.04.1922. In: BAYHSTA, Generalintendanz der Bayerischen Staatstheater, 998.

> [Es] muß [...] geradezu als unverantwortlich bezeichnet werden, wenn das gleiche Blatt sich in Aeußerungen [sic!] gefällt, die eine zweite Krise, in deren Mittelpunkt der General-intendant der Staatstheater steht, hervorrufen können. Man kann sich des Eindrucks nicht erwehren, als ob versucht worden wäre, die Bruno Walter-Frage zu einem Angriff gegen den Generalintendanten zu benützen. Wir haben weder Absicht noch Anlaß, uns in dieser geradezu konstruierten Krise für oder wider irgend jemanden zu erklären.[238]

Dieses Mal wurde die Krise als eine von der Zeitung gemachte erkannt, weitere Angriffe gegen Zeiß blieben aus, die *Allgemeine Rundschau* lobte sogar den „Mut zur Unpopularität",[239] den Ministerium und Intendanz bewiesen, indem sie nicht auf Walters Forderungen eingingen:

> [E]in alljährlich so lange fern bleibender Führer [wäre] eben nicht viel mehr als ein Gastdirigent [...], der die ungezählten Aufgaben der Spielplanbildung und der Heranziehung und Durchbildung neuer Kräfte unmöglich nebenher leisten könnte, [...].[240]

Unterschwelliger Antisemitismus gegen Bruno Walter seit Amtsbeginn

Obgleich Publikum und Intendanz für Walters Verbleiben in München kämpften, teilten nicht alle die Begeisterung für den Generalmusikdirektor. So schrieb der *Völkische Beobachter* anlässlich Walters Weggang: „Er hat keinen Sinn für deutsche Wesensart, er hat immer Künstler aus dem Osten propagiert, er feindet die in München lebenden Musiker deutscher Art und Gesinnung an."[241] Zwar formulierte des rechte Propagandablatt seine Ablehnung gegen Walter besonders drastisch, doch war Walter schon seit Beginn seiner Münchner Tätigkeit – und damit lange vor der Gründung der NSDAP – Zielscheibe antisemitischer Anfeindungen gewesen. Sein Weggang löste daher auch eine Debatte um den aufkeimenden Nazismus in Bayern aus:

> In einem Lande, in dem Erzeugnisse wie der „Völkische Beobachter" und der „Miesbacher Anzeiger" das Straßenbild der Hauptstadt beherrschen, in dem selbst dem gekreuzigten Christus am Eingang der Partnachklamm ein Hakenkreuz auf den blutigen Holzleib geschmiert ist, in dem die deutschvölkische Hetze sich in der widerlichsten Form ungestraft breit macht, während Freidenkerversammlungen wissenschaftlicher Natur verboten werden – in einem solchen Lande liegt die Vermutung nahe, daß die jüdische Abstammung eines Operndirektors schwerer ins Gewicht gegen ihn fällt als alle künstlerische Leistung für ihn.[242]

---

238 Ebd., Hervorhebung im Original.
239 o.A., Kapellmeisterkrisen. In: *Allgemeine Rundschau*, Nr. 15, 15.04.1922. In: BAYHSTA, Generalintendanz der Bayerischen Staatstheater, 998.
240 Ebd., Hervorhebung im Original.
241 H.B., Zum Fall Bruno Walter. In: *VB*, Nr. 24, 25.03.1922, S. 2.
242 Köhrer, Der Kampf, Hervorhebungen im Original.

Es drängt sich der Verdacht auf, dass Bruno Walter, eben weil er mehr als Privatperson zu Tage trat als Zeiß, auch anfälliger für Schmähungen von rechts war. Dabei war die Kritik an ihm als zum Christentum konvertierter Jude oft eher subkutan, die konservative Presse schob andere Gründe vor, derentwegen Walter trotz großartiger Leistungen für das Theater untragbar sei. Im Dirigat und bei der Stückauswahl würde er subjektiven Interessen folgen, das Werk Wagners verstehe er nicht, sei zudem permanent auf Reisen. Tatsächlich nahmen Gastspielreisen während seiner Münchner Jahre viel Zeit in Anspruch, was ihm bereits 1917 den Vorwurf des „Künstleraktivismus"[243] einbrachte. Diese Stimmen erfuhren 1922 neue Nahrung:

> Der leitende Mann gehört an seine Stelle und darf – abgesehen von kürzeren Urlauben – nicht in der Welt herumkutschieren. Lieber erhöhe man sein Gehalt dementsprechend; in erster Linie kommt die K u n s t und nicht der G e l d b e u t e l des Herrn Generalmusikdirektors.[244]

Mit dieser Rhetorik schürte der Artikel ein Bild von Walter als geldgierigem Juden und bediente ein häufig benutztes Klischee seiner Zeit. Bereits in früheren Texten hatte der Autor, ein gewisser „Probus", Walter angegriffen:

> Bruno Walter hat andere Götter als wir, wobei ich mit „wir" kurz diejenigen bezeichnen will, die eben musikalisch anders eingestellt sind – oder er faßt unsere Götter anders auf. Das letzte gilt [...] vor allem für Beethoven und Richard Wagner. Eine wagnerische Tradition existiert für ihn nicht, in Tempi, Dynamik, Phrasierung und Architektonik erscheint der von Walter dirigierte „Ring" mit wesensfremden Elementen belastet.[245]

Auch hier wurde auf Walters Judentum nicht im Wortlaut hingewiesen, doch das Reden von den „anderen Götter" ebenso wie den „wesensfremden Elementen" waren gängige antisemitische Rhetoriken. Der Antisemitismus fungierte damals, wie die Historikerin Shulamit Volkov argumentiert, als „kulturelle[r] Code",[246] als Erkennungszeichen einer „anti-emanzipatorischen Kultur":[247]

---

243 Quirinus, Aus dem gegenwärtigen Musik- und Theaterleben. Zwanglose Betrachtungen. I. „Künstleraktivismus" an der Münchner Hofoper. In: *BK*, Nr. 87, 28.03.1917. In: BAYHSTA, Generalintendanz Bayer. Staatstheater, 998.
244 Probus, Um Bruno Walter. In: *Heimatland*, Nr. 14, o.D. In: BAYHSTA, Generalintendanz der Bayerischen Staatstheater, 998, Hervorhebungen im Original.
245 Probus, Zu Bruno Walters Entlassungsgesuch. In: *Heimatland*, Nr. 13, o.D. In: BAYHSTA, Generalintendanz der Bayerischen Staatstheater, 998.
246 Volkov, Antisemitismus als kultureller Code, S. 23.
247 Ebd.

> Das Bekenntnis zum Antisemitismus wurde zu einem Signum kultureller Identität, der Zugehörigkeit zu einem spezifischen kulturellen Lager. Man drückte dadurch die Übernahme eines bestimmten Systems von Ideen und die Präferenz für spezifische soziale, politische und moralische Normen aus.[248]

Der Antisemitismus – als Kampfbegriff von der politischen Rechten Ende des 19. Jahrhunderts etabliert – verschob den Fokus von Jüdinnen:Juden als Personen hin zu einem abstrakten Begriff des Judentums, so Volkov.[249] Dieses Abstraktum, das gleichermaßen mit Reichtum wie mit Schmarotzertum assoziiert wurde, verknüpfte man ihr zufolge mit der sozialen Frage und machte es zum Gegenbild des deutschen Nationalismus.[250] Wenn Journalisten also mit versteckten Codes gegen Bruno Walter Stimmung machten, geschah dies vermutlich nicht nur aus persönlicher Abneigung gegen den Generalmusikdirektor, sondern auch aus einem antimodernen Kulturverständnis heraus. Das würde auch erklären, warum Walter schon zur Zielscheibe der Presse wurde, noch ehe er 1913 als Nachfolger des in München heiß geliebten Felix Mottl die Position des Generalmusikdirektors überhaupt einnahm. Vor allem die *Münchner Neuesten Nachrichten* positionierten sich gegen Walters Berufung, indem sie einen anderen Kandidaten ins Spiel brachten.[251] Auch nach seinem Amtsantritt blieb die unterschwellig gegen Walter gerichtete Berichterstattung in den Münchner Zeitungen ein Problem. Aus der Korrespondenz zwischen Clemens von Franckenstein mit einem gewissen Geheimrat Albert Gänssler geht hervor, dass Bruno Walter über die Berichterstattung in den *Münchner Neuesten Nachrichten* durch den Musikjournalisten Alexander Dillmann schwer erbost war. Bereits 1913 drohte er mit Klage, Gänssler sollte nun vermitteln.[252] Als Beweis für die Anfeindungen der Zeitung gegen ihn wurde dem Brief ein Artikel beigelegt, in dem Dillmann behauptet hatte, Walter fehle trotz seiner technischen Perfektion die „Wärme des Empfindens",[253] die es brauche, um Wagner zu dirigieren. Auch Auslassungen über eine verfehlte Personalpolitik Walters und eine angeblich bezahlte Claque für den Dirigenten enthielt der Artikel, beides, so Dillmann, würde dem Ansehen der sommerlichen Festspiele schaden und sich in schlechten Ticketverkäufen widerspiegeln. Gleichzeitig lobte der Autor Walters Tatkraft und Arbeitsmoral. In seinem Antwortschreiben wies Dillmann die Vorwürfe der Hetze gegen Walter zurück. Er behauptete, im Gegensatz zu den

---

248 Ebd.
249 Vgl. ebd., S. 26 f.
250 Vgl. ebd., S. 29–32.
251 Vgl. Bruno Walter an Richard Strauss, 17.09.1911. In: Walter Lindt, *Bruno Walter*, S. 131 f.
252 Vgl. Clemens von Franckenstein an Geheimrat Albert Gänssler, 29.09.1913. In: BAYHSTA, Generalintendanz der Bayerischen Staatstheater, 998.
253 Alexander Dillmann, Ein Rückblick auf das Opernjahr. In: *MNN*, Nr. 344, 09.07.1913, S. 1.

anderen Münchner Zeitungen sei seine Berichterstattung milde, und erklärte, er habe nicht die Absicht, sich bei Walter zu entschuldigen.[254] Dass es zwischen ihm und Walter zu einer Aussöhnung kam, ist unwahrscheinlich: Ein zweites Schreiben von Dillmann bekräftigte auf ganzen 29 Seiten lediglich seinen Standpunkt.[255]

Einen vorläufigen Höhepunkt der Auseinandersetzung zwischen Bruno Walter und der Presse bildete der sogenannte „Kritikerprozess" von 1917. Damals verklagte eine Reihe namhafter Münchner Kritiker den Autor August Mayer wegen Verleumdung. Dieser hatte in einem Zeitungsartikel behauptet, die Kritik würde gegen den Generalmusikdirektor hetzen und Walter müsse sich durch besondere Anbiederung die Gunst der Presse sichern, was als eine Unterstellung der Bestechlichkeit verstanden wurde. Mayer verlor den Prozess, doch aus der Berichterstattung über das Gerichtsverfahren wird deutlich, dass einige der geladenen Zeug:innen seine Meinung teilten. So sagte etwa der Verwaltungsgerichtshofrat Benno Closner aus:

> Ich konnte mich schon seit längerer Zeit des Eindrucks nicht erwehren, daß einige Kritiker seit mehreren Jahren eine systematische Hetze gegen Walter betreiben. Das habe ich insbesondere daraus geschlossen, weil die Ausdrucksweise mancher Herren mitunter außerordentlich derb ist [...].[256]

Um zu klären, ob die Münchner Kritik zurecht gegen eine Verleumdung durch August Mayer klagte, wurde im Prozess jedoch weniger die Gesinnung der Kritiker als vielmehr Bruno Walters Können als Dirigent diskutiert. Das Gericht wurde so zum ‚Kunstgericht', da es das ästhetische Urteil der Kritik bestätigte, wenn es Mayer wegen Verleumdung verurteilte. Besonders die Behauptung der konservativen Presse, Walter verstünde es nicht, Wagner traditionsgemäß zu dirigieren, wurde in der Verhandlung intensiv erörtert. Hofrat Paul Busching wies dies in seiner Zeugenbefragung als Scheinargument zurück:

> [...] jeder Kenner wußte, hier wird wieder einmal der Hofkapellmeister Heß gegen Walter ausgespielt. Dies erfolgte häufig in einer Art, daß es mir persönlich lieber gewesen wäre, wenn man rund heraus gesagt hätte, wir wollen aus antisemitischen oder sonstigen Erwägungen Herrn Walter nicht. Für einen redlich meinenden Kritiker ist es schon eine sehr schlimme Sache, wenn er den Betrieb eines Kunstinstituts dadurch ernstlich schädigt, daß er einen Künstler gegen einen anderen ausspielt, wie es durch einen Fall der Kritik in bezug [sic!] auf

---

254 Vgl. Alexander Dillmann an Geheimrat Albert Gänssler, 03.10.1913. In: BAYHSTA, Generalintendanz der Bayerischen Staatstheater, 998.
255 Vgl. Alexander Dillmann an Geheimrat Albert Gänssler, 20.10.1913. In: BAYHSTA, Generalintendanz der Bayerischen Staatstheater, 998.
256 o.A., Angriffe gegen die Münchner Musikkritik. In: *MNN*, Nr. 96, 23.02.1917, S. 3.

Walter und Heß geschehen ist. Ich habe direkt einen Widerwillen empfunden, wenn ich das gelesen habe.²⁵⁷

Die Konkurrenz zu Heß erwähnte Walter auch in seinen Memoiren. Er wurde als Nachfolger des Kapellmeisters Franz Fischer angestellt, mit dem Argument, „als gebürtiger Münchner besäße er das Anrecht, in Betracht gezogen zu werden".²⁵⁸ Walter beschrieb Heß als Mann von „krankhafte[m] Ehrgeiz"²⁵⁹, der bereits bei kleineren Problemen tobe und dem vermutlich sogar „mein Selbstmord nur als erste Ratenzahlung auf eine ungeheure Verschuldung an seinen berechtigten Ansprüchen erschienen"²⁶⁰ wäre. Über den Kritikerprozess ließ Walter in seiner Biografie hingegen kein Wort verlauten. Da er selbst nicht als Zeuge geladen wurde, ist fragwürdig, ob er am Prozess persönlich teilnahm. Denkbar ist, dass er sich der kleinlichen Bewertung seines Könnens vor Gericht durch Kritiker und sonstige ‚Experten' zum Selbstschutz erst gar nicht aussetzte.

Sowohl an der Auseinandersetzung mit dem Journalisten der *Münchner Neuesten Nachrichten* wie auch an den Argumentationslinien des Kritikerprozesses lassen sich zwei Dinge ablesen: Erstens waren die Anfeindungen gegen Walter zum Schein von sachlichen Argumenten gedeckt, sodass eine antisemitische Haltung gegen ihn nur unterschwellig erkennbar war, da die Fachleute, die verschiedenen musikalischen Traditionen angehörten, nicht explizit antisemitisch argumentierten. Es scheint in der Debatte um Walter daher gar nicht nur um seine Personalie gegangen zu sein, sondern viel mehr um die generelle Positionierung des Theaters als Hüter der Antimoderne. Zweitens offenbart sich aus der Konkurrenz zwischen Heß und Walter einmal mehr, wie sehr die Presse ihrem Selbstverständnis nach für sich in Anspruch nahm, in Besetzungsfragen *aller* Art, das letzte Wort zu haben:

> Wenn ich als Kritiker überzeugt bin, daß der Mann nicht am rechten Fleck steht und ihn infolgedessen ablehne, so kann damit selbstverständlich bezweckt sein, ihn aus dieser Stelle, für die er nicht geeignet erscheint, wegzudrängen. Dieses Wegdrängen möchte ich nicht etwa als etwas Unfaires bezeichnen, sondern als Pflicht des Kritikers.²⁶¹

---

257 o.A., Angriffe gegen die Münchner Musikkritik. In: *MNN*, Nr. 97, 23.02.1917, S. 4.
258 Walter, *Thema und Variationen*, S. 261.
259 Ebd.
260 Ebd.
261 Zeugenaussage des Musikkritikers Dr. Eugen Schmidt von den *Dresdener Nachrichten* in: o.A., Angriffe gegen die Münchner Musikkritik. In: *MNN*, Nr. 95, 22.02.1917, S. 5.

Die Kritiker bekamen vor Gericht am Ende recht. Der *Völkische Beobachter* bezeichnete 1934 das Urteil als „das erste Morgenrot, das den endgültigen Sieg der Hitler-Bewegung ankündigte."[262]

Abschied mit Hans Pfitzners Von deutscher Seele
Wie eigenartig mutet es da an, dass Bruno Walter sich von München ausgerechnet mit Hans Pfitzners Werk *Von deutscher Seele* verabschiedete, einer Kantate, die auf verschiedenen Texten des Lyrikers Josef von Eichendorff basiert. Walter war Pfitzner trotz dessen wachsenden Antisemitismus bis zuletzt ein treuer Förderer und wählte seine Komposition als eines von zwei Stücken, das er an seinen beiden letzten Abenden in München spielte. Der andere Abend war Beethovens *Fidelio* gewidmet, jener Oper, deren Ouvertüre man bei Kurt Eisners Revolutionsfeiern gespielt hatte. Bezeichnender für den politischen Gehalt des Musiktheaters könnte die Auswahl dieser beiden Stücke kaum sein, zumal Pfitzners Kantate wegen des national klingenden Titels sofort als ideologisch aufgeladen begriffen wurde. Auch ermöglichte die Auswahl der Eichendorff-Zitate, die eigentlich in einer naturnahen Bildwelt verhaftet bleiben und die Natur zum „Sinnbild und Spiegel der Dramatik des Lebens"[263] machen, eine Lesart der Kantate als Kommentar auf den verlorenen Krieg, etwa, wenn die Textzeilen „Was ich wollte, liegt zerschlagen" im zweiten Teil des Werks erklingen:

> Das junge Werk hatte also schon seine eigene kleine Geschichte, ehe es zu uns nach München kam, und wir saßen nach allem, was wir gelesen hatten, voll Spannung da, immer des Augenblicks gewärtig, wo unter der Emballage aller dieser schönen Lieder, Sprüche und Romanzen das versprochene Hakenkreuz endlich zum Vorschein kommen mußte. Nun, es ist freilich nicht erschienen [...].[264]

Um den Eindruck zu zerschlagen, das Werk sei politisch zu verstehen, äußerte sich Pfitzner in der hauseigenen *Theaterzeitung* zu dessen Genese:

> Was diese Entstehung anbelangt, so „wollte" ich vor allen Dingen nichts damit; nichts „anstreben" oder „sagen" oder „einer Weltanschauung Ausdruck geben"; sondern das Werk ist entstanden, wie alles andere, was ich bisher gemacht habe, [...] aus einem höheren Gestaltungstrieb, der im Grunde nichts als ein höherer Spieltrieb ist.[265]

---

262 *Völkischer Beobachter* zit. nach Large, *Hitlers München*, S. 87.
263 Wißmann, *Deutsche Musik*, S. 272.
264 A.B., Pfitzners Eichendorff-Kantate. In: *MZ*, Nr. 244, 04.09.1922. In: MSA, ZA-16980.
265 Hans Pfitzner, Romantische Kantate. In: *TZSBM* 3/127 (1922), S. 1.

Er inszenierte sich im Text als weltentrückter Künstler, dem an einem lauen Abend am Ammersee die Ideen nur so zugeflogen seien und sich ohne sein Zutun zu einem Ganzen zusammengefügt hätten. Pfitzner bediente damit das romantische Klischee vom deutschen Genius, der in der Abgeschiedenheit der Natur wie zufällig ein Meisterwerk zustande bringt. Zum Titel bemerkte er:

> Ich habe ihn gewählt, weil ich keinen besseren und zusammenfassenderen Ausdruck fand für das, was aus diesen Gedichten an Nachdenklichem, Übermütigem, Tiefernstem, Zartem, Kräftigem und Heldischem der deutschen Seele spricht.[266]

Obwohl er selbst sein Werk nicht explizit als politisch verstanden wissen wollte, wurde es in der Presse als Kommentar auf die zerrüttete deutsche Nachkriegsseele gedeutet:

> Pfitzner aber starrt rückwärts als ein Enttäuschter mit romantisch reaktionärer Sehnsucht. Als der Hoffnungslose, dem die Katastrophe des deutschen Imperialismus in Kriegs- und Nachkriegszeit mit der Massenverelendung gezeigt hat, daß die romantischen Sehnsüchte nicht Hoffnungen sind, sondern Illusionen. Das Endergebnis ist nicht zähes Ringen um ein noch unentdecktes neues Ideal voll gläubiger Zuversicht, etwa eine Gemeinschaft menschlicher Gesamtgesellschaft, wie der klassenlose Sozialismus, sondern erbitterte Resignation.[267]

Paul Ehlers – eine der Hauptfiguren im Kritikerprozess von 1917 – hingegen lobte das Werk in den *Münchner Neuesten Nachrichten:*

> Pfitzner ist Kosmopolit wie alle großen Deutschen; aber die Kraft zum geistigen Weltbürgertum zieht er nicht aus einem schwächlichen Internationalismus, sondern gleich allen starken Naturen aus dem hingebungsvollsten Heimatgefühle.[268]

4.6 Die Staatstheater und der *Völkische Beobachter*

Wie weit die Schmähungen der Presse letztlich zu Bruno Walters Rücktritt beitrugen, lässt sich nurmehr vermuten, zumal Walter selbst bestritt, dass der Antisemitismus der Nachkriegszeit seine Entscheidung zur Kündigung beeinflusst habe.[269] Zur unterschwelligen Judenfeindlichkeit der bürgerlichen Presse kam ab

---

266 Ebd., S. 2.
267 W.M., Theater. Von deutscher Seele. Eine romantische Kantate zu Worten von Eichendorff von Hans Pfitzerei [sic!]. In: *MOPO*, Nr. 205, 09.09.1922. In: MSA, ZA-16980.
268 Paul Ehlers, Von deutscher Seele. Romantische Kantate von Hans Pfitzner. In: *MNN*, Nr. 360, 29.08.1922, S. 1.
269 Vgl. Walter, *Thema und Variationen*, S. 312.

Anfang 1921 die offene Hetze einer Zeitung hinzu, die just im Dezember 1920 von der NSDAP gekauft wurde: Der *Völkische Beobachter* – bis zu diesem Zeitpunkt in der Hand der rechten Thule-Gesellschaft – wurde zum Organ der Münchner Rechten.[270] Das Verhältnis zwischen dem Kampfblatt und dem Staatstheater war von Beginn an schwierig. Während Schwanneke das Theater leitete, boykottierte die Zeitung die Bühne:

> Wir bringen grundsätzlich keine Berichte über Veranstaltungen an unseren „Nationalbühnen", da die Leitung der „Nationalbühnen" es mit dem Grundsatz des jüdischen Südd. Konzertbüros hält, einem völkischen Blatt die Karten zu verweigern[,][271]

erklärte die Redaktion, als sie im Februar 1920 einen wütenden Leserbrief zu Carl Sternheims soeben in München aufgeführtem Drama *1913* abdruckte. Es ist deshalb eher unwahrscheinlich, dass ein Vertreter der Zeitung an jener Pressebesprechung teilnahm, zu der Karl Zeiß im Winter 1920 im Kultusministerium einlud. Allerdings setzte die Theaterberichterstattung im *Völkischen Beobachter* zu Zeiß' Amtsantritt im September 1920 wieder ein, weswegen man vermuten könnte, dass die neue Intendanz der Redaktion zumindest anfänglich Freikarten als Zeichen guten Willens gewährte. Bereits im Februar 1921 änderte die Zeitung abermals ihre Richtung und verkündete, sie werde fortan weder auf Stücke hinweisen noch solche besprechen, die sie für ideologisch nicht tragbar halte:

> Wir werden in Zukunft weder im Anzeigenteil, noch an einer anderen Stelle unseres Blattes Aufführungen ankündigen, von denen wir von vornherein überzeugt sein dürfen, daß sie künstlerisch wertlos und sozial schädlich sind. Wir dehnen die im Theaterteil getriebene deutsche Bühnenpolitik, als erste Zeitung in Deutschland, auch auf den Spielplanabdruck aus; wir stellen den Theaterspielplan unter Vorzensur.[272]

Diese Wendung war neu. Ungeachtet ihrer politischen Richtungen hatten sich die Münchner Zeitungen bisher darauf beschränkt, Inszenierungen lediglich zu verreißen, wenn sie ein Ärgernis darstellten. Das aktive Ignorieren von Aufführungen war demgegenüber eine wesentlich schärfere Strategie der Diskurskontrolle, die als Kampfansage zu verstehen war: Im Jahr 1921 fand sich im *Völkischen Beobachter* so gut wie keine Kritik zu einer Premiere der Staatstheater. In besagtem Artikel vom Februar 1921 änderte die Redaktion auch ihre Einstellung zur Annahme von Freikarten:

---

270 Vgl. Plewnia, Völkischer Beobachter (1887–1945), S. 381.
271 o.A., Theater und Musik. „1913" von Karl Sternheim. In: *VB*, Nr. 13, 21.02.1920, S. 3.
272 o.A., Deutsche Bühnenpolitik. In: *VB*, Nr. 16, 22.02.1921, o.S.

> Wir werden in Zukunft Pressefreikarten nur noch von solchen Theatern und zu solchen Aufführungen annehmen, von denen wir überzeugt sind, daß sie künstlerisch [sic!] und soziale Werte bilden. In allen übrigen Fällen, und es werden heute leider die zahlreicheren sein, werden wir [...] die Karte unseres Referenten wie andere Theaterbesucher erstehen.[273]

Begründet wurde dies so:

> Die Annahme des Geschenks auch nur einer Freikarte [...] legt moralische Verpflichtungen auf. Gast zu sein, sich frei halten zu lassen in einer Aufführung, deren Schädlichkeit man auf Grund der Buchausgabe kennt, ist unmoralisch. [...] Die Annahme einer Freikarte schließt die Verpflichtung zur Besprechung ein, die Verpflichtung, der betreffenden Bühne einen gewissen Vorteil zu verschaffen.[274]

Die rechte Zeitung inszenierte sich als Hüterin der Moral und entwertete so indirekt die anderen Münchner Medien, indem sie die gängige Politik der Pressefreikarten zur Vorstufe der Vetternwirtschaft umcodierte. Wer als Kritiker Karten annahm, – und das taten alle – war in diesem Denken bereits der Lehnsknecht der Intendanz. Auf diese Weise zog das Blatt die Integrität leitender Theaterpersönlichkeiten ebenso in Zweifel wie die der führenden Kritiker Münchens. Die selbst proklamierte Unbestechlichkeit der kleinen Zeitung, deren Auflage zwischen 1920 und 1922 gerade einmal bei 8 000 bis 10 000 Stück lag,[275] sollte in der Kulturberichterstattung reaktionäre Positionen und antisemitische Hetze veredeln. Das zeigt sich vor allem an der Themenwahl der Zeitung, die sich stark von der der anderen Münchner Medien unterschied: Sie entkoppelte die Berichterstattung von äußeren Anlässen wie Premieren oder Neuigkeiten zu Engagements. Vielmehr scheint es, als wartete die Zeitung nur auf Gelegenheiten, Probleme am Theater festzustellen und diese in Artikeln zu kritisieren – sie berichtete nicht ereignis-, sondern empörungsgebunden.

So enthüllte Hermann Esser, ein früher Wegbegleiter Hitlers, in der Spielzeit 1920/1921 unter dem reißerischen Titel „Staatstheaterskandale"[276] allerlei ‚Missstände'. Er warf dem Haus die Verschwendung von Steuergeldern vor, sprach von angeblich horrenden Summen für die Ausstattung von Schrekers Oper *Das Spielwerk*.[277] Die Angst vor Chaos und Misswirtschaft, die bereits unter Schwanneke in

---

273 Ebd.
274 Ebd.
275 Vgl. Hoser, Völkischer Beobachter.
276 Vgl. Hermann Esser, Staatstheaterskandale. In: *VB*, Nr. 38, 15.05.1921, S. 5.
277 Der Artikel sprach von 300 000 Mark für die Ausstattung. Ob dies zutrifft, lässt sich nicht sagen, da die im Stadtarchiv erhaltenen Bilanzen des Theaters lediglich die Gesamtausgaben einer Abteilung für das jeweilige Jahr ausweisen, nicht aber die Kosten für einzelne Inszenierungen. Überdies liegt für das entsprechende Jahr keine Gesamtbilanz in den Akten. Gleichwohl

der Berichterstattung virulent war, wurde neu geschürt. Bruno Walter, im Text „Isidor Schlesinger"[278] genannt, unterstellte man, er habe eine mittelmäßige Sängerin für die Inszenierung engagiert, nur weil diese jüdisch sei.[279]

> Man kann die Frage aufwerfen, ob das sogenannte bayerische Nationaltheater überhaupt noch eine Pflegestätte deutscher Kunst und deutscher Art ist, oder nicht schon ein Tummelplatz für eine Reihe mehr oder weniger jüdischer Impotenzen[,][280]

schrieb der Autor. Er schloss mit der Drohung, man werde dafür sorgen, dass die Bühne, „in ihrem Charakter d e u t s c h bleibt. Videant consules ...! Auf gut deutsch: Man sehe sich vor!"[281] Das lateinische Zitat „Videant consules...!" verweist auf den sogenannten „senatus consultum ultimum", einen durch den römischen Senat verhängten Ausnahmezustand, eine Referenz, die in das Bild der blutigen Anfangsjahre der Weimarer Republik passt: In Bayern sorgten der Kapp-Putsch und der ihm folgende Ausnahmezustand 1920 für Unruhe, auch destabilisierten die politischen Morde der Organisation Consul in den Jahren 1921/1922 den jungen Staat. Dass die Parteizeitung der NSDAP sich mit der Formel „Videant consules...!" gegen ein *Staatstheater* richtete, zeugt davon, wie allumfassend die Nationalsozialist:innen eine Umwälzung der Verhältnisse schon 1921 dachten. Ziel solcher Provokationen war bereits zu diesem Zeitpunkt unmissverständlich der demokratische Staat, der im Theater eine seiner Repräsentationen fand.

Infolge des Artikels druckte der *Völkische Beobachter* eine Woche später eine Auswahl von angeblich an ihn gerichteten Leserbriefen ab, unter ihnen auch folgende Zuschrift:

> I bin sonst kein Freund des „Beobachter", weil er gar so eine furchtbare Judenhetze treibt, aber was Sie über die Zustände im Hoftheater geschrieben haben, ist mehr wie wahr. Es ist wirklich höchste Zeit, daß hier einmal Wandel geschaffen wird.[282]

Ob die Zeitung tatsächlich einen Brief dieses Wortlauts erhielt oder die Empörung des aufgebrachten Münchners frei erfunden war, um die Sinnhaftigkeit der eigenen Propaganda zu untermauern, lässt sich nicht sagen. In seinem Ton erinnert der

---

scheint die Summe aus der Luft gegriffen, selbst teure Neueinstudierungen kosteten selten mehr als Summen im unteren fünfstelligen Bereich. Für die Bilanzen der späteren Jahre vgl. MSA, KULA 433-2 und MSA, KULA 353-1.
278 Esser, Staatstheaterskandale, S. 5.
279 Ebd.
280 Ebd.
281 Ebd., Hervorhebung im Original.
282 Hermann Esser, Neues vom sogenannten Nationaltheater. In: *VB*, Nr. 40, 22.05.1921, S. 4.

Text allerdings an Bierkellerrhetoriken wie „Das wird man doch mal sagen dürfen" oder „Gut, dass einer es ausspricht". Adressiert wurden durch diesen von Polemik geprägten Stil zunächst diejenigen Münchner:innen, die bereits in der Weimarer Republik mit den Ideen der nationalsozialistischen Bewegung sympathisierten:

> Wer sie [= die Zeitung, Anm. d. Verf.] in jenen Jahren abonnierte, tat es wohl in der Regel aus echter Überzeugung und nahm das ihm Gebotene als Offenbarung an, im Gegensatz zu dem Leser nach 1933, der sie oft aus Nützlichkeitserwägungen erwarb, [...].[283]

Im Vergleich zu Münchens größter Tageszeitung, den *Münchner Neuesten Nachrichten*, deren Auflage 1921 bei 100 000[284] Stück lag, schien der Einfluss des *Völkischen Beobachters* zunächst vernachlässigbar. Bedeutend für den kunstpolitischen Diskurs war aber, dass das Feuilleton des NS-Blatts durch den Abdruck derartiger ‚Lesermeinungen' für sich in Anspruch nahm, in Kunstdingen neben den überzeugten Abonnent:innen auch solchen Bürger:innen eine Stimme zu geben, die sich nicht primär als nationalsozialistisch, sondern schlicht als konservativ verstanden. Genau an diesem Punkt setzte früh eine Normalisierung des Unsagbaren ein, die über Fragen der Kunst weit hinausreichte:

> [D]ie nationalsozialistische Hetze gegen zeitgenössische Kunst [traf sich] mit der Ablehnung alles künstlerisch Avantgardistischen durch weite Teile der Bevölkerung [...] und [zeitigte] so eine große politische, nicht allein kunstpolitische Wirksamkeit [...]. Die Skepsis breiter Kreise gegenüber dem Fremdartigen wurde von den Nationalsozialisten instrumentalisiert zu einem Aufruf einer [...] Vernichtung alles Fremden.[285]

In der tendenziösen, von Gerüchten und Unterstellungen geprägten Berichterstattung über das Staatstheater ging es also gar nicht nur um das Theater, seine Inszenierungen, seine Künstler:innen. Als Institution mit dem Suffix „National-" wurde es früh zur Projektionsfläche rechter Ideologie, die sich deshalb so gut propagieren ließ, weil das rote ‚Trauma' der Revolution und ihrer blutigen Niederschlagung durch den Rekurs auf Schwannekes Kollektivtheater permanent präsent gehalten und zur Bedrohung stilisiert wurde, weit über dessen Amtszeit hinaus.

Zudem stand mit Bruno Walter ein Mann an der Spitze der Oper, dem der *Völkische Beobachter* alle Klischees vom jüdischen Großbürgertum anheftete, die die bürgerliche Presse bereits vorbereitet hatte: Man störte sich in der Zeitung an Walters kosmopolitischem Leben ebenso wie an der Tatsache, dass Werke von

---

283 Plewnia, Völkischer Beobachter (1887–1945), S. 383.
284 Vgl. Hoser, Münchner Neueste Nachrichten.
285 Schmidt, *Kultusminister Franz Matt*, S. 295.

Franz Schreker und Walter Braunfels einem ausländischen Publikum bei deutschen Opernfestspielen präsentiert wurden.[286] Und während man Bruno Walter hinter den Kulissen die „Balkanisierung unserer Staatstheater"[287] vorwarf, nahm das Blatt auch die Personen im Parkett genau in den Blick. Über die Festspielbesucher:innen, besonders über die Gäste aus Osteuropa – „im Volksmunde geminiglich Juden genannt"[288] – hieß es, sie brächten die Cholera mit. Der Artikel schürte die Angst vor Ansteckung im Zuschauerraum, die vor dem Hintergrund der soeben durchgestandenen Spanischen Grippe durchaus bedrohlich gewirkt haben dürfte, und ging dann nahtlos in eine Polemik gegen den Operndirektor über.

In ihren Texten über das Theater bediente die Zeitung also gängige antisemitische Klischees. Jüdische Menschen wurden als unrein und krank dargestellt, ihnen wurde Vetternwirtschaft vorgehalten, die sie trotz mangelnder Fähigkeiten in Führungspositionen bringe, der ‚typisch jüdische' Name „Isidor Schlesinger"[289] wies auch beschränkten Leser:innen Bruno Walter zweifelsfrei als Juden aus. Einmal mehr bestätigt sich der Eindruck, dass es hier gar nicht wirklich um Theater ging. Dennoch war die Aneignung von kulturpolitischen Themen besser getarnt, als man meinen mag. Sabine Rauh, die in ihrer Dissertation mehrere Parteizeitungen in der Weimarer Republik untersucht hat, schreibt:

> Die politischen Positionen, die sich hier ausdrücken, werden immer wieder begründet und untermauert. Es bleibt nicht bei der ständigen Wiederholung, sondern es werden wissenschaftliche und pseudowissenschaftliche Ergebnisse herangezogen und, häufiger noch, die – oft aus dem Zusammenhang gerissenen – Worte großer Männer der Geschichte und der Literatur. Diese Basis, der scheinbar nicht widersprochen werden kann, gibt dem Feuilleton des Völkischen Beobachters den Anschein der Seriosität und läßt es als einen sorgfältig und gewissenhaft zusammengestellten klassischen Kulturteil erscheinen. Sie verleiht der Ideologie Überzeugungskraft und macht vergessen, daß hier kein Feuilleton vorliegt, das berichten und ästhetische Urteile fällen will, sondern ein Kulturteil, der vollkommen der ideologischen Arbeit der Partei dienstbar gemacht ist.[290]

Ob sich Karl Zeiß dieser Mechanismen bewusst war, bleibt fraglich. Auffallend ist aber, dass er sich zu den Anfeindungen des *Völkischen Beobachters* nie äußerte – weder in den Akten noch in Pressemitteilungen oder der theatereigenen Zeitung. Hermann Eßwein schrieb in seinem Nachruf auf Zeiß, es schiene manchmal, „als habe der Verstorbene allzu konziliant [...] allen diesen ephemeren Strömungen

---

286 Vgl. Buchner, Bemerkungen zu den Münchener Festspielen. In: *VB*, Nr. 64, 11.08.1921, S. 2.
287 H.B, Festspielbetrachtungen. II. In: *VB*, Nr. 79, 19.10.1921, S. 3.
288 H.B., Festspielbetrachtungen. I. In: *VB*, Nr. 74/75, 01.10.1921, S. 3.
289 Esser, Staatstheaterskandale, S. 5.
290 Rauh, *Das Feuilleton der deutschen Parteizeitungen 1924 bis 1929*, S. 172.

gefällig sein wollen",[291] aber gerade diese Bereitschaft zur Beschäftigung mit unterschiedlichen Weltanschauungen sei eine „gesellschaftliche Tugend"[292] und „der Hauptzug seines Wesens".[293] Womöglich hat Zeiß, der besonnene Theaterdiplomat mit langjähriger Berufserfahrung, die hassdurchtränkte Berichterstattung des *Völkischen Beobachters* schlicht als vorübergehendes Übel der Zeit wahrgenommen. Ebenfalls denkbar ist, dass er den zunehmenden Druck von rechts zwar spürte, aber zum Schutz seines Hauses bewusst nicht öffentlich dagegen Stellung nahm, um der Zeitung keine zusätzliche Angriffsfläche zu bieten.

4.7 Erich Engels Inszenierung von *Im Dickicht* 1923

Nachdem bekannt wurde, dass Bruno Walter München verließ, ebbte im *Völkischen Beobachter* die Berichterstattung über das Theater zunächst ab, was die These stützt, dass über das Theater nur so lange berichtet wurde, wie es sich für die Ideologie in den Dienst nehmen ließ. Im Jahrgang 1922 finden sich kaum Artikel Zeiß' Bühne betreffend, auch die Kammerspiele wurden in dem Jahr nur selten Thema der Zeitung. Umso auffallender ist, dass die Berichterstattung 1923 mit einer neuen Heftigkeit wieder einsetzte.

Das hatte zwei Gründe: Zum einen kaufte die NSDAP in diesem Jahr zwei Rotationsdruckmaschinen, die es ermöglichten, den *Völkischen Beobachter* täglich herauszubringen und nicht wie bisher alle drei Tage.[294] Diese zusätzlichen Ausgaben wollten mit Material gefüllt werden – und zwar in kämpferischem Ton. Seit den Agitationen gegen Bruno Walter war der Einfluss der rechten Partei in München deutlich gewachsen, Hitler verkehrte nun auch in angesehenen Kreisen, die dafür sorgten, dass aus dem „zweitrangige[n] Bierkellerprolet[en]"[295] ein vorzeigbarer Politiker wurde. Gleichzeitig sammelten sich in München zunehmend gewaltbereite rechte Kräfte, die nur darauf warteten, „für Hitler den Knüppel zu schwingen."[296] Die Partei musste sie bei der Stange halten, es nimmt daher nicht wunder, dass die Rhetorik der NSDAP-Zeitung aggressiver wurde.

Zum anderen wurde Erich Engel zunehmend zum wichtigsten Regisseur unter Karl Zeiß. Nach ersten Arbeiten in der Spielzeit 1921/1922 war er nun fester Bestandteil der Bühne. Engel, auf den Zeiß an den Kammerspielen aufmerksam

---

291 Eßwein, Zum Ableben.
292 Ebd.
293 Ebd.
294 Vgl. Large, *Hitlers München*, S. 192.
295 Ebd., S. 190.
296 Ebd., S. 205.

wurde, inszenierte dort *Die Verführung* von Paul Kornfeld, die Zeiß in Frankfurt uraufgeführt hatte. Am Staatstheater erarbeitete er sowohl Klassiker wie auch zeitgenössische Werke. Er bot den Nationalsozialisten eine gute Projektionsfläche für ihre Lieblingsthemen, schließlich befasste er sich schon früh mit marxistischen Ideen,[297] gegen die die Zeitung anschrieb.

Genau wie für Hartung und Weichert in Frankfurt muss Zeiß ein echter Förderer des jungen Regietalents gewesen sein. In seinem Kondolenzbrief an Hedwig Zeiß-Gasny sprach Engel von Zeiß als einem „väterlichen Freund":[298]

> Mir besonders hat er in den schwierigen Situationen, die meine subjektive Art oft provoziert hat, viel großzügigstes Wohlwollen bewiesen, daß ich mich zu einem persönlicheren Dankgefühl verpflichtet sehe, als manch anderer.[299]

Ähnlich äußerte sich Cara Stieler, die Mutter des Schauspielers und Regisseurs Kurt Stieler, der unter Zeiß ebenfalls Förderung erfuhr. „Ich weiß wie glücklich er über das Vertrauen u [sic!] Verstehen Ihres Gatten war",[300] schrieb sie in ihrer Beileidsbekundung, „ich [danke] Ihnen noch einmal [...] für jedes gute liebe Wort, was Ihr Gatte meinem Kinde gegeben."[301] Stieler inszenierte unter Zeiß nicht nur Klassiker wie *Don Carlos*, sondern auch Hofmannsthals *Schwierigen*, dessen Regie im Kontrast zum Text außerordentlich gelobt wurde. Anders als Engel erreichte er aber nie den Ruf, „einer der führenden Regisseure der Weimarer Republik"[302] zu sein.

Engels Erfolg erwuchs auch aus seiner klar formulierten ästhetischen Vision. Bereits 1920 notierte er: „Theaterspielen bedeutet: Geist verwirklichen. Aber nicht: eine Wirklichkeit reproduzieren (wo Realität dominierendes Regieprinzip ist, entstehen drei Wirklichkeitsstunden, aber keine Ewigkeit, Unvergänglichkeit)."[303] Ebenso lehnte er das atmosphärische Theater Max Reinhardts ab:

> Stimmung innerhalb des Kunstwerks bedeutet die Abtönung des Ganzen zu Gunsten einer (bequemen) Genußfähigkeit. Stimmung (Schmackhaftmachung) war lange primäres Element innerhalb der Regiekunst. [...] Was man Stimmung nannte, ist ein verantwortungsloser Zu-

---

297 Vgl. Abusch, Suchender und wissender Künstler, überzeugter Kämpfer, S. 5 und S. 9.
298 Erich Engel an Hedwig Zeiß-Gasny, Februar 1924. In: DTM, Nachlass Karl Zeiß, Zugangsinv.-Nr. 1983/25, Kondolenzen.
299 Ebd.
300 Cara Stieler an Hedwig Zeiß-Gasny, 20.02.1924. In: DTM, Nachlass Karl Zeiß, Zugangsinv.-Nr. 1983/25, Kondolenzen.
301 Ebd.
302 Ruckhäberle, Erich Engel, S. 52f.
303 Engel, Szenische Kunst 1920, S. 13.

stand des Sichloslassens, des wollüstigen, entkräftenden Schwimmens innerhalb eines (musikalischen) Stroms.[304]

Er verstand Theater als „gesteigerte Wirklichkeit"[305], aus der eine „erhöhte Rezeptivität des Betrachters"[306] folge und sprach dem Theater deshalb „halluzinativen, visionären Charakter"[307] zu. Dass der junge Mann bereits so früh theoretische Reflexionen seines praktischen Tuns formulierte, könnte Zeiß gefallen haben, als promovierter Philologe war er es schließlich gewohnt, selbst einen eher suchenden, fast schon wissenschaftlichen Zugang dem Theater gegenüber einzunehmen.[308]

Engels erste Regiearbeiten am Staatstheater kamen bei der Presse gut an, für seine Inszenierung von Shakespeares *Hamlet* im März 1922 erfuhr er die volle Anerkennung der Kritik, besonders in Bezug auf eine zeitgemäße Schauspielführung:

> Er hat mit der feinen Empfindung eines klugen, für das Rhythmische und innerlich Gegliederte der dichterischen Sprache überaus empfänglichen Künstlers die gewaltige Welt des Menschenwunders Shakespeares ganz durchdrungen, er hat die solcher energischen Forderungen recht ungewohnten Darsteller auf die schauspielerische Linie gestellt und sich auf ihr bewegen lassen, die sich aus seiner Anschauung ergab, er hat es dazu verstanden, daß man sich freudig, bereitwillig, ganz offensichtlich mit dem frischen Gefühl gemeinsamen Arbeitens seinem Willen fügte, seine Absichten mit der restlosen Hergabe der eigenen Kräfte unterstützte.[309]

Zeiß hatte in ihm offenbar endlich den visionären Regisseur gefunden, den er in den ersten anderthalb Jahren seines Wirkens in München so schmerzlich vermisst hatte. Er setzte ihn auch als Regisseur bei den im Sommer 1922 erstmals unter seiner Leitung stattfindenden Festspielen im Künstlertheater für Grabbes *Scherz, Satire, Ironie und tiefere Bedeutung* ein, einem damals beim Münchner Publikum

---

304 Ebd., S. 13 f.
305 Ebd., S. 15.
306 Ebd.
307 Ebd.
308 Besonderes Augenmerk legte Zeiß dabei auf die Entstehungs- und Rezeptionsgeschichte der jeweiligen Stücke, doch lähmte dieser wissenschaftliche Zugang seine Regie: „[I]n der Bewegungs- als auch in der Wortregie [fühlte er sich] von den szenischen Zwischenbemerkungen der Dichter, die allein Grundlage seiner Inszenierungen waren, abhängig." (Ederer, *Karl Zeiss*, S. 110). Der zwanzig Jahre jüngere Engel mit seiner klar umrissenen Vorstellung von Regie dürfte im Umgang mit dem Text wesentlich freier agiert haben als sein Mentor Zeiß, der noch zu sehr am Willen des Autors klebte.
309 Osterburg, Theater und Konzerte. Hamlet. (Prinzregententheater). In: *MOPO*, 03.03.1922. In: MSA, ZA-17042.

beliebten Stück. Im August kam unter Engels Anleitung dann *Der Snob* von Carl Sternheim heraus, im November 1922 inszenierte er erneut Shakespeare: Seinen *Julius Cäsar* wertete die *Bayerische Staatszeitung* als „Regietat auf achtenswerter Höhe",[310] Hermann Eßwein hingegen kritisierte, die Inszenierung „[trug] der Perspektive des Hauses und unserer Zeit mehr Rechnung [...] als den Gesichtspunkten Shakespeares".[311] Diesen wenig begeisterten Eindruck teilte auch der Kritiker Wolfgang Martini: Er argumentierte, dass Shakespeares Werk vom Individualismus seiner Figuren lebe, bei Engel die Individualität der Personen jedoch im Geist der unmittelbaren Gegenwart zugunsten der Masse zurücktrete.[312]

Probenarbeit und Anbahnung des Im Dickicht-*Skandals in den Medien*
Im Frühjahr 1923 begannen dann die Proben zur Uraufführung von Bertolt Brechts *Im Dickicht*. Es wurde der einzige große Skandal in der Intendanz von Karl Zeiß, doch die Annahme des Stücks trug nicht Zeiß' Handschrift. Im Gegenteil, der Text, der im Großstadtsumpf Chicago spielt, passte so gar nicht zu seiner Losung vom „gepflegten Theater". Zeiß spielte zwar zeitgenössische Autoren, doch waren die aktuellen Dramen, die er herausbrachte, oft heiteren Charakters. Sogar Hofmannsthals *Schwieriger*, das Kriegsheimkehrerstück, unter dessen Oberfläche es brodelt, blieb durch die überzeichneten Figuren und die redundanten Dialoge in der Form der Komödie verhaftet. Demgegenüber wirkt *Im Dickicht*, das Stück über den sinnlosen Kampf zweier Männer, ungemein düster.

Tatsächlich muss Zeiß dem jungen Brecht eher abwartend gegenübergestanden haben: Im Februar 1920, noch unter Schwannecke, wurde am Staatstheater Brechts Stück *Baal* zur Uraufführung angenommen.[313] Diese Entscheidung revidierte Zeiß bereits im Sommer 1920. Wie aus Werner Hechts *Brecht Chronik* hervorgeht, fürchtete der designierte Intendant einen Skandal.[314] Taktisch dürfte das klug gewesen sein: Gleich zu Beginn seiner Intendanz einen Brecht-Text herauszubringen, hätte ihm womöglich die Sympathien der Presse direkt wieder verspielt, zumal die Leipziger Uraufführung 1923 dann tatsächlich nur wenige Tage nach der Premiere durch den Theaterausschuss der Stadt verboten wurde.[315]

---

310 Alfred Mensi von Klarbach, Theater und Musik. Prinzregententheater. In: *BSTZ*, Nr. 274, 25.11.1922. In: MSA, ZA-17042.
311 Hermann Eßwein, Theater- und Kunstnachrichten. Prinzregententheater. Neueinstudiert: Julius Caesar. Von Shakespeare. In: *MOPO*, Nr. 276, 27.11.1922. In: MSA, ZA-17042.
312 Vgl. Wolfgang Martini, Julius Caesar von Shakespeare im Prinzregententheater. In: *N.Z.* (= *Nürnberger Zeitung?*), Nr. 254, 01.12.1922. In: MSA, ZA-17042.
313 Vgl. Hecht, *Brecht Chronik*, S. 82.
314 Vgl. ebd., S. 97.
315 Vgl. ebd., S. 165.

Förderer Brechts war weniger der Intendant selbst als vielmehr Jacob Geis, jener Mitarbeiter, der unter Schwanneke für die Propaganda des Hauses eingestellt wurde. Er bat Caspar Neher bereits im Februar 1922 um Entwürfe des Bühnenbilds,[316] im Juni des gleichen Jahres gelang es Geis und Engel dann gemeinsam, ihren Chef zur Annahme des Stückes zu bewegen.[317] Zeiß vertraute hier dem Urteil seiner Mitarbeiter. Wie sehr er Engel als Kollegen geschätzt haben muss, zeigt sich bereits daran, dass dieser viele wichtige Premieren des Jahres 1922 verantwortete. Geis wiederum hatte für das Haus Max Mohrs *Improvisationen im Juni* entdeckt,[318] das in der Spielzeit 1921/1922 einen sensationellen Erfolg mit 29 Aufführungen innerhalb einer Saison erlebte.[319]

Im Herbst 1922 feierte an den Kammerspielen dann in der Regie von Otto Falckenberg Brechts Stück *Trommeln in der Nacht* Premiere, das beim Publikum gut ankam und in den darauffolgenden drei Monaten sechzehnmal gezeigt wurde.[320] Der Entschluss, das bereits angenommene *Im Dickicht* tatsächlich aufzuführen, könnte hierdurch gefestigt worden sein. Dabei darf man nicht vergessen, dass *Trommeln in der Nacht* auf wesentlich günstigerem Boden gedieh als das morastige *Dickicht*: Erstens waren die Kammerspiele für Aufführungen zeitgenössischer Dramatik deutschlandweit bekannt, das Publikum wusste, was es erwartete. Zweitens folgt der Text in seiner Dramaturgie einem klar nachvollziehbaren Handlungsstrang, demgegenüber ist *Im Dickicht* wesentlich loser. Drittens wird auch das Thema des Textes zu dessen Erfolg beigetragen haben: Ein Kriegsheimkehrer, der keine Lust mehr auf Revolution hat, sondern lieber in die Wärme des heimischen Bettes flüchtet – das dürfte den revolutionsgeschädigten Münchner:innen bekannt vorgekommen sein, zumal die ursprüngliche Fassung des Stücks nicht wie die spätere Bearbeitung in Berlin Anfang 1919,[321] sondern in Bayern im November 1918 spielte.[322]

Nach wie vor schien das Unterfangen *Im Dickicht* gewagt und schon zu Beginn der Proben erregte es den Zorn des *Völkischen Beobachters*:

Man sieht, der Geheimrat Dr. Zeiß kann die Eierschalen seiner demokratischen Frankfurter Zeit nicht abschütteln: Nach dem Juden Lion Feuchtwanger kommt der Jude Bergt [sic!]

---

316 Vgl. ebd., S. 137.
317 Vgl. ebd., S. 142.
318 Das geht aus einem Arbeitszeugnis hervor, das Geis bei seiner Kündigung 1924 ausgestellt wurde. Vgl. o.A., Bestätigung, 29.04.1924. In: BAYHSTA, Generalintendanz der Bayerischen Staatstheater, 393.
319 Vgl. Kneuer, Die bayerischen Staatstheater im Zeitraum 1921 bis 1930, S. 179.
320 Vgl. Hecht, *Brecht Chronik*, S. 144.
321 Für die Berliner Fassung vgl. Brecht, Trommeln in der Nacht, S. 83–138.
322 Vgl. Feilchenfeldt, Bertolt Brecht „Trommeln in der Nacht", S. 55.

Brecht an die Reihe, und unser Staatsministerium für Unterricht und Kultus hat gegen solche Verjudung des Spielplanes unserer Staatstheater nichts einzuwenden. Offenbar ist es zu „matt" dazu.[323]

Das rechte Blatt richtete nun offen das Wort gegen Zeiß, dessen Inszenierung von Hebbels *Nibelungen* es noch kurz zuvor feierte, weil sie den „Zusammenprall einer völkischen, wurzelhaften Weltanschauung mit dem zersetzenden Einfluß einer volksfremden und rassenfremden Gefühlswelt"[324] zeige. Die Strategie, die die Zeitung gegenüber Bruno Walter gefahren hatte, schien sich zu wiederholen: Immer wieder wurden Gründe gesucht, um Zeiß in Misskredit zu bringen. Im Februar 1923 kritisierte die Redaktion beispielsweise, dass Karl Zeiß sich bereit erklärt haben soll, Texte für das *Neue Wiener Journal* zu verfassen, für das auch Alfred Kerr, Egon Friedell und Leopold Jacobson schrieben, wie einer Reklame für die Zeitung zu entnehmen sei:

> Wir möchten zwar annehmen, daß Geheimrat Dr. Zeiß, der die hohe Ehre hat, Leiter der Nationalbühnen derjenigen deutschen Stadt zu sein, die als Hochburg der vaterländischen Bewegung gilt, sicherlich seine Mitarbeit einem Blatte verweigert hätte, das mit seinem Namen in der Gesellschaft übelster Juden und Judengenossen echte jüdische Reklame betreibt! Wir erwarten nunmehr eine öffentliche Erklärung des Generalintendanten in diesem Sinne und die Verhinderung seiner weiteren Namensnennung in solchem Kreise.[325]

Zeiß reagierte auf diese Agitation nicht öffentlich. Trotzdem unterstellte ihm die Zeitung im April 1923 er habe voll Spott einen Schmähartikel des *Völkischen Beobachters* gegen Erwin Faber und Erich Engel auf einer Probe verlesen,

> worauf eine von den ‚Prominenten' [= eine Schauspielerin, Anm. d. Verf.], mitleidig die Achsel zuckend, die Frage aufwarf, ob es denn überhaupt an unseren Staatstheatern national gesinnte Künstler gäbe. Der Vater dieser Dame, der ein sehr gut deutsch gesinnter Mann war, wird sich ob dieser Bemerkung seiner Tochter wohl im Grabe umgedreht haben.[326]

---

323 o.A., Ersatzkleist. In: *VB*, Nr. 61, 07.04.1923, S. 3. Zu „matt" ist ein Wortspiel, das auf den bayerischen Kultusminister Franz Matt referiert. Wie wenig „matt" der Kultusminister war, zeigte sich Ende 1923. Durch sein beherztes Handeln trug er maßgeblich zur Niederschlagung des Hitler-Ludendorff-Putsches bei. Er setzte sich während des Putsches mit einem Teil des Kabinetts nach Regensburg ab und stellte sich durch die Verteilung von Flugblättern klar auf die Seite der Reichsregierung. Vgl. Schmidt, *Kultusminister Franz Matt*, S. 76 ff.
324 o.A., Kunstnachrichten. In: *VB*, Nr. 42, 10.03.1923, S. 2.
325 o.A., Die Gesellschaft des Herrn Generalintendanten. In: *VB*, Nr. 16, 14.02.1923, S. 2.
326 o.A., Ersatzkleist, S. 3.

Nur eine Woche nach diesem Artikel erschien in der *München-Augsburger Abendzeitung* die Nachricht, dass rechte Kreise bei der Uraufführung von *Im Dickicht* einen Skandal provozieren wollen,

> weil das Stück einer Verherrlichung des Kommunismus gleichkomme. Wir können dieses Gerücht nicht nachprüfen, uns mutet aber diese Aufregung gegen ein literarisches Ereignis ähnlich wie der seinerzeitige Sturmlauf gegen Schillers *Räuber* und *Kabale und Liebe* seitens der berufenen Kapitolswächter an.[327]

Durch Gerüchte und Halbwahrheiten war der Boden für einen möglichen Skandal also schon bereitet, noch ehe *Im Dickicht* überhaupt Premiere gefeiert hatte.

Am Staatstheater erprobte man indes einen neuen Arbeitsmodus, der mit der *Im Dickicht*-Produktion Einzug ins Theater hielt. Die Proben „besitzen durchaus bereits den typischen Charakter kollektiver Arbeit: An den Proben nahmen neben den Schauspielern und Erich Engel auch häufig Brecht, Neher und Jacob Geis teil."[328] Auch Hauptdarsteller Erwin Faber konnte sich in der damals relativ langen Probenzeit von vier Wochen mit seinen Vorschlägen produktiv in die Arbeit am Text einbringen.[329] Ihm und den anderen Schauspieler:innen räumte Engel ein hohes Maß an Autonomie ein, zur Probenarbeit an *Im Dickicht* vermerkte er:

> Man muß bei den Proben dem andern vieles zutrauen und locker aus seiner Gestaltung mehr machen, als da war. Nicht aus Mißtrauen in den andern sofort die ganze Gestaltung für ihn absolvieren. Nie seine Produktionskraft lähmen. Alles tun, seine Autosuggestion zu verstärken. Ihm weniger fertige Form geben als Ratschläge, zu lebendigerem Erlebnis zu kommen. Formvorschläge nur dann, wenn sie sofort suggestiv auch die richtige Wortbehandlung auslösen.[330]

Diese Offenheit des Prozesses mit „Abänderungen des Textes bis zum letzten Augenblick"[331] zeugt davon, dass Regie und Text hier nicht als etwas Abgeschlossenes gedacht wurden – ein Plan, der im Vorhinein ersonnen und dann eingeübt wurde[332] – sondern als Experiment, dessen Ausgang alle beeinflussen konnten. Das wird besonders in der Zusammenarbeit zwischen Engel und Brecht sichtbar:

---

327 Gebhauser, Zeitungsartikel unbekannten Titels. In: MAAZ, 18.04.1923, zit. nach Hecht, *Brecht Chronik*, S. 156.
328 de Ponte, *Caspar Neher Bertolt Brecht*, S. 57f.
329 Vgl. ebd.
330 Engel, Im Dickicht der Städte, S. 77.
331 de Ponte, *Caspar Neher Bertolt Brecht*, S. 57.
332 Diese Idee von „Regie", die heute wohl eher an das Franchise-System privat geführter Musicalbühnen erinnert, war Anfang des 20. Jahrhunderts noch weit verbreitet. Die *Deutsche Bühne* druckte bis 1913 beispielsweise sogenannte „Regiepläne" mit Inszenierungsvorlagen ab, an denen

Brecht war in der Begegnung mit dem Regisseur Engel auf den Proben in München und Berlin Anfang der zwanziger Jahre zweifellos der Nehmende. Erich Engel erzählte uns, wie Brecht – unbemerkt in einer Reihe ganz hinten im Parkett – oft stundenlang zusah und erst beim gemeinsamen Mittagessen die Unterhaltung begann: über die probierte Szene, über Regiefragen, über Schauspielerisches.[333]

Brecht profitierte in dieser Zeit stark von Engel, „[d]er spätere ‚Brecht-Stil' wurde von Engel szenisch vorbereitet und in der Zusammenarbeit mit Brecht erhärtet."[334] Diese Aufgeschlossenheit der Regie gegenüber den Impulsen von Kolleg:innen war für den jungen Brecht alles andere als selbstverständlich. Als er im Jahr zuvor an Proben zu *Trommeln in der Nacht* teilnahm, war das Verhältnis zwischen Autor und Regisseur angespannt:

> Offiziell liegt die Regie in den Händen Falckenbergs, Brecht schaltet sich jedoch so intensiv ein, daß es mehrere Male zu recht ernsten Zwischenfällen kommt. Falckenberg mag nicht mehr; eine halbe Stunde, eine ganze Stunde vergeht in Warten und Ungewißheit, schließlich gelingt es aber doch, den Gekränkten zu besänftigen.[335]

Falckenberg schilderte die Episode ähnlich, für ihn führte die Begegnung mit Brecht zu einer ernsthaften Schaffenskrise.[336] In der Arbeit an *Im Dickicht* pflegte man im Kontrast dazu ein respektvolles Miteinander, Brecht war hier nicht „der Schrecken des durchschnittlichen Regisseurs",[337] als den sein Freund Arnolt Bronnen ihn wegen seines starken Gestaltungswillens bezeichnete, sondern ein wertvoller Partner für Engel. In der Probenarbeit zu *Im Dickicht* realisierte sich im Frühjahr 1923 also, was auf institutioneller Ebene drei Jahre zuvor mit dem Künstlerrat gescheitert war: Ein kollektives Vortasten im Interesse eines gemeinsamen Ziels. Ob Intendant Zeiß in die Probenarbeit hineinfunkte, ist nicht bekannt, doch sagte Friedrich Ulmer über ihn, er habe, ganz seiner alten Rolle als Dramaturg entsprechend, Talent in der „kritische[n] Überwachung der Regie"[338] bewiesen. Er

---

sich Spielleiter orientieren konnten. Sie enthielten neben mehreren Bühnenbildskizzen in Draufsicht eine genaue Beschreibung der Dekorationen und Requisiten sowie Anweisungen zur Lichtstimmung. Die „Regiepläne" gingen auf tatsächliche Inszenierungen verschiedener deutscher Theater zurück. In einer Bühnenbearbeitung von Karl Zeiß findet sich zum Beispiel ein Regieplan für Hebbels *Genoveva*, aufgeführt am Dresdner Hoftheater unter der Regie von Ernst Lewinger. Vgl. Ernst Lewinger, Regieplan. Genoveva. In: *DB* 5/10 (1913), S. 196–199.
333 Pintzka, Erich Engel, S. 254f.
334 Zuckmayer, ohne Titel, S. 251.
335 Münsterer, *Bert Brecht*, S. 178.
336 Vgl. Pargner, *Otto Falckenberg*, S. 90ff.
337 Bronnen, *Tage mit Bertolt Brecht*, S. 98.
338 Ulmer, *Perlicco – Perlacco*, S. 209.

wird daher gewusst haben, welches Wagnis er mit der Uraufführung von *Im Dickicht* einging.

Sperrige Ästhetik der Uraufführung?
Gewagt war die Entscheidung für *Im Dickicht* auch wegen des für das Publikum schwer greifbaren Inhalts: Inspiriert unter anderem von Upton Sinclairs Roman *Der Sumpf* versuchte Brecht, die Großstadt als Dschungel auf die Bühne zu bringen, in dessen „Dickicht" sich der vermeintlich sinnlose Kampf zwischen dem Bibliothekar George Garga und dem malaiischen Holzhändler Shlink abspielt. Nach einer anfänglichen, scheinbar unmotivierten Provokation Shlinks gegen Garga ereignet sich zwischen den beiden Männern ein metaphysisches Ringen, das gleich einem Boxkampf über mehrere Runden ausgetragen wird und in das neben Gargas Familie auch seine Verlobte hineingezogen wird. Am Ende dieses Kampfes ist sein soziales Umfeld komplett zugrunde gerichtet und Gegner Shlink stirbt nach einem Liebesgeständnis an Garga. All das wirkt in der ersten Fassung des Textes äußerst sperrig und wenig zugänglich, denn Brecht war beim Schreiben „an einer Motivierung des Kampfes nicht interessiert [...], schon gar nicht an einer wie immer gearteten psychologischen Begründung".[339] Die lose Szenenfolge ebenso wie ein dichtes Netz literarischer Zitate lassen den Text umso unverständlicher scheinen, dabei zeigt er „die Selbstentfremdung und Entfremdung der Großstadtwelt in einem objektiv gewalttätigen Lernprozess, den der Savannenbewohner Garga durchmachen muss, um zum Großstadtbewohner sozialisiert zu werden."[340] Im Kampf der beiden Männer transportiert sich so das Ringen des modernen großstädtischen Subjekts mit seiner Umwelt: Der Erfahrung von Einsamkeit und Fremdsein ausgesetzt, muss der Mensch sich in seiner Individualität behaupten, wenn er nicht im urbanen Sumpf versinken will.

In welcher Fassung das Stück gespielt worden ist, lässt sich nicht mit Sicherheit sagen, weil das Regiebuch der Münchner Inszenierung nach derzeitigem Kenntnisstand verloren gegangen ist. Allerdings existieren Aufzeichnungen von Erich Engel, die nahelegen, dass sein inszenatorischer Zugriff den assoziativ-metaphysischen Zug von Brechts Text noch verstärkt haben könnte. Eine Vereindeutigung des literarisch voraussetzungsreichen Stücks lehnte er ab. „Nicht aus der Zweifelangst das Übertragungsmittel verstandesgemäß verschärfen und durch die Sicherung zu unlebendiger Klarheit treiben",[341] notierte er, man müsse „[s]pielen so, daß

---

[339] Müller, Im Dickicht der Städte, S. 118.
[340] Ebd., S. 123 f.
[341] Engel, Im Dickicht der Städte, S. 77.

man die Folge der Szenen nicht überblickt."[342] Die Textzeilen, die die Schauspieler:innen tauschen, sollten auf keinen Fall wie ein echter Dialog wirken: „Sehr oft entstehen Dialoge so, daß jeder aus seinem Gedankenkreis spricht. Also Satzansatz auf Replikansatz ist nicht brückenhaft verbunden, sondern steht einsam – Individuum gegen Individuum."[343] Ein Augenmerk legte er auch auf die Sprechpausen: „Die Pause muß vom Publikum gefüllt werden können, das heißt der Phantasiereiz zur Füllung muß zwanghaft so stark sein, daß in das Schweigen intensivste Arbeit des Beschauers hineinfällt."[344] Engel schwebte in seiner Regiearbeit anscheinend eine Aktivierung der Zuschauer:innen vor, die dem Versuch widerstehen musste, den Text durch eine beherzte Regieführung zu sehr zu erklären. Ein erklärendes Moment der Inszenierung könnte allerdings ein Programmzettel gewesen sein, der vor Beginn der Vorstellung ins Publikum geworfen werden sollte. Er enthielt eine Art Inhaltszusammenfassung, die jedoch nicht nur der Ausdeutung der Handlung, sondern auch einer Sensationalisierung des nun Folgenden diente. In der Erstfassung des Textes heißt es: „Bevor der Vorhang hochgeht, schreien über die Bühne Stimmen von Zeitungsweibern und Zeitungsjungen die unterstrichenen Worte des dem Stück beiliegenden Programmzettels aus."[345] Auch eine Kritik der Münchner Aufführung erwähnte die Zeitungsausrufer.[346]

Die Bühnenbilder Caspar Nehers unterstützten mit ihrer „Farbgebung als sumpfig-fauliges Terrain: [g]rünbraune, blaugraue und gelbgraue Tönungen"[347] die Deutung von der Großstadt als Dschungel. Das „System verschachtelter Wände und Paravents",[348] die zum Einsatz kamen, spiegelte räumlich die Undurchsichtigkeit und Komplexität der Metropole Chicago. Alle Kulissen waren auf die Drehbühne des Residenztheaters gebaut, Neher ließ sie bei bewusst offener Sicht vor dem Publikum fahren, während der Fahrten ertönte eine „Geräuschkulisse aus Großstadtlärm".[349] Mehrere in braun und grün gehaltene, mit Aquarell gemalte Entwurfsskizzen[350] (Abb. 13) vermitteln einen Eindruck von Nehers Ästhetik, sie stand im starken Kontrast zur prunkvollen Rokoko-Ausgestaltung des Residenztheaters und dürfte erst über diesen Kontrast ihre volle Wirkung entfaltet haben: Den be-

---

342 Ebd., S. 78.
343 Ebd., S. 75.
344 Ebd., S. 78.
345 Bahr, *Im Dickicht der Städte*, S. 8.
346 o.A., Der Rotstift. Aus Münchener Theatern. Im Dickicht von Bert Brecht. Uraufführung im Residenztheater. In: *RBF* (= unbekannte Zeitung), Nr. 59, 19./20.05.1923. In: MSA, ZA-17083.
347 de Ponte, *Caspar Neher Bertolt Brecht*, S. 58.
348 Ebd.
349 Ebd.
350 Vgl. ebd., S. 144–152.

Abb. 13: Bühnenbildskizze Caspar Nehers zu Bertolt Brechts *Im Dickicht*, Regie: Erich Engel.

wusst ärmlich gehaltenen Interieurs der amerikanischen City glänzte der ungemeine Reichtum der Hoftheaterzeit in Form des goldüberzogenen Zuschauerraums entgegen, der vor Brechts literarischer Armutskulisse im Jahr der Hyperinflation 1923 umso unerhörter gewirkt haben muss. Nicht nur literarisch, auch szenografisch und inszenatorisch hob sich die Arbeit deutlich von dem ab, was man unter Zeiß bisher an literarischer Kost serviert bekommen hatte.

Klatschen als politische Manifestation – Reaktionen bei der Premiere
Mit großer Spannung wurde dementsprechend die Uraufführung am 9. Mai 1923 erwartet. Brechts Jugendfreund Hans Otto Münsterer hielt den Abend viele Jahre später wie folgt in seinen Erinnerungen an Brecht fest:

> Bis zur Pause ging alles einigermaßen gut; die Zuschauer, in diesem Haus gerade noch an Bahr und Molnar [sic!] gewöhnt, nahmen die ungewöhnliche Handlung zwar mit Befremden, aber ohne entschiedenen Widerspruch zur Kenntnis. Dann aber, im weiteren Verlauf, während der Kampf Shlink-Garga immer brutalere Formen annahm, ertönten vereinzelte Pfiffe, die schließlich in ein fast ununterbrochenes Konzert ausarteten. Es wurde weitergespielt; die allgemeine Unruhe machte es jedoch beinahe unmöglich, dem Fortgang des Stückes zu folgen.

Abb. 14: Szenenfoto „Georges Mansarde" der Uraufführung von Bertolt Brechts *Im Dickicht*, Regie: Erich Engel, Bühne: Caspar Neher.

> Nach dem Fallen des Vorhangs gab es einen in diesem Theater wohl noch nie erlebten Skandal, wütende Schreie, Pfeifen und krampfhafter Beifall [...].[351]

Der medial durch Gerüchte vorbereitete Skandal ereignete sich tatsächlich, obgleich die Schilderungen der Anwesenden nicht darauf schließen lassen, dass es sich beim Schreien und Pfeifen um eine *geplante* Störung gehandelt hat, wie sie in der Presse prophezeit wurde. Dagegen spricht, dass sich das Publikum in der ersten Hälfte der Aufführung abwartend verhielt. Insgesamt wirkt das Premierenpublikum in den Besprechungen der Uraufführung tief gespalten. Fast alle Kritiken, die in den darauffolgenden Tagen erschienen, thematisierten eindringlich das Ver-

---

351 Münsterer, *Bert Brecht*, S. 183 f.

halten der Zuschauer:innen und deuteten die Atmosphäre im Saal höchst unterschiedlich. Im *Bayerischen Kurier* hieß es über Brechts Anhänger:innen:

> Eine auf der Lauer liegende, gut geschulte Clique bekämpfte aber die Opposition und kam ihr namentlich am Schluß durch wahrhaft brüllende Rufe nach dem Autor zuvor. Während die Klügeren kopfschüttelnd das Theater verließen, entfesselte sich ein Wahnsinnsgebaren, das erst Schutzleute (!) beendigen konnten.[352]

Der *Völkische Beobachter* nutzte die Premierenkritik zur Hetze gegen jüdische Bürger:innen:

> Im Theater roch es nach foetor judaicus, denn München hatte die ganze Intelligenz seiner Judengemeinde aufgeboten, um über den glatten Durchfall durch Beifallsraserei hinwegzutäuschen. [...] [N]ach dem letzten Fallen des Vorhanges klatschten die Söhne und Töchter Zions wie besessen [...].[353]

Demgegenüber schrieb Hermann Eßwein über den Schlussapplaus:

> Weit über die sachliche Anerkennung des Gebotenen hinaus war diese begeisterte Aufnahme eine spontan losgebrochene D e m o n s t r a t i o n , durch die das geistige München bewies, daß es weder niederzuknüppeln, noch in täglicher Schmutzflut zu ersticken ist. Diese Viertelstunde der Huldigung vor dem Wertvollen wiegt Jahre der Niedertracht und der Wertlosigkeit auf.[354]

Im Klatschen, Pfeifen und Trampeln offenbarten sich die aufeinanderprallenden Weltanschauungen der verschiedenen Zuschauer:innen, durch die Kritiken erfuhren die Bekundungen von Gefallen und Missfallen verstärkt eine politische Wertung – was den einen als linkes „Wahnsinnsgebahren"[355] erschien, war für die anderen ein Aufbäumen gegen die „Schmutzflut"[356] des nationalistisch geprägten Münchens. Die Inszenierung selbst wirkte plötzlich nebensächlich, es bestätigt sich der von Sabrina Kanthak formulierte Eindruck, dass in den Skandalen der Weimarer Republik „wie unter einem Brennglas politische und gesellschaftliche Konflikte zu Beginn der 1920-er Jahre"[357] verhandelt wurden. Wahrscheinlich hatte

---

352 o.A., Skandal im Residenztheater. In: *BK*, Nr. 130, 11.05.1923. In: MSA, ZA-17083.
353 Josef Stolzing, Im Dickicht. In: *VB*, Nr. 90, 12.05.1923, S. 3.
354 Hermann Eßwein, Im Dickicht. Drama in zwölf Bildern von Bert Brecht. Uraufführung im Residenztheater. In: *MP*, Nr. 109, 12./13.05.1923. In: MSA, ZA-17083, Hervorhebung im Original.
355 o.A., Skandal im Residenztheater.
356 Eßwein, Im Dickicht.
357 Heberling/Kanthak/Fromm, Zur Entwicklung des Theaters in Bayern in der Zeit der Weimarer Republik, S. 237.

sich Karl Zeiß deshalb zu Beginn seiner Intendanz gegen die Inszenierung des *Baal* gewehrt: Nicht die Angst vor dem bloßen Skandal könnte ihn zurückgehalten haben, sondern die Sorge, das Theater nicht zu stark nach einer Seite hin zu politisieren, versprach er doch der Stadt bei den Sitzungen bezüglich der Publikumsvereine in der Spielplangestaltung eine mittlere Linie zu fahren. Freilich hatten Zuschauer:innen unterschiedlicher politischer Überzeugungen auch schon bei anderen Uraufführungen gemeinsam im Saal gesessen, ohne dass es zu Auseinandersetzungen gekommen war. Doch waren Stücke wie *Hannibal* und *Der Revolutionär* aneignungsoffen für verschiedene Deutungen, im *Schwierigen* fand die Reflexion des Zeitgeschehens eher unterschwellig statt. Anlässlich von *Im Dickicht* bot sich nun so offen wie selten die Gelegenheit, die eigene politische Einstellung durch Klatschen oder Pfeifen kundzutun, zumal das linke Regieteam durch sein demonstratives Erscheinen auf der Bühne das politische Moment noch einmal physisch verkörperte.

Stück über das „Einlegen von Essiggurken": Ratlose Kritiker
Auffallend ist, dass das Theater mit der *Dickicht*-Inszenierung gängige Schreibweisen der Kritik herausforderte, nur vereinzelt gab es positive Kritiken. Herbert Ihering, Berlins führender Kritiker und großer Förderer des jungen Brecht, etwa war begeistert von der Uraufführung: „Brecht ist nicht nur die stärkste visionäre Kraft sondern auch der größte Szenenbeherrscher des jüngeren deutschen Dramas."[358] Er lobte auch den Mut der Intendanz, das Stück aufzuführen: „Aber was Jeßner kaum gewagt hätte und Hollaender nicht gewagt hat, Zeiß hat sich für die Aufführung auf dem nicht ungefährlichen Münchener Boden eingesetzt und Erich Engel die Regie gegeben."[359] Auch Hermann Eßwein war angetan: Er verstand sofort, dass es bei Brechts Stück weniger um die Handlung als um ein Lebensgefühl ging, empfand den Text als ein „Drama des Sichnichtverstehens, Nichtzueinanderkommenkönnens zur furchtbaren Tragödie der Zusammenhanglosigkeit, des Getrenntseins, der Einsamkeit, der Feindseligkeit".[360] Besonders gelungen war das in seinen Augen, weil das Stück neben ethnischen Konflikten auch Klassen- und Geschlechterfragen auf die Bühne bringe und so zur Völkerverständigung aufrufe.

Von Ihering und Eßwein abgesehen tat sich die Presse mit der Interpretation des Stücks insgesamt schwer. Besonders beachtenswert ist in diesem Zusammenhang die Kritik der konservativen *München-Augsburger Abendzeitung*, deren Autor sich an einer Inhaltszusammenfassung versuchte:

---

[358] Herbert Ihering, Kritik im *Berliner Börsen-Courier*, 12.05.1923, zit. nach Rühle, *Theater für die Republik*, S. 448.
[359] Ebd.
[360] Eßwein, Im Dickicht.

Da ist ein junger Mensch, d e r junge Mensch, namens George Garga. Jeder Mensch muß, ob er mag oder nicht, auf irgendeine Weise mit dem Leben fertig zu werden versuchen. Dem Garga tritt das Leben entgegen, personifiziert in der Gestalt des Holzhändlers, der ihn auf alle Weise in seinen Kreis zu ziehen versucht. Aber der Mensch, hochbeinig wie er ist, erblickt im Leben nur das Feindliche und tut grundsätzlich stets das Gegenteil. So entsteht ein stummer und erbitterter Kampf zwischen beiden. Das Leben, das den Menschen liebt, bietet ihm alles der Reihe nach an – aber der mißtrauische, stets sich selbst zerfleischende Mensch greift nie zu, oder er greift immer nach etwas Falschem. Die F r a u hingegen hat einen feineren Instinkt für das Leben; in ihren drei Vertreterinnen (Mutter, Weib, Dirne) sucht sie, freilich nicht viel erfolgreicher als der Mann, mit dem Problem auf ihre Art fertig zu werden; nebenbei: die Frauen werden von Brecht als hinreichend nebensächlich vorgestellt. Leben und Individuum raufen sich durch die zehn Bilder des Dramas hindurch bis zum bösen Ende, das in dem Augenblick eintritt, in dem das Leben, das f ü r G a r g a bestimmte Leben, ruiniert ist: Shlink gibt den Kampf auf und vergiftet sich.

Die Karussellfahrt geht also nicht im Kreise um einen Mittelpunkt, sondern elliptisch um zwei Brennpunkte: hier das Leben als überindividualistisches Material, dort das Individuum. Das Tragische ist, daß das Judentum infolge seines Eigenbewußtseins und seines Stolzes es stets ablehnen wird, mit dem Leben zu paktieren.

Wenn man's so hört, möcht's leidlich scheinen. Ich aber, verehrter Leser, muß gestehen, daß ich mir durchaus unklar darüber bin, ob mein Deutungsversuch richtig ist. Möglicherweise handelt das Stück von nichts weiter als von der Methode, wie man am besten Essiggurken einlegt. So vollkommen verworren ist es, und so kläglich versagt der Verfasser bei dem Versuche, Ideen deutlich zu machen oder gar Menschen zu gestalten. Ein umfassenderes Fiasko dürfte selten auf der Bühne gemacht worden sein. Uebrigens [sic!] scheinen an dem Brei mehrere Köche beteiligt gewesen zu sein. Vielleicht kommt es daher. Was man an Positivem entdeckt, sind weder Ideen noch Menschen, sondern bestenfalls Notizen, die man sich abends im Café aufschreibt und die nur für den Autor Bedeutung haben; sie dem Publikum anzubieten, ist eine Unverfrorenheit.[361]

Neben der offensichtlichen, gegen das Judentum gerichteten Spitze fällt vor allem auf, dass der Autor hier auf sich selbst als Deutungsinstanz verwies und seine eigene Ratlosigkeit eingestehen musste. Ein „Ich" tritt hervor, es versteht nicht und ist damit nicht allein: „Was der Verfasser mit seinem Stücke eigentlich gewollt hat, bleibt bis zum Schlusse dunkel",[362] schrieb Alfred Mensi von Klarbach in der *Bayerischen Staatszeitung*, „[i]ch habe in den 42 Jahren meiner kritischen Tätigkeit kaum ein Stück kennen gelernt, das eine Aufführung weniger verdient und auf einen Theaterskandal provozierender gewirkt hätte, als Brechts ‚Im Dickicht'."[363]

---

361 Horst Wolfram Geißler, Im Dickicht. Drama von Bertold Brecht. In: *MAAZ*, Nr. 127, 11.05.1923. In: MSA, ZA-17083, Hervorhebungen im Original.
362 Alfred Mensi von Klarbach, Im Dickicht. Drama in zehn Bildern von Berthold Brecht. Uraufführung im Residenz-Theater. In: *BSTZ*, Nr. 108, 11.05.1923. In: MSA, ZA-17083.
363 Ebd.

Josef Stolzing, dessen Kritik im *Völkischen Beobachter* eher wie antisemitische Erlebniserzählung denn eine echte Rezension anmutet, schwor, „daß ich keine Inhaltsangabe liefern kann, weil ich keine blasse Ahnung von dem bekam, was eigentlich auf der Bühne vorging."[364]

Brechts Stück provozierte, weil an ihm die damals üblichen Denkweisen der Kritik zusammenbrachen: Anders als bei den kanonisch gewordenen Klassikern konnte man in der Interpretation nicht auf ‚Texttreue' beharren und zur Untermauerung dieser Forderung allerlei Briefwechsel, Denkschriften und Tagebucheinträge des jeweiligen toten Autors zu Rate ziehen. Ebenso wenig gelang es aber, Brecht in eine Schublade wie die des Expressionismus zu stecken, dessen stilistische Charakteristika sich dann wie eine Art ‚Checkliste' durchexerzieren ließen. Text und Inszenierung zwangen in ihrer Nichtzugänglichkeit zum selbstständigen Denken. Die Ablehnung der Presse entstand also nicht aus einem ästhetischen Werturteil, sondern aus Überforderung. Sie wandelte sich um in Geringschätzung, denn nur durch einen Verriss ließ sich die Überlegenheit des Kritikers weiter behaupten. Günther Rühle konstatierte anlässlich dieser Ratlosigkeit:

> Die Flut des Neuen, dem sich die Kritiker damals ausgesetzt sehen, ist kaum zu überschätzen. Das Neue ist das Schwierige. [...] Wer immer in das damals aktuelle Theater eindringt, spürt, daß der größte Teil der Kritiker die Veränderung der Maßstäbe nicht schnell genug mitvollzog.[365]

Fehlende Vermittlung und der Zusammenbruch der Theaterzeitung

Da stellt sich die Frage, ob die Ratlosigkeit im Parkett durch eine gute Vermittlungsarbeit hätte abgefedert werden können, immerhin verfügte das Theater mit der *Theaterzeitung* über ein direkt an das Publikum gerichtetes Kommunikationsorgan, mit dem sich die Deutung der gezeigten Stücke hätte lenken lassen. Tatsächlich war die Ausgabe der Zeitung, die zur Premiere von *Im Dickicht* erschien, fast ausschließlich mit Texten von und über Bertolt Brecht bestückt.[366] Dennoch gelang eine Vermittlung nicht. Das hat mehrere Gründe. Zum einen waren die Texte, die Jacob Geis, Caspar Neher und Hans Meißner veröffentlichten, fast genauso schwer zugänglich wie das Stück selbst. Sie erklärten nicht, sondern waren in einem ähnlichen Duktus geschrieben wie Brechts Drama. Wer sie verstehen wollte, musste sich bereits vorher mit dem jungen Autor auseinandergesetzt haben. Zum anderen hatte die *Theaterzeitung* zu diesem Zeitpunkt bereits ihren Zenit

---

364 Stolzing, Im Dickicht, S. 3.
365 Rühle, *Theater für die Republik*, S. 40.
366 Vgl. *TZSBM* 4/163–166 (1923).

überschritten. Schon in der Spielzeit 1921/1922 fuhr das Heft massive Verluste ein,[367] die sicher auch der voranschreitenden Inflation geschuldet waren. Im April 1923 kündigte der Thespis-Verlag, der die Zeitung herausbrachte, die Kooperation mit dem Theater auf. Noch bis Ende des Jahres hatte die Bühne das Recht, weitere Nummern zu veröffentlichen, allerdings in reduziertem Umfang.[368] Zur Premiere von *Im Dickicht* erschien die Zeitung deshalb bereits nicht mehr wöchentlich mit neuem Inhalt.

Zum Misslingen des Projekts *Theaterzeitung* dürfte beigetragen haben, dass mehr als 50 Prozent des Journals aus Werbung bestanden – ganz im Gegensatz zum *Programm* der Kammerspiele, in dem sich zwar auch Anzeigen fanden, aber bei weitem nicht so viele. Die Werbung für Leibniz-Kekse, Rosenthal-Geschirr und Zechbauer-Zigarren, für Pelzmäntel, Reiseführer, Hautcremes, Okulare und Fahrstunden verdrängte mehr und mehr den eigentlichen Inhalt und nahm die Lust am Lesen, dabei waren die Texte der Zeitung oft von namenhaften Autor:innen verfasst.

Wie der Presse zu entnehmen ist, verzichtete das Theater ab Anfang 1923 offenbar darauf, auf Anschlägen vor dem Haus die tagesaktuelle Besetzung anzuzeigen.[369] Wer wissen wollte, wer an diesem Abend auf der Bühne stand, musste die *Theaterzeitung* erwerben, der ein Besetzungszettel beilag. Der *Bayerische Kurier*, verärgert von dieser Neuerung, sprach von einer „Zumutung sondergleichen für das Theaterpublikum, für die der Theaterzeitung beigegebenen Inserate 100 Mark zahlen zu lassen",[370] und fragte, ob es „schon soweit [ist], daß man in unserem Nationaltheater ein Inseratengeschäft aufmachen muß und daß man dazu, um die Sache nach außen etwas zu verschleiern, den Theaterzettel gibt."[371] Eine der wenigen Errungenschaften, die Zeiß von Schwanneke übernahm, scheiterte so zum Ende seiner Intendanz: Die allgegenwärtige Reklame trug hierzu ebenso bei wie der fehlende inhaltliche Fokus der Zeitung, die sich in ihrer Themenwahl und ihrem sprachlichen Stil eben nicht an *alle* Besucher:innen wandte, sondern vor allem an die Theaterkenner:innen, wie die hermetisch geschriebenen Begleittexte zu *Im Dickicht* beweisen.

---

367 Vgl. Anhang des Briefes vom Thespis-Verlag an die Generaldirektion der Bayerischen Staatstheater, z.H. Oberregierungsrat Heydel, 03.08.1922. In: BAYHSTA, Generalintendanz der Bayerischen Staatstheater, 393.
368 Vgl. o.A., Abschrift in der Schiedsgerichtssache Thespisverlag A.G. gegen Bayer. Staatstheater. In: BAYHSTA, Generalintendanz der Bayerischen Staatstheater, 393.
369 Vgl. o.A., Wer singt heute?. In: *BK*, Nr. 5/6, 05./06.01.1923. In: MSA, ZA-16981.
370 Ebd.
371 Ebd.

Geplante Störungen und die Absetzung von Im Dickicht
Nachdem die Premiere bereits die Gemüter erregte, kam es in der dritten Aufführung von *Im Dickicht* dann doch zu jener geplanten Störung durch die „Hitlertruppen",[372] vor der man in der Presse bereits gewarnt hatte: „Sturmtruppen müssen beschäftigt werden. Können sie nicht gegen Arbeiter aufmarschieren, nun, so werden die armen Jungen gegen deutsche Dichter abkommandiert",[373] schrieb Brecht in der Wochenzeitschrift *Das Tage-Buch*. Berichten zufolge kam es bereits ab der ersten Szene zu verbalen Störungen, später wurden Reizgasbomben geworfen, die Vorstellung konnte erst nach längerem Lüften fortgesetzt werden.[374] Im Publikum gab es heftige Auseinandersetzungen:

> Schon nach dem ersten Bilde wurden verschiedene Rufe laut, wie: „Wir sind doch Deutsche, wir brauchen diesen K . . . . nicht." Die Rufer wurden jedoch zum Verstummen gebracht. Gegen Ende des zweiten Bildes setzte ein Tumult ein. Pfiffe und Rufe: „Saustall", „Skandal" usw. ertönten. Ein Mann, anscheinend ein Mitglied der Volksbühne, die eine größere Anzahl von Plätzen innehatte, rief: „Wem es nicht paßt, der soll hinausgehen." Ein anderer schrie darauf: „Heut sind so lauter Bolschewiken da."[375]

Einmal mehr zeigt sich, wie wenig es bei der Aufregung, die *Im Dickicht* auslöste, um Kunst und wie sehr es um Politik ging. Hierin ähnelt das Geschehen dem Skandal von *Schloss Wetterstein* in den Kammerspielen dreieinhalb Jahre zuvor.[376] Neben der Art der Aggression teilen die beiden Ereignisse auch, dass die an der Inszenierung interessierten Theaterbesucher:innen nicht ausreichend vor den gewaltbereiten Störenfrieden geschützt wurden. „Bezeichnend ist immerhin, daß der Staat nicht einmal in seinem eigenen Theater seine Gäste unbehelligt beherbergen kann, obwohl gerade in dem vorliegenden Falle mit einer wiederholten Störung gerechnet werden mußte",[377] kritisierte die *Münchener Post*. Selbstverständlich schrieb auch der *Völkische Beobachter* über das Ereignis. Der Autor des Berichts zeigte sich zunächst erstaunt, dass das Publikum darauf gedrängt habe, das Stück zu Ende zu spielen und bezeichnete die Bourgeoisie, die sich dieses Stück gefallen ließ, als „verfault".[378] Er stellte dann die NSDAP als Opfer dar, der unterstellt würde,

---

[372] Bertolt Brecht zit. nach Hecht, *Brecht Chronik*, S. 157.
[373] Ebd.
[374] Vgl. o.A., Störung einer Vorstellung im Residenztheater. In: *MNN*, Nr. 135, 20.05.1923, S. 3.
[375] Ebd.
[376] Vgl. Heberling/Kanthak/Fromm, Zur Entwicklung des Theaters in Bayern in der Zeit der Weimarer Republik, S. 234–237 und Kanthak/Valdés-Stauber, SCHICKSALE #7.
[377] o.A., Rowdytum im Theater. In: *MP*, Nr. 116, 22.05.1923. In: MSA, ZA-17083.
[378] W–s., Theater im Theater. In: *VB*, Nr. 97, 20./21.05.1923, S. 2.

die Störung verursacht zu haben. Schließlich wandte er das Wort an diejenigen, die für die Eskalation bei der Vorstellung verantwortlich waren:

> [D]ie Herren, welche die Aufführung störten, sollten folgendes überlegen: ein Theatersaal ist nicht der Ort, wo man die Absetzung eines Stückes durchdrückt. So etwas hat im Zimmer des Intendanten zu geschehen, dort muß die „Bombe" niedergelegt werden.[379]

An diesen Worten lässt sich ablesen, wie sehr die NSDAP sich innerhalb weniger Jahre professionalisiert hatte: Neben der physischen Gewaltausübung im Saal war nun der politische Druck auf die Führungsfigur als probates Mittel zur Willensdurchsetzung etabliert. In der linken *Münchener Post* war Zeiß für die Uraufführung von *Im Dickicht* dezidiert gelobt worden – „Ehre dem unerschrockenen Mannesmut unseres olympisch über allen Meinungskämpfen thronenden Generalintendanz!"[380] – in der rechten Zeitung erschien der Mutige als Antagonist, der der Einschüchterung bedurfte. Ob, von wem und wenn ja in welcher Form Druck auf Karl Zeiß ausgeübt wurde, das Stück abzusetzen, lässt sich nicht eindeutig klären, da zu den Vorgängen keine Polizeiakte mehr existiert. Seitens der Polizei versuchte man im Mai 1923, die Ordnungsstörungen im Parkett als Vorwand zu benutzen, damit statt eines „Beamten der Schutzmannschaft"[381] ein „Beamter der Polizeidirektion Dienst leistet."[382] Diesen Versuch der Polizei wies das Theater zurück:

> Sollten wirklich ernstliche Ordnungsstörungen vorkommen, was bei der Qualität der Besucher des Residenztheaters kaum anzunehmen ist, dann würde nur <u>ein</u> Beamter der Polizeidirektion nicht in der Lage sein, diese zu beheben, sondern die Hilfe der im Nationaltheater befindlichen Polizeikräfte in Anspruch nehmen müssen.[383]

Es ist anzunehmen, dass es sich bei den im Brief erwähnten „Polizeikräften" um körperlich starke Ordner einer Art Hauspolizei handelte. Der Beamte der Polizeidirektion, der nach Wunsch der Münchner Polizei ebenfalls anwesend sein sollte,

---

379 Ebd.
380 Eßwein, Im Dickicht.
381 Polizeidirektion München an die Generaldirektion der Staatstheater, 15.05.1923. In: BAYHSTA, MK 14513. Der betreffende Akt ist nach Angaben des Hauptstaatsarchivs in den frühen 2000ern als „unbedeutend nachkassiert", also vernichtet worden. Vor der Zerstörung hat ihn noch die Studentin Sara Hilliger für eine Hausarbeit an der LMU München eingesehen. (Hilliger, *Bertolt Brecht*). Dieser Arbeit liegen Kopien aus dem Akt bei, die durch dankenswerte Vermittlung von Susanne de Ponte vom Deutschen Theatermuseum in Kopie eingesehen worden sind.
382 Ebd.
383 Generaldirektion der bayerischen Staatstheater an die Polizeidirektion München, 19.05.1923. In: BAYHSTA, MK 14513, zit. nach Hilliger, *Bertolt Brecht*, Hervorhebung im Original.

hätte im Kontrast hierzu wohl eher einer genauen Beobachtung des Geschehens gedient, die es der Polizei leichter gemacht hätte, das Stück mit der Argumentation zu verbieten, die öffentliche Sicherheit könne nicht aufrechterhalten werden. Bezeichnend in diesem Zusammenhang ist, dass das Theater für *Im Dickicht* bei der Polizei sehr wohl „um die Abstellung von Sicherheitsmannschaften gebeten"[384] habe und es trotzdem zu Störungen kam. Fraglich ist, ob die Polizei dieser Bitte nachkam, oder ob man bewusst die Abstellung von Schutzleuten unterließ, um den Skandal weiter anzuheizen.

Anders als die Kammerspiele anlässlich der Absetzung von *Schloss Wetterstein* 1919/1920, verzichtete das Staatstheater im weiteren Verlauf des Skandals darauf, eine polizeikritische Note herauszubringen. Die Kammerspiele hatten in ihrer Aufarbeitung des *Wetterstein*-Skandals eine ausführliche Publikation lanciert, in der sie die Vorgänge der Stückabsetzung aus ihrer Sicht schilderten und das Verbot des Dramas durch die Polizei vom rechtlichen Standpunkt aus kritisch bewerteten.[385] Eine solch deutliche Positionierung gegen die Organe des Staates hätte Zeiß und seinem Bestreben, dem „Staatsganzen"[386] zu dienen, kaum entsprochen und das Verhältnis zum Kultusministerium möglicherweise schwer belastet, das Schweigen des Staatstheaters verwundert daher wenig.

Obwohl noch weitere Aufführungen für Juli 1923 in Planung waren und Zeiß zumindest intern für das Stück Partei ergriff,[387] wurde *Im Dickicht* nach nur sechs Vorstellungen abgesetzt. Mehrere wissenschaftliche Abhandlungen berichten außerdem, dass Dramaturg Jacob Geis in Folge des Skandals entlassen wurde.[388] Das wirkt zunächst wie ein logischer Schritt: Man benennt einen Verantwortlichen, dessen Kündigung stellvertretend die durcheinandergebrachte Ordnung wiederherstellt. Ein Blick in die Akten zeigt aber, dass Geis das Theater erst ein Jahr später aufgrund von Sparzwängen verließ.[389] Ebenso geht aus den Unterlagen hervor, dass Zeiß ihm bis zuletzt gewogen war und ihm – hätte sein Tod dies nicht verhindert – auch bei der Suche nach einer neuen Anstellung habe helfen wollen.[390] Wahrscheinlicher ist daher, dass nicht der Skandal um *Im Dickicht*, sondern die Einstampfung der *Theaterzeitung*, die Geis leitete, zu seiner Entlassung führte.

---

384 Ebd.
385 Vgl. o.A., *Der Fall „Schloss Wetterstein"*.
386 Zeiß, An die Mitglieder, S. 1.
387 Vgl. de Ponte, *Caspar Neher Bertolt Brecht*, S. 59.
388 Vgl. Hecht, *Brecht Chronik*, S. 158 und Bahr, *Im Dickicht*, S. 164.
389 Vgl. Karl Zeiß an Jacob Geis, 31.01.1924. In: BAYHSTA, Generalintendanz der Bayerischen Staatstheater, 393.
390 Vgl. o.A., *Bestätigung*.

4.8 Die Beziehung zu Hedwig Zeiß-Gasny und ihre Bedeutung für die Intendanz

Obwohl der Skandal um *Im Dickicht* mit der Absetzung des Stücks formal ein Ende fand, blieb er im Gedächtnis der Stadt noch eine ganze Weile präsent. Dafür sorgte vor allem der *Völkische Beobachter*, der weiter gegen das Theater polemisierte. Ein Artikel sticht dabei besonders hervor: Am 25. September 1923, nur sechs Wochen vor dem Hitler-Ludendorff-Putsch, erschien der Text „Der Kulturbolschewismus in unseren Staatstheatern".[391] Vordergründig wurde bekrittelt, dass zu wenig Klassiker auf dem Spielplan stünden, faktisch stellte der Artikel einen offenen Angriff gegen Zeiß' Intendanz dar. Nacheinander nahm sich der anonyme Autor verschiedene Mitarbeiter:innen des Hauses vor, die er aufgrund biografischer Merkmale abwertete. Gegen Gerhard Gutherz, den langjährigen Dramaturgen des Hauses, wurde gehetzt, weil er Jude sei, sein Dramaturgiekollege August Buisson missfiel wegen seiner laut der Zeitung belgischen Abstammung. Friedrich Ulmer wertete man aufgrund seiner Tätigkeiten im Künstlerrat ab, der Bühnenmusikdirektor der Oper, Pelton Eck, war dem Autor zu amerikanisch, Erwin Faber tauge als Tscheche nicht zum Staatsschauspieler. Gegen Zeiß richtete sich die Zeitung, indem sie ihm unterstellte, er habe von der Frankfurter Oper seinen persönlichen Friseur – natürlich einen jüdischen – mitgebracht.[392] Ausdrücklich zu betonen sei an dieser Stelle, dass einige dieser ‚Markierungen' Fremdzuschreibungen der Nationalsozialist:innen waren. Kategorien wie ‚der Jude' oder ‚der Bolschewist' dienten dazu, die Mitarbeiter:innen von Zeiß gemäß einem Freund-Feind-Schema in zwei Gruppen einzuteilen, wobei die im Text erwähnten Personen diejenigen waren, die in der Logik der Zeitung die heimlich regierende Clique des Theaters darstellten. Dass ein Mann wie Friedrich Ulmer mit seiner ästhetisch konservativen Einstellung kaum etwas mit der jungen Generation um Erwin Faber gemein hatte, interessierte die Redaktion wenig.

Besonders harsch wurde die Zeitung gegen eine Person, die offiziell gar nicht am Staatstheater arbeitete: Zeiß' Frau Hedwig Zeiß-Gasny. Über sie hieß es:

> Was wird aber zu solch neuer Konkurrenz auf dem Gebiete der Spielleitung [= Erich Engel, Anm. d. Verf.] eine jüdische Dame sagen, die bei allen Einstudierungen zugegen ist, und von der böse Zungen behaupten, daß sie eigentlich Generaldirektorin ist? Sie führt bei den Proben das große Wort, eine Geste von ihr genügt, um ganze Szenen umzustoßen und neu nach ihren Interpretationen aufzubauen, kurz und gut, sie ist die höchste Instanz. Wer ist das Wesen, das alles sieht, alles weiß und überall ist, und vor dem selbst ich erzittere, fragte einmal ein Pastor

---

[391] o.A., Der Kulturbolschewismus in unseren Staatstheatern. In: *VB*, Nr. 187, 25.09.1923, S. 2.
[392] Vgl. ebd.

in der Schule die Kinder. Die Frau Pastorin, erwiderte der kleine Fritz. Wie weh das Scheiden von dieser seiner Nymphe Egeria dem Ehegatten tat, bewies er, indem er sie schleunigst wieder heimholte, nachdem er einige Zeit vergeblich versucht hatte, ohne sie mit einem solchen Ungeheuer, wie es das Theater ist, fertig zu werden. Allerdings spielt sie ohne Gage mit, und das ist das einzig Erfreuliche dabei.[393]

Die Zeitung setzte hier zur Verunglimpfung von Zeiß eine Taktik ein, die man als ‚stellvertretende Abwertung' bezeichnen könnte: Weil der Intendant selbst wenig Angriffsfläche bot, richtete sich das Wort gegen seine Ehefrau. Sie wurde im Artikel als heimliche Herrscherin des Theaters dargestellt. Ihr gegenüber wirkte der Intendant plötzlich schwach. Führung wurde hier über die Frage von Männlichkeit verhandelt und die konnte Zeiß, der wohl temperierte Literaturliebhaber, nicht in ausreichendem Maß vorweisen, um in der Logik eiserner nationalsozialistischer Kerle, durch den Ersten Weltkrieg zu „Körperpanzern"[394] erhärtet, Gnade zu finden: wer mit *so einer* verheiratet war, konnte nicht der richtige *Mann* sein, um ein Staatstheater zu führen.

Woraus aber speiste sich das Bild, das der *Völkische Beobachter* von Hedwig Zeiß-Gasny zeichnete? Das Wissen darüber, wie die Beziehung zwischen Hedwig Gasny und Karl Zeiß verlief, ist äußerst begrenzt, hat Zeiß doch sein Privatleben weitgehend aus der Öffentlichkeit herausgehalten. Was an privaten Äußerungen von ihm existiert, hat er bewusst platziert: Seine Jugenderinnerungen an das Meininger Theater[395] im *Frankfurter Theater-Almanach* waren mehr als nur nette Anekdoten, sie stärkten sein Image als Theatermann von frühester Kindheit an, der Glanz von Georg II. strahlte so auf ihn ab. Hinter dieser Nostalgie steckte auch Kalkül.

Über die Ehe mit Hedwig Gasny weiß man, dass die beiden sich in Dresden kennenlernten, wo Zeiß als Dramaturg, Gasny als Schauspielerin arbeitete. Zu ihren Rollen zählten unter anderem die Nora und das Fräulein Julie.[396] Nach der Hochzeit 1905 zog sie sich von der Bühne zurück: „Leider ist sie von uns weggegangen. Heute spielt sie nur ab und zu einmal auf anderen Bühnen. [...] In der

---

393 Ebd.
394 Den Begriff des „Körperpanzers" nutzt Klaus Theweleit in *Männerphantasien*, um die emotionale Verpanzerung bzw. Abschottung zu beschreiben, die soldatische Männer zu Beginn des 20. Jahrhunderts erst in der Kadettenanstalt, später auf den Schlachtfeldern des Ersten Weltkriegs erlebten. Sie hatte ihre Entsprechung in einer physischen Panzerung: Der Körper des Soldaten wurde durch Schläge diszipliniert, sportlich trainiert und durch Gewehre und Stahlhelme technologisch hochgerüstet. Vgl. hierzu: Theweleit, *Männerphantasien*, S. 639–729.
395 Vgl. Zeiß, Meininger Jugenderinnerungen, S. 8ff.
396 Vgl. o.A., Gastspiel-Repertoire der Königl. Sächsischen Hofschauspielerin Hedwig Gasny. In: DTM, Nachlass Karl Zeiß, Zugangsinv.-Nr. 1983/25, Mappe Hedwig Gasny.

Abb. 15: Hedwig Gasny als junge Frau.

Oeffentlichkeit [sic!] Dresdens hat sie sich lange nicht gezeigt",[397] hieß es in einer Kritik zu einem jener seltenen Rezitationsabende, die Gasny nach der Trauung gelegentlich veranstaltete. Für diese erntete sie viel Lob, laut *Dresdener Nachrichten* hatte sie eine „subtile und völlig anspruchslose Art, Pointen zu bringen, und versteht es, mit der Vollreife ihrer Charakterisierungskunst für ihre Absichten die rechten Ausdrucksmittel zu finden."[398]

Auf Theaterzetteln, die im Nachlass von Karl Zeiß erhalten sind, taucht sie außerdem zwei Mal als Regisseurin beziehungsweise Direktorin kleinerer Projekte auf, doch wird es sich bei diesen Arbeiten eher um Spielereien im Nebenamt als Ehefrau denn um eine ernstzunehmende Regietätigkeit gehandelt haben: Der Theaterzettel der „weltbekannten hochaestimirten [sic!] Chursächsischen Hofcomödianten",[399] die unter der Direktion von „Mme. Zeiß-Gasny"[400] in einem Puppentheater „gedenken eine artige Piece zum Besten zu geben, mit welcher sie, wie allerorten, beides, Lorbeer und reichen Beifall zu erndten hoffen"[401] liest sich wie eine Persiflage auf die Wanderbühnen früherer Jahrhunderte. In dieser Art von Humor könnten die Eheleute Zeiß einander nah gewesen sein, schließlich offenbart sich hierin die Liebe zur historisch genauen Auseinandersetzung mit der Vergangenheit, die ja auch Zeiß oft getrieben hat.

Trotzdem dürfte die Ehe Hedwig Gasny wohl kaum erfüllt haben. Die gebürtige Berlinerin wurde schon früh Waise und lernte, auf eigenen Beinen zu stehen.[402] Entgegen der Erziehung durch ihren katholischen Vormund nahm Gasny ab 1892 Schauspielunterricht beim Berliner Hofschauspieler Heinrich Oberländer, danach spielte sie an kleineren Stadttheatern und später auch in München in Max Halbes *Jugend*.[403] Hier wurde Graf Seebach, der Dresdner Intendant, auf die junge Schauspielerin aufmerksam und engagierte sie. Er war von ihrem Talent so überzeugt, dass er ihr direkt einen Sechs-Jahres-Vertrag gab.[404] Die *Frauen-Rund-*

---

397 pw, Kunstvorträge, Zeitungsartikel unbekannten Ursprungs anlässlich eines Gustav-Wied-Abends 1910. In: DTM, Nachlass Karl Zeiß, Zugangsinv.-Nr. 1983/25, Mappe Hedwig Gasny.
398 o.A., Die Litterarische [sic!] Gesellschaft. In: *Dresdner Nachrichten*, o.D. In: DTM, Nachlass Karl Zeiß, Zugangsinv.-Nr. 1983/25, Mappe Hedwig Gasny.
399 Puppentheater Gansauge (Hrsg.), *Die Belagerung der Stadt Bethulia oder Die heldenmüthige Jüdin* (Programmzettel), Dresden, Spielzeit 1912/13, Vorst. 08./09.11.1913. In: DTM, Nachlass Karl Zeiß, Zugangsinv.-Nr. 1983/25, Mappe Hedwig Gasny.
400 Ebd.
401 Ebd.
402 Vgl. tz, Hedwig Gasny. In: *Dresdner Theater- und Vergnügungsanzeiger* 1/30, 1900. In: DTM, Nachlass Karl Zeiß, Zugangsinv.-Nr. 1983/25, Mappe Hedwig Gasny.
403 Vgl. Alfred Mensi von Klarbach, Theater und Musik. Residenztheater. In: *BSTZ*, Nr. 132, 07.06.1924. In: MSA, ZA-17084.
404 Vgl. tz, Hedwig Gasny.

schau, die anlässlich eines Gastspiels der Künstlerin in Berlin ein Porträt über sie brachte, bezeichnete Gasny aufgrund ihrer Biografie als „self made woman in der vollsten Bedeutung des Wortes. Was sie ist, ist sie durch sich selbst geworden, keine Protektion ebnete ihr die Wege zu den Höhen der Kunst."[405] Von der Unabhängigkeit des Berufs in die Abhängigkeit der Ehe zu gehen, könnte auf lange Sicht Schwierigkeiten mit sich gebracht haben, zumal Zeiß mit jedem Jahr seiner Karriere mehr am Theater gefordert war und es fraglich ist, wie viel Zeit er als Theaterleiter für sein Privatleben hat erübrigen können.

Als er nach München umzog, kam es zum Bruch zwischen den Eheleuten: Das *Neue Wiener Journal* vermeldete im Februar 1920, dass Hedwig Zeiß-Gasny nach einer Scheidung von ihrem Ehemann ihre Karriere als Schauspielerin wieder aufnehmen wolle.[406] Was der Auslöser für das Zerwürfnis war, ist unklar, allerdings heißt es im Kondolenzbrief einer Freundin an Hedwig Zeiß-Gasny:

> Was haben Sie an Aufregungen durchmachen müßen, Sie Ärmste. Wie harmonisch waren die letzten Jahre wieder für Sie geworden. Es war mir immer eine so grosse Beruhigung als ich es bei meiner Anwesenheit in München betrachten konnte. Ihr Mann schien alles wieder gut machen zu wollen. Man sah ihm das Glück an, daß Sie sich wieder verstanden und ein harmonisches Leben führten.[407]

Was Zeiß genau versuchte, „wieder gut machen zu wollen", bleibt im Dunkeln und es wäre müßig, über Affären zu spekulieren, zumal diese wahrscheinlich ihren Weg in die Presse gefunden hätten, wie der Fall Alfons Pape im folgenden Kapitel beweisen wird. Festzuhalten ist aber, dass die Ehe unmittelbar vor Zeiß' Amtsantritt in München eine Krise erlebte, das Paar später jedoch wieder zueinander fand. Ob nur für die Augen der Öffentlichkeit oder auch im Herzen, lässt sich nicht sagen. Das jedenfalls war gemeint, wenn der *Völkische Beobachter* schrieb, dass der Intendant seine Frau „schleunigst wieder heimholte, nachdem er einige Zeit vergeblich versucht hatte, ohne sie mit einem solchen Ungeheuer, wie es das Theater ist, fertig zu werden."[408]

Ungeachtet der persönlichen Beziehung der beiden muss Zeiß die Meinung seiner Frau in Theaterfragen geschätzt haben. Als Anna Bahr-Mildenburg als Regisseurin neu an das Haus kam, führte einer ihrer ersten Wege zu Hedwig Gasny: „Morgen komme ich mit der Frau von Zeis [sic!] zusammen. Ich will sie ein bissl in

---

405 Elsa Rema, Hedwig Gasny am Neuen Schauspielhaus. In: *Frauen-Rundschau* 7/22 (1906), S. 654.
406 Vgl. o.A., Theater und Musik. In: *Neues Wiener Journal*, Nr. 9426, 01.02.1920, S. 12.
407 Frau Landmann an Hedwig Zeiß-Gasny, 14.02.1924. In: DTM, Nachlass Karl Zeiß, Zugangsinv.-Nr. 1983/25, Kondolenzen.
408 o.A., Kulturbolschewismus, S. 2.

4.8 Die Beziehung zu Hedwig Zeiß-Gasny und ihre Bedeutung für die Intendanz — 297

Abb. 16: Hedwig Zeiß-Gasny Mitte der 1910er-Jahre.

meine Arbeit einführen".[409] Dass Bahr-Mildenburg ausgerechnet der Ehefrau des Intendanten als ästhetischer Instanz ihr Inszenierungskonzept für Wagners *Ring* präsentierte, mutet ein wenig tragisch an, wenn man bedenkt, dass sie genau das

---

[409] Anna Bahr-Mildenburg an Herrmann Bahr, 21.-23.09.1921 zit. nach Martensen, *Die Frau führt Regie*, S. 295.

Abb. 17: Hedwig Zeiß-Gasny in den 1920er-Jahren.

Leben führte, das vielleicht auch zu Hedwig Gasny besser gepasst hätte: Als Opernsängerin blieb sie auch in der Ehe mit Schriftsteller Hermann Bahr eine selbstständig schaffende Künstlerin und fand nach Ende ihrer Gesangskarriere neue Erfüllung im Regieführen und in der Ausbildung junger Sänger:innen. Trotz

4.8 Die Beziehung zu Hedwig Zeiß-Gasny und ihre Bedeutung für die Intendanz

oder gerade wegen dieser Diskrepanz verband die beiden Frauen über den Tod von Karl Zeiß hinaus eine außergewöhnlich innige Freundschaft: Auf Briefen und Postkarten aus den 1930er-Jahren redete Bahr-Mildenburg die Freundin stets als „Liebste"[410] an, teilte mit Zeiß-Gasny zudem private Sorgen.

Vor diesem Hintergrund wird verständlich, warum im Leben des sonst so makellosen Zeiß ausgerechnet seine Ehefrau den Nationalsozialist:innen Anlass zu Verunglimpfungen gab: Sie passte nicht in das Bild der duldsamen Ehefrau, die im Leben des großen Mannes eher lebendes Requisit denn ebenbürtige Anspielpartnerin war. Sie eckte an – und spürte das auch selbst. In einem als „Schluss" betitelten Text, der im Innendeckel ihres privaten Fotoalbums klebt, schrieb sie über ihren Charakter an die Nachwelt:

> Isst man denn an einem Apfel auch alles mit: die Kerne, das Kerngehäuse, die Schale, den Stängel? Also lernt auch mich essen u. schlingt mich nicht hinunter mit alledem was nun zwar zu mir gehört u. gehörte, aber von dem ich selbst so wenig wissen will, wie ihr davon sollt wissen wollen.[411]

Betrachtet man Fotos von Zeiß-Gasny, fällt auf, wie stark sie sich über die Jahrzehnte veränderte. Auf einem Bild aus der Hoftheaterzeit wirkt sie wie eine typische Schauspielerin der Jahrhundertwende: Schön und zart, die Haare kunstvoll zusammengesteckt, Rüschen am Dekolleté, entblößt lediglich an den Schultern. (Abb. 15). Mitte der 1910er-Jahre trug sie das Haar dann nur noch kinnlang, das Rüschenkleid hatte sie gegen eine locker fallende Bluse getauscht, über den Schultern hing lässig ein (kunst-)seidener Mantel. (Abb. 16) Auf einem Bild, das in den 1920er-Jahren entstanden sein muss, hat Gasny dann einen Kurzhaarschnitt, ihr Gesicht wirkt breiter und kantiger, sie erscheint strenger als zuvor. (Abb. 17).

Selbstredend soll an dieser Stelle nicht von einem äußeren auf einen inneren Wandel geschlossen werden, doch an der optischen Veränderung von Zeiß-Gasny wird sichtbar, wie rasant sich Frauenbilder in den ersten drei Jahrzehnten des 20. Jahrhunderts veränderten: Von der Steckfrisur über den Bob zum Garçon-Schnitt erzählt sich nur aufgrund der Haarlänge Zeiß-Gasnys ein Stück Feminismusgeschichte.

Möglicherweise hat genau dieser Wandel der ‚Oberfläche' dem *Völkischen Beobachter* den idealen Nährboden für seine Schmähungen gegen das Ehepaar Zeiß geliefert: Wenn eine schon aussah wie eine Frauenrechtlerin, drohte Gefahr.

---

410 Vgl. beispielsweise Anna Bahr-Mildenburg an Hedwig Zeiß-Gasny, 18.07.1938 (Poststempel). In: DTM, Nachlass Karl Zeiß, Zugangsinv.-Nr. 1983/25, Mappe Hedwig Gasny.
411 Hedwig Zeiß-Gasny, Schluss, undatiert. In: DTM, Nachlass Karl Zeiß, Zugangsinventar-Nr. 1983/25, Fotoalbum, Innendeckel hinten.

Diese und zahlreiche andere Sorgen klangen zumindest aus einem aufgeregten Brief an, der das Ministerium am 19. November 1923, nur wenige Tage nach dem Hitler-Ludendorff-Putsch erreichte. Die Parteizeitung der NSDAP erschien da bereits nicht mehr, weil sie in Folge der politischen Ereignisse verboten wurde, doch aufgrund der Themen und der Rhetorik des Schreibens ist es wahrscheinlich, dass der Verfasser die Berichterstattung der Zeitung über das Theater aufmerksam verfolgte. In abenteuerlicher Interpunktion denunzierte der anonyme Absender den Intendanten gleich wegen mehrerer Vergehen. Der Brief sei hier aufgrund seiner besonderen Eindrücklichkeit im Ganzen zitiert:

> An das
> hohe bayerische Kultusministerium!
> Wann endlich werden dem hohen Ministerium, das doch sicherlich von den gegen das Staatstheater gerichteten Zeitungsartikeln Kenntniss [sic!] hat, die Augen aufgehen über die totale Untauglichkeit des Herrn Dr. ZEISS [sic!] als Leiter der bayr. Staats- und Nationaltheater? Dieses urteilsunfähigen Menschen, der schon in Dresden und Frankfurt sich tüchtiger fähiger Leute als Staffel für seinen unverdienten Aufstieg bediente und sich in erborgtem Ruhm blähte, dessen hervorstechendste Grundzüge Eitelkeit, diplomatische Schläue und materiellster Egoismus neben lauester Bequemlichkeit sind. Dem es hauptsächlich aus persönlichen Interessen darum zu tun war in München festen Fuss [sic!] zu fassen.
> Der in Wirklichkeit gar nicht regiert, sondern sich von Dreien seiner Schauspielmitglieder (über die er sich zu Beginn seiner Amtstätigkeit auf das abfälligste geäussert [sic!] hatte) regieren lässt – eben wieder aus Diplomatie –, weil er bald herausfand, dass dieselben als bodenständige Münchener mit grossem [sic!] gesellschaftlichem Anhang und teilweise einflussreichen Verbindungen aufs beste geeignet sind, ihn in seiner Stellung zu halten und zu stützen.
> Der sich bald von dem Einen bald von dem Andern dieser bestimmten Mitglieder zu Gast laden lässt, was zur Folge hat, dass in diesen „zwanglos gemütlichen Privatzirkeln" Theaterstücke angenommen und ausgeknobelt, Spielplan aufgestellt und Rollen besetzt werden, wobei natürlich die Anwesenden zunächst für sich und allenfalls noch für ihre intimsten Freunde sorgen.
> Auch in der Behandlung der Mitglieder oder bei Gewährung gewisser Vergünstigungen werden die augenfälligsten Unterschiede gemacht. Herr Zeiss [sic!] scheint eben dem Grundsatz zu huldigen : Gleiches Recht für Einige !
> Will ein hohes Ministerium noch länger sich blind und gleichgültig verhalten gegenüber dem Verbrechen, dass der Generalintendant stets nur seine paar Günstlinge erstklassig und hervorragend beschäftigt, während er bewährte und anerkannte Künstler, die ehedem, bevor noch das (Staats-)Theater auf dem gegenwärtigen Tiefstande sich befand, hochgeschätzte und vielbeschäftigte Stützen waren, ausser [sic!] Kurs setzt und dem Publikum vorenthält? Darsteller, die noch auf der Höhe ihres Könnens stehen und die für das Geld, das man ihnen zahlt, gerne arbeiten möchten !!
> Dass Herr Zeiss [sic!] die Einmischung seiner Gattin (wie auf der Schmiere die Frau Director !) bei Proben und Inscenierungen zulässt und gutheisst [sic!] !!
> Dass er – anstatt Wert und Gewicht auf ein eingespieltes, ausgeglichenes künstlerisches Ensemble zu legen – aus dem Nationaltheater einen Taubenschlag für durchziehende, oft recht minderwertige Kräfte gemacht hat !

4.8 Die Beziehung zu Hedwig Zeiß-Gasny und ihre Bedeutung für die Intendanz — 301

> Dass er literarische Programme aufstellt und veröffentlicht, von denen er nicht den 10. Teil in Erfüllung bringt !
> Lasse doch ein hohes Ministerium an das gesamte Künstler-Personal, in dem es stark gärt, unter Zusicherung unverbrüchlichen Schutzes für den Einzelnen, die Aufforderung ergehen, es mögen die Bedrückten und Geschädigten mit Beschwerden hervortreten............ das hohe Ministerium würde sich wundern, wieviel und welch einschneidendes Material ihm zugehen würde.
> Spricht man mit den ältesten Mitgliedern der Staats- (resp. Hoftheater) d.h. mit denen, die am längsten da sind, so äussern [sic!] sie sich alle gleichlautend, solche skandalöse Zustände wie jetzt hätten sie noch nicht erlebt !
> München im November 1923.[412]

Der Verfasser des Schreibens rief damit sämtliche Reizthemen auf, die vorher der *Völkische Beobachter* genutzt hatte, um Unmut zu schüren: Den angeblichen Materialismus des Intendanten, der mit dem demokratischeren Frankfurt assoziiert wurde, die Fremdbestimmung durch ein außer Kontrolle geratenes Schauspielensemble und die Entmannung des Intendanten durch seine Gattin, die heimliche Strippenzieherin. Die Forderung, im Ministerium eine Beschwerdestelle einzurichten, an die sich das Ensemble anonym wenden könne, mutet ein wenig ironisch an, wenn man bedenkt, dass sich der Künstlerrat ja genau zu einem solchen Organ entwickelt hatte. Aufgrund der Form des Briefes überrascht es wenig, dass man diesem Warnruf im Ministerium wenig Interesse entgegenbrachte: „Die Eingabe ohne Unterschrift geht ohne weitere Sachbehandlung zum Akt",[413] wurde in trockenem Beamtendeutsch unter dem Text vermerkt.

Dennoch liefert das Schreiben eine Erklärung dafür, warum Kritik aus dem rechten Milieu am Intendanten letztlich abperlte. Victor Schwanneke war durch die Presse so nachhaltig geschädigt worden, weil man sich in der Berichterstattung über das Theater auf *ein* Thema fokussierte: die Eigenmächtigkeit des Künstlerrats und der damit verbundene ästhetische Zwist im Ensemble. Wochenlang war man darauf herumgeritten, während andere Themen – wie etwa die gezeigten Stücke oder die Baufälligkeit des Theaters – wenig zur Sprache kamen. Gegen Zeiß versuchte die Parteizeitung der NSDAP nun zu agitieren, indem sie eine Vielzahl von Problemen aufrief. Doch genau diese Multiplizierung der Kritikpunkte schien sie zu entkräften, weil es nicht einen klaren Fokus gab, auf den sich die Empörung gegen das Theater hätte entladen können. Etwaige Warnrufe wie der Beschwerdebrief gegen Zeiß verhallten, ohne eine Reaktion der verantwortlichen Stellen zu pro-

---

[412] Anonymer Brief an das Ministerium für Unterricht und Kultus, 19.11.1923. In: BAYHSTA, MK 45409, Hervorhebung im Original.
[413] Ebd.

vozieren, auch weil die Anonymität des Autors dessen Glaubwürdigkeit untergrub. Wäre der Text im Namen einer einflussreichen Münchner Persönlichkeit eingegangen, hätte man ihm – ungeachtet seiner Orthografie – wahrscheinlich mehr Beachtung geschenkt.

Das bedeutet nicht, dass man den Einfluss der Nationalsozialist:innen im Ganzen unterschätzen sollte. Im Gegenteil, die Störungen bei *Im Dickicht* zeigen, wie umkämpft das Theater als zentrale Säule der soeben demokratisch gewordenen Kulturnation war. Doch dürften Stinkbomben und Geschrei zumindest 1923 noch wesentlich wirksamere Taktiken der Einschüchterung gewesen sein als die Polemiken eines rechten Kampfblattes, dem es in den ersten Jahren als Propagandainstrument der NSDAP noch an klarer Linie fehlte. Immerhin druckte der *Völkische Beobachter* Hetze gegen die Besatzer des Ruhrgebiets ebenso ab wie seichte Fortsetzungsromane und Neuigkeiten zu Rennsportwetten, publizierte die Briefwechsel von Hausfrauen neben Münchner Stadtnachrichten.

4.9 Gelassene Beharrlichkeit: Das Ende der Ära Zeiß

Als Karl Zeiß 1924 überraschend an den Folgen eines Schlaganfalls starb, war sein künstlerisches Schaffen in München mit Sicherheit noch nicht vollendet. Gleichwohl hatte er hinter den Kulissen mit dem Umbau des Theaters und der Verjüngung des Ensembles einiges geleistet. Auch an der Einigung mit der Kommune über deren Rechte und Pflichten gegenüber dem Theater war er maßgeblich beteiligt, zudem holte er mit Engel einen vielversprechenden Regisseur ans Haus.

Wahrlich nicht günstig für seine Intendanz war das Zeitgeschehen. Auf Revolution und Räterepublik folgte der ‚Schmachfrieden' von Versailles, folgte der Kapp-Putsch, folgte die Inflation, folgte die Ruhrbesetzung, folgte der Hitler-Ludendorff-Putsch. Wenn Politiker:innen ermordet wurden und im Westen Deutschlands der Ruhrkampf tobte, wenn das morgens verdiente Geld abends nicht mehr für eine Theaterkarte reichte, während Besucher:innen aus dem feindlichen Ausland sich mit ihren Dollars die Festspieltickets leisten konnten, dann war für Zeiß möglicherweise nicht die Zeit für radikal Neues auf der Bühne. Eine zu große Zaghaftigkeit angesichts der schwierigen politischen Verhältnisse kann man dem Intendanten vor diesem Panorama allzu leicht unterstellen. Doch hat Zeiß selbst 1922 in einem Vortrag einmal erklärt, als Theaterleiter müsse man „gelassene Beharrlichkeit"[414] an den Tag legen und den richtigen Moment abwarten, um seine

---

414 J.R. Albank, Karl Zeiß. In: *BK*, Nr. 39, 27.01.1922. In: BAYHSTA, MK 45409.

Abb. 18: Grabstelle von Karl Zeiß in Meiningen.

Pläne zu verwirklichen. Erst, wenn sich die Verhältnisse außerhalb des Theaters beruhigen, ist innerhalb des Hauses genug Raum für künstlerische Entfaltung da.

Diese Haltung hatte sich bereits 1914 bei vielen Theaterleitern abgezeichnet: In den ersten Monaten nach Kriegsbeginn wartete man an den Bühnen ab, was außenpolitisch geschah, mit fortlaufender Kriegsdauer nivellierte sich diese Tendenz wieder. In den blutigen Anfangsjahren der Weimarer Republik hingegen trat eine Normalität nie ein. Es scheint vielmehr, als habe sich in der kurzen Zeit, die Zeiß das Amt des Intendanten bekleidete, das Gefühl der Krisenhaftigkeit auf Dauer gestellt. Genau dieses wollte Zeiß offenbar aussitzen und ahnte nicht, dass seine schwache Gesundheit ihn daran hindern würde, aus der Position des ewig Wartenden herauszukommen.

Trotzdem lässt sich mit Blick auf die politischen Ereignisse der Jahre 1920 bis 1923 nicht restlos erklären, warum Karl Zeiß in der Spielplangestaltung insgesamt wenig Wagnisse einging, schließlich machte Intendantenkollege Leopold Jessner zur gleichen Zeit in Berlin ebenso skandalbehaftetes wie politisch engagiertes Theater. Zeiß' Gestus des Wartens muss also etwas mit der spezifischen Münchner Situation zu tun haben, die er 1920 vorfand. Obwohl der neue Intendant versuchte, die Veränderungen der Revolutionsjahre hausintern zurückzunehmen, war das nur ein vermeintlicher Schritt Richtung Normalität. Der Künstlerrat mochte gescheitert sein, doch das Konzept kollektiver Führung hatte zumindest eine Alternative zum hierarchischen Modell des Theaters aufgezeigt und so auch die Position des Intendanten in Frage gestellt. Was einst selbstverständlich war, hatte sich neu zu beweisen. Zeiß musste durch sein Agieren die Position des nun nicht mehr höfischen Intendanten erst wieder festigen, er hatte dementsprechend ein Interesse daran, sich so umsichtig zu verhalten, dass seine Mitstreiter:innen ihm gewogen waren und es auch blieben – und das nicht nur zur Sicherung seines eigenen Alleinherrschaftsanspruchs, sondern auch mit Blick auf mögliche Nachfolger:innen.

Eine zentrale Strategie, die er dazu wählte, war die der Transparenz: Er weihte die Presse und das Ensemble im Februar 1920 sofort in seine Pläne ein und hielt die Beteiligten auch in den Folgejahren stets gut informiert – die frühe Fühlungnahme mit den Medien, als sich Bruno Walters Abgang und mit ihm eine neue Führungskrise anbahnte, zeugt von diesem Vorgehen. Transparenz kann man hier als Gegenkonzept von Kontrolle verstehen. Zeiß konnte sich einer allzu kritisch-negativen Wachsamkeit der Presse dadurch entziehen, dass er von vornherein auf Ziele und Problemlagen hinwies und sich so die Deutungshoheit über sein Tun sicherte. Das erklärt vielleicht auch, warum ausgerechnet *Im Dickicht* den einzigen großen Skandal seiner Intendanz provozierte: Das Gestrüpp des Großstadtdschungels war schlicht zu undurchsichtig, die Intentionen von Brecht und Engel lagen nicht in einer klar verständlichen Fabel, sondern in der Überlagerung von urbanen Atmosphären und literarischen Referenzen.

Gleichzeitig liefert die Strategie der Transparenz eine Begründung dafür, warum Zeiß versuchte, sein Privatleben aus der Presse herauszuhalten, und warum er sich auch nicht zu öffentlichen Bedauernsbekundungen gegenüber Bruno Walter hat hinreißen lassen. Wer transparent agieren will, muss im wahrsten Sinne des Wortes ‚durchsichtig' sein. Der Blick wendet sich vom Intendanten als legalem Herrscher ab, wenn das Auge sich auf den Privatmann richtet, egal ob das aus positivem oder negativem Anlass geschieht. Das kann die Legitimation des Amts beschädigen, besonders in Zeiten, in denen Führung noch mit Virilität assoziiert wurde. Zeiß war auch der einzige der drei hier untersuchten Intendanten, dessen Intendanz zumindest den Akten nach frei von persönlichen Ausschweifungen verlief: Weder Frauengeschichten noch zweifelhafte Geldgeschäfte trüben den Blick auf seine Amtszeit. Insgesamt wirkt es, als habe der gelernte Dramaturg durch seine umsichtige Art das Theater mit Abstand am souveränsten geführt. Das bedeutete vor allem eine Konsolidierung alter Werte: „Ensemble und Repertoire bekamen nicht gerade ein neues Gesicht durch ihn, aber ihr altes wurde mit Sorgfalt und Liebe aufgefrischt."[415] Zeiß' Verdienst bestand daher auch in der Stabilisierung des Hauses nach den unruhigen Kriegs- und Revolutionsjahren. Trotzdem war seine Strategie der „gelassene[n] Beharrlichkeit"[416] vielleicht am Ende zu gelassen, zu behutsam. Dieser Verdacht drängt sich zumindest angesichts der Worte Hermann Eßweins auf, der in seinem Nachruf auf Zeiß bereits die Nachfolgefrage diskutierte:

> Ein immerhin gangbarer, vielleicht der beste Ausweg wäre, den vakanten Posten des Schauspieldirektors mit einem hervorragenden Fachmann zu besetzen und die an und für sich veraltete Intendanten-Stelle einzusparen[...].[417]

Wie prophetisch die Losung vom „veralteten" Intendanten und dessen Abschaffung war, wusste der Journalist da noch nicht, doch wenige Monate später folgte als neuer Intendant der alte nach: Clemens von Franckenstein wurde zum zweiten Mal ins Amt berufen.

---

415 Sinsheimer, *Gelebt im Paradies*, S. 270.
416 Albank, *Karl Zeiß*.
417 Eßwein, *Zum Ableben*.

5 Passiver Verwalter? Clemens von Franckensteins zweite Intendanz

Am 7. Oktober 1928 thronte in der Wittelsbacher-Loge des Nationaltheaters ein Abwesender: Man hatte eine Büste des lang verstorbenen Kurfürsten Karl Theodor aufgestellt. Umrankt von Lorbeergrün wachte er über die 150-Jahr-Feier des Theaters, die nicht etwa dem Bau des Hauses, sondern der Einrichtung einer dauerhaften, deutschsprachigen Schauspieltruppe am Münchner Hof durch eben jenen Karl Theodor im Jahr 1778 huldigte. Für die Presse war das geradezu sinnbildlich:

> Man könnte es als Symbol auffassen, daß darunter die Vertreter der Staatsregierung, an ihrer Spitze Kultusminister G o l d e n b e r g e r, Platz genommen hatten – Erben und Hüter der künstlerischen Tradition des bayerischen Fürstenhauses.[1]

Zehn Jahre nach der Revolution schien das Staatstheater noch immer weitgehend in seiner Tradition als Hoftheater verhaftet zu sein und das obwohl, wie *Das Bayerische Vaterland* kritisierte, versäumt wurde, auch Ludwig II. zu gedenken,[2] über dessen Theaterliebe anlässlich des Jubiläums die ein oder andere Anekdote in den Zeitungen zu lesen war.[3] Dabei waren Feiern wie diese nicht nur ein Abgesang auf die monarchische Vergangenheit, deren Ende so manche:r Besucher:in auch nach einer Dekade Demokratie noch nicht verwunden hatte. „Gedenktage gleichen Wachttürmen, die zur Ausschau mahnen", schrieb Fritz Ballin in der *Neuen freien Volks-Zeitung*, „und für die Zukunft sei der Bayer. Staatsoper ans Herz gelegt, daß so manche Ehrenschuld noch ihrer Tilgung harrt."[4] Für Ballin, den Vorsitzenden des Jüdischen Kulturbundes, bedeutete diese Ehrenschuld auch, mehr zeitgenössische Musik auf die Bühne zu bringen und sich der Moderne nicht zu verschließen. Tatsächlich verriet das Programm der Festspiele nur wenig vom ästhetischen Wandel, der sich seit 1918 allerorten in Deutschland vollzogen hatte: Es wurden zwar Opern von Pfitzner und Strauss gezeigt, im Schauspiel war der einzige ‚zeitgenössische' Autor des Festspielreigens allerdings der 1921 verstorbene Ludwig

---

1 o.A., Erste Jubiläumsvorstellung. In: *MAAZ*, Nr. 275, 09.10.1928. In: MSA, ZA-16986, Hervorhebung im Original.
2 Vgl. o.A., Die Wittelsbacher und das Staatstheater. In: *Das Bayerische Vaterland*, Nr. 234, 09.10.1928. In: MSA, ZA-16986.
3 Vgl. o.A., Bunte Bilder aus der Chronik des Hof-Theaters. In: *Neue freie Volks-Zeitung*, Nr. 321, 07./08.10.1928. In: MSA, ZA-16986.
4 Fritz Ballin, 10 Jahre Bayerische Staatsoper. In: *Neue freie Volks-Zeitung*, Nr. 321, 07./08.10.1928. In: MSA, ZA-16986.

Thoma. So wirkt es, als seien die Jahre unter Schwanneke und Zeiß nur eine kurze Irritation, eine Art Fußnote in der Geschichte der (Hof-)Bühne gewesen, in der seit 1924 wieder ein Baron, der den Münchner:innen altbekannte Clemens Freiherr von und zu Franckenstein, den rechtmäßigen Platz des Intendanten einnahm. Dieses Bild hat sich in der wissenschaftlichen Rezeption des Hauses fortgesetzt: Bei Schläder, Cromme, Frank und Frühinsfeld[5] werden Franckensteins Nachfolger nicht einmal namentlich erwähnt, in einem historischen Abriss über das Prinzregententheater werden die Umwälzungen durch die Revolution zwar geschildert, doch nehmen Schwanneke und Zeiß auch hier nur knappen Raum ein.[6] So entsteht für die Intendanz Franckensteins der Eindruck eines Kontinuums, der nicht zutrifft, schließlich hatten sich die Bedingungen, unter denen er das Theater führte, seit seiner ersten Amtszeit sichtlich verändert.

Mit dem Prinzregententheater war eine dritte Spielstätte hinzugekommen, die einen großen zusätzlichen Verwaltungsaufwand bedeutete, zudem hatten sich mit den beiden Münchner Publikumsvereinen dauerhaft zwei kulturpolitische Akteure etabliert, die über ihre Kartenpolitik indirekt auf den Spielplan einwirkten. Vor allem aber hatten die permanenten Debatten um Hierarchie und Führung zu Beginn der Weimarer Republik den Intendanten als Person sichtbarer gemacht und in seiner Funktion hinterfragt. Er war nun Repräsentant einer Republik, die sich ab 1924 für einige Jahre vermeintlich zu stabilisieren begann, obschon unterschwellig das Auseinanderdriften verschiedener gesellschaftlicher Gruppen weiterging. Das spiegelte sich auch in den höchst heterogenen Interessen, die an Franckenstein von der Presse, den Publikumsvereinen, dem Landtag, dem Ministerium und der Belegschaft herangetragen wurden. Seine zweite Intendanz gehorchte daher anderen Logiken als seine erste, sie schwankte zwischen der Einsicht in die praktischen Notwendigkeiten einer gewachsenen Institution einerseits und der symbolischen Aufladung des Amtes andererseits, die mit einer permanenten Beobachtung und stetig wachsenden Kommentierung durch verschiedene Akteur:innen der Stadtgesellschaft verbunden war. Welche dieser beiden Logiken gerade handlungsdominierend wirkte, war situationsabhängig und machte die Frage nach der Verantwortung des Intendantenamtes und dessen Grenzen noch drängender als bei Franckensteins Vorgängern, formulierte sich hierin doch auch der Kommentar eines ehemaligen Hoftheaterintendanten auf ein neues politisches System.

Es kann in diesem Kapitel folglich nicht darum gehen, die zehn Jahre seiner zweiten Intendanz chronologisch nachzuzeichnen, vielmehr sollen die Veränderungen und Parallelen herausgearbeitet werden, die Franckensteins zweite In-

---

5 Schläder et al., *Wie man wird, was man ist.*
6 Vgl. Braunmüller/Schläder, *Tradition mit Zukunft*, S. 71–102.

tendanz im Vergleich zur ersten kennzeichnen. Dazu ist als erstes sein Wiedereintritt ins Amt in den Blick zu nehmen, schließlich musste Franckenstein nach dem unrühmlichen Ausscheiden 1918 hausintern erst wieder Autorität herstellen. Eng verbunden damit ist die Frage nach dem Umgang mit dem Amt des Schauspieldirektors, das erst Eugen Keller, dann Alfons Pape und zuletzt Richard Weichert innehatte. Von ästhetischen wie persönlichen Skandalen begleitet, war diese Position in hohem Maße sichtbar und oft umkämpfter als die Intendantenstelle selbst. Es gilt also zu ergründen, welche Erwartungen und Verantwortungszuschreibungen mit dem Schauspieldirektor verknüpft wurden und wie sich Franckenstein als der Ranghöhere gegenüber der Spartenleitung positionierte. Nach einer Analyse der Verdrängung Eugen Kellers aus dem Amt aufgrund seiner skandalbehafteten Inszenierung des *Titus Andronicus* folgt dann eine Diskussion ‚problembehafteter' Stücke unter Franckensteins Intendanz. Auf diese Weise lässt sich einerseits das breite Spektrum von Themen und politischen Positionen zeigen, die der sonst eher ‚brave' Spielplan des Staatstheaters bereithielt. Andererseits wird so das Einwirken von Politik, Presse und Publikum auf das Haus sichtbar, das eine konsistente Amtsführung zu verunmöglichen schien. Beispielhaft hierfür stehen Eugen Ortners *Insulinde oder die Kaffeemaschinen von Lebak* im Schauspiel und Erich Wolfgang Korngolds *Das Wunder der Heliane* in der Oper. Dann erfolgt die Aufarbeitung der Kündigung Alfons Papes, der aufgrund von Machtmissbrauch im Amt 1932 seine Anstellung als Schauspieldirektor verlor. Der Skandal, der zu seiner Entlassung führte, steht stellvertretend für die moralische Vorbildfunktion von Führungspersonen am Theater, wobei die Frage nach einer integren Lebensführung mit den Werten des streng katholischen Bayern verknüpft wurde. Zuletzt wird versucht, zumindest schlaglichtartig das Einsickern des Nationalsozialismus in das Theater nachzuzeichnen, das nicht erst mit der Machtübergabe 1933 begann, sondern sich in der Aufführung von Stücken wie *Friedrich Friesen* oder in einer erhöhten Vorsicht des Intendanten vor politischen Äußerungen dokumentiert. Die Überlegungen hierzu greifen auf Erkenntnisse aus dem Forschungsprojekt „Geschichte der Bayerischen Staatsoper 1933–1963" unter Leitung Jürgen Schläders zurück. Für die letzten Monate Franckensteins im Amt, in welchen das NS-Regime ihm mit dem Schauspieler Hans Schlenck einen „Sachwalter für die nationalen Aufgaben"[7] zur Seite stellte, muss das Bild aufgrund der spärlichen Quellenlage unvollständig bleiben:

---

7 o.A., Dienstanweisung für den Sachwalter für die nationalen Aufgaben der Bayerischen Staatstheater. In: BAYHSTA, MK 50192.

Dies liegt mit daran, dass viele personelle Entscheidungen zwar faktisch dokumentiert, die Gründe jedoch selten formuliert wurden. Das oft lückenhafte Aktenmaterial lässt Rückschlüsse auf die Kausalität von Vorgängen in vielen Fällen nicht zu [...].[8]

Als Quellen dienen neben Franckensteins Personalakte die bereits in Kapitel 2 diskutierten Materialien, wobei sich in der privaten Korrespondenz Franckensteins zu seiner zweiten Amtszeit deutlich weniger Hinweise finden als zu seiner ersten. In Bezug auf den Umgang mit skandalbehafteten Stücken und die Verständigung mit den Publikumsvereinen haben sich Akten aus dem Bestand des Kultusministeriums im Bayerischen Hauptstaatsarchiv als ergiebig erwiesen. Die Außendarstellung und Selbstwahrnehmung des Theaters wird in der anlässlich der 150-Jahr-Feier erschienenen Publikation *150 Jahre bayerisches National-Theater*[9] sichtbar. Zur Untersuchung der deutschen Erstaufführung von *Titus Andronicus* wurden neben dem im Deutschen Theatermuseum befindlichen Regiebuch auch theoretische Schriften Eugen Kellers herangezogen. Der Nachlass Eugen Ortners in der Bayerischen Staatsbibliothek bietet Einblicke in die Uraufführung seines Dramas *Insulinde*, aus dem Nachlass Richard Weicherts in der Universitätsbibliothek J.C. Senckenberg in Frankfurt am Main geht hervor, wie die letzte Spielzeit vor der Machtübernahme verlaufen sein muss. Neben der bereits in Kapitel 2 eingeführten Sekundärliteratur ist Claudia Irions Dissertation über die Spielpläne der Opernsparte des Hauses hervorzuheben, in der sie die Unterschiede zwischen der Weimarer Republik und dem Dritten Reich herausarbeitet.[10]

5.1 Die Rückkehr ins Amt

Als Clemens von Franckenstein zum 1. Mai 1924 in sein Amt als Intendant zurückkehrte, geschah dies nicht freiwillig. Nach einer offiziellen Bekanntmachung des Ministeriums zu seiner Wiedereinsetzung erklärte er: „Ich lege wert auf die Feststellung, dass ich mich in keiner Weise um meine dienstliche Wiederverwendung beworben habe."[11] Nüchterner könnte eine Stellungnahme kaum sein – die Knappheit der Verwaltungsmitteilung wirkt schon vorausdeutend für die Jahre, die folgen sollten. Sinsheimer notierte über diese zweite Ära Franckensteins im Amt:

---

8 Cromme/Frühinsfeld, „Im Namen des Reichs", S. 16.
9 Generaldirektion der bayerischen Staatstheater, *150 Jahre bayerisches National-Theater.*
10 Irion, „*Der Charakter des Spielplans*", S. 211f.
11 o.A., Bekanntmachung, 01.05.1924. In: BAYHSTA, Intendanz der Bayerischen Staatsoper, 115.

> Franckenstein selbst schien unter der Bürde zu seufzen, und für keinen der Beteiligten gab es dabei etwas zu lachen. Die alte Hoffnungslosigkeit war wieder in alle ihre Rechte und Schwächen eingesetzt – unter der banausischen Aufsicht klerikaler Ministerialbeamter.[12]

Warum man Franckenstein wieder einsetzte, anstatt sich um einen neuen Amtsanwärter zu bemühen, ist aus seinem Personalakt nicht ersichtlich. Bereits in den Vormonaten hatte die Presse spekuliert, wer der neue Mann für München werden könnte: Jürgen Fehling, Herbert Ihering, Berthold Viertel, aber auch Franckenstein selbst wurden als Kandidaten diskutiert. Erneut kam dabei die Frage auf, ob es nicht besser sei, das Amt rein repräsentativ zu besetzen und die inhaltliche Arbeit den jeweiligen Spartenleitern zu überlassen.[13] Im April mehrten sich dann die Gerüchte, dass Franckenstein das Amt erneut übernehme.[14] Hermann Sinsheimer schrieb, man habe wieder auf ihn zurückgegriffen, „angeblich weil man ihm ja ohnehin eine Pension zu zahlen hatte, in Wirklichkeit aber, weil im Zug der bayerischen Restauration jedwedes und jedweder wieder zu Ehren gebracht werden sollte, worüber die Revolution hinweggeschritten war."[15]

Eine Wiederherstellung der alten Verhältnisse schien 1924 angesichts der politischen Entwicklungen wünschenswert: Nach dem Hitler-Ludendorff-Putsch und dem daran anschließenden Prozess verloren die konservativen Parteien bei der Landtagswahl im Frühjahr 1924 an Stimmen, der Völkische Block zog mit 17,1 % der Stimmen ins Parlament ein.[16] Einen Intendanten, der aus konservativer Warte beispielhaft für das Unrecht der Revolution von 1918 stand, erneut ins Amt einzusetzen, kann daher als Symbol institutioneller Kontinuität gelesen werden, welche die Tradition als Wert betont. Die *Münchener Post* notierte:

> Herr M a t t denkt, wenn wir schon bei der Volksabstimmung durchgefallen sind und nun noch länger auf insern [sic!] Kini warten müssen, dann wollen wir wenigstens wieder einen Kgl. Hoftheaterintendanten haben. Er hat ihn. Im Grund genommen dürfte es gleich sein, wer in den Münchener Provinzbühnen residiert.[17]

---

12 Sinsheimer, *Gelebt im Paradies*, S. 270.
13 Vgl. o.A., Wer wird Generalintendant? In: *MNN*, Nr. 94, 04.04.1924, S. 1.
14 Vgl. o.A., Die Leitung der ‚Hof'theater. In: *MP*, Nr. 91, 17.04.1924. In: MSA, ZA-P-252-11.
15 Sinsheimer, *Gelebt im Paradies*, S. 270.
16 Vgl. o.A., Der Landtag 1924–1928.
17 o.A., Der neue General-Intendant ist da. In: *MP*, Nr. 97, 25.04.1925. In: MSA, ZA-P-134-21, Hervorhebung im Original. Die Zeitung spielte hier darauf an, dass zeitgleich zur Landtagswahl ein Volksentscheid stattfand, der darüber entscheiden sollte, ob Bayern einen Staatspräsidenten bekommt. Die hierfür nötige Zweidrittelmehrheit wurde jedoch weit verfehlt.

In den anderen Münchner Zeitungen bewertete man die Nominierung Franckensteins weitgehend positiv. „Freiherrn von Franckenstein ist durch das Novemberverbrechen schweres Unrecht geschehen",[18] erklärte die *Münchner Zeitung*, sie sah in ihm den „Mann, den wir brauchen."[19] Auch die *Münchner Neuesten Nachrichten* und die *München-Augsburger Abendzeitung* begrüßten die Entscheidung, sie alle sahen in der Rehabilitation Franckensteins eine notwendige Genugtuung.[20] Lediglich die *Allgemeine Zeitung* erinnerte an Franckensteins fehlendes Interesse für das Schauspiel:

> Es war unter Franckenstein das Stiefkind und Aschenbrödel. Eine ehrliche Natur, die Franckenstein ist, heuchelte er nicht dort Interesse, wo er keines hatte. Aber er beging, darüber hinaus, den taktischen Fehler aus seiner Interessenlosigkeit gegenüber dem Schauspiel vor dessen Künstlern keinen Hehl zu machen. Die Darsteller hatten, was sie aber unbedingt brauchen, nicht das Gefühl, ihre künstlerische Betätigung von oben her anerkannt zu wissen. Dieser Umstand hat nicht wenig dazu beigetragen, den ehrgeizigen und umsturzlüsternen Elementen im Schauspiel Oberwasser zu geben. Mancher Intendant des alten Regimes hat den Umsturz von 1918 überdauert. Daß Franckenstein dieses Schicksal nicht teilte, [...] war seine eigene Schuld.[21]

Selbstredend wurde anlässlich von Franckensteins Rückkehr auch über die Programmgestaltung der Staatstheater diskutiert. Die *München-Augsburger Abendzeitung* forderte, „daß der Generalintendant von vorneherein von keiner Seite durch Beschränkung seiner Kompetenzen an einer ersprießlichen Arbeit gehindert werde"[22] und benannte auch eine Einflussnahme durch das Ministerium, die zu verhindern sei. Franckenstein müsse seine Linie energisch verteidigen: „Wir haben in den letzten Jahren allzu viel Kompromisse erlebt."[23] Josef Stolzing entwarf in der *Großdeutschen Zeitung*, einem Ersatz für den zu dieser Zeit verbotenen *Völkischen Beobachter*, einen deutschen Spielplan, den man vom Bühnenleiter erwarte und setzte mit schamlos antisemitischer Haltung hinzu: „Hoffentlich ist er auch von seiner Freundschaft für die Juden inzwischen geheilt worden, wobei wir den ei-

---

18 hm, Franckensteins Wiederkehr. In: *MZ*, Nr. 114, 24.04.1925. In: MSA, ZA-P-134-21.
19 Ebd.
20 Vgl. o.A., Der neue Generalintendant der bayerischen Staatstheater. In: *MAAZ*, Nr. 112, 26.04.1924. In: MSA, ZA-P-134-21 und o.A., Clemens von Franckenstein – Generalintendant. In: *MNN*, Nr. 110, 25.04.1924, S. 1.
21 o.A., Der neue Intendant. In: *AZ*, Nr. 151, 25.04.1924. In: MSA, ZA-P-134-21.
22 o.A., Der neue Generalintendant der bayerischen Staatstheater.
23 Ebd.

gentümlichen Fall mit dem Ostjuden Robin Robert [...] nicht wieder aufwärmen möchten."[24]

Einen *deutschen* Spielplan von Franckenstein zu erwarten, war 1924 eher der Wunschtraum der Rechten denn realistisches Ziel. Gleichzeitig offenbarte Franckenstein bei seinem Amtsantritt wenig über seine Absichten für die kommenden Jahre. Eine Auftaktpressekonferenz fand offenbar nicht statt, nicht einmal ein neuer Vertrag wurde aufgesetzt. Ende 1924 äußerte sich der Intendant aber dann in der Zeitschrift *Kunst und Volksgemeinschaft*, einem Sonderheft der Theatergemeinde München. Hierin skizzierte er die Grundlagen eines guten Opernspielplans, der eine praktische, eine pädagogische und eine ästhetische Dimension umfasse. Den praktischen Anforderungen des Betriebs müsse Rechnung getragen werden, „weil seine Nichtberücksichtigung sich zu allererst rächt."[25] Unter der erzieherischen Dimension verstand Franckenstein neben der Schulung der Sänger:innen eine Erziehung des Publikums, insbesondere der neuen Besucherströme seit 1918, die mit dem musiktheatralen Kanon erst noch vertraut gemacht werden müssten. „Der Opernbesucher soll Gelegenheit finden, vom Vorläufer zum Meister, vom Leichten zum Gewichtigen, vom Alten zum Neuen fortzuschreiten."[26] Die wichtigste der drei Ebenen sei jedoch die ästhetische, also „der *Reichtum, den er* [= der Spielplan, Anm. d. Verf.] *an bedeutenden Werken der Opernliteratur aufweist.*"[27] Franckenstein ordnete künstlerische Qualität einzelnen Nationen zu und bezeichnete die deutschsprachige Opernliteratur als die „musikalisch wertvollste",[28] gefolgt von der italienischen – eben dies sollte sich in den Folgejahren auch in den Spielplänen der Oper widerspiegeln.[29] Für ihn war „die Pflege des musikalischen Erbgutes auch die Hauptaufgabe eines Operninstituts",[30] gleichwohl betonte er das „Recht der Lebenden gehört zu werden."[31] Doch trotz dieses „Rechts" waren die Uraufführungen unter Franckensteins zweiter Intendanz

---

24 Josef Stolzing, Der neue alte Intendant. In: *Großdeutsche Zeitung*, Nr. 75, 30.04.1924. In: MSA, ZA-P-134-21.
25 Franckenstein, Der Opernspielplan, S. 59.
26 Ebd., S. 60.
27 Ebd., Hervorhebung im Original.
28 Ebd.
29 Claudia Irion hat dies herausgearbeitet: Zwischen 1918 und 1932 waren die am häufigsten gespielten Komponisten Wagner (19 % aller Opern), Mozart (9 %), Verdi (8 %), Strauss (8 %) und Puccini (6 %). In den meisten Spielzeiten entfielen auf sie rund 50 % des gesamten Angebots. Vgl. Irion, *„Der Charakter des Spielplans"*, S. 129 und 135.
30 Franckenstein, Der Opernspielplan, S. 60.
31 Ebd.

spärlich gesät,³² auf kontroverse Stücke wie *Jonny spielt auf*, das 1928 trotz eines initiierten Skandals am Gärtnerplatztheater gezeigt wurde,³³ verzichtete man. Grund hierfür war einmal mehr Franckensteins Vorsicht gegenüber dem Experiment:

> Die Freude an dem Wagnis, ein noch nicht erprobtes Werk aufzuführen, darf aber nicht [...] zu einer Jagd nach dem Unaufgeführten ausarten. Manches wertvolle Werk ist über die Stätte seiner Uraufführung nicht weiter hinausgedrungen, weil es, als bereits aufgeführt, seine Eignung als Sensationsobjekt eingebüßt hatte.³⁴

Entscheidend war für Franckenstein nicht nur die Mäßigung in der Repertoiregestaltung, sondern auch ein konstant hohes Niveau in den Aufführungen. Würde eine Oper zu oft gespielt, stelle sich allzu leicht der Trott der Mittelmäßigkeit ein: „Das Theaterpublikum hat eine feine Witterung dafür, wann die Spannung in einer Vorstellung nachläßt, die Gelenke sich zu lockern beginnen, die Präzision einer breiigen Ungenauigkeit weicht",³⁵ schrieb er und betonte, wie viel Energie notwendig sei, um diesem „Zersetzungsprozeß"³⁶ entgegenzuwirken. „Nur wenn die Opernleitung das Ziel eines vorbildlichen Spielplans nicht aus dem Auge verliert, ist ihre Steuerung vor dem Einfluß zufälliger Äußerlichkeiten gesichert."³⁷ Permanente Vigilanz schien im Interesse der Qualitätssicherung wie auch der Festigung der eigenen Autorität geboten. Der *„deutschen Opernbühne ihren Kunstrang zu erhalten"*³⁸ wurde für Franckenstein sogar „eine wahrhaft patriotische Pflicht."³⁹ Wie ernst man solche Worte nehmen darf, ist fraglich, hatte sich doch Franckenstein im Krieg mit patriotischen Phrasen eher zurückgehalten. Wahrscheinlicher ist, dass er durch die Formulierung bewusst die Leserschaft der Vereinszeitung ansprach, bestand doch zumindest der Aufsichtsrat der Theatergemeinde aus hochrangigen Würdenträgern der katholischen Kirche und der BVP.⁴⁰

---

32 Zwischen 1924/1925 und 1933/1934 wurden 14 Uraufführungen gezeigt. Vgl. Irion „*Der Charakter des Spielplans*", S. 127.
33 Zur Münchner Aufführung von Ernst Kreneks Jazzoper *Jonny spielt auf* vgl. Frey, *150 Jahre Gärtnerplatztheater*, S. 110–113.
34 Franckenstein, Der Opernspielplan, S. 60 f.
35 Ebd., S. 61.
36 Ebd.
37 Ebd., S. 59.
38 Ebd., S. 61, Hervorhebung im Original.
39 Ebd.
40 Vgl. Maier, Theatergemeinde München (bis 1933).

Auffallend ist, dass er seinen Text mit einem Zitat Goethes schloss: „*Ältestes bewahrt mit Treue,/ freundlich aufgefaßtes Neue.*"[41] Nicht der Verweis auf Goethe selbst ist es, der aufmerken lässt, wurde Meister Goethe doch in kulturpolitischen Debatten aller Art damals permanent zur Untermauerung von Argumenten herangezogen. Bezeichnend ist vielmehr, dass Karl Zeiß genau das gleiche Zitat sowohl in seiner Münchner Auftaktrede als auch in der Abschiedsrede an Bruno Walter verwendete, um die Repertoiregestaltung des Schauspiels beziehungsweise der Oper zu beschreiben.[42] Durch die schlichte Wiederholung wurde aus der Losung seines Vorgängers bei Franckenstein nur mehr ein Bonmot, das – bei passender Gelegenheit aufgesagt – die Gunst der Adressat:innen sicherte. Gleichzeitig signalisierte die Übernahme von Zeiß' Positionen Stabilität: Die Leitung des Hauses hatte sich geändert, die Werte waren der Bühne aber geblieben.

Die Berufung Eugen Kellers
Über seine Ansichten zum Schauspiel findet sich im Text indes nichts, dabei war es doch gerade die Schauspielsparte, die in der Weimarer Republik ständigen Anlass zu öffentlichen Diskussionen gab: Während des Weltkriegs wenig innovativ, unter Schwanneke Hort der internen Streitereien, durch Zeiß zwar allmählich verbessert und verjüngt, schien die Zukunft des Schauspiels nach Zeiß' Tod drängender als die Intendantenfrage selbst. Noch ehe Franckenstein zurück ins Amt kam, berief das Ministerium deshalb den schweizerischen Regisseur und Schauspieler Eugen Keller, der zuvor in Düsseldorf und Darmstadt als Spielleiter tätig gewesen war.[43] Er selbst behauptete in einer Notiz, dass zu diesem Zeitpunkt eine Berufung Franckensteins noch nicht geplant gewesen, sondern erst „[m]ehrere Monate nach meiner Wahl"[44] erfolgt sei. Ein im Personalakt enthaltener Vertrag Kellers datiert jedoch auf den 11. April 1924,[45] Franckensteins Ernennung erfolgte etwa drei Wochen später. Vermutlich hatte man Keller aber mit dem Versprechen nach München gelockt, freie Hand in der Programmgestaltung zu haben, was sich durch die Einsetzung Franckensteins nicht vollends einlöste: „Ich besaß Kompetenzen, die der Generalintendant früher selbst besessen hatte. Das erschwerte die Arbeit."[46] Mit

---

41 Franckenstein, Der Opernspielplan, S. 61, Hervorhebung im Original.
42 Vgl. Zeiß, An die Mitglieder, S. 1 und Karl Zeiß, Ansprache des Generalintendanten Dr. Zeiß bei der Verabschiedung Bruno Walters am 3. Oktober 1922 im Königssalon des National-Theaters. In: *TZSBM* 3/134 (1922), S. 1.
43 Zu Kellers Lebenslauf vgl. Bigler-Marschall, Keller, Eugen.
44 Eugen Keller zit. nach Stadler, Ein Leben im Dienste des Theaters, S. 58.
45 Vgl. o.A., Vertrag zwischen der Generaldirektion der Bayer. Staatstheater und Eugen Keller, 11.04.1924, S. 6. In: BAYHSTA, Generalintendanz der Bayerischen Staatstheater, 546.
46 Eugen Keller zit. nach Stadler, Ein Leben im Dienste des Theaters, S. 59.

der Nominierung des Regisseurs hatte das Ministerium Tatsachen geschaffen, denen sich sein späterer Vorgesetzter anpassen musste. Denkbar ist sogar, dass man Franckenstein nur deshalb wieder einsetzte, weil vielleicht kein anderer Intendant gewillt gewesen wäre, die Eigenständigkeit Kellers zu tolerieren.

Neben Keller kam noch Ernst Leopold Stahl ans Haus, der zwischen 1906 und 1909 als Lektor für Literatur in Nottingham gewirkt hatte und danach als Dramaturg in Düsseldorf und Theaterkritiker in Mannheim beschäftigt gewesen war.[47] Stahl war zudem – neben Persönlichkeiten wie dem bereits angesprochenen Reformer Ludwig Seelig oder dem GDBA-Präsidenten Gustav Rickelt – im 1916 gegründeten Verband zur Förderung deutscher Theaterkultur tätig, für den auch seine Denkschrift *Wege zur Kulturbühne*[48] entstand. Hierin sprach er sich unter anderem für die Einrichtung von Wander- und Städtebundbühnen aus, um das Angebot qualitativ hochwertiger Theatererlebnisse abseits der urbanen Ballungszentren zu stärken.[49] Von Stahl, „dem, wie es sich gezeigt hat, der praktische Bühnensinn fehlt",[50] behauptete Hermann Sinsheimer im *Neuen Wiener Journal*, dass er „der Vertrauensmann des Ministeriums"[51] sei. Zu diesem Zeitpunkt war Franckensteins Wiedereinsetzung noch nicht bekannt, der Journalist gab deshalb Gerüchte wieder, wonach im Sinne eines Kulturabbaus der Ministerialbeamte Jakob Korn, seit 1922 Präsident des Deutschen Bühnenvereins, künftig die Bühne leiten sollte. Deutlich klingt in Sinsheimers Artikel die Ansicht durch, man habe mit Keller und Stahl zwei profilschwache Personen berufen, die dem Ministerium eine solche ‚Direktregierung' erleichterten. Zumindest mit Blick auf Stahl leuchtet dieser Eindruck ein, entsprach er doch mit seiner Ansicht vom Theater als „Bildungsstätte"[52] und als „gleichwertigem Institut geistiger Ernährung wie die Universität und das Museum"[53] damals gängigen Theaterverständnissen, die schon bei der Debatte um die Übernahme des Prinzregententheaters in die öffentliche Hand eine Rolle gespielt hatten. Ein Dissens zwischen Ministerium und Dramaturgie schien mit Blick auf die Personalie Stahl also nicht zu befürchten.

Allerdings begleitete das Theater der lagerübergreifende Vorwurf der unverhältnismäßigen Einmischung des Ministeriums in den Weimarer Jahren permanent, wie berechtigt er ist, muss diskutiert werden. Für die Amtszeit Schwannekes klingt er plausibel, hatte doch hier kurzzeitig ein Linker, der Jurist Alwin Saenger,

---

47 Vgl. Kosch/Bigler-Marschall, *Deutsches Theaterlexikon*, S. 2272.
48 Stahl, *Wege zur Kulturbühne*.
49 Vgl. ebd., S. 57f. und S. 73–77.
50 Hermann Sinsheimer, Münchner Kunstpolitik. In: *NWJ*, Nr. 10.930, 24.04.1924, S. 6.
51 Ebd.
52 Stahl, *Wege zur Kulturbühne*, S. 3.
53 Ebd.

Vorsitzender des Rates der geistigen Arbeiter und späterer SPD-Landtagsabgeordneter,[54] die Geschicke des Theaters betreut. Saenger übernahm nach Schwannekes Ausscheiden auch dessen Verteidigung im Veruntreuungsprozess rund um die Clara-Ziegler-Stiftung. Er war es auch, der die Nachfolge durch Karl Zeiß organisierte und diesen vor seiner Berufung mit dem Künstlerrat zum vertraulichen Gespräch zusammenbrachte.[55] Ebenso hegte er Bedenken dagegen, Zeiß die Aushebelung des Rats vertraglich zuzusichern,[56] über eine inhaltliche Einmischung in Fragen der Kunst ist allerdings nichts bekannt. Letztlich ist die kurzfristige Beschäftigung Alwin Saengers im Ministerium aber als Sonderfall zu sehen: Wie Detlev Peukert betonte, war gerade die personelle Kontinuität in den Verwaltungen eines der Charakteristika der Revolution 1918/1919,[57] auch in München behielt man unter den Kultusministern Johannes Hoffmann und Franz Matt den bisherigen Beamtenstab bei.[58] Für die Jahre unter Zeiß geht eine Einflussnahme durch den Beamtenstab auf die künstlerischen Entscheidungen aus den Akten nicht hervor. Maria Magdalena Bäuml, die sich in ihrer Dissertation mit dem Kultusministerium ab 1926 auseinandersetzt, schreibt über die Arbeit des Ministeriums:

> Das Alltagsgeschäft [...] zeigt eine routinierte Verwaltung, dominiert von Sachentscheidungen, jedoch sensibel für die individuellen Auswirkungen ihrer Entscheidungen und mit durchaus unterschiedlichen persönlichen Meinungen.[59]

Die typischen Beamten seien meist männlich, katholisch und als Jurist oder Pädagoge ausgebildet gewesen, ihnen haftete das „Selbstverständnis [...] als elitäre Repräsentanten des Staates"[60] an. Im Theater zeigte sich ein vermehrtes Intervenieren des Ministeriums in Form von Rat und Rügen tatsächlich erst in den späten 1920er-Jahren, hiervon wird später mit Blick auf die Nicht-Aufführung skandalträchtiger Stücke noch die Rede sein. Gleichzeitig betonten sowohl Kultusminister Goldenberger wie auch Staatsrat Korn bis 1933 die Eigenständigkeit des Theaters in Bezug auf die Kunst. Korn, ein evangelischer Maximilianeumsstipendiat mit

---

54 Zur Biografie Saengers vgl. Lilla, Saenger, Alwin.
55 Vgl. Alwin Saenger an Karl Zeiß, 20.02.1920. In: DTM, Nachlass Karl Zeiß, Zugangsinv.-Nr. 1983/25, Mappe „Persönliches und Dienstliches des Geh. Rats Dr. phil Karl Zeiß Generalintendant der Bayer. Staatstheater".
56 Vgl. Alwin Saenger an Karl Zeiß, 12.02.1920. In: DTM, Nachlass Karl Zeiß, Zugangsinv.-Nr. 1983/25, Mappe „Persönliches und Dienstliches des Geh. Rats Dr. phil Karl Zeiß Generalintendant der Bayer. Staatstheater".
57 Vgl. Peukert, *Die Weimarer Republik*, S. 39 f. und S. 60 f.
58 Vgl. Schmidt, *Kultusminister Franz Matt*, S. 92.
59 Bäuml, *Kulturpolitik gegen die Krise der Demokratie*, S. 352.
60 Ebd., S. 70.

„glänzende[r] Vita"[61] wurde 1933 ebenso wie Richard Hendschel, der Leiter der Abteilung IV, Kunst und kunstgewerbliche Fachschulen, Theaterwesen in den Ruhestand versetzt.

Expressionismus für München: Eugen Kellers Ästhetik
Angenommen aber, man hätte im Frühjahr 1924 tatsächlich die Weisungsbefugnis vom Theater ins Ministerium verlagern wollen, so wäre die Wahl des Schauspieldirektors vermutlich nicht auf Eugen Keller gefallen, schließlich sprach seine bisherige Ästhetik nicht dafür, dass er sich den Erwartungen von Beamten beuge. In München kannte man Keller bis dahin nur als Schauspieler, 1903/1904 stand er hier als Teil des berühmten Kabaretts „Elf Scharfrichter" erstmals auf der Bühne, 1913 kam er für die Sommerspielzeit mit dem Düsseldorfer Ensemble Louise Dumonts nach München. Unter Dumont und Gustav Lindemann unterrichtete er Vortragskunst, zu seinen Schüler:innen zählte unter anderem Gustaf Gründgens.[62] In Düsseldorf begann er auch Regie zu führen, „1921 war der junge Schweizer bereits zu einem der ersten Regiekünstler Deutschlands herangewachsen."[63] Dann holte ihn Intendant Gustav Hartung ans Hessische Landestheater in Darmstadt, das in der Presse als „Sprungbrett"[64] für die Karriere junger Talente galt. Das ehemalige Hoftheater zeigte unter Hartungs Leitung, dass mit dem Einzug des Expressionismus auf der Bühne auch die Provinz konkurrenzfähig zu Berlin war, obschon die Premieren des Hauses nicht immer ohne Skandal abliefen. Eugen Keller arbeitete hier mit den Bühnenbildnern Theodor Caspar Pilartz und Franz Scherl und machte sich durch die Wiederbelebung der Klassiker verdient. Den *König Ödipus* in einer Bearbeitung von Hölderlin aktualisierte er „vermittels einer Inszene von mächtigen Treppen und Quadern in zeitlosem Kostüm",[65] Shakespeares *Komödie der Irrungen* ereignete sich in einem „irrgartenartige[n] Gittergeflecht".[66] Die einfachen, angedeuteten Bühnenbilder enthoben die Klassiker ihrer Historizität und betonten die Überzeitlichkeit großer Menschenschicksale wie das eines Ödipus. Eugen Keller und sein Team wählten damit ein ästhetisches Verfahren, das Boetzkes et al. in Bezug auf den Umgang mit Klassikern als „Abstraktion und Stilisierung"[67] bezeichneten: „Diese Ästhetik sollte nicht mehr der Affirmation überkommener Schönheitsbegriffe dienen, sondern objektive Gesetzmäßigkeiten – die Funktio-

---

61 Ebd., S. 55.
62 Vgl. Stadler, Ein Leben im Dienste des Theaters, S. 45.
63 Ebd.
64 o.A., Das Sprungbrett. In: *BT*, Nr. 315, 04.07.1924, S. 3.
65 Kaiser, *Modernes Theater in Darmstadt 1910–1933*, S. 77.
66 Ebd., S. 78.
67 Boetzkes et al., Verarbeitung des kulturellen Erbes, S. 751.

nalität der Elemente – zum Gegenstand haben."⁶⁸ Auch ließ Keller das Theater als Apparat und Sozialraum offen zu Tage treten, in einer Inszenierung von Molières *Amphitryon* spielte etwa die Souffleurin mit, Umbauten fanden auf offener Bühne statt.⁶⁹

Keller schrieb später über die Arbeit am Theater, gute Regie solle „nach genauer Vorarbeit immer wieder den mimischen Furor wecken – die mimischen Dämonen loslassen!"⁷⁰ Hier deutet sich eine Nähe des Theaters zum Kultus an, er verstand es als bewussten Gegenentwurf zu einer sich beschleunigenden, technisierten Welt. Logisch scheint daher seine Ablehnung von Klassikerinszenierungen im modischen Kostüm („Hamlet im Frack"), für die damals vor allem Erich Ziegel bekannt war.⁷¹ Umgekehrt bedeutete dies für Keller die Suche nach einer überzeitlichen Ästhetik mit wiederverwendbaren Dekorationen, die ohne den Stoff „willkürlich [zu] vergewaltigen"⁷² einen Ausdruck seiner Kerninhalte schaffte: „Die echte künstlerische Leistung ist Sinn = Bild."⁷³ Hiermit entsprach er vollends den expressionistischen Ideen seiner Zeit:

> Der Expressionismus entdeckt den Zeichencharakter des Theaters – die darstellerische Geste, die optische Geste. ‚Urbilder' sind gefragt, aus dem Unterbewußtsein mobilisiert. Die Optik der Verzerrung, Vergrößerung und Verdichtung herrscht vor.⁷⁴

Mit Blick auf die überregionale Theaterberichterstattung der damaligen Zeit ist davon auszugehen, dass man im Ministerium wusste, welche Ästhetik man sich da ‚einkaufte'. Ausgerechnet der *Völkische Kurier* notierte anlässlich von Kellers Berufung,

> daß Keller zu den Spielleitern gehöre, deren Prinzip es sei, im Prinzip kein Prinzip zu haben, indem nämlich der geniale Spielleiter heute Pyramiden bauen, morgen mit Pastell malen, ein andermal einer Lokomotive Konkurrenz machen [...] müsse. Sein leitender Grundsatz sei, ein jedes Werk im Kerne seines eigentlichen Wesens zu erkennen und aus dieser Erkenntnis heraus zu inszenieren.⁷⁵

---

68 Ebd.
69 Vgl. Stadler, Ein Leben im Dienste des Theaters, S. 48.
70 Keller, *Theater als Berufung und Verpflichtung*, S. 17.
71 Vgl. Boetzkes et al., Verarbeitung des kulturellen Erbes, S. 750 f.
72 Keller, *Theater als Berufung und Verpflichtung*, S. 39.
73 Ebd., S. 22.
74 Eckert, *Das Bühnenbild im 20. Jahrhundert*, S. 52.
75 E.v.W., Der neue Schauspieldirektor. In: *Völkischer Kurier*, Nr. 78, 05.05.1924. In: MSA, ZA-P-252-11.

Er sei daher über Parteigrenzen hinweg beliebt, schrieb das rechte Blatt, zumal er es mit seiner Begeisterungsfähigkeit verstünde, das Ensemble auf seine Inszenierungsidee einzuschwören. Kellers Berufung wirkt so gleich doppelt plausibel: Einerseits vermochte er es offenbar, die Temperamente der Schauspieler:innen so zu lenken, dass Einzelinteressen nicht die künstlerische Vision gefährdeten, andererseits zeigte er mit seinem inszenatorischen Zugriff einen Weg auf, wie Klassiker auf die Bühne gebracht werden konnten, ohne zum historischen Kitsch oder – schlimmer noch? – zum Kommentar auf die politische Gegenwart zu werden. Es scheint, als habe das Ministerium gezielt eine Person gesucht, die die von Zeiß eingeschlagene Linie der Befriedung fortzusetzen verstand. Gleichzeitig signalisierte die Personalie Keller überregional die Konkurrenzfähigkeit und den Erneuerungswillen des Theaters, wiewohl der Expressionismus am Staatstheater erst Einzug hielt, als er andernorts schon wieder abklang.

Veränderungen im Personal
Innerhalb des Hauses wurde Kellers Ernennung nicht durchweg positiv aufgenommen. Noch ehe er richtig angekommen war, monierte Regisseur und Schauspieler Kurt Stieler im Mai bei Franckenstein:

> Meine eingehende Unterredung mit dem neuen Schauspiel-Direktor [...] war katastrophal. Ich bin überzeugt, dass auf die Dauer eine Zusammenarbeit unmöglich sein wird. [...] Eine Verbindung dürfte um so schwieriger sein, da Herr Keller auf meine Mitarbeit wenig Gewicht legt, ja mein Ausscheiden offenbar begrüßen würde.[76]

Er drohte direkt auch mit Kündigung. Im September beschwerte sich dann „Meininger" Franz Jacobi, ehemaliger Künstler- und nun Betriebsrat, dass das Ensemble Keller bisher nur aus der Zeitung kenne und es keine offizielle Vorstellung gegeben habe. „Das Personal kommt zur Probe. Am Regiepult steht ein Vorstand, den das Personal offiziell nicht kennt. Wie sollen sich nun diese beiden Pole zueinander verhalten?"[77] Das Ensemble sei dementsprechend beunruhigt, was die Zukunft anbelange.

In der Tat konnte Keller nach seiner Ernennung nicht sofort in München zugegen sein, in den Monaten vor der Sommerpause fand die Vorbereitung der kommenden Saison auch brieflich statt. Anders als für Zeiß, dessen erster Termin

---

[76] Kurt Stieler an Clemens von Franckenstein, 25.05.1924. In: BAYHSTA, Intendanz des Bayerischen Staatsschauspiels, 569.
[77] Franz Jacobi an Clemens von Franckenstein, 15.09.1924. In: BAYHSTA, Generalintendanz der Bayerischen Staatstheater, 546.

dem Künstlerrat galt, war es für Keller offenbar nicht das dringendste Anliegen, sich mit dem Bestandspersonal gutzustellen. Den Frühling nutzte er, um an verschiedene Theater zu fahren und Künstler:innen zu begutachten. Eine Telefonabrechnung zeigt, wie gut Keller vernetzt gewesen sein muss, sie listet Regisseure wie Heinz Hilpert und Richard Révy und Schauspielerinnen wie Agnes Straub, Maria Koppenhöfer und Lucie Höflich auf.[78] Auch versuchte Keller ‚seine' Leute am Haus unterzubringen, allen voran den Düsseldorfer Bühnenbildner Walter von Wecus, „einen der konsequentesten szenischen Expressionisten".[79] Er sollte fünf Inszenierungen zu einer Gage von je 800 Mark ausstatten, obgleich sich das Ministerium diesbezüglich zunächst sträubte. Bereits im Juni 1924 mahnte Keller deshalb an, ihm sei in den Vertragsverhandlungen mündlich mehr Handlungsspielraum zugesagt worden, und erklärte, dass er aus Gründen der künstlerischen Freiheit auf eine Zusammenarbeit mit Wecus beharre.[80]

Als Regisseur engagierte er Fritz Kranz, den er aus seiner Düsseldorfer Zeit kannte. Ebenso holte er Eugen Klimm, Nestor Lampert, Gertrud Bergmann, Ernst Martens und Ferdinand Classen. Auffallend ist, dass die Neuzugänge – mit Ausnahme von Martens – heutzutage kaum mehr bekannt sind, weder im Deutschen Theaterlexikon noch in Günther Rühles Monografie *Theater in Deutschland* finden sie Erwähnung für die Nachwelt. Keller scheint bei der Erneuerung des Ensembles auf vielversprechende, noch formbare Anfänger:innen gesetzt zu haben. Sie wurden dann direkt in Kellers erster Inszenierung *Titus Andronicus* in prominenten Rollen besetzt. Die „Unruhe"[81] im Bestandspersonal, die Franz Jacobi in seiner Beschwerde bei der Intendanz thematisierte, könnte also aus der Angst resultiert haben, durch die noch unbekannten Gesichter ersetzt zu werden.

Dabei wusste Keller das Ensemble menschlich durchaus für sich einzunehmen. Ausgerechnet Intendantenschreck Friedrich Ulmer berichtete von seiner ersten Begegnung mit dem Schauspieldirektor:

---

78 Vgl. o.A., Zusammenstellung der von Schauspieldirektor Eugen Keller in der Zeit vom 9. April 1924 mit 22. September 1924 in dienstlichen Angelegenheiten verausgabten Telegramm- und Fernsprechgebühren. In: BAYHSTA, Generalintendanz der Bayerischen Staatstheater, 546.
79 Eckert, *Das Bühnenbild im 20. Jahrhundert*, S. 50.
80 Vgl. o.A., Vorbemerkung, 18.06.1924. In: BAYHSTA, Generalintendanz der Bayerischen Staatstheater, 546. Dabei bewegte sich Wecus' Gage in einem angemessenen Rahmen: Etwas über 1200 RM betrug in der Weimarer Republik das durchschnittliche Jahresgehalt in Deutschland. (Vgl. o.A., Durchschnittliches Bruttoarbeitseinkommen der vollzeitbeschäftigten Arbeitnehmer in der Weimarer Republik (Deutsches Reich) in den Jahren 1919 bis 1933). Eugen Keller selbst verdiente laut Vertrag in leitender Position 12600 Mark. Vgl. o.A., Vertrag Generaldirektion/Eugen Keller, S. 2.
81 Jacobi an Franckenstein, 15.09.1924.

Er war ein Mann in den besten Jahren, klein, etwas rundlich, hatte zwei kluge, sprechende, mit einer Hornbrille bewaffnete Augen, einen kleinen gepflegten Schnurrbart, trug sich modern und hatte ein verbindliches, freundliches Wesen. Er war ganz „Herr".

Eine gewisse Weltfremdheit und Besessenheit von seinen Ideen, die er wohlgesetzt und fern von allen schauspielerischen Ausdrucksformen entwickelte, kontrastierten zu dieser äußeren Erscheinung und gaben ihm etwas Gelehrtes, aber auch etwas Unverdorbenes, ja Kindliches, das den sympathischen Gesamteindruck nur erhöhte.[82]

Er habe, eine „Bestimmtheit [...], die jeden Widerspruch, ja selbst jedes bescheidene Widerraten von vornherein ausschloß."[83] Über die fordernde Probenarbeit zu Kellers erster Inszenierung *Titus Andronicus* notierte Ulmer, obgleich selbst nicht auf der Besetzungsliste:

Alle gaben sich eine heilige Mühe, um sich dem neuen Mann, der nun ihre Schicksale zu lenken berufen war, von ihrer besten Seite zu zeigen. Zudem schien der neue Mann sehr viele von ihnen auch künstlerisch überzeugt und Kontakt mit ihnen gewonnen zu haben.[84]

5.2 Die deutschsprachige Erstaufführung des *Titus Andronicus*

Doch trotz der intensiven Proben fiel die deutschsprachige Erstaufführung von Shakespeares *Titus Andronicus* im Prinzregententheater im Oktober 1924 bei der Kritik gnadenlos durch. Warum Keller ausgerechnet Shakespeares Frühwerk für den Auftakt wählte, ist unklar. Leicht gemacht haben dürfte er es sich damit nicht, galt das Stück doch lange als unspielbar:

Da sollen 14 Morde begangen werden, es sollen glaubhaft und sadistisch Zungen herausgeschnitten werden und Arme, Beine und Hände abgehackt werden, es soll im Duett vergewaltigt und gefoltert werden, Hälse sollen zum Ausbluten geschlitzt und das Blut in Schüsseln aufgefangen, frisch abgehackte blutende Köpfe sollen herumgeschleppt und kannibalistische Mahlzeiten aus Hirnmasse und Blutsuppe gekocht werden: ein Alptraum des Grauens. Die Bühne müsste eigentlich nur so kleben.[85]

Frank Günther, Shakespeares wohl bedeutendster deutscher Übersetzer des ausgehenden 20. Jahrhunderts, diagnostizierte angesichts des vielen Blutes einen „szenischen Overkill",[86] der es fast verunmögliche, das Stück zu inszenieren, ohne

---

82 Ulmer, *Perlicco – Perlacco*, S. 215.
83 Ebd.
84 Ebd., S. 217 f.
85 Günther, Aus der Übersetzerwerkstatt, S. 200.
86 Ebd., S. 201.

in unfreiwillige Komik abzudriften. Er verortete den Text in der Nähe zum Genre des heutigen Splatter-Movies und wies darauf hin, dass die Zuschauer:innen im Elisabethanischen England auf dem Weg zur Vorstellung auf der London Bridge noch die „abgehackten Köpfe hingerichteter Hochverräter [...], auf Piken aufgesteckt, zur Warnung an Nachahmer"[87] passierten, „*Bodies that splatter* – die gab es damals überall ganz real."[88] Zu Shakespeares Zeit wurden deshalb mit speziellen Tischkonstruktionen *special effects* erzeugt, die das Rollen von Köpfen glaubhaft machen sollten.[89] Mehrere hundert Jahre später, nur eine halbe Dekade nach dem Ersten Weltkrieg, dessen Verstümmelungen sich in die Netzhaut der Kriegsgeneration tiefer als jede gespielte Gewalt auf der Bühne eingebrannt hatten, schienen solche Effekte nicht mehr das szenische Mittel der Wahl zu sein: „Keller tat das einzig Richtige, er vermied jeden Realismus und versuchte mit einer umschreibenden Stilisierung die Anhäufung von Greuel [sic!] zu relativieren."[90] Denkbar ist, dass genau in dieser szenografischen Herausforderung der Vorteil lag, der Shakespeares Jugendwerk für Keller attraktiv scheinen ließ: Eben weil die Handlung so brutal ist, dass sie keine „realistische" Darstellung erlaubte, akzeptierte das Publikum vielleicht leichter die neue Ästhetik, die er ans Haus mitbrachte. Er umging damit auch das viel diskutierte Problem des ‚richtigen' Umgangs mit den Klassikern, die vor 1918 als eine Art ‚Eigentum' des Bürgertums verstanden wurden: „Mit klassischen Versen verlobte man sich, erzog man seine Kinder, kannegießerte und kegelte man",[91] schrieb Herbert Ihering. In der Weimarer Republik erfuhren die Klassiker dann eine „Indienstnahme [...] für aktuelle politische Auseinandersetzungen"[92] oder dienten umgekehrt der „Mythisierung einer ganzen kulturellen Vergangenheit und ihre[r] Mobilisierung gegen jegliche reflektierende Beschäftigung mit dem historisch Überkommenen."[93] *Titus Andronicus* schien sich aufgrund der Krassheit seines Inhalts und der fehlenden Aufführungstradition in Deutschland solchen Aneignungslogiken zu verweigern und eröffnete so den Weg zur Stilisierung durch Form, Farbe und Lichtsetzung. Auch gab es im Fundus des Theaters keine Versatzstücke aus älteren Inszenierungen, zu deren Verwendung Keller aus Kostengründen sonst womöglich gezwungen gewesen wäre. Eine Ab-

---

87 Ebd., S. 217.
88 Ebd.
89 Vgl. Zur Funktionsweise dieser Effekte ebd., S. 210 ff.
90 Grosse, Expressive Formkraft, S. 32.
91 Ihering, *Reinhardt, Jeßner, Piscator oder Klassikertod?*, S. 6.
92 Boetzkes et al., Verarbeitung des kulturellen Erbes, S. 747.
93 Ebd., S. 753.

Abb. 19: Szenenfoto aus der Inszenierung von Shakespeares *Titus Andronicus* im Prinzregententheater, Regie: Eugen Keller, Bühne: Walter von Wecus.

rechnung der Spielzeit führt die enorme Summe von 16 405 Mark auf,[94] die für die Anfertigung der Kulissen ausgegeben wurde. Zum Vergleich: Die meisten anderen Schauspiele dieser Saison schlugen mit dreistelligen Beträgen zu Buche, in der Oper war lediglich Wagners *Parsifal* mit fast 28 000 Mark teurer als das Antrittsprojekt Kellers.[95]

Ein Bühnenbildentwurf von Walter von Wecus zeigt eine zehnstufige Treppe, die zu einem Plateau führt, darüber auf einer zweiten Spielebene eine Art flacher Zylinder.[96] Die laut Kritiken in Gelb- und Grautönen gehaltene, im Halbrund angeordnete Bühne war bis in den Orchestergraben erweitert und bezog auch den Zuschauerraum mit ein: Ein Dutzend (Blas-)Musiker, welche den Abend mit wiederkehrenden Motiven begleiteten und gliederten,[97] traten aus dem Foyer auf.[98]

---

[94] Vgl. o.A., Übersicht über den Aufwand an Ausstattungskosten in den Rechnungsjahren 1924 und 1925. In: MSA, KULA 425.
[95] Vgl. ebd.
[96] Vgl. Kügler, *Form im Raum*, S. 64.
[97] In einem im Theatermuseum als „Regiebuch" aufbewahrten Textbuch sind diese Musikeinsätze ohne Noten festgehalten, wobei bestimmte Instrumente bestimmten Figuren zugeordnet

Dabei sollte die Architektur der Bühne den Inhalt des Stückes zwar spiegeln, aber nicht untermalend wirken: „An keiner Stelle der Bühnenraumgestaltung ‚Illustrierendes', ‚Bildhaftes', sondern allein der Dichtung, der Regie und dem Darsteller überlassen."[99] Tatsächlich muss die Umsetzung nah an Wecus' Skizzen herangekommen sein, wie Fotografien (Abb. 19) der Inszenierungen belegen: ‚Kulissenplunder' sucht man hier vergebens. Doch trug eben dieses Bühnenbild zur weitreichenden Ablehnung der Presse bei. So schrieb Ernst von Bassermann-Jordan im *Bayerischen Kurier*, von Wecus habe versucht,

> hinter kindlichen Formen den Mangel an jeglicher Idee zu verbergen [...]. „Vor dem Kapitol" war eine naiv sein wollende Papierarchitektur, Tür mit schmalem Sturz und breiter Schwelle, viele Treppen, oben eine Art Transformatorenhäuschen, alles in unmöglichen Farben, Beleuchtung nach dem Vorbild: Moderne Seeschlacht bei Nacht. Der „Wald bei Rom" war ein umgestürzter Kistenkeller, in den man mit Scheinwerfern hineinleuchtete, ohne Ordnung zu schaffen.[100]

Tim Klein sprach von einem „Turm, der aussah wie eine Reklame-Attrappe"[101] und monierte über den im Wald spielenden zweiten Akt: „Er ist von Shakespeare mit ungeheurer Eindringlichkeit geschildert. Was man sah, waren stilisierte Felsblöcke."[102] Auch Kostüm und Maske – „Perücken in allen Farben der Iris"[103] – erfuhren Ablehnung.

In München, das Emil Pirchan früh an Berlin verlor, war man solche Experimente am Staatstheater nicht gewohnt, lediglich an den Kammerspielen fand sich mit Otto Reigbert, der aufgrund der beschränkten Mittel der Bühne oft zur Vereinfachung gezwungen war, ein Vertreter „für die avanciertere Bühnenkunst der

---

wurden und oft nur einzelne Töne (einen Tusch, einen Trommelwirbel) spielten. Weitere Hinweise auf die szenische Ausgestaltung oder die Spielweise liefert das „Regiebuch" nicht. Vgl. Regiebuch von Eugen Keller zu dem Schauspiel „Titus Andronicus" von Shakespeare, Premiere am 15.10.1924, Prinzregententheater München. In: DTM, Historisches Archiv zum Kgl. Hoftheater / Bayerischen Staatsschauspiel (Alt-Signatur: SH1/62/12).
98 Dies ist einer Notiz zur Bühnenbildgestaltung aus dem Nachlass Helmut Grosses zu entnehmen. Die Notiz, die nach Einschätzung des aufbewahrenden Archivs, dem Theatermuseum Düsseldorf, möglicherweise von Walter von Wecus' Ehefrau stammt, ist von Wecus selbst signiert, dürfte also die Gedanken und Erinnerungen Wecus' zuverlässig wiedergeben. Vgl. o.A., Titus Andronicus, 6.4.64. Der leitende Gedanke. In: TMD, Nachlass Helmut Grosse.
99 Vgl. ebd.
100 Ernst von Bassermann-Jordan, Prinzregententheater. In: *BK*, Nr. 287, 17.10.1924. In: MSA, ZA-17043.
101 Tim Klein, Titus Andronicus. Tragödie von Shakespeare. In: *MNN*, Nr. 284, 17.10.1924, S. 2.
102 Ebd.
103 Ebd.

Isarstadt".[104] Auch hier beschritt man 1924 neue Wege der Klassikeraktualisierung: Marlowes *Leben Eduard des Zweiten von England* wurde an den Kammerspielen in einer Bearbeitung von Bertolt Brecht und Lion Feuchtwanger gezeigt, zu der Caspar Neher die Bühne entwarf. Ein Novum war dabei die lange Probenzeit von acht Wochen, die signalisierte, dass Inszenierungen nicht binnen weniger Tage fertig erarbeitet waren, nur weil die Schauspieler:innen den Text beherrschten.[105] Dieser Überzeugung folgte auch Eugen Keller am Staatstheater:

> Das größte Unglück für den Schauspieler hingegen ist ein Regisseur, der das Werden der Dinge nicht erkennen kann, der sich nicht damit begnügt, wenn ein Darsteller zu der ersten Probe kommt und durch zaghaftes Tasten die Rolle abzufühlen und vielleicht skizzenhaft zu gestalten versucht, sondern von vorneherein etwas Fertiges, ein Klischee verlangt.[106]

Doch gerade am Staatstheater, das oft mehrere Premieren pro Monat brachte, waren die Darsteller:innen wegen der kurzen Einstudierungsphase ins Klischee gezwungen. Dementsprechend andersartig muss das Spiel in *Titus Andronicus* gewirkt haben. Hermann Eßwein von der für gewöhnlich weitherzigeren *Münchener Post* vermerkte: „Der für das Stück zu leichte Aaron des Herrn Martens war sprecherisch eine unerhörte Zumutung, ein heiseres, kaum verständliches Gurgeln, Bellen und Keifen."[107] Tim Klein vermutete, die Spieler:innen seien „durch die Bank heiser"[108] gewesen, der Kritiker der *Welt am Sonntag* notierte:

> Es gab reichlich viel Unnatur. Starres, minutenlanges Verharren in krampfhaft verzerrten lebender-Bilder-Posen. [...] Schmerzhaft muß das sein, zum Beispiel so lange in Kniebeuge oder auf einem Bein zu stehen.[109]

Keller wurde zudem vorgeworfen, „die Menschen dieser Tragödie zu Marionetten umgebogen, den Schauspielern alle Individualität genommen, Wort und Gebärde in starres Schema gepreßt"[110] zu haben, was insofern berechtigt

---

104 Eckert, *Das Bühnenbild im 20. Jahrhundert*, S. 61.
105 Vgl. Petzet, *Die Münchner Kammerspiele*, S. 152.
106 Keller, *Theater als Berufung und Verpflichtung*, S. 34.
107 Hermann Eßwein, Titus Andronikus. Deutsche Uraufführung im Prinzregententheater. 15. Oktober 1924. In: *MP*, 17.10.1924. In: BAYHSTA, Generalintendanz der Bayerischen Staatstheater, 546, Hervorhebung im Original.
108 Klein, Titus Andronicus, S. 2.
109 Dr. E., Staatstheater. Titus Andronicus. In: *WAS*, 25.10.1924. In: BAYHSTA, Generalintendanz der Bayerischen Staatstheater, 546.
110 Franz Iblher, Zur Krise im Staatstheater. In: *ANN*, 10.11.1924. In: BAYHSTA, Generalintendanz der Bayerischen Staatstheater, 546.

scheint, als er große Faszination für die Präzision und Selbstlosigkeit der Marionette gegenüber dem von „egoistischem Beharrungswillen"[111] getriebenen Schauspieler hegte, der sich aus Geltungssucht der Inszenierungsidee verweigere. Franz Iblher von den *Augsburger Neuesten Nachrichten*, verteidigte Keller aber genau deshalb, da

> gerade durch diese strenge Zucht eine Aufführung zustande kam, wie man sie an innerer Geschlossenheit hier seit langem nicht mehr erlebt hatte. Und dann hat niemand sich klar gemacht, daß dieser „Titus" gespielt wurde als Ablauf eines unentrinnbaren Schicksals, in dem alle menschliche Eigenart untergeht, jede Gestalt gleichsam eine Puppe ist, deren Bewegung ein überweltlicher Puppenspieler dirigiert.[112]

Iblher war damit einer der wenigen, die sich überhaupt an einer Deutung des Shakespeare-Textes versuchten, in vielen anderen Kritiken ging eine Befragung des Inhalts im Zorn über die Form völlig unter. Lediglich Tim Klein bemerkte zum *Titus Andronicus*:

> [K]eine Gestalt des Stücks hat ein Schicksal. Und deshalb sind sie uns fremd, ihre Taten und Leiden – die ganze blutige Schlächterei geht an uns vorüber, ohne daß unser Herz einen Augenblick stärker schlüge. Eine Welt unterhalb aller Sympathie. Nicht der Staat, nicht das Recht, nicht die Ehre, nicht die Liebe, keine Leidenschaft, nicht irgend ein großherziger Frevel, nicht irgendein Zerstörungstrieb erhabenen titanischen Wollens – nichts von alledem – sondern die Barbarei einer verhenkerten Phantasie, einer blutigen Mode ist die bewegende Ursache dieses Dramas.[113]

Die Inszenierung liefere den Beweis, „daß Shakespeares Jugendwerk auf keine Voraussetzungen in unserm Gefühlsleben trifft und so für die moderne Bühne unmöglich ist".[114] Dieses Postulat überrascht, denn bei aller Verschiedenheit zwischen der Weimarer Gegenwart von 1924 und dem alten Rom gibt es doch zumindest eine Parallele zwischen diesen beiden Welten: Beide Male hat man es mit Gesellschaften zu tun, die aus dem Blutrausch des Krieges nicht wieder zurück in den Zustand des Friedens fanden, in dem Vergewaltigung, Verstümmelung und Mord als Formen der öffentlichen Auseinandersetzung nicht legitimiert sind.

Für die Weimarer Republik hat das Mark Jones[115] herausgearbeitet: Er argumentiert, dass die SPD-geführte Regierung zur Durchsetzung der neuen Staatsform

---

111 Keller, *Theater als Berufung und Verpflichtung*, S. 12.
112 Iblher, Zur Krise im Staatstheater.
113 Klein, Titus Andronicus, S. 2.
114 Tim Klein, Titus Andronicus von Shakespeare. In: *MNN*, Nr. 283, 16.10.1924, S. 3.
115 Jones, *Am Anfang war Gewalt*.

auf Gewalt angewiesen war. Eine autosuggestive Angst[116] vor einer neuerlichen Umwälzung nach russischem Vorbild habe dafür gesorgt, dass Regierungstruppen in den Jahren 1918/1919 zahlreiche Gewaltakte gegen Zivilist:innen in Berlin und München verübten, welche von weiten Teilen der Bevölkerung gebilligt wurden. Erst der 21-fache Mord an Mitgliedern eines katholischen Gesellenvereins in den Tagen der Niederschlagung der Münchner Räterepublik stoppte diese breite Zustimmung.[117] Jones bilanziert: „Die von Regierungstruppen und Freikorps begangenen Gewaltexzesse waren Teil des Gündungsaktes der Weimarer Republik."[118] Auch bei Shakespeare bleibt Gewalt als Lösung von Konflikten nach Kriegsende als Möglichkeit bestehen. Sie erzeugt in *Titus Andronicus* eine Spirale von Rache und Gegengewalt, in die nach und nach alle Beteiligten hineingezogen werden. Insofern ist Shakespeares Frühwerk mehr als die „Barbarei einer verhenkerten Phantasie".[119] Vielmehr ermöglicht es der Text „in der Darstellung des Exzesses die Ordnung der Gesellschaft selbst zu problematisieren",[120] eine Gesellschaft, in der die Vergewaltigung der Figur Lavinia zum „Schema für die Gründung der Staatsmacht"[121] wird.

Freilich verbietet es sich, dem Stilisten Keller eine derart politische Lesart seines Stoffes zu unterstellen, die eher für einen Leopold Jessner typisch wäre. Auch gelten die Jahre zwischen 1924 und 1928 in der Weimar-Forschung gemessen an den blutigen Anfangsjahren der Republik gemeinhin als eine Phase relativer Stabilität, wenngleich fraglich ist, ob der Schrecken von Putschversuchen und politischen Morden im Herbst 1924 beim Publikum des Prinzregententheaters schon verhallt war. Sehr wohl präsent war zum Zeitpunkt der Premiere allerdings die Ruhrbesetzung, die von weiten Teilen der deutschen Bevölkerung als Gräuel erlebt wurde und in ihrer Durchsetzung zahlreiche Tote forderte. Unterdrückung und Gewalt durch den einstigen Feind zu erfahren, das thematisiert auch Shakespeares Frühwerk, in dem die kriegsgefangene Königin Tamora in das Kaiserhaus des Feindes einheiratet und mit ihren Söhnen und Liebhaber Aaron eine Reihe von Racheakten in Gang setzt. Doch schien diese Parallele ob der Stilisierung der Inszenierung kaum offenkundig.

---

116 Den Begriff der Autosuggestion übernimmt Jones von Georges Lefèbvre. Vgl. ebd., S. 68–73.
117 Vgl. ebd., S. 314–330.
118 Ebd., S. 336.
119 Klein, Titus Andronicus, S. 2.
120 Lehmann, *Tragödie und dramatisches Theater*, S. 287.
121 Ebd., S. 289.

Der Intendant als Kontrollinstanz der "Reizbarkeit des Publikums"
Während die Presse die Inszenierung weithin ablehnte, waren die Zuschauer:innen wohlgesonnener:

> Es war ein für München sogar überdurchschnittlich warmer Publikumserfolg, [...]. Auch über einen späteren Aufführungsabend ward mir von zuverlässiger Seite berichtet, daß sich der Zuschauerraum völlig normal verhalten habe.[122]

Die Krise, die *Titus Andronicus* in den folgenden Wochen auslösen sollte, war letztlich eine von polemisierenden Theaterkritikern beschworene Krise. Sie wurde auch durch Gedichte wie das folgende in der *Welt am Sonntag* befeuert:

> Herr Keller, von Frau Korn sehr warm empfohlen
> kam jüngst aus Darm-Athen nach Isar-Au.
> Er kam auf Shakespeares jugendlichen Sohlen:
> If you have tears, prepare to shed them now...
> Er übergoß aus klassischen Phiolen
> die Leinwand futuristisch rot und blau...
> Der Titus ist katastrophal mißglückt, –
> Das ist doch ziemlich sachlich ausgedrückt.
> Es wird getötet und man hört viel fluchen,
> es wird geschändet, was mich sehr verstimmt.
> Der Titus backt sich einen Kirchweihkuchen,
> zu dem er Menschenblut statt Millich nimmt.
> Athleten macht man stückweis zu Eunuchen, –
> was die Betroffnen meistens sehr ergrimmt, –
> zum Schluß ist alles tot und schwer verletzt,
> selbst Haarmann aus Hannover wär' entsetzt.
> The dying men did groan: O Mister Keller.
> geh lieber auf der altbewährten Spur,
> und du begreifst dann kritischer und schneller
> den alten Geist der Münchener Kultur.
> In Hessen scheint die Sonne auch nicht heller, –
> das ist doch liebenswürd'ge Täuschung nur...
> Zeig' dich im Titus nicht mehr ohne Not,
> sonst schlägt man dich am Ende auch mit tot.[123]

---

[122] Hermann Eßwein, Der Sturz des Schauspieldirektors Eugen Keller und die Maßregelung des Theaterdichters WilliamShakespeare [sic!]. In: *Berliner Börsen-Courier*, 05.11.1924. In: BAYHSTA, Generalintendanz der Bayerischen Staatstheater, 546.
[123] Bob, Titus Andronikus. In: *WAS*, 25.10.1924. In: BAYHSTA, Generalintendanz der Bayerischen Staatstheater, 546.

Sicher war der Text satirisch gemeint, bespielte er doch die gängigen Stereotypen der Staatstheater-Berichterstattung: Unter der heimlichen Herrschaft einer Ehefrau – dieses Mal der von Staatsrat Korn – wurde eine Ästhetik eingekauft, die die konservativen Kräfte des Ensembles stöhnen machte, zur Lösung des Problems wurde dann die Empfehlung abgegeben, sich mit dem „alten Geist der Münchener Kultur" zu arrangieren statt gegen ihn mit Expressionismus anzukämpfen. Doch obschon die Textzeile „sonst schlägt man dich am Ende auch mit tot" eine Referenz auf das Morden in *Titus Andronicus* darstellt, erschreckt sie in ihrer Brutalität, schließlich war die gezielte Störung von Aufführungen unter Einsatz von Gewalt in München seit dem Skandal um *Schloss Wetterstein* eine reale Gefahr. Auch wurde so mancher Journalist persönlich beleidigend gegenüber Keller, der „in seiner offen zutage liegenden egozentrischen Veranlagung unheilbar"[124] sei.

Hausintern zog man rasch Konsequenzen. Wenige Tage nach der Premiere ging ein Schreiben von Franckenstein an Keller, das ihn jeglicher Autonomie beraubte:

> Schauspielwerke, die nicht zu den Klassikern zählen und die der Herr Schauspieldirektor aus persönlicher Wertschätzung in den Spielplan aufzunehmen wünscht, bitte ich mir allgemein mit einem schriftlichen Gutachten des Herrn Schauspieldirektors [...] frühzeitig vorzulegen.
> Bei der Auswahl der Werke aus der klassischen Literatur ist notwendigerweise zu prüfen, wie weit sie sich gerade bei der heutigen Lage der Allgemeinheit und insbesondere bei den Münchner Verhältnissen, der gewissen Reizbarkeit des Publikums auf der einen und einer gewissen Abstumpfung auf der anderen Seite, zur Aufführung eignen.
> Das Spieljahr ist kurz [...] und ein verfehlter Treffer wirft uns jedesmal um Wochen zurück. Ich habe im Schauspiel nunso [sic!] viele künstlerische Berater, dass ich glaube, es muss auch für den Betrieb zweier Schauspieltheater möglich sein, **rechtzeitig, vorsichtig und umsichtig zu disponieren.**[125]

Der Intendant erscheint hier als Kontrollinstanz, der die „Reizbarkeit des Publikums" zum Maßstab der Textauswahl macht. Nicht literarischer Wert oder Spielmöglichkeiten für die großen Darsteller:innen wurden zu Kriterien für die Annahme von Stücken, sondern nur noch die Rücksicht auf die nervöse Publikumsseele. Das liest sich wie das geheime Eingeständnis der Handlungsunfähigkeit des Intendanten. Wer bei der Zusammenstellung des Spielplans stets auf die „heutige [...] Lage der Allgemeinheit" achtet, für den ist auch die Kanonpflege nicht zu realisieren, schließlich kann jeder Klassiker mit der Brille des Aktuellen

---

124 Hs, Krise im Staatsschauspiel. (Protest gegen Keller). In: *AZ*, Nr. 424, 21.10.1924. In: MSA, ZA-17084.
125 Clemens von Franckenstein, Abschrift, 24.10.1924. In: BAYHSTA, Generalintendanz der Bayerischen Staatstheater, 546, Hervorhebung durch Verfasserin.

neu gelesen werden. Dann wäre Theater nicht einmal mehr ein Museum der dramatischen Literatur, sondern nur noch Ventil einer als krisenhaft erlebten Gegenwart.

Kurz darauf erfolgte die Kündigung Kellers,[126] an die Presse ging eine dementsprechende Mitteilung. Die dann folgende Berichterstattung bestätigte die übliche Skandaldramaturgie: Die konservative Kritik fühlte sich in Teilen bestätigt, linkere und liberalere Blätter kritisierten die Entscheidung, und einmal mehr begann eine Meta-Diskussion über die Frage, wer die Krise herbeigeführt habe, die Presse in ihrer Ablehnung oder das Ministerium, indem es Keller überhaupt anstellte. Hermann Eßwein sprach in der *Münchener Post* von einem „ewigen Auf und Ab von tiefster Lethargie und hitzigster Krise"[127] und lieferte damit eine treffende Analyse des Geschehens: Zwischen diesen beiden Modi der Auseinandersetzung mit dem Staatstheater gab es keinen Mittelweg und beide Pole trugen auf ihre Weise zur Destabilisierung der Institution bei. Während sich eine Krise allerdings an einzelne Persönlichkeiten anheften lässt, ist die Lethargie ein Flächenphänomen. Es betrifft den gesamten Apparat und macht deshalb die Zurechnung von Verantwortung ebenso schwierig wie die Suche nach Kipppunkten im Tagesgeschäft. Lethargie lässt sich daher nur ex post als Versäumnis attribuieren, als Nachlässigkeit von Wachsamkeit in der Führung des Hauses. Diesem Problem scheint Franckenstein, wie sowohl die Note betreffs der Spielplangestaltung als auch die übereilte Kündigung Kellers illustrieren, aktiv entgegen gearbeitet zu haben. Auch verhinderte er so, dass ihm ein zweites Mal die Führung durch rangniedrigere Personen aus dem Schauspiel aus der Hand genommen wurde, denn ohne Revolution bedeutete Entmachtung persönliche Schwäche. Doch gerade Franckensteins Durchgreifen führte zu Kritik. Sogar die katholische *Augsburger Postzeitung* schrieb, „daß dieses Vorgehen gegen Eugen Keller in literarisch gebildeten Kreisen das Ansehen der Leitung der Staatstheater selbst bedeutend herabsetzte."[128] Zwar sei *Titus Andronicus* schwer zugänglich gewesen, doch habe man die Münchner Kunstprominenz – die Brüder Mann, Ricarda Huch, Max Halbe und Georg Michael Conrad – endlich einmal wieder bei einer Premiere gesehen. Gleichzeitig spekulierte man über die Gründe der Kündigung, rechtfertigte doch eine schlechte Inszenierung noch nicht diesen Schritt. Auf eine diesbezügliche Anfrage schrieb Franckenstein an Hermann Eßwein:

---

126 Vgl. Generaldirektion der Bayerischen Staatstheater an Eugen Keller, 27.10.1924. In: BAYHSTA, Generalintendanz der Bayerischen Staatstheater, 546.
127 Hermann Eßwein, Die Vorgänge im Staatstheater. In: *MP*, Nr. 256, 04.11.1924. In: MSA, ZA-17084.
128 Dr. I. E., Um das Schauspiel der bayerischen Staatstheater. In: *APZ*, Nr. 260, 09.11.1924. In: MSA, ZA-17084.

> Ich halte im Gegensatz zu Ihnen die Aufführung für misslungen. Selbstverständlich hätte ich die Vorstellung auf Grund meines subjektiven Urteils nicht abgesetzt, da aber die beiden Vereine, die das Hauptkontingent der Besucher des Prinzregenten-Theaters stellen, das Stück abgelehnt haben und der Tagesverkauf von Anfang an schwach, nach der Ablehnung durch die Presse___ [= unleserlich, Anm. d. Verf.] nahezu gleich Null war, konnte an eine Fortsetzung der Vorstellungen nicht gedacht werden. Zu Ihrer Information möchte ich auch noch bemerken, dass die Kündigung des Herrn Keller nicht wegen seiner Regieleistung vorgenommen wurde, sondern deswegen, weil sich in den letzten 2 1/2 Monaten seine gänzliche Unfähigkeit als Schauspieldirektor erwiesen hat.[129]

In der Tat lehnte die Theatergemeinde das Stück ab, weil es „im jetzigen Augenblick großer Spielplannöte wie eine persönliche Laune und Provokation wirken [muß]."[130] Bedenkt man, dass die christlich geprägte Besucherorganisation zu diesem Zeitpunkt 13500 Mitglieder[131] hatte, die regelmäßig Karten abnahmen, hätte aus dem Votum gegen die Ästhetik einer bestimmten Inszenierung rasch ein Problem für die Wirtschaftlichkeit des Betriebs werden können. Franckensteins künstlerischer Gestaltungsspielraum als Intendant verkleinerte sich so gegenüber der finanziellen Ratio, der er im Interesse seiner Angestellten verpflichtet war. Eine Kündigung Kellers scheint auch deshalb logisch, weil er sich nicht darauf verlassen konnte, dass der Verein seine Haltung zur expressionistischen Ästhetik überdenken würde.

Keller, der seinen Ruf schwer geschädigt sah, veröffentlichte nach Bekanntwerden der Kündigung eine Richtigstellung mit seiner Sicht der Dinge. Aus der Lösung des Vertrags sei der Eindruck entstanden, „es liege in dieser Maßnahme ein Aburteil über meine künstlerische Leistung [...]."[132] Dem widersprach er, „kein Urteilsfähiger wird die Frage der Eignung einer künstlerischen Persönlichkeit durch die eine einzige Leistung für entschieden halten."[133] Er suggerierte, dass die Kündigung nicht (nur) in seiner Ästhetik begründet lag, schwieg sich über andere Faktoren allerdings aus. Das bot den Medien Raum zur Spekulation, wieder einmal wurde der Unwille der Schauspieler:innen zur Erklärung herangezogen:

---

129 Clemens von Franckenstein an Hermann Eßwein, 29.10.1924. In: BAYHSTA, Generalintendanz der Bayerischen Staatstheater, 546.
130 Prof. Fischer, Bericht des künstlerischen Leiters über die künstlerische Entwicklung der Theatergemeinde im letzten Jahre. In: *Kunst und Volksgemeinschaft*, Nr. 11/12 (Nov./Dez. 1924), S. 5. In: BAYHSTA, Generalintendanz der Bayerischen Staatstheater, 546.
131 Vgl. o.A., Generalversammlung des Vereins „Theatergemeinde München e.V." In: *Kunst und Volksgemeinschaft*, Nr. 11/12 (Nov./Dez. 1924), S. 4. In: BAYHSTA, Generalintendanz der Bayerischen Staatstheater, 546.
132 o.A., Zum Falle Keller. In: *BSTZ*, Nr. 280, 08.11.1924. In: MSA, ZA-17084.
133 Ebd.

> Ganz zweifellos ist eine Erscheinung vom Typ Kellers den Handwerkern unter den Schauspielern, den oberflächlichen Nurkomödianten, unbequem [...]: in dem Maße, in dem seine Denkungsart und Arbeitsform zum Kriterium zwischen echt und Talmi wird, muß sich der Unkünstler in seiner Existenz bedroht fühlen. Und hier liegt wohl der tiefste Grund für die Feindseligkeit aller Kunstfremden gegenüber Keller: man stürzt ihn [...], weil man sein Wesen instinktiv scheut wie Satan das Kruzifix.[134]

Hermann Eßwein wurde noch deutlicher, er schrieb, dass Keller es unterlassen habe,

> unseren Prominenten Rollen zuzuteilen, ja er erkühnte sich sogar, diesen unseren Prominenten Sprechproben anzusinnen, kurzum, ich zitiere nun wörtlich ein beeidbar gefallenes Wort des Herrn Generalintendanten: „Das Schauspielpersonal wollte einfach nicht mit ihm arbeiten." Und der Sprecher dieses beschwerdeführenden Schauspielpersonals war Herr Jacobi, den ich bei einer unserer jammervollen Klassikeraufführungen heimlich von der Bühne schleichen sah, weil ihm das lange Daliegen (als eben verstorbener alter Moor in Schillers Räubern) zu langweilig war.[135]

Eugen Keller sollte viele Jahre später jedoch noch eine andere Erklärung für seine Kündigung liefern. Er schrieb:

> Eine der höchsten richterlichen Persönlichkeiten, die zugleich Präsident des Münchner Bühnenschiedsgerichtes und Präsident des Münchner Journalisten- und Schriftstellervereins war, Wilhelm Mayer, hatte ein Stück eingereicht, das anzunehmen ich mich aus künstlerischen Gründen nicht entschließen konnte [...]. Ohne mein Wissen hatte der damalige Verwaltungsdirektor, Oberregierungsrat Heydel, die Annahmezusage gegeben, wozu er keinerlei Berechtigung besaß. Er beschwor mich [...], das Werk dieses einflußreichen Mannes doch ja aufzuführen: Wenn ich mich entschließen könnte, das Stück anzunehmen, würde ich große Erleichterung verspüren. Nach meiner ersten Inszenierung ‚Titus Andronicus' von Shakespeare, setzte bei einem Teil der Presse eine systematische, sachlich gar nicht begreifliche Hetze gegen mich ein. Herr Mayer erschien bei dem Generalintendanten, wie es mir Franckenstein selbst mitteilte, und setzte ihm zu, mich sofort zu entlassen, da sonst seine (des Generalintendanten) eigene Stellung gefährdet wäre.[136]

Zwei Dinge verwundern hieran: Einerseits die Annahme eines Stückes durch Heydel entgegen seinen Kompetenzen, andererseits der weitreichende Einfluss, den der Präsident des Bühnenschiedsgerichts gegenüber Franckenstein geltend machen konnte. Betrachtet sei zunächst Wilhelm Mayer.

---

134 Dietrich Diestelmann, Der Fall Keller. In: *BT*, Nr. 549, 18.11.1924, S. 4.
135 Hermann Eßwein, Eine rätselreiche Theaterkrise. In: *MP*, Nr. 278, 29./30.11.1924. In: MSA, ZA-17084, Hervorhebungen im Original.
136 Eugen Keller zit. nach Stadler, Ein Leben im Dienste des Theaters, S. 59.

Der Gerichtssaal als Bühne: Druck vom Bühnenschiedsgericht
Aus heutiger Sicht mag es irritieren, dass Constantin Heydel, der für die finanzielle und personelle Leitung des Staatstheaters verantwortlich war, einem Richter eine derartige Hörigkeit entgegenbrachte. Erklärlich wird das, wenn man sich vor Augen führt, dass zu Beginn des 20. Jahrhunderts der Gerichtsprozess in Künstlerkreisen der normale Modus zur Regelung von Streitigkeiten war. Erich Mühsam berichtete in einer Anekdote, dass Münchens Literat:innen sich immer dann vorm Schöffengericht gegenseitig verklagten, wenn es ästhetische Meinungsverschiedenheiten gab, die den Rest Münchens kaum interessierten, für das intellektuelle Schwabing aber „weltwichtige Bedeutung"[137] entfalteten. Bei derartigen Prozessen „lag Premierenstimmung über den Münchener Künstlerstammtischen".[138] Die immer gleichen Anwälte, so schilderte Mühsam scherzhaft, verhandelten dann unter Vorsitz eben jenes Mayer, „so waren auch die Literaturprozesse trotz aller feindseligen Temperamentswallungen im Grunde Familienereignisse."[139] Nicht nur unter den Literat:innen, auch am Theater war das Anstreben gerichtlicher Verfahren ein gebräuchlicher Modus der Auseinandersetzung: In zahlreichen Personalakten des Staatstheaters finden sich anlässlich von Kündigungen anwaltliche Korrespondenzen, in denen Vergleiche angestrebt, mit Prozessen gedroht oder öffentliche Gegendarstellungen gefordert wurden. Mitunter waren die Kosten, die für diese juristischen Auseinandersetzungen entstanden, teurer als die Abfindungssummen, derentwegen prozessiert wurde. Doch ähnlich wie Mühsam es für die Schriftsteller:innen beschrieb, ging es bei derartigen Auseinandersetzungen auch darum, die eigene Reputation zu erhalten und ‚seine' Sicht der Dinge richterlich bestätigt zu wissen. Dementsprechend attraktiv könnte es für das Staatstheater gewesen sein, sich mit Mayer gut zu stellen, verhandelte er doch viele der angestrebten Prozesse. Einen solchen Mann wollte man womöglich nicht verärgern, indem man sein Stück *Das Scheidungsessen* ablehnte. Mühsam beschrieb Mayer, „der sich in weiten Kreisen den Namen ‚Der gute Richter' erwarb und den man in München allgemein den Vergleichs-Mayer nannte"[140] als einen „von sozialem Gefühl getragene[n], von starker sittlicher Kraft erfüllte[n] Mensch[en]",[141] der „milde lächelnd, klug und nach besten Kräften ausgleichend"[142] Gericht gehalten habe. Problematisch erscheint weniger seine Praxis der Rechtsprechung als vielmehr seine Lust an der Inszenierung des Prozesses. Er habe seine Richtertä-

---

137 Mühsam, *Namen und Menschen*, S. 212.
138 Ebd., S. 210.
139 Ebd., S. 211.
140 Ebd., S. 212.
141 Ebd., S. 217.
142 Ebd., S. 212.

tigkeit gleich einem Regisseur aufgefasst und die Orchestrierung der Prozesse sichtlich genossen:

> Dr. Rosenthal erzählte uns, wie der Vergleichs-Mayer einmal in seiner Verlegenheit vor dem Termin die beteiligten Anwälte einlud und mit ihnen eine regelrechte Regiesitzung abhielt. Er jammerte bitter, daß er keinen Raum habe, um alle Wünsche von Presse und Publikum, die ihn schon um Karten ersucht hatten, zu erfüllen. „Weiß denn keiner von den Herrn Rat, was man da machen kann?" fragte er. Da erhielt er von dem witzigen Anwalt die Antwort, die das Wesen aller Mayerschen Prozesse mit einem Wort erschöpfend kennzeichnete. „Ja", sagte Rosenthal, „ich wüßte vielleicht einen Rat!" Mayer strahlte: „Da wäre ich Ihnen wirklich sehr dankbar, Herr Doktor, was meinen Sie?" Und Dr. Rosenthal erteilte den Ratschlag: „Wiederholen!"[143]

Sicherlich hat Mühsam in seinen Lebenserinnerungen das Gebaren Mayers und der ihn umgebenden Anwaltsriege im Interesse der gut gesetzten Pointe überspitzt, doch zeugen seine Schilderungen von einem enormen Geltungsdrang des Richters. Über diesen konstatierte Mühsam:

> Mayer war viel zu eng verbunden mit der ganzen Münchener Art kultureller Lebendigkeit, als daß er nicht auch hier jede handelnde Figur und sich selbst als Dirigenten ins Licht der bestmöglichen Wirkung gerückt hätte.[144]

Die Historikerin Cornelia Vismann bezeichnete solche Praktiken des Ins-Licht-Rückens als die „unhintergehbar theatrale Dimension des Rechtsprechens. Gerichthalten heißt Theater veranstalten",[145] schließlich geschehe hier im Akt des Sprechens „die Wiederaufführung der Tat im symbolischen Raum".[146] In den Anekdoten Mühsams mag dieses Gerichtstheater noch humorvoll klingen, doch bedenkt man, wie viele skandalbehaftete Stücke in der Weimarer Republik vor deutschen Gerichten zur Erzwingung von Zensur verhandelt wurden, bekommt die Figur des ‚Künstlerrichters' Mayer eine andere Dimension. Wer es so sehr genoss, die Prozessteilnehmer:innen wie Figuren eines Theaterstücks ihre Zeilen aufsagen zu lassen, der war auch in der Lage, sie und ihre Ästhetik mit einem Abtritt verstummen zu lassen.

Bezeichnenderweise war es dann auch Wilhelm Mayer, der im Prozess vor dem Bühnenschiedsgericht vorsitzen sollte, als Keller aufgrund seiner überraschenden

---

143 Ebd., S. 212 f.
144 Ebd., S. 217.
145 Vismann, *Medien der Rechtsprechung*, S. 31.
146 Ebd.

Kündigung rechtlich gegen seinen Arbeitgeber vorging, um eine Abfindung und eine öffentliche Stellungnahme des Theaters zu erzwingen. Sein Komödie *Das Scheidungsessen* war inzwischen vom Theater aufgeführt worden, die *Münchener Post* forderte angesichts dieser höchst problematischen Verschränkung, dass die „unter dem Vorsitz des Verfassers des Scheidungsessens angesetzte Verhandlung des Bühnenschiedsgerichts in Sachen Eugen Keller öffentlich verhandelt werden möge."[147] Hierzu kam es jedoch nicht: Das Theater einigte sich außergerichtlich mit seinem Schauspieldirektor auf eine Abfindung von 12 000 Mark zuzüglich zu seinem regulär bis zum Auslaufen des Vertrags zu zahlenden Gehalts.

Der heimliche Herrscher Constantin Heydel?
Gegen Keller vor aller Augen zu prozessieren, wäre aber nicht nur für Richter-Dichter Mayer in seiner widersprüchlichen Doppelrolle, sondern auch für das Theater unangenehm geworden, standen doch Vorwürfe von internen Streitigkeiten und Bevormundung im Raum. Besonders Verwaltungsdirektor Heydel, der auf die Annahme des *Scheidungsessens* drängte, scheint sich mehr Befugnisse zugesprochen zu haben als er de facto innehatte, hieß es doch in der Satzung von 1919, er habe „als unmittelbares Hilfs- und Vollzugsorgan des Intendanten nach dessen Weisungen die ihm zugeteilten geschäftlichen Angelegenheiten zu bearbeiten".[148] Seine Stelle schloss zwar die Regelung von Personal- und Finanzangelegenheiten ein, nicht aber Fragen der Kunst. Wie weitreichend er trotzdem in die Entscheidungen Kellers eingriff, zeigt eine von Heydel unterschriebene Anweisung für die Inszenierung von *Der Schwarzkünstler* von Emil Gött, die Walter von Wecus ausstatten sollte:

> Die Dekorationen und Kostümentwürfe finde ich wenigstens im Rahmen des Residenz-Theaters nicht glücklich erfunden. Ueber [sic!] die Frage der unbedingten Kongruenz zwischen dem doch zu harmlosen Lustspiel und der sehr preciösen Bühnen- und Kostümform will ich hinwegsehen, glaube aber sicher, dass in dem Rockockorahmen [sic!] des Residenz-Theaters dieses Bühnenbild ausserordentlich [sic!] fremd, wenn nicht überhaupt widerspruchsvoll stehenwürde [sic!]. Ich bin also zu meinem Bedauern nicht in der Lage, die Ausstattung in dieser Form zu genehmigen und die immerhin nicht ganz unbedeutenden Kosten von wenigstens 1.500 Goldmark anzuweisen. Wenn Herr von Wecus, [...] sich nicht entschliessen [sic!] kann, eine andere Form der Ausstattung vorzuschlagen, werden wohl

---

147 Hermann Eßwein, Eine Münchener Uraufführung. Residenztheater. Das Scheidungsessen. Lustspiel in drei Aufzügen von Wilhelm Herbert. In: *MP*, 10.03.1925. In: BAYHSTA, Generalintendanz der Bayerischen Staatstheater, 546.
148 o.A., Satzung für das Nationaltheater in München (a), S. 4f.

Herr Professor Linnebach oder Ingenieur Rall [...] eine entsprechende Ausstattung zusammenstellen können.[149]

Heydel traf durch das Blockieren von Geldern eine Entscheidung, die eigentlich nur der Intendant treffen konnte und machte damit die eigenen ästhetischen Ansichten zum Maßstab der Finanzplanung. Die Geringschätzung, die hierin zum Ausdruck kam, unterstreicht, wie stark die Auffassungen Heydels und Kellers divergierten: Während für die Regie das Bühnenbild integraler Bestandteil eines künstlerischen Gesamtkonzepts war und dementsprechend vergütet werden musste, sah die Verwaltung hierin lediglich Dekoration, die kostengünstig und idealerweise durch die hauseigene Ausstattungsleitung zu beschaffen war.

Dass Heydel überhaupt derart eigenmächtig entscheiden konnte, hängt mit seiner beruflichen Vita zusammen: 1903 als Sekretär angestellt, arbeitete er sich als Kassenkontrolleur allmählich nach oben. Nach längerem Kriegsdienst mit schweren Verletzungen wurde er für den Betrieb in der Revolutionszeit wertvoll, in der er zum Verwaltungsdirektor befördert wurde[150] und in der Übergangsphase zwischen Schwanneke und Zeiß auch offiziell die Aufgaben der Intendanz vertrat.[151] Zwar endete diese Vertretung mit dem Amtsantritt Zeiß', doch rief dessen Tod eine neuerliche Erosion des Betriebs hervor, die Heydels Agieren womöglich erklärt.

In der Presse blieb das nicht unbemerkt. Im Fasching 1925 brachte die Karnevalsausgabe der *Münchener Post* einen satirischen Artikel über das Hoftheater in Dimpfelding.[152] Unter verballhornten Namen halten hier die „Heimlichen", also die heimlichen Herrscher des Theaters, Stammtisch: Bullner (= Friedrich Ulmer), Blaserl (= Fritz Basil), Heribert Weichmeier (= Richter Mayer) und andere lauschen einer Rede von Konradin Scheydel (= Constantin Heydel), dem „altbewährte[n] Hausmeister unseres Königlichen Hoftheaters",[153] in der er den neuen, vaterländischen Kurs des Theaters vorstellt – geprägt von Vetternwirtschaft, Königstreue, Antisemitismus. Besonders schlecht kam im Artikel Intendant Franckenstein weg:

---

149 o.A., Anweisung, 03.11.1924. In: BAYHSTA, Generalintendanz der Bayerischen Staatstheater, 546.
150 Vgl. Staatsministerium für Unterricht und Kultus an die Verwaltung des Nationaltheaters, 04.08.1919. In: BAYHSTA, MK 45128.
151 Vgl. Staatsministerium für Unterricht und Kultus an die Verwaltung des Nationaltheaters, 14.02.1920, S. 2. In: BAYHSTA, Generalintendanz der Bayerischen Staatstheater, 1521.
152 Vgl. o.A., Vom Hoftheater in – Dimpfelding. In: *Münchner Gräulichste Nachrichten. Faschings-Zeitung der Münchener Post*, 11.02.1925. In: BAYHSTA, Generalintendanz der Bayerischen Staatstheater, 546.
153 Ebd.

5.2 Die deutschsprachige Erstaufführung des *Titus Andronicus* — 337

> Ich empfange soeben die erfreuliche Nachricht, daß unser allverehrter Herr Generalintendant (Höhnische Zwischenrufe: Generaldilettant!) soeben sanft entschlafen ist, – aber diesmal nicht – scheißlich! scheißlich! scheißlich! – an einem Schlaganfall, – sondern er schlaft halt eben nur so – – –
> (Zuruf aus der Versammlung: Macht nix! Es lebe der Generalstabschef!)[154]

Ein schlafender Generaldilettant, dem keine:r eine Träne hinterher weint: Das mag Satire sein, doch trifft die gute Faschingsrede in ihrer Härte meist einen wahren Kern. Der aristokratische Dilettant hat die Zeichen der Zeit ‚verpennt', die den Soldaten als neuen Führungstyp hervorgebracht hat, er wirkt in seiner Noblesse schwächlich und wenig durchsetzungsstark. Es waren gefühlte Wahrheiten wie diese, die das Bild des Intendanten mitunter mehr formten als alle Fakten.

Bemerkenswert an der Satire ist zudem, wie gut sie die Kerninhalte der Heydel'schen Kunstauffassung vorwegnahm. 1930 gründete er die Kulturzeitschrift *Bavaria*, deren Name Programm war: Auf dem Cover barbusig die Bavaria, die Lenden von einem Tuch umhüllt, über dem Arm ein toter Hirsch, auf dem Kopf ein Trachtenhut. In der linken Hand hält sie den Reichsapfel, in der rechten einen Lorbeerkranz, zu ihren Füßen Bierfass und Weinkrug – bayerische ‚Kultur' zum Klischee geronnen. Zu den Zielen der *Wochenschrift für bayerische Kulturpolitik* schrieb Heydel:

> „Bavaria" geht aus von dem mehr als tausendjährigen bayerischen Kulturboden und seinen vielfältigen Früchten bodenstämmiger Art und den Früchten fremder Herkunft, die, im heimischen Boden angepflanzt, ihre Art der heimischen einverleibt haben. Sie wird alle Gattungen mit gleicher Liebe und gleichem Eifer umfangen. „Bavaria's" [sic!] Ziel ist die Pflege, Erhaltung und Entwicklung heimischen Kulturgutes aller Art im wildströmenden Flusse der Weltentwicklung; sie will Dämme bauen gegen eine Überflutung mit Fremdartigem, das sich nicht anbauen und in Eigenwüchsiges verwandeln läßt.
> „Bavaria's" [sic!] Weg führt durch Klärung und Aufzeichnung des Heimischen, des Eingemeindeten, durch Kampf um das Bayerische zur Überwindung oder Verwandlung des Fremden in Eigentum.[155]

Deutlich schienen bereits die Blut-und-Boden-Rhetoriken des NS-Regimes auf, „Fremdes" wurde mit der doppelten Strategie von Abwehr und Aneignung der bayerischen Kultur angepasst. Neben Friedrich Ulmer, der sich in der Zeitschrift gegen jegliche Abstraktion des Bühnenbildes aussprach und der Regie eine untergeordnete Rolle als „Umrahmung, Hinterland, nicht Front"[156] zuwies, schrieben

---

154 Ebd.
155 Heydel, Ausgang – Weg – Ziel, S. 1.
156 Ulmer, Die schöpferischen Kräfte der Schaubühne, S. 4.

Abb. 20: Cover der Kulturzeitschrift *Bavaria*.

auch der Verleger Friedrich Oldenbourg und Grete Litzmann für die Zeitschrift. Oldenbourg, Vorstand des Börsenvereins des deutschen Buchhandels, sollte 1933 an der Herausdrängung von ‚schädlichen' Autor:innen aus dem deutschen Buchmarkt beteiligt sein,[157] Litzmann, Witwe des Literaturprofessors Berthold Litzmann, war später maßgeblich darin involviert, Schauspieldirektor Alfons Pape aus dem Amt zu entfernen. Die Auswahl der Autor:innen eröffnet ein reaktionär-nationalistisches Weltbild und gibt einen Einblick in jene „Clique", die angeblich heimlich das Theater regierte. Dabei war die Solidarität innerhalb der Gruppe gering: Heydel war es, der 1933 durch sein Charaktergutachten über Friedrich Ulmer dessen Kündigung durch den NS-Staat einleitete. Er selbst wurde im gleichen Jahr ebenfalls wegen „Amtspflichtverletzung" in Ruhestand versetzt, hatte er doch eigenmächtig 1930 Staatsgelder für einen Tänzerkongress vorgestreckt, die von den Veranstaltern nicht zurückgezahlt wurden.[158] Offiziell bat er „wegen Erschöpfung seiner körperlichen und geistigen Kräfte"[159] um Ruhestandsversetzung, doch wird er die gut dotierte Position kaum freiwillig aufgegeben haben – später bemühte er sich vergebens um eine Stelle im Reichspropagandaministerium,[160] arbeitete dann eine Zeit lang als Wachmann für ein Gebäude in Feldafing.

Kellers Nachfolge und die Neuordnung des Theaters
Eugen Keller verließ formell zum Ende der Spielzeit das Theater. Auch seine zweite Münchner Inszenierung von Molières *Der eingebildete Kranke*, von Walter von Wecus mit einem scharlachroten Zelt ausgestattet, änderte hieran nichts, obschon die Presse dieses Mal milder berichtete. Nachfolger Kellers wurde Alfons Pape, der zuvor in Kassel als Regisseur tätig war und „den verwaltungstechnischen Apparat bis ins Kleinste [beherrschte], nicht weniger die dienstlichen Verkehrsformen mit der Aufsichtsbehörde".[161] Um die Torheit einer übereilten Berufung nicht zu wiederholen, ließ man ihn zunächst eine Probeinszenierung erarbeiten. Franckenstein war mit der im Februar 1925 stattfindenden Neueinstudierung von *Prinz Friedrich von Homburg* zufrieden:

---

157 Vgl. Barbian, Der Börsenverein in den Jahren 1933 bis 1945, S. 93 f.
158 Vgl. Staatsministerium für Unterricht und Kultus an die Bayerische Rechnungskammer, 30.12.1933. In: BAYHSTA, MK 45128.
159 Clemens von Franckenstein an das Staatsministerium für Unterricht und Kultus, 22.11.1933. In: BAYHSTA, MK 45128.
160 Vgl. Staatsministerium für Unterricht und Kultus an den Reichsminister für Volksaufklärung und Propaganda, 13.07.1934. In: BAYHSTA, MK 45128.
161 Ulmer, *Perlicco – Perlacco*, S. 221.

> Mit besonderer Genugtuung möchte ich feststellen, dass Pape verstanden hat, das nicht ganz leicht zu handhabende Personal des Schauspiels, [...] von der ersten Probe an zum vollen Mitgehen zu bringen und vollständig bei der Sache zu halten. Ich habe zahlreiche Proben selbst gesehen und mich persönlich vergewissert, wie günstig er eine Reihe von Einzeldarstellern beeinflusst hat [...].[162]

Das Personal lobte die Entscheidung für Pape: „Daß Franckensteins Wahl gerade auf diesen Mann fiel, beweist, wie sehr er durch Erfahrung umgelernt hatte",[163] schrieb Friedrich Ulmer und setzte hinzu:

> Ich hatte eine kurze Aussprache mit Franckenstein, die alle Schatten der Vergangenheit tilgte und mit einem kräftigen Händedruck endigte und unausgesprochene Gelöbnisse für die Zukunft wortlos besiegelte.[164]

Wer von beiden dabei wem ein Gelöbnis zur Kooperation machte, bleibt offen.

Bezeichnend für die Beruhigung der Schauspielkrise ist, dass das Theater zum Ende von Papes erster Spielzeit auch rechtlich seine Verhältnisse neu regelte: Die Bühne bekam eine neue Geschäftsanweisung, welche die Satzung aus der Revolutionszeit ersetzte.[165] Hierin wurde die Rolle des Intendanten geschärft. Hatte es 1919 noch geheißen, er sei „für die ordnungsgemäße Geschäftsführung und die Durchführung der künstlerischen Zwecke im Rahmen des Haushaltsplans nach Maßgabe dieser Satzung verantwortlich",[166] was eine „Vertretung des Nationaltheaters nach außen einschließt",[167] lautete seine Aufgabenbeschreibung nun:

1. Der Generalintendant ist der Vorstand der Generaldirektion und der oberste Leiter des gesamten Bühnenbetriebs der Bayerischen Staatstheater.
2. Dem Generalintendanten [sic!] kommt insbesondere die Vertretung nach außen, die oberste Entscheidung und Verantwortung in allen Kunstfragen, ferner der Ausgleich bei der Verwendung der dem Schauspiel und der Oper gemeinsam dienenden Personen und Einrichtungen, die Leitung der Verwaltung, insbesondere die Verfügung über die Haushaltsmittel, die Aufsicht über das gesamte Personal und die Verfügung in allen wichtigen Betriebsfragen zu. [...][168]

---

162 Clemens von Franckenstein an das Staatsministerium für Unterricht und Kultus, 10.02.1925. In: BAYHSTA, Generalintendanz der Bayerischen Staatstheater, 740.
163 Ulmer, *Perlicco – Perlacco*, S. 220.
164 Ebd.
165 Vgl. o.A., Geschäftsanweisung. Anhang zum Brief des Staatsministeriums für Unterricht und Kultus an die Generaldirektion der Bayerischen Staatstheater, 23.07.1926. In: BAYHSTA, MK 50186 I.
166 o.A., Satzung für das Nationaltheater in München (a), S. 1.
167 Ebd.
168 o.A., Geschäftsanweisung, S. 1.

In den folgenden Unterpunkten wurde klar benannt, dass sowohl der Verwaltungs- als auch der Opern- und der Schauspieldirektor dem Intendanten gleichrangig unterstellt waren.[169] So verloren die Spartenleiter an Eigenständigkeit. In der Satzung von 1919 stand noch: „Die künstlerische Leitung der Oper wird einem Operndirektor, die künstlerische Leitung des Schauspiels einem Schauspieldirektor übertragen."[170] Sie waren damals „von der Zustimmung des Intendanten insoweit abhängig, als es die Rücksicht auf die gleichwertige künstlerische Durchführung des Opern- und Schauspielbetriebes und auf die Wirtschaftlichkeit des gesamten Unternehmens im Rahmen des Haushaltsplans erfordert."[171]

„Der Intendant", so die Fassung von 1919 „hat ihre Geschäftsführung zu überwachen."[172] 1926 hieß es: „Der Schauspieldirektor ist dem Generalintendanten für die künstlerischen Leistungen und den künstlerischen Betrieb des Staatsschauspiels verantwortlich."[173] Der Passus der Überwachung war zwar gestrichen, dafür fiel dem Intendanten nun aber „die Entscheidung über die Annahme von Schauspielwerken"[174] zu. Auch wurde die Inszenierungspraxis von Ur- und Erstaufführungen sowie Neueinstudierungen geregelt:

1. Der Spielleiter legt seine Inszenierungsidee und seinen Besetzungsvorschlag schriftlich nieder. [...]
2. Diese Vorschläge legt der Spielleiter dem Schauspiel- oder Operndirektor zur Entscheidung vor.[175]

Zuvor hatten die Regisseure lediglich einer Genehmigung ihrer Besetzungsvorschläge bedurft, die der Schauspieldirektor nur aus „zwingenden künstlerischen Gründen abändern oder ablehnen"[176] konnte. Eine Zustimmung zum künstlerischen Konzept war hingegen neu, merklich sprach aus dieser Regel die Angst, im dauerkritischen München Experimente ohne das Wissen der Theaterleitung zu erproben. Die Spielleitung verlor damit ein großes Stück Autonomie, gleichzeitig beraubte man auf diese Weise auch alteingesessene Regisseure wie Fritz Basil der Möglichkeit eigenmächtiger Entscheidungen.

Vordergründig mögen sich die Akzentverschiebungen zwischen den Satzungen marginal anhören, doch machte die neue Geschäftsanweisung bei genauer Be-

---

169 Vgl. ebd.
170 o.A., Satzung für das Nationaltheater in München (a), S. 1.
171 Ebd., S. 2.
172 Ebd.
173 o.A., Geschäftsanweisung, S. 3.
174 Ebd., S. 4.
175 Ebd., S. 22.
176 o.A., Satzung für das Nationaltheater in München (a), S. 7.

trachtung die Zuständigkeiten deutlicher als die verhältnismäßig weich formulierte Satzung von 1919. Zumindest auf dem Papier erhielt der Intendant die letzte und alleinige Verfügungsgewalt in der Führung des Theaters (zurück).[177]

5.3 *Insulinde* und *Das Wunder der Heliane* – Einflussnahme auf den Spielplan?

Eine solch umfängliche Verfügungsgewalt hatte Franckenstein während seiner ersten Spielzeit vor 1918 nicht besessen – wie in Kapitel 2 dargelegt, war es vor allem die Spielplangestaltung, in welcher der Baron auf die tradierten Normen des Hoftheaters Rücksicht zu nehmen hatte, nach anfänglichem Willen zum Experiment schienen die Kriegsjahre von Zurückhaltung geprägt. Diese konnte Franckenstein auch während seiner zweiten Intendanz nicht recht ablegen, suchte man doch nach Kellers Rauswurf am Staatstheater nach innovativen Regisseuren ebenso vergeblich wie nach der Literatur eines Bert Brecht. Eher bestätigt sich der Eindruck, den bereits die 150-Jahr-Feier vermittelte: In der Oper zeigt sich die absolute Dominanz Richard Wagners, gefolgt von Mozart, Verdi, Strauss und Puccini, deren Werke gemeinsam mehr als 50 % des Spielplans ausmachten.[178] Im Schauspiel waren Schiller, Thoma und Shakespeare die meist-gespielten Autoren zwischen 1925 und 1930, zudem fanden sich Hermann Bahr und Hugo von Hofmannsthal häufig auf dem Spielplan[179] – aus Franckensteins persönlichen Freundschaften ergab sich auch die Gelegenheit zur Uraufführung von Hof-

---

177 Rund 100 Jahre später hat sich die Aufgabenbeschreibung der Intendant:innen verknappt. In der aktuell geltenden Fassung der „Grundordnung für die Bayerischen Staatstheater" heißt es unter § 8 (2) über deren Befugnisse: „¹Den Intendanzen obliegt neben der künstlerischen auch die administrative und wirtschaftliche Leitung der Staatstheater. ²Dies gilt unbeschadet der Zuständigkeiten der Geschäftsführenden Direktionen gemäß § 11 und § 16 Abs. 1 der Grundordnung." (o.A., Neufassung der Grundordnung für die Bayerischen Staatstheater). Demgegenüber leitet die Geschäftsführende Direktion laut § 11 „[...] die Verwaltung, verpflichtet und beaufsichtigt das dort beschäftigte Personal und ist Dienstvorgesetzter der dort beschäftigten Beamten. ²Die Verwaltung hat dafür zu sorgen, dass die für die Staatstheater geltenden Rechtsvorschriften, insbesondere die Haushaltsvorschriften und die Tarifverträge, eingehalten, für die Theater möglichst günstige Verträge geschlossen und die Verträge erfüllt werden." (Ebd.) Sie ist „in Abstimmung mit der Intendanz verantwortlich für die wirtschaftliche Führung des Theaters." (Ebd.) Bemerkenswert ist an der heutigen Ordnung vor allem, dass sie die Leitlinien des Spielplans in § 6 festlegt: „Die Spielpläne sollen Werke aus den verschiedensten Epochen enthalten und auch zeitgenössische Werke angemessen berücksichtigen." (Ebd.) Eine solche Zielsetzung fehlt in der Geschäftsanweisung von 1926, vermutlich deshalb, weil sie damals als selbstverständlich galt.
178 Vgl. Irion, *„Der Charakter des Spielplans"*, S. 135.
179 Vgl. Kneuer, Die bayerischen Staatstheater im Zeitraum 1921 bis 1930, S. 192.

mannsthals *Der Turm* 1928. Vordergründig unterschied sich das Repertoire wenig von Franckensteins erster Intendanz, doch wäre es verkürzt, ihm deshalb Erstarrung zu unterstellen. Zwar scheute er die Annahme von *Jonny spielt auf*, das einen Skandal versprach, zeigte aber mit John Alden Carpenters *Wolkenkratzer*, ein Tanzstück, das vom Jazz geprägt war. „Einzug der Girls ins Nationaltheater",[180] titelte die *Allgemeine Zeitung*. Im Schauspiel stand zwar nicht Brecht, wohl aber dessen Freund Lion Feuchtwanger auf dem Spielplan, ebenso Münchens ehemaliges *Enfant terrible* Frank Wedekind. Das „gedämpfte Leuchten",[181] das Christoph Stölzl in Münchens Kulturlandschaft in der Weimarer Republik wahrnahm, fand sich im Repertoire des Staatstheaters bestätigt. Das als Mittelweg zwischen den Stilen und Weltanschauungen zu beschreiben, griffe gleichwohl zu kurz. Wie Braunmüller und Schläder bemerken, zeigte man – aufgeweckt durch die Wirtschaftskrise und das soziale Elend der Jahre 1929/1930 – zum Ende der Weimarer Republik im Prinzregententheater, dem Ort der Volksvorstellungen, sozialkritische Stücke von Franz Theodor Csokor oder Hans José Rehfisch, es kamen aber auch Texte von späteren NS-Unterstützern wie Ernst Guido Kolbenheyer oder Sigmund Graff auf die Bühne.[182] Das lässt sich ebenso als maximale Toleranz deuten wie als fehlender Mut zur beherzten Positionierung. Wahrscheinlicher ist, dass sich in der Heterogenität des Spielplans eher das Befrieden all jener Interessen abbildet, die bei Franckenstein auf dem Schreibtisch landeten. Wenn ein Richter seine Geltung erzwingen konnte, dann auch der viel gefürchtete Kunstklüngel Isarathens, die Publikumsvereine, der Stadtrat und andere. Charakteristisch für einen so zustande gekommenen Spielplan ist, dass man viele der in ihm enthaltenen Autor:innen heute kaum mehr kennt. Auffallend ist darüber hinaus, dass in einigen aktuellen Werken die Vorliebe für religiöse Stoffe und die teils exotisierende Beschäftigung mit anderen Kulturen zu erkennen ist, so etwa in Franz Werfels *Paulus unter den Juden* oder in Giacomo Puccinis *Turandot*. Auch in Franckensteins eigenem Oeuvre findet sich das wieder: Mit *Rahab* bearbeitete er einen alttestamentarischen Stoff, in der 1925 in München erstmals gezeigten Oper *Li-Tai-Pe* stand ein chinesischer Dichter aus dem 7. Jahrhundert Pate für die Fabel.[183] In München war vor allem die zweite Hälfte des 19. Jahrhunderts die große Zeit des Exotismus auf der Bühne der

---

180 o.A., Einzug der Girls ins Nationaltheater. In: *AZ*, Nr. 40, 17.02.1928. In: MSA, ZA-16987.
181 Stölzl, Unordnung und gedämpftes Leuchten, S. X.
182 Vgl. Braunmüller/Schläder, *Tradition mit Zukunft*, S. 95–102.
183 Die Tantiemen, die Franckenstein hierfür erhielt, spendete er an den Pensionsfond des Staatstheaters, vermutlich um nicht in den Verdacht zu geraten, als Intendant bereichere er sich durch die Bevorzugung seiner eigenen Kunst. Vgl. Clemens von Franckenstein an Leopold von Andrian, 25.05.1925. In: DLA, HS.1978.0002.00942 und Clemens von Franckenstein an Finanzamt München III, 03.02.1926. In: BAYHSTA, Intendanz der Bayerischen Staatsoper, 115.

Oper, wie Ragnhild Gulrich herausarbeitet: Damals bediente die Darstellung exotischer Sujets die „Sehnsucht nach unbegrenzter Freiheit ebenso wie de[n] Wunsch nach unveränderter Stabilität".[184] Nach Ende des Kaiserreichs entstand zwar eine „Aufklärungsdramatik [...], die man ‚anti-exotistisch' nennen kann, weil sie die Schilderungen einer schönen fremden Welt als Verschleierung der häßlichen kolonialen Wirklichkeit, als imperialistische Propagandamanöver attackierte",[185] doch blieben in München daneben auch exotisierende Darstellungen fremder Religionen und Kulturen im Spielplan bestehen. Die Ambivalenz, die sich in diesen Tendenzen zeigte, war nicht zufällig: Mit dem Ersten Weltkrieg war die Welt sich gleichzeitig nähergekommen und weiter auseinandergerückt. Während ein Teil der Bevölkerung sich in Reaktion hierauf von allem Fremden abzuschotten suchte – man denke an Heydels Rhetorik vom heimischen Boden – wuchsen die globalen Verstrickungen und mit ihnen das Interesse an einer außereuropäischen Welt, in der Kolonisator Europa Schuld auf sich geladen hatte. Die literarische Beschäftigung mit Religionen und Kulturen bot daher gleichzeitig Schreckensbilder wie Sehnsuchtsfolien an, Abgrenzungspotential gegenüber dem Anderen ebenso wie die Möglichkeit einer Idealisierung des ‚Ursprünglichen' gegenüber einer technisierten, des Glaubens beraubten Gegenwart, aber auch Beispielnarrative für die Notwendigkeit des Klassenkampfs. Nicht allein deshalb scheint es ergiebig, stellvertretend für den Spielplan Eugen Ortners Drama *Insulinde oder Die Kaffeemaschinen von Lebak* und Erich Wolfgang Korngolds Oper *Das Wunder der Heliane* zu betrachten. An beiden Werken und ihrer Aufführungsgeschichte wird auch die ambivalente Haltung des Ministeriums gegenüber der Kunstfreiheit des Theaters sichtbar: Während es über Ortners Text schützend die Hand hielt, mahnte es in Korngolds Fall die Zensur allzu anstößiger Stellen an.

Erotisches Mysterienspiel: Das Wunder der Heliane
Grund für die Besorgnis, die *Das Wunder der Heliane* bereits vor seiner Münchner Erstaufführung im März 1928 auslöste, war sein religiöses Sujet: Von Librettist Hans Müller nach Vorlage des heute verschollenen, zu Lebzeiten nie publizierten Mysterienspiels *Die Heilige* des früh verstorbenen österreichischen Expressionisten Hans Kaltneker gestaltet,[186] thematisiert die Oper die Vereinigung in körperlicher Liebe als Möglichkeit zur Transzendenz. „Selig sind die Liebenden. / Die der Liebe sind, sind nicht des Todes. / Auferstehen werden, die dahingesunken sind um

---

184 Gulrich, *Exotismus und seine szenische Realisation*, S. 14.
185 Kreidt, *Exotische Figuren und Motive im europäischen Theater*, S. 10f.
186 Vgl. Panagl, Vom Mysterienspiel zum Opernlibretto, S. 501.

Liebe",[187] singt ein Chor überirdischer Stimmen zu Beginn des ersten Akts und stellt mit der Referenz auf die Bergpredigt sofort einen christlichen Bezugsrahmen her. Auf der Bühne sieht das Publikum laut Regieanweisung derweil einen Raum mit angeschlossener Kapelle, in dem ein junger Fremder in Ketten liegt, eine Art Aufrührer, der im freudlosen Land eines nicht näher charakterisierten Herrschers „das Lachen angezündet hat"[188] und von diesem sein Todesurteil für den folgenden Tag verkündet bekommt. Der Fremde versucht zwar noch Gnade zu erflehen, jedoch vergebens. Nachdem der Herrscher ihn verlassen hat, besucht dessen Gattin Heliane den Gefangenen. Beide sind sofort gleichermaßen entzückt voneinander, die bisher keusche Jungfrau öffnet für den Fremden ihr Haar, lässt ihn die Füße küssen, entkleidet sich sogar. Er erbittet die körperliche Vereinigung mit ihr, sie tritt daraufhin nackt in die angegliederte Kapelle, um für sich und den Fremden zu beten. In diesem Augenblick kehrt der Herrscher zurück, der dem Fremden ein Geschäft vorschlägt: Wenn der ihm hilft, Heliane gefügig zu machen, gibt er dem Fremden die Freiheit wieder.[189] Der Fremde weigert sich. Heliane, die in der Kapelle gehört hat, wie ihr Mann den „Schnee ihrer Hügel"[190] beschreibt, tritt mit dem Ausruf „Schweig!!"[191] wieder in den Raum.

Der Herrscher, den Ehebruch witternd, lässt Heliane verhaften, um sie im zweiten Akt vor das Gericht sieben hoher Richter zu stellen. Diese zögern, Heliane des Betrugs für fähig zu erachten, kennen sie die junge Frau doch als ehrbare Königin. Als Zeuge wird der Fremde hereingeführt, der einen Moment allein mit Heliane erbittet und diesen gewährt bekommt. Er fordert sie auf, ihn zur Wiederherstellung der Ordnung zu töten, doch bringt die Königin das nicht übers Herz. Nach einem Kuss ersticht der Fremde sich selbst und stirbt vor den Augen der eben zurückgekehrten Richter und des Herrschers. Aufgeschreckt vom Gerücht, der „Lichtbote",[192] wie der Fremde vom Volk genannt wird, sei zum Tode verurteilt worden, sammeln sich zeitgleich die wütenden Massen vor den Toren der Burg. Die Richter schlagen daraufhin vor, Gott solle über Heliane richten: Wenn es ihr gelinge,

---

187 Müller, *Das Wunder der Heliane*, S. 5.
188 Ebd., S. 9.
189 Stofflich erinnert diese Wendung, wie Jens Malte Fischer herausarbeitet, an das Motiv von Siegfried und Gunther, wobei es in den *Nibelungen* der Starke ist, der dem Schwachen bei der Bezwingung der nicht zu bändigenden Frau hilft, hier hingegen der Sanftmütige dem Groben helfen soll, den Leib der reinen Jungfrau zu erringen. Diese sei, so Fischer weiter, als *Femme fragile* eigentlich eine typische Figur des Fin de Siècle und damit letztlich ungefährlich für den Mann. Vgl. Fischer, Das befremdende Hauptwerk, S. 207 f.
190 Müller, *Das Wunder der Heliane*, S. 21.
191 Ebd.
192 Ebd., S. 41.

den Verstorbenen von den Toten zu erwecken, hab sie ihre Unschuld bewiesen, stattfinden solle die Bahrprobe am kommenden Morgen vor den Augen des rasenden Volkes. Nur zögerlich willigt Heliane ein.

Der dritte, vor der Burg spielende Akt macht, so Arne Stollberg, nicht nur Anleihen bei Kinofilmen wie Fritz Langs *Metropolis*, sondern erinnere aufgrund seiner Massenszenen auch an das Massentheater Max Reinhardts.[193] Tatsächlich wird das von Not gebeutelte Volk als „einen antiken Chor gemahnen[d]"[194] charakterisiert, in dem keine Individualitäten hervortreten, sondern die Erlösung vom kollektiven Leid durch Helianes Wunder erhofft wird. Diese Hoffnung wird enttäuscht, als die Königin eingesteht, sie sei sündig und könne die Probe nicht antreten, schließlich entspringe, so Stollberg, die „Entscheidung, die Bahrprobe auf sich zu nehmen, [...] keineswegs dem Wunsch, ihre Schuldlosigkeit unter Beweis zu stellen, sondern ist vielmehr Ausdruck einer diesseitigen Liebe, die zuallererst im sinnlichen Begehren wurzelt".[195] Das Volk fordert daraufhin, Heliane gleich einer Hexe zu verbrennen, der Herrscher verteidigt sie erst, überlässt sie dann aber der angeheizten Menge. Da beginnt es zu donnern und der Fremde steht von den Toten auf – Enthaltung und Jungfräulichkeit werden so umgedeutet zu den „eigentlichen Sünden, da sie einer Bewahrung des Ichs gleichkommen, während die wahrhaft göttliche Liebe [...] sich nur in der völligen Hingabe des Ich an das Du realisiert."[196] Heliane verspricht sich dem wiederbelebten Fremden, woraufhin der Herrscher sie aus Eifersucht ersticht. Der Fremde vertreibt ihn und erlöst damit das Volk. Gemeinsam betreten sie den Himmel in „entkörpertem Glück":[197] „Die *virgo intacta* Heliane und der kinderlose Jüngling gehen in einen anderen Zustand ein, in dem es keine Nachkommenschaft, keinen Fortpflanzungszwang, keine Sexualität geben wird."[198]

Wie die Zusammenfassung des Stoffs bereits zeigt, bot die Oper in ihrer ursprünglichen Form dem katholischen München Raum zur Kritik, selbst wenn es gar nicht um die angedeutete, körperliche Liebe selbst, sondern um ein höheres, göttliches Prinzip der Versenkung im anderen ging. Es wundert daher wenig, dass bereits vor der Aufführung kritische Stimmen laut wurden, wonach Text und Inszenierung der Milderung bedürften. Als erstes meldete sich Korngold selbst diesbezüglich bei Generalmusikdirektor Hans Knappertsbusch. Der als Wunderkind geltende Komponist, in München durch seine Oper *Die tote Stadt* bekannt, bat

---

193 Vgl. Stollberg, Mysterien – Mirakel – Marienspiele, S. 156 f.
194 Müller, *Das Wunder der Heliane*, S. 48.
195 Stollberg, Mysterien – Mirakel – Marienspiele, S. 146.
196 Ebd., S. 146.
197 Müller, *Das Wunder der Heliane*, S. 61.
198 Fischer, Das befremdende Hauptwerk, S. 206, Hervorhebung im Original.

5.3 *Insulinde* und *Das Wunder der Heliane* – Einflussnahme auf den Spielplan?

Anfang März darum, in der Inszenierung konkrete Referenzen auf die Kirche zu vermeiden, insbesondere den im ersten Akt in der Regieanweisung vorgesehenen Altar mit Kreuz:

> Herr Barré wollte ja die Oper im Stile und Geiste eines mittelalterlichen Mysteriums inszenieren – da wird es nicht schwer sein, die gewünschte Zeitlosigkeit gerade durch Verzicht auf Katholisches zu erreichen.[199]

In Berlin, berichtete er, habe Karl Heinz Martin die Oper im modernen Stil gezeigt. Dem Charakter des Werks entgegengesetzt, wurde die Inszenierung hier zum willkommenen Vorwand für die Kritik, um Korngolds Komposition zu kritisieren, so Yvonne Steiner, die sich in einer Magisterarbeit der Rezeption der Oper gewidmet hat.[200] Dass Korngold das katholische Missfallen fürchtete, hatte sicher auch mit seiner eigenen Sprecherposition zu tun: Korngold war jüdisch, wenngleich nicht praktizierend, sondern eher allgemein an Religion als Sujet interessiert.[201] Doch in München, wo seit 1925 im Stadtrat Abgeordnete der Nationalsozialistischen Freiheitspartei und der Großdeutschen Volksgemeinschaft, später der NSDAP, saßen[202] und im *Völkischen Beobachter* systematisch gegen ‚jüdische' Musik gehetzt wurde, konnte das Verletzten religiöser Gefühle einen Vorwand zur antisemitischen Hetze bieten, ungeachtet dessen, wie stark Korngold sich selbst als jüdisch identifiziert haben mag. Tatsächlich legt ein bei der Münchner Einstudierung benutztes Libretto nahe, dass man sowohl Altar und Kreuz im ersten Akt wegließ, als auch im dritten Akt der Herrscher nicht mehr in Begleitung von „Bischöfe[n] in Ornat"[203] auftrat. Durch den Verzicht auf die kirchlichen Würdenträger wurde aus einem Kirchengericht das weltliche Gericht eines grausamen Herrschers.

Bei Anpassungen in der Inszenierung blieb es aber nicht, rief doch die Oper in der Probenphase Alexander Glaser, den Vorsitzenden des Völkischen Blocks im Bayerischen Landtag, auf den Plan. Er warnte Minister Goldenberger vor der Aufführung, gegen die man bedauerlicherweise kein direktes Verbot erwirken könne:

---

199 Erich Wolfgang Korngold an Hans Knappertsbusch, 04.03.1928. In: BAYHSTA, Intendanz der Bayerischen Staatsoper, 1332, Hervorhebungen im Original.
200 Vgl. Steiner, *Erich Wolfgang Korngolds Oper* Das Wunder der Heliane, S. 49.
201 Vgl. ebd., S. 69.
202 Vgl. zu den Stadtratsmitgliedern in den Jahren 1925 bis 1928: Rösch, *Die Münchner NSDAP*, S. 511.
203 o.A., *Das Wunder der Heliane. Historisches Aufführungsmaterial der Bayerischen Staatsoper / 11*, S. 50. In: BSB, St.th 1586-11.

> Sie wissen, Sehr geehrter Herr Staatsminister, dass in den letzten Jahren Kreise oder Zirkel sich veranlasst sahen, speziell gegen die Opernleitung Front zu machen [...]. Mir täte es aufrichtig leid, wenn wiederum Gelegenheit zu Angriffen sich ergäbe, die wiederum geeignet sind, dem Ansehen unserer Staatsoper Abbruch zu tun und damit München in seiner künstlerischen Bedeutung mehr oder weniger schwer zu schädigen. Verzeihen Sie [...] die vielleicht naive Frage, ob es nicht besser wäre, die Aufführung zu verschieben und zwar zu dem Zweck, sie überhaupt nicht vor sich gehen zu lassen.[204]

Wie „naiv" diese Frage wirklich gemeint war, sei dahingestellt. Jedenfalls reichte Glasers Brief aus, um das Ministerium nervös zu machen. Man holte deshalb ein Gutachten des Literaturprofessors Walther Brecht über die Qualität des Librettos ein. Ihm persönlich behage der Text zwar nicht, schrieb Brecht, doch könne von „einer Herabwürdigung oder Gefährung der Ehe [...] meines Erachtens keine Rede sein",[205] schließlich sei die Oper „so realitätsfern, daß niemand in diesem durchaus ‚opernhaften' Phantasiegebilde ernsthaft Gefahren sehen kann; übrigens kommt es ja auch garnicht zu einem <u>faktischen</u> Ehebruch."[206] Zur Entkleidung Helianes vor dem Fremden schlug der Germanist vor, diese so zu handhaben, wie das bisher des Öfteren passiert sei. Er spielte vermutlich darauf an, das Licht zu dimmen und die Sängerin in blickdichtem Unterkleid zu zeigen. Diese Lösung wählte man später tatsächlich: „Vorgang des Entkleidens so discret wie möglich. Heliane im Halbdunkel. Wenn Kleid fällt[,] trägt sie ein undurchsichtiges, langes, weißes Hemd, darunter noch ein Körpertricot",[207] so ist es aus einer Liste mit Änderungen zu entnehmen, die dem Ministerium zuging. Schließlich hatten sich nicht alle so milde gezeigt wie der Literaturprofessor. Im Gutachten eines Herrn Decker hieß es, Ehebruch als durch Gott legitimiert hinzustellen würde „als unerträglich und als Blasphemie empfunden",[208] man sei in einer neuen Schaffensphase angelangt, die „das, was Christen heilig ist, missbräuchlich benützen, die damit Geschäfte machen, es verzerrt und entstellt aufs Theater bringen will."[209]

In Bezugnahme auf die ursprüngliche Anfrage Alexander Glasers rechtfertigte Franckenstein das Stück gegenüber dem Ministerium. Er verteidigte die Annahme mit Verweis auf die Wichtigkeit Korngolds in der zeitgenössischen Musik. Darüber hinaus bemerkte er, er habe den „Spielleiter und Herrn Professor Linnebach [= Bühnenbildner, Anm. d. Verf.] angewiesen, alles irgendwie Anstössige auszu-

---

204 Alexander Glaser an Staatsminister Goldenberger, 08.03.1928, S. 2f. In: BAYHSTA, MK 41007.
205 Walther Brecht, ohne Titel, 19.03.1928. In: BAYHSTA, MK 41007.
206 Ebd., Hervorhebung im Original.
207 o.A., „Das Wunder der Heliane" von E.W. Korngold, undatiert. In: BAYHSTA, MK 41007.
208 Decker, Betreff: „Das Wunder der Heliane" von Korngold, 15.03.1928. In: BAYHSTA, MK 41007.
209 Ebd.

merzen."[210] Zwei Tage später begründete er ein weiteres Mal die Annahme des Werks, obwohl die „Handlung [...] in der stellenweisen Vermengung von Religion und Erotik zum Teil stark abstösst."[211] Erstens, argumentierte er, würden

> Werke zeitlicher oder persönlicher Dekadenz grundsätzlich vom Spielplan des Kulturtheaters ausgeschlossen [...], so hätte eine grosse [sic!] Reihe von Werken, die über alle Bühnen gegangen sind, und zum Teil sogar im ständigen Repertoire stehen, überhaupt nicht gespielt werden dürfen [...].[212]

Die „Auslese des überzeitlich Wertvollen und damit die Ausscheidung von Verfallserscheinungen ist in Krisenzeiten unmöglich und kann nur vom Standpunkt abklärender Distanz aus, dem der Geschichte, erfolgen",[213] so Franckenstein weiter. Man müsse zur Entwicklung neuer Formen sogar aktiv Reibungspunkte suchen, erklärte er:

> Versteht man unter Krisis den Vorgang des Gärens künstlerischen Gestaltungswillens, des Suchens und Tastens nach neuen Stilen, so ist schliesslich [sic!] jede Gegenwart in einer Kunstkrisis befangen. Selbst das Auftreten der grössten [sic!] Genies der Kunst wirkt in diesem Sinne zunächst jeweils als Krisis; es sind dies die Krisen, die nicht letal verlaufen, sondern zu temporärer Gesundung (Fortschritt) führen. Das Sichfernhalten von diesen Krisen bedeutet deshalb für jeden Kunstfaktor den schweren Vorwurf der Entwicklungshemmung, somit also den Vorwurf der Kunstfeindlichkeit.[214]

Zweitens verwies er darauf, dass man bereits *Jonny spielt auf* die Aufführung verweigert habe, und bei Ablehnung des *Wunders der Heliane* mit dem „Vorwurf der Rückständigkeit"[215] zu rechnen sei. Dieses Argument ist auch im Kontext der Stil-Konkurrenz zwischen *Jonny*-Komponist Ernst Krenek und Erich Wolfgang Korngold zu verstehen. Krenek war vor allem von Korngolds Vater Julius, dem Musikkritiker der *Neuen Freien Presse*, immer wieder scharf angegangen worden. In Reaktion hierauf lehnten nun jene Kritiker das Werk von Korngolds Sohns als veraltet und epigonenhaft ab, die dem Atonalen zugeneigt waren.[216] Ästhetisch repräsentierten die im gleichen Jahr uraufgeführten Opern so zwei Antipoden,

---

210 Clemens von Franckenstein an Ministerialrat Daxenberger, 20.03.1928. In: BAYHSTA, MK 41007.
211 Clemens von Franckenstein an das Staatsministerium für Unterricht und Kultus, 22.03.1928, S. 1. In: BAYHSTA, MK 41007.
212 Ebd., S. 2f.
213 Ebd., S. 3.
214 Ebd.
215 Ebd., S. 4.
216 Vgl. Steiner, *Erich Wolfgang Korngolds Oper* Das Wunder der Heliane, S. 83.

verstärkt wurde dies durch Herausgabe zweier Zigaretten durch die österreichische Tabakregie, der Jonny und der Heliane, wovon die eine preiswert in einer roten Pappschachtel, die andere als Luxusprodukt in einer edlen Metallbox vermarktet wurde.[217]

Anknüpfend an Franckensteins Darlegung folgte eine Liste mit Streichungen. Vor allem Referenzen auf den Geschlechtsakt wurden getilgt: Aus „Seid mein, in dieser Nacht" wurde beispielsweise „Seid mein, seid ewig mein!",[218] aus „Wirst du mich in dich sinken lassen" machte man „Wirst du mich liebend stark umfassen".[219] Auch wurde eine in den Regieanweisungen vorgesehene Umarmung der beiden Hauptfiguren gestrichen[220] und Heliane ging im ersten Akt zum Gebet nicht, wie im Originaltext vorgesehen, (halb-)nackt in die Kapelle ab, sondern ins Dunkel.[221] Überdies wurden Beschreibungen ihres Körpers stellenweise abgemildert.[222] Insgesamt bestätigt sich der Eindruck Steiners, man habe

> zur Vorbeugung gegen jede Kritik der sexuellen Freizügigkeit eine Zensur zur Verharmlosung des Dargestellten durchgeführt. Daraus ergeben sich allerdings auch Änderungen in der Charakterisierung der Personen. Das Schwanken des Liebespaares zwischen Unschuld und Schuld wurde weitgehend beseitigt und stattdessen die konsequente Reinheit hervorgehoben. Dadurch wurde jedoch auch die Brisanz der Anklage entschärft, denn *Heliane* scheint nun vor ihrem Gang zur Kapelle nicht einen Moment zu zögern.[223]

Besonders auffällig wurden diese Akzentverschiebungen am Ende des ersten Akts, als der Herrscher Wachen ruft, um Heliane abführen zu lassen. Hier fehlte fast eine ganze Seite Text,[224] in der er seiner Frau aufgrund ihrer Nacktheit Ehebruch vorwirft, da die Wachen zunächst zögern, sie festzunehmen. „Seht ihr denn nicht/ wie

---

217 Vgl. ebd.
218 o.A., *Das Wunder der Heliane. Historisches Aufführungsmaterial der Bayerischen Staatsoper / 11*, S. 18.
219 Ebd., S. 19.
220 Vgl. ebd.
221 Vgl. ebd.
222 Der von Regisseur Kurt Barré zur Erarbeitung benutzte Klavierauszug (o.A., *Das Wunder der Heliane. Historisches Aufführungsmaterial der Bayerischen Staatsoper / 6*. In: BSB, St.th 1586-6,1 – 6,3.) enthält darüber hinaus weitere Änderungen, wobei nicht ersichtlich ist, ob diese nur für München galten. Wie Dirk Wegner zeigt, hatte Korngold bereits bei der Einstudierung der Uraufführung in Hamburg Änderungen in Musik und Text vorgenommen, die an andere Theater weitergegeben wurden. Die Textzeilen in den Noten weichen daher ab von denen des gedruckten Librettos. Vgl. Wegner, Liebestod oder Apotheose?, S. 187f.
223 Steiner, *Erich Wolfgang Korngolds Oper* Das Wunder der Heliane, S. 52.
224 Vgl. o.A., *Das Wunder der Heliane. Historisches Aufführungsmaterial der Bayerischen Staatsoper / 11*, S. 22f.

sie dasteht in ihrem Dirnenhemd?"[225] heißt es in den gestrichenen Zeilen. Ohne Begründung wurde die Königin nun direkt abgeführt, ihre Schlechtigkeit wurde so als selbstverständlich angenommen, das Weib als lüstern und ehebrecherisch schon vorausgesetzt, obwohl man doch genau diesen Aspekt eliminieren wollte. Handschriftlich ist notiert: „Die beiden Soldaten nehmen Heliane in die Mitte und geben ihr das Gewand zum anziehen, wobei sie sich vor sie stellen, daß sie vom Publikum nicht gesehen wird."[226]

Während man am Theater im vorauseilenden Gehorsam *Heliane* neu einkleidete, sandte der Bühnenvolksbund, der deutschlandweit operierende Dachverband der Theatergemeinde, eine Stellungnahme Gustav Rassys, dem Redakteur der Mitgliederzeitschrift, an das Ministerium.[227] Rassy sah die Oper wegen der Vermischung von Religion und Erotik kritisch. Staatsminister Goldenberger sprach tags darauf eine deutliche Mahnung gegenüber der Intendanz aus:

> Allgemein muß ich das dringende Ersuchen an die Generaldirektion richten, bei der Würdigung der Aufführungsfähigkeit von Stücken die Eigenschaft der von ihr geleiteten Theater als <u>Staats</u>bühnen, die mit ernster Kulturpflege auch die Rücksicht auf berechtigte Empfindungen des Volkes zu verbinden haben und für deren Führung ich die parlamentarische Verantwortung trage, stets im Auge zu behalten.[228]

Darüber hinaus forderte er, dass auch im dritten Akt, in dem Heliane und der Fremde Erlösung und damit Rechtfertigung ihres Handelns erfahren, Striche gemacht würden. Zeitgleich schrieb er an Alexander Glaser, das Stück werde mit Abmilderungen gespielt: „Eine Verhinderung der Aufführung des von der Theaterleitung für die Staatsbühne bereits erworbenen Stückes wäre ohne rechtliche Weiterungen nicht sehr tunlich gewesen."[229] Das Ministerium ließ die Premiere letztlich geschehen, jedoch nicht ohne im Vorhinein durch Nachfrage und Mahnung Einfluss auf deren künstlerische Ausgestaltung zu nehmen.

Als die Oper dann mit Maria Nežádal in der Hauptrolle Premiere feierte, wurde das Werk in der Presse scharf abgeurteilt. Während die *Münchner Neuesten Nachrichten* immerhin die Aufführung und die Darsteller:innen lobten, waren sich weite Teile der Berichterstattung in der Ablehnung des Librettos einig. Nannte

---

225 Ebd., S. 22.
226 Ebd., S. 23.
227 Vgl. Bühnenvolksbund e.V. an Staatsrat Korn, 26.03.1928. In: BAYHSTA, MK 41007.
228 Staatsminister Goldenberger an Generaldirektion der Bayerischen Staatstheater, 27.03.1928. In: BAYHSTA, MK 41007, Hervorhebung im Original.
229 Staatsminister Goldenberger an Alexander Glaser, 27.03.1928. In: BAYHSTA, MK 41007.

Oscar von Pander das noch recht sachlich „ein wildes Gemisch von Erotik, Mystik, Blut, Heiligkeit, Peitsche und Liebe",[230] schrieb die *Bayerische Staatszeitung:*

> Hans Müllers Buch ist eine jener ohne alle fromme Einfalt gemachten modernen Verbrämungen der Lüsternheit mit religiösen Zutaten. Selbst in der gegen das Original abgeschwächten Form [...] wirkt das Werk abstoßend. Mit heiligen Dingen kokettiert man nicht, und Gott und sein Heiland sind keine Theaterrequisiten, die man nach Belieben hervorziehen kann.[231]

Wilhelm Zentner schrieb, man würde „vor dem Missbrauch von Bibelworten nicht zurückscheuen"[232] und im *Bayerischen Kurier* hieß es:

> Das Libretto [...] ist ein Musterbeispiel, wie man es nicht machen soll. Der Stoff ein mixtum compositum aus Mystizismus, Grausamkeit, verdeckter, ungesunder Erotik; literatenhaft aufgemacht mit allen, ach so abgenützten Mittelchen einer Pseudodichtersprache, die manchmal ans Komische grenzt. Weniger komisch der groteske Ungeschmack, Zitate aus der Heiligen Schrift einzuflechten, wie denn das peinliche katholizisierende Getue [...] abstoßend wirkt. Es erübrigt sich den „Inhalt" hier wiederzugeben: er ist albern genug, so kitischigtheatralisch, manchmal wie schlechtes Kino, sich selbst travestierend, daß jeder natürliche unverbildete Geschmack darauf negativ reagiert.[233]

Nicht nur von den konservativen Blättern erntete das Theater harsche Kritik, sondern auch von der *Münchener Post.* Hier kritisierte man nicht die Anstößigkeit des Librettos, sondern dessen Milderung durch die Bearbeiter der Fassung:

> Die Intendanz [...] hat vor der eigenen Courage es mit der Angst zu tun bekommen. Sie verschickt, offenbar als Rückversicherung gegen Einwände [...] eine „gereinigte" Textausgabe. Die Verquickung von Sexus und Religiosität, von unantastbar Heiligem und Profanem gibt den Untergrund für die Handlung ab; sie ist nicht zu beseitigen. Was zu mildern war, ist die Entkleidungsszene des ersten Aktes. Jedenfalls, eines durfte nicht geschehen: es durfte nicht abgedunkelt werden, und es mußte, wenn schon der Name Heliane einen Sinn haben soll, von ihr gerade in diesem Augenblick das hellste Licht dem Fremden und dem Beschauer entgegenstrahlen. In München, wo die unverhüllte Körperlichkeit selbst bei Turnfesten ein Greuel [sic!] ist, wurde nicht nur abgedunkelt; vorsorglich und ohne daß man sich der Komik des Vorgangs offenbar bewußt wird, zählt die gereinigte Textausgabe uns Stück um Stück und unter Namhaftmachung des Gegenstands die Teile der Bekleidung auf, die Heliane im ge-

---

230 Oscar von Pander, Das Wunder der Heliane. Korngolds Oper im National-Theater. In: *MNN*, Nr. 91, 02.04.1928, S. 1.
231 Paul Ehlers, Das Wunder der Heliane. Oper von E. W. Korngold. Erste Aufführung im Münchener Nationaltheater. In: *BSTZ*, Nr. 77, 02.04.1928. In: MSA, ZA-16987.
232 Wilhelm Zentner, Theater. Das Wunder der Heliane. In: *Neues Münchner Tagblatt*, Nr. 94, 03.04.1928. In: BAYHSTA, Intendanz der Bayerischen Staatsoper, 1332.
233 Dr. W. Sch., Das Wunder der Heliane. In: *BK*, Nr. 98, 02.04.1928. In: BAYHSTA, Intendanz der Bayerischen Staatsoper, 1332, Hervorhebungen im Original.

fährlichen Augenblick noch trägt. Aber hierbei ist es nicht geblieben: man hat sich auch des Wortlauts, in dem das Thema der Liebesvereinigung umspielt wird, versichert (gesungene Worte, die niemand versteht, aber jeder im Textbuch, so wie es sogar in den Räumen des Nationaltheaters käuflich vertrieben wird, nachlesen kann!). Der Rotstift des Dramaturgen, der hier schon eher einem amtlichen Zensor gleicht, einmal in Bewegung gesetzt, gebiert von Aenderung [sic!] zu Aenderung [sic!] Unsinn.[234]

In einem anderen, ähnlich klingenden Artikel hieß es, in München, wo man vollständig auf „das kirchliche Muckertum"[235] ausgerichtet und die Presse „nur noch ein einziges reaktionäres Sprachorgan"[236] sei, habe man die Maßstäbe eines „katholischen Jungfrauenvereins"[237] an das Werk angelegt. Aber:

> Man darf allerdings nichts anderes erwarten, wenn [...] das erzbischöfliche Palais des Kardinals Faulhaber höchste Instanz und ausschlaggebende Zensurstelle für alle Gebiete der Kunst ist.[238]

Wie zur Bestätigung der Vorwürfe druckte der *Bayerische Kurier* einige Tage später einen Artikel, der alle besonders ‚perversen' Stellen des Textes noch einmal ausführlich zitierte, um zur Erleichterung fernmündlicher Empörung auch all jenen Leser:innen die „dichterische und moralische Unterqualität"[239] des Librettos vor Augen zu führen, welche die Oper bisher nicht kannten. Der Abdruck des Abstoßenden zu dessen Bekämpfung entbehrte nicht einer gewissen unfreiwilligen Komik, wobei fraglich ist, ob das nicht letztlich Kalkül im Interesse der Leserbindung darstellte.

Insgesamt betrachtet erwiesen sich die Änderungen, die das Theater vornahm, als doppelt fatal: Sie waren nicht weitreichend genug, um dem katholisch geprägten Teil der Kritik die Oper schmackhaft zu machen, aber immerhin so sinnentstellend, dass sie berechtigte Zensurvorwürfe seitens linker Zeitungen nach sich zogen. Beides mündete in einer Wiederholung der ‚problematischen' Stellen. Insgesamt scheint es, als verfehlte die Münchner Einstudierung ihr Publikum, war das Stück mal zu unsittlich, mal zu verwaschen, um Gefallen zu finden. Am Ende setzte sich das christlich geprägte München durch: Nach der Premiere wurde die Oper nur

---

234 L.L., Das Wunder der Heliane. Erstaufführung im Nationaltheater. In: *MP*, Nr. 78, 03.04.1928. In: MSA, ZA-16987.
235 gg, Münchner Kunstbanausentum. In: *Volkswacht*, Nr. 91, 18.04.1928. In: BAYHSTA, Intendanz der Bayerischen Staatsoper, 1332, Hervorhebung im Original.
236 Ebd.
237 Ebd.
238 Ebd., Hervorhebung im Original.
239 Dr. M.M., Das lendenkranke Opernbuch. Zu Korngold „Das Wunder der Heliane". In: *BK*, Nr. 97, 06.04.1928. In: MSA, ZA-16987, Hervorhebung im Original.

noch zweimal gegeben[240] – ein Misserfolg für die Theaterleitung, die vermutlich an den Erfolg von *Die tote Stadt* anknüpfen wollte.

Inwieweit das Ministerium die Absetzung erzwang oder ob diese aus theaterinterner Räson beschlossen wurde, bleibt im Dunkeln. Auffallend ist jedoch, dass mit dem Ende der 1920er-Jahre die Interventionsversuche durch das Ministerium zunahmen: Wie aus Briefen an die Intendanz hervorgeht, hegte die Behörde in der Spielzeit 1930/1931 sowohl gegen Fritz von Unruhs *Phaea* Bedenken als auch gegen Ferdinand Bruckners *Elisabeth von England*.[241] Zwar betonte das Ministerium die Entscheidungsfreiheit der Theaterleitung in der Spielplangestaltung, doch wurden beide bereits angenommenen Texte am Ende nicht gezeigt. Besonders das Argument, der Bühnenvolksbund könnte *Elisabeth von England*[242] aus Schicklichkeitsgründen ablehnen,[243] wirkt plausibel, zeigt der Text Elisabeth doch im ersten Akt als alternde Herrscherin, die in stark erotisierter Weise den jungen Grafen Essex dominiert. Ebenso anstößig auf eine christliche Besucherorganisation dürfte Brucknerns Umgang mit dem Katholizismus von Elisabeths Gegner Philipp von Spanien gewirkt haben: Bruckner zeigt den Spanier als religiös besessenen Fanatiker, während das protestantische England durch ‚Ketzerin' Elisabeth für Vernunft und Maßhalten steht. Gegen Ende nähern sich in zwei Gebetsszenen die beiden Staatsoberhäupter zwar einander an, doch offenbart sich hierin vor allem die Leere und Austauschbarkeit religiöser Rituale. Gegen Unruhs *Phaea*,[244] eine Komödie über die Produktionsbedingungen des frühen Tonfilms, hatte man Einwände nach der 1930 in Berlin über die Bühne gegangenen Uraufführung in der Inszenierung von Max Reinhardt, bei der die Kritiken durchwachsen ausgefallen waren.[245]

---

240 Am 5. April und am 30. Mai lief die Oper im Nationaltheater. Vgl. *DBS* 32/8 (1928), S. 150 und *DBS* 32/9 (1928), S. 166.
241 Vgl. Staatsministerium für Unterricht und Kultus an die Generaldirektion der Bayerischen Staatstheater, 15.10.1930 und Richard Mezger an Generaldirektion der Bayerischen Staatstheater, 03.12.1930. Beide in: BAYHSTA, MK 41007.
242 Bruckner, *Elisabeth von England*.
243 Vgl. Mezger an Generaldirektion, 03.12.1930.
244 Unruh, *Phaea*.
245 Vgl. Hake, „Pardon, ich suche den Autor des Films!", S. 174. Wie Hake zeigt, arbeitete sich Unruh in seinem Text am Bedeutungsverlust der Literatur gegenüber dem Kino ab, ohne hierzu jedoch gedanklich originelle Positionen zu entwickeln. Zwar konnte Unruh in der Arbeit am Stück auf Eindrücke Max Reinhardts aus der Filmwelt Hollywoods zurückgreifen (vgl. ebd.), doch beruhte „seine moralisierende Parabel vom Untergang der Literatur" (ebd., S. 184) vorwiegend auf dem „Tradierte[n] und Traditionelle[n]" (ebd.). So bleibt der Text eine oberflächliche Auseinandersetzung mit den medialen Bedingungen des Kinos, ein Abgesang auf die Vormachtstellung des Wortes im Drama gegenüber dem Bild auf der Leinwand.

5.3 Insulinde und Das Wunder der Heliane – Einflussnahme auf den Spielplan? — 355

Die Absage der Aufführungen führte natürlich zu Kritik: „Welche, katholische oder protestantische, jüdische oder antijüdische Nebenregierung betätigt da wieder einmal ihren politisch-weltanschaulichen Fürsorge-Ehrgeiz?",[246] fragte die *Münchener Post*. Das linksliberale *Berliner Tageblatt* kommentierte vielsagend:

> Das Recht der Kirche auf staatlichen Schutz in allen Ehren, – aber dieses Recht darf nicht zu dem Vorrecht erweitert werden, über die konfessionell und weltanschauungsmäßig durchaus gemischte Bevölkerung einer modernen Grossstadt [sic!] eine diktatorische Geschmackszensur zu verhängen, die von öffentlich nicht kontrollierbaren, dem Parlament nicht verantwortlichen Kräften ausgeübt wird – ganz zu schweigen davon, dass sie sich über die Reichsverfassung einfach hinwegsetzt.[247]

Am Ende veröffentlichte die Intendanz ein defensiv klingendes Statement über die eigene Unbeeinflussbarkeit:

> Eine geheime Theaterzensur besteht selbstverständlich nicht. Vielmehr hat die Generaldirektion mit der Verantwortlichkeit für die Spielplangestaltung der Staatstheater auch die Entscheidung über die Annahme oder Ablehnung von Werken.[248]

Konsequenzen erwuchsen hieraus keine – die beiden Stücke wurden trotzdem nicht gezeigt, was zu neuerlicher Kritik durch die *Münchener Post* führte.[249] Diese dürfte aber gegenüber der zu erwartenden Entrüstung bei Aufführung der Texte durch die konservativen Blätter das kleinere Übel gewesen sein. Im Ministerium hieß es einige Wochen später zu den Plänen der Intendanz für die Saison 1931/1932: „Von den Inszenierungsplänen des Staatsschauspiels für die kommende Spielzeit wurde Kenntnis genommen. Die Verantwortung für die getroffene Stückwahl muß der Generaldirektion überlassen bleiben."[250] Ob das Lippenbekenntnis, Selbstkritik oder Warnung war, sei dahingestellt. In der *Welt am Sonntag* titelte man ein halbes Jahr später jedoch, das Staatstheater stehe nach den Absagen der beiden

---

246 Hermann Eßwein, Anfrage – nach einem ausverkauften Gastspiel. In: *MP*, Nr. 100, 02./03.05.1931. In: BAYHSTA, MK 41007.
247 o.A., Geheime Theaterzensur in Bayern? Verhinderte Aufführungen. In: *BT*, Nr. 213, 07.05.1931. In: BAYHSTA, MK 41007.
248 o.A., „Geheime Theaterzensur". Staatstheater verteidigt sich. In: *MTZ*, Nr. 88, 14.05.1931. In: BAYHSTA, MK 41007.
249 Vgl. o.A., Um Antwort wird gebeten! In: *MP*, Nr. 107, 14.05.1931. In: BAYHSTA, MK 41007.
250 Staatsrat Korn an die Generaldirektion der Bayerischen Staatstheater, 11.07.1931. In: BAYHSTA, MK 41007.

Stücke unter „Vorzensur"[251] – offenbar witterte man hier neue Einflussnahmeversuche durch das Ministerium.

Außenpolitische Auseinandersetzungen: Eugen Ortners Insulinde oder Die Kaffeemaschinen von Lebak
Dabei war das Ministerium nicht in allen Fällen Verhinderer von Kunst, wie die Uraufführung von Eugen Ortners *Insulinde oder Die Kaffeemaschinen von Lebak*[252] im März 1929 im Prinzregententheater zeigt. Ortner, heute weitgehend in Vergessenheit geraten, war den Münchner:innen wegen seiner 1927 in den Kammerspielen erfolgreich uraufgeführten Tragödie *Meier Helmbrecht* ein Begriff.[253] Wie Paul Buschmann hervorhob, sei Ortner von renommierten Bühnen lange Zeit nicht gespielt worden und vor allem durch das Engagement der Besucherorganisationen auf die Bühnen gelangt.[254] Den für das Repertoire des Theaters aufgrund seiner Kolonialthematik ungewöhnlich anmutenden Text aufzuführen, kann daher auch als Konzession an die Publikumsvereine gelesen werden, von denen vor allem die Theatergemeinde München zum Ende der Weimarer Republik „zunehmend aggressiv antidemokratische, antiliberale und völkische Ansichten"[255] vertrat. Hierzu trug besonders die aggressive Rhetorik Walter Stangs in der Mitgliederzeitschrift des Vereins bei:

> Die Theatergemeinde wetterte nun in aller Öffentlichkeit mit drastischen Worten gegen die „Kulturkrise" der Gegenwart, gegen den „Kulturbolschewismus" und die „Gottlosenbewegung", gegen Kunstautonomie, Libertinismus, Modernismus, gegen „Entartungen" jeglicher Art, gegen Amerika, gegen die Weimarer Republik und mehr oder weniger offen gegen das Judentum.[256]

Als lokaler Verein des christlich geprägten Bühnenvolksbundes lehnte sie Anfang der 1930er-Jahre auch Texte wie *Die Affäre Dreyfus* und *Die Fee* als bolschewistisch ab, vertrieb dafür keine Karten unter ihren Mitgliedern und führte so eine frühe Absetzung der Stücke herbei.[257] Zudem regte sich seitens der Organisation Kritik an der Dramaturgie des Theaters, wonach man zu wenig auf die Vorschläge des Pu-

---

251 JKE, Wozu noch Schauspieldirektor? Der Spielplan des Münchener Staatsschauspiels unter Vorzensur. In: *WAS*, Nr. 47, 22.11.1931. In: MSA, ZA-17092.
252 Ortner, *Insulinde*.
253 Vgl. Petzet, *Die Münchner Kammerspiele*, S. 6.
254 Vgl. Buschmann, Das Drama Eugen Ortners, S. 10.
255 Maier, Theatergemeinde München (bis 1933).
256 Ebd.
257 Vgl. G.A. Baumgärtner, Unsere Stellung zum Kulturbolschewismus. In: *Die Theatergemeinde* 4/12 (1931), S. 10. In: BAYHSTA, MK 58000.

blikumsvereins eingehe und bei der Sichtung eingereichter Stücke schlampig arbeite.[258] Indirekt musste Franckenstein ab Ende der 1920er-Jahre also vermehrt auf konservative Interessen Rücksicht nehmen, die seine Arbeit schon in der Monarchie begleitet hatten. Besonders schwierig war das, weil der Bühnenvolksbund, wie Britta-Marie Schenk argumentiert, einen Kunstbegriff hatte, der sich vor allem aus der Ablehnung bestimmter Werke und Ästhetiken speiste, die als intellektuell-vergeistigt und politisch im Sinne einer linken Tendenz galten. Schenk fasst die Hassthemen des Verbands unter den Schlagworten „Sexualität, Sensation, Materialismus und Autoritätsverlust"[259] zusammen. Positivdefinitionen, die der Verein über Begriffe wie „Gemeinschaft" oder „Erlebnis" lieferte, blieben demgegenüber unterbestimmt:

> Sicherlich war auch die Ablehnung, die der Verein einem bestimmten Theater gegenüber an den Tag legte, konsensfähig. Doch aus der Ablehnung allein konnte kein neues Theater entstehen.[260]

Die Aufführung experimenteller und zeitkritischer Dramatik wurde auf diese Weise zwar nicht unterbunden, aber im Vergleich zu den Kammerspielen zumindest gebremst. Hier liefen im Nachtstudio aufsehenerregende Zeitstücke, die nicht selten von der Polizei verboten wurden und auf der Boykott-Liste der Theatergemeinde auftauchten.[261] Zwar blieb vor 1933 der Einfluss des Bühnenvolksbunds auf die Spielpläne insofern überschaubar, als der Verein ja selbst auf die Interessen seiner Mitglieder Rücksicht nehmen musste und „die Mitglieder jene Stücke, welche die BVB-Leitung favorisierte, zum Teil gar nicht sehen wollten",[262] doch tat das Theater im Interesse der eigenen Wirtschaftlichkeit gut daran, vorwiegend Texte anzunehmen, gegen die seitens der Theatergemeinde keine Einwände bestanden. Eugen Ortners *Insulinde* stellte ein solches Stück dar, wobei das Theater die weitreichenden diplomatischen Diskussionen mit den Niederlanden, die dessen Annahme nach sich zog, vermutlich nicht einkalkuliert hatte.

Sie gründeten in der Thematik des Stücks: Ortner schuf mit *Insulinde* – damals eine gängige Bezeichnung für den Malaiischen Archipel – eine Dramatisierung des

---

258 Vgl. Staatsminister Goldenberger an Clemens von Franckenstein, 12.02.1932. In: BAYHSTA, MK 50191. Von der eher links-geprägten Volksbühne kamen derartige Anwürfe nicht, sie war auch bei der Auswahl der Vorstellungen offenherziger.
259 Schenk, *Das Theater der Zukunft?*, S. 68.
260 Ebd., S. 56.
261 Vgl. o.A., Kurz gefasster Bericht der Theatergemeinde München e.V. über ihre nationale Tätigkeit seit ihrer Gründung 1919. In: BAYHSTA, MK 58000.
262 Schenk, *Das Theater der Zukunft?*, S. 119.

kolonialkritischen Romans *Max Havelaar* des Niederländers Eduard Douwes Dekker. Veröffentlicht 1860 unter dem Pseudonym „Multatuli", verarbeitete Dekker hierin seine Erfahrungen in der Kolonialverwaltung auf Java. Ortner nannte das Buch einen „Materialroman im besten Sinne des Wortes, [...] ein Grundbuch europäischer Expansionspolitik ":[263]

> Ein Buch liegt vor uns, das Tatsachenberichte in Romanform bringt. Jedoch ist die Handlung durchwirkt von gewissenhaft wiedergegebenen Originalberichten, Regierungsbefehlen und Briefen, und ihr Fortgang gibt zugleich eine anschauliche Schilderung der geistigen und moralischen Verhältnisse Europas sowohl als auch seiner Kolonien in Form von Gesprächen, die dem Alltag abgelauscht sind, von längeren Betrachtungen, die den fachmännisch geschulten Kopf, den weitschauenden und gründlichen Soziologen verraten.[264]

Vor allem durch die Überlagerung von Erzählebenen wirkt der Roman ungewohnt dokumentarisch: Der Amsterdamer Kaffeehändler Batavus Droogstoppel beschließt nach einer Begegnung mit einem Bekannten aus Kindertagen ein Buch über den Kaffeehandel in Niederländisch-Indien zu schreiben, hat ihm doch der Jugendfreund sein literarisches Oeuvre zukommen lassen, in dem Droogstoppel mehrere Abhandlungen über Java findet. Kontorleiter Droogstoppel verfasst den Text jedoch nicht selbst, sondern beauftragt einen seiner Angestellten damit. Dieser vermischt im Schreiben Fiktion mit ‚echt' wirkenden Dokumenten aus dem Konvolut der Jugendbekanntschaft. Im Wechsel der Rahmen- und der Binnenhandlung zwischen dem Familienalltag einer wohlhabenden Amsterdamer Händlerfamilie und dem Leben des gegen Missstände kämpfenden Assistent-Residenten[265] Max Havelaar auf Java spannt sich so allmählich eine gewichtige Kritik an der Koloni-

---

[263] Eugen Ortner, Ein Materialroman (Zeitungsartikel unbekannten Ursprungs). In: BSB, Nachlass Eugen Ortner, Ana 438 Sch19.
[264] Ebd.
[265] Der Assistent-Resident stand auf Java einer lokalen Verwaltungseinheit vor, seine Position ging aus einer Verwaltungsreform Javas durch die Briten von 1811 bis 1816 hervor, die die Niederländer übernahmen (Vgl. Wessel, Niederländische Kolonialpolitik in Indonesien im 19. Jahrhundert, S. 29.). Über ihm stand der Resident, der die ganze Provinz leitete. Die Residenten wiederum waren dem Generalgouverneur von Niederländisch-Indien verpflichtet. Quer hierzu lagen die Regenten, lokale Adelige, die an der Spitze des streng hierarchischen javanischen Gesellschaftssystems standen. Hatte man ihnen zunächst ihre Macht gelassen, wurden sie später Beamte des niederländischen Staates (Vgl. ebd., S. 26). Diese Reform wurde nach dem javanischen Krieg, in dem sich Teile des Adels gegen die Kolonialherren stellten, zurückgenommen. Die Regenten erhielten ihre Sonderrechte zurück, weil man davon ausging, dass sich die wirtschaftlichen Interessen der Niederlande in Kooperation mit den adeligen Eliten besser durchsetzen ließen (Vgl. ebd., S. 33). Sie werden im Roman als „jüngere Brüder" des Assistent-Residenten bezeichnet, was die Wichtigkeit der Zusammenarbeit verdeutlicht.

alherrschaft der Niederlande auf: Im Interesse der wirtschaftlichen Ausbeutung ihrer Kolonie stützen die Niederlande ihre Herrschaft auf die Gunst des in Ausschweifungen lebenden javanischen Adels, dessen Machtmissbrauch gegenüber der ärmeren Bevölkerung Javas geduldet wird, um das ‚Mutterland' nicht mit schlechten Nachrichten aus Niederländisch-Indien zu beunruhigen. Der niederländische Beamtenapparat sieht deshalb über Enteignungen armer Bauern durch die lokalen Fürsten ebenso hinweg wie über Zwangsarbeit, deren Nutznießer er oft selbst ist. Wer hiergegen das Wort erhebt, muss mit Schauprozessen oder gar mit Mord durch Javas Eliten rechnen. Am Ende des Textes gibt Multatuli sich dann selbst als Ankläger zu erkennen und wendet sich direkt an König Willem III.:

> Dich wage ich mit Vertrauen zu fragen, ob es Dein kaiserlicher Wille ist [...] daß da drüben Deine mehr als dreißig Millionen Untertanen mißhandelt und ausgesogen werden in **Deinem** Namen?[266]

Wie Ingrid Wessel zeigt, entsprach die von Multatuli geschilderte Situation in vielen Punkten der tatsächlichen Lage auf Java, der Text „klärte ein breites Publikum über die Missstände in der niederländischen Kolonialpolitik auf."[267] In Deutschland, wo Multatuli die letzten zwanzig Lebensjahre verbrachte, wurde sein Schaffen erst ab 1900 vermehrt rezipiert. Eingeleitet wurde das durch die Übersetzung seiner Werke durch Wilhelm Spohr, der als Redakteur für Gustav Landauers Zeitschrift *Der Sozialist* tätig war und zum Friedrichshagener Dichterkreis gehörte.[268] Mit Eugen Ortner und Friedrich Markus Hübner dramatisierten in den 1920er-Jahren dann gleich zwei Deutsche das Leben Eduard Douwes Dekker, der in vielen Punkten als Vorlage für seine eigene Romanfigur Max Havelaar fungierte.

Für das am Prinzregententheater gezeigte Schauspiel zog Ortner die zahlreichen, im Roman vorkommenden Figuren und Handlungsstränge an einen Ort zusammen und ließ auf der Suche nach Geschäftsmöglichkeiten auch Kaffeehändler Batavus Droogstoppel, den Profiteur des Kolonialhandels, als Gast auf Java bei Assistent-Resident Max Havelaar logieren. Dieser versucht gegen den grausamen Regenten, den Adhipatti Natta Negara, Zeug:innen zu mobilisieren, die über das Unrecht aussagen, das ihnen durch Natta Negara widerfahren ist. Havelaar will so seinen Vorgesetzten Brest van Kempen, den Residenten von Lebak und Bantam, dazu zwingen, gegen die Verbrechen des Adhipatti vorzugehen. Aus Angst vor Rache lässt sich aber niemand zur Aussage bewegen, zumal van Kempen mit Natta

---

266 Multatuli, *Max Havelaar*, S. 271, Hervorhebung im Original.
267 Wessel, Niederländische Kolonialpolitik in Indonesien im 19. Jahrhundert, S. 35.
268 Vgl. Fuchs, Wilhelm Spohr und Karl Mischke als Vermittler Multatulis in Deutschland, S. 156 f.

Negara gemeinsame Sache macht: Van Kempen lässt Negara ungehindert die Lokalbevölkerung unterjochen, wenn dieser ihm dafür im Gegenzug regelmäßig junge, zwangsversklavte Mädchen liefert. In einem Aufstand der Lokalbevölkerung wird Natta Negara dann zwar von einem Amokläufer getötet, doch muss Havelaar die Revolte blutig beenden und sich damit gegen eben jene Menschen stellen, für deren Rechte er sich einzusetzen versucht hatte. Danach wird er aus Lebak abberufen.

Als die titelgebenden „Kaffeemaschinen" erscheinen hier einerseits die Arbeiter:innen, die Kaffee zum Export anbauen, während ihnen selbst der Reis zur täglichen Ernährung fehlt, andererseits die jungen, durch Natta Negara versklavten Frauen, die es in der Romanvorlage so nicht gibt. In dieser Motivik entsprach der Text vollends dem Zeitgeist der 1920er-Jahre, die Kritik deutete ihn deshalb als „Empörung der Unterdrückten gegen die Unterdrücker, vom Dichter mitleidend, mitlodernd gestaltet",[269] es gehe um die soziale Frage, in der „Soldaten und Beamte gegen eingeborene Arbeiter, Herrschende gegen Dienende"[270] kämpften. Max Havelaar, besetzt mit Ernst Martens, erscheine als „Kolonial-Sozialist",[271] wirke aber zu blass gegenüber Brest van Kempen, einem von Friedrich Ulmer „fabelhaft gespielten Herrenmenschen".[272] Die Kolonialthematik wurde so zum Stellvertreter für die Klassenfrage: „Für einen Augenblick horcht die Welt auf, besonders die sozialen Schichten, die mitten unter ihren weißen ‚Brüdern' in keiner anderen Lage sind als die Farbigen jenseits der Meere."[273] Der Aufstand der Lokalbevölkerung verweise, so die *Münchner Neuesten Nachrichten*, auf den „Anfang des dunklen Unheils, das nun von allen farbigen Rassen her über Europa hereinzubrechen droht, denn die teuflische Ernte reift, die van Kempens und Droogstoppels damals gesäht haben",[274] was auch im Deutschen Reich, das seine Kolonien 1918 verlor, bedrohlich wirkte. Das würde aber, kritisierte die Zeitung, von Ortner nicht sichtbar genug ausgestellt. Dabei war Ortners Text gegenüber dem Roman expliziter im Zeigen des Leids. Den dokumentarischen Charakter der Vorlage, in dem sich durch die Überlagerung von Textschichten erst allmählich das ganze Bild des Unheils

---

269 Hanns Braun, Insulinde. Schauspiel von Eugen Ortner. In: *MZ*, 17.03.1929. In: BSB, Nachlass Eugen Ortner, Ana 438 Sch19.
270 Horst Wolfram Geißler, Insulinde. Schauspiel von Eugen Ortner. Uraufführung im Prinzregententheater. In: *MAAZ*, 17.03.1929. In: BSB, Nachlass Eugen Ortner, Ana 438 Sch19.
271 D., Java auf der Bühne. In: *VZ*, 28.03.1929. In: BSB, Nachlass Eugen Ortner, Ana 438 Sch19.
272 Ebd.
273 Hermann Eßwein, Insulinde oder die Kaffeemaschinen von Lebak. Schauspiel in drei Akten von Eugen Ornter. In: *MP*, o.D. In: BSB, Nachlass Eugen Ortner, Ana 438 Sch19.
274 Wilhelm von Schramm, Insulinde oder Die Kaffeemaschinen von Lebak. Uraufführung im Prinzregententheater. In: *MNN*, 17.03.1929. In: BSB, Nachlass Eugen Ortner, Ana 438 Sch19.

aufspannt, hat das Stück weitgehend eingebüßt. Durch diese Akzentverschiebungen klage das Werk, so Erwin Leibfried, „nicht mehr die Niederlande, sondern überhaupt die europäischen Kolonialmächte [an]. [...] Das im Weltkrieg besiegte und durch Versailles gedemütigte Deutschland klagt die (kolonialen) Siegermächte an und rechnet mit ihnen ab."[275]

Dennoch waren es die Niederlande, im Ersten Weltkrieg neutral geblieben, die sich durch die Aufführung des Textes brüskiert sahen, war Niederländisch-Indien doch nach wie vor Kolonie. In ihr bildeten die Deutschen nach den Niederländer:innen die größte europäische Bevölkerungsgruppe und wurden als Arbeitskräfte mit exzellenter Ausbildung geschätzt, zudem bestanden zwischen dem Deutschen Reich und der Kolonie rege Import- und Exportströme, besonders in den Jahren 1925 bis 1929.[276] Dementsprechend verärgert reagierte man von niederländischer Seite auf Ortners Stück, wurden doch in Den Haag „akribisch die deutschen Äußerungen über Kolonien und Kolonialismus [verfolgt]."[277]

„Die Absicht [= des Stücks, Anm. d. Verf.] scheint mir weitgehend ärgerniserregend, ja selbst beleidigend für die Verwaltungsbehörde",[278] schrieb der niederländische Gesandte in Berlin, Johann Paul van Limburg Stirum, an Carl Maschmeyer, den königlichen Konsul der Niederlande. Van Limburg Stirum war von 1916 bis 1921 selbst Generalgouverneur von Niederländisch-Indien – und damit oberster Verwalter des heutigen Indonesiens –, er musste ob der drastischen Darstellung des kolonialen Unrechts also um sein Ansehen fürchten. Ohne die Inszenierung selbst gesehen zu haben, wurde Maschmeyer im April bei Franckenstein vorstellig und forderte die Absetzung des Stücks, da es „beleidigende Kritik an der holländischen Regierung"[279] enthalte. Da Franckenstein sich aus dispositorischen Gründen weigerte, die angesetzten Vorstellungen abzusagen, wandte sich der Konsul an das Kultusministerium. Um die Schwierigkeiten kurzfristiger Spielplanänderungen wissend, unterstützte man die Entscheidung des Theaters, Maschmeyer wurde zur Klärung des Konflikts an das Auswärtige Amt verwiesen.[280] Gegenüber dem Ministerium ergriff Franckenstein dann schriftlich Partei für den Text. Er bezog sich in der Verteidigung des Textes vor allem auf die Romanvorlage Multatulis, den er als „einen der originellsten Schriftsteller aller Zeiten, einen

---

275 Leibfried, Multatuli in deutschen Dramen, S. 27.
276 Vgl. Roowaan, *Im Schatten der Großen Politik*, S. 194–197.
277 Ebd., S. 201.
278 Johann Paul van Limburg Stirum an Carl Maschmeyer, 10.04.1929. In: BAYHSTA, MK 50052.
279 Richard Mezger, Vormerkung, 12.04.1929. In: BAYHSTA, MK 50052.
280 Vgl. ebd.

Feuergeist, einen Mann von seltener Reinheit des Charakters"[281] beschrieb, der nach wie vor rezipiert würde. Deshalb handele es sich

> um eine durchaus historische Angelegenheit, um den Kampf, den Havelaar für die unterdrückten Javaner geführt hat. Mit keinem Gedanken hat die Generaldirektion der bayerischen Staatstheater auch nur die fernste Möglichkeit gesehen, dass in dieser Aufführung oder in einzelnen Teilen eine Beleidigung der niederländischen Regierung erblickt werden könnte. Es handelt sich genau ebensowohl um eine rein historische Angelegenheit wie etwa in Goethes „Egmont", in dem die Spanier ebenfalls eine Herabsetzung ihrer Regierungsmethoden sehen könnten.[282]

Die Unterschiede, die zwischen der Vorlage und Ortners Dramatisierung bestanden, ignorierte Franckenstein wohlwissentlich, um den Text im Reich des Historischen verorten zu können, sodass jeglicher Verdacht einer direkten Kritik an den Niederlanden unbegründet schien. Natürlich wirkt diese Arglosigkeit vorgeschoben und geht als Argumentationsstrategie nicht ganz auf. Etwas weiter unten musste Franckenstein indirekt eingestehen, dass das Unrecht an der javanischen Bevölkerung keine rein historische Angelegenheit war:

> Immerhin besteht eine Spur, die unter Umständen den Weg bezeichnen könnte, auf dem die Angelegenheit nach Holland gekommen ist. Eine Persönlichkeit der Münchner literarisch-künstlerischen Kreise steht in verwandtschaftlicher Beziehung zu einem der früheren Generalgouverneure von Java. Die Amtsführung dieses Gouverneurs war im Gegensatz zu seinem eingeborenenfreundlichen Vorgänger durch wiederholte, heftige Aufstände der Eingeborenen charakterisiert.[283]

Wer hier gemeint war, ist nicht ersichtlich, vermutlich aber nicht van Limburg Stirum, der von dem kolonialkritischen Stück selbst erst aus der Zeitung erfahren hatte. Unklar bleibt, ob Ortner selbst eine Kritik an den aktuellen Zuständen auf Java intendierte. Zwar finden sich in seinem Nachlass mehrere Artikel des Reiseschriftstellers Richard Katz, der für die *Vossische Zeitung* aus Niederländisch-Indien berichtete, doch datieren diese zum Teil erst nach dem Premierentermin.[284] Möglich ist, dass Ortner die Zeitungsausschnitte erst in Reaktion auf die Empörung sammelte, die sein Stück bei den niederländischen Würdenträgern auslöste.

Zur Klärung des Sachverhalts wurde *Insulinde* zwar zeitweilig nicht mehr angesetzt, doch verteidigte das Kultusministerium gegenüber dem Bayerischen

---

[281] Clemens von Franckenstein an das Staatsministerium für Unterricht und Kultus, 30.04.1929. In: BAYHSTA, MK 50052.
[282] Ebd.
[283] Ebd.
[284] Vgl. BSB, Nachlass Eugen Ortner, Ana 438 Sch19.

Außenministerium die Haltung des Theaters, das Stück weiter zu spielen. Wie Franckenstein betonte auch das Ministerium die Nähe des Stücks zur Romanvorlage. In ihr fehle zwar die Zwangsprostitution junger Javanerinnen, doch sei dies in anderen Texten Multatulis zum Ausdruck gekommen. Zur Kommentierung aktueller Zustände auf Java hieß es:

> Gegenwartsbeziehungen ergeben sich aus dem Stücke in stofflicher Beziehung überhaupt nicht [...]. Auch die Aufführung des Stückes in München hat hinsichtlich des Bühnenbildes, der Masken und Kostüme nichts getan, was geeignet wäre, die klare zeitliche Beziehung des Stückes irgendwie zu verwischen. [285]

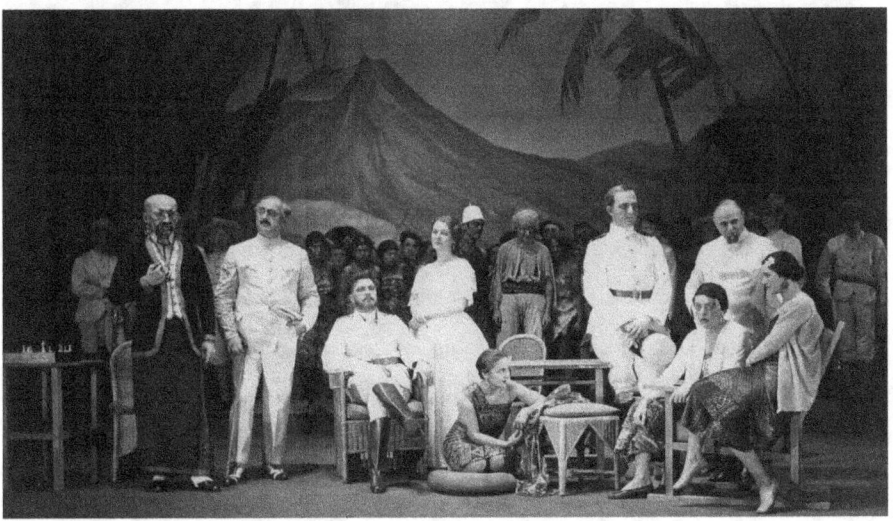

Abb. 21: Szenenfoto aus der Inszenierung von Eugen Ortners *Insulinde* im Prinzregententheater, Regie: Alfons Pape, Bühne: Leo Pasetti I.

Tatsächlich eröffnen Fotografien der Inszenierung (Abb. 21 und 22) ein exotistisch angehauchtes Bild Javas: Im Vordergrund auf der Terrasse Max Havelaars hell gekleidet beziehungsweise in Amtstracht die Europäer:innen, im Hintergrund vor gemaltem Urwald die autochthone Bevölkerung, mit teilweise nackten Oberkörpern, an den Augen überzeichnet asiatisch geschminkt. Zwar treten auf den Fotos kostümlich deutlich die Unterschiede zwischen einer chinesischen Figur und den Javaner:innen hervor, insgesamt bleibt eine lokale und zeitliche Verortung auf den

---

[285] Staatsminister Goldenberger an das Staatsministerium des Äußeren, 13.05.1929. In: BAYHSTA, MK 50052.

Abb. 22: Szenenfoto aus der Inszenierung von Eugen Ortners *Insulinde* im Prinzregententheater, Regie: Alfons Pape, Bühne: Leo Pasetti II.

Fotos aber eher vage. Ausgerechnet die *Münchener Post* kritisierte das fehlende Lokalkolorit dann auch mit der Bemerkung, „was an Malayen sichtbar wird, sollte nicht nur braun geschminkt und dementsprechend kostümiert herumlaufen, sondern bis ins kleinste körperliche und lautliche Ausdruckselement sinnvoll durchgearbeitet sein."[286]

In der Folge stimmte dann auch das Bayerische Außenministerium der Darstellung des Theaters zu und überließ die Angelegenheit zur Klärung dem Auswärtigen Amt in Berlin.[287] Nicht nachvollziehen lässt sich, in welcher Form diese erfolgte, allerdings tauchte *Insulinde* ab Ende Mai wieder im Spielplan des Theaters auf und wurde auch in der darauffolgenden Spielzeit vereinzelt gezeigt.[288] Anders als im Fall von Korngolds *Wunder der Heliane* wurde das Kultusministerium hier

---

[286] Eßwein, Insulinde oder die Kaffeemaschinen von Lebak.
[287] Vgl. Staatsministerium des Äußeren (Bleyer) an das Staatsministerium für Unterricht und Kultus, 17.05.1929. In: BAYHSTA, MK 50052.
[288] Vgl. *DBS* 33/8, (1929), S. 175, *DBS* 33/9, (1929), S. 188, *DBS* 34/3 (1929), S. 52 und *DBS* 34/7 (1930), S. 145.

zum Unterstützer, nicht zum Verhinderer von Kunst. Die Verärgerung der lokalen, katholisch-geprägten Bevölkerung wog offenbar deutlich schwerer als die Empörung eines niederländischen Diplomaten. Die Abfederung und Verhinderung von Krisen beschränkte sich so auf den Münchner Gesichtskreis mit den immer gleichen Akteur:innen, der aus der angestammten Kritik, der lokalen Kunstkamarilla und dem christlichen München bestand. Zu vermuten ist, dass es offenbar nur dann zu Interventionen kam, wenn innerhalb dieses Radius Konfrontation zu erwarten war.

5.4 Neue Direktionskrisen im Angesicht des Kulturabbaus: Alfons Papes Rauswurf

Wie sehr der Intendant die Kritik zu fürchten schien, zeigt eine kurze Korrespondenz mit Hannes Küpper, einem Dramaturgen der Städtischen Bühnen Essen, im März 1928. Küpper betreute dort die hauseigene Zeitschrift *Der Scheinwerfer*, für die er Franckenstein um eine Stellungnahme bat: Er wolle eine Sondernummer mit dem Titel „Kritik der Kritik" bringen, in der sich Theaterleiter dazu äußern sollten, wie sie die Rolle der Kritik verstünden, welche Aufgaben und Werte sie ihr zumaßen und was sie von guter Kritik erwarteten.[289] Franckenstein antwortete postwendend:

> [Es] wäre [...] mir peinlich, mich über das von Ihnen vorgeschlagene Thema öffentlich zu äussern [sic!]. Mit ein paar Banalitäten wäre Ihnen nicht gedient und bei einer freien Aussprache verbrennt man sich allzu leicht die Finger.[290]

Wahrscheinlich entstanden diese Zeilen auch unter dem Eindruck der neusten Kritik-Offensive gegen das Staatstheater, denn seit 1927 hatte sich die Münchner Presse auf Schauspieldirektor Alfons Pape eingeschossen. Dabei schien die Wahl des heute kaum mehr bekannten Regisseurs doch anfangs so glücklich. Tim Klein, der Kritiker der *Münchner Neuesten Nachrichten*, beschrieb ihn als „ernsten, fähigen und pflichtgetreuen Mann",[291] er habe es „verstanden, den inneren Mechanismus des Staatsschauspiels wieder in Ordnung zu bringen und handhabt ihn mit

---

289 Vgl. Hannes Küpper an Clemens von Franckenstein, 29.03.1928. In: BAYHSTA, Intendanz der Bayerischen Staatsoper, 115.
290 Clemens von Franckenstein an Hannes Küpper, 31.03.1928. In: BAYHSTA, Intendanz der Bayerischen Staatsoper, 115.
291 Tim Klein, Stillstand oder Leben? In: *MNN*, Nr. 102, 13.04.1926, S. 1.

gelassener und fester Hand."²⁹² Als *Regisseur* schätzte Klein ihn aber wenig. Er war damit nicht allein, so notierte etwa der *Schwäbische Merkur:*

> Die unter der Aera [sic!] A l f o n s P a p e, der die aus Cassel mitgebrachte Provinz auch nach zweijähriger Duldung nicht abzustreifen vermochte, eingetretene Direktionslosigkeit, hat leider einen unerwartet zähen, ministeriellen Rückhalt, weil sie – billig arbeitet.²⁹³

Im Oktober 1927 inszenierte Pape dann Kleists Erstlingswerk *Die Familie Schroffenstein* und wurde dafür kollektiv verrissen, allerdings nicht, weil die Inszenierung zu gewagt war, sondern weil sie selbst im konservativen München zu altbacken wirkte – ein Novum in der Historie der Münchner Empörung, in der doch bisher mit Inszenierungen wie *Im Dickicht* oder *Titus Andronicus* die Neuheit Anlass zur Kritik gab. Doch in dieser Klassikerinszenierung seien die Zuschauer:innen „aus Langeweile"²⁹⁴ gestorben, auf der Bühne bekomme man „billige, äußerliche Schablone provinzialen [sic!] Theaterspielens mit zum Teil sehr guten Mitteln"²⁹⁵ zu sehen, „schlimmer als Schmiere"²⁹⁶ sei die Inszenierung gewesen, es habe sich die „fühlbare Unfähigkeit des Regisseurs"²⁹⁷ offenbart, eine der Darstellerinnen sei so schlecht gewesen, dass eine Zeitung fragte: „Aus welcher tiefdunklen Schauspielschule holt man derartige ‚Kräfte'?"²⁹⁸ Alles in allem, kommentierte Hermann Eßwein bissig, „für Münchener Verhältnisse gut und für das ‚konservative' Münchener Publikum gut genug".²⁹⁹

Auch die *Münchner Neuesten Nachrichten* kritisierten die Inszenierung scharf, Tim Klein sezierte in seiner Rezension die Fehler Papes in der Interpretation des Kleist'schen Texts und in der Wahl der Strichfassung³⁰⁰ und provozierte damit eine Reaktion des Regisseurs. Dieser äußerte sich in einem später von der Zeitung ab-

---

292 Ebd.
293 o.A., ohne Titel. In: *Schwäbischer Merkur*, 31.08.1927. In: BAYHSTA, Intendanz der Bayerischen Staatsoper, 115, Hervorhebung im Original.
294 Hanns Braun, Die Familie Schroffenstein, Trauerspiel von Heinrich v. Kleist. In: *MZ*, 19.10.1927. In: BAYHSTA, Generalintendanz der Bayerischen Staatstheater, 740.
295 Otto Friedrich Schöpf, Prinzregententheater. Die Familie Schroffenstein von Heinrich von Kleist. In: *Neues Münchner Tagblatt*, 20.10.1927. In: BAYHSTA, Generalintendanz der Bayerischen Staatstheater, 740.
296 o.A., Familie Schroffenstein. In: *ANN*, 22.10.1927. In: BAYHSTA, Generalintendanz der Bayerischen Staatstheater, 740.
297 Schöpf, Die Familie Schroffenstein.
298 Horst Wolfram Geißler, Die Familie Schroffenstein, Trauerspiel von Heinrich v. Kleist. In: *MAAZ*, 20.10.1927. In: BAYHSTA, Generalintendanz der Bayerischen Staatstheater, 740.
299 Hermann Eßwein, Prinzregententheater. Die Familie Schroffenstein. In: *MP*, 20.10.1927. In: BAYHSTA, Generalintendanz der Bayerischen Staatstheater, 740.
300 Vgl. Tim Klein, Die Familie Schroffenstein. In: *MNN*, Nr. 302, 20.10.1927, S. 1.

gedruckten Brief an Klein, in dem er seine Arbeit mit fast ebenso viel Pedanterie rechtfertigte. Darunter eine harsche Antwort von Münchens wichtigstem Kritiker, als halbseitiger Aufmacher:

> Sie haben das Bewußtsein davon verloren, wie schonend und rücksichtsvoll [...] Ihre Regietaten von der Münchner Kritik im allgemeinen und von mir im besonderen beurteilt worden sind. Wie Sie als neuer Mann hierherkamen, wurden Sie mit ausgesuchter Zuvorkommenheit behandelt. Aber mehr und mehr hat sich herausgestellt, daß Sie zwar vielleicht ein geeigneter Schauspieldirektor, aber nicht der Regisseur sind, den wir in München brauchen. Ich habe laut und leise, süß und sauer, in und zwischen den Zeilen, immer wieder gewarnt. Es war vergeblich. [...] Sie lassen e x e r z i e r e n, aber Sie b i l d e n nicht. Wo Sie als Regisseur hintreten, da wächst kein Gras mehr. Und darum wird das Staatsschauspiel Münchens nicht lebendig. [...] Und glauben Sie etwa, daß ich mit meinem Urteil allein stehe? Daß Sie es schwer haben, das weiß ich. Aber die Kritik hat es mindestens ebenso schwer, denn sie kann bei Ihnen mit ihrer G r u n d f o r d e r u n g nicht durchdringen, auf der Staatsbühne die d r a m a t i s c h e D i c h t u n g von äußerlicher, pedantischer Theaterei und hartem, hohlem Komödiantenwesen zu befreien, und ihr zu innerlich bewegten, durchseelten und deshalb feineren und menschlicheren Verkörperungen zu verhelfen.[301]

Die Drohung, die Klein sandte, war klar: Wer nicht nach den Regeln der Kritik spielt oder es gar wagt, gegen diese Wort zu erheben, wird abgestraft bis zur völligen Rufschädigung. Möglicherweise hatte Franckenstein das im Sinn gehabt, als er schrieb man verbrenne „sich allzu leicht die Finger",[302] wenn man die Presse öffentlich in die Schranken weise. Wer im Rummel der schlechten Presse schweigt, wahrt zumindest Contenance und setzt sich nicht der Gefahr aus, durch die Selbstäußerung auf unappetitliche Art seine Kränkung zu offenbaren. Die knapp gehaltene Stellungnahme des Staatstheaters zur Kritik an Pape liest sich daher auch nüchtern wie das Schulzeugnis eines fleißigen Pennälers:

> Pape ist ein Mann von ungewöhnlicher Energie, der den sehr komplizierten Schauspielbetrieb an den Münchener Staatstheatern musterhaft leitet. Er hat das Arbeitstempo im hiesigen Schauspiel beträchtlich erhöht, sodass jährlich eine weitaus grössere [sic!] Anzahl von Novitäten und Neueinstudierungen herausgebracht werden konnte, als dies früher der Fall war. – In der nicht leichten Behandlung unseres Schauspielpersonals hat er grosse [sic!] Geschicklichkeit und Sicherheit bewiesen. Die gegen Pape als Regisseur gerichteten Anfeindungen sind nicht gerechtfertigt [...].[303]

---

[301] Tim Klein, Schauspieldirektor und Theaterkritiker. Ein Briefwechsel zwischen Alfons Pape und Dr. Tim Klein. In: *MNN*, Nr. 302, 06.11.1927, S. 5, Hervorhebungen im Original.
[302] Franckenstein an Küpper, 31.03.1928.
[303] o.A., Fall Pape. In: BAYHSTA, Generalintendanz der Bayerischen Staatstheater, 740.

Es wurden zwar noch einige Inszenierungen beispielhaft genannt, weitschweifige Solidaritätsbekundungen gegenüber Pape enthielt die Stellungnahme allerdings nicht. In der Folge der Eskalation war von einer „Krise der Kritik"[304] die Rede, in der sich „das Verhältnis von Kunstrichter und Künstler in das Zerrbild von Kriminalrichter und Verbrecher verschob".[305] Zur Rolle des Kritikers hieß es in der *Kölner Zeitung*:

> Das Urteil des Kunstkritikers ist unangreifbar. Er ist Richter ohne Berufungsinstanz. Sein Einfluß ist groß, weil er beauftragter Sachverständiger der Presse ist. Weder an der Macht noch an der Freiheit dieses Richtertums darf gerüttelt werden. Es ist eine Sicherheitspolizei gegen den wildgenialischen Unband [sic!] Künstlertum und die hilflose Masse Mensch des Publikums. Es ist ein Bürge für die Reinheit und Unantastbarkeit des Kunstwerks. Aber gerade deshalb muß die Pressekritik ein Ethos besitzen, das die unvermeidliche Subjektivität jedes Kunsturteils ausgleicht durch tiefstes Verantwortungsbewusstsein und jene tadellose Form, die selbstverständliche Forderung eines hochstehenden Journalismus sein muß.[306]

Dieses Mahnwort bildete Mitte der 1920er-Jahre keine Einzelmeinung mehr. Bereits im Jahr zuvor war es bei der Veranstaltung „Kampf um München als Kulturzentrum" in der Tonhalle zu heftiger Kritik an den *Münchner Neuesten Nachrichten* durch die Brüder Mann gekommen: Grund für den Niedergang Münchens als einstiger Kunststadt zur unbedeutenden Provinz sei ein durch rechte Parteien und selbstherrliche Journalisten geschaffenes Klima des permanenten Skandalisierens, das die Spielräume für Künstler:innen erheblich verkleinere. Heinrich Mann forderte damals:

> Verzichten sollten die Zeitungen und ihre Theaterkritik auf Kampfstellung gegen anerkannte Kulturgüter. Die Kritik muß sich nicht auszeichnen wollen durch andauernde Umwertung aller Werte, was durchaus nicht ihres Amtes ist. Dazu ist nicht jeder berufen.[307]

Dabei gehe es auch um ein Maß der Mitte: „Massenorganen sind extreme Richtungen nicht erlaubt."[308] Hatte die Kritik bei der Keller-Krise 1924 noch den Ausschlag dafür gegeben, den eben erst engagierten Schauspieldirektor postwendend zu kündigen, sah sie sich einige Jahre später in Opposition zu Teilen der Münchner Stadtgesellschaft, die den Sonderstatus der *Münchner Neuesten Nachrichten* als ‚Königsmacher' des Theaters nicht länger hinnehmen wollten.

---

304 o.A., Krise der Kritik in München. In: *Kölner Zeitung*, 06.12.1927. In: BAYHSTA, Generalintendanz der Bayerischen Staatstheater, 740.
305 Ebd.
306 Ebd.
307 Heinrich Mann in Mann et al., *Kampf um München als Kulturzentrum*, S. 16.
308 Ebd., S. 19.

Infolge der Kritik an Pape kam es zu Solidaritätsbekundungen gegenüber dem Schauspieldirektor, etwa durch Otto Riedner, den Leiter des Hauptstaatsarchivs.[309] Am Ende hielt die Intendanz an Pape fest, zu viel sprach gegen ein erneutes Einknicken vor der Kritik – die erheblichen Kosten einer Abfindung, die Schwierigkeit, nach zwei vorzeitig gekündigten Schauspieldirektoren überhaupt einen geeigneten Nachfolger zu finden und nicht zuletzt die völlige Aufgabe der Autonomie, die dies für Franckenstein bedeutet hätte.

1928 versuchten die *Münchner Neuesten Nachrichten* erneut, Pape in einer Kritik zum von ihm inszenierten *Faust* zu demontieren: „Langfristiger Vertrag? Unmöglich."[310] Dieses Mal nahm Pape nicht mehr selbst Stellung, stellvertretend für ihn reagierte sein Bühnenbildner Fritz Erler.[311] Bezeichnenderweise ergriff in diesen Tagen auch der *Völkische Beobachter* Partei für Pape und nannte die Berichterstattung Tim Kleins ein „abgeschmacktes Kesseltreiben"[312] gegen den Schauspieldirektor. Die Parteizeitung nahm so kurzzeitig die Rolle der Vernunft gegenüber dem Establishment ein und mahnte eine Mäßigung an, die sie selbst nicht erfüllte – eine Diskursaneignung, die wohl weniger mit der Causa Pape als der Positionierung der Zeitung in der Münchner Medienlandschaft zu tun hatte.

Nach Ermittlungen durch Privatdetektiv: Alfons Pape im Verdacht
Später beruhigte sich zwar die Kritik an Pape, doch bewegte der öffentliche Druck den Schauspieldirektor dazu, „eine Reihe von Gastregisseuren für die großen Stücke zu verpflichten, wodurch sein Ansehen beim Personal bedenklich einbüßte".[313] Eine „Erschütterung des Glaubens an den Leiter und die damit verbundene Gefährdung seiner künstlerischen Autorität"[314] nannte dies Friedrich Ulmer in seiner Autobiografie und ließ dabei unter den Tisch fallen, dass er mitverantwortlich dafür war, dass Alfons Pape später entlassen wurde. Eben jene Grete Litzmann, die in Constantin Heydels Kulturzeitschrift *Bavaria* veröffentlichte, bekam 1932 durch den Schauspieler nämlich Gerüchte nahegebracht, wonach Alfons Pape bereits seit seiner Kasseler Zeit neben seiner Ehe ein Verhältnis mit der ge-

---

309 Vgl. Otto Riedner an Alfons Pape, 07.11.1927. In: BAYHSTA, Generalintendanz der Bayerischen Staatstheater, 740.
310 Tim Klein, Goethes „Faust". Der erste Teil neu einstudiert im Prinzregententheater. In: *MNN*, Nr. 111, 23.04.1928, S. 2.
311 Vgl. Fritz Erler, Offener Brief an den Herrn Theaterkritiker der M.N.N. In: *MNN*, Nr. 125, 07.05.1928, S. 2.
312 Jaromir, Kesseltreiben gegen Pape. In: *VB*, 03.05.1928. In: BAYHSTA, Generalintendanz der Bayerischen Staatstheater, 740.
313 Ulmer, *Perlicco – Perlacco*, S. 222.
314 Ebd.

schiedenen Schauspielerin Anni Weinert unterhalte, die er auch mit nach München gebracht hatte. Hier solle Weinert 1927 ein uneheliches Kind von Pape geboren haben, offiziell wurde ihr mehrmonatiges Fehlen am Theater mit Magenproblemen erklärt, entgegen geltender Vorschriften solle in dieser Zeit ihr Gehalt weiter gezahlt worden sein. Seitdem solle sich Pape an den Wochenenden regelmäßig in Gräfelfing aufhalten, wo Weinert mit ihren Kindern lebe. Im März 1932 meldete Litzmann die von Ulmer erhaltenen Informationen in zwei Unterredungen dem Kultusministerium.[315] Im prüden München, wo 1929 durch die Polizei ein Aufritt Josephine Bakers verboten wurde, während man in Berlin nackt tanzte und ungetraut liebte, wäre das vielleicht schon Grund genug für einen Skandal gewesen, besonders heikel wurde die Angelegenheit aber durch die Überbringerin der Gerüchte. Schriftstellerin Litzmann war nicht nur durch ihren verstorbenen Mann, den renommierten Literaturprofessor Berthold Litzmann, in der Kulturszene gut vernetzt, sondern trug auch **„das strenge Kleid des Laienordens"**,[316] wie das *8-Uhr-Blatt* aus Nürnberg nach Bekanntwerden der Vorwürfe unter dem Titel „Ordensdame revolutioniert die bayerischen Staatstheater" schrieb:

> Nicht zuletzt dieser letztere Umstand verschaffte ihr Eintritt in Kreise, die sonst nicht so leicht zugänglich sind. [...] **Im Kultusministerium geht sie ein und aus, sie hat ein geneigtes Ohr bei dem in Theaterdingen allmächtigen Staatsrat Korn und auch Herr Ministerialrat Metzger** [sic!], **der Theaterreferent, tanzt willig nach der Frau Geheimrat Litzmanns Flöte.**[317]

Ausgerechnet einer Ordensfrau die Pikanterien von Papes Privatleben im Vertrauen offenzulegen, erscheint wie ein geschickter Schachzug Ulmers, schließlich konnte er damit rechnen, dass Litzmann hierin die Werte des nach wie vor stark katholisch geprägten Staats verletzt sah, in dem der Schauspieldirektor einer staatlichen Bühne eine exponierte Position einnahm. Tatsächlich zwangen ihre Angaben das Kultusministerium zum Handeln, schließlich trat Litzmann als Hüterin der Moral nicht einfach nur als besorgte Privatperson auf, sondern repräsentierte durch ihre Ordensmitgliedschaft die religiös geprägten Kreise Münchens, um deren Gunst willen man ja schon das Libretto von *Das Wunder der Heliane* abgemildert hatte. Man stellte daraufhin Nachforschungen durch die Polizei und beim Standesamt an, die klären sollten, ob Pape Weinert tatsächlich regelmäßig aufsuche, und ob er im Melderegister als Vater des Kindes registriert sei. Die Be-

---

315 Vgl. o.A., Betreff: Schauspieldirektor Pape (a). In: BAYHSTA, MK 45269.
316 Hans Brückner, Ordensdame revolutioniert die bayerischen Staatstheater. In: *8-Uhr-Blatt*, 03.06.1932. In: BAYHSTA, Generalintendanz der Bayerischen Staatstheater, 740, Hervorhebung im Original.
317 Ebd., Hervorhebung im Original.

5.4 Neue Direktionskrisen im Angesicht des Kulturabbaus: Alfons Papes Rauswurf

Abb. 23: Der Skandal um Alfons Pape in der Presse.

schattung Papes verlief ergebnislos, als Kindsvater habe sich der geschiedene Mann Weinerts eintragen lassen wollen, jedoch ohne Erfolg.[318] Der Bericht des zuständigen Ministerialbeamten Mezger blieb daher vorsichtig formuliert.

---

318 Vgl. p.A., Betreff: Schauspieldirektor Pape (a).

Erst durch Litzmann vorlegte Dokumente erzeugten dann eine Beweislast, die das Ministerium zum Handeln zwangen: Sie engagierte eigenmächtig den Privatdetektiv Friedrich Tierbächer. Aus Berichten seiner Detektei geht hervor, dass das Haus der Schauspielerin Anni Weinert längere Zeit durch Tierbächers Mitarbeiter systematisch beschattet wurde, tatsächlich gehe Pape hier regelmäßig ein und aus. Nachbar:innen gaben an, Pape werde von den Kindern „Onkel Alfons" genannt, das Verhältnis zwischen ihm und Weinert sei kompliziert, allerdings sei ein Kuss beobachtet worden und Pape habe auch dort genächtigt. Darüber hinaus sei ein weiterer Mann in der Hängematte in Weinerts Garten gesehen worden, eine handschriftliche Notiz vermutet dahinter den Schauspieler Hans Schlenck. Er war seit 1927 im Ensemble und leitete dort das Nachtstudio, die Bühne der Jungen.[319]

Nachdem nun Beweise vorlagen, die die Affäre mit Weinert plausibel machten, kam es zu einer Unterredung zwischen Pape, Staatsminister Goldenberger, dessen Mitarbeiter Mezger und Intendant Franckenstein.[320] Bei dem Treffen gab Pape das Verhältnis zu Weinert zu, dieses habe aber in Kassel noch nicht bestanden, sondern erst in München als lockere Affäre begonnen, bei der Weinert ungewollt schwanger geworden sei. In Kassel habe er eine glückliche Ehe mit seiner Frau geführt, diese sei aufgrund einer Erkrankung nicht mehr in der Lage, ihre ehelichen Pflichten zu erfüllen. Seine Frau wisse von der Lage und sei zur Scheidung bereit, damit Pape Weinert heiraten könne und das uneheliche Kind als sein Sohn legitimiert würde.[321] Mitte Mai kam es zu einer erneuten Unterredung des Schauspieldirektors mit Franckenstein, Pape gab hierin an,

> Frucht vor Entdeckung und vor einem nicht nur für ihn sondern auch für das Theater schädlichen Skandal haben ihn [...] zu der heute von ihm als falsch erkannten Ansicht gebracht, ein <u>Verschleiern</u> der Angelegenheit sei das geringere Übel.[322]

Wiederholt habe er Franckenstein ansprechen wollen, Scham habe ihn davon abgehalten. Später wandte er sich nochmals an den Vorgesetzten und betonte, „dass ich selbst und die mir nahestehenden Personen uns immer so verhalten haben, dass jede öffentliche Aufmerksamkeit oder auch nur Aufmerksamkeit weiterer Kreise nicht erweckt werden konnte."[323] Gerüchte, wonach er Weinert bei der Besetzung bestimmter Rollen bevorzugt habe, wies er als Racheaktion durch

---

319 Vgl. Anlagen zu Grete Litzmann an Ministerialrat Mezger, 25.04.1932. In: BAYHSTA, MK 45269.
320 Vgl. o.A., Betreff: Schauspieldirektor Pape (b), 28.04.1932. In: BAYHSTA, MK 45269.
321 Vgl. ebd.
322 Clemens von Franckenstein an Staatsminister Goldenberger, 09.05.1932. In: BAYHSTA, MK 45269, Hervorhebung im Original.
323 Alfons Pape an Clemens von Franckenstein, 17.05.1932. In: BAYHSTA, MK 45269.

eine hartnäckige Clique von Schauspieler:innen zurück, die über den Sozialabbau am Theater aufgrund der Schließung des Prinzregententheaters erzürnt seien.[324]

In der Tat belastete die Schließung der dritten Spielstätte – eine „Riesenschweinerei",[325] wie Franckenstein an Leopold von Andrian schrieb – das Arbeitsklima in diesen Monaten schwer. Sie war Folge der Wirtschaftskrise von 1929 und betraf vor allem das Schauspiel, das die Bühne für die Volksvorstellungen nutzte. Während in der Oper verhältnismäßig wenig Stellen gestrichen werden sollten, war im Schauspiel von fast der Hälfte des Ensembles die Rede.[326] Es kam deshalb zu Protesten gegen die Schließung seitens der Publikumsvereine, die jedoch vergeblich waren.

Franckenstein und Schauspieldirektor Pape fiel nun die undankbare Aufgabe zu, zu entscheiden, wer das Haus verlassen musste und wer unter Inkaufnahme starker Gehaltseinbußen bleiben durfte. Eine Entscheidung der Intendanz war, das Doppelverdiener-Ehepaar Hilde Herterich und Kurt Stieler zu beschneiden, indem man versuchte, Herterich zu kündigen.[327] Bereits zwei Jahre zuvor hatte Franckenstein bewiesen, dass er auf persönliche Bindungen unter den Mitarbeiter:innen keine Rücksicht nahm: Da kündigte er die Schauspielerin Käthe Bierkowski, Ehefrau des langjährigen Dramaturgen Gerhard Gutherz.[328]

Herterich und Stieler waren bereits länger im Visier des Intendanten. Schon 1929 hatte Stieler, ein beim Publikum überaus beliebter Schauspieler, aufgrund hausinterner Streitereien gegenüber den *Münchner Neuesten Nachrichten* damit kokettiert, seinen Vertrag nicht zu verlängern.[329] In einem verärgerten Schreiben an Verwaltungsdirektor Heydel bezeichnete Franckenstein die Presseerklärung des Schauspielers als „lügenhaft".[330] Er sei „als Schauspieler kaum zu brauchen",[331] würde als Regisseur nur heitere Stücke gut inszenieren, aber für die Erarbeitung überdurchschnittlich lange brauchen, insgesamt zu wenig inszenieren und zahlreiche Stückvorschläge ablehnen. Zudem habe Stieler „[i]n letzter Unterredung Verbindung mit Tim Klein zugegeben",[332] also zu jenem Kritiker, der Schauspiel-

---

324 Vgl. Betreff: Schauspieldirektor Pape (b).
325 Clemens von Franckenstein an Leopold von Andrian, 17.03.1932. In: DLA, HS.1978.0002.00942.
326 Vgl. Theatergemeinde München e.V., *Gegen den Kultur-Abbau an den bayerischen Staatstheatern*, S. 17.
327 Vgl. Alfons Pape an Hilde Herterich, 05.02.1932. In: BAYHSTA, Generalintendanz der Bayerischen Staatstheater, 472, Hervorhebung im Original.
328 Vgl. Tagebuch Gerhard Gutherz XV, S. 51f., S. 57 und S. 75. In: DTM, Nachlass Gerhard Gutherz.
329 Vgl. o.A., Geht Kurt Stieler? In: *MNN*, Nr. 104, 17.04.1929, S. 1.
330 Clemens von Franckenstein an Constantin Heydel, 19.04.1929. In: BAYHSTA, Intendanz des Bayerischen Staatsschauspiels, 569, Hervorhebung im Original.
331 Ebd.
332 Ebd.

direktor Pape wegen seiner Klassikerinszenierungen so harsch angegangen war. Er schloss:

> Frage: ob es nicht das Beste wäre Herrn S. laufen zu lassen und endlich einmal dieses elende Cliquenwesen zu unterbinden. [...]
> Wenn die Waldaus [= Gustav Waldau und Hertha von Hagen, Anm. d. Verf.] das halbe Jahr weg sind Stieler ganz ausgeschaltet dann hätten wir im Schauspiel endlich Ruhe.
> U. allein [= Friedrich Ulmer, Anm. d. Verf.] wäre harmlos.[333]

Zu diesem Schritt kam es 1929 nicht, doch verwundert es ob Franckensteins Wut wenig, dass sich im Zuge des Sozialabbaus wieder die Frage nach den Stielers stellte. Erneut zeigt sich hier Franckensteins bereits im Krieg beobachtete Strategie, Krisen zur Kündigung unliebsamer Mitarbeiter:innen zu nutzen, war doch das Cliquenwesen das ewig besungene Unheil der Bühne. Als das Publikum von Herterichs drohender Nichtverlängerung erfuhr, kamen bei einer Unterschriftensammlung gegen die Entlassung mehrere hundert Unterschriften aus allen gesellschaftlichen Kreisen zusammen, unter anderem unterzeichneten Thomas Mann, Karl Vossler, Max Halbe, Ernst Hanfstaengl, Josef Stolzing, Artur Kutscher und die Studierenden der Theaterwissenschaft sowie Grete Litzmann.[334] Unterstützung für seine Entscheidung erfuhr Franckenstein hingegen durch Pape, der Herterich als untalentiert für große klassische Rollen darstellte und suggerierte, sie sei menschlich schwierig:

> [F]ast alle Regisseure, ausser [sic!] den Herren Stieler, der Gatte, Ulmer, der Freund und Pape, der Direktor, sind einer Beschäftigung der Frau Herterich in den von ihnen inszenierten Stücken aus dem Wege gegangen.[335]

Das Argument, man wolle Pape durch das Hervorzerren privater Angelegenheiten schädigen und Rache an ihm für Kündigungen nehmen, liest sich daher auf den ersten Blick plausibel. Wenig überraschend ist in diesem Lichte auch, dass Herterich, Stieler und Ulmer einen Brief des Ensembles an Minister Goldenberger nicht mitunterschrieben, in dem die Schauspielerschaft ihrem Direktor die Solidarität

---

333 Ebd., Hervorhebungen im Original.
334 Vgl. o.A., Übergeben von Herrn Univ Professor Geh. Rat Dr. Voßler am 9.III.32 mit der Bitte um Berücksichtigung. In: BAYHSTA, MK 45125.
335 Alfons Pape, Bemerkungen zu den beiden mir von Herrn Ministerialrat Mezger gegebenen Rollenverzeichnissen der Frau Hilde Herterich, 07.04.1932. In: BAYHSTA, MK 45125.

aussprach und „Denunziationen über Dinge, die nur das privateste Leben eines Menschen angehen"[336] scharf verurteilte:

> Kein Regisseur, kein Darsteller, kein Mensch überhaupt wäre hinfort seiner Stellung sicher, wenn es dem Belieben von Missgünstigen anheimgestellt wäre, über Moral und Autorität seines Nebenmenschen zu Gericht zu sitzen.[337]

Sexuelle Belästigung von Untergebenen?
Bis zu diesem Punkt mutet der Skandal in seinen absurden Details – die pflichtschuldig Meldung machende Ordensschwester, der heimlich beauftragte Privatdetektiv, die vorsichtigen Unterredungen im Ministerialbüro – ein wenig an wie ein Lion-Feuchtwanger-Text: In *Erfolg*, dem zeitkritischen Münchenroman über den Aufstieg des Nationalsozialismus und den konservativen Kulturklüngel, ist es ja auch eine angebliche Affäre der Hauptfigur Martin Krüger, die im katholischen Bayern einen Vorwand liefert, um den ästhetisch unbequemen Subdirektor der staatlichen Gemäldesammlung aus dem Amt zu heben.[338] Im Raum standen aber nicht nur Vorwürfe bezüglich der Affäre Weinert/Pape. Grete Litzmann hatte den Schauspieldirektor beim Ministerium auch sexueller Übergriffe gegenüber Kolleginnen bezichtigt – „Zoten erzählen, Zudringlichkeiten in Garderoben; ferner liege ein sehr schlimmer Fall vor, in dem von dem Versuch einer Vergewaltigung gesprochen werde."[339] Informationen diesbezüglich hatte Litzmann ebenfalls von Friedrich Ulmer bekommen.[340] Auch ihnen ging das Ministerium auf den Grund, nachdem sich die Affäre zwischen Pape und Weinert bewahrheitet hatte. Zu den Belästigungsvorwürfen finden sich in der schriftlichen Zusammenfassung der ersten Unterredungen zwischen Pape, dem Ministerium und Franckenstein noch keine Bemerkungen, auch war die Presse zu diesem Zeitpunkt noch nicht im Bild. Zunächst vernahm das Ministerium das Ensemblemitglied Clara Boeck, deren Schauspielschülerin, ein Fräulein Udet, auf einem Faschingsball Opfer eines Übergriffs Papes geworden sein sollte. Udet, die behauptet hatte, Pape habe ihr unter den Rock gefasst, wurde bezeichnenderweise nicht selbst befragt. Ihre Lehrerin gab an, nicht genau zu wissen, was passiert sei, setzte aber hinzu, dass

> Schauspieldirektor P. bei solchen Gelegenheiten wie dem Bühnenball stets nach kurzer Zeit schwer betrunken ist; ich muß annehmen, daß sein Benehmen gegenüber Frl. U. auch hierin

---

336 Ensemblemitglieder des Staatsschauspiels an Staatsminister Goldenberger, 17.05.1932. In: BAYHSTA, MK 45269.
337 Ebd.
338 Feuchtwanger, *Erfolg*.
339 Vgl. o.A., Betreff: Schauspieldirektor Pape (a).
340 Vgl. ebd.

seine Erklärung findet. Es ist daher auch sehr wohl möglich, daß er sich an solche Vorfälle nicht mehr genau erinnert. Auch bei sonstigen Gelegenheiten (gemeinsamer Ausgang nach Schluß einer Vorstellung) ist P., wie mir Kollegen erzählt haben, sehr oft betrunken; er macht sich dann zunächst mit den Leuten sehr gemein, um dann ebenso plötzlich wieder den Vorgesetzten herauszukehren.[341]

In einem 14-seitigen Erklärungsschreiben, in dem Pape seine Sicht der Dinge zusammenfasste, berichtete er ausführlich von einer Unterredung im Kultusministerium Mitte Mai bezüglich der Vorwürfe: Er dementierte hierin die Anschuldigungen, sagte, er habe Udet nur flüchtig kennengelernt, auf dem Ball sei nichts passiert.[342] Auch suggerierte er, Friedrich Ulmer habe ihm in den Monaten zuvor damit gedroht, Fräulein Udet respektive ihre Lehrerin Boeck gegen ihn falsch aussagen zu lassen. Ulmer schilderte er als besonders schlimmen Vertreter des hausinternen Cliquenwesens. Er sei zunächst mit Stieler und Herterich verfeindet gewesen, dann hätten sich die drei aber angefreundet, Herterich würde nun mit beiden Männern schlafen, das ganze Theater wisse davon.[343] Über Jahre habe es immer wieder Intrigen gegen ihn gegeben, so Pape weiter, es seien Informationen an die Presse weitergereicht worden, was auch die Hetzkampagne Tim Kleins gegen ihn erkläre. Ulmer sei dann über die Entlassung Herterichs ebenso erbost gewesen wie darüber, dass man seinen Vertrag aufgrund von Sparzwängen zunächst nur um ein Jahr verlängert habe. Aus diesen Gründen habe er bewusst den Kontakt zu Litzmann gesucht, weil er gewusst habe, dass diese gute Kontakte ins Ministerium unterhalte.[344]

Im weiteren Verlauf des Schreibens äußerte sich Pape zum zweiten großen Vorwurf, der ihm im Gespräch mit dem Kultusminister gemacht wurde: Er soll Hilde Herterich, die von der Kündigungswelle betroffene Schauspielerin, während einer *Tell*-Vorstellung sexuell belästigt haben. Das ging ebenfalls aus einer Zeugenaussage Ulmers hervor, die dieser im gleichen Gespräch mit dem Ministerium tätigte. Ulmer gab an, Pape habe sich ihm gegenüber im betrunkenen Zustand abfällig über Herterichs Intimbehaarung geäußert, Pape bezichtigte Ulmer daraufhin der Lüge.[345] In einer späteren Unterredung mit Intendant Franckenstein gab Pape überraschenderweise zu, dass es bei der *Tell*-Vorstellung zu einer sexuellen Begegnung mit der Schauspielerin gekommen sei. Er erklärte, diese sei von Herterich ausgegangen, sie habe ihn geküsst, woraufhin er ihr Knie berührt habe und

---

341 o.A., Vernehmung von Frl. Boeck, 19.05.1932. In: BAYHSTA, MK 45269.
342 Alfons Pape, ohne Titel, 29.10.1932, S. 7. In: BAYHSTA, MK 45269.
343 Vgl. ebd., S. 3.
344 Vgl. ebd., S. 5.
345 Vgl. ebd., S. 8.

„aus einem teuflischen Gefühl heraus, nicht aus einem Gefühl der Lust, griff ich, als ich in ihre erwartenden Augen sah, höher. Frau H. hielt seligen Blickes still mir zärtliche Worte zuflüsternd; ich war erschreckt, als ich merkte, dass sie keine Hosen an hatte."[346]

Danach sei der Kontakt zwischen ihm und Herterich wohlwollend gewesen, sie habe mit ihm geflirtet. Ulmers Aussagen verhielten sich „zu dem wirklichen Tatbestand wie Diebstahl zu einem Geschenk. Ich habe ein mir angebotenes Geschenk angenommen, das man ja wohl unmöglich nach Verlauf von 2 Jahren als gewaltsame Entwendung bezeichnen darf. Frau H. war die Gebende, ich der Nehmende."[347]

Welche Darstellung – die Ulmers oder die Papes – den Tatsachen entspricht, lässt sich aufgrund der Quellenlage nicht gesichert sagen, vor allem, weil Udet und Herterich, die betroffenen Frauen, beide nicht selbst befragt wurden: „Der Vorschlag des Generalintendanten, Frau Herterich zu vernehmen, wird nach kurzen Erwägungen als zu peinlich vom Minister abgelehnt",[348] so Pape. Tatsächlich gibt es in den betreffenden Akten keine Dokumente, die auf eine Befragung der genannten Frauen hindeuten. So wird das Geschehene aus heutiger Sicht nur noch über das Narrativ einander beschuldigender und sich rechtfertigender Männer transportiert, in dem es um Rache, Ehre, Gesichtsverlust und vor allem um Macht, nicht mehr aber um den eigentlichen Sachverhalt ging. Die betroffenen Frauen wurden auf diese Weise doppelt beschädigt: Einmal durch die Tat(en) selbst, ein weiteres Mal durch die Ausschlachtung der Ereignisse im Rahmen einer theaterinternen Vergeltungsaktion des vom Abbau bedrohten Ensembles gegen Pape, den Vollstrecker der Kürzungen. Es mag daher zunächst stichhaltig klingen, dass Friedrich Ulmer die Geschehnisse instrumentalisierte oder gar fingierte, um gegen Pape vorzugehen, und dies von der selbst von Kündigung betroffenen Herterich anfangs vielleicht sogar gebilligt wurde. Die Bereitschaft zur Intrige hatte Ulmer ja bereits gegen Albert Steinrück gezeigt. Auch muss man sich vor Augen halten, dass es gegen Ulmer ebenfalls Vorwürfe der Übergriffigkeit durch seine Expartnerin Bertha Neuhoff gegeben hatte, die unter Zeiß allerdings ungeahndet blieben.[349] Der eigentliche Sachverhalt der Belästigung schien also nebensächlich, solange sich hieraus die Möglichkeit ergab, Pape zu ‚schassen'.

Diese Umstände ändern allerdings nichts daran, dass sich auch Papes Darstellung der Ereignisse aufgrund ihrer Rhetorik höchst befremdlich liest. Zu sagen,

---

346 Ebd., S. 9.
347 Ebd.
348 Ebd., S. 8.
349 Vgl. FN 391, S. 194.

man habe einer Schauspielerin aus „einem teuflischen Gefühl"[350] unter den Rock gefasst und diese Begegnung als „ein mir angebotenes Geschenk"[351] zu bezeichnen, macht deutlich, wie sehr Pape die Grenzen einer professionellen Arbeitsbeziehung, in welcher er der Ranghöhere war, überschritt. Zudem ist zu diskutieren, wie freiwillig diese sexuelle Interaktion war, wenn für Herterich vom Wohlwollen des Schauspieldirektors die Besetzung in wichtigen Rollen abhing. So suggerierte etwa ein Brief Grete Litzmanns an das Ministerium, dass Herterich am Theater von Hertha von Hagen, der Ehefrau Gustav Waldaus, als Konkurrenz empfunden und deshalb in ihrer Entwicklung gebremst werde, drohe Waldau doch mit Kündigung, falls Herterich seiner Frau Rollen wegnehme.[352]

Aber selbst wenn die sexuellen Handlungen, wie Pape nahelegte, einvernehmlich waren, war sein Verhalten aus Sicht des Theaters und des Ministeriums indiskutabel. Nach Aufforderungen an Pape, sein Amt niederzulegen, kam es am 24. Mai 1932 zu einer Aufhebung seines Vertrags.[353] Anni Weinert, der Mutter seines Kindes, wurde wegen des Stellenabbaus bereits zuvor die Nichtverlängerung mitgeteilt.[354] Da Pape gegen seine Entfernung aus dem Amt später zu klagen versuchte, rechtfertigte der Anwalt des Theaters die Entscheidung im Januar 1933 wie folgt:

> Die Schauspielerin, um die es sich handelt, war verheiratet, und zwar mit einem Mitglied des Staatstheaters. Beide [...] waren Untergebene des Klägers. Der Vorfall hat sich in einem Dienstraum während des Dienstes abgespielt. Der Kläger musste gewärtigen, dass er überrascht wurde, sei es, dass jemand zur geöffneten Türe hereinkam, sei es, dass jemand die Türe verschlossen fand – was zu einem Skandal sondergleichen führen musste. –
>
> Es handelte sich um die hemmungslose Befriedigung einer augenblicklich erwachten Geschlechtslust. Der Kläger hatte kein „Verhältnis" mit der Schauspielerin, und keinerlei näheren Bindungen. Er war auch nicht verliebt in sie. Der Intimität in der Garderobe folgte nichts weiter nach – die Beziehungen waren mit dem einen Vorfall erledigt.
>
> Es ist klar, dass der verantwortlichen Stelle nicht zugemutet werden kann, einen Schauspieldirektor im Amte zu lassen, der gegenueber [sic!] einer Aufwallung seiner Geschlechtslust keine Hemmungen kennt. Der sich bereit findet, während des Dienstes in einem Dienstraum seine Geschlechtslust bei einer Untergebenen zu befriedigen, ohne Ruecksicht [sic!] auf seine Stellung, ohne Ruecksicht [sic!] darauf, ob die Untergebene verheiratet ist,

---

350 Pape, ohne Titel, S. 9.
351 Ebd.
352 Vgl. Grete Litzmann an Staatsminister Goldenberger, 24.02.1932. In: BAYHSTA, MK 45125.
353 Bayerisches Staatsministerium für Unterricht und Kultus an die Generaldirektion der Bayerischen Staatstheater, 24.05.1932. In: BAYHSTA, Generalintendanz der Bayerischen Staatstheater, 740.
354 Vgl. Alfons Pape an Anni Weinert, 05.02.1932. In: BAYHSTA, Generalintendanz der Bayerischen Staatstheater, 1903.

ohne Rücksicht auf die moeglichen [sic!] Folgen für das Theater, für seine Autorität, für seine und seiner Familie Existenz.

Dabei ist zu bedenken, dass der Kläger ein erfahrener Theatermann ist. Er war selbst längere Zeit Schauspieler, dann Regisseur und seit 6 Jahren Schauspieldirektor an den Bayerischen Staatstheatern. Er konnte also beurteilen, was er tat, als er sich mit der Schauspielerin in der Garderobe einliess [sic!]. –

Wenn der Kläger andeutet, es sei ihm eine Falle gestellt worden – er sei von der Schauspielerin ermuntert worden, habe jedenfalls keinerlei Widerstand gefunden – so ist das für die Würdigung seines dienstlichen Verhaltens ohne jede Bedeutung. Vom Schauspieldirektor wird verlangt, dass er solchen Fällen nicht erliegt, und dass er gegenueber [sic!] Aufmunterungen solcher Art stark bleibt – womit nicht gesagt sein will, dass die Andeutungen des Klägers richtig sind. Zu diesem Vorfall kommt noch das weitere Verhalten, das dem Ministerium bekannt geworden ist. Es ist für die Stellung des Klägers nicht tragbar, wenn er einem Untergebenen gegenueber [sic!] sich über seine Kenntnisse intimer Körperteile einer Schauspielerin, mit der er seine Geschlechtslust befriedigt hat, auslässt. Es geht auch nicht an, dass er ein Vorkommnis dem Staatsminister in der schroffsten Form in Abrede stellt, das er zwei Tage darauf als vollständig richtig zugeben muss.[355]

Deutlich offenbart sich hier, dass ein solcher Machtmissbrauch nicht erst seit #metoo als inakzeptabel gewertet wird, sondern bereits 100 Jahre zuvor gegen das Moralempfinden der Zeit und gegen das Idealbild einer integren Führungsperson verstieß. Worin sich die historische Situation allerdings gegenüber heutigen Vorfällen von Machtmissbrauch im Kulturbetrieb markant unterscheidet, ist die Öffentlichkeit, die das Bekanntwerden derartiger Übertretungen generierte. Neu an der #metoo-Bewegung ist ja nicht die Ausnutzung von Führungspositionen als solche, sondern die Selbstermächtigung der Opfer im digitalen Raum. Nach der Veröffentlichung erster Vorwürfe gegen Harvey Weinstein 2017 wurden allein auf Facebook innerhalb der ersten 24 Stunden 4,7 Millionen Posts unter dem Hashtag veröffentlicht.[356] Im Gegensatz zu den medialen Debatten im 21. Jahrhundert wurde Papes Vergehen hinter verschlossenen Türen verhandelt. Auffallend ist, wie lange es dem Theater gelang, die Geschehnisse vor der Presse geheim zu halten, während doch sonst – wie im Fall des Künstlerrats oder der Berufung Eugen Kellers – bereits kleine Indiskretionen ausreichten, um eine weitschweifige Berichterstattung in Gang zu setzen. Als Papes Ausscheiden im Mai bekannt wurde, druckte die Boulevardzeitung *8-Uhr-Blatt* zwar Details über die Affäre Pape/Weinert, über die Vorwürfe der sexuellen Belästigung wurde hingegen, folgt man dem Stand der in den Akten erhaltenen Zeitungsartikel, nicht berichtet. In der Presse

---

355 Rechtsanwalt Dr. Diess an das Bühnenschiedsgericht München, 31.01.1933, S. 7f. In: BAYHSTA, MK 45125.
356 Vgl. Santiago/Criss, An Activist, a Little Girl and the Heartbreaking Origin of „Me Too".

war zwar die Rede von „intensive[n] Gerüchten",[357] die die Runde machten, ob sich diese aber auf die Vorfälle mit Udet und Herterich bezogen, ist unklar. Entweder schaffte es das Theater tatsächlich, diesen Teil der Untersuchungen gegen Pape ‚unter Verschluss' zu halten oder aber die Zeitungen berichteten hierüber aus Schicklichkeitsgründen nicht. Für ersteres spricht, dass Papes Ausscheiden als Schauspieldirektor von Teilen der Presse als ungerecht empfunden wurde. Ein „mit Moralin vergifteter Dolch"[358] habe ihm das Ende bereitet, schrieb die *Welt am Sonntag*, welche in einem später veröffentlichten Spottgedicht sogar von einer „Säuberung"[359] der Kunst sprach. Die *Münchener Post* bezeichnete Papes Abschied als einen aus „unedlen privaten Motiven herbeigeführten Sturz".[360] Auch das Ansehen der Institution Staatstheater litt unter der Affäre: Ein Staatstheater sei „kein Komödiantenparlament"[361] und auch „kein Hühnerhof".[362] In diesen Sprachbildern scheint die Wahrnehmung der kriselnden Institution als disziplinlose und schwach geführte Einrichtung deutlich auf.

Zur Schadensbegrenzung versuchte das Theater, einen Rechtsstreit mit dem ehemaligen Schauspieldirektor vor dem Bühnenschiedsgericht zu umgehen und sich außergerichtlich auf eine Abfindungssumme zu einigen:

> [A]uch die Staatstheater haben mit der Nebenwirkung eines Prozesses insofern zu rechnen, als es zweifellos peinlich wäre, wenn in der Öffentlichkeit die Rolle der Angeber bekannt und ihr eigener Lebenswandel, der gerüchteweise nicht der beste sein soll, gerichtlich festgestellt würde. Die Tatsache, dass es sich dabei um Angehörige des Theaters handelt, würde zweifellos zu mehr oder minder schweren Verunglimpfungen der „Moralischen Anstalt" führen [...]. Weiters muss damit gerechnet werden, dass die Geschichte des Theaters auf 100 Jahre zurückverfolgt wird, um Fälle beizubringen, wo ähnliche Vergehen keine oder mindere Ahndung erfahren haben; auch diese Beweiskette dürfte nicht zur Erhöhung des Ansehens der Staatstheater beitragen.[363]

Schutz erhielten durch die Geheimhaltungstaktik nicht die möglicherweise geschädigten Frauen, sondern viel eher potenzielle Täter, die ehemals oder noch

---

357 o.A., Gerüchte um das Staatsschauspiel. In: *MP*, Nr. 115, 20.05.1932. In: MSA, ZA-P-372-23.
358 Franz Rogler, Kabale und Liebe im Staatstheater. In: *WAS*, Nr. 21, 22.05.1932. In: MSA, ZA-P-372-23.
359 Euras, Moralische Papistenballade. In: *WAS*, Nr. 22, 29.05.1932. In: MSA, ZA-P-372-23.
360 Hermann Eßwein, Was wird aus dem Staatsschauspiel? In: *MP*, Nr. 119, 25./26.06.1932. In: MSA, ZA-P-372-23.
361 Ebd.
362 Tim Klein, Die Lage des Staatsschauspiels. Nach dem Rücktritt des Schauspieldirektors Pape. In: *MNN*, Nr. 141, 27.05.1932, S. 1.
363 Generaldirektion der Bayerischen Staatstheater an das Staatsministerium für Unterricht und Kultus, 28.12.1932, S. 5f. In: BAYHSTA, Generalintendanz der Bayerischen Staatstheater, 740.

immer am Haus beschäftigt waren. Ihr Ansehen galt es im Interesse der Institution Theater zu bewahren, war doch seit 1918 permanent der Sittenverfall des Ensembles angeprangert worden, der in der Sezierung derartiger Hinterbühnenvorkommnisse vor Gericht manifest geworden wäre. Franz Rogler notierte hierzu in der *Welt am Sonntag:*

> Es gereicht dem Ministerium noch nachträglich zur Ehre, daß es sich jahrelang um diese Dinge nicht gekümmert hatte; da müßte es, du lieber Gott, ein eigenes Referat errichten, was in diesen sparwütigen Zeiten trotz der lokalen Moralbeflissenheit mit größten Schwierigkeiten verbunden wäre.[364]

Rogler hatte aber nicht nur Pape und Weinert im Sinn, schrieb er doch weiter, beim Ministerium

> stellten sich einige edle Ritter ein, die den Bedrängten herauszuhauen versuchten. Der älteste und im Rang höchste unter ihnen bot den Speeren der ministeriellen Moral die nackte Brust. „Seht mich an an", rief er, „ich bin kein Haar besser als Pape, ich halte es wie er mit einer schönen Sängerin, warum also zweierlei Maß!"[365]

Nicht eindeutig ist, ob Rogler hier auf Franckenstein anspielte, sprach er doch vom ranghöchsten Beschützer Papes. Für diese Vermutung spricht aber, dass Franckenstein 1931 seine Ehefrau Gertrude Toner verlor. Nach ihrem Tod schien jene Promiskuität wieder einzusetzen, von der bereits Franckensteins Jugendjahre geprägt waren, teilte er doch Leopold von Andrian anlässlich eines Treffens mit einer Britin Anfang 1933 mit:

> Was die jungen Angelsächsinnen betrifft so betrachte ich es nach wie vor für meine dringlichste Aufgabe, deren Nervosität zu calmieren was erfahrungsgemäß durch eine immissio penis [= Einführung des Penis, Übers. d. Verf.] am sichersten zu erzielen ist.[366]

Der damals 58-Jährige sollte im Oktober 1933, nur wenige Monate nach diesen Zeilen, in der Schweiz die 22 Jahre jüngere tschechoslowakische Sängerin Maria Nežádal heiraten,[367] die seit 1927 im Ensemble des Bayerischen Staatstheaters sang und vor allem für ihre Darstellung der Sieglinde gelobt wurde. Nežádal war nach dem Machtwechsel 1933 entlassen worden, Franckenstein selbst hatte ihr das

---

364 Franz Rogler, Schauspieldirektor Pape verklagt Bayerischen Staat. In: *WAS*, Nr. 45, 06.11.1932. In: BAYHSTA, Generalintendanz der Bayerischen Staatstheater, 740.
365 Ebd.
366 Clemens von Franckenstein an Leopold von Andrian, 02.03.1933. In: DLA, HS.1978.0002.00942.
367 Vgl. o.A., Versorgungsbezüge ab 1. Dezember 1942. In: BAYHSTA, LEA 1040.

Kündigungschreiben geschickt.³⁶⁸ Baronin von Franckenstein gab später an, sie sei „auf Grund von Denunziation von Kollegen und Kolleginnen"³⁶⁹ gekündigt worden, ob dies möglicherweise eine zum Zeitpunkt der Kündigung noch uneheliche Affäre zu Franckenstein betraf, ist unklar. In einem Antrag auf Wiedergutmachung nationalsozialistischen Unrechts, den sie nach Franckensteins Tod stellte, erklärte als Zeugin die Verwaltungsobersekretärin Berta Buchenberger, die der Generaldirektion unter Franckenstein direkt zuarbeitete, dass nach der Machtübergabe gegen den Intendanten wegen der Beziehung zu Nežádal gehetzt worden sei. Aufgrund dieses „wirre[n] Kesseltreiben[s]"³⁷⁰ sei 1934 sein Ausscheiden aus dem Intendantenamt erfolgt.

Zieht man diese Hinweise zusammen, wäre es durchaus möglich, dass Rogler in seinem Artikel vom November 1932 mit der „schönen Sängerin"³⁷¹ auf Nežádals Verbindung zu Franckenstein anspielte. Das würde ein Stück weit erklären, warum Franckenstein in der Affäre Pape selbst nur wenig Profil zeigte. 1931 hatte er sich trotz der gegen Pape bestehenden Bedenken für dessen Verlängerung eingesetzt, da der „Kreis bekannter Namen, die nach Rasse und politischer Gesinnung sowie nach der künstlerischen Einstellung für München überhaupt in Frage kommen, ein unglaublich enger ist."³⁷² Auch schrieb er: „Pape hat wieder Zucht ins Ensemble gebracht und hält mit sichtbarem Erfolg ein herrschsüchtiges Cliquenwesen im Schach."³⁷³ Als 1932 dann die Vorwürfe gegen den Schauspieldirektor laut wurden, wirkte Franckensteins Verhalten zunächst abwartend: Der Bericht, den er an das Kultusministerium nach einer ersten Befragung Papes bezüglich dessen Affäre zu Weinert schickte, liest sich im Ton eher neutral und enthält kaum Zeichen einer persönlichen Einschätzung der Sachlage.³⁷⁴ Man kann das sowohl als Unvoreingenommenheit gegenüber den zu ergründenden Fakten werten wie auch als mangelndes Interesse an der Klärung des Sachverhalts, aufgrund derer ein Führungswechsel zu befürchten gewesen wäre. Dieser hätte womöglich eine neuerliche Destabilisierung der Schauspielsparte nach sich gezogen, die auch Franckenstein zum Nachteil gereicht hätte, schließlich musste er gemeinsam mit dem

---

368 Vgl. Clemens von Franckenstein an Maria Nežádal, 03.05.1933. In: BAYHSTA, Intendanz der Bayerischen Staatsoper, 374.
369 Maria von Franckenstein an das Staatsministerium für Unterricht und Kultus, 21.02.1946. In: BAYHSTA, Intendanz der Bayerischen Staatsoper, 374.
370 Berta Buchenberger, Eidesstattliche Erklärung Berta Buchenberger. In: BAYHSTA, LEA 1040.
371 Rogler, Schauspieldirektor Pape verklagt Bayerischen Staat.
372 Clemens von Franckenstein an das Staatsministerium für Unterricht und Kultus, 05.01.1931, S. 8. In: BAYHSTA, MK 45269.
373 Ebd., S. 7.
374 Vgl. Franckenstein an Goldenberger, 09.05.1932.

5.4 Neue Direktionskrisen im Angesicht des Kulturabbaus: Alfons Papes Rauswurf

Schauspieldirektor die Abbaupläne für das Prinzregententheater umsetzen, die ihn in Opposition zu seinen Mitarbeiter:innen brachten. Wenig überraschend ist folglich, dass Franckenstein in den Dokumenten betreffs Papes Privatleben nur selten selbst als Informant vorkommt. Auch wirkt es so, als seien Nachforschungen zu den Anschuldigungen vorwiegend auf Betreiben des Ministeriums erfolgt, nicht aber aus Franckensteins Eigeninitiative. Die Gründe hierfür mögen zum Teil persönlicher Natur und mit Blick auf seine eigene, an Liebschaften reiche Biographie nachvollziehbar sein. Grete Litzmann warf Franckenstein jedenfalls persönliche Sympathien für Pape vor:

> Jeder im Theater weiss [sic!], dass der Herr Generalintendant den Herrn Schauspieldirektor halten will, und dass, auch wenn der Herr Schauspieldirektor geht, das Nichtunterschreiben der Liste [= Unterschriftenliste des Ensembles, Anm. d. Verf.] von Seiten des im Amt bleibenden Generalintendanten im Gedächtnis behalten wird.[375]

Auch Pape selbst suggerierte, der Intendant habe zu ihm gestanden, nachdem er diesem die Details der Affäre zu Weinert offenbart habe:

> Franckenstein war sehr ergriffen und versicherte mir, dass ich an Sympathie bei ihm nicht eingebüsst [sic!], dass er Respekt vor mir habe. Der Generalintendant benahm sich überhaupt während der ganzen folgenden schweren Wochen prachtvoll und betonte mir bis zuletzt immer wieder sein Vertrauen.[376]

Menschlich betrachtet muss Franckensteins Festhalten an Pape befremden: Noch Ende Mai 1932 bedankte sich Pape für Franckensteins emotionale Unterstützung,[377] später sollte dieser ihn auch bei Bewerbungen an andere Theater empfehlen.[378] Als Vorgesetzter wäre es Franckensteins Aufgabe gewesen, seine Mitarbeiterinnen zu schützen, selbst wenn diese Teil einer unbequemen ‚Clique' waren. Dass er so passiv blieb, lässt sich auch als Eigennutz lesen: Ein aktiveres Vorgehen gegen Pape im Sinne einer Art hausinternen Ermittlung hätte womöglich Franckensteins eigene Integrität in Frage gestellt und darüber hinaus die Solidarität innerhalb der Führungsriege des Hauses weiter geschwächt. Papes Kündigung wirkt vor diesem Panorama wie das kleinstmögliche Opfer, um den Status quo zu sichern und die eigene Position nicht in Gefahr zu bringen.

---

375 Grete Litzmann an Staatsminister Goldenberger, 12.05.1932. In: BAYHSTA, MK 45269.
376 Pape, ohne Titel, S. 6.
377 Vgl. Alfons Pape an Clemens von Franckenstein, 30.05.1932. In: BAYHSTA, Generalintendanz der Bayerischen Staatstheater, 740.
378 Vgl. Alfons Pape an Clemens von Franckenstein, 06.02.1933. In: BAYHSTA, Generalintendanz der Bayerischen Staatstheater, 740.

Bezeichnend ist, dass Pape im Dritten Reich eine Anstellung als Intendant in Hannover fand, aus dem Skandal also relativ unbeschadet hervorging. Ganz anders Hilde Herterich, die betroffene Schauspielerin: Trotz des regen Protests der Bevölkerung kam es für die darauffolgende Spielzeit nur zum Abschluss eines Gastspielvertrags mit Herterich, der sie finanziell deutlich schlechter stellte als zuvor.[379] Sie kämpfte in der Folgezeit mit psychischen Problemen, ein ärztliches Gutachten sprach von einer „ausgebildete[n] Psychoneurose mit dem Charakter von Depressionen und Verfolgungsideen",[380] derentwegen sie nach der Spielzeit 1932/1933 als berufsunfähig galt. Später hieß es, sie leide unter „starke[r] Depression mit Neigung zu Tränenausbrüchen, besonders wenn die Sprache auf Enttäuschungen, die vereinzelte Collegen bereitet haben, kommt".[381] Sie selbst schrieb 1934 an die Generaldirektion:

> Aus völliger Gesundheit und Schaffenskraft, aus einer erfolgreichen Laufbahn, bin ich in meinem [sic!] jetzigen wohl hoffnungslosen Zustand durch andere gestoßen worden, durch Neid, Verleumdung und Gemeinheit! nicht durch eigenes Verschulden!![382]

1935 notierte ein Arzt, „schon Unterhaltung strenge sie an, sie freue sich auf das Sterben",[383] wenige Monate später starb Herterich mit 49 Jahren.

5.5 Die Staatstheater auf dem Weg ins Dritte Reich

In einem derart schwierigen, von Misstrauen und wirtschaftlicher Not dominierten Klima überrascht es kaum, dass das Theater ab Beginn der 1930er-Jahre vermehrt auf den Versuch einer Einflussnahme von rechts reagieren musste. Wie Schläder, Cromme, Frank und Frühinsfeld konstatieren, waren in der Oper „schon vor der Machtübernahme durch die Nationalsozialisten auf der Bühne des Nationaltheaters die politischen Weichen auf Konformismus mit den Nationalradikalen ge-

---

379 Vgl. o.A., Gastspiel-Vertrag zwischen der Generaldirektion der Bayerischen Staatstheater in München und Frau Hilde Herterich, 01.07.1932. In: BAYHSTA, MK 45125.
380 Herrmann Haase, Ärztliches Gutachten, 16.08.1933. In: BAYHSTA, Generalintendanz der Bayerischen Staatstheater, 472.
381 Dr. Bogner, Ärztliches Gutachten in der Pensionierungssache der Hilde Herterich. In: BAYHSTA, Generalintendanz der Bayerischen Staatstheater, 472.
382 Hilde Herterich an die Generaldirektion der Bayerischen Staatstheater, 14.05.1934. In: BAYHSTA, Generalintendanz der Bayerischen Staatstheater, 472, Hervorhebung im Original.
383 o.A., Bezirksärztliches Gutachten, 08.02.1935. In: BAYHSTA, Generalintendanz der Bayerischen Staatstheater, 472.

stellt",³⁸⁴ ließ Franckenstein doch hier Werke von NS-Sympathisanten wie Georg Vollerthun und Paul Graener spielen. Zwar arbeitete McCredie in seiner Biografie über Clemens von Franckenstein heraus, dass handschriftliche Notizen am Rand seiner Kompositionsskizzen „die Abneigung Franckensteins gegenüber den damaligen politischen Ereignissen zeigen",³⁸⁵ doch manifestierte sich diese Abneigung kaum in seinem Agieren als Intendant. Bezeichnend ist in diesem Zusammenhang eine Anfrage von Richard Horlacher vom Verein zur Abwehr des Antisemitismus, die Franckenstein im Mai 1930 erreichte. In Bälde werde eine Tagung des Vereins in München stattfinden, schrieb Horlacher und bat den Intendanten, „in diesem Kampf gegen eine Kulturschmach ohne gleichen durch ein Bekenntnis- und Mahnwort zu helfen".³⁸⁶ Franckenstein entgegnete hierauf:

> Dass ich durch die Tat rückhaltloser Verfechter des Toleranz-Gedankens bin, geht aus der vorurteilsfreien Art, in der ich Bühnen-Engagements vornehme, wohl einwandfrei hervor. Dagegen habe ich es mir seit der Zeit meiner Ernennung zum Theaterleiter aus naheliegenden Gründen zum Grundsatz gemacht, in den Streit der Meinungen nicht einzugreifen, und muss Sie deshalb bitten, mir die Durchhaltung dieses Grundsatzes auch im vorliegenden Falle nicht übel nehmen zu wollen.³⁸⁷

Franckensteins Absage kann als authentisches Zeugnis seiner Toleranz gelten, sticht sie im Personalakt doch markant heraus: Als Würdenträger bekam er fast täglich Post von Vereinen, die um Ehrenmitgliedschaft baten, von Veranstaltern, die auf Anwesenheit des Intendanten hofften, und von Publizisten, die Umfragen durchführten. Die Absagen hierauf erfolgten mit standardisierter Begründung – keine Zeit, zu viele Verpflichtungen. Demgegenüber wirkt der Brief an Horlacher persönlicher und offenbart das Selbstbild des Intendanten als unpolitisch, zumindest im Wort.

Tatsächlich schien es damals wenig attraktiv, sich zu den Zielen des Vereins zu bekennen. Ende des 19. Jahrhunderts als dezidiert überkonfessionelle Organisation gegründet, verfolgte er den Zweck, den Antisemitismus durch die Steigerung von Wissen über Judentum und jüdisches Leben zu bekämpfen, achtete aber genau darauf „dem Vorwurf des Philosemitismus durch besonders große Objektivität"³⁸⁸

---

384 Schläder et al., *Wie man wird, was man ist*, S. 109.
385 McCredie, *Clemens von Franckenstein*, S. 55.
386 Richard Horlacher an Clemens von Franckenstein, 12.05.1930 In: BAYHSTA, Intendanz der Bayerischen Staatsoper, 115.
387 Clemens von Franckenstein an Richard Horlacher, 15.05.1930. In: BAYHSTA, Intendanz der Bayerischen Staatsoper, 115.
388 Zeiß-Horbach, *Der Verein zur Abwehr des Antisemitismus*, S. 132.

zu begegnen, was zuweilen in versteckten Antisemitismus umschlug, wie Auguste Zeiß-Horbach herausarbeitet. Sie schreibt:

> Der Kampf gegen den Antisemitismus brachte keinerlei persönlichen Vorteile, jedoch durchaus Nachteile. Das überparteiliche Konzept des Vereins zur Abwehr des Antisemitismus überzeugte weder die Mehrheit der Christen noch der Juden.[389]

In der Weimarer Republik galt der Verein dann trotz seiner Konfessionsungebundenheit als „philosemitisch und linksliberal".[390] Eine Assoziation mit diesem Image dürfte Franckenstein gescheut haben, war doch der Vorwurf der übermäßigen Orientierung nach links dem Theater in den Revolutionsjahren ständig gemacht worden. Gleichzeitig beweist ein Blick in die später von Horlacher herausgegebene Umfrage, dass andere Münchner Prominente solche Zuschreibungen weniger scheuen als Franckenstein: Unter einer allgemeinen Erklärung gegen den Antisemitismus am Anfang des Hefts finden sich Namen wie Leo Weismantel, Ricarda Huch, Thomas Mann, Oscar von Miller und Otto Falckenberg.[391] In ausführlicheren Statements äußerten sich unter anderem Karl Vossler, Tim Klein und, überraschenderweise, sogar Hans Pfitzner. Er erklärte, Hass gegen jüdische Personen sei zwar abzulehnen, eine andere Frage sei aber, „welche Gefahren das Judentum für deutsches Geistesleben und deutsche Kultur in sich birgt."[392] Aus dem Versuch der Antisemitismusbekämpfung erwuchs zumindest in diesem Statement ein neues, antijüdisches Ressentiment.

1932: Deutsche Sänger:innen auf deutschen Bühnen mit deutschen Werken
Anfragen wie die des Abwehrvereins ließen sich aus Franckensteins Position zurückweisen, schwieriger war es aber, Direktiven des Kultusministeriums zu ignorieren. Dieses beanstandete 1932 die hohe Zahl der Ausländer:innen im Ensemble. Sie bilde „in steigendem Masse [sic!] den Gegenstand der öffentlichen Kritik und erscheint [...] angesichts der immer mehr anwachsenden Stellenlosigkeit als unangemessen und unhaltbar",[393] man habe einen Wert von 41,7 % Nicht-Deutscher bei den Solist:innen der Oper errechnet.[394] Sachlich betrachtet überrascht die Zahl wenig, war die Staatsoper doch schon damals im internationalen Panorama ein

---

389 Ebd., S. 133.
390 Ebd., S. 159.
391 Vgl. Horlacher, *Antisemitismus?*, S. 5 ff.
392 Ebd., S. 19.
393 Staatsminister Goldenberger an die Generaldirektion der Bayerischen Staatstheater, 13.02.1932. In: BAYHSTA, Intendanz des Bayerischen Staatsschauspiels, 202.
394 Vgl. ebd.

wichtiges Opernhaus, an dem gesangliche Spitzenleistungen mehr zählten als nationale Zugehörigkeiten. Doch in der zweiten Hälfte der Weimarer Republik gewannen Statistiken über die ‚Deutschheit' von Spielplänen und Ensembles an Bedeutung. So schrieb 1929 etwa die *München-Augsburger Abendzeitung*, die in vergleichender Perspektive die Spielpläne deutscher Opernhäuser ausgewertet hatte, München dürfe sich damit rühmen, „sowohl für die klassische als auch die zeitgenössische Musik die deutscheste Oper (besser noch: die einzig bewußt deutsche) in Deutschland zu besitzen."[395] Das Ansinnen, nun die Zahl der Ausländer:innen im Personal zu erfassen, kam daher auch gar nicht aus dem Ministerium selbst. Vielmehr reagierte die Behörde auf eine Anfrage an den Bayerischen Landtag,[396] welchem sie später auch eine Statistik über die Staatsangehörigkeiten des Solopersonals vorlegte.[397] In vorauseilendem Gehorsam beschloss das Ministerium allerdings, dass in der Opernsparte Deutsche künftig bei der Anstellung gegenüber Ausländer:innen zu bevorzugen seien: „Im Zweifel wäre stets zu Gunsten eines reichsdeutschen Bewerbers zu entscheiden",[398] für Bewerber:innen aus dem Ausland dürfe nur eine Ausnahme gemacht werden, wenn keine vergleichbare Person aus dem Inland zur Verfügung stünde, wobei Österreicher:innen – die in den 41,7 % ebenfalls enthalten waren – „eine Bevorzugung vor sonstigen Ausländern eingeräumt werden"[399] müsse. Diese Regel beinhalte auch die Vertragsverlängerung nicht-deutscher Ensemblemitglieder. Allerdings gelte das nur für die Spitzenkräfte: Für Sänger:innen kleinerer Partien sei auf Ausländer:innen komplett zu verzichten, „in diesem Umfang haben bei der Auswahl unter den Bewerbern Erwägungen künstlerischer Art dem stärkeren Rechte des Reichsdeutschen auf Beschäftigung an einer deutschen staatlichen Bühne zu weichen."[400]

In bisher ungekannter Weise griff das Ministerium durch diese Entschließung in den Kompetenzbereich der Intendanz ein. Zwar musste die Anstellung von Führungskräften auch schon vorher mit dem Ministerium abgesprochen und die etatmäßige Bewilligung von Stellen koordiniert werden, doch handelte es sich hier um einen Beschnitt der künstlerischen Freiheit neuen Ausmaßes. Durch die Un-

---

395 Peter Breuer, München an erster Stelle. Der deutsche Opern-Spielplan. In: *MAAZ*, Nr. 139, 25.09.1929. In: BAYHSTA, Intendanz der Bayerischen Staatsoper, 2995.
396 Anzumerken sei an dieser Stelle, dass rund 100 Jahre später derartige Anfragen in die Landtage zurückkehren, man denke etwa an die kleine Anfrage der AFD im Baden-Württembergischen Landtag 2019, welche die Zahl und genaue Auflistung ausländischer Beschäftigter an den vom Land getragenen Theatern zum Gegenstand hatte. Dagegen regte sich massiver Protest. Vgl. o.A., Erste Anfrage dieser Art in Westdeutschland.
397 Vgl. o.A., *Verhandlungen des Bayerischen Landtags 1931/32*, S. 409.
398 Goldenberger an Generaldirektion, 13.02.1932.
399 Ebd.
400 Ebd.

terbestimmtheit der Anweisung liest sich die Regelung aus heutiger Warte zwar bedrohlich, eröffnete aber möglicherweise Chancen zur Subversion, da unklar blieb, welche Kriterien über die Gleichwertigkeit von Sänger:innen entscheiden sollten. Zählte nur die gesangliche Leistung, oder auch das Spiel, die bei Sängerinnen damals nicht unwichtige Frage des Aussehens sowie die Aussprache, die bei deutschen Bühnenwerken Nicht-Muttersprachler:innen zum Nachteil gereicht hätte?

Franckenstein scheint die Ministerialentschließung großzügig aufgefasst zu haben. Als die Verlängerung der Verträge des Solopersonals im Sommer 1932 anstand, kam es nicht zu einer Kündigungswelle gegenüber den Nicht-Deutschen. Bezüglich wichtiger Ensemblemitglieder wie Maria Nežádal oder Felicie Hüni-Mihacsek teilte man dem Ministerium mit, eine „gleichwertige reichsdeutsche Fachvertreterin [...] ist der Generaldirektion z. Zeit nicht bekannt."[401] Man würde zwar die „Gewinnung eines geeigneten Ersatzes aus der reichsdeutschen Künstlerschaft im Auge behalten",[402] doch handelte es sich bei diesem Versprechen womöglich eher um ein Lippenbekenntnis. In Bezug auf die Personalplanung gelang es offenbar, in der letzten Spielzeit der Republik noch schützend die Hand über das Theater zu halten.

Schwieriger war es, sich den Ansprüchen der Publikumsvereine zu entziehen, in deren Reihen nun auch der 1928 neu gegründete Kampfbund für deutsche Kultur einzuziehen verlangte. Nach Rücksprache des Ministeriums mit dem Theaterausschuss der Stadt wurde die Akzeptanz der Kampfbundbühne als dritte Besucherorganisation im Herbst 1932 noch abgelehnt: „Vorgänge an den Theatern zeigen, daß damit gerechnet werden müsse, daß der Kampfbund versuchen werde, Einfluß auf die Gestaltung des Spielplans, die Rollenbesetzung usw. zu gewinnen."[403]

Wahrscheinlich rekurrierte Kultusminister Goldenberger hier nicht nur auf die restriktive Kulturpolitik Wilhelm Fricks in Thüringen in den Jahren 1930/1931,[404] sondern auch auf die Pressionen, die die privat geführten Kammerspiele durch die NSDAP-Stadtratsfraktion erduldeten. Zwar blieben Dringlichkeitsanträge der Nationalsozialisten gegen die an der Bühne gezeigten Zeitstücke zum Teil ohne Erfolg,[405] doch nutzte die Fraktion Etatdebatten, um gegen eine Bezuschussung der Kammerspiele zu agitieren. Mit Beginn der 1930er-Jahre wuchs dann auch bei Parteien, die sich zunächst gegen eine Einflussnahme auf das Repertoire ausge-

---

401 Generaldirektion der Bayerischen Staatstheater an das Staatsministerium für Unterricht und Kultus, 17.06.1932. In: BAYHSTA, Intendanz der Bayerischen Staatsoper, 374.
402 Ebd.
403 o.A., Ausschnitt „Ministerratssitzung" vom 24. Oktober 1932. In: BAYHSTA, MA 100218.
404 Vgl. Brenner, *Die Kunstpolitik des Nationalsozialismus*, S. 22–35.
405 Vgl. Hermann, *Kommunale Kulturpolitik*, S. 195f.

sprochen hatten, der Wunsch nach einer vermehrten Kontrolle des Spielplans,[406] besonders nach der Skandal-Premiere von *Cyankali* von Friedrich Wolf. „Am Montag brachte ich ‚Cyankali' heraus, großer Abendserfolg, und dann fiel die Kritik […] über das Stück her wie wilde Hunde. Der Stadtrat regt sich auf, die Subvention ist einmal mehr in Gefahr, es ist eine Freude, zu leben",[407] so Otto Falckenberg in einem Brief an seine ehemalige Geliebte Ruth Hellberg. Nicht selten wurden in diesen Jahren Inszenierungen durch die Polizei verboten, so etwa *Die Ehe* von Alfred Döblin. „Wenn die Nazis keine Bomben schmeißen und die Polizei das Stück nicht verbietet, hoffe ich auf viele Aufführungen",[408] erklärte Falckenberg noch im November 1930, doch kurz nach der Premiere hatte man das Stück bereits einkassiert: „[M]ir hat das Ehe-Verbot so viel Mut und Arbeitsfreude genommen, wie ich dir gar nicht sagen kann."[409]

Die Kampfbundbühne als dritte Besucherorganisation zuzulassen, hätte folglich massive Probleme nach sich gezogen, hatte die NSDAP im Stadtrat doch per Dringlichkeitsantrag auch versucht, Ferenc Molnárs Stück *Die Fee* aus dem Repertoire der Staatstheater zu eliminieren, obschon erfolglos.[410] Was den Rechten aber gelang: Die Aufführung des Schauspiels *Friedrich Friesen*[411] im Mai 1932 im Prinzregententheater. Autor war kein Geringerer als Josef Stolzing-Czerny, Theaterkritiker des *Völkischen Beobachters*, der schon oft gegen das Haus im polemischen Ton Front gemacht hatte. In seinem am Leben des Freiheitskämpfers Friedrich Friesen orientierten Stück, das zur Zeit der Napoleonischen Kriege spielt, verhandelte er eine deutsch-französische Brüderbeziehung. Friesen und sein vermeintlicher Halbbruder Brodier, der in offiziellen Biografien nicht erwähnt wird,[412] stehen sich als Feinde gegenüber. Brodier wird als Sohn einer Deutschen und eines Franzosen als ungeliebt und von Mutterhass getrieben gezeichnet, Friesen hingegen, der heute vor allem als Mitbegründer der Turnbewegung bekannt ist, setzt im Drama seine militärische Ehre und sein Leben aufs Spiel, um nicht gegen den Bruder kämpfen zu müssen. Das Band der Brüder zerbricht am Ende – „Ich hätte Dich hassen sollen, immer, immer – wie meine Eltern es getan

---

406 Vgl. ebd., S. 199 f.
407 Otto Falckenberg an Ruth Hellberg, 09.09.1930. In: DTM, Nachlass Otto Falckenberg, VIII 7431.
408 Otto Falckenberg an Ruth Hellberg, November 1930. In: DTM, Nachlass Otto Falckenberg, VIII 7433.
409 Otto Falckenberg an Ruth Hellberg, 22.12.1930. In: DTM, Nachlass Otto Falckenberg, VIII 7434.
410 Vgl. Hermann, *Kommunale Kulturpolitik*, S. 203.
411 Stolzing, *Friedrich Friesen*.
412 Vgl. Leber, Friesen, Karl *Friedrich*.

haben."⁴¹³ – und Friesen erschießt Brodier, ehe er selbst im Schlussbild bei La Lobbe tödlich verwundet wird.

Unter welchen Umständen es zur Aufführung des stark patriotisch gefärbten Textes kam, ist aus den Akten des Theaters im Hauptstaatsarchiv nicht ersichtlich. Mathias Rösch schreibt, dass das Stück auf Betreiben der Gauabteilung für Rasse und Kultur in München zur Aufführung gelangt sei.⁴¹⁴ Tatsächlich wurden für die Premiere 500 Karten, die zunächst für die Volksbühne gedacht waren, auf Bitten Stolzing-Czernys über den *Völkischen Beobachter* vertrieben. Franckenstein erklärte:

> Da man angesichts der vorhergehenden Presseäußerungen nicht sicher war, ob das Premierenpublikum der Münchener Volksbühne etwa in oder nach der Aufführung unruhig würde, hat man dem Antrag des Verfassers nicht ungern stattgegeben.⁴¹⁵

Er bezog sich auf Kritik, die es zuvor in der *Münchener Post* gegeben hatte.⁴¹⁶ Aber:

> Endlich hat der Gauverband seinen Autor Stolzing auch insoferne im Stich gelassen, als er nicht 500 Karten[,] sondern nur 357 Karten an den Mann brachte – ein Zeichen dafür, dass der Autor den Kreis seiner Verehrer, wenn nicht den Kreis der seiner Partei nahestehenden Theaterfreunde überhaupt verkannt hat.⁴¹⁷

Die von der Zeitung Mobilisierten jubelten dann aber umso mehr. Tim Klein, der das Stück in unterkühltem Tonfall als „zu patriotischem Zweck vorgenommene Frisierung der Geschichte"⁴¹⁸ wertete und in seinen historisch unkorrekten Details analysierte, schrieb: „Was den Beifall betrifft, so habe ich im Staatsschauspiel einen solch demonstrativen Sturm noch nicht erlebt."⁴¹⁹ Das war euphemistisch ausgedrückt, berichtete doch der Journalist Werner Richter, ein Großteil des Publikums habe dem Autor beim Schlussapplaus den Hitlergruß gezeigt. Richter wertete den dilettantisch anmutenden Text als „Gartenlaube[n]-Roman eines Lützower Leutnants",⁴²⁰ geschrieben mit so viel Naivität und Gutgläubigkeit, dass es „fast schon

---

413 Stolzing, *Friedrich Friesen*, S. 56.
414 Vgl. Rösch, *Die Münchner NSDAP*, S. 293.
415 Clemens von Franckenstein, Mit 2 Beilagen dem Staatsministerium für Unterricht und Kultus wieder in Vorlage gebracht, 24.12.1932. In: BAYHSTA, MK 41007.
416 Vgl. hl, Eigenartige Premieren-Methoden. Kleine Anfrage an die General-Intendanz der Staatstheater. In: *MP*, Nr. 114, 19.05.1932. In: MSA, ZA-17050.
417 Franckenstein, Mit 2 Beilagen.
418 Tim Klein, „Friedrich Friesen". Schauspiel von Josef Stolzing. In: *MNN*, Nr. 141, 27.05.1932, S. 2.
419 Ebd.
420 Werner Richter, Hitler-Gruss im bayerischen Staatstheater (Zeitungsartikel unbekannten Ursprungs). In: TWS, Kritikenarchiv.

rührend"[421] sei: „Gestaltet ist der Stoff ungefähr so, wie sich eine Nebelwand dadurch gestalten lässt, dass man mit einem Stock in ihr herumrührt."[422] Gegenüber Stücken wie *Der achtzehnte Oktober*, das drei Monate zuvor am Prinzregententheater uraufgeführt worden war, ziehe er Stolzings Text aber aufgrund seiner Harmlosigkeit vor. Tatsächlich war Walter Erich Schäfers Schauspiel über die Napoleonischen Kriege, das einen Konflikt zwischen militärischem Eid und Vaterlandstreue zum Gegenstand nahm, raffinierter gemacht:

> Es appelliert zum einen geschickt an die nationalsozialistischen Gefühle der Zuschauer, zum anderen vermeidet es grobschlächtige Schuldzuweisungen gegenüber jenen Deutschen, von denen es auch 1933 hieß, sie stünden auf der anderen, der „falschen" Seite.[423]

So inszeniere der Text indirekt auch die Entscheidung, „für das ‚neue Deutschland' einzustehen, das Einigkeit und Größe des Vaterlandes verhieß – oder den sogenannten Feinden der Nation in die Hände zu arbeiten."[424] Während sich die konservativen Münchner Blätter hierüber größtenteils begeistert zeigten, schrieb die *Neue Zeitung* über *Der achtzehnte Oktober*:

> Die bayerischen Staatstheater bereiten sich allem Anschein nach auf das dritte Reich vor. Die Aufführung des „18. Oktober" gibt ungefähr den Vorgeschmack eines braunen Spielplanes. Zu können braucht ein solcher Dichterling überhaupt nichts mehr. Er sagt bloß: Die deutsche Sache ist eine gute Sache. Oder: Deutschland ist ein Traum. Oder: Ich weiß nicht, was soll es bedeuten, daß es ein Frankreich gibt! Dann rauscht Beifall im weiten Haus und die Kulturträger einer sogenannten Universität machen sich durch Fußtrampeln bemerkbar, wie etwa der Hund scharrt, wenn er seine Exkremente verschwinden lassen will.[425]

Anlässlich der Aufführung von *Friedrich Friesen* schrieb in der *Münchener Post* Hermann Eßwein im Mai 1932 mit politisch hellsichtigem Sarkasmus:

> Das in Stärke einer gemischten Brigade abkommandierte Spezialpublikum klatschte tapfer. Nur ein kleiner Schönheitsfehler: Auf dem Theaterzettel und über der Musenpforte fehlte die Aufschrift: **Juden ist der Eintritt verboten! Marxisten sind in der Garderobe aufzuhängen!**[426]

---

421 Ebd.
422 Ebd.
423 Panse, Zeitgenössische Dramatik 1933–44, S. 616.
424 Ebd.
425 F.M., Der 18. Oktober. In: *Neue Zeitung*, Nr. 37, 22.02.1932. In: MSA, ZA-17050.
426 Hermann Eßwein, Prinzregententheater: Friedrich Friesen. In: *MP*, Nr. 120, 27.05.1932. In: MSA, ZA-17050, Hervorhebung im Original.

Insgesamt tat Eßwein das Stück aber als harmlos ab, da es sich zu sehr auf Privates fokussiere, der Text sei keine „krachende Offenbarung der vom Nationalsozialismus vorgegebenen Weltanschauung, oder gar ein wenigstens auf dem Theater durchführbares vaterländisches Befreiungsprogramm".[427] Stolzings Qualität als Autor lobte Eßwein mit beißender Ironie, er halte „Herrn Stolzing-Czerny sehr wohl für befähigt [...], das Thema eines Familienblattromans dramatisch schlagkräftig zu gestalten."[428] An anderer Stelle urteilte Eßwein: „Das Stück des völkischen Theaterkritikers ist völlig tendenzlos, also keine politische Sensation."[429] Ihn störe vor allem „die papierene Sprache und die naiv romantische Wendung der Handlung".[430]

Naiv, konstruiert, verkitscht und noch dazu in der Durchführung „so mangelhaft, daß wir nicht wissen, wo wir mit der Aufzählung einiger Hauptfehler anfangen sollen"[431] – das Urteil der Münchner Kritik lässt ahnen, wie wenig Durchschlagskraft Stolzings Stück in sich trug. Insgesamt war der dreimal gezeigte Text kein sonderlicher Erfolg und bestätigt Bruno Fischlis These, wonach „[d]ie Geschichte der eigenständigen faschistischen Theaterorganisationen in der Weimarer Republik [...] eine Geschichte der Niederlagen [ist]."[432] Hieran ändert auch der Fakt nichts, dass kurz darauf für den Kampfbund eine geschlossene Vorstellung des Weltkriegsstücks *Die endlose Straße* von Sigmund Graff und Carl Ernst Hintze gegeben wurde,[433] welches im Frühjahr 1932 ebenfalls im regulären Repertoire des Prinzregententheaters stand. Während liberale Kritiker es „als Antikriegsstück [deuteten] und meinten, hier würde dem Pazifismus das Wort geredet",[434] wurde es ebenso „als wirklichkeitsgetreues Abbild eines Heroismus, dem der gemeinschaftliche Tod höchste Erfüllung bedeutet",[435] rezipiert und war daher aneignungsoffen für Interpretationen unterschiedlicher politischer Prägung – Hermann Eßwein beispielsweise lobte den Text aufgrund seiner Echtheit in der Darstellung des Krieges als „Dokument".[436]

---

427 Ebd.
428 Ebd.
429 Hermann Eßwein, Schauspiel in München. In: *Nürnberger Zeitung*, Nr. 147, 25./26.06.1932. In: BAYHSTA, Intendanz der Bayerischen Staatstheater, 740.
430 Ebd.
431 v.bj., Prinzregenten-Theater. In: *BK*, Nr. 148, 27.05.1932. In: MSA, ZA-17050.
432 Fischli, Zur Herausbildung von Formen faschistischer Öffentlichkeit in der Weimarer Republik, S. 921.
433 Vgl. Franckenstein, Mit 2 Beilagen.
434 Panse, Zeitgenössische Dramatik 1933–44, S. 603.
435 Braunmüller/Schläder, *Tradition mit Zukunft*, S. 100.
436 Hermann Eßwein, Zwei Premieren im Staatsschauspiel. Die endlose Straße. In: *MP*, Nr. 95, 25.04.1932. In: MSA, ZA-17050.

1933: Die Umstellung des Betriebs auf NS-Konformität

Die Aufführung von Autoren, die sich (später) offen zum Nationalsozialismus bekannten, lässt die Übernahme rechter Positionen in den Spielplan bereits 1931/1932 kenntlich werden, Franckenstein und die Bayerischen Staatstheater ebneten so zumindest teilweise bereits vor 1933 den Weg für den Umbau des Theaters nach nationalsozialistischen Maßstäben. Kurz nach Hitlers Ernennung zum Reichskanzler am 30. Januar 1933 erfolgte dann die Umstellung der Spielpläne auf NS-Konformität:

> Die Selbstzensur funktionierte schon ab Februar 1933 in erschreckender Weise. Es finden sich kaum Hinweise darauf, daß ein Theater versuchte, das Werk eines mißliebig gewordenen Autors zu inszenieren.[437]

München bildete dabei keine Ausnahme. In der Oper machte sich der Bruch in den Spielplänen, wie Schläder, Cromme, Frank und Frühinsfeld argumentieren, aufgrund der Fokussierung auf eine „gemäßigte Moderne"[438] nicht so stark bemerkbar. Auch Claudia Irion stellt fest, die Repertoireänderungen seien nach 1933 geringer ausgefallen als erwartet und von „einer systematischen, zentral koordinierten nationalsozialistischen Spielplanpolitik"[439] im engeren Sinne könne nicht gesprochen werden: Zu viele, mit der NS-Ideologie eigentlich nicht in Einklang zu bringende Stücke seien auch nach der Machtübernahme weiter gezeigt worden, da sonst erhebliche Lücken im Spielplan entstanden wären. Den Einfluss jüdischer Komponisten und Librettisten, die nach 1933 von den Spielplänen verschwanden, schätzt sie für die Weimarer Zeit als gering ein,[440] diese Einschätzung lässt aber außer Acht, dass „jüdisch" – wie Irion an anderer Stelle selbst schreibt[441] – bereits während der 1920er-Jahre zur diffamierenden Chiffre der Neuen Musik wurde, die natürlich auch am Staatstheater gezeigt wurde und wichtige ästhetische Impulse setzte.

Insgesamt fielen die Änderungen im Schauspiel größer aus, hier stand ab Frühjahr 1933 eine Reihe von Autoren auf dem Spielplan, die im Dritten Reich Karriere machten: Neben anderen hielten Hanns Johst, Hans Christoph Kaergel und Sigmund Graff Einzug ins Repertoire. Manche der Dramatiker, die in diesem Frühjahr gezeigt wurden, sind heute kaum mehr bekannt. Dass sie plötzlich so breit rezipiert wurden, hing mit einem Mangel an Alternativen zusammen: Wie Thomas

---

437 Eicher, Spielplanstrukturen 1929–1944, S. 290.
438 Schläder et al., *Wie man wird, was man ist*, S. 112.
439 Irion, „Der Charakter des Spielplans", S. 211f.
440 Vgl. ebd., S. 212.
441 Vgl. ebd., S. 153.

Eicher in einer Auswertung der Spielpläne vor und nach 1933 zeigt, machten zeitgenössische Stücke vor der Machtübergabe deutschlandweit ganze 40% des Repertoires aus, viele dieser Texte fielen nun weg, weil ihre Autor:innen als jüdisch oder politisch unerwünscht galten.[442]

Theaterintern wurden die Texte der national gesinnten Dramatiker teilweise aus politischen Erwägungen angenommen. In einem dramaturgischen Gutachten zu Kaergels Stück *Andreas Hollmann* schrieb etwa Regisseur Friedrich Meyer-Fürst: „Die Aufführung wird aus politischen Gründen sicher verlangt werden."[443] Dramaturg Gutherz urteilte: „Ein sehr mittelmässiges [sic!] Talent, das nur der politischen Strömung seine Förderung verdankt."[444] Regie-Kollege Fritz Basil ergänzte: „Viel Geschrei, wenig Wolle."[445] Trotz minderer Qualität fand das Stück Eingang in den Spielplan. Franckenstein, zur Richtung des neuen, nationalsozialistischen Theaters gefragt, kommentierte knapp, aber vielsagend, der Erfolg einer nationalen Kunst hinge vor allem von der Qualität ihrer Werke ab: „Würde die Produktion versagen, dann würde allerdings der Appell an das deutsche Theater verhallen müssen, wie in Zeiten einer Missernte ein Appell an die Mühlen fruchtlos bleibt."[446] Der Form halber wünschte er dann aber „dem deutschen Volk auch die dramatischen Künstler der neuen Zeit".[447]

Weitaus größer als der Umbau des Spielplans nach NS-Maximen waren 1933 aber die Veränderungen im Personal. Während Friedrich Ulmer, der ewige Streiter und ehemalige Künstlerrat, im März 1933 mit Spielverbot belegt wurde, blieb Franckenstein vorerst im Amt. Im Mai reiste er nach Berlin, wo Joseph Goebbels vor den deutschen Bühnenleitern eine Rede hielt, in der er das kommende Theater als „stählern-romantisch"[448] charakterisierte. „Wir haben nicht die Absicht, Sie in Ihrer souveränen Herrschaft über den Stoff zu beirren oder zu beengen",[449] sagte Goebbels, baute dem neuen Theater dann aber mit jedem weiteren Wort gedankliche Mauern. Franckenstein schrieb über die Begegnung an Leopold von Andrian: „War eben in Berlin[,] wo ich mit dem Reichskanzler u. Dr. Goebbels aufwartete. Das Resultat war für uns günstig."[450] Was er als „günstig" beurteilte, lässt sich nur

---

442 Vgl. Eicher, Spielplanstrukturen 1929–1944, S. 478.
443 o.A., Dramaturgische Beurteilung. Titel: Andreas Hollmann. In: UBF, Nachlass Richard Weichert, Na Mus 81, Hervorhebung im Original.
444 Ebd., Hervorhebung im Original.
445 Ebd.
446 Theater-Tageblatt, *5 Jahre Theater-Tageblatt*, S. 32.
447 Ebd.
448 Goebbels, Du holde Kunst, ich danke Dir, S. 52.
449 Ebd., S. 53.
450 Clemens von Franckenstein an Leopold von Andrian, 10.05.1933. In: DLA, HS.1978.0002.00942.

spekulieren, möglicherweise die Hoffnung darauf, im Angesicht der politischen Veränderungen nicht ein zweites Mal vor die Tür gesetzt zu werden. Im Juni, nach Bad Aussee in der Steiermark zur Sommerfrische ausgereist, teilte er dem Freund dann mit, er sei „nur Dank einem Schwindel aus jenem Schweineland herausgekommen. Musste Dienerschaft, Auto u. Haus in München zurücklassen [...]."[451] Er schloss den Brief mit den Worten:

> Im übrigen wird es Dich interessieren zu hören[,] dass Göring kürzlich äußerte, ihm sei der Arsch eines S.A. Mannes lieber als das Gehirn von Professor Einstein.
> Siegheil!
> Clé[452]

Sprach aus Franckensteins Worten Ernst oder bittere Ironie? Das lässt sich nicht abschließend klären. In München aber hatte der Druck auf Franckenstein seit Beginn des Machtwechsels zugenommen. Nicht nur hetzte NSDAP-Fraktionsvorsitzender Christian Weber im Stadtrat gegen ihn,[453] auch stellte der neu ernannte Kultusminister Hans Schemm ihm einen „Sachwalter für die nationalen Aufgaben"[454] zur Seite, weshalb davon auszugehen ist, dass Franckenstein zu jenem Teil der Intendanten gehörte, der

> *vorerst* bleiben [kann], scharf beobachtet und versorgt werden [muß], [...] aber erst dann zu entfernen oder praktisch auszuschalten [ist], wenn ein wirklicher Nachwuchs nationalsozialistischen Typs gewachsen und vorhanden ist. Dieser Nachwuchs ist verhältnismäßig rasch im Werden. Eine tiefe Beruhigung.[455]

Schauspieler Hans Schlenck, der die Sachwalterschaft übernahm, schien genau solch ein Typ zu sein: Seit 1927 im Ensemble hatte er sich durch die Gründung einer „Bühne der Jungen" im Staatstheater hervorgetan, eine Art Konkurrenzveranstaltung zum Nachtstudio der Kammerspiele, die aber wesentlich bravere Dramatik zeigte. Schlenck, zu dessen Paraderollen Johsts Schlageter zählte, bekannte sich offen zu den Idealen der NS-Bewegung. Im Juni 1933 forderte er:

> Die grosse [sic!] Reinigung nehme sich auch und vor allem der Schauspieler an! Kaum ein Stand ist zu so weiter und tiefer Einwirkung auf das Volk berufen. Der Begriff „Schauspieler"

---

451 Clemens von Franckenstein an Leopold von Andrian, 26.06.1933. In: DLA, HS.1978.0002.00942.
452 Ebd., Hervorhebung im Original.
453 Vgl. Hermann, *Kommunale Kulturpolitik*, S. 157.
454 o.A., Dienstanweisung für den Sachwalter für die nationalen Aufgaben der Bayerischen Staatstheater. In: BAYHSTA, MK 50192.
455 Rischbieter, NS-Theaterpolitik, S. 16, Hervorhebung im Original.

werde wieder ein Ehrentitel! Der künftige Schauspieler lebe wie der Priester oder Soldat im Bewusstsein einer hohen Mission im Dienst einer Gemeinschaft – der Volksgemeinschaft.[456]

Aufgrund der hohen Sichtbarkeit von Schauspieler:innen müsse im Bereich des Theaters besonders streng selektiert werden, „[i]m Schauspielerstand wird die Erfüllung dieser Forderung eine tiefgehende Wandlung zur Folge haben."[457] Sein Amt als Sachwalter im Theater sollte genau diese Transformation in Gang setzen. Zu dessen Aufgaben hieß es in einer Dienstanweisung unter anderem:

> 1. Der Sachwalter hat im Geschäftsbereiche der Generaldirektion dafür einzutreten, daß die besonderen Aufgaben, die den Staatstheatern auf nationalem Gebiet im Dienste der neuen Staatsführung erwachsen, tatkräftig in Angriff genommen und reibungslos erfüllt werden.
> 2. Zu diesem Zweck hält und pflegt er Verbindung mit den Organisationen, die sich innerhalb der nationalsozialistischen Bewegung mit den kulturellen Aufgaben der Theater befassen, übermittelt deren Anregungen und Wünsche der Generaldirektion und sorgt für eine vertrauensvolle Zusammenarbeit der staatlichen Theaterleitung mit diesen Organisationen.[...][458]

Er werde

> bei allen Angelegenheiten beteiligt, die für die Erfüllung der nationalen Aufgaben der Staatstheater Bedeutung besitzen, insbesondere bei der Annahme von Werken zur Aufführung in Oper und Schauspiel und bei den Entscheidungen über die Spielplangestaltung, ferner beim Vollzuge des Gesetzes zur Wiederherstellung des Berufsbeamtentums.[459]

Hatte Schwanneke zu Beginn der Republik mit dem Künstlerrat eine Art Wächter von links bekommen, der die sozialen Belange des Theaters steuern sollte und derweil ganz nebenbei die eigene Pfründe sichern wollte, bekam Franckenstein nach dem Ende der Republik nun einen Wächter von rechts, der den deutschnationalistischen Umbau des Theaters gewährleisten sollte. Es ist ein eigenartiger Klammerschluss der Geschichte, der sich hier erzählt. Einmal mehr zeigt sich, wie nah sich die Linke und die Rechte in den Jahren zwischen 1918 und 1933 stellenweise standen, zumindest in der Wahl ihrer Mittel, obschon die Hüter der einen Seite gewählt waren, der Aufpasser der anderen Seite aufoktroyiert wurde. Hierin lag jedoch der entscheidende Unterschied: Der Künstlerrat handelte im Dienste des Theaters, wenn er den Intendanten beobachtete, kritisierte und eine wachsame

---

456 Schlenck, Der Schauspieler im neuen Deutschland, S. 35.
457 Ebd.
458 o.A., Dienstanweisung für den Sachwalter für die nationalen Aufgaben der Bayerischen Staatstheater.
459 Ebd.

Spielplangestaltung anmahnte. Die Maßstäbe für solch vigilantes Handeln legte er selbst an, wenngleich sie teilweise in Eigennutz umschwangen. Dass mit der Schauspielerin Thesy Pricken die Responsibilisierung einer Laiin gelang, zeugt aber von der Akzeptanz dieser neuen Wachsamkeitskonstellationen, die in einer Art bottom-up-Modell funktionierten. Der Sachwalter hingegen hatte als Kontrollfigur die Interessen der NS-Regierung durchzusetzen und deren Einhaltung zu überwachen, er war somit ein ‚verlängerter Arm' der Regierung und überwachte so indirekt von oben.

Wie aktiv Schlenck seine Sachwalterschaft betrieb, geht aus den gesichteten Unterlagen nicht eindeutig hervor. Dem Schauspieldirektor Richard Weichert, dem „inzwischen konservativ gewordene[n] Regisseur des Mannheimer und Frankfurter Expressionismus",[460] der seit Sommer 1932 im Amt war, erklärte Schlenck im Juli 1933 aber, er wisse, „daß die verantwortliche Stellung, die ich an unserem Theater einnehmen darf, und die ich ohne Ihre Förderung und Ihr Wohlwollen nie hätte einnehmen können, mir besondere Verpflichtungen auferlegt."[461] Nach den Theaterferien schrieb er dem Schauspieldirektor:

> [W]enn Sie nach 4 hoffentlich für Sie schönen Wochen der Ausspannung an Ihren Arbeitstisch zurückkehren, sollen Sie darauf auch einen Gruße Ihres „Sachwalters" vorfinden. Hals- u. Beinbruch u. toi toi toi zum Beginn! Die Kämpfe sind sicher noch nicht zu Ende, aber die Zeit der Übergriffe und Eigenmächtigkeiten ist doch wohl vorbei.[462]

Wie Hohn lesen sich im Nachhinein diese Zeilen: Keine zwei Monate später wurde Weichert als Schauspieldirektor freigestellt und durch Hans Schlenck und den NS-Autor Friedrich Forster-Burggraf als Doppelspitze ersetzt.[463] Ermöglicht wurde das durch das am 7. April 1933 verabschiedete *Gesetz zur Wiederherstellung des Berufsbeamtentums*[464] (BBG), das deutschlandweit für viele Mitarbeiter:innen des Theaters das Ende ihrer Beschäftigung bedeutete. Als „Kernstück des BBG"[465] galt § 3, der die Entlassung von jüdischen Personen aus dem öffentlichen Dienst vorsah, allein im höheren Dienst verloren durch ihn laut Schätzung rund 2 000 Beamte

---

460 Rischbieter, NS-Theaterpolitik, S. 242.
461 Hans Schlenck an Richard Weichert, 22.07.1933. In: UBF, Nachlass Richard Weichert, Na Mus 81, Hervorhebung im Original.
462 Hans Schlenck an Richard Weichert, 12.08.1933. In: UBF, Nachlass Richard Weichert, Na Mus 81, Hervorhebung im Original.
463 Vgl. Staatsministerium für Unterricht und Kultus an die Generaldirektion der Bayerischen Staatstheater, 16.10.1933. In: UBF, Nachlass Richard Weichert, Na Mus 81.
464 Seel, *Gesetz zur Wiederherstellung des Berufsbeamtentums*.
465 Strenge, *30. Januar 1933 bis 2. August 1934*, S. 167.

ihren Arbeitsplatz.[466] Darüber hinaus konnten laut Gesetz auch politisch „unzuverlässige" Beamte und solche, die keine klassische Beamtenlaufbahn durchlaufen hatten, entlassen werden – also jene Außenseiter, die in der Weimarer Republik plötzlich Schlüsselpositionen besetzten und deren Quereinstieg Neid erzeugte.[467] Anwendbar auf die meist nicht verbeamtete Künstlerschaft wurde das Gesetz durch § 15, wonach „[a]uf Angestellte und Arbeiter [...] die Vorschriften über Beamte sinngemäße Anwendung [finden]."[468] Für Weichert speziell wurde dann § 6, Satz 1 der zweiten Verordnung zur Durchführung des Gesetzes in Verwendung gebracht:

> Zur Vereinfachung der Verwaltung oder der Betriebsführung kann Dienstverpflichteten auch dann gekündigt werden, wenn die Kündigung vertragsmäßig dauernd oder für mehr als ein Jahr ausgeschlossen oder an das Vorliegen eines wichtigen Grundes geknüpft war. Die Stelle darf nicht mehr besetzt werden.[469]

Weicherts Anwalt Otto Greiner sah das als nicht im Sinne des Gesetzes an und suggerierte, man habe das nur vorgeschoben, um Friedrich Forster-Burggraf zum Schauspieldirektor machen zu können.[470] Tatsächlich versicherte Kultusminister Schemm Weichert noch Anfang Oktober,

> [e]r habe nach wie vor Vertrauen zu mir, er habe aber durch Zufall den Dramatiker Burggraf [...] kennen gelernt und in anschließenden Gesprächen die Überzeugung gewonnen, in Burggraf einen Mann gefunden zu haben, den an sichtbarste Stelle zu setzen, er [...] für seine kulturelle Pflicht halte [...].[471]

Weichert versuchte zwar noch durch juristische Anstrengung seine Position zurückzugewinnen und versicherte hierbei auch seine Übereinstimmung mit den von den neuen Machthabern propagierten Werten,[472] blieb aber erfolglos.

Zu suspekt schien er den Zeitgenoss:innen schon zu Beginn des Jahres 1933: Hubert Rausse, Direktor des Regensburger Theaters, telegrafierte nach der Machtübergabe an Ministerpräsident Held, das Staatstheater sei „IN DER HAND EINES MANNES , DER NOCH AUS DEM ALTEN GEISTE LEBT UND DAS VOLK GAR-

---

466 Vgl. Benz, Gesetz zur Wiederherstellung des Berufsbeamtentums, S. 147.
467 Vgl. Strenge, *30. Januar 1933 bis 2. August 1934*, S. 164.
468 Seel, *Gesetz zur Wiederherstellung des Berufsbeamtentums*, S. 16.
469 Ebd., S. 20.
470 Vgl. Otto Greiner an Staatsminister Schemm, 13.12.1933. In: BAYHSTA, MK 45393.
471 Richard Weichert, Bericht, 04.10.1933. In: BAYHSTA, MK 45393.
472 Er gehöre zur „geistigen nationalsozialistischen Arbeitsfront", schrieb sein Anwalt im Versuch die Kündigung abzuwenden. (Greiner an Schemm, 13.12.1933, S. 8).

NICHT KENNT , FUER [sic!] DAS ER THEATER MACHEN SOLL."[473] Auch Friedrich Möhl, Feuilletonredakteur der *Bayerischen Staatszeitung*, agitierte im März 1933 gegen Weichert.[474] Der Kampfbund für deutsche Kultur sähe Weichert ebenfalls gern entfernt, da er Jude und Bolschewist sei.[475] Im April kam es dann sogar zu einer Denunziation durch einen Mitarbeiter, der behauptete, Weichert trage auf den Proben zum Scherz ein Hakenkreuz im Knopfloch.[476] Später nahm der Angestellte diese Anschuldigung jedoch zurück.

Weichert, den wachsenden Druck spürend, betonte gegenüber Franckenstein im März 1933, er sei kein Jude, habe in Frankfurt vorwiegend die Klassikerinszenierungen besorgt und würde fälschlich mit dem ästhetisch progressiveren Gustav Hartung verwechselt. „So persönlich peinlich mir diese detaillierten Ausführungen sind, so wichtig scheinen dennoch diese Aufklärungen, um die weitere gedeihliche Arbeit unseres Institutes nicht gefährdet zu sehen."[477] Franckenstein selbst scheint auf Weicherts Seite gewesen sein, äußerte er doch anlässlich dessen 50. Geburtstags noch die Hoffnung, „<u>dass Sie recht viele Jahre zum Segen für unser Schauspiel Ihr Amt versehen mögen.</u>"[478] Verhindern konnte er Weicherts Absetzung ebenso wenig wie die zahlreichen Schauspieler:innen, die Weichert nach seinem Weggang ihre Solidarität bekundeten – unter ihnen viele Namen, die man in den theaterinternen Streitigkeiten *nicht* dauernd gelesen hatte. „Unser Schauspiel wurde durch Sie in steiler Kurve <u>aufwärts</u> geführt und begann zum ersten Male wieder, ein positiver Faktor im Kunstleben unserer Stadt zu werden",[479] schrieb beispielsweise Helmuth Renar. Albert Fischel bemerkte:

> <u>Endlich herrschte doch wieder einmal ein einheitlicher Wille</u>, jede Eigenbrödelei und jedes Theaterspiel nach festgefahrener privater Schablone hörten auf oder wie der ganze Unfug heisst [sic!], der mit der sogenannten „künstlerischen Individualität" getrieben wurde.[480]

---

473 Hubert Rausse an Ministerpräsident Held, 13.02.1933. In: BAYHSTA, MK 45393.
474 Vgl. Friedrich Möhl an Staatsminister Goldenberger, 07.03.1933. In: BAYHSTA, MK 45393.
475 Vgl. Kampfbund für deutsche Kultur an Staatskommissar Röhm, 23.03.1933. In: BAYHSTA, MK 45393.
476 Vgl. Andreas Rauch an Staatsminister Schemm, 04.04.1933. In: BAYHSTA, MK 45393.
477 Richard Weichert an Clemens von Franckenstein, 17.03.1933, S. 6. In: BAYHSTA, MK 45393.
478 Clemens von Franckenstein an Richard Weichert, 22.05.1933. In: UBF, Nachlass Richard Weichert, Na Mus 81, Hervorhebung im Original.
479 Helmuth Renar an Richard Weichert, 14.05.1934. In: UBF, Nachlass Richard Weichert, Na Mus 81, Hervorhebung im Original.
480 Albert Fischel an Richard Weichert, 17.05.1934. In: UBF, Nachlass Richard Weichert, Na Mus 81, Hervorhebung im Original.

Die Künstler:innen widersprachen damit anderslautenden Behauptungen des Ministeriums, wonach man den Schauspielerdirektor abgesetzt habe, da – das alte Lied – das Ensemble gegen ihn gewesen sei:

> Es ist Weichert nicht gelungen als Leiter des Staatsschauspiels sich das Vertrauen seiner Künstler zu erringen, das die unerläßliche Grundlage für die Arbeit als Schauspieldirektor bildet. Seine schroffe, der Herzensgüte entbehrende Art der Menschenbehandlung erzeugte Reibungen, die sich sogar bis in die Reihen des technischen Personals erstreckten [...].[481]

Diese Behauptung wirkt vorgeschoben, fiel Weichert doch nicht als einziger den Säuberungsaktionen des NS-Regimes zum Opfer: Für die Opernsparte haben Schläder, Cromme, Frank und Frühinsfeld einige besonders prägnante Fälle jüdischer und/oder ausländischer Ensemblemitglieder aufgearbeitet, die Ziel der Verfolgung wurden.[482] Mit Blick auf die Vorstände der Gewerke fällt die Kündigung Luise Révys, geborene Kronecker, ins Auge. Sie war Leiterin der Kostümabteilung – „Herrin über zehntausend Kostüme",[483] wie die *Münchner Neuesten Nachrichten* schrieben – und damit eine von wenigen Frauen, die zur damaligen Zeit hinter den Kulissen eine Führungsposition innehatten. Kronecker, die zu diesem Zeitpunkt noch mit dem Regisseur und Schauspieler Richard Révy von den Kammerspielen verheiratet war, galt als exzellente Fachkraft und wurde im Theater allseits geschätzt, doch sollte ihr Vertrag nach der Spielzeit 1932/1933 wegen ihres jüdischen, später zum Christentum konvertierten Großvaters Leopold Kronecker, einem Mathematikprofessor, nicht verlängert werden. Révy selbst war evangelisch getauft und schrieb an Verwaltungsdirektor Heydel: „Die deutsche und christliche Weltanschauung[,] in der ich erzogen wurde [...] ist mir so selbstverständlich, dass ich es als peinlich empfinde mich besonders darüber ausweisen zu sollen."[484] Im Spiegel dieser Zeilen steht der Fall Révy exemplarisch für die Willkür, nach der das System Freund und Feind unterschied. Jüdisch-Sein erscheint hier als Fremdzuschreibung, als Ausgrenzungsmerkmal, das jede:n treffen konnte, unabhängig davon, ob Révy persönlich das als Teil ihres Selbstverständnisses erlebte.

Von Seiten des Theaters wurde versucht, Révy irgendwie zu halten, Ausstattungschef Leo Pasetti betonte in einer Stellungnahme, wie wichtig die Kostüm-

---

481 Ministerialrat Mezger an das Reichsministerium für Volksaufklärung und Propaganda, 04.05.1934. In: BAYHSTA, MK 45393.
482 Vgl. Schläder et al., *Wie man wird, was man ist*, S. 244–271.
483 Flix, Herrin über zehntausend Kostüme. In: *MNN*, Nr. 36, 07.02.1932, S. 17.
484 Luise Révy an Constantin Heyel, 07.04.1933. In: BAYHSTA, Intendanz der Bayerischen Staatsoper, 443.

bildnerin für das Theater sei.[485] Kurzfristig erhielt Révy tatsächlich einen neuen Kontrakt für die Spielzeit 1933/1934,[486] er wurde aber nur einen Monat später durch einen anderen Vertrag mit kürzerer Laufzeit ersetzt, der Révy zum 31. März 1934 entließ.[487] Im Januar 1934 lief dann eine anonyme Beschwerde über Révy ein, in der behauptet wurde, sie sei nur noch wegen ihrer Verbindungen und ihres „grossen Mundwerkes"[488] am Haus. Franckensteins Versuch, eine Sonderregelung für Révys Verbleib am Theater zu erwirken, scheiterte. Sie überstand die Folgejahre als Mitarbeiterin einer Textilfirma, wurde 1945 erneut Kostümchefin am Staatstheater und erhielt nach langem Warten 1953 eine staatliche Wiedergutmachung für das ihr widerfahrene Unrecht von 5300 Mark.[489]

5.6 Franckensteins zweiter Abschied

Franckenstein selbst wurde im Frühjahr 1934 ein zweites Mal in Ruhestand versetzt,[490] er war damit einer von rund 75 Intendanten im Deutschen Reich, die im NS-Staat ausgewechselt wurden.[491] Ihm folgte Oskar Walleck aus Braunschweig nach. Ende der 1930er, als die Musik- und die Sprechtheatersparte administrativ voneinander getrennt wurden und auch Musikdirektor Hans Knappertsbusch das Theater längst hatte verlassen müssen, leitete dann Dirigent Clemens Krauss die Oper und Schauspieler Alexander Golling das Schauspiel.

Während die Opernintendanz im Dritten Reich durch das Forschungsprojekt „Geschichte der Bayerischen Staatsoper 1933–1963" facettenreich aufgearbeitet wurde, fällt die Bilanz für das Staatsschauspiel eher ernüchternd aus: Monika Lück

---

485 Vgl. Leo Pasetti, Stellungnahme des Ausstattungsdirektors an den Bayerischen Staatstheatern zum Engagement von Frau L. Révy, Vorsteherin der Bekleidungsabteilung, 03.07.1933. In: BAYHSTA, Intendanz der Bayerischen Staatsoper, 443.
486 Vgl. o.A., Dienstvertrag der Generaldirektion der Bayerischen Staatstheater in München mit Luise Revy, 28.09.1933. In: BAYHSTA, Intendanz der Bayerischen Staatsoper, 443.
487 o.A., Dienstvertrag der Generaldirektion der Bayerischen Staatstheater in München mit Luise Revy, 16.11.1933. In: BAYHSTA, Intendanz der Bayerischen Staatsoper, 443.
488 Anonymer Brief an Clemens von Franckenstein, 30.01.1934. In: BAYHSTA, Intendanz der Bayerischen Staatsoper, 443.
489 Vgl. o.A., Wiedergutmachungsbescheid, 29.09.1953. In: BAYHSTA, LEA 59494.
490 Vgl. Bayerisches Staatsministerium für Unterricht und Kultus an die Generalintendanz der Bayerischen Staatstheater, 12.06.1934. In: BAYHSTA, Intendanz der Bayerischen Staatsoper, 115.
491 Vgl. Rischbieter, NS-Theaterpolitik, S. 17. 47 Intendanten blieben demgegenüber im Amt, wobei Rischbieter zur Relativierung der Zahl vermerkt, dass einige der ‚gegangenen' Intendanten wenig später an anderen Theatern erneut als Leiter auftauchten.

befasst sich in ihrer Magisterarbeit mit der Gestaltung der Programmhefte und deckt damit einen vergleichsweise kleinen Bereich ab.[492] Berta Brigitte Weinzierls Dissertation[493] untersucht zwar das Repertoire der Bühnen, misst dieses jedoch vor allem an den Zielen einer durch das NS-Regime formulierten Theaterpolitik, die natürlich – trotz aller Duckmäusigkeit – kein Spielplan in Gänze zu erfüllen vermochte, zumal auch innerhalb von Hitlers Führungsriege Uneinigkeit über die Richtungen und Ziele der Theaterpolitik herrschte. Weinzierl verengt so künstlich ihren Blick, Fragen der Ästhetik von Inszenierungen werden kaum touchiert, ebenso wenig die persönliche Haltung der Theaterschaffenden zur nationalsozialistischen Ideologie. Eine Aufarbeitung, auch der Verfolgungsbiografien von Mitarbeiter:innen, stellt für das Staatsschauspiel deshalb noch ein Forschungsdesiderat dar.

Über Franckensteins letzte Monate im Amt weiß die Nachwelt ebenfalls wenig. Nicht mehr zu klären ist, ob er noch versucht hat, gegen seine Ruhestandsversetzung Widerstand zu leisten, da der entsprechende Ministerialpersonenakt, in dem solche Einsprüche in der Regel aufbewahrt wurden, nicht mehr existiert. Auch hat Franckenstein sich, anders als sein Bruder, nie daran versucht, seinen Lebensweg autobiografisch zu verarbeiten – „Clemens cannot be persuaded to write his own biography",[494] schrieb Georg mit Bedauern in seinen Memoiren. Angesichts seines stillen ersten Abtritts wirkt ein Aufbäumen gegen die neuerliche Entlassung aber eher unwahrscheinlich, auch wenn Herbert Rosendorfer vermutet hat, dass es bei einer Unterredung mit Kultusminister Schemm, „ein[em] Bayreuther Volksschullehrer und Frühnazi"[495] im Juni 1934 zum Eklat kam. Zwar gibt es einen Brief Schemms, der ein Treffen belegt, bei dem Franckenstein sein „Amt zur Verfügung stellte[...]",[496] doch wie genau das Treffen ablief und was die Gründe für den Eklat waren, ist unklar.

Wenige Monate zuvor, im Herbst 1933 hatte man Franckenstein noch zum Vorsitzenden des Bayerischen Volksbildungsverbands gemacht,[497] möglicherweise ein Ehrentitel im an Orden so reichen NS-Staat, möglicherweise aber auch ein ernsthafter Versuch, ihn in die Kulturpolitik des Regimes stärker einzubinden.

---

492 Lück, *Die Programmhefte des Bayerischen Staatsschauspiels München und der Münchner Kammerspiele aus den Jahren 1933/34 bis 1940/41.*
493 Weinzierl, *Spielplanpolitik im Dritten Reich.*
494 Franckenstein, *Facts and Features,* S. 113.
495 Rosendorfer, Kurt Eisners erster Erlass galt dem Theater, S. 47.
496 Hans Schemm an Clemens von Franckenstein, 12.12.1934. In: BAYHSTA, Intendanz der Bayerischen Staatsoper, 115.
497 Vgl. o.A., Bayer. Volksbildungsverband. In: *VB*, 19.09.1933. In: BAYHSTA, Intendanz der Bayerischen Staatsoper, 115.

Auch nötigte Otto Laubinger ihm anlässlich der Wahlen im November noch ein positives Statement zum geplanten Austritt aus dem Völkerbund ab:

> Die Kunst ist ein Kind des Friedens und kann nur dort aufblühen, wo er waltet. Wer die Kunst so tief versteht und so heiss [sic!] liebt wie unser Reichskanzler Adolf Hitler, kann nur ein Friedenskanzler sein.[498]

Vielleicht wird Franckenstein da schon geahnt haben, dass seine Zeit als Intendant nicht mehr lange währte, schließlich waren viele der langjährigen Weggefährt:innen zu diesem Zeitpunkt bereits ‚geschasst' worden: Richard Weichert war weg, Luise Révy sollte gehen, seiner eigenen Frau nebst anderen Musiker:innen hatte er gekündigt, Schauspielstars wie Kurt Stieler und Hilde Herterich lebten in Frührente. Friedrich Ulmer und Constantin Heydel, die von ihren reaktionären Kunstidealen her doch eigentlich gut in den neuen Staat gepasst hätten, wurden ebenfalls entlassen – auch unter ideellen Anhänger:innen kannte der Nationalsozialismus nur wenig Solidarität. Im Ministerium wurde nicht nur Kultusminister Goldenberger ersetzt, sondern auch Beamte wie Jakob Korn und Richard Hendschel wurden entfernt, einzig Richard Mezger, der 1937 in die NSDAP eintrat,[499] war noch da. Ex-Bürgermeister Karl Scharnagl arbeitete wieder als Bäcker, die Publikumsvereine waren in den Kampfbund für deutsche Kultur aufgegangen und in der unmittelbaren Nachbarschaft hatte es an den Münchner Kammerspielen 1933 einen regelrechten Exodus der Künstler:innen gegeben, bei dem besonders das Fehlen Adolf Kaufmanns auffällt, welcher bereits an der Gründung der Privatbühne zwei Jahrzehnte zuvor Anteil hatte.[500]

Nachdem auch er 1934 seinen Posten räumte, verbrachte Franckenstein seine letzten Jahre in Hechendorf am Ammersee. Er war in dieser Zeit weiter als Komponist tätig und besuchte mehrmals den in London als Diplomat lebenden Bruder, durch dessen Vermittlung er Winston Churchill begegnete.[501] Aufgrund des „Ansehens seines Bruders als österreichischer Gesandter in London [...] schien es aus praktischen Gründen geraten, Franckenstein [...] ein bescheidenes Leben als freischaffender Künstler zu gestatten."[502] Der Kriegsausbruch isolierte ihn jedoch von Familie und Freund:innen in England, 1942 starb er 67-jährig an einem Lungenödem.[503] Er wurde später als Verfolgter des NS-Regimes anerkannt, eine Entschä-

---

498 Clemens von Franckenstein an Reichsminister Goebbels, 23.10.1933. In: BAYHSTA, Intendanz der Bayerischen Staatsoper, 115.
499 Vgl. Bäuml, *Kulturpolitik gegen die Krise der Demokratie*, S. 81.
500 Zum Schicksal Adolf Kaufmanns vgl. Weinzierl/Weinzierl, Adolf Kaufmann.
501 Vgl. McCredie, *Clemens von Franckenstein*, S. 54.
502 Ebd., S. 57.
503 Vgl. Zu den letzten Lebensjahren ebd., S. 52–57.

digungszahlung erhielt seine Witwe aber nicht, da Franckenstein als ehemaliger Staatsdiener zur Zeit des Dritten Reichs weiter sein Pension bezog.[504]

Eine abschließende Bewertung von Franckensteins Intendanz muss ob der spärlichen Informationen über sein Wirken in den Jahren 1933/1934 ambivalent ausfallen. Klar zu Tage getreten ist, dass der Baron seine zweite Amtszeit unter sichtlich anderen Vorzeichen antrat als seine erste: War er beim ersten Mal, 37-jährig ins Amt berufen, als guter Kompromiss zwischen Fachkundigkeit und Repräsentationsbedürfnis gewertet worden, fiel das Presseecho seiner zweiten Intendanz nicht so einhellig positiv aus: Franckenstein stand nun für eine überkommene Tradition, die man in der Wittelsbacher Kunststadt nicht so recht gehen lassen mochte. Schwierig schien es daher, eine eigenständige künstlerische Position im von Kunststadtdebatten angeheizten München zu finden. Im *Pariser Tageblatt* hieß es anlässlich seines Abschieds deshalb auch, Franckenstein sei

> der geborene Repräsentant der Farblosigkeit und damit auf künstlerischem Gebiet einer der Totengräber der deutschen Republik. Sie war töricht genug, Leute dieser Art an leitende Stellen zu berufen, in der Erwartung, damit zum „Ausgleich" der Geister beizutragen. Schade, dass er jetzt geht. Solche Grössen [sic!] müssten dem Nazireich möglichst lange erhalten bleiben.[505]

Darüber, wie gerechtfertigt diese Zuschreibungen sind, lässt sich streiten. „Farblos" wirkt Franckenstein in den Akten in der Tat häufig, tritt doch in vielen theaterinternen Angelegenheiten – sei es die Spielplangestaltung, seien es Personalangelegenheiten – sein eigener Standpunkt kaum zu Tage. Demgegenüber ungewohnt berechnend wirkt Franckensteins Verhalten zumindest dann, wenn er politische oder wirtschaftliche Umschwünge dazu nutzte, um unliebsame Mitarbeiter:innen vor die Tür zu setzen. Das gereichte dem Theater zwar ästhetisch manchmal zur Ehre, fand aber tragische Anwendung auf ihn selbst, als Franckenstein nach 1933 ebenfalls Persona non grata wurde. Wobei: „Ich weiß eigentlich nicht, ob ich zu Ihrer Beurlaubung Ihnen mein Beileid oder meine Gratulation ausdrücken soll",[506] schrieb Otto Zoff 1933 an Richard Weichert. Ähnliches kann auch für Franckenstein gelten.

Den Vorwurf, Franckenstein sei ein „Totengräber der deutschen Republik"[507] gewesen, gilt es ebenfalls zu diskutieren. Einerseits hat man mit Intendanten wie

---

504 Vgl. o.A., Entwurf eines Ablehnungsbescheides für Entschädigungsansprüche aller Art, 14.03.1956. In: BAYHSTA, LEA 1040.
505 o.A., Musiknotizen. In: *Pariser Tageblatt*, 18.06.1934. In: BAYHSTA, Intendanz der Bayerischen Staatsoper, 115.
506 Otto Zoff an Richard Weichert, 27.10.1933. In: UBF, Nachlass Richard Weichert, Na Mus 81.
507 o.A., Musiknotizen.

Leopold Jessner natürlich das Gegenbeispiel dafür, wie ein politisch engagiertes Theater aussehen konnte, obschon auch Jessner, wie Matthias Heilmann eindrucksvoll schildert, zum Ende der Republik immer mehr in Bedrängnis durch die Rechten geriet, seinen Intendantenposten 1930 räumen musste und später fernab der Heimat in Hollywood als weitgehend unbekannter Mann starb.[508] Andererseits trennte Jessner und Franckenstein vieles, was die Situation der beiden Leiter nur schwer vergleichbar macht: Jessner war Sohn einer aus Litauen geflohenen jüdischen Familie, für ihn war in seiner Königsberger Jugend das „Erlernen der hebräischen Sakralsprache als auch die Einhaltung der rituellen Speisegesetze […] selbstverständlich".[509] Er war als Jude der Diffamierung immer schon stärker ausgesetzt als Franckenstein und womöglich genau deshalb widerständiger als der aus dem bayerisch-katholischen Adel stammende Baron. Dessen Habitus schien im Laufe der Zeit zur Charaktereigenschaft geworden zu sein, er sei, „Kavalier der alten Schule und doch moderner Mensch, großdenkend und einfach",[510] so Walther Ziersch. Auch hatte Jessner als Regisseur mehr szenischen Gestaltungswillen als Komponist Franckenstein, und war schon im Inszenieren mit der Frage nach der politischen Positionierung permanent konfrontiert. Darüberhinaus war die Sozialstruktur der Städte, in denen sich ihr Theater ereignete, ebenso verschieden wie deren Theaterlandschaft. Während das Programm in Berlin mit seinen zahlreichen Bühnen einem breitgestreuten Fernsehangebot geglichen habe, in dem man einfach so lange weiterzappen könne, bis man die passende Nische gefunden habe, wie Peter Marx einmal in einem Vortrag so treffend sagte,[511] war in München die Konkurrenz deutlich kleiner, das Staatstheater musste dementsprechend mehr Interessen unter einem Dach vereinen.

Sicher hätte es Franckenstein zur persönlichen Ehre gereicht, ließe er sich der Weimarer Moderne zuordnen und hätte er sich im Schauspiel politisch und ästhetisch beherzter positioniert. Gleiches gilt für die Beschreibung des Intendantenamts als solchem: Eindeutige Narrative vom genialen Macher und willensstarken Lenker, wie sie besonders regieführenden, männlichen Intendanten in zahllosen, in Buchform gedruckten Erfolgsschauen ihrer jeweiligen Ära zuteilgeworden sind, rezipieren sich leichter als die kleinteilige Spurensuche, die die Rekonstruktion von Franckensteins Ära bedeutet hat. Doch scheint dieses „Machertum" nicht nur Franckensteins Charakter wenig entsprochen zu haben, sondern auch aufgrund der äußeren Umstände schwer durchführbar gewesen zu sein: Wie

---

508 Vgl. Heilmann, *Intendant der Republik*, S. 408–417.
509 Ebd., S. 11.
510 Walther Ziersch, Generalintendant Clemens Freiherr von und zu Franckenstein. Der Mensch und der Künstler. In: *Die Heimat* 38, Beilage der *MNN*, Nr. 151, 19.11.1930. In: MSA, ZA-P-134-21.
511 Vgl. Marx, Zwischen Aufbruch und Beharren.

in Kapitel 4 bereits mithilfe des Begriffs der Pfadabhängigkeit diskutiert wurde, änderte sich nach 1918 zwar die Satzung des Theaters, die Menschen aber, die dieses Theater machten, es verwalteten oder es besuchten, veränderten sich nicht so sehr. Der Wandel im Haus kam nur langsam in Gang, besonders im Schauspiel, wo es wirkt, als habe Franckenstein die Verantwortung hierfür weitgehend dem Spartenleiter überlassen. Gleichzeitig wuchs der Druck von Presse, Politik und Publikumsvereinen, dem Franckenstein schon deshalb schlechter standhalten konnte als sein Vorgänger Zeiß, weil er sich bereits während seiner Kriegsintendanz zu allerlei Konzessionen gezwungen sah. Die Einzelpositionen dieser Interessengruppen wurden zum Ende der Weimarer Republik zu einem immer dichteren Gewebe aus Restriktionen, aus dem sich Franckenstein kaum mehr lösen konnte, wie das Repertoire des Schauspiels und die damit verbundenen Kontrollversuche, aber auch die Aufführungen rechter Gesinnungsdramatik gezeigt haben.

Doch war Franckenstein vermutlich nicht der einzige Theaterleiter, dem es in der Weimarer Republik so ergangen sein dürfte, und so stellt sich die Frage, ob es überhaupt sinnvoll ist, dem Intendanten eine so große Eigenständigkeit im Agieren zuzuschreiben, wie es aufgrund seiner exponierten Stellung häufig getan wurde und immer noch wird. Wenn von immer mehr Seiten immer mehr Anliegen artikuliert werden, die es idealiter alle zu erfüllen gilt, lässt sich nur noch schwer von Amts*führung* sprechen. Eher wirkt es, als sei der Intendant in dieser Gemengelage nur mehr ein Zuschreibungspunkt von Ideen und Forderungen, das Theater betreffend, gewesen, denen er, besonders vom Standpunkt der Wachsamkeit aus, nicht mehr gerecht werden konnte, schließlich fordert Aufmerksamkeit doch Fokussierung – und nie kann alles gleichzeitig fokussiert werden. Personalführung und Spielplangestaltung erscheinen dann zwar vordergründig wie das vermeintliche Ausbalancieren von Interessen, erweisen sich aber bei näherer Betrachtung immer nur als Mangelverwaltung und ständige Umverteilung von Gewichtungen, bei denen kurzfristig Mal dieses, Mal jenes Interesse im Auge behalten wurde, die rechte Seite der Waage jedoch stets schwerer wog. In einer solchen Ausgangslage blieben Franckenstein nur die bereits gelernten Strategien seiner ersten Intendanz, um die in der Weimarer Republik ewig krisenbehaftete Institution Theater unter großer Überladung von Verantwortungszuschreibungen irgendwie zusammenzuhalten: „Wie versteht er doch, selbst das unangenehmste und peinlichste Thema anziehend und mit gefälliger Liebenswürdigkeit zu umbrämen und erträglich zu machen!",[512] schrieb Oskar Geller im *Neuen Wiener Journal* und fasste damit Franckensteins *Modus Operandi* perfekt zusammen.

---

512 Oskar Geller, Das Programm der Bayerischen Staatstheater. In: *NWJ*, Nr. 13.694, 06.01.1932, S. 18.

6 Fazit

Im Herbst 1931 wurde Clemens von Franckenstein vom Ullsteinverlag um die Zusendung einer Fotografie gebeten. Das Verlagshaus wollte eine Serie von Zeichnungen mit den berühmtesten deutschen Theaterleitern anfertigen. Darunter sollte ein kleiner Text erscheinen, in dem der Intendant über seine Arbeit sprach.[1] Franckenstein antwortete hierauf wie folgt:

> Wenn Sie eine Schilderung meines Aufgabenkreises erwarten, so muss ich Sie leider enttäuschen; denn eine Darstellung der Vielgestaltigkeit und Vielverzweigtheit der Entscheidungen, die der Chef einer grossen [sic!] Bühne zu treffen hat, würde den Umfang einer Broschüre erfordern, die zu schreiben ich unmöglich Zeit habe. Vielleicht aber genügt es schon Ihren Zwecken, wenn ich Ihnen nur kurz das „Geheimnis der Bühnenleitung" verrate. Das Geheimnis liegt in der Persönlichkeit, in der Fähigkeit, Richtiges zu erkennen und einmal als richtig Erkanntes in zähem Willen durchzuführen; die richtigen Kräfte auf die richtigen Stellen zu setzen und dort entsprechend zu fördern, die richtigen Werke zu wählen, den richtigen Darstellungsstil zu gewährleisten und den Verwaltungs-Apparat in reibungslosem Gang zu halten. Zu diesen allgemeinen Pflichten tritt heute noch die ebenso schwere wie verantwortungsvolle Aufgabe, die Theaterbetriebe ohne wesentliche künstlerische Schädigung durch die Notzeit hinüberzuretten. Der Intendant muss also von Haus aus geborener Künstler und geborener Organisator sein. Ist er das, so ist sein Geschäft sehr – leicht, ist er es nicht, so geht es dem betroffenen Theater so wie jedem anderen Unternehmen mit ungeeigneter Leitung: es macht Bankrott, künstlerischen oder finanziellen oder beides zusammen.[2]

Clemens von Franckenstein lieferte damit eine wertvolle Selbstbeschreibung, die wohl auf viele Intendanten der Weimarer Republik zutrifft. Der Blick in das historische Material, den diese Arbeit vorgenommen hat, verfestigt diese Verortung der Intendanz am Schnittpunkt von Kunst, Organisation und Öffentlichkeit. In der Zwischenkriegszeit waren Intendanten mit einer Vielzahl von Aufgaben betraut, sie mussten über Fähigkeiten in Fragen der Kunst ebenso verfügen wie über einen klaren Blick für das Betriebliche. Gleichzeitig galt es, Schlüsselpositionen wie die des Schauspieldirektors mit den passenden Leuten zu besetzen und Aufgaben im richtigen Maß zu delegieren, ohne dadurch jedoch die eigene Autorität zu untergraben. Deshalb wurde von den Intendanten damals immer wieder Durchsetzungsstärke gegenüber den Mitarbeiter:innen und gegenüber der Presse gefordert. Ferner mussten sie auf die Krisentendenzen der Zeit Rücksicht nehmen. Das schien

---

1 Vgl. Herr Kroll (Ullsteinverlag) an Clemens von Franckenstein, 04.11.1931. In: BAYHSTA, Intendanz der Bayerischen Staatsoper, 115.
2 Clemens von Franckenstein an Herrn Kroll, 09.11.1931. In: BAYHSTA, Intendanz der Bayerischen Staatsoper, 115.

auch deshalb drängend, weil das Theater nun das Organ eines Staates war, zu dessen demokratischer Fundierung sich nicht alle Bürger:innen bekannten, besonders in München nicht, der Hauptstadt der Bewegung. Der Intendant an der Spitze des Hauses war als Repräsentant dieses demokratischen Staatsorgans besonders sichtbar und musste daher Widersprüche stellvertretend für die Institution Theater ausagieren. Dieses Ausagieren wurde allerdings dadurch verkompliziert, dass sich das Theater in der Weimarer Republik neu positionierte, sich also die Spielregeln der Institution veränderten. Die Bühnen erfuhren eine Öffnung für neue Zuschauerkreise, verloren aber gegenüber der Konkurrenz des Kinos und der Revue an Bedeutung. Durch die Aufhebung der Zensur durchlief das Theater zudem einen Modernisierungsschub, nicht selten wurden neue Ästhetiken jedoch argwöhnisch beäugt und ein Kampf um die Kunst erwies sich als Kampf um die Republik. Dementsprechend wurden an die Intendanten nun die Bedürfnisse verschiedener, überaus heterogener Gruppen herangetragen, welche sie in ihrer Amtsführung idealiter allesamt befriedigen sollten. Geschah das nicht, standen die Amtsinhaber in der persönlichen Verantwortung für die Gefühle von Enttäuschung und Zorn, die dem Theater als öffentlichem Gut entgegenschlugen. Sie zu befrieden schien kaum möglich oder war nur durch ein besonderes Maß an Wachsamkeit zu gewährleisten, welche von den Intendanten gefordert und teilweise auch internalisiert wurde. Eine solche Vigilanz, die einer Stabilisierung der Institution Theater wie auch der eigenen Führungsposition zu dienen schien, zeitigte aber besonders in Bezug auf die Kunst negative Effekte – gewagte Stücke wurden nicht aufgeführt oder rasch abgesetzt, bravere Ästhetiken den progressiveren vorgezogen. Besonders mit Blick auf die Endphase der Weimarer Republik wirkt es deshalb so, als sei die Herrscherfigur des Theaters selbst nur noch ein Beherrschter gewesen, der die Launen der Zeit abfing und lediglich eingeschränkten Handlungsspielraum genoss.

Insgesamt betrachtet umfasste das Betätigungsfeld der Intendanz in der Zwischenkriegszeit also eine ganze Reihe überaus komplexer Aufgaben, für die es bereits vor 100 Jahren unterschiedlicher, teils hoch spezifischer Kompetenzen bedurfte. Diese in sich zu vereinen, gelang auch Experten nur schwerlich, selbst wenn sie sich der gierigen Institution Theater vollends verschrieben. Dementsprechend stand das Amt schon damals auf tönernen Füßen. Dabei waren die Tätigkeitsfelder, Probleme und Autonomiegrade der Intendanten in den rund zwanzig Jahren, die diese Untersuchung in den Blick genommen hat, durchaus unterschiedlich. Mit Blick auf die Entwicklung des Intendantenamts lassen sich im Lauf der Jahrzehnte an den hier als Exempel gewählten Bayerischen Staatstheatern deutliche Veränderungen ablesen:

Am Beispiel der ersten Amtszeit von Clemens von Franckenstein in den Jahren 1912 bis 1918 hat sich gezeigt, dass der Intendant in München vor und während dem

Ersten Weltkrieg noch stark der Tradition verhaftet war. Seine Stellung war zwischen höfischer Repräsentation einerseits und künstlerischem Expertentum andererseits verortet, Franckenstein verkörperte also eine Mischung zwischen traditionaler und legaler Herrschaft. Die Verbindungen der Intendanz zum Hof hatten sich zwar bereits gelockert, allerdings war das Hoftheater in Krisenzeiten eine der letzten Inseln einer alten Welt, die auf den Schlachtfeldern von Verdun in immer weitere Ferne rückte. In der Spielplangestaltung versuchte Franckenstein mit einem Büchner-Doppelabend anfangs vielversprechende Akzente zu setzen, doch erscheint der Intendant in privaten Briefen schnell resigniert und war besonders in den Kriegsjahren vorsichtig gegenüber Neuheiten. Seine Gestaltungsmöglichkeiten im Künstlerischen erwiesen sich zumindest im Schauspiel als eingeschränkt. Hier internalisierte er früh eine gewisse Vorsicht bei der Annahme von Neuheiten, die jedoch schnell zum bloßen Reflex wurde, wenn er gewagtere Texte eilig ablehnte. Demgegenüber verfügte Franckenstein in Personalangelegenheiten über deutlich mehr Entscheidungsgewalt: Die streng hierarchische, auf Alleinherrschaft ausgelegte Organisationsform der Hofbühnen wurde zwar in Reformschriften wie der von Ludwig Seelig[3] hinterfragt, doch hatte diese Generalkritik am deutschen Theatersystem zunächst keine sichtbaren Effekte. Franckenstein konnte, wie der Umgang mit unliebsamen Mitarbeitern illustriert hat, seinen Willen als Intendant weitgehend durchsetzen. Er genoss so lange relative Autonomie, wie die gut geölte Hoftheatermaschinerie lief und das Stammpublikum mit großen Opern und heiteren Komödien versorgt war.

Das änderte sich mit der Revolution 1918. Der Unmut über den Baron, der sich im Schauspiel bereits längere Zeit angestaut hatte, mündete in einen Leitungswechsel, wie er sich nicht nur in München, sondern an vielen ehemaligen Hoftheatern vollzog. Die Bühne wurde nun aus ihrer Verbindung zur Monarchie herausgelöst und in die öffentliche Hand übernommen. Sie war fortan Organ eines demokratischen Staates und ihr Intendant damit auch Repräsentant dieser neuen Demokratie. Gleichzeitig bedeutete der Führungswechsel speziell in München aber nicht einfach das Austauschen einer Person durch eine andere. Das Konzept der Alleinherrschaft hatte hier keine selbstverständliche Legitimation mehr. Das ‚Rätefieber' der Revolutionszeit schlug sich auch in den Bayerischen Staatstheatern nieder, wo neben dem durch die Belegschaft gewählten Intendanten Victor Schwanneke ein Künstlerrat seine Arbeit aufnahm. Die heutzutage im Angesicht von Intendantenkrisen so häufig diskutierte Idee einer kollektiven Leitung, die den Herrschaftsbereich von Führungspersönlichkeiten sinnvoll beschränkt, fand in München vor 100 Jahren ein frühes Beispiel der Verwirklichung. Trotzdem darf

---

3 Vgl. Seelig, *Geschäftstheater oder Kulturtheater?*, S. 21 f.

man die Bedeutung des Künstlerrats nicht überschätzen: Die Satzung, die ihn verrechtlichen sollte, legte seinen Tätigkeitsbereich eher auf die Funktion der Beratung fest und schrieb ihm vor allem Kompetenzen in sozialen Fragen zu. Gleichzeitig sicherte das Recht, Kündigungen blockieren und dem Ministerium einen Intendanten vorschlagen zu dürfen, dem Rat eine weitreichende Einflusssphäre. Hinzu kam, dass sich mit dem Künstlerrat auch neue Beobachtungskonstellationen etablierten: Der Intendant war nicht mehr alleiniger „Oberaufseher" des Theaters, er wurde nun vom Künstlerrat und der Belegschaft in seinem Tun beobachtet und war zugleich Fokuspunkt wie Adressat von Wachsamkeit. Jedoch reizten Personen wie Friedrich Ulmer oder Franz Jacobi die Rechte des Künstlerrats zur Beratung und Aufsicht derart aus, dass die Legitimation des Rates schon kurz nach dessen Einrichtung empfindlich litt. Hinzu kam, dass Intendant Victor Schwanneke fragwürdige Allianzen in den Reihen der Revolutionäre suchte und intransparent agierte, um eine organisatorische Transformation des Theaters einzuleiten. Der Ruf der Bühne wurde durch diese beiden Faktoren so nachhaltig geschädigt, dass das Experiment der kollektiven Führung – auch auf Druck der Presse – zu Beginn des Jahres 1920 rasch wieder beendet wurde. Die Alternative einer gemeinsamen Leitung gegenüber der unumschränkten Gewalt des Intendanten stellte sich in den Jahren 1918/1919 zwar dar, konnte sich aber nicht dauerhaft durchsetzen. Das Konzept der Pfadabhängigkeit hat dafür schlüssige Erklärungen geliefert: Nach einer Phase der Euphorie, in der sich das Theater neu ordnete, wurde infolge der politischen Ereignisse im April und Mai 1919 die Ablehnung gegenüber allem Revolutionären in München so groß, dass auch das Projekt Künstlerrat immer weiter an Unterstützung verlor. Die zu Beginn angestrebten Veränderungen zogen deshalb auf lange Sicht Schritte in die genau gegenteilige Richtung nach sich. Die alten Verhältnisse wurden unter Karl Zeiß wiederhergestellt, die Idee der kollektiven Führung schien zunehmend indiskutabel und wurde deshalb mit strafendem Schweigen belegt. Ein weiterer Grund dafür, dass sich der Künstlerrat dauerhaft nicht durchsetzen konnte, ist zudem, dass es in anderen Theatern keine nennenswerten Beispiele der kollektiven Führung gab, die in der Zwischenkriegszeit längerfristig Bestand hatten. Einen Münchner Sonderweg zu gehen, wurde daher mit jedem Tag, an dem sich die bestehenden Strukturen an den anderen Theatern wieder festigten, ein Stückchen weniger attraktiv.[4]

Demgegenüber schien eine Öffnung des Theaters für alle mit der Übernahme des Prinzregententheaters zunächst zu gelingen, wenngleich zu diskutieren ist, ob

---

4 Dieses Fehlen von Alternativen sehen Paul DiMaggio und Walter Powell als einen der Hauptgründe für den institutionellen Isomorphismus von Organisationen. Vgl. DiMaggio/Powell, The Iron Cage Revisited, S. 155.

sich das Publikum der Bühne wirklich so stark diversifizierte, wie die Politik es sich erhoffte. In anderen Städten zeigen statistische Auswertungen in der Tat, dass es sich beim Theaterpublikum in der Zwischenkriegszeit um einen sehr kleinen Kreis von Personen handelte, der dann aber durch Abonnements umso häufiger ins Theater ging.[5] Dementsprechend plausibel ist Christopher Balmes Vorschlag, der Öffentlichkeitssphäre des Theaters auch Menschen zuzurechnen, die mit der Bühne interagieren, ohne selbst Publikum zu sein,[6] etwa in Skandalen oder Beschwerdebriefen. Auch diese Personen kann man als vigilante Akteur:innen entsprechend der in der Einleitung gemachten Überlegungen zum Konzept der Wachsamkeit verstehen, beobachteten sie das Theater doch genau und brachten ihren Unmut zum Ausdruck, wenn die Institution ihrer Ansicht nach die damals gängige Vorstellung vom Theater als Bildungsstätte aus dem Blick verlor, sich zu sehr nach links politisierte oder ihre moralische Vorbildfunktion aufgrund privater Skandale einbüßte.

Das Theater versuchte zwar, diesen Akteur:innen durch eine zeitgemäße Form der „Propaganda" zu begegnen, doch wurden die Personalstelle für Öffentlichkeitsarbeit und die theatereigene Zeitung aufgrund von Finanzknappheit schnell wieder eingestellt. Dennoch offenbart sich gerade in der *Theaterzeitung*, dass sich nach 1918 die Selbstverortung der ehemaligen Hofbühne deutlich veränderte: Intendant Karl Zeiß sprach in einer in der *Theaterzeitung* abgedruckten Rede nicht umsonst davon, dem „Staatsganzen"[7] dienen zu wollen. In seinen Worten erscheint der Intendant als Repräsentant der jungen Demokratie, die das Feld der Kultur bereits in ihrer Verfassung als staatstragend auswies. Das hatte auch Auswirkungen auf die Form von Herrschaft, die der Intendant ausübte: Zwar hatte sich die gemeinsame Leitung an den Bayerischen Staatstheatern nicht durchgesetzt, doch war aus der traditionalen Herrschaft der Kavaliersintendanten nun endgültig die legale Herrschaft der Fachleute geworden, der akademisch gebildete Geistesadel hatte den echten Adel ersetzt.[8] Zeiß steht als erfahrener Theatermacher prototypisch für diese Entwicklung, vor allem das Fehlen von hausinternen Querelen liefert einen guten Indikator für seine hohe Kompetenz. Trotzdem wurde das Theater auch in der Ägide von Karl Zeiß anfällig für Krisennarrative von außen: So

---

5 Vgl. Führer, „Kulturkrise" und Nationalbewusstsein, S. 157f.
6 Vgl. Balme, *The Theatrical Public Sphere*, S. 14.
7 Zeiß, An die Mitglieder, S. 1.
8 Die Sozialstruktur dieses Geistesadels hat Fritz Ringer beschrieben: Er untersuchte in *Die Gelehrten* die deutsche *academia* vor und nach 1918. Sie habe, so Ringer, vor allem durch ihre exklusiven Bildungschancen im 19. Jahrhundert einen privilegierten Platz in Universitäten und Verwaltungen eingenommen und fürchtete mit Beginn der Weimarer Republik um ihr Prestige. Vgl. Ringer, *Die Gelehrten*.

wurde das Haus zur Zielscheibe der in München erstarkenden Rechten, offenkundigen Niederschlag fand das im Skandal um Bertolt Brechts *Im Dickicht*. Doch obwohl gerade die Anfangsjahre der Weimarer Republik so unruhig waren, gelang es Zeiß besser als seinem Nachfolger, Einflussversuche von außen abzuwehren – dies hat ein Blick in die Verhandlungen mit dem Stadtrat ebenso gezeigt wie das Ausbleiben einer Führungskrise nach Bruno Walters Abschied aus München. Zeiß' Tod verhinderte jedoch, die langsame Transformation der Bühne fortzusetzen, die er eingeläutet hatte, und so konnten die Zeitgenoss:innen nur spekulieren, was man von ihm noch hätte erwarten dürfen.

Clemens von Franckenstein kam in seiner zweiten Amtszeit von 1924 bis 1934 dann in die Verlegenheit, seine Autorität anfangs neu legitimieren zu müssen. Dabei konnte er sich allerdings weder zu einem beherzten Bekenntnis zur Demokratie durchringen, noch vollkommen auf die Tradition des Hauses als ehemaliger Hofbühne stützen, auch wenn in Teilen der Münchner Bevölkerung die Sehnsucht nach dem Glanz der alten Zeit groß war. Für Franckenstein war es dementsprechend schwierig, sich zu positionieren. Zudem fand er bei seiner Rückkehr eine Situation vor, in der das Ministerium mit Eugen Keller bereits einen Schauspieldirektor berufen hatte, dem man weitgehende Freiräume im Künstlerischen zugesichert hatte. Das erschwerte Franckenstein die Selbstbehauptung: Er musste als Resultat des *Titus Andronicus*-Skandals seinen Herrschaftsanspruch durch die Kündigung Kellers und die Verabschiedung einer neuen, stärker auf ihn zentrierten Geschäftsordnung erst wieder sichern. Damit gewann er zwar hausintern an Gestaltungsmöglichkeiten, doch war er in der zweiten Hälfte der Weimarer Republik vermehrt Zugriffen von außen ausgesetzt: Das Ausbleiben von Zuschauer:innen, das mit jedem Jahr höhere Zuschusssummen des Staates notwendig machte, ließ sich nach der Wirtschaftskrise von 1929 finanziell nicht mehr abfangen. Die infolgedessen beschlossene Schließung des Prinzregententheaters zwang Franckenstein im Schauspiel zu so erheblichen Personaleinbußen, dass der Intendant hier stark an Entscheidungsfreiheit verlor. Ebenso kam es ab Ende der 1920er-Jahre vermehrt zu Versuchen des Ministeriums und der Nationalsozialist:innen, den Spielplan zu beeinflussen und zu zensieren. Daher entschied man sich an den Bayerischen Staatstheatern in einigen Fällen für die Abmilderung oder Nicht-Aufführung provokanter Texte. Die Logiken hierfür scheinen ähnlich gelagert zu sein wie noch in der Hoftheaterzeit, die Intendanz orientierte sich bei der aufmerksamen Begutachtung von Literatur offenbar an bereits erlernten gedanklichen und moralischen Fesseln aus der Zeit von vor 1918. Dadurch büßte der vermeintlich mächtige Herrscher des Theaters immer weiter an Autonomie ein und geriet dann mit der Machtübergabe von 1933 unter die strenge Kontrolle des nun faschistischen Staates. Gerade zum Ende der Weimarer Republik erscheint das Intendantenamt deshalb immer mehr wie eine bloße Fiktion von Stärke. In der NS-

Zeit verlieh man dieser unglaubwürdig gewordenen Fiktion dann durch das Einsetzen von charismatischen Männern an den Spitzen der Theater wieder größere Kraft, wie Christopher Balme darlegt.[9]

Eine Kontinuität vom Kaiserreich über die Weimarer Republik bis ins Dritte Reich hinein zeigt sich allerdings mit Blick auf die Geschlechtlichkeit der Intendanz. Im hier behandelten Beispiel der Bayerischen Staatstheater befassten sich die Spekulationen der Presse über die Nachbesetzung des höchsten Amts beispielsweise ausschließlich mit männlichen Bewerbern. Frauen als Leiterinnen privater Bühnen gab es zwar, doch wurden sie mit Blick auf die Führungsposition eines staatlichen Theaters nicht einmal als mögliche Kandidatinnen diskutiert. Eher wurden ihre Leistungen klein geredet. So sprach Hermann Sinsheimer in seinen Lebenserinnerungen etwa davon, dass Hermine Körner, die Direktorin des privat finanzierten Münchner Schauspielhauses, „eine Theaterbesessene und eine Kulissen-Sappho"[10] gewesen sei. „Sie hatte noch zuviel [sic!] Lust am Spiel (in jedem Sinn), um eine gute Direktorin zu sein."[11] Körners Begehren wurde hier vorgeschoben, um sie mit Irrationalität und Gefühlsüberschwang zu assoziieren und sie so als Leiterin zu disqualifizieren. Es bestätigt sich der von Tracy Davis formulierte Eindruck, dass Frauen im Theater zwar früh Unabhängigkeit genossen, weil sie hier in einer öffentlichen Sphäre jenseits des Privaten agierten, die ihren Zeitgenossinnen mitunter verwehrt blieb, doch sie eben deswegen Dämonisierung und Ächtung erfuhren, weil ihre Sichtbarkeit auf und hinter der Bühne eine männliche Dominanzkultur herausforderte.[12] Hinsichtlich der Bayerischen Staatstheater hat sich das am Beispiel von Hedwig Zeiß-Gasny, der Ehefrau des Intendanten gezeigt: Ob sie tatsächlich in die Geschicke des Hauses eingriff, muss aufgrund der Quellenlage Spekulation bleiben. Doch dass gerade sie zum Angriffspunkt der Intendanz Zeiß' werden konnte, verdeutlicht, dass Frauen als Bedrohung der gegebenen Ordnung betrachtet wurden. Leitungskompetenz wurde mit Virilität assoziiert, wie die Rhetoriken vom „Fach*mann*"[13], dem „Theater-Vollblut"[14], dem „Vater"[15] oder dem „Führerwille[n]"[16] gezeigt haben. Auch der Künstlerrat mit seiner aus-

---

9 Vgl. Balme, Die Krise der Nachfolge, S. 45.
10 Sinsheimer, *Gelebt im Paradies*, S. 271.
11 Ebd., S. 270.
12 Vgl. Davis, Questions for a Feminist Methodology in Theatre History, S. 70.
13 o.A., Hoftheaterfragen. Man sucht einen Intendanten. In: MNN, Nr. 475, 17.09.1912, S. 1, Hervorhebung durch Verf.
14 Ebd., S. 2.
15 Ulmer, *Perlicco – Perlacco*, S. 110.
16 Künstlerrat, Zum Intendantenwechsel an den Münchner Staatsbühnen. In: MAAZ, Nr. 35, 27.01.1920. In: BAYHSTA, Generaldirektion der Bayerischen Staatstheater, 890.

schließlich männlichen Besetzung hat sich als Männerbund erwiesen. Auf den Bühnen wurden in den expressionistischen Dramen die Väter zwar symbolisch ermordet, hinter der Bühne regierten sie aber weiter und so erscheint Herrschaft – zumindest an den öffentlich getragenen Theatern – auch nach 1918 in ihren symbolischen Bezügen noch als *männliche* Herrschaft.[17] Unterschwellig prägten so Vorstellungen vom starken, durchsetzungsfähigen, passionierten Mann das Berufsbild über Jahrzehnte mit.

Betrachtet man nun abschließend die bewegten Jahre der Weimarer Republik, zeigt sich, dass sich das Berufsbild des Intendanten in dieser Zeit professionalisiert und diversifiziert hat. Die Vielfältigkeit des Aufgabenkomplexes der Intendanz führt nicht erst heutzutage zu Schwierigkeiten in der praktischen Umsetzung, vielmehr erscheint das Amt bereits damals überlastet. Dementsprechend hat sich die Gestaltungsmacht der Intendanz auch als geringer erwiesen, als das hierarchisch organisierte Intendantenmodell zunächst erwarten ließ. Scheitern im höchsten Amt des Theaters war nicht nur persönlicher Schwäche geschuldet, sondern eher ein Ausdruck der dahinter liegenden Strukturen.

In diesem Zusammenhang hat es sich als aufschlussreich erwiesen, einen Blick auf die nicht-regieführenden Intendanten der Weimarer Republik zu werfen. Sicherlich lässt sich die Regie in der Zeit der Weimarer Republik als ein stabilisierender Faktor für die Institution Theater verstehen. Hiervon haben die Versuche gezeugt, Albert Steinrück, Erich Engel und Eugen Keller als Regisseure am Staatstheater zu halten beziehungsweise zu etablieren. Ihr Weggang bedeutete im Künstlerischen jeweils eine Schwächung des Standorts München. In Bezug auf das Intendantenamt selbst drängt sich jedoch ein anderer Schluss auf: Auch ohne die Ausübung einer Regietätigkeit, die zweifellos viel zusätzliche Zeit in Anspruch genommen hätte, wies das Intendantenamt in seiner Münchner Prägung bereits eine zu hohe Verantwortungskonzentration auf. Ihr konnten die hier betrachteten Personen kaum gerechnet werden, selbst wenn sie fachlich geschätzt und institutionell erfahren waren oder ein Beratungsorgan zur Seite gestellt bekamen. Einen regieführenden Intendanten vom Format eines Leopold Jessner zu berufen, hätte die Bayerischen Staatstheater im Theaterkosmos zwar zur ‚Brand' mit hohem Wiedererkennungswert gemacht und das Haus vordergründig stabilisiert, mit Blick auf das Innenleben der Bühne wären aber vermutlich ähnliche Nachfolgekrisen zu erwarten gewesen, wie Christopher Balme sie als institutionelles Dauerproblem des Theaters der Jetztzeit identifiziert hat.[18]

---

17 Vgl. Zum Konzept der männlichen Herrschaft: Bourdieu, *Die männliche Herrschaft*.
18 Vgl. Balme, Die Krise der Nachfolge, S. 52.

Natürlich war ein Teil dieser Überforderungsproblematik den historischen Konstellationen der Zeit geschuldet, wie besonders der Blick auf Fragen der Zensur und Versuche einer inhaltlichen Einflussnahme durch staatliche Stellen gezeigt hat. Aus den Funden von vor 100 Jahren schlicht Parallelen zur Gegenwart zu suchen, wäre dementsprechend zu simpel gedacht, selbst wenn Fälle wie der des Schauspieldirektors Alfons Pape dieser Tage unangenehm vertraut klingen. Auch mag sich die Tätigkeitsbeschreibung der Intendanz zwar ähnlich lesen wie ein Jahrhundert zuvor, doch hat sich die Welt seither massiv verändert. Das bestätigt sich auch mit Blick auf die Herausbildung neuer Arbeitskulturen, deren Logiken am Theater nicht spurlos vorübergegangen sind: Postmoderne Arbeitswelten sind nun von hierarchieflachen, auf Projektarbeit und Kreativität basierenden Strukturen geprägt, in denen das Subjekt wirtschaftliche Risiken zunehmend selbst trägt und im Sinn einer Selbstoptimierung internalisiert hat.[19] Diese Denkweisen hat sich die Kunst nicht nur einverleibt, sondern durch ein neues Selbstverständnis der Künstlerin als „Heldin" prekärer Arbeitskontexte entscheidend mitgeprägt, wie Bernadette Loacker argumentiert.[20] In solchen Selbstwidersprüchen mussten die Intendanten der Weimarer Republik noch nicht agieren. Auch waren die Mechanismen der Empörung damals andere: Die Intendanten der Weimarer Republik sahen sich zwar mit Pressekampagnen der zum Teil mehrmals täglich erscheinenden Zeitungen konfrontiert, doch müssen Intendant:innen sich heute mit der bisher ungekannten Rasanz digitaler ‚Shitstorms' auseinandersetzen.

Daher darf man nicht der Versuchung erliegen, die Situation von vor 100 Jahren unreflektiert auf das Heute zu applizieren. Gleichzeitig liefert aber die bereits damals sichtbar werdende strukturelle Überforderung des Intendantenamts zumindest ein weiteres Argument dafür, die Alleinherrschaft heutiger Intendant:innen – im Theater wie im Rundfunk – stärker zu hinterfragen. Oder, wie Andreas Wirsching formuliert:

> Wir lernen also nicht direkt aus der Geschichte im Sinne von politischen Handlungsanweisungen; Berlin ist auch weit davon entfernt, Weimar zu sein. Aber gestern wie heute mahnt Weimar zur politischen Wachsamkeit.[21]

---

19 Vgl. Boltanski/Chiapello, Die Rolle der Kritik in der Dynamik des Kapitalismus und der normative Wandel und Bröckling, *Das unternehmerische Selbst*.
20 Vgl. Loacker, BE CREATIVE!
21 Wirsching, Warum Berlin weit davon entfernt ist, Weimar zu sein.

Abkürzungsverzeichnis

Archive

ADK	Archiv der Akademie der Künste Berlin
BAYHSTA	Bayerisches Hauptstaatsarchiv
BSB	Bayerische Staatsbibliothek
BSO	Zentralarchiv für Medien der Bayerischen Staatsoper
DLA	Deutsches Literaturarchiv Marbach
DTM	Archiv des Deutschen Theatermuseums in München
FDH	Freies Deutsches Hochstift Frankfurt am Main
GSTA	Geheimes Staatsarchiv Stiftung Preußischer Kulturbesitz
MSA	Münchner Stadtarchiv
TMD	Archiv des Theatermuseums Düsseldorf
TMW	Archiv des Theatermuseums in Wien
TWS	Theaterwissenschaftliche Sammlung der Universität zu Köln
UBF	Universitätsbibliothek J.C. Senckenberg Frankfurt am Main
UBM	Universitätsbibliothek der LMU München

Zitierte Zeitungen & Zeitschriften

Um das Literaturverzeichnis kompakt zu halten, werden historische Zeitungen und Zeitschriften, deren Artikel meist Archivakten entnommen sind, nur an der jeweiligen Stelle im Text mit genauer Quellenangabe zitiert. Die am häufigsten benutzten Zeitungen und Zeitschriften werden unter folgenden Kürzeln genannt:

ANN	Augsburger Neueste Nachrichten
APZ	Augsburger Postzeitung
AZ	Allgemeine Zeitung
BK	Bayerischer Kurier
BSTZ	Bayerische Staatszeitung
BT	Berliner Tageblatt
DB	Die Deutsche Bühne
DBS	Deutscher Bühnenspielplan
FZ	Frankfurter Zeitung
MAAZ	München-Augsburger Abendzeitung
MNN	Münchner Neueste Nachrichten
MNN (GA)	Münchner Neueste Nachrichten – Generalanzeiger
MOPO	Morgenpost
MP	Münchener Post
MTZ	Münchner Telegramm-Zeitung
MZ	Münchner Zeitung
NWJ	Neues Wiener Journal

Open Access. © 2026 bei den Autorinnen und Autoren, publiziert von De Gruyter. Dieses Werk ist lizenziert unter einer Creative Commons Namensnennung 4.0 International Lizenz.
https://doi.org/10.1515/9783111442884-008

TZSBM	Theaterzeitung der staatlichen Bühnen Münchens
VB	Völkischer Beobachter
VZ	Vossische Zeitung
WAS	Welt am Sonntag

Übersicht über die benutzten Archivbestände

Archiv der Akademie der Künste Berlin (ADK)
Heinrich-Mann-Archiv: 2495, 2507

Archiv des Theatermuseums Düsseldorf (TMD)
Nachlass Helmut Grosse

Archiv des Theatermuseums in Wien (TMW)
FS_PSA18485, FS_PSA18495, FS_PSA18521, FS_PSA18539, FS_PSA18564, FS_PSA18571, FS_PSA18572 und FS_PSA76220

Bayerisches Hauptstaatsarchiv (BAYHSTA)
Intendanz der Bayerischen Staatsoper: 70, 115, 374, 443, 1332, 2995
Intendanz des Bayerischen Staatsschauspiels: 202, 261, 403, 569, 602
Generalintendanz der Bayerischen Staatstheater: 393, 472, 546, 740, 806, 890, 935, 998, 1502/1, 1521, 1903
LEA: 1040, 59494
MA: 991, 100218
MJu: 16530
MK: 14513 (nachkassiert), 41005, 41007, 45022, 45125, 45128, 45269, 45370, 45393, 45409, 50052, 50186, 50191, 50192, 58000

Bayerische Staatsbibliothek (BSB)
Nachlass Eugen Ortner: Ana 438 Sch19
Nachlass Franckensteiniana
St.th: 1586–6,1, 1586–6,2, 1586–6,3, 1586–11

Deutsches Literaturarchiv Marbach (DLA)
HS.1978.0002.00941, HS.1978.0002.00942, HS.1978.0002.00943, HS.1985.0001.03010,1–7.

Deutsches Theatermuseum in München (DTM)
Historisches Archiv zum Kgl. Hoftheater / Bayerischen Staatsschauspiel: Regiebuch von Eugen Keller zu dem Schauspiel „Titus Andronicus" von Shakespeare, Premiere am 15.10.1924, Prinzregententheater München (Alt-Signatur: SH1/62/12), Regiebuch von Albert Steinrück zu dem Schauspiel „Der Revolutionär" von Wilhelm Speyer, Premiere am 01.02.1919, Residenztheater München (Alt-Signatur: S 45/2/1), Regiebuch von Albert Steinrück zu dem Schauspiel „Hannibal" von Christian Dietrich Grabbe, Premiere am 20.12.1918, Nationaltheater München (Alt-Signatur: G54/6/1)
Nachlass Otto Falckenberg: VIII 7431, VIII 7433, VIII 7434, VIII 19530
Nachlass Gerhard Gutherz: Tagebuch Gerhard Gutherz XV
Nachlass Karl Zeiß (Zugangsinv.-Nr. 1983/25): Fotoalbum, Kondolenzen, Mappe Hedwig Gasny, Mappe „Persönliches und Dienstliches des Geh. Rats Dr. phil Karl Zeiß Generalintendant der Bayer. Staatstheater"
Verwendete Bilder: Siehe Abbildungsverzeichnis

Freies Deutsches Hochstift in Frankfurt (FDH)
Nachlass Georg von Franckenstein
Nachlass Hugo von Hofmannsthal: HS 30633,20, HS 30633,30, HS 30633,44

Geheimes Staatsarchiv Stiftung Preußischer Kulturbesitz (GSTA)
BPH Brandenburg-Preußisches Hausarchiv, Rep. 119 Generalintendanz der Staatstheater, Nr. 2040.

Münchner Stadtarchiv (MSA)
KULA: 277, 286, 353-1, 423, 425, 433-2
NL-HOF: 14
ZA: 16977, 16978, 16980, 16981, 16986, 16987, 17041, 17042, 17043, 17050, 17080, 17081, 17082, 17083, 17084, 17092
ZA-P: 134-21, 252-11, 372-23, 472-31, 600-4

Theaterwissenschaftliche Sammlung der Universität zu Köln (TWS)
Kritikenarchiv

Universitätsbibliothek J.C. Senckenberg Frankfurt am Main (UBF)
Nachlass Richard Weichert: Na Mus 81

Universitätsbibliothek der LMU München (UBM)
0910/GM 7651 M693 M51.917(M)

Zentralarchiv für Medien der Bayerischen Staatsoper (BSO)
Inv. Verz. VIII a, Nr. 92, S. 17

Der genaue Fundort der zitierten Dokumente ist den jeweiligen Fußnoten zu entnehmen. Dabei werden zuerst der:die Urheber:in und der Name oder die Art des Dokuments genannt, dann das Datum, soweit eines vorhanden ist. Danach folgen das Kürzel der Bestand-haltenden Institution, der Bestandsname und die jeweilige Aktnummer. Seitenzahlen werden nur genannt, wenn die Originaldokumente paginiert sind. Nach ihrer ersten Nennung werden mehrmals zitierte Dokumente dann in einer Kurzform genannt, die sich an den gängigen Schreibweisen für Kurztitel von zitierter Literatur orientiert.

Literaturverzeichnis

Primärquellen

Bernays, Edward: *Propaganda. Die Kunst der Public Relations [Propaganda]*. Übers. von Partick Schnur. Berlin 2020.
Brecht, Bertolt: Trommeln in der Nacht. In: Ders.: *Frühe Stücke*. Berlin 2019, S. 83–138.
Bronnen, Arnolt: *Tage mit Bertolt Brecht. Geschichte einer unvollendeten Freundschaft*. München 1960.
Bruckner, Ferdinand: *Elisabeth von England. Schauspiel*. Berlin 1930.
Büchner, Georg: *Der Hessische Landbote*. In: *Georg Büchner | Portal*, http://buechnerportal.de/werke/der-hessische-landbote [letzter Zugriff: 07.07.2025].
Busoni, Ferruccio: *Entwurf einer neuen Ästhetik der Tonkunst*. Leipzig ²1916.
Delle Cave, Ferruccio (Hrsg.): *Correspondenzen. Briefe an Leopold von Andrian. 1894–1950*. Marbach am Neckar 1989.
Eisner, Kurt: *Die neue Zeit*. Bd. 2. München 1919.
Engel, Erich: „Im Dickicht der Städte" von Bertolt Brecht. In: Lenk, Thea (Red.): *Schriften. Über Theater und Film*. Berlin 1971, S. 75–79.
Engel, Erich: „Szenische Kunst 1920." In: Lenk, Thea (Red.): *Schriften. Über Theater und Film*. Berlin 1971, S. 13–16.
Feuchtwanger, Lion: *Erfolg*. Berlin ¹²2019.
Franckenstein, Clemens von: Der Opernspielplan. In: McCredie, Andrew D.: *Clemens von Franckenstein*. Tutzing 1992, S. 59–61.
Franckenstein, Georg von: *Facts and Features of my Life*. London u.a. 1939.
Gebhard, Ludwig: *Handkommentar zur Verfassung des Deutschen Reiches vom 11. August 1919*. München u.a. 1932.
Generaldirektion der bayerischen Staatstheater (Hrsg.): *150 Jahre bayerisches National-Theater*. München 1928.
Goebbels, Joseph: Du holde Kunst, ich danke Dir. In: Theater-Tageblatt (Hrsg.): *5 Jahre Theater-Tageblatt. Der Weg zum deutschen Nationaltheater*. Berlin 1933, S. 50–54.
Graf, Oskar Maria: *Wir sind Gefangene. Ein Bekenntnis*. Berlin 2019.
Hecht, Ben: *Revolution im Wasserglas. Geschichten aus Deutschland 1919*. Übers. von Dieter H. Stündel/Helga Herborth. Berlin 2006.
Heydel, Constantin: Ausgang – Weg – Ziel. In: *Bavaria. Wochenschrift für bayerische Kulturpolitik* 1/1 (1930), S. 1–2.
Hofmannsthal, Hugo von: *Briefwechsel mit Clemens von Franckenstein. 1894–1928*. Hrsg. von Ulrike Landfester. Freiburg im Breisgau 1998.
Hofmannsthal, Hugo von: *Der Schwierige. Lustspiel in drei Akten*. Hrsg. von Ursula Renner. Ditzingen 2000.
Hofmannsthal, Hugo von/Wildgans, Anton: *Briefwechsel*. Hrsg. von Norbert Altenhofer. Heidelberg 1971.
Hofmiller, Josef: *Revolutionstagebuch 1918/19. Aus den Tagen der Münchner Revolution*. Leipzig 1938.
Horlacher, Richard (Hrsg.): *Antisemitismus? 125 Antworten aus Bayern*. Berlin 1931.
Ihering, Herbert: *Reinhardt, Jeßner, Piscator oder Klassikertod?* Berlin 1929.
Keller, Eugen: *Theater als Berufung und Verpflichtung*. Hrsg. von Maria Keller-Andor/Edmund Stadler. Bern 1962.

Kilian, Eugen: *Aus der Theaterwelt. Erlebnisse und Erfahrungen. Mit besonderer Berücksichtigung meiner Tätigkeit als Oberregisseur am Münchner Hoftheater 1908 bis 1918.* Karlsruhe 1924.
Klemperer, Victor: *Man möchte immer weinen und lachen in einem. Revolutionstagebuch 1919.* Berlin 2016.
Königl. Baÿer. General-Intendanz der Hoftheater und der Hofmusik (Hrsg.): *Almanach für das Spieljahr 1913/14 (19. September 1913 mit 18. September 1914).* München 1914.
Königl. Baÿer. General-Intendanz der Hoftheater und der Hofmusik (Hrsg.): *Almanach für das Spieljahr 1914/15 (19. September 1914 mit 18. September 1915).* München 1915.
Königl. Baÿer. General-Intendanz der Hoftheater und der Hofmusik (Hrsg.): *Almanach für das Spieljahr 1915/16 (19. September 1915 mit 18. September 1916).* München 1916.
Königl. Baÿer. General-Intendanz der Hoftheater und der Hofmusik (Hrsg.): *Almanach für das Spieljahr 1917/18 (19. September 1917 mit 9. November 1918).* München 1918.
Mann, Heinrich: *Der Weg zur Macht.* Leipzig 1919.
Mann, Heinrich: *Die große Liebe. Drama in vier Akten.* Berlin 1912.
Mann, Thomas: *Betrachtungen eines Unpolitischen.* Frankfurt am Main ^{5}2012.
Mann, Thomas et al.: *Kampf um München als Kulturzentrum.* München 1926.
Mendelssohn, Peter de (Hrsg.): *Thomas Mann. Tagebücher 1918–1921.* Frankfurt am Main 1979.
Möller, Alfred/Sachs, Lothar: *Meine Frau, die Hofschauspielerin. Lustspiel in 5 Akten* (Inspizier- oder Rollenbuch möglicherweise der Münchner Aufführung) Berlin 1917, In: UBM, 0910/GM 7651 M693 M51.917(M).
Mühsam, Erich: Die Monarchie. In: *Kain. Zeitschrift für Menschlichkeit* 3/8 (1913), S. 113–120.
Mühsam, Erich: *Namen und Menschen. Unpolitische Erinnerungen.* Berlin 1977.
Mühsam, Erich: Münchener Theater. In: *Kain. Zeitschrift für Menschlichkeit* 3/9 (1913), S. 139–140.
Mühsam, Erich: Münchener Theater. In: *Kain. Zeitschrift für Menschlichkeit* 4/1 (1914), S. 8–13.
Müller, Hans: *Das Wunder der Heliane. Oper in drei Akten.* Mainz 1927.
Münsterer, Hans Otto: *Bert Brecht. Erinnerungen aus den Jahren 1917–1922.* Zürich 1963.
Multatuli: *Max Havelaar.* Übers. von Wilhelm Spohr. Minden 1903.
Nationaltheater München (Hrsg.): *Almanach für das Spieljahr 1920/21. Mit chronologischen Nachträgen über die Spieljahre 1918/19 und 1919/20.* München 1920.
o.A.: *Der Fall „Schloss Wetterstein". Erklärung der Münchner Kammerspiele.* München 1920.
o.A.: *Verfassungsurkunde des Freistaates Bayern.* In: *Gesetz- und Verordnungs-Blatt für den Freistaat Bayern* 58 (1919), S. 531–551.
o.A.: *Verhandlungen des Bayerischen Landtags. Ordentliche und außerordentliche Tagung 1919. Stenographische Berichte Nr. 1 bis 27.* Bd. 1. München 1919.
o.A.: *Verhandlungen des Bayerischen Landtags. II. Tagung 1921/22. Stenographische Berichte Nr. 110 bis 135.* Bd. 5. München 1922.
o.A.: *Verhandlungen des Bayerischen Landtags. V. Tagung 1931/32. Stenographische Berichte Nr. 135 bis 148.* Bd. 4. München 1932.
o.A.: *Verhandlungen des provisorischen Nationalrates des Volksstaates Bayern im Jahre 1918/1919. Stenographische Berichte Nr. 1 bis 10. 1. Sitzung am 8. November 1918 bis zur 10. Sitzung am 4. Januar 1919.* München 1919.
Ortner, Eugen: *Insulinde oder Die Kaffeemaschinen von Lebak.* München 1929.
Petzet, Wolfgang: *Otto Falkenberg. Mein Leben, mein Theater. Nach Gesprächen und Dokumenten aufgezeichnet.* München u. a. 1944.
Pfitzner, Hans: *Futuristengefahr. Bei Gelegenheit von Busoni's Ästhetik.* München 1917.

Pfitzner, Hans: *Palestrina*. In: Bayerische Staatsoper (Hrsg.)/Karlitschek, Rainer (Red.): *Palestrina. Musikalische Legende in drei Akten* (Programmheft). München, Spielzeit 2008/2009, Prem. 19.01.2009, S. 23–87.
Schlenck, Hans: Der Schauspieler im neuen Deutschland. Auswahl und Ausbildung des Nachwuchses. In: Theater-Tageblatt (Hrsg.): *5 Jahre Theater-Tageblatt. Der Weg zum deutschen Nationaltheater.* Berlin 1933, S. 35.
Schnitzler, Arthur: *Die Schwestern oder Casanova in Spa.* In: Ders.: *Die Dramatischen Werke.* Bd. 2. Frankfurt am Main 1962, S. 651–737.
Schnitzler, Arthur: *Der Weg ins Freie.* Frankfurt am Main 1990.
Schnitzler, Arthur: *Tagebuch. 1909–1912.* Wien 1981.
Schriftleitung der Leipziger Abendzeitung (Hrsg.): *Der Einfluss des Krieges auf die deutsche Theaterwelt. Eine Rundfrage über die Gestaltung des deutschen Spielplans bei Bühnenleitern, Künstlern, Schriftstellern und Tondichtern deutscher Zunge.* Leipzig 1915.
Schwanneke, Victor (Hrsg.): *Führer durch das Theater-Museum der Klara Ziegler-Stiftung Königinstraße 25 zu Gunsten der Genossenschaft Deutscher Bühnenangehöriger.* München 1910.
Schwanneke, Victor (Hrsg.): *Führer durch das Theater-Museum der Klara Ziegler-Stiftung Königinstraße 25 zu Gunsten der Genossenschaft Deutscher Bühnenangehöriger.* München 1916.
Seel, Hanns: *Gesetz zur Wiederherstellung des Berufsbeamtentums.* Berlin 1933.
Seelig, Ludwig: *Geschäftstheater oder Kulturtheater.* Berlin 1914.
Sinsheimer, Hermann: *Gelebt im Paradies. Gestalten und Geschichten.* Hrsg. von Nadine Englhart. Berlin 2013.
Sorge, Reinhard: *Der Bettler. Eine Dramatische Sendung.* Berlin 1912.
Stolzing, Josef: *Friedrich Friesen. Schauspiel in drei Aufzügen und einem Nachspiel.* München 1930.
Strauss, Richard/Hofmannsthal, Hugo von: *Briefwechsel.* Hrsg. von Willi Schuh. Zürich 1978.
Theatergemeinde München e.V. Volksbund für Kunst und Theater in christlich-deutschem Volksgeist (Hrsg.): *Gegen den Kultur-Abbau an den bayerischen Staatstheatern. Weckruf der Theatergemeinde München.* München 1932.
Theater-Tageblatt (Hrsg.): *5 Jahre Theater-Tageblatt. Der Weg zum deutschen Nationaltheater.* Berlin 1933.
Ulmer, Friedrich: Die schöpferischen Kräfte der Schaubühne. In: *Bavaria. Wochenschrift für bayerische Kulturpolitik* 1/7 (1930), S. 1–6.
Ulmer, Friedrich: *Perlicco – Perlacco. Aus dem Leben eines Schauspielers.* München 1943.
Unruh, Fritz von: *Phaea.* Berlin 1930.
Walter, Bruno: *Thema und Variationen. Erinnerungen und Gedanken.* Frankfurt am Main 1967.
Walter Lindt, Lotte (Hrsg.): *Bruno Walter. Briefe. 1894–1962.* Frankfurt am Main 1969.
Wildgans, Anton: *Ein Leben in Briefen.* Bd. 1. Hrsg. von Lilly Wildgans. Wien 1947.
Wildgans, Anton: *Liebe.* Leipzig 1916.
Zeiß, Karl: *Die Staatsidee Pierre Corneille's mit einer Einleitung über die politische Litteratur [sic!] Frankreichs von der Renaissance bis auf Corneille in ihren Hauptvertretern.* Leipzig 1896.
Zeiß, Karl: Jugenderinnerungen. II. Teil. In: *Almanach für Opernhaus Schauspielhaus Neues Theater 1919/20.* Frankfurt am Main o.J., S. 7–11.
Zeiß, Karl: Meininger Jugenderinnerungen. In: *Almanach für Opernhaus und Schauspielhaus 1918/19.* Frankfurt am Main o.J., S. 8–10.
Zuckmayer, Carl: Ohne Titel. In: Engel, Erich: *Schriften. Über Theater und Film.* Red. von Thea Lenk. Berlin 1971, S. 251–252.

Sekundärliteratur

Abusch, Alexander: Suchender und wissender Künstler, überzeugter Kämpfer. In: Engel, Erich: *Schriften. Über Theater und Film.* Red. von Thea Lenk. Berlin 1971, S. 5–9.

Albrecht, Dieter: Bruno Walter, Kriegsende und Revolution in München und der Plan einer Volksoper. In: Fried, Pankraz/Ziegler, Walter (Hrsg.): *Festschrift für Andreas Kraus zum 60. Geburtstag.* Kallmünz 1982, S. 441–453.

Altman, Georg: *Heinrich Laubes Prinzip der Theaterleitung. Ein Beitrag zur Ästhetik der dramatischen Kunst im XIX. Jahrhundert.* Dortmund 1908.

Angelaeas, Babette: Das deutsche Theatermuseum. Seine Entstehung und Geschichte. In: Deutsches Theatermuseum (Hrsg.): *Deutsches Theatermuseum. Entdecken, was dahinter steckt.* München 2010, S. 1–34.

Aretin, Catejan von: Vom Umgang mit gestürzten Häuptern. Zur Zuordnung der Kunstsammlungen in deutschen Fürstenabfindungen 1918–1924. In: Biskup, Thomas/Kohlrausch, Martin (Hrsg.): *Das Erbe der Monarchie. Nachwirkungen einer deutschen Institution seit 1918.* Frankfurt am Main/New York 2008, S. 161–183.

Assmann, Aleida: *Formen des Vergessens.* Göttingen 2016.

Aster, Misha: *Staatsoper. Die bewegte Geschichte der Berliner Lindenoper im 20. Jahrhundert.* München 2017.

Barbian, Jan-Pieter: Der Börsenverein in den Jahren 1933 bis 1945. In: Füssel, Stephan/Jäger, Georg/Staub, Hermann (Hrsg.): *Der Börsenverein des Deutschen Buchhandels 1825–2000. Ein geschichtlicher Aufriss.* Frankfurt am Main 2000, S. 91–117.

Bahr, Gisela E.: *Im Dickicht der Städte. Erstfassung und Materialien.* Frankfurt am Main 1968.

Balme, Christopher: Die Krise der Nachfolge. Zur Institutionalisierung charismatischer Herrschaft im deutschen Stadt- und Staatstheater. In: *Zeitschrift für Kulturmanagement und Kulturpolitik* 5/2 (2019), S. 37–54.

Balme, Christopher: Institutional Aesthetics and the Crisis of Leadership. In: Eckersall, Peter/Grehan, Helena (Hrsg.): *The Routledge Companion to Theatre and Politics.* Oxon/New York 2019, S. 169–172.

Balme, Christopher: Legitimationsmythen des deutschen Theaters. Eine institutionsgeschichtliche Perspektive. In: Zimmer, Annette/Mandel, Birgit (Hrsg.): *Cultural Governance. Legitimation und Steuerung in den darstellenden Künsten.* Wiesbaden 2021, S. 19–42.

Balme, Christopher: Stadt-Theater. Eine deutsche Heterotopie zwischen Provinz und Metropole. In: Dogramaci, Burcu (Hrsg.): *Großstadt. Motor der Künste in der Moderne.* Berlin 2010, S. 61–76.

Balme, Christopher: Unter Übermenschen. In: *Süddeutsche Zeitung* (31.08.2016), https://www.sueddeutsche.de/kultur/charismatische-herrschaft-in-der-kunst-unter-uebermenschen-1.3143348 [letzter Zugriff: 19.06.2023].

Balme, Christopher: *The Theatrical Public Sphere.* Cambridge 2014.

Balme, Christopher/Fisher, Tony: Introduction. In: Dies. (Hrsg.): *Theatre Institutions in Crisis.* London 2020, S. 1–23.

Bäuml, Maria Magdalena: *Kulturpolitik gegen die Krise der Demokratie. Das Bayerische Staatsministerium für Unterricht und Kultus 1926–1932.* München 2018.

Bauer, Reinhardt/Piper, Ernst: *München. Geschichte einer Stadt.* München 1996.

Baumeister, Martin: *Kriegstheater. Großstadt, Front und Massenkultur 1914–1918.* Essen 2005.

Becker, Sabine: *Experiment Weimar. Eine Kulturgeschichte Deutschlands 1918–1933.* Darmstadt 2018.

Benz, Wolfgang: Gesetz zur Wiederherstellung des Berufsbeamtentums. In: Ders. (Hrsg.): *Handbuch des Antisemitismus. Judenfeindschaft in Geschichte und Gegenwart.* Bd. 4. Berlin 2011, S. 146–147.

Bertusch, Christopher: Josef Hofmiller. In: *Literaturportal Bayern*, https://www.literaturportal-bayern. de/autorenlexikon?task=lpbauthor.default&pnd=118706195, [letzter Zugriff: 05.06.2025].
Bigler-Marschall, Ingrid: Keller, Eugen. In: *Deutsches Theaterlexikon Online*, https://www.degruyter. com/database/DTLO/entry/dtlo.3.0344/html, [letzter Zugriff: 03.02.2023].
Bigler-Marschall, Ingrid: Stephany, Victor. In: *Deutsches Theater-Lexikon Online*, https://www.degruyter. com/database/DTLO/entry/dtlo.IV.0811/html, [letzter Zugriff: 20.04.2024].
Bigler-Marschall, Ingrid: Stieler, Hilde. In: *Deutsches Theater-Lexikon Online*, https://www.degruyter.com/ database/DTLO/entry/dtlo.IV.0898/html [letzter Zugriff: 20.04.2024].
Bilstein, Franz Michael: *Hermine Körner (1878–1960). Eine Schauspielerin im Wandel.* Berlin 1970.
Bischel, Matthias: Räterepublik Baiern (1919). In: *Historisches Lexikon Bayerns* (22.03.2019), https:// www.historisches-lexikon-bayerns.de/Lexikon/Räterepublik_Baiern_(1919), [letzter Zugriff: 19.06.2023].
Boetzkes, Manfred et al.: Verarbeitung des kulturellen Erbes. Tendenzen der Klassiker-Inszenierung. In: Kunstamt Kreuzberg/Institut für Theaterwissenschaft der Universität zu Köln (Hrsg.): *Theater in der Weimarer Republik.* Berlin 1977, S. 739–757.
Boetzkes, Manfred/Queck, Marion: Die Theaterverhältnisse nach der Novemberrevolution. In: Kunstamt Kreuzberg/Institut für Theaterwissenschaft der Universität zu Köln (Hrsg.): *Theater in der Weimarer Republik.* Berlin 1977, S. 687–716.
Boltanski, Luc/Chiapello, Eve: Die Rolle der Kritik in der Dynamik des Kapitalismus und der normative Wandel. In: *Berliner Journal für Soziologie* 11/4 (2001), S. 459–475.
Bourdieu, Pierre: *Die männliche Herrschaft [La domination masculine].* Übers. von Jürgen Bolder. Frankfurt am Main ^{6}2021.
Bratton, Jacky: *New Readings in Theatre History.* Cambridge 2003.
Braunmüller, Robert/Schläder, Jürgen: *Tradition mit Zukunft. 100 Jahre Prinzregententheater München.* Wiesbaden 1996.
Brendecke, Arndt: Attention and Vigilance as Subjects of Historiography. An Introductory Essay. In: *Storia della Storiografia* 74/2 (2018), S. 17–27.
Brendecke, Arndt: *The Empirical Empire. Spanish Colonial Rule and the Politics of Knowledge.* Berlin/ Boston 2016.
Brendecke, Arndt: Warum Vigilanzkulturen? Grundlagen, Herausforderungen und Ziele eines neuen Forschungsansatzes. In: *Mitteilungen des Sonderforschungsbereichs 1369 ‚Vigilanzkulturen'* 1 (2020), S. 11–17.
Brenner, Hildegard: *Die Kunstpolitik des Nationalsozialismus.* Reinbek bei Hamburg 1963.
Bröckling, Ulrich: Anruf und Adresse. In: Gellhard, Andreas/Alkemeyer, Thomas/Ricken, Norbert (Hrsg.): *Techniken der Subjektivierung.* München 2013, S. 49–59.
Bröckling, Ulrich: *Postheroische Helden. Ein Zeitbild.* Berlin 2020.
Bröckling, Ulrich: *Das unternehmerische Selbst. Soziologie einer Subjektivierungsform.* Frankfurt am Main ^{7}2019.
Bullinger, Matthias: *Kunstförderung zwischen Monarchie und Republik. Entwicklungen der Kunstförderung in Württemberg zwischen 1900 und 1933 am Beispiel der Theater in Stuttgart, Ulm und Heilbronn.* Frankfurt am Main 1997.
Buschmann, Paul: Das Drama Eugen Ortners. In: Ortner, Eugen: *Insulinde oder Die Kaffeemaschinen von Lebak.* München 1929, S. 5–15.
Busch-Salmen, Gabriele und Günther Weiß: *Hans Pfitzner. Münchner Dokumente. Bilder und Bildnisse.* Regensburg 1990.

Coser, Lewis A.: *Gierige Institutionen. Soziologische Studien über totales Engagement [Greedy Institutions. Patterns of Undivided Commitment]*. Übers. von Marianne Egger de Campo. Berlin 2015.
Crary, Jonathan: *Aufmerksamkeit. Wahrnehmung und moderne Kultur [Suspension of Perception. Attention, Spectacle and Modern Culture]*. Übers. von Heinz Jatho. Frankfurt am Main 2002.
Cromme, Rasmus/Frühinsfeld, Katrin: „Im Namen des Reichs" – „Arisierung", rassische und politische Verfolgung an der Staatsoper. Vorgänge und Personalien der Jahre 1933 bis 1944. In: Karlitschek, Rainer/Stampfli, Benedikt (Red.): *Ideologische Praxis vor und hinter den Kulissen. Antisemitismus, Verfolgung, „Deutsche Kunst"*. München 2015/2016, S. 5–15.
Daniel, Ute: *Hoftheater. Zur Geschichte des Theaters und der Höfe im 18. und 19. Jahrhundert*. Stuttgart 1995.
Davis, Tracy C.: Questions for a Feminist Methodology in Theatre History. In: Postlewait, Thomas/McConachie, Bruce A. (Hrsg.): *Interpreting the Theatrical Past. Essays in the Historiography of Performance*. Iowa City ²1991, S. 59–81.
de Ponte, Susanne: *Caspar Neher Bertolt Brecht. Eine Bühne für das epische Theater*. Hrsg. von Deutsches Theatermuseum München. Leipzig 2006.
Dewenter, Bastian/Jakob, Hans-Joachim (Hrsg.): *Theatergeschichte als Disziplinierungsgeschichte? Zur Theorie und Geschichte der Theatergesetze des 18. und 19. Jahrhunderts*. Heidelberg 2018.
DiMaggio, Paul J./Powell, Walter W.: The Iron Cage Revisited. Institutional Isomorphism and Collective Rationality in Organizational Fields. In: *American Sociological Review* 48/2 (1983), S. 147–160.
Dussel, Konrad: Theater in der Krise. Der Topos und die ökonomische Realität in der Weimarer Republik. In: Ehrlich, Lothar (Hrsg.): *Weimar 1930. Politik und Kultur im Vorfeld der NS-Diktatur*. Köln u. a. 1998, S. 211–223.
Dussel, Konrad: Theaterkrise und städtisches Nationalbewusstsein. Das Beispiel des Mannheimer Nationaltheaters in der Weimarer Republik. In: Schraut, Sylvia/Stier, Bernhard (Hrsg.): *Stadt und Land. Bilder, Inszenierungen und Visionen in Geschichte und Gegenwart. Wolfgang von Hippel zum 65. Geburtstag*. Stuttgart 2001, S. 275–287.
Eckert, Nora: *Das Bühnenbild im 20. Jahrhundert*. Berlin 1998.
Ederer, Karl Peter: *Karl Zeiss. (1871–1924). Sein Leben und künstlerisches Werk! Theaterwissenschaftlicher Beitrag zur Dresdner, Frankfurter und Münchner Theatergeschichte*. München 1953.
Ehberger, Wolfgang: Verfassung des Freistaates Bayern (1919). In: *Historisches Lexikon Bayerns* (23.08.2017), https://www.historisches-lexikon-bayerns.de/Lexikon/Verfassung_des_Freistaates_Bayern_(1919) [letzter Zugriff: 19.06.2023].
Eicher, Thomas: Teil II. Spielplanstrukturen 1929–1944. In: Rischbieter, Henning (Hrsg.): *Theater im „Dritten Reich". Theaterpolitik Spielplanstruktur NS-Dramatik*. Seelze-Velber 2000, S. 285–486.
Engel-Reimers, Charlotte: *Die deutschen Bühnen und ihre Angehörigen. Eine Untersuchung über die wirtschaftliche Lage von Dr. Charlotte Engel Reimers*. Leipzig 1911.
Ettel, Elisabeth: Elisabeth Bergner. In: *Künste im Exil*, https://kuenste-im-exil.de/KIE/Content/DE/Personen/bergner-elisabeth.html [letzter Zugriff: 08.03.2021].
Euler, Friederike: *Der Regisseur und Schauspielpädagoge Otto Falckenberg*. München 1976.
Euler, Friederike: Theater zwischen Anpassung und Widerstand. Die Münchner Kammerspiele im Dritten Reich. In: Broszat, Martin/Fröhlich, Elke (Hrsg.): *Bayern in der NS-Zeit II. Herrschaft und Gesellschaft im Konflikt Teil A*. Bd. 2. München/Wien 1979, S. 91–174.
Fähnders, Walter/Karrenbock, Helga: Wilhelm Speyer: Eine Wiederentdeckung. Einleitung. In: Ders./Dies. (Hrsg.): *Wilhelm Speyer (1887–1952). Zehn Beiträge zu seiner Wiederentdeckung*. Bielefeld 2009, S. 9–16.

Feilchenfeldt, Konrad: *Bertolt Brecht „Trommeln in der Nacht". Materialien, Abbildungen, Kommentar.* München 1976.
Fischer, Ernst: *Der „Schutzverband deutscher Schriftsteller". 1909–1933.* Frankfurt am Main 1980.
Fischer, Jens Malte: Das befremdende Hauptwerk. Erich Wolfgang Korngolds *Das Wunder der Heliane*. In: Stollberg, Arne (Hrsg.): *Erich Wolfgang Korngold. Wunderkind der Moderne oder letzter Romantiker?* München 2008, S. 199–211.
Fischli, Bruno: Zur Herausbildung von Formen faschistischer Öffentlichkeit in der Weimarer Republik. In: Kunstamt Kreuzberg/Institut für Theaterwissenschaft der Universität zu Köln (Hrsg.): *Theater in der Weimarer Republik*. Berlin 1977, S. 891–922.
Fraser, Nancy: Theorie der Öffentlichkeit. Übers. von Nikolaus Gramm. In: Brunkhorst, Hauke/Kreide, Regina/Lafont, Cristina (Hrsg.): *Habermas Handbuch*. Stuttgart/Weimar 2009, S. 148–155.
Freunde des Nationaltheaters e.V. (Hrsg.): *Die Portrait-Galerie im Nationaltheater*. München 1990.
Frey, Stefan (Hrsg.): *150 Jahre Gärtnerplatztheater. Dem Volk zur Lust und zum Gedeihen*. Leipzig 2015.
Fritzi, Gregor: Politik als Beruf (1919). In: Müller, Hans-Peter/Sigmund, Steffen (Hrsg.): *Max Weber Handbuch. Leben – Werk – Wirkung*. Berlin ²2020, S. 265–270.
Föllmer, Moritz/Graf, Rüdiger/Leo, Per: Einleitung. Die Kultur der Krise in der Weimarer Republik. In: Ders./Ders. (Hrsg.): *Die „Krise" der Weimarer Republik. Zur Kritik eines Deutungsmusters*. Frankfurt am Main/New York 2005, S. 9–41.
Foucault, Michel: *Überwachen und Strafen. Die Geburt des Gefängnisses [Surveiller et punir. La naissance de la prison]*. Übers. von Walter Seitter. Frankfurt am Main 1994.
Fuchs, Hans-Jürgen: Wilhelm Spohr und Karl Mischke als Vermittler Multatulis in Deutschland. In: Ders./Schenk, Bernd (Hrsg.): *Beiträge zur Multatuli-Forschung. Mitteilungen der Internationalen Multatuli-Gesellschaft Ingelheim*. Bd. 6. Fernwald 1998, S. 156–159.
Führer, Karl Christian: „Kulturkrise" und Nationalbewusstsein. Der Niedergang des Theaters in der späten Weimarer Republik als bürgerliche Identitätskrise. In: Ders./Hagmann, Karen/Kundrus, Birthe (Hrsg.): *Eliten im Wandel. Gesellschaftliche Führungsschichten im 19. und 20. Jahrhundert*. Münster 2004, S. 155–178.
Gay, Peter: *Die Republik der Außenseiter. Geist und Kultur in der Weimarer Zeit 1918–1933 [Weimar Culture. The Outsider as Insider]*. Übers. von Helmut Lindemann. Frankfurt am Main 1970.
Gebhard, Winfried: Charisma und Ordnung. Formen des institutionalisierten Charisma [sic!] – Überlegungen in Anschluß an Max Weber. In: Ders./Zingerle, Arnold/Ebertz, Michael N. (Hrsg.): *Charisma. Theorie – Religion – Politik*. Berlin/New York 1993, S. 47–68.
Gerhard, Anselm: Oberaufseher. In: *Opernwelt* 57/12 (2016), S. 71.
Gerstinger, Heinz: *Der Dramatiker Anton Wildgans*. Innsbruck 1981.
Götschmann, Dirk: Landtagswahlen (Weimarer Republik). In: *Historisches Lexikon Bayerns* (22.11.2006), https://www.historisches-lexikon-bayerns.de/Lexikon/Landtagswahlen_(Weimarer_Republik)#Die_Landtagswahlen_vom_12._Januar_(2._Februar)_1919 [letzter Zugriff: 11.07.2025].
Göttsche, Dirk: Die Schwestern oder Casanova in Spa. Lustspiel in Versen (1919). In: Jürgensen, Christoph/Lukas, Wolfgang/Scheffel, Michael (Hrsg.): *Schnitzler Handbuch. Leben – Werk – Wirkung*. Stuttgart/Weimar 2014, S. 99–101.
Götz, Susanne: *Bettler des Wortes. Irritationen des Dramatischen bei Sorge, Hofmannsthal und Horváth*. Frankfurt am Main u.a. 1998.
Grabbe, Christian Dietrich: *Hannibal. Endgültige Fassung*. Stuttgart 1964.
Greiner, Klaus: Die Münchener Neuesten Nachrichten 1918–1933. In: Stölzl, Christoph (Hrsg.): *Die Zwanziger Jahre in München. Katalog zur Ausstellung im Münchner Stadtmuseum Mai bis September 1979*. München 1979, S. 29–35.

Groh, Kathrin: Räterepublik in Theorie und Verfassungsrecht. Hans Kelsen und Robert Piloty. In: Meyer, Anette/Schreiner, Julia (Hrsg.): *Wissenschaft Macht Politik. Die Münchener Revolution und Räterepublik als Experimentierfeld gesellschaftspolitischer Theorien.* Göttingen 2020, S. 131–147.

Grosse, Helmut: Expressive Formkraft. Zum szenischen Oeuvre von Walter von Wecus. In: Kügler, Ilka (Red.): *Form im Raum. Walter von Wecus. Das szenische Werk.* Düsseldorf 1993, S. 20–34.

Günther, Frank: Aus der Übersetzerwerkstatt. Das poetische Blutbad oder Der Gorgo tief ins Auge schauen. In: Shakespeare, William: *Titus Andronicus. Zweisprachige Ausgabe.* Übers. von ders. München 2004, S. 199–223.

Gulrich, Ragnhild: *Exotismus und seine szenische Realisation (1850–1910). Unter besonderer Berücksichtigung der Münchener Oper.* Anif/Salzburg 1993.

Haas, Maximilian: Die „Gottbegnadeten-Liste" (BArch R 55/20252a). In: Gianni, Juri/ders./Strouhal, Erwin (Hrsg.): *Eine Institution zwischen Repräsentation und Macht. Die Universität für Musik und darstellende Kunst Wien im Kulturleben des Nationalsozialismus.* Wien 2014, S. 239–276.

Habermas, Jürgen: *Strukturwandel der Öffentlichkeit. Untersuchung zu einer Kategorie der bürgerlichen Gesellschaft.* Frankfurt am Main 1990.

Hake, Sabine: „Pardon, ich suche den Autor dieses Films!". Zu Fritz von Unruhs *Phaea*. In: Koopmann, Helmut/ Muenzer, Claus (Hrsg.): *Wegbereiter der Moderne. Studien zu Schnitzler, Hauptmann, Th. Mann, Hesse, Kaiser, Traven, Kafka, Broch, von Unruh und Brecht.* Tübingen 1990, S. 171–184.

Hänzi, Denis: *Die Ordnung des Theaters. Eine Soziologie der Regie.* Bielefeld 2013.

Hassam, Karim/Plachta, Bodo: Des Epimenides Erwachen. Festspiel in zwei Aufzügen. In: Busch-Salmen, Gabriele/Jeßing, Benedikt (Hrsg.): *Goethe-Handbuch.* Bd. 1. Stuttgart 2008, S. 483–501.

Hauner, Franz: *Licht, Luft, Sonne, Hygiene. Architektur und Moderne in Bayern zur Zeit der Weimarer Republik.* Berlin u. a. 2020.

Häußling, Roger: Institution. In: Kopp, Johannes/Steinbach, Anja (Hrsg.): *Grundbegriffe der Soziologie.* Wiesbaden [12]2018, S. 191–193.

Heberling, Carolina/Kanthak, Sabrina/Fromm, Waldemar: Zur Entwicklung des Theaters in Bayern in der Zeit der Weimarer Republik. In: Bassermann-Jordan, Gabriele von (Hrsg.): *Freunde der Monacensia e.V. – Jahrbuch 2023.* München 2023, S. 214–239.

Hecht, Werner: *Brecht Chronik. 1898–1956.* Frankfurt am Main 1997.

Helbling, Hanno: Vorwort von Hanno Helbling. In: Mann, Thomas: *Betrachtungen eines Unpolitischen.* Frankfurt am Main [5]2012, S. 7–25.

Heilmann, Matthias: *Leopold Jessner – Intendant der Republik. Der Weg eines deutsch-jüdischen Regisseurs aus Ostpreußen.* Tübingen 2005.

Hermand, Jost/Trommler, Frank: *Die Kultur der Weimarer Republik.* Frankfurt am Main 1988.

Hermann, Michael: *Kommunale Kulturpolitik in München von 1919 bis 1935.* München 2003.

Heskia, Thomas: Fragen der Macht. Disziplin und Vereinnahmung am Theater. In: *Zeitschrift für Kulturmanagement und Kulturpolitik* 5/2 (2019), S. 167–197.

Heymann, Margret: *„Das Leben ist eine Rutschbahn...". Albert Steinrück. Eine Biographie des Schauspielers, Malers und Bohemiens [1872–1929].* Berlin 2014.

Hilliger, Sara: *Bertolt Brecht. Im Dickicht der Städte. Uraufführung am Münchner Residenztheater 9. Mai 1923.* München 2004 [unveröffentlichte Seminararbeit].

Hirschman, Albert O.: *Abwanderung und Widerspruch. Reaktion auf Leistungsabfall bei Unternehmungen, Organisationen und Staaten [Exit, Voice and Loyalty].* Übers. von Leonhard Walentik. Tübingen 1974.

Hock, Sabine: Zeiß, Karl (1871–1924). In: *Frankfurter Personenlexikon*, https://frankfurter-personenlexikon.de/node/1795 [letzter Zugriff: 28.04.2022].

Hoesch, Benjamin: Institution und Organisation. Theaterforschung in der Spannung sozialer Ordnungen. In: Ders./Wihstutz, Benjamin (Hrsg.): *Neue Methoden der Theaterwissenschaft.* Bielefeld 2020, S. 203–223.

Hofberger, Bertha: Zweihundert Jahre Münchener Residenztheater. Ein Rückblick auf die Geschichte. In: Lippl, Alois Johannes (Hrsg.): *Zweihundert Jahre Residenztheater in Wort und Bild. Festschrift zur Eröffnung des Münchner Residenztheaters am 28. Januar 1951.* München 1951, S. 17–24.

Hoffmeier, Dieter: *Die Meininger. Ihre europaweit wirkende Inszenierungskunst.* Jena/Quedlinburg 2018.

Hofman, Arne: Obsoleter Monarchismus als Erbe der Monarchie. Das Nachleben der Monarchie im Monarchismus nach 1918. In: Biskup, Thomas/Kohlrausch, Martin (Hrsg.): *Das Erbe der Monarchie. Nachwirkungen einer deutschen Institution seit 1918.* Frankfurt am Main/New York 2008, S. 241–260.

Hofmeier, Franz: *Bayern und seine Könige.* Schwalbach 2015.

Honold, Alexander: Die Geburt der Ehekomödie aus dem Ernstfall des Krieges – Hofmannsthals *Der Schwierige.* In: Klein, Christian/Deiters, Franz-Josef (Hrsg.): *Der Erste Weltkrieg in der Dramatik – deutsche und australische Perspektiven.* Stuttgart 2018, S. 39–57.

Hoser, Paul: Münchner Neueste Nachrichten. In: *Historisches Lexikon Bayerns* (03.07.2006), https://www.historisches-lexikon-bayerns.de/Lexikon/Münchner_Neueste_Nachrichten [letzter Zugriff: 19.06.2023].

Hoser, Paul: Völkischer Beobachter. In: *Historisches Lexikon Bayerns* (11.05.2006), https://www.historisches-lexikon-bayerns.de/Lexikon/Völkischer_Beobachter [letzter Zugriff: 19.06.2023].

Irion, Claudia: „Der Charakter des Spielplans bestimmt das Wesen des Theaters". Die Bayerische Staatsoper in München zwischen 1918 und 1943. Frankfurt am Main 2014.

Jones, Mark: *Am Anfang war Gewalt. Die deutsche Revolution 1918/19 und der Beginn der Weimarer Republik [Founding Weimar. Violence and the German Revolution of 1918–19].* Übers. von Karl Heinz Siber. Berlin 2017.

Kaiser, Hermann: *Modernes Theater in Darmstadt 1910–1933. Ein Beitrag zur Stilgeschichte des deutschen Theaters zu Beginn des 20. Jahrhunderts.* Darmstadt 1955.

Kanthak, Sabrina: *Skandale um die Zensur. Theater und Öffentlichkeit in München (1919–1929).* Berlin 2025.

Kanthak, Sabrina/Valdés-Stauber, Martin: SCHICKSALE #7 – Die erzwungene Absetzung von Wedekinds „Schloss Wetterstein" (1919). In: *Münchner Kammerspiele*, https://www.muenchner-kammerspiele.de/de/mk-forscht/1194-erinnerung-als-arbeit-an-der-gegenwart/9988-schicksale-podcast [letzter Zugriff: 21.04.2022].

Kleiner, Stephanie: *Staatsaktion im Wunderland. Oper und Festspiel als Medien politischer Repräsentation.* München 2013.

Kloiber, Rudolf/Konold, Wulf/Maschka, Robert: *Handbuch der Oper.* München [10]2004.

Kneuer, Heinrich: Die bayerischen Staatstheater im Zeitraum 1921 bis 1930. In: *Zeitschrift des Bayerischen Statistischen Landesamts* 64/2 + 3 (1932), S. 168–206.

Knies, Wolfgang: *Schranken der Kunstfreiheit als verfassungsrechtliches Problem.* München 1967.

Kocks, Klaus: Vorwort. In: Bernays, Edward: *Propaganda. Die Kunst der Public Relations [Propaganda].* Übers. von Partick Schnur. Berlin 2020, S. 11–15.

Kölbel, Ralf et al.: *Responsibilisierung. Working Paper des SFB Vigilanzkulturen* (Juni 2021), https://doi.org/10.5282/ubm/epub.76223 [letzter Zugriff: 20.04.2024].

Kosch, Wilhelm/Bigler-Marschall, Ingrid: *Deutsches Theater-Lexikon. Biographisches und Bibliographisches Handbuch. 24. Lieferung. Singer – Steiner.* Bern 1993.
Koselleck, Reinhart: *Begriffsgeschichten. Studien zur Semantik und Pragmatik der politischen und sozialen Sprache.* Frankfurt am Main 2006.
Kreidt, Dietrich: *Exotische Figuren und Motive im europäischen Theater.* Stuttgart 1987.
Kreisky, Eva: Antifeministische und antidemokratische Tendenzen im Staatsdenken der Zwischenkriegszeit. Männerbundfantasien bei Stefan George, Thomas Mann und Max Weber. In: Krammer, Stefan/Löffler, Marion/Weidinger, Martin (Hrsg.): *Staat in Unordnung? Geschlechterperspektiven auf Deutschland und Österreich zwischen den Weltkriegen.* Bielefeld 2012, S. 119–138.
Krivanec, Eva: *Kriegsbühnen. Theater im Ersten Weltkrieg. Berlin, Lissabon, Paris und Wien.* Bielefeld 2012.
Kunstamt Kreuzberg und Institut für Theaterwissenschaft der Universität zu Köln (Hrsg.): *Theater in der Weimarer Republik.* Berlin 1977.
Kügler, Ilka (Red.): *Form im Raum. Walter von Wecus. Das szenische Werk.* Düsseldorf 1993.
Landfester, Ulrike: Einleitung. In: Hofmannsthal, Hugo von: *Briefwechsel mit Clemens von Franckenstein. 1894–1928.* Hrsg. von Ulrike Landfester. Freiburg im Breisgau 1998, S. 11–35.
Large, David Clay: *Hitlers München. Aufstieg und Fall der Hauptstadt der Bewegung [Where Ghosts Walked. Munich's Road to the Third Reich].* Übers. von Karl Heinz Siber. aktual. u. erw. Aufl. München 2018.
Lazardzig, Jan/Tkaczyk, Viktoria/Wartstat, Matthias: *Theaterhistoriografie. Eine Einführung.* Tübingen 2012.
Leber, Marianne: Friesen, Karl Friedrich. In: *Deutsche Biographie,* https://www.deutsche-biographie.de/sfz17587.html#ndbcontent [letzter Zugriff: 24.04.2023].
Lehmann, Hans-Thies: *Postdramatisches Theater.* Frankfurt am Main ⁶2015.
Lehmann, Hans-Thies: *Tragödie und dramatisches Theater.* Berlin 2013.
Lehnen, Carina: *Das Lob des Verführers. Über die Mythisierung der Casanova-Figur in der deutschsprachigen Literatur zwischen 1899 und 1933.* Paderborn 1982.
Leibfried, Erwin: Multatuli in deutschen Dramen. In: Schenk, Bernd (Hrsg.): *Beiträge zur Multatuli-Forschung. Mitteilungen der Internationalen Multatuli-Gesellschaft Ingelheim.* Bd. 5. Fernwald 1995, S. 25–38.
Lewandowski, Norbert/Schmid, Georg M.: *Das Haus Wittelsbach. Die Familie, die Bayern erfand. Geschichten, Traditionen, Schicksale, Skandale.* München 2014.
Lilla, Joachim: Maenner, Emil. In: *bavarikon. Staatsminister, leitende Verwaltungsbeamte und (NS-)Funktionsträger in Bayern 1918 bis 1945,* https://verwaltungshandbuch.bavarikon.de/VWH/Maenner,_Emil#lang-de [letzter Zugriff: 12.06.2023].
Lilla, Joachim: Saenger, Alwin. In: *bavarikon. Staatsminister, leitende Verwaltungsbeamte und (NS-)Funktionsträger in Bayern 1918 bis 1945,* https://verwaltungshandbuch.bavarikon.de/VWH/Saenger,_Alwin [letzter Zugriff: 03.02.2023].
Lilla, Joachim: Zeiß, Karl. In: *bavarikon. Staatsminister, leitende Verwaltungsbeamte und (NS-)Funktionsträger in Bayern 1918 bis 1945,* https://verwaltungshandbuch.bavarikon.de/VWH/Zeiß,_Karl#lang-de [letzter Zugriff: 21.02.2022].
Loacker, Bernadette: BE CREATIVE! Künstler und Kulturorganisationen als „Vorreiter" deregulierter Arbeits- und Lebenswelten? In: Jeschonnek, Günther für den Fonds Darstellende Künste (Hrsg.): *Report Darstellende Künste. Wirtschaftliche, soziale und arbeitsrechtliche Lage der Theater- und Tanzschaffenden in Deutschland.* Essen 2010, S. 343–396.

Lück, Monika: *Die Programmhefte des Bayerischen Staatsschauspiels München und der Münchner Kammerspiele aus den Jahren 1933/34 bis 1940/41. Zwei Möglichkeiten der Programmheftgestaltung im Dritten Reich*. München 1978 [unveröffentlichte Magisterarbeit].
Mahoney, James: Path Dependence in Historical Sociology. In: *Theory and Society* 29/4 (2000), S. 507–548.
Maier, Daniela: Theatergemeinde München (bis 1933). In: *Historisches Lexikon Bayerns* (11.10.2021), https://www.historisches-lexikon-bayerns.de/Lexikon/Theatergemeinde_München_(bis_1933) [letzter Zugriff: 11.04.2024].
Mannheim, Karl: *Konservatismus. Ein Beitrag zur Soziologie des Wissens*. Hrsg. von David Kettler/Volker Meja/Nico Stehr. Frankfurt am Main 1984.
Martensen, Karin: *Die Frau führt Regie. Anna Bahr-Mildenburg als Regisseurin des Ring des Nibelungen*. München 2013.
Marx, Peter W.: *Macht | Spiele. Politisches Theater seit 1919*. Berlin 2019.
Marx, Peter W.: Zwischen Aufbruch und Beharren – das Theater der Weimarer Republik auf den zweiten Blick. Vortrag beim Workshop *Theater:1920*, Theaterwissenschaftliche Sammlung der Universität zu Köln, 03.12.2020.
März, Stefan: „In Treue fest?" Perspektiven, Scheitern und Nachwirkungen der Monarchie in Bayern. In: Braun, Bernd (Hrsg.): *Es lebe die Republik? Der Erste Weltkrieg und das Ende der Monarchien in Deutschland und Europa*. Göttingen 2021, S. 45–70.
McCredie, Andrew D.: *Clemens von Franckenstein*. Tutzing 1992.
Mendelssohn, Peter de: *Der Zauberer. Das Leben des deutschen Schriftstellers Thomas Mann*. Bd. 1. Stuttgart 1977.
Meyer, Michael: *Theaterzensur in München 1900–1918. Geschichte und Entwicklung der polizeilichen Zensur und des Theaterzensurbeirates unter besonderer Berücksichtigung Frank Wedekinds*. München 1982.
Mitchell, Allan: *Revolution in Bayern 1918/1919. Die Eisner-Regierung und die Räterepublik [Revolution in Bavaria 1918/1919. The Eisner Regime and the Soviet Republic]*. Übers. von Karl-Heinz Abshagen. München 1967.
Mix, York-Gothart: Kunstfreiheit und Zensur in der Bundesrepublik. Einleitende Thesen zu einem gegenwartsbezogen problematisierten Zensurverständnis. In: Ders. (Hrsg.): *Kunstfreiheit und Zensur in der Bundesrepublik Deutschland (1949–2009)*. Berlin 2014, S. 1–15.
Müller, Klaus-Detlef: Im Dickicht der Städte. In: Knopf, Jan (Hrsg.): *Brecht Handbuch in fünf Bänden*. Bd. 1. Stuttgart/Weimar 2001, S. 115–128.
Nölle, Eckehart: Die Wittelsbacher und das Theater. In: Ders. et al.: *Die Wittelsbacher und ihre Künstler in acht Jahrhunderten*. München 1980, S. 191–320.
North, Douglass C.: *Institutions, Institutional Change and Economic Performance*. Cambridge 1990.
o.A.: Der Landtag 1924–1928 (3. Wahlperiode). Sitzungsdauer: 03.06.1924–27.04.1928. In: *Haus der bayerischen Geschichte Bavariathek*, https://www.bavariathek.bayern/medien-themen/portale/geschichte-des-bayerischen-parlaments/landtage-seit-1819.html?tx_parlament_pi4%5Baction%5D=show&tx_parlament_pi4%5Bcontroller%5D=Landtag&tx_parlament_pi4%5Bkategorie%5D=40&tx_parlament_pi4%5Blandtag%5D=352&cHash=4dd91685657a499ecb73d59cf8835f55 [letzter Zugriff: 02.02.2023].
o.A.: 23.05.2022 – Clemens von Franckenstein „Li-Tai-Pe" in Bonn. In: *WDR* (23.05.2022), https://www1.wdr.de/radio/wdr3/musik/opernblog/von-Franckenstein-Li-Tai-Pe-Bonn-100.html [letzter Zugriff: 08.04.2025].

o.A.: Durchschnittliches Bruttoarbeitseinkommen der vollzeitbeschäftigten Arbeitnehmer in der Weimarer Republik (Deutsches Reich) in den Jahren 1919 bis 1933. In: *Statista*, https://de.statista.com/statistik/daten/studie/1100231/umfrage/durchschnittseinkommen-in-der-weimarer-republik/ [letzter Zugriff: 09.02.2023].

o.A.: Erste Anfrage dieser Art in Westdeutschland. In: *nachtkritik.de* (26.06.2019), https://nachtkritik.de/index.php?option=com_content&view=article&id=16942:presseschau-vom-26-juni-2019-eine-afd-anfrage-im-baden-wuerttembergischen-landtag-fordert-listen-von-staatsangehoerigkeiten-und-ausbildungsorten-von-theatermitarbeiter-innen&catid=242&Itemid=62 [letzter Zugriff: 18.06.2023].

o.A.: Intendantin, die. In: *Duden*, https://www.duden.de/rechtschreibung/Intendantin [letzter Zugriff: 29.05.2023].

o.A.: Kain. Zeitschrift für Menschlichkeit. In: *Literaturportal Bayern*, https://www.literaturportal-bayern.de/werke?task=lpbwork.default&id=21 [letzter Zugriff: 20.02.2023].

o.A.: Li-Tai-Pe. In: *Theater Bonn*, https://www.theater-bonn.de/de/fokus-33/litaipe [letzter Zugriff: 09.07.2025].

o.A.: Medienjournalist: Fall Schlesinger „die stärkste Krise des ÖRR". In: *rbb24 Inforadio*, https://www.inforadio.de/dossier/2022/causa-schlesinger/ruecktritt-patricia-schlesinger-rbb-intendantin-joerg-wagner-medienjournalist.html [letzter Zugriff: 17.05.2023].

o.A.: Nachlass von Ludwig Malyoth (1860–1939) – BSB Malyothiana. 0, Repertorium des Nachlasses von Ludwig Malyoth (1860–1939). In: *Bayerische Staatsbibliothek*, https://opacplus.bsb-muenchen.de/title/BV041483214 [letzter Zugriff: 07.07.2025].

o.A.: Neufassung der Grundordnung für die Bayerischen Staatstheater. In: *Bayern.Recht. Bayerische Staatskanzlei* (26.09.2018), https://www.gesetze-bayern.de/Content/Document/BayVV_2246_WK_1022 [letzter Zugriff: 20.06.2023].

o.A.: RBB-Intendantin soll sich Luxus-Umbau ihrer Chefetage gegönnt haben. In: *Focus online* (08.08.2022), https://www.focus.de/kultur/kino_tv/fuer-650-000-euro-rbb-intendantin-soll-sich-luxus-umbau-ihrer-chefetage-gegoennt-haben_id_131388687.html [letzter Zugriff: 20.06.2023].

Oevermann, Ulrich: Bewährungsdynamik und Jenseitskonzepte. Konstitutionsbedingungen von Lebenspraxis. In: Schweidler, Walter (Hrsg.): *Wiedergeburt und kulturelles Erbe. Ergebnisse und Beiträge des Internationalen Symposiums der Hermann und Marianne Straniak Stiftung, Weingarten 1999*. Sankt Augustin 2001, S. 289–338.

Oswatitsch, Gül. *Die Auswirkungen der Münchner Revolution 1918/19 auf die königlichen Hoftheater in München*. München 1981 [unveröffentlichte Magisterarbeit].

Panagl, Oswald: Vom Mysterienspiel zum Opernlibretto. Zu Erich Wolfgang Korngolds Das Wunder der Heliane. In: Ders. et al. (Hrsg.): *Alban Bergs „Wozzeck" und die Zwanziger Jahre. Vorträge und Materialien des Salzburger Symposions 1997*. Anif/Salzburg 1999, S. 499–521.

Pargner, Birgit: *Otto Falckenberg. Regiepoet der Münchner Kammerspiele*. München 2005.

Päsler-Ehlen, Sabine. *Krise und Reform als bürgerliches Projekt. Institutioneller Wandel der Hoftheater (1780–1880)*. Berlin 2024.

Panse, Barbara: Teil III. Zeitgenössische Dramatik 1933–44. In: Rischbieter, Henning (Hrsg.): *Theater im „Dritten Reich". Theaterpolitik Spielplanstruktur NS-Dramatik*. Seelze-Velber 2000, S. 489–720.

Peukert, Detlev J.K.: *Die Weimarer Republik. Krisenjahre der Klassischen Moderne*. Frankfurt am Main 1987.

Petersen, Klaus: *Zensur in der Weimarer Republik*. Stuttgart/Weimar 1995.

Petzet, Wolfgang: *Theater. Die Münchner Kammerspiele. 1911–1972*. München 1973.

Pierson, Paul: Increasing Returns, Path Dependence, and the Study of Politics. In: *American Political Science Review* 94/2 (2000), S. 251–267.
Pierson, Paul: Not Just What, but When. Timing and Sequence in Political Processes. In: *Studies in American Political Development* 14/1 (2000), S. 72–92.
Pintzka, Wolfgang: Erich Engel – ein Meister im Theater, der die Wirklichkeit meistern half. In: Engel, Erich: *Schriften. Über Theater und Film.* Red. von Thea Lenk. Berlin 1971, S. 252–261.
Plewnia, Margarete: Völkischer Beobachter (1887–1945). In: Fischer, Hans Dietrich (Hrsg.): *Deutsche Zeitungen des 17. bis 20. Jahrhunderts.* Pullach 1972, S. 381–390.
Porrmann, Maria: *Grabbe – Dichter für das Vaterland. Die Geschichtsdramen auf deutschen Bühnen im 19. und 20. Jahrhundert.* Lemgo 1982.
Postlewait, Thomas: Autobiography and Theatre History. In: Ders./McConachie, Bruce A. (Hrsg.): *Interpreting the Theatrical Past. Essays in the Historiography of Performance.* Iowa City ²1991, S. 248–272.
Raffelsberger, Yvonne: *Das Theater-Repertoire der Nachkriegsjahre 1918/19 im Münchner Nationaltheater. Die Auswirkungen der Revolution auf den Sprechtheaterspielplan.* München 2000 [unveröffentlichte Magisterarbeit].
Rauh, Sabine: *Das Feuilleton der deutschen Parteizeitungen 1924 bis 1929. Merkmale tendenziöser Kritik zu Film und Sprechtheater in der Weimarer Republik.* Bochum 1984.
Reiner, Hans: Die bayerischen Hof- (National-, Staats-) Theater und ihr Spielplan unter besonderer Berücksichtigung des Zeitraumes von 1871 mit 1920. In: *Zeitschrift des Bayerischen Statistischen Landesamts* 56/1 + 2 (1924), S. 24–42.
Renner, Ursula: Nachwort „Sprechen ist ein ungeheurer Kompromiß". Hugo von Hofmannsthals Lustspiel Der Schwierige. In: Hofmannsthal, Hugo von: *Der Schwierige. Lustspiel in drei Akten.* Hrsg. von Ursula Renner. Ditzingen 2000, S. 173–198.
Repkewitz, Christian: *Gefeiert! Verfolgt. Vergessen? Jüdische Kulturschaffende am Theater und anderen Bühnen Altenburgs.* Altenburg 2022.
Riedel, Volker: Heinrich Mann und das Theater, sein szenisches Schreiben. In: Bartl, Andrea/Martin, Ariane/Whitehead, Paul (Hrsg.): *Heinrich Mann-Handbuch. Leben – Werk – Wirkung.* Heidelberg 2022, S. 41–46.
Ringer, Fritz K.: *Die Gelehrten. Der Niedergang der deutschen Mandarine 1890–1933.* München 1987.
Rischbieter, Henning: Teil I. NS-Theaterpolitik. In: Ders. (Hrsg.): *Theater im „Dritten Reich". Theaterpolitik Spielplanstruktur NS-Dramatik.* Seelze-Velber 2000, S. 10–277.
Rösch, Mathias: *Die Münchner NSDAP 1925–1933. Eine Untersuchung zur inneren Struktur der NSDAP in der Weimarer Republik.* München 2002.
Roowaan, Ries: *Im Schatten der Großen Politik. Deutsch-niederländische Beziehungen zur Zeit der Weimarer Republik 1918–1933.* Münster 2006.
Rosendorfer, Hebert: Kurt Eisners erster Erlass galt dem Theater. Ein kleiner Beitrag zur Münchner Theatergeschichte. In: *Literatur in Bayern* 8/29 (1992), S. 43–47.
Roselt, Jens: Eine Disziplinarmacht in der Herrengarderobe. Theatergesetze und die Bühnenpraxis im 19. Jahrhundert. In: Dewenter, Bastian/Jakob, Hans-Joachim (Hrsg.): *Theatergeschichte als Disziplinierungsgeschichte? Zur Theorie und Geschichte der Theatergesetze des 18. und 19. Jahrhunderts.* Heidelberg 2018, S. 229–249.
Roselt, Jens: Regie im Theater. Theorien, Konzepte, Modelle. In: Ders. (Hrsg.): *Regie im Theater. Geschichte – Theorie – Praxis.* Berlin 2015, S. 9–73.
Rossol, Nadine/Ziemann, Benjamin: *Aufbruch und Abgründe. Das Handbuch der Weimarer Republik.* Darmstadt 2021.

Rossol, Nadine/Ziemann, Benjamin: Einleitung. In: Dies./Ders. (Hrsg.): *Aufbruch und Abgründe. Das Handbuch der Weimarer Republik.* Darmstadt 2021, S. 9–31.

Ruckhäberle, Hans-Joachim: Erich Engel – „…der Münchner ist mehr der Vergangenheit zugewandt, als offen für die Zukunft." In: Borchmeyer, Dieter/Direktorium der Bayerischen Akademie der Schönen Künste (Hrsg.): *Zu Unrecht vergessen. Künstler im München des 19. und 20. Jahrhunderts.* Göttingen 2009, S. 45–61.

Rühle, Günther: Die Moderne beginnt mit Zeiss. In: Heym, Heinrich (Hrsg.): *Frankfurt und sein Theater.* Frankfurt am Main 1963, S. 30–34.

Rühle, Günther: *Theater für die Republik. 1917–1993 im Spiegel der Kritik.* Frankfurt am Main 1967.

Rühle, Günther: *Theater in Deutschland. 1887–1945. Seine Ereignisse – seine Menschen.* Frankfurt am Main 2007.

Santiago, Cassandra/Criss, Doug: An Activist, a Little Girl and the Heartbreaking Origin of „Me Too". In: *CNN* (17.10.2017), https://edition.cnn.com/2017/10/17/us/me-too-tarana-burke-origin-trnd/index.html [letzter Zugriff: 20.06.2023].

Schaber, Willi: *B. F. Doblin. Der Zeichner als Reporter.* München 1976.

Scheffel, Michael: *Der Weg ins Freie* (1908). In: Ders./Jürgensen, Christoph/Lukas, Wolfgang (Hrsg.): *Schnitzler Handbuch. Leben – Werk – Wirkung.* Stuttgart/Weimar 2014, S. 150–155.

Scheible, Hartmut: Individualität und Identität in *Die Schwestern oder Casanova in Spa.* In: Foster, Ian/Krobb, Florian (Hrsg.): *Arthur Schnitzler. Zeitgenossenschaften/Contemporaneities.* Bern u.a. 2002, S. 113–139.

Schenk, Britta-Maria: *Das Theater der Zukunft? Theaterkritik und Reformvorstellungen des christlich-nationalen Bühnenvolksbundes in der Weimarer Republik.* Berlin 2011.

Schimank, Uwe: Neoinstitutionalismus. In: Ders. et al. (Hrsg.): *Handbuch Governance. Theoretische Grundlagen und empirische Anwendungsfelder.* Wiesbaden 2007, S. 161–175.

Schivelbusch, Wolfgang: *Die Kultur der Niederlage. Der amerikanische Süden 1865. Frankreich 1871. Deutschland 1918.* Berlin 2001.

Schläder, Jürgen: Schaffen wie Gott persönlich? Pfitzners Mythos der Inspiration und der Tod des Autors. In: Bayerische Staatsoper (Hrsg.)/Karlitschek, Rainer (Red.): *Palestrina. Musikalische Legende in drei Akten* (Programmheft). München, Spielzeit 2008/2009, Prem. 19.01.2009, S. 112–133.

Schläder, Jürgen: *Vision und Tradition. 200 Jahre Nationaltheater in München. Eine Szenographiegeschichte.* Leipzig 2018.

Schläder, Jürgen et al.: *Wie man wird, was man ist. Die Bayerische Staatsoper vor und nach 1945.* Leipzig 2017.

Schmidt, Lydia: *Kultusminister Franz Matt. (1920–1926). Schul-, Kirchen und Kunstpolitik in Bayern nach dem Umbruch von 1918.* München 2000.

Schmidt, Thomas: Macht als struktur- und organisationsbildendes Prinzip des Theaterbetriebes. In: *Zeitschrift für Kulturmanagement und Kulturpolitik* 5/2 (2019), S. 93–134.

Schmidt, Thomas: *Macht und Struktur im Theater. Asymmetrien der Macht.* Wiesbaden 2019.

Schmidt, Thomas: *Theater Krise und Reform. Eine Kritik des deutschen Theatersystems.* Wiesbaden 2017.

Schroer, Markus: *Soziologische Theorien. Von den Klassikern bis zur Gegenwart.* Paderborn 2017.

Schrödl, Jenny: Die Kategorie „Gender" in der Theaterwissenschaft und im Gegenwartstheater. In: Spelsberg-Papazoglou, Karoline (Hrsg.): *Gender und Diversity. Die Perspektiven verbinden.* Berlin 2016, S. 28–39.

Schrödl, Jenny: Gender- und Queertheorien. In: Hochholdinger-Reiterer, Beate/Thurner, Christina/ Wehren, Julia (Hrsg.): *Theater und Tanz. Handbuch für Wissenschaft und Studium*. Baden-Baden 2023, S. 321–326.

Schuhmann, Klaus: Kommunale Kulturpolitik in München zwischen 1918 und 1933. In: Stölzl, Christoph (Hrsg.): *Die Zwanziger Jahre in München. Katalog zur Ausstellung im Münchner Stadtmuseum Mai bis September 1979*. München 1979, S. 1–16.

Schulze, Winfried: Ego-Dokumente: Annäherungen an den Menschen in der Geschichte? Vorüberlegungen für die Tagung „EGO-DOKUMENTE". In: Ders. (Hrsg.): *Annäherung an den Menschen in der Geschichte*. Berlin 1996, S. 11–30.

Shils, Edward: Charisma, Order and Status. In: *American Sociological Review* 30/2 (1965), S. 199–213.

Simke, Ann-Christine: Max Reinhardt and his Company. In: Patterson, Michael (Hrsg.): *The Great European Stage Directors 4. Reinhardt, Jessner, Barker*. London 2019, S. 41–62.

Slamka, Michael: *Der Ernst der Stunde. Die Vereinigten Stadttheater in Frankfurt am Main 1914–1918*. Berlin 2014.

Stadler, Edmund: Ein Leben im Dienste des Theaters. Eugen Keller 1880–1948. In: Keller, Eugen: *Theater als Berufung und Verpflichtung*. Hrsg. von Maria Keller-Andor/Edmund Stadler. Bern 1962, S. 43–80.

Steffan, Beat (Hrsg.): *Emil Pirchan. Ein Universalkünstler des 20. Jahrhunderts*. Wädenswil 2018.

Steffens, Wilhelm: *Expressionistische Dramatik*. München 1968.

Steiner, Nora: Regie als Kunst des *weissen* Mannes? Wie der moderne Regisseur als *weisses* und männliches ‚Genie' konstituiert ist. In: *Universität Bern* (2023), https://boris.unibe.ch/180064/10/ BATT_Steiner_Final.pdf [letzter Zugriff: 03.06.2024].

Steiner, Yvonne: *Erich Wolfgang Korngolds Oper Das Wunder der Heliane. Entstehung – Uraufführung – Wirkung*. München 2007 [unveröffentlichte Magisterarbeit].

Sternberger, Dolf/Storz, Gerhard/Süßkind, Wilhelm E.: *Aus dem Wörterbuch des Unmenschen*, neu u. erw. Aufl., München, 1970 [1968], S. 110–116.

Stölzl, Christoph: Unordnung und gedämpftes Leuchten. Ein Vorwort. In: Ders. (Hrsg.): *Die Zwanziger Jahre in München. Katalog zur Ausstellung im Münchner Stadtmuseum Mai bis September 1979*. München 1979, S. X–XXIII.

Stollberg, Arne: Mysterien – Mirakel – Marienspiele. Korngolds *Heliane* und ihre filmischen Schwestern. In: Ders. et al. (Hrsg.): *Oper und Film. Geschichten einer Beziehung*. München 2019, S. 138–163.

Storch, Wolfgang: Spiegel oder Gemälde mit Silberrahmen. Zu Speyers frühen Stücken *Er kann nicht befehlen* und *Der Revolutionär*. In: Fähnders, Walter/Karrenbock, Helga (Hrsg.): *Wilhelm Speyer (1887–1952). Zehn Beiträge zu seiner Wiederentdeckung*. Bielefeld 2009, S. 17–36.

Strenge, Irene: *30. Januar 1933 bis 2. August 1934. Juristische Aspekte der Revolutionszeit des NS-Regimes*. Berlin 2020.

Sucher, Bernd C./Grischausen, Theo: Intendant. In: Ders./Ders. (Hrsg.): *Theaterlexikon*. Bd. 2. München 1996, S. 217.

Theweleit, Klaus: *Männerphantasien*. vollständ. u. um ein Nachwort erw. Neuausg. Berlin 2019.

Thoß, Bruno: Weißer Terror, 1919. In: *Historisches Lexikon Bayerns* (11.09.2012), https://www. historisches-lexikon-bayerns.de/Lexikon/Weißer_Terror,_1919 [letzter Zugriff: 20.06.2023].

Thurner, Christina: *Erinnerungen tanzen. Autobiografien als Quellen der Tanzhistoriografie*. Bielefeld 2024.

Trümpi, Fritz: Die Autorität des Dirigenten oder Orchester im politischen Wandel. In: Staudinger, Michael (Hrsg.): *Bruno Walter erinnern*. Wien 2013, S. 9–21.

Turner, Ralph H.: Role-Taking. Process Versus Conformity. In: Rose, Arnold M. (Hrsg.): *Human Behavior and Social Processes. An Interactionist Approach.* Boston 1962, S. 20–40.

Ullrich, Claudia: *Das königliche Hof- und Nationaltheater unter Max I. Joseph von Bayern.* München 2000.

Ulrich, Paul S.: Die Reglementierung des Theaters im 19. Jahrhundert. Hausordnungen/Theatergesetze in der Praxis. In: Dewenter, Bastian/Jakob, Hans-Joachim (Hrsg.): *Theatergeschichte als Disziplinierungsgeschichte? Zur Theorie und Geschichte der Theatergesetze des 18. und 19. Jahrhunderts.* Heidelberg 2018, S. 137–179.

Varwig, Olivia: Clemens von Franckensteins Ernennung zum Münchner Hoftheaterintendanten 1912. Ein wiederentdecktes Interview Hugo von Hofmannsthals. In: Bergengruen, Maximilian et al. (Hrsg.): *Hofmannsthal-Jahrbuch zur europäischen Moderne 22.* Freiburg 2014, S. 69–89.

Viehweg, Wolfram: *Georg Büchners „Dantons Tod" auf dem deutschen Theater.* München 1964.

Viehweg, Wolfram: *Georg Büchners „Woyzeck" auf dem deutschsprachigen Theater.* Bd. 1. Krefeld 2001.

Vismann, Cornelia: *Medien der Rechtsprechung.* Hrsg. von Alexandra Kemmerer/Markus Krajewski. Frankfurt am Main 2011.

Volkov, Shulamit: *Antisemitismus als kultureller Code.* München ²2000.

Wagner, Manfred: *Alfred Roller in seiner Zeit.* Salzburg u. a. 1996.

Wagner, Meike: *Theater und Öffentlichkeit im Vormärz. Berlin, München und Wien als Schauplätze bürgerlicher Medienpraxis.* Berlin 2003.

Wagner, Renate: *Wie ein weites Land. Arthur Schnitzler und seine Zeit.* Wien 2006.

Walk, Cynthia: „....in der unmittelbaren Gegenwart." Hofmannsthals Briefe an Karl Zeiss. In: *Hofmannsthal-Blätter* 30 (1984), S. 56–68.

Warneyer, Otto: *Betriebsrätegesetz vom 4. Februar 1920.* Berlin/Leipzig 1931.

Weber, Eugene: Zur Uraufführung von Büchners „Wozzeck". In: Freund, Joachim Hellmut (Red.): *Für Rudolf Hirsch. Zum siebzigsten Geburtstag am 22. Dezember 1975.* Frankfurt am Main 1975, S. 239–249.

Weber, Max: Die drei reinen Typen der legitimen Herrschaft. Eine soziologische Studie. In: Kaesler, Dirk (Hrsg.): *Max Weber. Schriften 1894–1922.* Stuttgart 2002, S. 717–733.

Weber, Max: Politik als Beruf. In: Winckelmann, Johannes (Hrsg.): *Gesammelte politische Schriften.* Tübingen ²1958, S. 493–548.

Weber, Max: *Wirtschaft und Gesellschaft. Grundriss der verstehenden Soziologie,* besorgt von Johannes Winckelmann. Tübingen ⁵1980.

Wedel, Dieter: *Das Frankfurter Schauspielhaus in den Jahren 1912 bis 1929.* Berlin 1965.

Wegner, Dirk: Liebestod oder Apotheose? Überlegungen zur authentischen Textgestalt von Erich Wolfgang Korngolds Oper *Das Wunder der Heliane.* In: Stollberg, Arne (Hrsg.): *Erich Wolfgang Korngold. Wunderkind der Moderne oder letzter Romantiker?* München 2008, S. 187–197.

Weidermann, Volker: *Träumer. Als die Dichter die Macht übernahmen.* München 2019.

Weinzierl, Berta Brigitte: *Spielplanpolitik im Dritten Reich und das Spielplanprofil 1932/33 bis 1943/44 des Bayerischen Staatsschauspiels München.* München 1981.

Weinzierl, Janne/Weinzierl, Klaus: Adolf Kaufmann. In: *MK: Schicksale,* https://schicksale.muenchner-kammerspiele.de [letzter Zugriff: 28.04.2023].

Weinzierl, Janne/Weinzierl, Klaus: Benno Bing. In: *MK: Schicksale,* https://schicksale.muenchner-kammerspiele.de [letzter Zugriff: 28.04.2023].

Weniger, Kay: *Zwischen Bühne und Baracke. Lexikon der verfolgten Theater-, Film- und Musikkünstler 1933–1945.* Berlin 2008.

Werle, Raymund: Pfadabhängigkeit. In: Benz, Arthur et al. (Hrsg.): *Handbuch Governance. Theoretische Grundlagen und empirische Anwendungsfelder.* Wiesbaden 2007, S. 119–131.

Wessel, Ingrid: Niederländische Kolonialpolitik in Indonesien im 19. Jahrhundert. In: Schenk, Bernd (Hrsg): *Mitteilungen der Internationalen Multatuli-Gesellschaft Ingelheim. Beiträge zur Multatuli-Forschung.* Bd. 1. Fernwald 1992, S. 21–39.

Wette, Wolfgang: Die deutsche Revolution von 1918/19. Ein historischer Essay. In: Klemperer, Victor: *Man möchte immer weinen und lachen in einem. Revolutionstagebuch 1919.* Berlin 2016, S. 197–216.

White, Hayden: *Auch Klio dichtet oder Die Fiktion des Faktischen. Studien zur Tropologie des historischen Diskurses.* Übers. von Brigitte Brinkmann-Siepmann/Thomas Siepmann. Stuttgart 1986.

Wirsching, Andreas: Warum Berlin weit davon entfernt ist, Weimar zu sein. In: *Frankfurter Allgemeine* (21.09.2017), https://www.faz.net/aktuell/politik/die-gegenwart/die-weimarer-republik-und-die-heutige-demokratie-15203108.html [letzter Zugriff: 20.06.2023].

Wißmann, Friederike: *Deutsche Musik.* München/Berlin 2017.

Wotschke, Jean: *From the Home Fires to the Battlefield. Mothers in German Expressionist Drama.* New York u.a. 1998.

Zeiß-Horbach, Auguste: *Der Verein zur Abwehr des Antisemitismus. Zum Verhältnis von Protestantismus und Judentum im Kaiserreich und in der Weimarer Republik.* Leipzig 2008.

Zimmer, Annette/Mandel, Birgit: Die Krise der darstellenden Künste und die Rolle der Kulturpolitik. In: Dies./Dies. (Hrsg.): *Cultural Governance. Legitimation und Steuerung in den darstellenden Künsten.* Wiesbaden 2021, S. 1–15.

Abbildungsverzeichnis

Abb. 1   **Clemens von Franckenstein.** Fotograf:in unbekannt, um 1933, Deutsches Theatermuseum München, Inv. Nr. II 36721.

Abb. 2   **Das königliche Hof- und Nationaltheater.** Urheber:in unbekannt, Lithografie u. Verlag v. Männer & Kürschner München, ca. 1900, Postkarte in Privatbesitz.

Abb. 3   **Generalmusikdirektor Bruno Walter.** Fotograf:in unbekannt, Lichtkunst München, Verlag J. Windhager, vor 1918, Deutsches Theatermuseum München, Inv. Nr. II 35964.

Abb. 4   **Victor Schwanneke.** Fotograf:in unbekannt, zwischen 1918 und 1920, Deutsches Theatermuseum München, Inv.-Nr. II 45558.

Abb. 5   **Schauspieldirektor Albert Steinrück.** Fotograf:in unbekannt, Hofatelier Gebrüder Hirsch, vor 1918, Postkarte in Privatbesitz.

Abb. 6   **Victor Schwanneke in *Der Bibliothekar*.** Fotograf:in unbekannt, Atelier Leopold, 1915, Deutsches Theatermuseum München, Inv.-Nr. II 235464.

Abb. 7   **Bühnenbildfoto zur Inszenierung von Grabbes *Hannibal* im Nationaltheater, Regie: Albert Steinrück, Bühne: Emil Pirchan I.** Fotograf:in unbekannt, 20.12.1918, © KHM-Museumsverband, Theatermuseum Wien, Fotosammlung, FS_PSA18495.

Abb. 8   **Bühnenbildfoto zur Inszenierung von Grabbes *Hannibal* im Nationaltheater, Regie: Albert Steinrück, Bühne: Emil Pirchan II.** Fotograf:in unbekannt, 20.12.1918, © KHM-Museumsverband, Theatermuseum Wien, Fotosammlung, FS_PSA18539.

Abb. 9   **Schauspielerin Thesy Pricken.** Fotograf: Hanns Holdt, undatiert, Postkarte in Privatbesitz.

Abb. 10   **Schauspieler Friedrich Ulmer in *Urgötz*.** Fotograf:in unbekannt, Atelier Müller-Hilsdorf, undatiert, Postkarte in Privatbesitz.

Abb. 11   **Karl Zeiß.** Fotograf:in unbekannt, undatiert, Deutsches Theatermuseum München, Nachlass Karl Zeiß (Zugangsinventar-Nr. 1983/25), Fotoalbum, S. 6.

Abb. 12   **Karikatur von Karl Zeiß.** Urheber: Lino Salini, 1920, Deutsches Theatermuseum München, Nachlass Karl Zeiß (Zugangsinventar-Nr. 1983/25), Fotoalbum, S. 7.

Abb. 13   **Bühnenbildskizze Caspar Nehers zu Bertolt Brechts *Im Dickicht*, Regie: Erich Engel.** Urheber: Caspar Neher, 1923, Deutsches Theatermuseum München, Inv.-Nr. IV7896 (ID 51193).

Abb. 14   **Szenenfoto „Georges Mansarde" der Uraufführung von Bertolt Brechts *Im Dickicht*, Regie: Erich Engel, Bühne: Caspar Neher.** Fotograf:in unbekannt, 1923, Deutsches Theatermuseum München, Historisches Archiv zum Kgl. Hoftheater / Bayerischen Staatsschauspiel, Fotobestand Nr. 394 zu dem Schauspiel „Im Dickicht" von Bertolt Brecht, Premiere am 09.05.2023 im Residenztheater, München.

Abb. 15   **Hedwig Gasny als junge Frau.** Fotograf:in unbekannt, Adolf Eckstein's Verlag Berlin-Brandenburg, um 1894, Deutsches Theatermuseum München, Nachlass Karl Zeiß (Zugangsinv.-Nr. 1983/25), Fotoalbum, S. 12.

Abb. 16   **Hedwig Zeiß-Gasny Mitte der 1910er-Jahre.** Fotograf: Hugo Erfurth, Dreden, 1910er-Jahre, Deutsches Theatermuseum München, Nachlass Karl Zeiß (Zugangsinv.-Nr. 1983/25), Fotoalbum, S. 14.

Abb. 17   **Hedwig Zeiß-Gasny in den 1920er-Jahren.** Fotograf:in unbekannt, 1920er-Jahre, Deutsches Theatermuseum München, Nachlass Karl Zeiß (Zugangsinv.-Nr. 1983/25), Fotoalbum, S. 17.

Abbildungsverzeichnis —— 439

Abb. 18   **Grabstelle von Karl Zeiß in Meiningen.** Fotograf: Gustav Doctor, Meiningen, nach 1924, Deutsches Theatermuseum München, Nachlass Karl Zeiß (Zugangsinv.-Nr. 1983/25), Fotoalbum, S. 10.

Abb. 19   **Szenenfoto aus der Inszenierung von Shakespeares *Titus Andronicus* im Prinzregententheater, Regie: Eugen Keller, Bühne: Walter von Wecus.** Fotograf:in unbekannt, 1924, Deutsches Theatermuseum München, Historisches Archiv zum Kgl. Hoftheater / Bayerischen Staatsschauspiel, Fotobestand Nr. 338 zu dem Schauspiel „Titus Andronicus" von Shakespeare, Premiere am 15.10.1924, Prinzregententheater, München.

Abb. 20   **Cover des Kulturzeitschrift *Bavaria*.** Grafiker:in unbekannt, 1930, Zeitschrift im Privatbesitz.

Abb. 21   **Szenenfoto aus der Inszenierung von Eugen Ortners *Insulinde* im Prinzregententheater, Regie: Alfons Pape, Bühne: Leo Pasetti I.** Fotograf:in unbekannt, 1929, Deutsches Theatermuseum München, Historisches Archiv zum Kgl. Hoftheater / Bayerischen Staatsschauspiel, Fotobestand Nr. 334 zu dem Schauspiel „Insulinde" von Eugen Ortner, Uraufführung am 15.03.1929 im Prinzregententheater, München.

Abb. 22   **Szenenfoto aus der Inszenierung von Eugen Ortners *Insulinde* im Prinzregententheater, Regie: Alfons Pape, Bühne: Leo Pasetti II.** Fotograf:in unbekannt, 1929, Deutsches Theatermuseum München, Historisches Archiv zum Kgl. Hoftheater / Bayerischen Staatsschauspiel, Fotobestand Nr. 334 zu dem Schauspiel „Insulinde" von Eugen Ortner, Uraufführung am 15.03.1929 im Prinzregententheater, München.

Abb. 23   **Der Skandal um Alfons Pape in der Presse.** Hans Brückner, Ordensdame revolutioniert die bayerischen Staatstheater. In: *8-Uhr-Blatt*, 03.06.1932, BAYHSTA, Generalintendanz der Bayerischen Staatstheater, 740.

Personenindex

In dieses Glossar wurden nur die Namen der hier behandelten historischen Figuren aufgenommen. Informationen zu den Autor:innen der Sekundärliteratur sind dem Literaturverzeichnis zu entnehmen. Namen von Personen, die sowohl als historische Persönlichkeiten wie auch als Figuren in Theaterstücken vorkommen, werden hier nur in ihrer Eigenschaft als historisch reale Person aufgelistet.

Andrian zu Werburg, Leopold von 37, 51f., 60f., 101, 103, 373, 381, 394f.
Arco auf Valley, Anton von 151

Bahr, Hermann 124, 178, 207, 282, 298, 342
Bahr-Mildenburg, Anna 211, 238, 296–299
Baker, Josephine 370
Ballin, Fritz 306
Barré, Kurt 347, 350
Basil, Fritz 87, 149, 223, 336, 341, 394
Bassermann-Jordan, Ernst von 324
Becker, Peter Hubert 249f.
Beer-Hofmann, Richard 61
Beethoven, Ludwig van 73, 114, 261, 265
Bekker, Paul 206
Bender, Paul 198
Bergmann, Gertrud 320
Bergner, Elisabeth 106, 226f.
Bernays, Edward 171–173, 175
Bierkowski, Käthe 373
Binder, Sybille 233
Bing, Benno 233
Bizet, Georges 79
Blei, Franz 25, 106, 200
Boeck, Clara 375f.
Bonaparte, Napoleon 237
Braunfels, Walter 271
Brecht, Bertolt 15, 31, 106, 211, 213, 227, 275–280, 282–287, 289, 304, 325, 342f., 412
Brecht, Walther 348
Brentano, Clemens 66
Breuer, Robert 136
Bronnen, Arnolt 279
Bruckner, Ferdinand 354
Buchenberger, Bertha 382
Büchner, Georg 36, 62–68, 71, 83, 101, 409
Buisson, August 292

Burggraf, Friedrich siehe Forster-Burggraf, Friedrich
Busching, Paul 263
Busoni, Ferruccio 84f.

Carpenter, John Alden 343
Cassirer, Paul 88
Castorf, Frank 14
Churchill, Winston 403
Classen, Ferdinand 320
Closner, Benno 263
Conrad, Georg Michael 330
Conrad-Ramlo, Marie 217
Cossmann, Nikolaus 84
Csokor, Franz Theodor 343

Danton, Georges 65
Decker, Literaturgutachter für „Das Wunder der Heliane" 348
Dehmel, Richard 61
Devrient, Eduard 6f., 41f.
Devrient, Otto 30
Dillmann, Alexander 57, 262f.
Disclez, Josef 76–78
Döblin, Alfred 389
Douwes Dekker, Eduard siehe Multatuli
Droescher, Georg 205f.
Dumont, Louise 3, 227, 317
Durieux, Tilla 89, 124, 196

Ebinger, Blandine 106
Eck, Pelton 292
Ehlers, Paul 266
Eichendorff, Joseph von 265
Einstein, Albert 395
Eisner, Kurt 109–115, 117–119, 124, 129, 138, 151, 158, 161, 197, 233f., 265

Elchinger, Richard   65f., 130, 138, 141, 161, 195–201, 217f.
Elisabeth I. (England)   354
Eljaschew-Kahn, Ruben *siehe* Robert, Robin
Engel, Erich   211, 227, 272–283, 285, 292, 302, 304, 414
Engel-Reimers, Charlotte   116
Erb, Karl   101, 198
Erler, Fritz   369
Esser, Hermann   268
Eßwein, Herrmann   271, 275, 284f., 305, 325, 330, 332, 366, 391f.
Eysoldt, Gertrude   3

Faber, Erwin   226f., 277f., 292
Falckenberg, Bertha   49
Falckenberg, Otto   5, 8, 48f., 178, 226f., 232f., 276, 279, 386, 389
Faulhaber, Michael von   353
Fehling, Jürgen   310
Feuchtwanger, Lion   181, 198, 276, 325, 343, 375
Fischel, Albert   399
Fischer, Franz   264
Florath, Albert   115–117, 164, 180
Ford, Henry   171
Forster-Burggraf, Friedrich, *auch Friedrich Forster oder Friedrich Burggraf*   397f.
Franckenstein, Clemens von   3, 5, 7, 9f., 15, 31, 33–39, 42f., 48–58, 60–62, 64–76, 78–80, 86–101, 103f., 106f., 109, 179, 187, 193, 215, 233, 257, 262, 305–315, 319, 329–332, 336f., 339f., 342f., 348–350, 357, 361–363, 365, 367, 369, 372–377, 381–383, 385f., 388, 390, 393–396, 399, 401–409, 412
Franckenstein, Georg von   34, 39, 49–51, 78f., 402f.
Franckenstein, Leopoldine von   53
Franckenstein, Maria von *siehe* Nežádal, Maria
Frank, Bruno   147, 198
Franz, Rudolf   62
Freud, Sigmund   171
Frick, Wilhelm   388
Friedell, Egon   277
Friesen, Friedrich   389
Fürstenberg, Irma von   51

Gabrilowitsch, Ossip   256
Gans zu Putlitz, Joachim   54
Gänssler, Albert   262
Gasny, Hedwig   259, 273, 292–300, 413
Geis, Jacob   171, 173, 175, 199, 276, 278, 287, 291
Geller, Oskar   406
Georg II. (Sachsen-Meiningen)   199, 258, 293
George, Stefan   16, 61
Glaser, Alexander   347f., 351
Goebbels, Joseph   172, 394
Goethe, Johann Wolfgang von   61, 102, 113f., 146, 237, 314, 362
Goldenberger, Franz   306, 316, 347, 351, 372, 374, 377, 379, 388, 403
Goldoni, Carlo   237
Golling, Alexander   401
Göring, Hermann   395
Gött, Emil   335
Grabbe, Christian Dietrich   108, 138f., 157, 238, 274
Graener, Paul   385
Graff, Sigmund   343, 392f.
Grätz, Paul   106
Greiner, Otto   398
Grillparzer, Franz   61, 180
Grotowski, Jerzy   15
Gründgens, Gustaf   317
Gulbransson, Olaf   106
Gussmann, Olga   99
Gutherz, Gerhard   292, 373, 394

Haarmann, Fritz   328
Hagen, Hertha von   374, 378
Halbe, Max   87, 132f., 237, 295, 330, 374
Hamsun, Knut   61
Händel, Georg Friedrich   249
Hanfstaengl, Ernst   374
Hartung, Gustav   226, 273, 317, 399
Hasenclever, Walter   106, 155
Hauptmann, Gerhart   135, 178
Haydn, Joseph   43
Hebbel, Christian Friedrich   10, 61, 155, 209, 214, 223, 277, 279
Hecht, Ben   112, 201
Heger, Robert   257
Heigel, Cäsar Max   218
Held, Heinrich   242, 398

Hellberg, Ruth 389
Hendschel, Richard 317, 403
Herterich, Hilde 226 f., 373 f., 376–380, 384, 403
Heß, Otto 263 f.
Heydel, Constantin 163, 180, 185–187, 193, 332 f., 335–337, 339, 344, 369, 373, 400, 403
Hildenbrandt, Fred 106
Hilpert, Heinz 320
Hintze, Carl Ernst 392
Hitler, Adolf 8, 78, 268, 272, 393 f., 402 f.
Hoferichter, Ernst 149
Hoffmann, Johannes 150, 161 f., 192, 197, 316
Höflich, Lucie 320
Hofmannsthal, Hugo von 34, 37 f., 49 f., 53–56, 58, 62–65, 67, 69, 72, 91 f., 95, 101, 211, 213, 225, 252–255, 273, 275, 342 f.,
Hofmiller, Josef 11, 109 f., 112, 114 f., 118, 141, 152
Hölderlin, Friedrich 317
Hollaender, Felix 285
Holtz, Annemarie 227
Hörburger, Gebhard 241
Horlacher, Richard 385 f.
Hübner, Friedrich Markus 359
Huch, Ricarda 330, 386
Hülsen-Haeseler, Georg von 51, 74, 205
Hüni-Mihacsek, Felicie 388

Iblher, Franz 326
Ibsen, Henrik 61, 102
Ihering, Herbert 285, 310, 322
Ivogün, Maria 101

Jacobi, Franz 169, 182 f., 190 f., 195, 199, 204, 220, 224 f., 319 f., 332, 410
Jacobson, Leopold 277
Jacobus, *Pseudonym eines unbekannten Autors* 199
Janssen, Walter 146 f.
Jessner, Leopold 6 f., 20 f., 49, 143, 285, 304, 327, 405, 414
Johst, Hanns 181, 393, 395
Jonny, *Türsteher bei Victor Schwanneke* 106

Kaergel, Hans Christoph 393 f.

Kaiser, Georg 81
Kalbskopf, August 153
Kaltneker, Hans 344
Kann, Edith 91
Karl Theodor (Pfalz und Bayern) 306
Karlchen, *Pseudonym eines unbekannten Autors* 248
Katz, Richard 362
Kaufmann, Adolf 233, 403
Kehm, Alfred 27
Keller, Eugen 308 f., 314 f., 317–323, 325–332, 334–336, 339, 342, 368, 379, 412, 414
Kellerhals, Richard 226 f.
Kemp, Barbara 206
Kerr, Alfred 106, 277
Kettner, Wilhelm Franz von 41 f.
Kilian, Eugen 48, 63 f., 66, 68–70, 74–76, 92, 101, 119, 215
Kisch, Egon Erwin 106
Kittinger, ?, *Affäre Clemens von Franckensteins* 38
Klabund 106
Klein, Tim 324–326, 365–367, 369, 373, 376, 386, 390
Kleist, Heinrich von 61, 72, 366
Klemperer, Victor 109, 112, 131, 167
Klimm, Eugen 320
Knappertsbusch, Hans 259, 346, 401
Knorr, Ivan 49
Koch, Max 67
Kolbenheyer, Ernst Guido 343
Koppenhöfer, Maria 320
Korn, Jakob 161, 193, 315 f., 329, 370, 403
Korn, ? Ehefrau von Jakob Korn 328 f.
Körner, Hermine 3, 5, 227, 238, 413
Kornfeld, Paul 226, 273
Korngold, Erich Wolfgang 60, 308, 344, 346–350, 364
Korngold, Julius 349
Kortner, Fritz 106
Kranz, Fritz 320
Krätzer, Adolf 129
Kraus, Karl 106
Krauss, Clemens 401
Krenek, Ernst 313, 349
Kronecker, Leopold 400
Kronecker, Luise, *auch Lovis Révy* 400 f., 403

Kröpelin, Karl 149
Küpper, Hannes 365
Küstner, Karl Theodor von 40f.
Kutscher, Artur 181, 198f., 374

Lampert, Nestor 320
Landauer, Gustav 359
Lang, Fritz 346
Larson, Egon 106
Laube, Heinrich 55, 228f.
Laubinger, Otto 403
Lenz, Jakob Michael Reinhold 66
Levi, Paul 106
Lewinger, Ernst 279
Limburg Stirum, Johann Paul van 361f.
Lindemann, Gustav 317
Linnebach, Adolf 226, 336, 348
Littmann, Max 48
Litzmann, Berthold 339, 370
Litzmann, Grete 339, 369f., 372, 374–376, 378, 383
Ludwig II. (Bayern) 42, 112, 157, 239, 306
Ludwig III. (Bayern) 36, 42–44, 46, 65, 68, 82, 109
Lutz, Ludwig 159
Lützenkirchen, Mathieu 71, 183

Maenner, Emil 160f.
Mahler, Gustav 58
Malyoth, Ludwig 176
Mann, Carla 168
Mann, Heinrich 71, 83, 88–91, 97, 99–101, 106, 169, 198f., 237, 330, 368
Mann, Thomas 82f., 85–87, 147, 168f., 181, 198f., 218, 237, 257, 330, 368, 374, 386
Marlowe, Christopher 325
Marr, Carl von 208
Martens, Ernst 320, 325, 360
Martin, Karl Heinz 347
Martini, Wolfgang 275
Maschmeyer, Carl 361
Matt, Franz 192, 244, 277, 310, 316
Mauerer, Georg 242, 246
Mayer, August 263
Mayer, Wilhelm 332–336
Mehring, Walter 106
Meißner, Hans 287

Mensi von Klarbach, Alfred 122, 140f., 286
Meyer-Fürst, Friedrich 394
Mezger, Richard 370–372, 403
Miller, Oscar von 386
Mittenzwey, Kuno 175
Möhl, Friedrich 399
Mohr, Max 211, 276
Molière 79, 318, 339
Möller, Lothar 102
Molnár, Ferenc 282, 389
Mottl, Felix 262
Mozart, Wolfgang Amadeus 43, 312, 342
Muck, Karl 56
Mühsam, Erich 11, 46, 68, 70f., 136, 151, 333f.
Müller, Hans 344, 352
Multatuli 358f., 361, 363
Münsterer, Hans Otto 282
Mutzenbecher, Kurt von 50

Nadler, Max 160, 163, 223
Neher, Caspar 276, 278, 281–283, 287, 325
Nestroy, Johann 155
Neuhoff, Bertha 124, 192–194, 377
Neumaier, Karl 161
Nežádal, Maria 351, 381f., 388, 403f.

Oberländer, Heinrich 295
Oldenbourg, Friedrich 339
Ortner, Eugen 308f., 344, 356–364

Palestrina, Giovanni Pierluigi da 81
Pander, Oscar von 352
Pape, Alfons 187, 296, 308, 339f., 363–384, 415
Pasetti, Leo 363f., 400, 439
Petzet, Wolfgang 232
Pfitzner, Hans 58, 60, 81–86, 101, 265f., 306, 386
Philipp II. (Spanien) 354
Pilartz, Theodor Caspar 317
Pirchan, Emil 141–143, 324
Piscator, Erwin 106
Pöhlmann, Adolf 161
Polgar, Alfred 106
Possart, Ernst Heinrich von 87
Pricken, Liane 167–169

Pricken, Therese „Thesy"   167–169, 175, 188 f., 193, 204, 397
Probus, *Pseudonym eines unbekannten Journalisten*   261
Puccini, Giacomo   312, 342 f.
Putscher, Georg   149

Rall, Albert   336
Rassy, Gustav   351
Rau, Josef   67
Rauscher, Ulrich   136
Rausse, Hubert   398
Rehfisch, Hans José   343
Reigbert, Otto   324
Reinhard, Marie   34
Reinhardt, Delia   101
Reinhardt, Max   49, 95, 170, 177, 273, 346, 354
Renar, Hellmuth   399
Reusch, Hubert   69
Révy, Luise, *auch Lovis Révy, siehe* Kronecker, Luise
Révy, Richard   320, 400
Richter, Werner   390
Rickelt, Gustav   76, 315
Riedner, Otto   369
Ringelnatz, Joachim   106
Robert, Robin, *auch Ruben Eljaschew-Kahn*   74–76, 312
Robitschek, Kurt   106
Roelte, Albert   230
Rogler, Franz   381 f.
Roller, Alfred   62 f., 65
Rosenthal, ?, *Anwalt in Literaturprozessen, möglicherweise Wilhelm Rosenthal*   334
Roßhaupter, Albert   152 f.
Rötscher, Heinrich Theodor   41

Sachs, Lothar   102
Saenger, Alwin   164, 198, 218, 315 f.
Schäfer, Walter Erich   391
Schäffers, Willy   106
Scharnagl, Karl   403
Schemm, Hans   395, 398, 402
Scherl, Franz   317
Schiller, Friedrich von   61, 73, 102, 214, 243, 278, 332, 342
Schilling, Else   97
Schillings, Max von   206 f.
Schlenck, Hans   308, 372, 395–397
Schlesinger, Hans   61
Schlesinger, Patrizia   1
Schmeling, Max   106
Schnitzler, Arthur   33–35, 38, 51 f., 90, 97–100
Schreker, Franz   60, 268, 271
Schumann, Robert   249
Schwanneke, August   110
Schwanneke, Victor   4, 7, 9, 15 f., 31, 74–76, 105–110, 112, 115 f., 118–124, 128, 130, 134, 137, 143,148 f., 151, 154–167, 169–171, 173–175, 177–181, 187 f., 190–207, 209, 212 f., 215, 217, 219 f., 231–233, 235 f., 267 f., 270, 275 f., 288, 301, 307, 314–316, 336, 396, 410
Scott, Cyrill   49
Seebach, Niklaus von   209, 295
Seelig, Ludwig   48, 116, 125 f., 315, 409
Seidl, Emanuel von   113
Seyfried, Ludwig   157
Shakespeare, William   9, 61, 79, 155, 243, 274 f., 317, 321–324, 326–328, 332, 342
Shaw, George Bernard   79
Sinclair, Upton   280
Sinsheimer, Hermann   11, 39, 61, 97, 119, 199, 202, 218, 227, 230, 236, 309 f., 315, 413
Sorge, Reinhard   91, 93–95, 100
Speidel, Albert von   39 f., 48, 53, 67, 69 f., 101
Speyer, Wilhelm   108, 143–146, 155
Spohr, Wilhelm   359
Stahl, Ernst Leopold   315
Stang, Georg   151–153
Stang, Walter   356
Steiger, Edgar   65
Steinrück, Albert   65 f., 70, 74–76, 88 f., 91, 99, 101, 119 f., 122, 126, 139, 141 f., 145–147, 166 f., 169, 177, 179–182, 187–190, 192, 196 f., 203, 238, 257, 259, 377, 414
Steinrück, Elisabeth „Lisl"   89 f., 99 f., 181
Stephany, Victor   215
Sternheim, Carl   67, 81, 211, 225 f., 236, 267, 275
Stieler, Cara   273
Stieler, Kurt   89, 196, 227, 252, 273, 319, 373 f., 376, 403
Stollberg, Ignaz   89
Stolzing-Czerny, Josef, *auch Josef Stolzing*   287, 311, 374, 389–392

Personenindex — 445

Straub, Agnes 320
Strauss, Richard 37, 51, 54, 57f., 60, 101, 170, 205f., 306, 312, 342
Strindberg, August 102

Tebartz-van Elst, Franz-Peter 1
Thoma, Ludwig 61, 179, 307, 342
Thuille, Ludwig 49
Tierbächer, Friedrich 372
Timm, Johannes 129
Toller, Ernst 106, 151, 167
Toner, Mary Gertrude 52, 78, 381
Tucholsky, Kurt 135

Udet, *Schauspielschülerin von Clara Boeck* 375–377, 380
Ulmer, Friedrich 11, 73f., 76, 124, 129, 167, 169, 177–180, 182–189, 192, 194, 204, 206, 222f., 226, 279, 292, 320f., 336f., 339f., 360, 369f., 374–377, 394, 403, 410
Unruh, Fritz von 226, 354

Verdi, Giuseppe 312, 342
Viertel, Berthold 310
Vogt, Friedrich 67
Vollerthun, Georg 385
Vossler, Karl 374, 386

Wagner, Cosima 238
Wagner, Jörg 1
Wagner, Richard 36, 73, 142, 156–158, 238, 249, 261–263, 297, 312, 323, 342
Waldau, Gustav 70, 141, 225f., 374, 378
Walleck, Oskar 401
Walter, Bruno 34, 36, 39, 42–44, 51, 57–60, 74, 77, 81, 101, 103, 107, 113f., 126, 158, 169, 197f., 213, 255–266, 269–272, 277, 304, 314, 412
Wanderer, Ernst 251
Warnecke, Hans 170

Wassermann, Jakob 61, 72
Weber, Christian 395
Wecus, Walter von 320, 323f., 335, 339
Wedekind, Frank 26, 70, 87, 102, 111, 133, 157f., 343
Weichert, Richard 226, 273, 308f., 397–400, 403f.
Weinert, Anni 370–372, 375, 378f., 381–383
Weinstein, Harvey 379
Weismantel, Leo 386
Werfel, Franz 343
Wernicke, Otto 228
Wilde, Oscar 61
Wildgans, Anton 95–97, 99
Willem III. (Niederlande) 359
Wohlmuth, Alois 121
Wohlmuth, Georg 241
Wolf, Friedrich 389
Wolf, Georg Jakob 141
Wolf-Ferrari, Ermanno 60
Wolfradt, Willi 199
Wollf, Karl 63f., 66

Zäpfel, Armand 228
Zavrel, Franz 69
Zeiß, Karl 4f., 7, 10, 16, 31, 35, 80f., 164, 181, 183, 194, 198, 203, 208–219, 221–232, 235–252, 254f., 257–261, 267, 271–277, 279, 282, 285, 288, 290–293, 295f., 299–305, 307, 314, 316, 319, 336, 377, 406, 410–413
Zeiß-Gasny, Hedwig *siehe* Gasny, Hedwig
Zentner, Wilhelm 352
Ziegel, Erich 318
Ziegler, Clara *auch Klara Ziegler* 121, 222
Ziersch, Walther 405
Zoff, Otto 81, 404
Zuckmayer, Carl 106
Zweig, Stefan 135

www.ingramcontent.com/pod-product-compliance
Lightning Source LLC
Chambersburg PA
CBHW051534230426
43669CB00015B/2589